Wolfgang Baum

Wie kommt Gott ins Denken?

Wolfgang Baum

Wie kommt Gott ins Denken?

Erkundungen zwischen Glauben und Wissen

HERDER

FREIBURG · BASEL · WIEN

FSC
www.fsc.org
MIX
Papier aus verantwortungsvollen Quellen
FSC® C083411

www.herder.de
Umschlaggestaltung: Verlag Herder
Umschlagmotiv: Allegorische Darstellung der Septem artes liberales
aus dem „Hortus deliciarum“ der Äbtissin Herrad von Landsberg,
ca. 1180 (1870 in Straßburg verbrannt,
Faksimile frz. Nationalbibliothek, Paris).
Satz: Barbara Herrmann, Freiburg
Herstellung: CPI books GmbH, Leck
ISBN Print 978-3-451-39246-7

Inhalt

Prolog

> „In irgendeinem abgelegenen Winkel des in zahllosen Sonnensystemen flimmernd ausgegossenen Weltalls gab es einmal ein Gestirn, auf dem kluge Thiere das Erkennen erfanden. Es war die hochmüthigste und verlogenste Minute der ‚Weltgeschichte'; aber doch nur eine Minute. Nach wenigen Athemzügen der Natur erstarrte das Gestirn, und die klugen Thiere mussten sterben. – So könnte Jemand eine Fabel erfinden und würde doch nicht genügend illustrirt haben, wie kläglich, wie schattenhaft und flüchtig, wie zwecklos und beliebig sich der menschliche Intellekt innerhalb der Natur ausnimmt; es gab Ewigkeiten, in denen er nicht war; wenn es wieder mit ihm vorbei ist, wird sich nichts begeben haben."[1]

Als der Philosoph Friedrich Nietzsche (1844–1900) diese Sätze im Jahr 1873 in eine lose Blättersammlung von allgemeinen Gedanken und Überlegungen schrieb, schien die Welt, zumindest aus heutiger Perspektive, noch in Ordnung. Nach der deutschen Reichsgründung 1871 erlebte Europa einige Jahrzehnte des Friedens. Das aufgeklärte Bürgertum konnte erstmals so etwas wie Ruhe und Freizeit genießen. Man entdeckte die Sonnenseite des Lebens. Die Flut an Erfindungen begann allmählich das alltägliche Leben zu erreichen und zu erleichtern. Vor allem die Elektrifizierung der großen Metropolen, die Straßenbahnen und insbesondere die Straßenbeleuchtung, die ab den 80er Jahren die düsteren Gaslampen ersetzte, sorgten für eine Belebung der Innenstädte. Was also trieb Friedrich Nietzsche dazu, derart defätistisch in die Zukunft zu blicken? Warum sollte die Zukunft nicht das Wohl aller Menschen bedeuten?

Knapp hundertdreißig Jahre später wissen wir, wie recht der umstrittene Philosoph damals hatte. Als hätte er vor dem Hintergrund der letzten drei Hitzesommer in Mitteleuropa den Klimabericht des „Intergovernmental Panel on Climate Change" der Vereinten Nationen oder einige der zahlreichen Publikationen zu diesem Thema gelesen. Bis auf ein paar hartnäckige Klimaleugner dürfte jedem klar

---

[1] F. Nietzsche, Über Wahrheit und Lüge im außermoralischen Sinn, in: ders., Werke in drei Bänden, Bd. III, hrsg. v. K. Schlechta, Darmstadt 1997, 309–322, 309.

sein, dass der Mensch sich selbst zur größten Bedrohung geworden ist. Seine schiere Existenz ist die Ursache für den Klimawandel und die Erderwärmung sowie die dadurch verursachten Folgen: Ein steigender Meeresspiegel, jahrelange Missernten und weltweite Massenfluchtbewegungen. Dazu kommt ein globales Artensterben von historischem Ausmaß, das nicht durch Vulkanausbrüche und Meteoriteneinschläge ausgelöst wurde, sondern ausschließlich auf das Umweltverhalten des Menschen zurückzuführen ist. Als wäre dies alles noch nicht genug, brach im März 2020 die Corona-Pandemie aus, die, während ich diese Zeile schreibe, ungefähr fünf Millionen Menschen weltweit das Leben gekostet hat. Die Menschheit steht vor einem selbst angerichteten Scherbenhaufen. Zwar scheint die Gefahr eines großen Atomkrieges zwischen den Supermächten Russland und USA im Gegensatz zu den Jahrzehnten des Kalten Krieges gebannt zu sein, aber es wird zu regionalen Kriegen und asymmetrischen Stellvertreterkonflikten um die Ressourcen des Lebens kommen. Schließlich deuten alle Indikatoren darauf hin, dass der Mensch dabei ist, seine Lebensgrundlagen im Eiltempo zu zerstören und anderen Spezies Platz zu machen, die mit den gegebenen Lebensbedingungen besser zurechtkommen. Das ist das simple und erbarmungslose Gesetz der Evolution.

Damit wären wir wieder bei Nietzsche, dessen zitierte Äußerung uns heute nicht mehr so provozierend und skandalös erscheint wie noch zu Lebzeiten ihres Verfassers. Konfrontiert mit der einfachen Frage nach der Zukunft der Menschheit und den äußerst pessimistischen Aussichten, meldet sich eine andere, nicht minder schwer zu beantwortende Frage: Gibt es angesichts dessen überhaupt einen vernünftigen Grund, an Gott zu glauben? Hat sich die Vorstellung einer wohlgeordneten göttlichen Schöpfung angesichts der dramatischen Situation heute nicht erledigt? Abgesehen davon: Haben wir denn nicht Wichtigeres zu tun, als unsere Zeit mit dem Gedanken an Gott zu vertrödeln?

Ich denke nicht, dass die Gottesfrage für obsolet erklärt werden kann, auch wenn die Statistik mir nicht recht gibt: In absehbarer Zeit werden die bisherigen kirchlichen Einrichtungen in Europa immer unbedeutender sowie ihre Sprache und ihre Botschaften immer unverständlicher. Die kirchliche Moral spielt bereits heute im Leben der allermeisten keine Rolle mehr. Selbst wenn Menschen am Ende zu ähnlichen Moralauffassungen kommen, tragen kirchliche Verlautbarungen für die Entscheidungsfindung nichts mehr bei. Die kirchliche Deutungshoheit in der Gottesfrage, ihre dogmatische Monopolstellung als religiöse Vermittlungsinstanz, gehört längst der Vergangenheit an. Die meisten kirchlichen Vertreter[2], sogar Bischöfe und Kardinäle, scheinen dies mittlerweile selbst so zu sehen und ringen um neue Zukunftskonzepte.

Unbeschadet dessen hält sich mit beachtlicher Hartnäckigkeit die Überzeugung von der Sinnhaftigkeit unserer Welt. Dieser Sinn wird zwar nicht mehr automatisch in Beziehung gesetzt mit den Konzepten der großen Weltreligionen, sondern als unabhängige und eigenständige Erklärung unseres Universums betrachtet. Der schiere Verweis auf Urknalltheorien oder andere physikalische Erklärungen scheint aber für viele Menschen nicht ausreichend zu sein, denn selbst die bahnbrechendsten Einsichten in die Entstehung und auch das denkbare Ende unseres Kosmos verlagern lediglich die Frage nach dem Davor und dem Danach, lösen sie ihrerseits jedoch nicht. Mit der Sinnfrage stoßen wir zu jener letzten Grundfrage der Philosophie vor, die der Universalgelehrte Gottfried Wilhelm Leibniz (1646–1716) stellvertretend für eine ganze Reihe namhafter Denker bereits vor über dreihundert Jahren ausgesprochen hat: „Pourquoi il y a plus tôt quelque chose que rien?“[3] Warum ist etwas und nicht nichts? Kann es vielleicht sein, dass alles, was wir mit unseren Sinnen wahrnehmen, die Einbildung unseres Gehirns ist und in Wahrheit gar nicht existiert? Und selbst wenn sich unsere Realität als eine einzige Konstruktion unseres Bewusstseins erweisen sollte, so stellt sich die Frage nach der Realität eben dieses konstruierenden Bewusstseins. Wäre das Bewusstsein auch nur eine Fiktion, wäre die Erkenntnis darüber, dass alles eine Fiktion sei, ihrerseits nur eine Konstruktion unseres Gehirns. Also bleibt es dabei: Es gibt eine wie auch immer geartete Welt und die Tatsache ihrer Existenz provoziert in uns die Frage nach ihrem Grund. Es muss also so etwas geben wie

---

[2] Der einfachen Leseweise zuliebe werde ich mich im weiteren Verlauf auf die männliche oder genderneutrale Form beschränken. Eine gendergerechte Schreibweise, so wichtig und richtig ich sie auch finde, würde den Text nur unnötig verkomplizieren.

[3] G. W. Leibniz, Vernunftprinzipien der Natur und der Gnade. Monadologie. Auf Grund der kritischen Ausgabe von A. Robinet und der Übers. v. A. Buchenau, mit Einf. u. Anm. hrsg. v. H. Herring, zweite, verb. Auflage, Hamburg 1982, 12.

einen ersten und einen letzten Grund für diese ganze Fragekette, ganz gleich, wie wir diesen Grund in früheren Jahrhunderten genannt haben oder in Zukunft nennen werden.

Die Frage nach einer Begründung unserer Welt ist nicht nur ein Zeitvertreib neben anderen. Besonders dort, wo wir die Grenzen unseres Bewusstseins und unserer wissenschaftlichen Erkenntnisse erreichen, taucht die Sinnfrage auf. Nicht zuletzt werden uns die Grenzen unserer Fähigkeiten und technischen Möglichkeiten mit den weltweit ungelösten Problemen in Ökologie und Ökonomie oder in der Bekämpfung eines aggressiven Virus aufgezeigt. Diese Grenzerfahrungen schärfen das Bewusstsein dafür, dass sich die Herausforderungen unseres Lebens mit wissenschaftlichen Methoden allein nicht bewältigen lassen – so sehr wir uns auch anstrengen mögen. So werden angesichts der Fragilität des Lebens sowie seiner Grundlagen die zeitlosen Grenzfragen nach Ursprung und Ziel der Welt immer deutlicher und hartnäckiger gestellt.

Auf meiner Suche nach Antworten entstand die Idee für dieses Buch. Der konkrete Anlass war allerdings ein anderer: Ich bereite Studierende der Theologie auf ihr Examen in einem Fach vor, das sich vor allem diesen grundsätzlichen Fragen widmet. Dieses Fach nennt sich seit dem vorletzten Jahrhundert Fundamentaltheologie. Der Begriff ist, zumindest für theologische Verhältnisse, vergleichsweise neu; der Inhalt dafür verhältnismäßig alt. In der Fundamentaltheologie geht es unter anderem um die unterschiedlichen Zugänge zum Gottesbegriff. Dazu zählen in erster Linie die philosophischen Traditionen, die sich unabhängig von ihrer Inanspruchnahme von theologischen Argumenten mit der Gottesfrage beschäftigt haben. Dieser weite Rahmen führt die Fundamentaltheologie schnell aus dem innerchristlichen Kontext hinaus in das weite Feld „fundamentaler" Fragen schlechthin: Warum existiert in unserem Bewusstsein überhaupt ein Begriff von Gott? Woher kommt das Verlangen nach einer religiösen Interpretation der Welt?

Das Christentum bietet hier wichtige Antworten, allerdings beileibe nicht die einzigen. Parallel zur Entstehung eines intellektuellen Gottesgedankens ergibt sich gleichursprünglich in Kunst und Literatur eine nicht zu überblickende Zahl an artefaktischen Glaubenszugängen und Ausdrucksvariationen, die in diesen Zusammenhang berücksichtigt werden müssen. Sie artikulieren auf je eigene Weise den Grenzbereich, der sich zwischen einer rein rational erklärbaren

Welt und einer religiösen Deutung abzeichnet. Diesen Grenzbereich auszuloten, den die Fundamentaltheologie traditionell in der Gegenüberstellung der beiden Begriffe „Glauben“ und „Wissen“ zusammenfasst, ist die Aufgabe, die sich dieses Buch stellt.

Den Leitfaden bildet dabei die Geschichte unserer abendländischen Weltdeutung: Ausgehend vom archaischen Altertum schauen wir zuerst in die Antike, um von dort aus auf das Mittelalter, die Neuzeit und die Moderne zu blicken. Dieser vergleichsweise konventionelle Rahmen schließt nicht aus, dass wir uns als *Homo sapiens* auch einer Vergangenheit stellen müssen, die weit vor den kulturellen Zeugnissen unserer Zivilisation ihre Wurzeln hat. Die weitaus längste Zeit lebte der Mensch in einer Weise, die nur sehr spärlich dokumentiert ist und die uns stets aufs Neue vor ungelöste Rätsel stellt. Gerade die Rekonstruktion des Anfangs von Religion lässt sich aus heutiger Sicht nicht mehr auf schriftliche oder künstlerische Artefakte beschränken. Die Ursprünge der Religion, und damit der Gottesfrage im weitesten Sinne, liegen in den Anfängen des Menschseins selbst. Und selbst wenn der Fall eintreten sollte, dass wir eines Tages die meisten Fragen beantworten könnten, stellt uns der allabendliche Blick in den Himmel vor das weitaus größere Rätsel. Seine schiere Existenz ist abseits aller astrophysikalischen Erkenntnisse, die inzwischen hierüber gewonnen wurden, nach wie vor ungeklärt. Damit bleiben wir immer wieder an derselben Stelle hängen: Was ist jenseits der wissenschaftlich erklärbaren Welt? Endet sie dort, wo alle Fragen beantwortet sind, oder ragt das religiöse Bewusstsein in die erklärbare Welt hinein?

Bevor wir mit der Spurensuche in der Vergangenheit beginnen, sollten wir uns zunächst die Frage stellen, worin die Eigenart des „Glaubens“ im Unterschied zum „Wissen“ besteht. Oder gibt es überhaupt einen?

Glaube und Wissen sind keine Eigenschaften, die der Mensch objektiv nachweisen kann. Sie kommen dem Menschen nicht äußerlich zu. Es gibt auch keine sichtbare Eignung oder gar ein Ziel, das man entsprechend definieren oder im schlimmsten Fall verfehlen könnte. Es gibt keine Gradmesser für Gläubigkeit oder für Wissen, keinen nachweisbaren Status, der für Außenstehende den gläubigen vom wissenden Menschen unterscheiden könnte. Die großen Heiligen der Kirchengeschichte haben sich selbst nie als besonders fromm bezeichnet und die Verehrung, die ihnen bisweilen zu Lebzeiten entgegengebracht wurde, stets abgelehnt. In den prophetischen Texten des Alten Testaments und in zahlreichen Aussagen Jesu wird kaum ein anderer Charakter derart heftig kritisiert wie der des selbstgerechten Frömmlers. Das Gleiche gilt im Bereich des Wissens: Albert Einstein behauptete von sich nie, eine besondere Begabung zu haben; er sei, so seine Selbsteinschätzung, lediglich neugierig gewesen. Von Sokrates, dem Urvater der Philosophie, stammt die vielleicht bekannteste Selbstauskunft: nur eines sicher zu wissen – nämlich nichts zu wissen.

Glauben und Wissen markieren auf je eigene Weise eine Weltbeziehung. So lässt sich der Glaube im weitesten Sinne als nicht-kognitiv, das Wissen als kognitiver Zugang verstehen. Beide Formen, die uns noch ausführlich beschäftigen werden, beanspruchen für sich, einen wesentlichen Bestandteil unserer jeweiligen Welt zu bilden, in der wir uns bewegen.

Darüber hinaus sind Glauben und Wissen Spiegel der jeweiligen Zeit. Noch vor hundert Jahren wäre es undenkbar gewesen, dass der Kurienkardinal und spätere Papst Joseph Ratzinger (*1927) eine Unterhaltung mit dem bekannten Sozialtheoretiker Jürgen Habermas (*1929) führt, der als nicht gerade kirchennah gilt, und das Ganze auch noch in einem katholischen Verlag publiziert wird.[4] In Bestsellerlisten fanden sich vor nicht allzu langer Zeit Dialoge zwischen Atheisten und Theologen, etwa ein Gespräch zwischen dem Essayisten Jacques Wirion (*1944) aus Luxemburg, einem bekennenden Skeptiker, und dem Literaturwissenschaftler und Theologen Hermann Kurzke (*1943).[5] Dass diese gemeinsamen Wortmeldungen überhaupt stattfinden, ist dem Öffnungsprozess von Theologie und Kirche in den letzten Jahrzehnten geschuldet. Dank umfassender theologischer Impulse auf dem Zweiten Vatikanischen Konzil (1962–1965) hat man innerhalb der katholischen Kirche erkannt, dass Glauben und Wissen durchaus verbindende Elemente aufweisen. Spätestens mit der Enzyklika „Fides et ratio“ von Papst Johannes Paul II. (1920–2005) scheint das Kriegsbeil zwischen Kirche und zeitgenössischer Philosophie begraben. Glaube und Vernunft sind „wie die beiden Flügel, mit denen sich der menschliche Geist zur Be-

---

[4] J. Habermas/J. Ratzinger, Dialektik der Säkularisierung. Über Vernunft und Religion, Freiburg u. a. 2018.

[5] H. Kurzke/J. Wirion, Unglaubensgespräch: Vom Nutzen und Nachteil der Religion für das Leben, München 2005.

trachtung der Wahrheit erhebt."[6] Die heutige Dialogbereitschaft zwischen moderner Welt und Kirche ist historisch betrachtet eine absolute Ausnahmeerscheinung. Dies gilt insbesondere für die Kirche. Über weite Strecken der Geschichte vermutete man von kirchlicher Seite in der wissenschaftlichen Vernunft eine Bedrohung für den Glauben. Immerhin verstand sich die Kirche bis Ende des vorletzten Jahrhunderts als ausschließliche Quelle der Wahrheit. Sie beanspruchte dieses Monopol nicht nur für Glaubensfragen, sondern für alle Bereiche menschlichen Wissens. Bis in die Neuzeit diktierte der Glaube den Verlauf von Landkarten, die Vorstellungen vom Aufbau der Erde und von der Entstehungsgeschichte der Menschheit.

Die Naturwissenschaften hatten ihrerseits bis weit in das 19. Jahrhundert die Schwierigkeit, die Grenzverläufe von Wissenschaft zu definieren. Ab wann beginnt die Geschichte der modernen Astrophysik? Mit der Relativitätstheorie Albert Einsteins oder schon mit Claudius Ptolemäus aus dem zweiten nachchristlichen Jahrhundert, dessen geozentrisches Weltbild bis in die frühe Neuzeit gültig war, der aber zugleich ein vierbändiges Standardwerk über die astrologischen Auswirkungen der Himmelskörper auf den Menschen verfasste? Oder denken Sie an die Geschichte der Medizin: Zu Beginn des 19. Jahrhunderts existierten in Ärztekreisen noch überwiegend esoterische Vorstellungen über die Wirksamkeit des Magnetismus auf den menschlichen Organismus. Auch heute finden immer wieder Debatten über den medizinischen Nutzen bestimmter Naturheilverfahren oder alternativer Therapien statt. Gemessen am strengen Selbstanspruch verblassen nicht nur die schulmedizinischen, sondern auch andere naturwissenschaftliche Deutungsmonopole, weil der enorme Radius an unvorhersehbaren Einflussfaktoren genaue Voraussagen schwierig erscheinen lässt. Das betrifft die Klimaforschung ebenso wie das Wählerverhalten am kommenden Sonntag. Prognosen abzugeben gehört zu den unangenehmsten Beschäftigungen eines ernsthaften Wissenschaftlers, weil außerhalb der Idealbedingungen des eigenen Labors die Zahl störender Interferenzen ins Unendliche steigt.

Es liegt also der Verdacht nahe, dass weder Glaube noch Wissen allein die Wahrheit für sich beanspruchen können. Vielmehr be-

---

[6] Enzyklika Fides et ratio, in: Verlautbarungen des Apostolischen Stuhls Nr. 135, hrsg. v. Sekretariat der Deutschen Bischofskonferenz, Bonn 2014, 5.

schreiben sie jeweils einen Teilbereich und nur zusammen ergeben sie ein einigermaßen kohärentes Bild der Welt. Gleichwohl, und das scheint mir wichtig, beziehen sich religiöser Glaube und naturwissenschaftliche Vernunft auf unterschiedliche Ebenen der Wirklichkeit, die für sich jeweils eine bestimmte erkenntnisgeleitete Methode in Anspruch nehmen können.

In der Wissenschaftstheorie unterscheidet man zwischen einem „Raum der Ursachen“ und einem „Raum der Gründe“. Der Raum der Ursachen umfasst jene Bereiche, die mit den Methoden naturwissenschaftlicher Logik erklärt werden können. Hier bestimmen die Gesetze von Ursache und Wirkung auf der Basis von Erfahrungen die Urteilsbildung. Dagegen sind im Raum der Gründe vor allem geisteswissenschaftliche Argumente wie die der Ästhetik, des Sinns und der Bedeutung einschlägig. Sie unterscheiden sich vom Raum der Ursachen dahingehend, dass sie nicht objektiv messbar sind und nicht notwendigerweise zutreffen. Sie unterliegen auch subjektiv ausgesuchten Kriterien und benötigen nicht selten eine rhetorische Qualität, um überzeugend zu sein. Beide Räume beanspruchen für ihren Bereich ein Erklärungsmonopol; sie existieren nebeneinander und können einander weder ersetzen noch widerlegen. Sie stellen damit, recht verstanden, keine gegenseitige Bedrohung dar und sind keine Konkurrenten um den ersten Platz, den es gar nicht gibt. Kein Naturgesetz erklärt Fragen nach dem Sinn des Lebens, kein Glaubensbekenntnis liefert eine zuverlässige Wetterprognose. Konflikte entstehen gewöhnlich dort, wo der eine Raum sich anmaßt, die Deutungshoheit über den anderen Raum zu beanspruchen. Umgekehrt können beide Räume voneinander profitieren, wenn sie die Grenzen ihrer Erklärungsmöglichkeiten klar betonen. In gewissem Umfang können sie sogar voneinander lernen und Argumente der jeweils anderen Seite in die eigenen Überlegungen miteinbeziehen.

Auf den vorliegenden Seiten wird der Versuch unternommen, im Blick auf unsere Geschichte dem Verhältnis von Glaube und Wissen nachzugehen. Glaube und Wissen haben auf je eigene Weise diese Vergangenheit entscheidend – und leider nicht immer in friedlicher Absicht – geprägt. Ihr jeweiliges Selbstverständnis und ihr Verhältnis zueinander gewähren uns einen aufschlussreichen Einblick in die Geschichte Gottes und des Denkens.

Noch ein abschließender Hinweis: Über die genutzte Literatur hinaus finden Sie am Ende eines Kapitels weitere Hinweise, die ich für eine intensivere Beschäftigung empfehle. Ich folge hier weder einem akademischen Anspruch, noch verweise ich pflichtschuldig auf Standardbücher, auf die man in jeder theologischen Einführungsliteratur stoßen wird. Vielmehr möchte ich Ihnen meine persönlichen Leseerfahrungen mit auf den Weg geben. Das sind Bücher, die mich in diesem Zusammenhang nicht nur angesprochen, sondern auch begeistert haben. Ihre Autoren sind also nicht ganz unschuldig am Zustandekommen dieses Buches. Die wenigsten von ihnen sind übrigens Theologen.

I. Im Anfang war nicht das Wort, sondern die Quittung

Für die meisten Menschen, und zu diesen zähle ich mich auch, setzt das Interesse für die Geschichte ihrer Spezies gewöhnlich mit den ersten kulturellen Errungenschaften ein. Das können künstlerische Artefakte wie die bekannten Höhlenmalereien im französischen Abri de Cro-Magnon sein oder einfache Werkzeuge, die für unsere Vorfahren bereits einen enormen Vorteil gegenüber der Nahrungskonkurrenz bedeuteten. In dieser Phase vor der Entwicklung der Schrift scheint die Zeit geradezu still zu stehen – Jahrtausende verstreichen ohne für den Laien erkennbare Entwicklungen.

Entsprechend ungenau sind die wissenschaftlichen Erkenntnisse darüber, welche Faktoren die Entstehung des modernen Menschen ermöglichten und wie die Bedingungen aussahen, die zu unserer heutigen Kultur führten. Diese Unsicherheit trifft in erheblich größerem Maße auf die Entwicklung des religiösen Bewusstseins zu. Allein die Frage, was denn ein religiöses Bewusstsein auszeichnet, scheint den Sachverhalt nicht richtig zu erfassen, da sie das religiöse vom nichtreligiösen Bewusstsein bereits trennt oder meint, ein solches Bewusstsein anhand bestimmter Zeugnisse festmachen zu können. Diese Anfänge ins Blaue zu definieren ist alles andere als unproblematisch.

Vielleicht kommen wir an diesem Punkt einen Schritt weiter, wenn wir nicht nach den Anfängen der Religion fragen, sondern einen anderen Aspekt des Menschen in den Blick nehmen, der auch den Philosophen Karl Jaspers (1883–1969) beschäftigt: Wann beginnt der Mensch über etwas nachzudenken, das man nicht sieht? Zu welcher Zeit fängt der Mensch an, sich mit den unsichtbaren Gründen seiner Welt zu beschäftigen? Um diese Fragen zu klären, stellt Jaspers eine These auf. Er bezeichnet das achte bis zweite vorchristliche Jahrhundert als eine „Achsenzeit" der Menschheit, weil es in diesem Zeitraum in verschiedenen Kulturräumen der Erde unabhängig voneinander zu einem bemerkenswerten Hinterfragen der bisher gültigen Einsichten kam:

> „In dieser Zeit drängt sich Außerordentliches zusammen. In China lebten Konfuzius und Laotse, entstanden alle Richtungen der chinesischen Philosophie, dachten Mo-Ti, Tschuang-Tse, Lie-Tse und ungezählte andere, – in Indien entstanden die Upanischaden, lebte Buddha, wurden alle philosophischen Möglichkeiten bis zur Skepsis und bis zum Materialismus, bis zur Sophistik und zum Nihilismus, wie in China, entwickelt, – in Iran lehrte Zarathustra das fordernde Weltbild des Kampfes zwischen Gut und Böse, – in Palästina traten die Propheten auf von Elias über Jesaias und Jeremias bis zu Deuterojesaias, – Griechenland sah Homer, die Philosophen – Parmenides, Heraklit, Plato – und die Tragiker, Thukydides und Archimedes. Alles, was durch solche Namen nur angedeutet ist, erwuchs in diesen wenigen Jahrhunderten annähernd gleichzeitig in China, Indien und dem Abendland, ohne daß sie gegenseitig voneinander wußten."[1]

Die ersten greifbaren Anzeichen einer Suche nach den Ursachen der eigenen Existenz beschränkten sich damit keineswegs auf den uns vertrauten östlichen Mittelmeerraum und die daran angrenzenden Kulturräume Vorderasiens. Und was immer auch Menschen dazu veranlasst haben mag, über ihre eigene Herkunft nachzudenken, sie scheinen in der Tat ab dieser Zeit das Bedürfnis zu entwickeln, diese Gedanken für sich und ihre Nachkommen dauerhaft zu dokumentieren. Sie versuchen in erstaunenswerter Gleichzeitigkeit dem Nachsinnen über unsichtbare Gründe bleibenden Ausdruck zu verleihen, sei es durch die mündliche Weitergabe an einen Schülerkreis, seien es künstlerische oder religiöse Zeugnisse oder, wie im Judentum, durch ein elaboriertes Schrifttum. Tatsächlich lässt sich ab der von Jaspers beschriebenen Umbruchszeit eine für uns heute noch verstehbare Kommunikationskultur in unabhängig voneinander entwickelnden Zivilisationen erkennen, auf die wir noch zugreifen können.

Unbeschadet dieser globalen Beobachtung von Jaspers konzentriert sich unser Blick im Folgenden auf den südöstlichen Mittelmeerraum und die daran angrenzenden Regionen: die griechische Inselwelt der Ägäis, die heutige Südtürkei, die levantinische Küste und Mesopotamien. Im fruchtbaren Zweistromland zwischen Euphrat und Tigris waren die klimatischen Bedingungen für die Entfal-

---

[1] K. Jaspers, Vom Ursprung und Ziel der Geschichte, in: ders., Gesamtausgabe I, Werke, Bd. 10, hrsg. v. K. Salamun, Basel 2017, 17f.

tung menschlicher Kultur geradezu ideal. Auf dem Boden des heutigen Irak blühte mit den Sumerern eine der ersten Hochkulturen, deren Einzugsgebiet bis ans Mittelmeer reichte. Der Handel mit Rohstoffen generierte bereits ab dem dritten Jahrtausend vor Christus einen regen Warenaustausch, der bereits für einen beachtlichen Lebensstandard sorgte. Diesen aufrechtzuerhalten und auszubauen war durch die küstennahe Schifffahrt entlang der levantinischen Küste möglich.

Zu den zahlreichen Begleitumständen, die die kulturelle Entfaltung in dieser Region beschleunigten, gehörte die Entwicklung überregionaler Schriftzeichen. Die Schrift als Speichermedium stammt aus ebendiesem mesopotamischen Raum und geht auf erste sumerische Zeichensysteme zurück. Ursprünglich waren die ersten Zeichen der Menschheit keine Buchstaben, sondern Zahlen. Für Wörter und Begriffe verwendete man Ideogramme, also bildhafte Symbole. Der sesshafte Ackerbau der sumerischen Gesellschaft im Zweistromland ab dem dritten vorchristlichen Jahrtausend und die Entstehung der Arbeitsteilung machten ein Zeichensystem erforderlich, mit dem der gleichzeitig einsetzende Handel von Waren kodifiziert werden konnte. Die ersten Schriftzeichen bildeten also nicht die gesprochene Rede ab, sondern dienten der Verwaltung und Buchhaltung. Der einsetzende Handel, der Austausch von Waren und Dienstleistungen, machten ein System zur besseren Erfassung von Produktionen, Logistik und Güterverkehr notwendig. Quittungen und Warenlisten sind damit die ersten Zeugnisse menschlicher Schriftkultur. Die ersten Nicht-Analphabeten dieser Welt waren sumerische Kaufleute, Handwerker und Buchhalter. Mit ihnen kamen nicht nur Waren, sondern auch Zeichen und Zahlen auf dem Seeweg in die kleinasiatischen Küstenregionen der damals als *Ionien* bezeichneten südöstlichen Ägäis. Darüber hinaus entwickelten sich Zypern sowie Kreta zu wichtigen Handelsdrehkreuzen. Die Orte, mit denen wir Ionien verbinden, gehörten zu den Top-Locations der damaligen Kulturmetropolen: Milet, Halikarnassos und Ephesus sowie die nahegelegenen Inseln der Ägäis: Kos, Samos, Rhodos und Lesbos. Drei von sieben der sagenhaften Weltwunder befanden sich nach Herodot, einem griechischen Geschichtsschreiber aus dem fünften vorchristlichen Jahrhundert, in dieser Gegend.

Die im ersten Jahrtausend aktivste Ethnie in dieser Region waren die aus dem heutigen Libanon stammenden Phönikier. Sie bestimmten in dieser Zeit den Seehandel im östlichen Mittelmeer und entwickelten dabei eine beachtliche Warenlogistik. Im Vergleich zu der erheblich kurzlebigeren sowie störanfälligeren EDV in unserer Zeit waren die Tontafeln, in die die Phönikier ihre ersten Rechnungen eindrückten, von erstaunlicher Präzision und Haltbarkeit. Selbst Brände konnten ihnen nichts anhaben – vielmehr trugen diese noch zu deren Erhaltung bei, weil sie für eine zusätzliche Härtung der Schrifttafeln sorgten. Die phönizische Keilschrift, die sich ihrerseits dem sumerischen Zeichensystem verdankt, war ab dem elften vorchristlichen Jahrhundert die Grundlage des griechischen Alphabets. Sie bestand aus zweiundzwanzig Konsonanten, aus denen sich neben der griechischen Schrift auch das hebräische Alphabet entwickelte. Die auf Kreta und dem Peloponnes verwendeten Schriftzeichen der minoischen Kultur aus dem 18.–15. sowie dem 13.–12. Jahrhundert vor Christus standen hingegen nicht, wie man vielleicht annehmen könnte, in einem Verhältnis zur später entstandenen griechischen Schrift.

In einem heute nicht mehr nachvollziehbaren Schritt emanzipiert sich also ein Zeichensystem, das ursprünglich nur der Logistik diente, aus seinem bisherigen Verwendungszweck. Zeichen werden zu Buchstaben, die eine unendliche Zahl an Wörtern bilden können. Nun konnte in der Kombination aus Konsonanten und Vokalen ein exaktes Abbild der gesprochenen Sprache erstellt werden. Der Wortschatz blieb nicht auf das überschaubare Kontingent bekannter Begriffe beschränkt, sondern wies bestimmten Lauten ein exaktes Zeichen zu. Damit waren nicht nur Missverständnisse ausgeschlossen; nun konnten auch Wörter generiert werden, die man vorher noch nicht kannte. Der Reichtum überlieferter Lieder und Heldensagen konnte dauerhaft fixiert werden. Der Fantasie der menschlichen Sprache entsprach nun in der Schrift eine Verstetigungsform, die für eine rapide Zunahme und rasche Ausbreitung des Fiktionalen sorgte. Der Wert des einmal Gedachten verschwand nicht mehr, sondern erhielt ein materielles Dokumentationsformat.

Nach den sumerischen Kaufleuten waren es die griechischsprachigen Dichter, die ab dem achten Jahrhundert vor Christus damit begannen, ihre vom Hörensagen überlieferten Erzählungen aufzuschreiben. Mit Hesiod im siebten vorchristlichen Jahrhundert, einem Viehzüchter und Landbesitzer auf dem griechischen Festland, sowie hundert Jahre früher Homer, einem unbekannten ionischen

Dichter, dessen Existenz heute fraglich erscheint, beginnt die eigentliche Erkundungsreise des Denkens. In Liedern und Heldenerzählungen wird die Vergangenheit zum lebendigen Erzählstoff der Gegenwart, das private Nachdenken zu einem öffentlichen Gesprächsthema. Die Einsichten und Anschauungen des Einzelnen kulminieren zu einem narrativen Geflecht.

Damit werden auch Götter und ihre Eigenschaften zu Gegenständen des intersubjektiven Gedankenaustausches und des zwischenmenschlichen Gesprächs. Das Göttliche wird sozial kommunizierbar und damit bereits unweigerlich ein Stück seiner ursprünglichen Geheimnishaftigkeit beraubt. Die Verschriftlichung des Lebens entzaubert das Numinose schon allein deshalb, weil es sich der sprachlichen und argumentativen Logik des Menschen unterwerfen muss. Die schriftliche Verstetigung und Ausbreitung des Narrativen ermöglichen einen reflektierten Umgang mit dem Pantheon. Die Götterwelt wird fraglich. Der nächste Schritt, die Ursachen der Welt dem unmittelbaren Zugriff durch das Göttliche zu entziehen und auf stoffliche Ursachen zurückzuführen, ist nicht mehr weit.

Mit den Anfängen der griechischen Kultur im östlichen Mittelmeerraum beschäftigt sich die leicht verständliche Einführung von *Elke Stein-Hölkeskamp, Das archaische Griechenland. Die Stadt und das Meer*, München ^{2}2019.

II. Glauben und Wissen in der vorchristlichen Antike

Die ersten Schritte einer Weltdeutung mithilfe der Natur werden ab dem sechsten vorchristlichen Jahrhundert von Gruppierungen oder einzelnen Persönlichkeiten unternommen, die wir als „Vorsokratiker" bezeichnen. Diese Bezeichnung verdankt sich einer etwas abschätzigen Namensgebung durch den Philosophen Georg Wilhelm Friedrich Hegel (1770–1831), der sich damit auf die Wegbereiter des philosophischen Denkens vor Sokrates (469–399 v. Chr.) bezog. Tatsächlich sind sie allerdings weit mehr als das. Die Vorsokratiker fragen nach Ursachen und Anfängen, die sie nicht, und das ist das Entscheidende, in alten Sagen und Göttermythen vermuten. Sie finden sie vielmehr in natürlichen Grundelementen, weshalb man sie auch als Naturphilosophen (gr. φυσικοί, zu Deutsch: „Physiker") bezeichnet. Was sich aus heutiger Sicht eher wie eine Nebensächlichkeit ausnimmt, war damals geradezu revolutionär. Für Heraklit von Ephesus (535–475 v. Chr.) war es das Feuer, für Thales von Milet (624/623–548/544 v. Chr.) das Wasser. Empedokles schließlich (um 495–435 v. Chr.) machte vier Grundelemente geltend: Feuer, Wasser, Luft und Erde. Diese Urelemente sind sichtbar und allgegenwärtig. Sie begleiten das alltägliche Leben der Menschen und verleihen der Welt Ordnung und Struktur.

Andere Vorsokratiker verstanden sich als Zahlentheoretiker, deren mathematischen Gesetzen man während der eigenen Schulzeit sicher schon einmal begegnet ist. Unter ihnen dürften der Satz des Pythagoras und der des Thales die bekanntesten sein. Eine gewisse Vorliebe bei allen Denkern lässt sich für die Zahl eins oder andere Grundzahlen, etwa für die drei und vier, feststellen. Da höhere Zahlen nur ein Vielfaches dieser Grundzahlen darstellen, sind diese ebenso zu bevorzugen wie jene Naturbausteine, aus denen die Welt aufgebaut ist. Damit ist ein wichtiges Moment der antiken Philosophie benannt: Das Denken kreist weniger um die zahlreichen Einzelerscheinungen, sondern sucht stets das Gemeinsame, das in jedem Einzelnen als Basis enthalten ist.

Ungeachtet ihrer unterschiedlichen Herkunft und inhaltlichen Differenzen treibt alle Vorsokratiker dieselbe Frage um: Was steckt hinter der Natur und ihren Erscheinungen? Gibt es ein einziges Prinzip oder existieren gleich mehrere Ursachen, mit denen die Welt in der Vielfalt ihrer Gegenstände erklärt werden kann? Solche Fragen tragen nicht mehr die Signatur früherer mythologischer Narrative. An diesem Punkt beginnt bereits unsere eigentliche Erkundungsreise. Sie haben schon richtig gelesen: Es sind die ersten Menschen, die die alten Göttervorstellungen aus ihren Welterklärungen verbannen und uns die ersten Hinweise darauf geben, wie Gott oder das Göttliche mit unserer Vernunft in Einklang zu bringen ist. Das Nachdenken darüber setzt einen vernunftbasierten Blick auf die Welt voraus.

Die Anfänge des Denkens – das Denken der Anfänge

Die Vorsokratiker waren sich darüber im Klaren, dass die herkömmlichen Götterbilder weniger mit den Gründen dieser Welt zusammenhängen als vielmehr mit Bildern und Aussagen, die wir über uns selbst treffen. Die alten Götter bieten keine wirklichen Gründe an, weil sie uns viel zu ähnlich sind. Sie sind in vielerlei Hinsicht ein karikierendes Abziehbild unserer Stärken, und vor allem: unserer Schwächen und Fehler – mit dem einen Unterschied, dass sie, einmal geboren, unsterblich sind. Ansonsten verdoppeln sie lediglich menschliche Verhaltensmuster. In ihrer Launenhaftigkeit und Selbstgefälligkeit stellen sie die menschliche Unvollkommenheit in den Schatten. Insofern bieten sie sich nicht als Ursache für kosmische Ordnungen und natürliche Harmoniegesetze an. Als letzte Gründe unserer Welt taugen keine bilderreichen, nicht selten blutrünstige Mythologien.

Die Suche nach den eigentlichen Ursachen setzt den kritisch hinterfragenden, neugierigen Menschen voraus. Dieser Mensch sucht nicht nach Trost, sondern nach Antworten. Er will Zusammenhänge begreifen und verstehen und diese Einsichten nicht wieder in das ungenaue und unzuverlässige Medium des Narrativen verkleiden, sondern klar und deutlich für die Umwelt dokumentieren.

Die Anfänge des philosophischen Denkens bei den Vorsokratikern fallen nicht zufälligerweise mit der Entstehung der griechischen Schrift zusammen, weil ungefähr ab dem achten vorchristlichen Jahrhundert ein Zeichensystem zur Verfügung steht, das die gewonnenen Erkenntnisse wiedergeben kann. Und auch wenn die wenigen Texte, die heute noch erhalten sind, uns manchmal rätselhaft und zwiespältig erscheinen, markieren sie einen wesentlichen Wendepunkt innerhalb der abendländischen Geistesgeschichte: Von nun an wird die von der Macht der Götterwelt beherrschte Natur durch eine Kultur wissenschaftlich getriebener Neugierde abgelöst und damit das Fundament für die eigentliche Frage nach dem Grund unserer Wirklichkeit geschaffen.

Abschied von den Göttern

Die Anfänge des Denkens emanzipieren sich von einem Weltbild, in dem das Schicksal des Einzelnen oder das einer Gemeinschaft von der Gunst der Götter abhing. Die Vorsokratiker sind damit die ersten Religionskritiker, und das in einer Zeit, in der das tägliche Leben und nahezu alle Bereiche der Kultur von Göttern, Göttinnen, Göttersymbolen und heiligen Handlungen durchdrungen waren. Distanz und Kritik am Götterkult waren jedoch nicht immer gerne gesehen und wurden schnell mit dem Vorwurf der Gotteslästerung belegt. Dabei vertraten die ersten Denker lediglich Thesen, die uns heute aus der Psychoanalyse vertraut sind.

So entlarvte Xenophanes von Kolophon (ca. 580/70–475/70 v. Chr.) die landläufigen Göttervorstellungen seiner Umwelt als Anthropomorphismen:

> „[…] die Sterblichen meinen, die Götter seien geboren und hätten solche Kleider wie sie selbst, eine Stimme und einen Körper. […] Aber wenn Rinder und Pferde und Löwen Hände hätten oder mit ihren Händen malen und Bildwerke vollenden könnten, wie das die Menschen tun, dann würden die Pferde die Göttergestalten den Pferden und die Rinder sie den Rindern ähnlich malen und sie würden die Statuen der Götter mit einem solchen Körper meißeln, wie sie ihn jeweils auch selber haben.“[1]

---

[1] Xenophanes von Kolophon, Frgm 14 u. 15, in: G. S. Kirk/J. E. Raven/M. Schofield (Hg.), Die vorsokratischen Philosophen: Einführung, Texte und Kommentare, Stuttgart – Weimar 1994, 184. Die Stellenangaben bei den Vorsokratikern werden üblicherweise nach der Ausgabe von: H. Diels/W. Kranz (Hg.), Die Fragmente der Vorsokratiker, 3 Bde, Berlin [6]1951/52, zitiert; in diesem Fall: DK 21 B14 & B15.

Wir wissen damit, warum der Dichter Joseph Mohr im bekanntesten Weihnachtslied der Welt den neugeborenen Jesus als nordeuropäischen „holden Knaben im lockigen Haar“ beschreibt, während afrikanische Krippenfiguren alle eine schwarze Hautfarbe haben. Die Vorstellungen, die wir von unseren Göttern haben, gleichen im Wesentlichen unserem eigenen Spiegelbild. Sagen diese Bilder dann nicht eher über uns etwas aus? Tatsächlich sieht sich der Götterglaube mit der Äußerung des Xenophanes mit der Frage nach der prinzipiellen *Erkennbarkeit* des Göttlichen konfrontiert. Seit den Anfängen philosophischen Denkens fließen also auch stets kritische Momente hinsichtlich der Reichweite und der Voraussetzungen menschlicher Erkenntnis mit ein, die uns im Laufe der Geschichte immer wieder begegnen. Der Skeptizismus, den die Haltung des Xenophanes widerspiegelt, steht jedem absoluten Wahrheitsanspruch – und so auch religiösen Überzeugungen – kritisch gegenüber. Ganz ähnliche skeptische Ansätze finden sich in späterer Zeit auch in der Stoa.

Alles „ist“ oder alles „wird“ – Das Sein und die Zeit als Grundfiguren des Denkens

Aus der Gruppe der Vorsokratiker greife ich im Folgenden zwei Denker heraus, die in ihren Ansichten so weit auseinanderliegen, dass sie das ganze Spektrum an möglichen Denkformen dazwischen umklammern: Parmenides von Elea in Unteritalien (ca. 520–460 v. Chr.) und Heraklit von Ephesus in Kleinasien, das man damals Ionien nannte. Die beiden Vorsokratiker stehen nicht nur für entgegengesetzte Ansichten, sondern lebten zudem an den jeweiligen Endpunkten der damals griechisch sprechenden Welt.

Parmenides von Elea: Alles ist wirklich

Parmenides betrachtet die Welt als ein einheitliches und ewiges Ganzes, das er als „das Seiende“ bezeichnet. Alles was ist, existiert nun mal. Das klingt banal, hat aber durchaus gravierende Folgen. Denn zu dem, was existiert, also in irgendeiner Weise „ist“, lässt sich alles rechnen: Auch Gedanken, Erinnerungen, Vorstellungen und Fantasien und freilich auch die konkreten Gegenstände unserer Erfahrung. All das ist zunächst einmal dadurch qualifiziert, dass es ist – und nicht „nicht-ist". Selbst der abwegigste Gedanke, die wildeste Vision, ist ja in Gestalt des Gedachten vorhanden. Einhörner sind so gesehen keine Hirngespinste, sondern im Sinne des Parmenides ein Stück unserer Realität. Sie besitzen ein Sein, sie sind *etwas* und nicht *nichts*. Für Parmenides ist alles auf irgendeine Weise „da", weil sich alles, was ist, denken und benennen lässt:

> „Etwas anderes über das Seiende hinaus gibt es nämlich weder noch wird es das je geben […]."[2]

In welcher Weise das sogenannte Seiende dann ist, ist eine andere Frage. Aber dass alles zunächst irgendwie ist, schließt keinen Bereich unserer Wirklichkeit aus.

Der dem griechischen „ist" zugrundeliegende Infinitiv „Sein" sowie dessen Partizipialform „das Seiende" (gr. τὸ ὄν, lat. ens) bilden den Begriff der „Ontologie", der Lehre vom Seienden. Unter Ontologie versteht man zunächst das Nachdenken über die Wirklichkeit als Ganzes, also auch über die Gründe unserer Erfahrungen und aller Gedanken und Empfindungen, die wir nicht unmittelbar sinnlich erfassen. Die Konsequenz aus der parmenideischen Ontologie besteht darin, dass keine Tatsache wirklich neu und keine Idee veraltet ist, weil es in dieser komplexen, alles umfassenden Realität kein Werden und Vergehen geben kann. Da alles in irgendeiner Weise da ist, können wir lediglich unterschiedliche Zustände ein und derselben Wirklichkeit wahrnehmen. Diese Zustände beinhalten oder bewirken allerdings substanziell keine Veränderungen.

In der Tat haftet dieser These etwas ausgesprochen Modernes an, da wir wissen, dass unser Universum nur aus atomaren Grundbausteinen und Energieformen besteht und sich alles, was ist, als das Energieäquivalent von Materie beschreiben lässt. Die Einsicht des Parmenides, so abstrakt sie auch klingen mag und so wenig sie unserer sinnlichen Wahrnehmung entspricht, wird wichtig für den späteren Gottesbeweis des Anselm von Canterbury (um 1033–1109) sein. Aber auch moderne Ansätze, etwa der des Münsteraner Theologen und Philosophen Klaus Müller (*1955), von dem in diesem Buch noch öfters die Rede sein wird, berufen sich auf Parmenides.

---

[2] Parmenides, Frgm 8, in: Kirk, 278 (DK 28 B8).

Die Relevanz eines Realitätsverständnisses, das alle Modi des Seienden umfasst – also auch jeden Gedanken und jeden Wunschtraum, die vergangenen und zukünftigen Ereignisse und überhaupt alle Weisen und Gestalten unserer gedanklichen und sinnlich erfahrbaren Wirklichkeit sowie unserer individuellen Beziehung zu ihr – wird uns immer wieder begegnen.

Heraklit von Ephesus: Alles ist vergänglich

Der Gegenspieler des Parmenides ist Heraklit von Ephesus. Ephesus liegt in der Nähe der heutigen Stadt Izmir und war damals eine prosperierende Handels- und Kulturmetropole. Wir kennen diesen Ort auch aus den paulinischen Gemeindebriefen.

Im Zentrum von Heraklits Philosophie steht nicht das Sein, unter dem wir alles, was existiert, zusammenfassen und irgendwie existierend denken können, sondern sein Gegenteil: das Werden und Vergehen. Betrachtet man alles aus einer zeitlichen Perspektive, ereignet sich alles nur ein einziges Mal. Sicherlich hat jeder schon einmal die Erfahrung gemacht, dass es nichts Schöneres geben kann als einen gelungenen Urlaub. Nicht selten sind dabei die ungeplanten, glücklichen Zufälle von entscheidender Bedeutung. Die Versuchung, diese schöne Zeit, diese geglückten Augenblicke zu wiederholen, ist groß. Jedoch erweist sich der zweite Urlaub, auch wenn er als eine exakte Wiederholung des ersten geplant wurde, längst nicht mehr als so schön wie der erste. Der Zauber des ersten Erlebens ist verschwunden. Heraklits berühmtes πάντα ῥεῖ – „Alles fließt" – fasst diese schmerzliche Erfahrung, dass viele Dinge, gerade die schönen Momente des Lebens, nun mal einzigartig sind, zusammen:

> „Denen, die in dieselben Flüsse hineinsteigen, strömen andere und immer wieder andere Gewässer zu. [...] [Der Fluß] zerstreut und [...] bringt [...] zusammen [...] sammelt sich und fließt fort [...] nähert sich und entfernt sich."[3]

Der Philosoph Platon (ca. 428–348 v. Chr.) bringt die Pointe des oft kryptisch klingenden Heraklits auf den Punkt:

---

[3] Heraklit, Frgm 12, in: Kirk, 213 (DK 22 B91).

> „Heraklit sagt doch wohl, alles sei in Bewegung und nichts habe Bestand, und indem er die Dinge mit der Strömung eines Flusses vergleicht, sagt er, man könne den Fuß nicht zweimal in den nämlichen Fluß setzen.“[4]

Parmenides und Heraklit scheinen einander diametral gegenüber zu stehen: Für Parmenides gibt es keine Veränderung in der Welt, weil weder das Alte verschwindet noch wirklich Neues entsteht, während sich für Heraklit die Welt ständig verändert und keine Sekunde der anderen gleicht. Aber widersprechen sich diese Aussagen tatsächlich?

Ein cleverer Einwand besteht darin, zu behaupten, dass zwischen Parmenides und Heraklit kein großer Unterschied bestünde; denn Heraklit stellt ja lediglich unterschiedliche Zustände ein und desselben Bewusstseins fest, die sich nacheinander ereignet haben. Ist Heraklit also in Wirklichkeit nicht eine Art Semi-Parmenidianer? Wir könnten aber genauso gut bei Parmenides die Anfrage stellen: Wo wäre hier noch Platz für den individuellen Blick, das Einzigartige und den einmaligen Augenblick? Also für etwas, das sich von einem anderen eben in seinem So-und-nicht-anders-Sein unterscheidet? Auf die Spitze getrieben: Wenn alles Sein bereits mit dem Denken erfasst ist und es außerhalb des Denkens nichts gibt, was nicht einmal gedacht werden könnte, woher kommt dann das Überraschende und Neue in unserem Leben? Können wir das Vergangene jemals vergessen? Ist die Zeit überhaupt eine reale Erfahrung? Wenn wir dem zustimmen, dass Zeit eine reale Erfahrung ist, kann in der Argumentation des Parmenides etwas nicht stimmen. Wenn es sich bei der Zeit aber nicht um eine Realität handelt, täuschen uns die Erfahrungen etwas vor und unsere Sinneserfahrungen stimmen nicht. Die Welt, die wir erleben – mit einem „Davor“ und einem „Danach“ – ist also nicht real, weil sich in Wirklichkeit nichts verändert, sondern alles bereits irgendwie da ist.

Wie es scheint, gibt es sowohl bei Heraklit als auch bei Parmenides einen wahren Punkt. Ihre Ansichten laufen nicht auf ein *Entweder – Oder* hinaus. Weder liegt Parmenides allein richtig noch ist Heraklits Sicht ausschließlich falsch. Beide beleuchten vielmehr auf je eigene Weise ein wesentliches Element unserer Wirklichkeit: Ihre komplexe Einheit aus Denken und Sein sowie ihre Veränderlich-

---

[4] Platon, Kratylos 402, in: Sämtliche Dialoge, übers. u. erl. v. O. Apelt, Bd. II, Hamburg, zweite, durchg. Auflage 1993.

und Zeitlichkeit. Sie ist weder eine Einbildung unseres Bewusstseins noch ist sie ein unveränderlicher Dauerzustand. Die Welt existiert in ihrer Veränderung.

Die Vorstellungen der Vorsokratiker prägten das christliche Verständnis von Ewigkeit, von Sein und Werden. Die Auffassung des Heraklit war ebenso grundlegend für die Ideen des Christentums wie die des Parmenides. So spricht am Ende der Antike der Kirchenlehrer Aurelius Augustinus (354–431) im elften Buch seiner „Bekenntnisse" der Zeit schlichtweg die Daseinsberechtigung ab: Angesichts der Ewigkeit Gottes ist die Veränderung in der Welt eine vernachlässigbare Größe. Sie ist als Zustand entweder in der noch ausstehenden Zukunft oder liegt bereits in einer erledigten Vergangenheit. Auch im Mittelalter werden die Vorstellungen des Parmenides und des Heraklit wieder aufgegriffen, auch wenn die antiken Quellen oft nicht greifbar und ihre Urheber bereits in Vergessenheit geraten waren.

Athen: Aus einer Polis wird eine Weltmacht

Mit der klassischen Zeit verlagert sich die Philosophie, die bislang überwiegend in Süditalien und Kleinasien beheimatet war, auf das griechische Festland; genauer gesagt, sie konzentriert sich auf Athen, das nach der Niederschlagung der persischen Seeflotte vor Salamis (482 v. Chr.) eine atemberaubende wirtschaftliche und kulturelle Blüte erlebte. Diesem Aufstieg verdankt sich das heute noch bekannteste Wahrzeichen einer Großstadt: die Akropolis. Der reichste der damals autonom regierten Stadtstaaten, im Griechischen πόλις („pólis") genannt, wird zum überschaubaren Mikrokosmos, aus dem heraus sich die Ansätze zur Erklärung der gesamten Welt bilden lassen. Die demokratischen Steuerungselemente der Volksversammlung und die Bildung von Delegationen, beispielsweise der „Rat der 500", werden in diesen reichen Jahrzehnten Athens grundgelegt. Es ist kein Zufall, dass gerade die begrenzte Welt einer Stadt, sei es nun Athen oder das ostpreußische Königsberg, das der Philosoph Immanuel Kant (1724–1804) um kein Geld der Welt verlassen wollte, für die Philosophie die idealen Voraussetzungen bietet, um universale Theorien zu entwickeln.

Die goldene Epoche Athens, in der es eine demokratische Staatsform gab, dauert allerdings vergleichsweise kurz: Zwischen

479 v. Chr., der letzten siegreichen Schlacht gegen die Perser in Platäa und dem Beginn der Peloponnesischen Kriege 431 v. Chr. gegen den ewigen Konkurrenten Sparta, liegen nur knapp vier Jahrzehnte. Die Pest, die Athen im zweiten Jahr nach Kriegsausbruch heimsuchte, beschleunigte den Verfall der blühenden Kulturmetropole. Genau genommen kam es zur vielzitierten Athener Demokratie eigentlich erst 462 v. Chr. nach der Entmachtung des Areopags, dem obersten Schiedsgericht, der Athen bis dahin im Grunde durch Beamte auf Lebenszeit regierte.

Anaxagoras: Ein ionischer Philosoph macht das Unsichtbare sichtbar

Sieht man sich diese wenigen Jahrzehnte näher an, wird man immer wieder auf den Namen Anaxagoras (499–428 v. Chr.) stoßen. Anaxagoras war Lehrer des berühmten Perikles (um 490–429 v. Chr.), mit dem man die Kernzeit der Demokratie ab dem Jahr 462 v. Chr. verbindet. Er stammte wie Heraklit aus Ionien. Die längste Zeit seines Lebens verbrachte er allerdings als Lehrer und Philosoph in Athen.

Anaxagoras erweitert die bisherigen Vorstellungen um einen wichtigen Aspekt. Er entdeckt insbesondere die geistige Dimension der vorsokratischen Elementenlehre. Eine erste Weiterentwicklung war bereits die Lehre vom stofflich Unbestimmten, dem Unbegrenzten (gr. ἄπειρον), die ein Schüler von Thales, Anaximander (610–546 v. Chr.) in Milet, vertrat. Hier begegnete uns zum ersten Mal die für Anaxagoras seinerseits grundlegende Vorstellung einer abstrakten, erstursächlichen Form. In den spätantiken Schriften des Simplikios von Kilikien (um 480–560) wird der Gedanke des Unbegrenzten bei Anaximander beschrieben:

> „[…] eine bestimmte andere, unbegrenzte Natur, aus der alle Himmel und die Welten in ihnen hervorgehen. Und was den seienden Dingen die Quelle des Entstehens ist, darin erfolgt auch ihr Vergehen, ‚gemäß der Notwendigkeit; denn sie strafen und vergelten sich gegenseitig ihr Unrecht nach der Ordnung der Zeit‘, wie er es mit diesen eher poetischen Worten zum Ausdruck bringt.“[5]

[5] Simplikios, in Phys. 24,17 (101A), in: Kirk, 128 (DK 12 A9).

Der Gedanke des Unbegrenzten war die Basis des Anaxagoras. Dieser entwickelt in Athen die erste umfassende Theorie eines obersten Prinzips als reinem Geist: Unbegrenzt, unsichtbar und unsagbar. Anaxagoras überwindet als erster Denker die elementare Naturphilosophie und vereint die stofflichen Elemente unter der großen Klammer eines ersten obersten Geistes: Jener unsichtbare Geist (gr. νοῦς) ist hier das Absolute, Unteilbare und das Eine:

> „An jedem hat alles andere in der Weise eines Anteils teil, während der Geist unbegrenzt, selbständig herrschend und mit keiner Sache vermischt ist; nur er existiert vielmehr an und für sich. Denn wenn er nicht an und für sich existieren würde, sondern mit irgendetwas anderem vermischt wäre, hätte er, falls er mit irgendeinem Ding vermischt wäre, an allen Dingen teil. In jedem ist nämlich ein Anteil von jedem [...] und die mit ihm zusammengemischten Dinge würden ihn hindern, so daß er über nichts in der gleichen Weise wie jetzt herrschen könnte, wo er allein an und für sich existiert. Denn er ist die feinste von allen Sachen, auch die reinste, hat von allem jede Erkenntnis und besitzt die größte Kraft; und alles, was Seele hat, beherrscht der Geist, sowohl die größeren als auch die kleineren Lebewesen. Auch die gesamte Kreisbewegung beherrscht der Geist, so daß sie überhaupt stattfindet. [...] Nichts sondert oder trennt sich vollständig vom anderen, ausgenommen der Geist. Der Geist ist allemal gleich, sowohl der quantitativ größere auch der quantitativ kleinere. Dagegen ist nichts anderes irgendetwas sonstigem gleich; wovon vielmehr am meisten in jedem einzelnen Gegenstand ist, das als das deutlichste ist und war er.“[6]

Diese Entwicklung ist innerhalb der Philosophie bahnbrechend. Der Geist des Anaxagoras verbindet die unterschiedlichen elementarphilosophischen Ansätze seiner Zeit, indem er über die stoffliche Ausrichtung hinaus die Erstursache auf eine nächste abstrakte Erklärungsstufe stellt. Zugleich verfügt der Mensch über ein Instrument, um sich mit der Sphäre des Göttlichen zu verbinden. Damit erfolgt ein entscheidender Abstraktionsprozess, der zur weiteren Theoretisierung des Gottesgedankens in der Folgezeit beiträgt und die wechselseitige Rezeption von griechischer Philosophie und antikem Christentum ermöglicht.

---

[6] Ebd., 164, 24 und 156, 13, in: Kirk, 397f (DK 59 B12).

Infolge seiner Abstraktheit kommt es mit dem Geist-Begriff des Anaxagoras zu einem ersten Höhepunkt in der bisherigen Entwicklung. Zugleich läuft diese Geistphilosophie Gefahr, zu sehr die praktischen Fragen und konkreten Probleme des Lebens aus dem Blick zu verlieren. Dahingehend zeichnet sich in der unmittelbar nachfolgenden Generation eine weitere Wende innerhalb der Athener Philosophie ab. Mit den beiden Athenern Sokrates (470–399 v. Chr.) und Platon (428/427–348/347 v. Chr.) erhält die Suche nach den ersten Ursachen eine bislang wenig beachtete Dimension: Was sind die Gründe für menschliches Handeln? Die bisherigen Ansätze suchten nach Erstursachen in der Natur. Der praktische Bezug des Menschen und seine konkreten ethischen Probleme standen hingegen auf der Schattenseite des philosophischen Denkens. Wie bewältigt man aber die alltägliche Herausforderung, zwischen gut und schlecht, zwischen richtig oder falsch, eine verantwortbare Entscheidung zu treffen? Der Geist des Anaxagoras mag zwar jene Vernunft beleuchten, die dem kosmischen Geschehen zugrunde liegt, warum aber die Athener Sokrates ins Gefängnis geworfen haben und er dort auf seine Hinrichtung warten muss, kann damit nicht erklärt werden. So jedenfalls erläutert Platon mit sarkastischem Unterton seinem Schüler Kebes im Dialog „Phaidon“ seine Kritik an der Geistphilosophie des Anaxagoras. Anaxagoras, so die Vermutung des Sokrates, hätte ihm wahrscheinlich auf die Frage nach dem Grund seiner Inhaftierung eine für die Situation völlig unpassende Erklärung abgeliefert: „daß ich [= Sokrates, W. B.] deshalb jetzt hier sitze, weil mein Körper aus Knochen und Sehnen zusammengesetzt ist und die Knochen fest sind und voneinander getrennte Gelenke haben“.[7]

Mit Sokrates wird deutlich, dass für die Philosophie nicht theoretische, sondern eigentlich praktische und lebensethische Fragen im Mittelpunkt stehen müssen: Was ist Gerechtigkeit? Was ist Tapferkeit? Die Erkenntnistheorie ist dort am Ende, wo die konkreten Herausforderungen des Lebens beginnen: In den vielen ethischen Entscheidungen, die morgens bis abends getroffen werden müssen und den zahlreichen Situationen, in denen man richtig oder falsch handeln kann. Bei aller Wertschätzung für die vorsokratische Philosophie kann das Primat des Ethischen mit einem gewissen Recht

---

[7] Platon, Phaidon 98, in: Sämtliche Dialoge, Bd. II, Hamburg ^{2}1993.

als das eigentliche philosophische Anliegen charakterisiert werden, das man mit den Namen Sokrates und Platon verbindet.

Sokrates wehrt sich gegen das intellektuelle Establishment

Von Sokrates selbst wissen wir nichts; nur über die Dialoge seines Schülers Platon ist uns sein Denken bekannt. Freilich ist es heute nach wie vor umstritten, welche Dialoge oder Textschichten die Ansichten des historischen Sokrates wiedergeben und wo der Eigenanteil des Platon überwiegt. Diese Spezialfragen brauchen uns aber nicht weiter aufzuhalten. Die Lebenszeit von Sokrates fällt in die Athener Blütezeit der attischen Demokratie, für seinen Schüler Platon ist diese Phase wegen der Peloponnesischen Kriege mit Sparta bereits Vergangenheit.

Sokrates wendet sich gegen die Ansichten der Sophisten. Das waren Lehrer, die ihre Einsichten gegen Honorar anboten. Heute würden wir sie als Promi-Intellektuelle bezeichnen, die mehr an Einschaltquoten oder Likes interessiert sind als an der mühevollen und oft einsamen Reflexion. So zumindest erscheinen sie, wenn wir das Urteil Platons in seinem Dialog „Sophistes" und andere Berichte über diese Bildungsbewegung zugrunde legen. Für Platon sind sie alles andere als an der Erkenntnis interessiert, sondern lediglich talentierte Redner, die ihren Zuhörern gefallen wollen. Aus seiner Sicht vertreten sie einen gesellschaftlich gefälligen Werterelativismus. Sokrates dagegen interessiert sich für den wahren Kern ethischer Probleme, die er absolut zu begründen versucht und nicht wie die Sophisten am Nützlichkeits- und Effizienzgedanken ausrichten möchte.

Das für unseren Zusammenhang Interessante ist dabei nicht nur das moralische Anliegen, sondern die Art und Weise, mit der Sokrates die Dinge begründet: Er will nicht belehren, sondern seinen Zuhörer zu richtigen Einsichten verhelfen, ähnlich wie eine Hebamme den Geburtsvorgang helfend begleitet – und weniger belehrend als vielmehr therapeutisch, weniger wissend als vielmehr nachfragend und rückfragend. Damit erfindet Sokrates die Form des Denkens als offenen Prozess. Der Zuhörer soll hierbei selbst den Antworten auf die Schliche kommen. Wir können also diese Einsichten nicht erst spontan entwickelt haben, wir tragen sie schon lange in uns, unabhängig davon, wieviel wir von diesen unbewusst-bewussten Einsichten jemals erkennen oder nicht.

Der Ursprung aller Ideen: Platons Höhlengleichnis und ein mühevoller Aufstieg

Eine bekannte russische Anekdote berichtet von einem Gouverneur namens Potemkin, der sich in der Zeit der autokratisch regierenden Zarin Katharina der Großen um den Aufbau der neu hinzugewonnenen Territorien des Russischen Reiches kümmern musste. Als die allseits gefürchtete Herrscherin ihren überraschenden Besuch in einem der Gebiete ankündigte, ließ der Gouverneur an den Straßen, an denen die Herrscherin mit ihrem Gefolge vorbeikommen musste, kurzerhand sauber bemalte Häuserfassaden und Gebäudeattrappen errichten. Damit wollte er den Erfolg seiner Arbeit vortäuschen. Gerüchten zufolge ist die ganze Erzählung am Zarenhof nur erfunden worden, um der steilen Karriere des Gouverneurs einen Riegel vorzuschieben. Aber gesetzt den Fall, die Geschichte wäre tatsächlich so passiert, wäre es Katharina der Großen wahrscheinlich genauso ergangen wie jedem anderen nichtsahnenden Menschen, der zum ersten Mal durch eine ihm unbekannte Gegend fährt – er nimmt im guten Glauben erst einmal alles für bare Münze und lässt sich täuschen. Mit den sprichwörtlich gewordenen „Potemkinschen Dörfern" wird allerdings nicht nur die menschliche Schwäche der Gutgläubigkeit umschrieben, sondern auch die Neigung, aufgrund von Sinneseindrücken allzu schnell zu – falschen – Schlüssen zu kommen. Aber warum hat sich denn die Zarin überhaupt so leicht täuschen lassen? Der Grund bestand offenbar darin, dass sie bereits eine fixe Vorstellung davon hatte, wie eine neu errichtete Siedlung oder ein moderner Straßenzug auszusehen hatten. Da die sinnliche Wahrnehmung mit diesen idealen Bildern korrespondierte, konnte es sich doch nur um echte Häuser handeln. Dass sie in Wahrheit allerdings Fassaden für Wohnhäuser hielt und Schein und Sein verwechselte, führt uns zu Platons Ideenlehre.

Platon zufolge liegen sämtliche Vorstellungen über die Welt bereits in uns. Nach diesen „Ideen", wie Platon sie nennt, ordnen wir unsere Wahrnehmungen. Sie sind das erkennende Prinzip, das in uns trotz der oft fehleranfälligen Sinneswahrnehmung zu dem Urteil führt, was ein richtiges Wohnhaus zu einem Wohnhaus und was eine Fassade zu einer Fassade macht. Der vielleicht bekannteste Text, der diese Lehre zum Ausdruck bringt, findet sich in Platons Schrift über den „Staat" (gr. Πολιτεία) und wird allgemein das „Höhlengleichnis" genannt.

Es ist eine in der Tat reichlich skurrile Szene, die Platon seinen Hörern zumutet: Er vergleicht die Lage des Menschen mit gefesselten Höhlenbewohnern, die ständig auf die Schatten von Gegenständen starren, welche ausgehend von einem im Rücken der Gefangenen befindlichen Feuer an die gegenüberliegende Wand geworfen werden. Die eigentlichen Dinge sehen die Gefesselten nicht, nur ihre Schatten. Weil sie nichts anderes kennen, halten sie diese für die tatsächlichen Objekte. Das Ganze erinnert ein wenig an eine Filmvorführung im Kino: Die Szene an der Leinwand wirkt auf den Kinobesucher so realistisch, dass dieser von der gezeigten, freilich nicht real existierenden Welt völlig in den Bann gezogen wird und manchmal erst am Ende der Vorführung wieder merkt, in welcher Welt er sich in Wahrheit befindet. Ähnlich ergeht es bei Platon demjenigen, der sich aus seinen Fesseln befreit und die eigentlichen Umstände seiner Situation erkennt. Er steigt nach oben und kommt an den Ausgang der Höhle, wo er vom alles überstrahlenden Licht der Sonne regelrecht geblendet wird. Erst jetzt begreift er die wahren Zusammenhänge zwischen Fiktion und Realität, zwischen sinnesabhängigen Täuschungen und wahren Ursachen. Er würde, wie Platon schreibt,

> „in der Erinnerung an seine erste Wohnstätte und an seine dortige Weisheit und an seine dortigen Mitgefangenen sich nun glücklich preisen ob dieser Veränderung, jene dagegen bemitleiden".[8]

Das Höhlengleichnis hat zu unzähligen Interpretationen und Übertragungen geführt. Als besonders intensiv erwies sich seine Rezeption im religiösen Bereich und hier vorwiegend im Bereich der christlichen Spiritualität. Der wohl wichtigste Einfluss des platonischen Denkens auf das Christentum besteht in dessen Unterscheidung von Urbild und Abbild. Damit vertritt Platon gegen den Skeptizismus seiner Zeit einen absoluten Begriff von Wahrheit, insofern er hinter den sichtbaren Schattenbildern eine Welt der Urbilder an-

[8] Ders., Der Staat, 516, in: Sämtliche Dialoge, Bd. II, Hamburg ^{2}1993.

nimmt, die allen sinnlichen Erfahrungen als allgemeine Idee zugrunde liegt. Da die Platoniker von der Echtheit von Allgemeinbegriffen ausgehen, wird im Mittelalter eine derartige Sicht kurioserweise als „Realismus" bezeichnet. Heute wären wir eher geneigt, Platoniker als Idealisten oder Visionäre zu charakterisieren, die mit der Realität – gemeint ist unsere sinnlich erfahrbare Wirklichkeit – so ihre Probleme hätten. Richtig ist, dass man sich in der Antike den Sinneseindrücken gegenüber wesentlich kritischer zeigte als heute. Dies hat besonders in der christlichen Tradition zu einer einseitigen Abwertung des Diesseits geführt, was allerdings nicht unbedingt in der Absicht Platons lag. Mit dieser Abwertung konnte im Christentum der Gedanke einer Abwendung von der Welt sowie das jesuanische Armutsideal begründet werden.

Die kritische Haltung gegenüber den Sinneswahrnehmungen führt im Gleichnis Platons zu einer biografischen Kehrtwende einzelner Höhlenbewohner, die alle Merkmale einer Bekehrungsgeschichte mit religiösen Zügen trägt. Auch die Religion verlangt stets eine Umkehr, eine Entscheidung. Die bisherige Welt wird als Kerker beschrieben, in dem der Mensch als Gefangener lebt, der in einem Zustand des Wahns nicht anders kann, als die Wand vor sich anzustarren. Das Höhlengleichnis unterscheidet zwischen dem Einzelnen, der zur Wahrheit berufen ist, und der Masse, die im Irrtum verbleibt, sowie zwischen der Höhle als lebensweltlichem Verlies und der Oberwelt des Sonnenlichts. Die Unterscheidung von oben und unten wird sich in der Folgezeit als Bild festsetzen, weil es sich religiös interpretieren lässt und daher nicht nur im heidnischen Platonismus, sondern insbesondere im Christentum und später im Islam populär wird. Das Leben in der Höhle ist das des gottfernen, den Trieben des Leibes verhafteten Sünders; der Gläubige sagt sich hingegen von den materiellen Dingen los, er unterdrückt seine körperlichen Bedürfnisse und strebt nach oben. So werden wir es auch bei Augustinus lesen.

Platon wurde in der christlichen Rezeption überwiegend dualistisch ausgelegt. Es ist unbestritten, dass ideelle Wahrheitsansprüche, ob philosophisch oder theologisch begründet, einen Hang zum Dualismus entwickeln. Dualismen unterteilen grundsätzlich alle Bereiche in wahr und unwahr, in gut und böse oder in richtig oder falsch. Sie formulieren ihre Behauptungen stets in Abschwächung einer gegenläufigen Behauptung. Ein gottgefälliges Leben erfordert also, so die gängige Lesart über viele Jahrhunderte hinweg, eine Abgrenzung von Welt und materiellen Werten. Der platonische und christliche Dualismus wird das Denken Europas in der Antike und im Mittelalter über weite Strecken bestimmen. In der Neuzeit unterscheidet dualistisches Denken Geist und Natur oder ein inneres Bewusstsein von Gegenständen der sinnlichen Erfahrung. Im Grunde bleibt der Dualismus bis in die Gegenwart vorherrschend. Ob diese Logik allerdings zwingend ist, steht auf einem anderen Blatt. Eine enge Auslegung des Höhlengleichnisses kann zweifelsohne diese dualistische Sichtweise bestätigen. Voraussetzung dafür ist allerdings, dass die beiden gegensätzlichen Ebenen auch unabhängig voneinander existieren und dass das Obere positiv, das Untere immer negativ ist. Ich habe aber meine Zweifel, ob Platon selbst diesen krassen Dualismus im Blick hatte, den die Theologie daraus abgeleitet hat. Diese Differenzierung von oben und unten lässt sich auch so deuten, dass Wahrheitsansprüche unabhängig von unserer Erfahrung universal gültig sind. Platoniker sind keine weltanschaulichen Fanatiker. Vielmehr beziehen sie ihre Argumente gerne aus der Logik, aus der Analyse des Denkens und gegen den äußeren Schein. Mathematik ist so gesehen ebenso ein dualistisches Fach, weil sie Wahrheitsansprüche formuliert, ohne damit auf die sinnliche Erfahrbarkeit ihrer Sätze zu schließen. Logische Gesetze und Wahrheiten bleiben auf das Denken des Menschen angewiesen. Wahrheit muss als Wahrheit gedacht und erkannt werden. Dualismus bedeutet auch nicht, dass die beiden Prinzipien von oben und unten unabhängig voneinander existieren. In ihrer wechselseitigen Beziehung sind sie relational aufeinander angewiesen. Sie bestehen nicht in zwei unabhängigen Parallelwelten, weil sie sich ansonsten nicht als „oben“ und „unten“ ausweisen könnten. Sie sind, um einen von Hegel geprägten Begriff aufzugreifen, *dialektisch* aufeinander bezogen. Wir werden später noch sehen, wie Platon im Dialog „Parmenides“ die Ebene der Ideen mit der Ebene der sinnlichen Erfahrung verbindet.

… und wieder zurück auf die Erde: Aristoteles

Der nächste Versuch, aus der Höhle falscher Erkenntnisse zu fliehen, lässt nicht lange auf sich warten. Platons prominentester Schüler ist Aristoteles (384–322 v. Chr.). Mit ihm verbinden sich eine Reihe gravierender Veränderungen: Das antike Athen verliert im Zuge der Peloponnesischen Kriege gegen Sparta seine Autonomie. Das politische Geschehen verlagert sich nunmehr nach Nordgriechenland, wo unter Führung des makedonischen Herrschers Philipp II. eine neue militärische Macht entsteht, die nicht nur die zerstrittenen griechischen Territorialmächte im Korinthischen Bund vereinigt, sondern auch die fortwährende Gefahr durch die Perser ein für alle Mal bannen soll. Dies wird das Lebenswerk des Sohnes von Philipp, Alexander des Großen (356–323 v. Chr.) sein, dessen Lehrer Aristoteles zeitweise ist. Auch Aristoteles stammt ursprünglich aus dem makedonischen Stageira auf der heute von Touristen wie Einheimischen beliebten Halbinsel Chalkidiki.

Der Gegensatz zwischen Platon und Aristoteles lässt sich vielleicht mit einem Satz zusammenfassen: In Platons Philosophie besteht die Welt in der Idee, für Aristoteles liegt die Idee in der Welt. In der Tat: Wenn man Aristoteles liest, hat man gleich mit einer ganz anderen Art des Nachdenkens zu tun. Während Platon in seinen Dialogen didaktisch durchaus modern versucht, die Kompetenzen des Dialogpartners zu aktivieren, damit dieser von selbst auf die in ihm verborgenen Einsichten kommt, sind die Werke des Aristoteles klassische Abhandlungen im unterweisenden Gelehrtenstil. Aristoteles unterteilt und systematisiert seine Lehre. Er schreibt Lehrbücher, die es zu verstehen gilt. Insofern ist er der heimliche Begründer unseres Frontalunterrichts. Die Titel seiner umfangreichen Werke erhalten auch nicht unbedingt einen Schönheitspreis in puncto Originalität. Das ist vielleicht auch der Grund, weshalb man sich heute bei einem seiner wichtigsten Werke gar nicht mehr so sicher ist, woher der Titel ursprünglich stammt: „Metaphysik“, gr. τὰ μετὰ τὰ φυσικά. Metaphysik meint zunächst „hinter“, „neben“ oder „nach“ der Physik. Da seine Schriften nicht von ihm selbst, sondern von seinem Schüler Andronikus von Rhodos im ersten Jahrhundert vor Christus systematisiert wurden, ist es durchaus möglich, dass Andronikus die allgemeinen und erkenntnistheoretischen Gedanken einfach in der Schriftensammlung im wörtlichen Sinne *nach* der „Physik“, den naturwissenschaftlichen Beobachtungen des Aristoteles, eingereiht hat.

Die Metaphysik bietet für die Theologie wichtige Einblicke in die Erkenntnislehre des Aristoteles, daher soll der Beginn dieses Textes ausführlich zitiert werden:

„Alle Menschen streben von Natur nach Wissen. Dies beweist die Liebe zu den *Sinneswahrnehmungen*; denn auch ohne den Nutzen werden sie an sich geliebt und vor allen anderen die Wahrnehmungen mittels der Augen. Nicht nämlich nur zum Zweck des Handelns, sondern auch, wenn wir nicht zu handeln beabsichtigen, ziehen wir das Sehen so gut wie allen andern vor. Ursache davon ist, daß dieser Sinn uns am meisten Erkenntnis gibt und viele Unterschiede aufdeckt. Von Natur nun entstehen die Lebewesen mit sinnlicher Wahrnehmung, aus dieser entsteht bei einigen von ihnen keine *Erinnerung*, bei anderen wohl, und darum sind diese verständiger und gelehriger als jene, welche sich nicht erinnern können. Verständig ohne zu lernen sind alle diejenigen, welche keine Geräusche hören können, z. B. die Biene und was etwa sonst für Lebewesen der Art sind; dagegen lernen alle diejenigen, welche außer der Erinnerung auch diesen Sinn besitzen. Die anderen Lebewesen leben nun mit Vorstellungen und Erinnerungen und haben nur geringen Anteil an Erfahrung, das Geschlecht der Menschen dagegen lebt auch mit Kunst und Überlegungen. Aus der Erinnerung entsteht nämlich für die Menschen *Erfahrung*; denn viele Erinnerungen an denselben Gegenstand bewirken das Vermögen einer Erfahrung, und es scheint die Erfahrung der Wissenschaft und Kunst fast ähnlich zu sein. Wissenschaft aber und Kunst gehen für die Menschen aus der Erfahrung hervor; denn ‚Erfahrung brachte *Kunst* hervor', sagt Polos mit Recht, ‚Unerfahrenheit aber Zufall'. Die Kunst entsteht dann, wenn sich aus vielen durch die Erfahrung gegebenen Gedanken eine allgemeine Annahme über das Ähnliche bildet."[9]

Bereits im ersten Satz, so hat es den Anschein, wird das platonische Denken vollständig verworfen. Hier ist von einem „Streben nach Wissen" aller Menschen die Rede. Nach Sokrates und Platon tragen die Menschen bereits ihr Wissen in sich, ohne es zu ahnen. Es existiert unabhängig von unserem Bewusstsein. Sie haben mit ihrer Geburt das Wissen vergessen und rufen es wieder in Erinnerung. Aristoteles zufolge verhält es sich umgekehrt: Die Menschen müssen das Wissen erst erwerben. Es wird erstrebt und stellt ein natürliches Verlangen des Menschen dar. Diesem angeborenen Verlangen entsprechen Grundvollzüge des Lernens, die im Text hervorgehoben werden: Sinnliche Wahrnehmung – Erinnerung – Erfahrung – Kunst. Für Aristoteles ist der Mensch im Gegensatz zu Platon kein introspektives Wesen, sondern geht aus sich heraus und auf seine Umge-

[9] Aristoteles, Metaphysik, 980a–981a, in: Philosophische Schriften in 6 Bänden, nach der Übersetzung v. H. Bonitz, Bd. 5, Hamburg 1995.

bung zu. Mittels der sinnlichen Wahrnehmung – die bei Platon als trügerisch entlarvt wurde – verfügt der Mensch nach Aristoteles über einen unmittelbaren Zugang zur Welt. Gedächtnis und Erfahrung ermöglichen das Beobachten der Natur und zeigen die ihr immanenten Zusammenhänge auf. Die Gegenstände sind mehr als nur einzelne Dinge, die an mir isoliert vorbeiziehen, sondern stehen in einem Verhältnis zueinander. Der Mensch ist in seiner Weltgestaltung Teil dieses vernetzten Geschehens und nicht nur der kontemplative Beobachter, der sich, um zur Wahrheit zu gelangen, von den Objekten seiner Sinneswahrnehmung abwenden muss.

Die Erkenntnis des Allgemeinen im Konkreten

Die Unterschiede zwischen Platon und Aristoteles liegen auf der Hand. Allerdings verbindet die beiden ein wesentlicher Aspekt. Das entscheidende Wort steht im zitierten Abschnitt im letzten Satz: Es ist die „allgemeine Annahme", die sich aus den Erfahrungen ableiten lässt. Das Allgemeine bleibt im griechischen Denken seit den Vorsokratikern immer das Entscheidende und Wesentliche. Obwohl der aristotelische Ansatz sich aus sinnlichen Erfahrungen herleitet, entwickelt er erstaunliche Parallelen zur Ideenwelt Platons.

Diese grundsätzliche Entscheidung zugunsten des Überindividuellen, auch bei Aristoteles, wird durch einen Zentralbegriff in dessen „Kategorienlehre" zum Ausdruck gebracht: „Substanz" (gr. οὐσία, lat. substantia). In dieser wirkungsgeschichtlich bedeutenden Schrift unternimmt Aristoteles den Versuch, jeden konkreten Gegenstand mithilfe von zehn Oberbegriffen vollständig zu erfassen. Dabei unterscheidet Aristoteles zwischen der ersten Kategorie, der Substanz, im Sinne des begrifflichen Wesens wie zum Beispiel „Mensch", und seinen neun hinzukommenden, äußerlich bestimmbaren Eigenschaften, die man auch „Akzidenzien" nennt, etwa Anzahl, Farbe und Größe. Die neun Akzidenzien stehen mit der einen Substanz in einem gewissen Wechselverhältnis, sie bedürfen einander: Die Größe gibt es nicht für sich alleine, sie hängt an der Substanz „Wolfgang"; umgekehrt existiere ich immer nur einmal, das heißt meine Existenz ist nicht denkbar ohne eine bestimmte Größe, Haarfarbe, und so weiter.

Jeder konkrete Gegenstand besteht einerseits aus einer „Form" und andererseits aus „Materie", also aus einem begrifflich bestimmbaren Wesen, seiner Substanz, und den sinnlich erfassbaren akzidentiellen Eigenschaften, die sich im Laufe der Zeit auch ändern können. Die untrennbare Verbindung aus Form und Materie wird mit dem griechischen Fachbegriff „Hylemorphismus“ bezeichnet. Form und Materie werden nur im Denken auseinandergehalten; in Wirklichkeit sind sie – gegen Platon – eine Einheit. Wenn wir alten Bekannten nach vielen Jahren plötzlich wieder begegnen und sie trotz äußerer Veränderungen dennoch erkennen, vollzieht sich das Ineinanderwirken von einmaliger Form und zeitlich bedingter Materie. Wir können diese Unterscheidung noch weitertreiben, indem wir in der wahrnehmbaren ersten Substanz des altbekannten Freundes eine zweite, überindividuelle Substanz ausmachen: die des allgemeinen Mensch-Seins. Das reale Einzelwesen, dessen erste Substanz auch nach Jahren wiedererkannt wird, gehört also als Repräsentant der Gattung Mensch automatisch einer zweiten Substanz an: der Menschheit. Diese zweite Substanz können wir abermals definieren durch die Angabe einer höheren Art, in diesem Falle „Lebewesen“, und eine sie von anderen Lebewesen abgrenzenden Eigenschaft, zum Beispiel „vernunftbegabt“. In der Fachwelt wird diese Definition auch „differentia specifica“ genannt.

Das Problem des „dritten Menschen“

Über die genannten gedanklichen Differenzierungen hinaus macht es aber für Aristoteles keinen Sinn, weitere Mutmaßungen über den Realgehalt dieser Denkwelt anzustellen, weil diese nicht mehr durch Erfahrungen abgesichert werden können. Natürlich könnte ich den ideellen Menschen namens Wolfgang, der sich hinter den zahlreichen optischen Veränderungen dauerhaft erkennen lässt, auch mit anderen idealen Menschen unter der allgemeinen Vorstellung des idealen Menschen weiter einordnen. Doch wie sähe dieser aus? Blond oder schwarzhaarig? Mit welchen Körpermaßen? Theoretisch stünde einer weiteren Verallgemeinerung aller zweiten Substanzen zu einer imaginären dritten nichts im Wege – aber was wäre damit gewonnen? Allenfalls eine Idee, die keinen realen Bezug mehr zur Erfahrung aufweist, also weder veri- noch falsifizierbar ist. Wir können den Geltungsanspruch dieses dritten Menschen nicht überprüfen, sondern lediglich auf eine weitere Definition im luftleeren

Raum verweisen. Der Verweis zur je nächstgrößeren Einheit ist zwar nicht falsch, erklärt allerdings nichts mehr.

Dies ist auch der entscheidende Einwand gegen die Ideenlehre. Aristoteles lehnt die Vorstellung einer von der Erfahrung unabhängigen Ideenwelt mit dem Argument des „dritten Menschen“ ab:

> „Es scheint nämlich unmöglich zu sein, daß irgend etwas von dem, was als Allgemeines bezeichnet wird, Wesen sei. Denn das erste Wesen eines jedes Einzelnen ist diesem Einzelnen eigentümlich und findet sich nicht noch in einem anderen, das Allgemeine aber ist mehrerem gemeinsam; denn eben das heißt ja allgemein, was seiner Natur nach mehreren zukommt. Wessen Wesen soll dies nun sein? Gewiß doch entweder von allem oder keinem.“[10]

In Sokrates kann nur *ein* Wesen von Sokrates enthalten sein; etwas, was Sokrates über alle äußeren Veränderungen hinweg zu Sokrates werden lässt. Punkt. Alles andere, was sonst über ihn gesagt werden könnte – seine Klugheit, seine Bescheidenheit –, sind Begriffe, die sowohl auf Sokrates als auch auf Parmenides und Heraklit zutreffen. Streng genommen stellen diese Begriffe lediglich eine *Verbindung* zwischen zwei Einzelwesen her; sie bilden ihrerseits keine eigenständige, abtrennbare Wirklichkeit. Ansonsten würden sie eine weitere, „dritte“ Klasse an neuen Wesen bilden, in der sich nur „Menschen“ befänden. Von dieser Gruppe ließen sich wiederum nur auf sie bezogene Aussagen treffen. Dem dritten Menschen würde der vierte, auf diesen der fünfte folgen und so fort. Damit wären sie allerdings nicht allgemeingültig: Sie erklären nichts mehr, sondern sammeln Gemeinsamkeiten in einen neuen Begriff, der wiederum durch Abstraktion auf eine weitere Gemeinsamkeit verweist. Das ewige Verweisen definiert aber nicht mehr das, was eigentlich ist und damit beißt sich die Katze in ihren eigenen Schwanz. Es ist nach Aristoteles ein unsinniges Unterfangen, den Begriffen einen von unserer Erfahrung unabhängig existierenden Seinsbereich zuzuschreiben. Aristoteles musste also die Ideen Platons und deren grundsätzlichen Dualismus von Urbild und Abbild in einen Monismus umdenken, da Platons Lehre ansonsten keine Bedeutung mehr zukommt.

---

[10] Ebd., 1038b.

Hier wird eine erkenntnistheoretische Grenze des Platonismus deutlich, die in verschiedenen Ansätzen und Brechungen immer wieder Anlass zur Diskussion bot: Entweder in Fragen der Gotteserkenntnis, der Überprüfung von Wahrheits- und Geltungsansprüchen oder in Fragen der Ethik. Davon unbeschadet blieb die Nähe von Platonismus und Christentum: In beiden Lehren dominiert ein dualistisches Weltbild und zahlreiche Kirchenväter erkannten die Ähnlichkeit zwischen der platonischen Ideenlehre und der christlichen Vorstellung von der Ewigkeit Gottes.

Eine christliche Theologie avant la lettre?

Für weite Bereiche der Theologie erweisen sich die Lehren Platons, aber auch die des Aristoteles, einmal verstanden, als ein wichtiger Ausgangspunkt für die Gottesbeweise. Mithilfe der griechischen Vorstellungen lassen sich die Gedankengänge des Anselm von Canterbury und des Thomas von Aquin (1224–1274) rekonstruieren, aber auch die Kritik an ihnen besser verstehen. Zudem bietet der Hylemorphismus des Aristoteles weitere Anschlussmöglichkeiten, um neuzeitliche Gottesvorstellungen, beispielsweise innerhalb der Prozesstheologie, leichter zu begreifen. Ähnlich wie Platons Ideenbegriff ließ sich das Verständnis von Substanz bei Aristoteles auf die christliche Gotteslehre übertragen. Denn die sinnlichen Wahrnehmungen stehen auch bei Aristoteles nur am Beginn allgemeiner und abstrakter Überlegungen zum Wesen der Dinge. Die Welt der Begriffe, die zeit- und ortlose Theorie des Allgemeinen, ist das Ziel der Naturbetrachtung und ihrer intellektuellen Verarbeitung. In dieser Erkenntnistheorie bestand für die Theologie bereits eine philosophische Spielart von natürlicher Theologie. Über Abbilder oder Sinneserfahrungen gelangen wir zum Allgemeinen – oder zu Gott. In beiden Fällen landen wir bei einem ewigen, überzeitlichen und unveränderlichen Ziel philosophischer oder theologischer Reflexion.

Ein Beispiel für die Ähnlichkeit der beiden Ansätze findet man bereits in einer grammatikalischen Übereinstimmung. Aristoteles umschreibt den Begriff der Substanz mit folgender Wendung: Substanz ist das, „was es war, dies zu sein“ (gr. τὸ τί ἦν εἶναι). Gemeint ist das Wesen einer Sache, wie es seit jeher, also zeitübergreifend gedacht wurde. Das zweite Wort von rechts ist das griechische Imperfekt für „sein“ (ἦν). Im Deutschen geben wir das Imperfekt üblicherweise mit der Vergangenheitsform „war“ oder ungenau mit „ist“ wieder. Das Griechische ist hier präziser: Mit der Zeitform des Imperfekts beschreibt es im wörtlichen Sinne den noch „nicht perfekten“, also unabgeschlossenen Zustand des Verbs. Dabei kommt es weniger darauf an, ob der Zustand in der Vergangenheit, Gegenwart oder Zukunft liegt. Es war genau der Aspekt der Zeitlosigkeit, den Aristoteles‘ Lehrer Platon den Ideen als wesentliche Eigenschaft zuschrieb.

Diese grammatikalische Differenzierung wird uns später zu Beginn des Johannesevangeliums wieder begegnen. Auch hier unterscheidet der griechische Text zwischen dem griechischen Imperfekt, mit dem der Evangelist das Wesen Gottes definiert, und der zeitbedingten Schöpfung, die im Perfekt beschrieben wird. Zeitabhängigkeit bedeutet auch für das Johannesevangelium stets Veränderung und Vergänglichkeit. Die Unveränderlichkeit ist wiederum eine Eigenschaft Gottes. Christliche Theologen der Antike, die mehr oder weniger alle auf das griechische Denken zurückgegriffen haben, haben zwar lieber von Ewigkeit gesprochen, aber nur um den platonischen Begriff der Idee nicht zu verwenden – von der Sache her meinten sie dasselbe.

Aristoteles wurde zwar erst mit dem Mittelalter durch Thomas von Aquin für das Christentum entdeckt, aber ebenso schnell von der Theologie vereinnahmt. Bei aller Bedeutung, die der Sinneswahrnehmung und der Erfahrung zukommt, ist für Aristoteles die Welt des Intellekts die zu bevorzugende. Doch waren weder Platon noch Aristoteles Christen „avant la lettre“. Dazu hat sie erst die Theologie gemacht, weil ihr Denken dem antiken Gottesbegriff der Christen am ehesten noch entsprach. Das wird sich nicht nur als Gewinn erweisen. Zwischen dem griechischen Denken einer vorchristlichen Antike und dem jüdischen Verständnis von Gott, Welt und Mensch, dem sich auch das Christentum verpflichtet fühlt, bestehen erhebliche Differenzen, die uns in ihrer Deutlichkeit erstmals bei Augustinus begegnen werden.

Der griechischen Philosophie geht es in erster Linie um die Erkenntnis der Welt, nicht um die rationale Rechtfertigung eines Glaubens. Platon und Aristoteles verstehen sich als rational denkende Philosophen und nicht als Gottsuchende. Sieht man von den skeptischen Positionen der Sophistik einmal ab, propagiert die griechische

Philosophie der klassischen Antike eine Form von absolutem Wissen. Sie sucht und findet darin jene Prinzipien, nach denen der sichtbare Kosmos strukturiert ist. Da der Kosmos in seiner Ordnung und Harmonie vom Geist des Menschen erkannt werden kann, gibt es keinerlei Zufälle, also auch keine Freiheit. Den beiden Begriffen Freiheit und Gnade kommt hingegen in der Theologie eine zentrale Bedeutung zu. In der griechischen Philosophie dominiert die Vorstellung, dass alles, was ist, notwendigerweise so ist, wie es ist. So schreibt Platon im „Timaios": „Denn bei Entstehung dieser Welt wirkten Notwendigkeit und Vernunft in Gemeinschaft miteinander; dabei hatte aber die Vernunft die Oberhand über die Notwendigkeit".[11] Ganz ähnlich stellt Aristoteles in „Peri hermeneias" fest: „Folglich ist nichts und wird nichts und geschieht nichts durch Glück oder Zufall, noch wird etwas durch Glück oder Zufall sein oder nicht sein, sondern alles ist aus Notwendigkeit und nicht durch Zufall."[12] Auch wenn der Dualismus Platons und, wie wir gesehen haben, in Abstrichen auch das Denken des Aristoteles, eine Abwertung des Materiellen impliziert, so zweifeln sie dennoch nicht an der grundsätzlichen Harmonie des Kosmos. Der Harmoniegedanke ist die Grundlage, auf die die platonische Akademie und die aristotelische Schule ausgerichtet blieben. Innerhalb dieser Ordnung hat alles seinen Platz und seinen Zweck.

Die Zeit der Griechen neigt sich dem Ende zu: der Hellenismus

Die Zusammenhänge zwischen biografischen Lebenswelten, Denkansätzen sowie gesellschaftspolitischen Entwicklungen sind wesentlich gravierender als dies in nüchternen geschichtlichen Abhandlungen mitunter den Anschein hat. Die Menschen in der griechischen Antike empfanden Freude und Trauer genauso wie wir heute; ihre Sorgen und Ängste bereiteten ihnen ebenso schlaflose Nächte wie uns, auch wenn die Umstände andere waren. Entsprechend ähnlich ist es mit Kulturen und gesellschaftlichen Systemen. Sie unterliegen alle denselben zeitlichen Abläufen: Nach Jahrzehnten der Blüte und

---

[11] Platon, Timaios 48, in: Sämtliche Dialoge, Bd. VI, Hamburg ^{2}1993.

[12] Aristoteles, Peri Hermeneias 18b, in: Philosophische Schriften in 6 Bänden, übers. v. E. Rolfes, Bd. 1, Hamburg ^{2}1995.

des Aufstiegs, gefolgt von einer Phase der Dominanz, setzt eine Phase des kulturellen Niedergangs ein. Das Ende einer Ära kann dabei abrupt durch äußere Katastrophen und Kriege herbeigeführt werden oder es erfolgt unmerklich dadurch, dass die bisherigen Geltungsansprüche hinterfragt und neue Akzente gesetzt werden. Interessanterweise werden dabei die bisherigen Ideen und Vorstellungen nicht durch völlig neue Formen abgelöst, sondern entsprechend den neuen Gegebenheiten angepasst. Diese Übernahme alter Bestandteile in neue Deutungen trifft in besonderer Weise auf Glaube und Religion zu. Was wir heute als spezifisch christlich oder gar katholisch bezeichnen, erweist sich bei näherer Betrachtung keineswegs als das Alleinstellungsmerkmal einer bestimmten Religion oder Konfession. Vielmehr werden Elemente längst vergessener Kulturen und Weltdeutungen mit einem neuen Etikett versehen. Sollten Sie etwa einmal Urlaub in Oberbayern oder im Tiroler Alpenraum machen und dabei auf die zahlreichen Wallfahrtskirchen aufmerksam werden, können Sie mit großer Wahrscheinlichkeit davon ausgehen, dass hier in vorchristlicher Zeit eine heidnische Kultstätte stand. Im frühen Christentum verhielt es sich nicht anders. Das Christentum breitet sich genau zu der Zeit aus, in der sich die im südöstlichen Mittelmeer bislang dominierende Kultur der Griechen ihrem Ende zuneigt. Das Ende der griechischen Antike wird dabei weniger von dramatischen Katastrophen und Kriegen hervorgerufen als vielmehr durch innere Transformationsprozesse und durch den wachsenden Einfluss fremder Kulturen. Dazu zählte nicht nur die römische, sondern auch die ägyptische, kleinasiatische und orientalische Kultur.

In der gängigen Geschichtsschreibung wird diese Übergangsphase als die Zeit des Hellenismus bezeichnet. Sie beginnt zur Zeit der maximalen Ausbreitung der griechischen Herrschaft, die nach den Feldzügen Alexanders des Großen den vorderen und mittleren Osten sowie Ägypten umfasste. Bereits der Vater Alexanders, König Philipp II. von Makedonien, setzte zu Beginn des vierten vorchristlichen Jahrhunderts der durch Krieg und Pandemie verfallenen Athener Vormachtstellung ein unrühmliches Ende. Sein Sohn Alexander wird noch wesentlich mehr erreichen. Er erobert ein Weltreich enormen Ausmaßes. Sein Expansionsdrang wird erst mit dem Unwillen seiner Generäle gebändigt. Alexanders Spuren finden wir nicht nur in zahlreichen Stadtgründungen, die zum Teil noch heute seinen Namen tragen, sondern bewirkte auch eine massive Transformation der philosophischen und weltanschaulichen Vorstellungen. Alexander der Große leitete erstmalig eine Form kultureller Globalisierung ein. Dabei wird die ursprünglich griechische Kultur mit der jeweiligen Tradition der okkupierten Gebiete zu einer neuen, eben hellenistischen Form verschmolzen. Besonders deutlich wird der Vorgang der Gräzisierung eroberter Gebiete in Ägypten. Hier verändert sich die Schrift gleich mit, indem die ägyptischen Hieroglyphen durch das neue koptische Alphabet ersetzt werden, das überwiegend aus griechischen Majuskeln besteht. Insbesondere in großen Städten wie Alexandria werden die Verschmelzungen von griechischer und ägyptischer Kultur sichtbar. In diesen Hochburgen orientieren sich die modischen Vorlieben, gesellschaftlichen Konventionen, Statussymbole und dergleichen mehr an allem, was irgendwie griechisch war oder wenigstens danach aussah. Auf den Straßen wird überwiegend griechisch gesprochen. Von nun an prägen verschiedene Strömungen unterschiedlichster Couleur die griechische Denkwelt und bewirken einen unmerklichen, für das frühe Christentum allerdings folgenreichen Bewusstseinswandel.

Die Philosophie wird skeptisch

Zur Erinnerung: Sowohl die Vorsokratiker als auch die attischen Philosophen verband der Anspruch, den Menschen in ein von den Göttern unabhängiges Verhältnis zu Welt und Natur zu stellen. Die Natur wurde erkennbar, weil sie auf wesentliche Elemente und Ursachen reduzierbar erschien. Damit einher gingen die ersten bahnbrechenden Entdeckungen und verblüffende Einsichten in Geometrie, Geografie und Kosmologie. Diese Philosophen waren mehrheitlich der Ansicht, dass man absolutes Wissen auf der Grundlage menschlicher Erkenntnis sicher erlangen kann: sei es, wie Platon vorschlägt, in Form des bewussten Abwendens von den Schattenbildern und des Aufstiegs aus der Höhle, sei es durch eigene Anstrengung, wie Aristoteles dies lehrt.

Mit dem Zerfall der Polis ging auch die ordnende und strukturierende Kraft einer begrenzten und überschaubaren Welt verloren. Das griechische Antonym „Chaos“, das die neue Unübersichtlichkeit bezeichnet, ist nicht zufälligerweise der Name einer wüsten Gegend nahe Athen. Es handelt sich um die Hügellandschaft bei Lavrio auf der Halbinsel Attika, in der die Athener in Bleibergwerken und gigantischen Schmelzanlagen das Silber für ihre Münzen gewannen – jene Drachmen mit der berühmten Eule, die man nicht mehr nach Athen tragen muss, weil es dort schon genug von ihnen gibt. Die Gegend von „Chaos“ war das Ruhrgebiet der Antike, in dem phasenweise bis zu hunderttausend Sklaven unter unmenschlichen Bedingungen den Reichtum der Stadt Athen erarbeiteten, später die Feldzüge des Alexander finanzierten und damit erstmals in der Geschichte der Menschheit eine Form von Geldwirtschaft begründeten. Es lag für die Athener nahe, die neuen Herrschaftsverhältnisse aus ihrer Sicht mit der unwirtlichen Gegend von „Chaos“ zu umschreiben. Damit lässt sich zumindest atmosphärisch nachempfinden, warum sich in nachklassischer Zeit in zunehmendem Maße skeptische Positionen herausbildeten, die die absoluten Deutungsansprüche der vorsokratischen und klassischen Philosophie ablösten.

Die Skeptiker stehen, wie der Name schon sagt, einem eindeutig bestimmbaren Wissensbegriff kritisch gegenüber und streiten daher die Möglichkeit eines zeitlosen und überindividuellen Wissens ab. Sie machen ihre Kritik am platonischen und aristotelischen Wahrheitsbegriff dahingehend fest, dass sie seine Voraussetzungen infrage stellen, insbesondere die Annahme, dass es so etwas wie ein erkennbares Ziel dieses Wissensdranges geben muss oder eine ideale Welt finaler Erkenntnis existiert.

Doch kann die Skepsis ihrerseits zufriedenstellende Antworten liefern? Kommen mit ihr die Fragen des Neugierigen wirklich an ein Ende? Für Platon und Aristoteles war klar, dass es einen solchen Anspruch geben muss. Aus welchem Grund sollte sich der einzelne Höhlenbewohner von den Schattenbildern abwenden und den mühevollen Aufstieg beginnen, wenn es da nicht die leise Vorahnung eines Zieles gäbe? Die Fragen des Menschen werden aus dem inneren Drang gestellt, eine finale und alles erklärende Antwort zu erhalten. Wir wollen alle an einen Punkt kommen, an dem die Rätsel unseres Lebens gelöst sind. Der Skeptiker ist von dieser Ausrichtung menschlicher Neugierde nicht wirklich überzeugt. Warum, so fragt sich der Skeptiker, sollte es Sinn machen, Ursachen von Naturereignissen und denkbaren Entwicklungen auf den Grund zu gehen, wenn alles auf irgendeine Weise ohnehin zwingend logisch geschieht? Die Welt in ihrer Vielschichtigkeit und Fragwürdigkeit bedarf weder der Begründung noch der Einsicht durch den Menschen.

Für den Skeptiker macht es daher keinen Sinn, über Gott oder die Götter etwas auszusagen, und wenn ja, dann sind das allenfalls menschliche Projektionen. Xenophanes von Kolophon, den wir bereits kennengelernt haben, formuliert schon früh dieses Hauptargument gegen die Erkennbarkeit metaphysischer Wahrheitsansprüche:

> „Und wirklich, kein Mensch hat hinsichtlich der Götter und hinsichtlich all der Dinge, die ich erkläre, das gesehen, was klar ist, und es wird auch keinen geben, der es gesehen hat. Denn selbst wenn es jemandem gelänge, in höchstem Maße Vollkommenes zu sagen, wäre er sich dessen trotzdem nicht bewußt. Bei allen [Dingen *oder* Menschen] gibt es nur Mutmaßung."[13]

So vernünftig die Aussage Xenophanes auch klingen mag – richtig zufriedenstellend scheint sie nicht zu sein. Die verordnete Zurückhaltung wirkt eher vertröstend als überzeugend.

Der antike Skeptizismus ist auch das Symptom einer Krise. In der Zeit, in der der Skeptizismus bedeutsam wird, befindet sich die hellenische Welt im Umbruch. Alte Ordnungen scheinen unwiderruflich verloren, neue Orientierungen noch nicht gefunden zu sein. Die harmonische Welt des griechischen Kosmos wird mit dem Niedergang der antiken Polis und den Eroberungszügen Alexanders des Großen ab dem vierten vorchristlichen Jahrhundert gesprengt. Gemessen an den damaligen Möglichkeiten hat Alexander in Rekordzeit die gesamte orientalische Welt erobert. Immerhin erreichte das makedonische Heer den indischen Subkontinent schneller als der Berliner Großflughafen fertiggestellt wurde. Alexander bannte damit nicht nur die permanente Gefahr vonseiten der Perser und beendete deren Vorherrschaft im Nahen und Mittleren Osten, sondern schuf auch das erste europäische Großreich der Antike. Die griechische Kultur und Sprache dominierten in einem schier unendlich weiten Raum. Im Gegenzug hatte der Prozess der Inkulturation auch Konsequenzen für die griechische Welt. Sie ändert sich notgedrungen unter dem Einfluss bislang unbekannter Lebensformen. Das Empfinden dafür, was den eigentlichen Kern des Griechischen auszeichnet, beginnt zu bröckeln.

---

[13] Xenophanes von Kolophon, Frgm 34, in: Kirk, 195 (DK 21 B34).

Der Skeptizismus verleiht diesem osmotischen Vorgang, der von den Nachfolgern Alexanders, den sogenannten Diadochen, bis in die römische Zeit andauerte, die weltanschauliche Grundlage. Es ist kein Zufall, dass ein Wegbegleiter des Alexanders, Pyrrhon von Elis (ca. 362–275/270 v. Chr.), der Begründer der bedeutsamsten Schule der sogenannten pyrrhonischen Skepsis war. Sein Skeptizismus erwächst aus der Begegnung mit dem bislang Unbekannten, dem er in den von Alexander eroberten Gebieten begegnete. Er vergleicht die eigene Deutungshoheit mit denen fremder Kulturen. Das antike Ideal eines absolut gültigen Wissens, das der Mensch durch den richtigen Gebrauch von Sinn und Verstand erreichen kann, weicht nunmehr lebenspraktischen Fragen – etwa der des individuellen Glücks oder jener der persönlichen Freiheit. Die Skeptiker erachten Fragen nach dem Absoluten, der Zeit oder nach letztgültigen Seinsprinzipien für nicht beantwortbar oder nicht relevant.

Lässt sich die Welt der Ideen beweisen, ohne sie bereits vorauszusetzen?

Wir müssen auf die Skepsis noch aus einem weiteren Grund eingehen. Die Skeptiker repräsentieren in gewisser Hinsicht einen auch heute noch weit verbreiteten Typus. Sie stellen bestehende Ordnungen und bewährte Institutionen nicht nur hinsichtlich ihrer Relevanz für den Einzelnen infrage, sondern misstrauen jeder Form von Metaphysik. Sie lehnen insbesondere die Vorstellung einer Realität ab, die über die sinnlich erfahrbare Welt hinaus eine gleichwertige Wirklichkeit der Ideen und Allgemeinbegriffe zulässt. Ideen sind allenfalls Handlungsarrangements und Ordnungsbehauptungen, die dem Zusammenleben und der besseren Verständigung dienen. Sie existieren nur, und das ist der entscheidende Punkt, weil sie das Zusammenleben der Menschen erleichtern. Sie erweisen sich als praxistauglich. Die Rede vom „Guten im Menschen“ bedeutet also für den Skeptiker nicht, dass dem Guten eine extramentale Wirklichkeit zukommt. Das Gute beschreibt lediglich einen Wert, den wir nur in einer konkreten Situation erfahren. Diese Erfahrung ist ihrerseits rückgebunden an eine kulturelle und zeitbedingte Verständigung der Menschen darüber, was jeweils darunter zu subsumieren ist. So werden in Teilen der hinduistischen Bevölkerung Indiens Kühe und Rinder als heilig betrachtet, in anderen Bevölkerungsteilen gelten sie hingegen als praktische Arbeits- und Nutztiere. Vorstellungen, Werte und Ideen sind für sich betrachtet abstrakte Luftschlösser, vergleichbar mit den Gesichtern, die wir in den Wolken erkennen. Wie könnte also ein möglicher Einwand gegen die Auffassung des Skeptikers überhaupt aussehen?

Als Theologe werde ich sehr oft in Gesprächen mit dem Argument konfrontiert, wie es der antike Skeptiker nicht besser hätte formulieren können: Gibt es überhaupt eine Welt jenseits unserer Erfahrungen? Machen Gedanken über Gott, oder über Vorstellungen, die wir nicht sinnlich erfahren können, überhaupt Sinn? Diese und ähnliche Bedenken erschöpfen sich nicht selten in dem Hinweis, dass die Welt des Denkens nichts anderes sei als eine Fiktion unseres Bewusstseins. Gott ist nichts anderes als ein Impuls in unserem Gehirn. Wir bilden uns etwas ein, mit dem wir die Welt erklären können, ohne diesen Grund jemals beweisen zu können – geschweige denn ihn als Erfahrungsgegenstand unseres Alltags wahrnehmen zu können.

Der Einwand des Skeptikers sollte als eines der zentralsten Argumente der Bestreitung des Gottesgedankens Geschichte schreiben: Gott ist nur ein Wort, ein Begriff – und sonst nichts. Von David Hume (1711–1776) bis zum heutigen Religionskritiker Yuval Noah Harari (*1976) wird die Religionskritik in unterschiedlichen Worten von diesem Argument Gebrauch machen. Wie kann also der Gedanke an die Realität von Ideen, und damit auch der Gottesgedanke, legitimiert werden? Noch allgemeiner gefragt: Kommt einem Gedanken außerhalb unseres Bewusstseins überhaupt eine Realität zu?

Platon kennt diese Debatte bereits. Im Dialog „Parmenides“ erörtert Platon mit seinem Gesprächspartner die Frage, ob die Welt unserer Ideen mit der Welt unserer Erfahrung in einem Zusammenhang steht oder nicht. Existiert das „Gute im Menschen“, weil wir es zufälligerweise einmal erfahren haben oder können wir es nur erfahren, weil es unabhängig davon existiert? Für den Vorsokratiker Parmenides, das Gegenüber in Platons Dialog, stellte sich die Wirklichkeit als eine Einheit dar, die zunächst einmal existiert. Sie ist faktisch vorhanden, gleichgültig in welcher Form: sei es als bittere Realität eines Montagmorgens, sei es als Einhorn in den Tagträumereien eines kleinen Kindes. Alles ist zunächst einmal da. Etwas existiert, weil es wenigstens als Gedanke gedacht und gesagt werden kann und mit dem Prädikat „ist“ versehen werden kann. Für Platon stellt sich nun die Frage: Handelt es sich hinsichtlich der Existenz um eine Eigenschaft, die einem Gegenstand zukommen *kann* – aber nicht zwingend zukommen *muss*? Wenn ich also in diesem Sinne sage: „Einhörner existieren“, dann sage ich bereits *etwas* über Einhörner aus. Ich behaupte ihre Existenz und das ist bereits eine Qualität. Diese Eigenschaft unterscheidet die Gruppe *existierender* Einhörner von der Gruppe *nichtexistierender* Einhörner. Das aber war nicht die Aussage des Parmenides, dessen Verständnis von der einen Wirklichkeit als Gesamtheit keine zweite Wirklichkeit, quasi eine Wirklichkeit daneben mit allen nicht-existierenden Dingen, zulässt. Daher folgt am Ende der Schluss: Im Denken finden wir jene Gesamtheit von Wirklichkeit, die alles begründet. Parmenides nannte diese eine Wirklichkeit „das Eine“ (gr.τὸ ἕν) – nicht zu verwechseln mit der Zahl Eins. Nun ließe sich einwenden, dass diese Folgerung keine wirkliche ist, sondern lediglich eine Tautologie. Tautologien sind Aussagen, die nur dem Schein nach einen Erkenntnisgewinn bringen, weil sie etwas behaupten, das bereits in den Voraussetzungen enthalten ist: Aus der Tatsache, dass es regnet, kann gefolgert werden, dass es regnet. Existenz, so das skeptische Argument, lässt sich nicht beweisen, ohne bereits von ihrer Existenz – also von der Existenz der Existenz – überzeugt zu sein. Die Erfahrung stellt hingegen einen Mehrwert dar. Ein Einhorn, das mir einmal wirklich über den Weg läuft, ist tatsächlich *mehr* als das vom Kind Erträumte. Die pure Behauptung ist zunächst einmal nichts wert, aber: Ist damit ihre Existenz außerhalb unseres Bewusstsein automatisch widerlegt?

Platon scheint diesem Einwand zuvorkommen zu wollen, indem er zunächst die Vorstellungen des Parmenides auflöst: Aus dem puren Gedachtwerden folgt zunächst nichts. Es ist weder zeitlich noch räumlich, es kann sich nicht verändern, es ist nicht körperlich. Es ist eine Tautologie, die das Subjekt „Eins“ durch keine Prädikation, also eine ihm zukommende Eigenschaft, erweitert – etwa in der Aussage: „Der Ball ist rot“ – sondern lediglich das bereits Gesagte wiederholt: „Der Ball ist rund“. Platon im Original: „es wäre dann ganz gleich, ob man sagt, das Eins ist oder das Eins Eins.“[14]

Wenn dieser Einwand zuträfe, würde die gesamte Ideenlehre Platons wie ein Kartenhaus in sich zusammenfallen. Denn: Wenn aus

---

[14] Platon, Parmenides, 142, in: Sämtliche Dialoge, Bd. IV, Hamburg ^{2}1993.

dem Gedachtwerden der Dinge keine Aussage über ihr tatsächliches Existieren abgeleitet werden könnte – was wären Ideen dann anderes als bloße Fiktionen unseres Bewusstseins?

Um diese Position zu widerlegen, lenkt Platon nun den Blick seines Gesprächspartners noch einmal zurück auf die Ausgangsfrage: „So prüfe denn die Sache wieder von Anfang ab. Wenn Eins ist, kann es dann zwar sein, aber keinen Anteil am Sein haben?"[15] Sprich: Gibt es allgemeine Ideen ohne Bezug zur Erfahrungsebene, also die Einhörner ausschließlich in unseren Gedanken, aber nicht in der Welt der Erfahrung? Platons vielleicht überraschende Antwort liegt in der Wahrnehmung dessen, was wir gerade tun: Wir denken! Dieser Vorgang *ist* bereits das verbindende Moment zwischen realer Erfahrung und Begriffswelt und genau in dieser Koppelung besteht die Abwehr einer drohenden Tautologie: Die Ideen sind im Akt des Denkens im Bewusstsein nicht eine überflüssige Zusatzinformation, sondern das konkrete Ereignis einer *Erfahrung*. Denken ist ein *zeitlicher* Vorgang, der sich auf etwas Unzeitliches, einen *zeitlich unbegrenzten* Gedanken bezieht. Weil Denken immer einen Inhalt hat, wir also im Denken konkret *an etwas* denken, bedeutet das im Umkehrschluss, dass jeder Gedanke *ein Etwas sein* muss, das im Moment des Denkens existiert.

Ewigkeit bedarf also der Zeitlichkeit. Und weil wir unabhängig voneinander sowohl von Ideen im Allgemeinen als auch von konkreten Erfahrungen im Besonderen sprechen können, werden beide Bereiche, die gedankliche Begriffs- und Ideenwelt und die konkreten Erfahrungen unserer Sinneswelt im Vorgang des Denkens miteinander verbunden. Die beiden Bereiche *können* nicht nur aufeinander bezogen werden – sie *müssen* es sogar. Sie sind Ausdrucksformen von ein und derselben Wirklichkeit und stellen ihre beiden Grundgestalten dar. Das in Gedanken lebende und die Wirklichkeit reproduzierende Bewusstsein ist der einzige Ort, wo sich die Einheit unserer Realität, die Einheit von Denken und Sein, vermittelt.

Die Überlegungen Platons im Dialog „Parmenides" sind die Basis für eine einheitliche Sichtweise auf die Welt, was eine Differenz von Idee und Erfahrung nicht ausschließt. Dies mag uns überraschen, denn Platons Höhlengleichnis wird in der Rezeptionsgeschichte

---

[15] Ebd., 142.

überwiegend dualistisch gedeutet. Aber das bedeutet nicht, dass die beiden Realitäten, die Welt der Ideen oben und die Welt der Abbilder und Schatten unten, nichts miteinander zu tun haben. Im Gegenteil: Bestimmte Ideale werden gerade deshalb als real wahrgenommen, weil sie mit Fehlern behaftet sind. Schwäche zu zeigen ist ein Zeichen von Stärke; Ohnmacht setzt voraus, auf Macht verzichten zu können. Dann genügt ein dualistisch getrenntes „oben – unten" nicht, dann verweist das Oben auf das Viele da unten und steht in einem Abhängigkeitsverhältnis, das sich in der Begrenztheit seiner Eigenschaften zeigt: Prädikate zu haben, abgrenzende Eigenschaften auszudrücken, ist ein zeitlicher und kein ewiger Zustand, weil es ein *Vorher* und *Nachher* gibt. Dieser Aspekt von Eigenschaften ermöglicht die Beobachtung einer Abfolge von Zuständen, die wiederum nur im Nachdenken auf eine Einheit schließen lassen, die der Zeitlichkeit nicht unterworfen ist. Ein und derselbe Mensch ist jung, dann wird er älter, schließlich stirbt er. In jedem Augenblick seines Lebens bleibt er aber jene unverwechselbare Person, die es so und nicht anders und auch nur einmal gibt. Um Platon zu verstehen, genügt also oft ein Blick ins Familienalbum. Die Fotos, die einen vertrauten Menschen von der Wiege bis ins hochbetagte Alter zeigen, ergeben wie in einem Puzzle erst in ihrer Summe ein vollständiges Bild des Menschen. Eine einzelne Aufnahme könnte dies nur unzureichend, sie darf allerdings auch nicht fehlen. Das Ergebnis dieses Puzzles erhalten wir nur in unserem Denken. Im Akt des Denkens verabschieden wir uns für einen Moment aus der Ebene singulärer Sinneseindrücke und dabei erfahren wir etwas, was nur im Denken möglich ist. Es entsteht ein *Gesamtbild*, das alle vorhandenen und möglichen Momentaufnahmen in einer einzigen Vorstellung vereint. Beide Ebenen gehören also zusammen, sie sind jeweils Ausdruck der einen Wirklichkeit. Zeitlichkeit und Ewigkeit, Endliches und Unendliches kommen im Vorgang des Denkens als eine unmittelbare Erfahrung zusammen. Auch wenn wir Geist und Welt als unabhängige Größen behandeln, so können wir die Zeitlichkeit unserer Erfahrung nur vor dem geistigen Hintergrund zeitloser Ideen begreifen und als solche verstehen. Endliche Erfahrung ist nur auf der Basis einer ihr zugrundeliegenden Unendlichkeit begreifbar. Sie müssen also existieren, weil sie einander wechselseitig voraussetzen. Die Welt unserer Gedanken ist somit keine abgeschlossene Cloud, die unabhängig von unserer Erfahrungsebene gleichsam zeit- und körperlos über unseren Köpfen schwebt, sondern Bestandteil unserer Erfahrungswelt. In diesem Teilhabegedanken liegt die Verbindung, aber auch das Argument für ihre jeweilige Existenz. Platon kann so jeden Gedanken an eine Kluft zwischen oben und unten widerlegen. Wenn die beiden Ebenen miteinander in einer Beziehung stehen, weil die eine Welt die andere braucht, um auf je eigene Weise erfahrbar zu sein, ist der Einwand des Skeptikers widerlegt. Dieser bestreitet ja die Existenz einer idealen Welt, insofern sie lediglich eine mentale Konstruktion unseres Bewusstseins darstellt, der in Wirklichkeit nichts entspricht. Wenn dem aber so wäre, so fragt sich der Platoniker, warum wachsen Menschen in bestimmten Krisensituationen über sich hinaus? Warum gewinnt eine Mannschaft dann doch, obwohl sie in Unterzahl spielt? Weil sie an den Sieg glaubt. Warum setzen Menschen ihr Leben für andere aufs Spiel? Weil sie an die Idee der Humanität glauben.

Wie wirkmächtig Ideen sind, zeigt sich in der Politik. Wenn Ideen einmal in der Welt sind, lassen sie sich nicht mehr wegzaubern. Kein Diktator kann auf lange Sicht den Freiheitsgedanken eines Volkes unterdrücken, sobald die Idee von Freiheit die Menschen erfasst. Der Arabische Frühling wurde nicht von Berufsrevolutionären oder von Untergrundorganisationen ausgelöst, sondern von Vorstellungen und Ideen, die in den Social Media verbreitet wurden.

Wie Zeitloses erfahrbar ist, zeigt der österreichische Lyriker Erich Fried (1921–1988) in seinem vielleicht bekanntesten Gedicht:

Was es ist

Es ist Unsinn
sagt die Vernunft
Es ist was es ist
sagt die Liebe

Es ist Unglück
sagt die Berechnung
Es ist nichts als Schmerz
sagt die Angst
Es ist aussichtslos
sagt die Einsicht
Es ist was es ist
sagt die Liebe

Es ist lächerlich
sagt der Stolz
Es ist leichtsinnig
sagt die Vorsicht
Es ist unmöglich
sagt die Erfahrung
Es ist was es ist
sagt die Liebe[16]

Auf den ersten Blick wird hier von der Liebe lediglich in einer Tautologie gesprochen. Sie ist allerdings weit mehr als das: Sie ist das, was sie ist. Jede Reduktion auf bestimmte Situationen oder Erfahrungen würde die Bedeutungsvielfalt von Liebe nur unzureichend wiedergeben. „Es ist, was es ist" stellt die Vorstellung von Liebe in eine gedankliche Beziehungsaussage zu unseren unendlich vielen und unterschiedlichen Erfahrungen der Liebe. Zugleich ist die Idee der Liebe gleichsam unabhängig von unserer Erfahrungswelt, sie zeigt sich aber in endlosen Einzelsituationen. Darin besteht die Verbindung von Denken und Sein. Ewiges im Zeitlichen, Unendliches im Endlichen zu erkennen ist die Basis unseres Weltbezugs, letztlich unseres Menschseins.

Von der sprichwörtlichen „stoischen Ruhe" des Philosophen

Im Zeitalter des Hellenismus zeichnet sich ein sehr heterogenes Bild ab: Auf der einen Seite dominieren griechische Kultur und Sprache weite Teile des östlichen Mittelmeerraumes und des Vorderen Orients. Auf der anderen Seite lösen sich die bisherigen Überzeugungen und gesellschaftlichen Leistungen, die diese Kultur hervorgebracht hat, zusehends auf. Die überschaubare und geordnete Welt der Polis existiert nicht mehr, dafür werden griechische Vorstellungen und bislang unbekannte Kulturen und Religionen miteinander vermischt. Der Skeptizismus, der sich nun entwickelt, verleiht dieser Zeit den passenden Ausdruck. Der Zweifel dominiert, herkömmliche Gewissheiten werden infrage gestellt. Aus dieser Gemengelage

[16] E. Fried, „Es ist was es ist", in: Liebesgedichte, Angstgedichte, Zorngedichte, Berlin 1991, 43.

entwickeln sich jene philosophischen Richtungen, die in neutestamentlicher Zeit und in der Frühphase des Christentums von entscheidender Bedeutung sind. Sie sind die Grundlage für die ersten theologischen Entwürfe und Theorieansätze, indem sie entweder unmittelbar in theologische Überlegungen einfließen oder als unvereinbar mit den Glaubensvorgaben des Christentums zurückgewiesen werden.

Die vorherrschende Philosophie, die nicht nur den Hellenismus, sondern auch die anschließende römische Welt wesentlich prägen wird, ist die Stoa. Die Philosophie der Stoa kann man ohne zu zögern als die am weitesten verbreitete Geisteshaltung der Antike bezeichnen. Grundsätzlich lässt sie sich in drei Phasen und zwei Sprachen unterteilen, wobei die ältere Zeit griechisch und die spätere Phase, ab dem zweiten nachchristlichen Jahrhundert, lateinisch geprägt war. Die Bezeichnung verdankt sich einer langgestreckten Säulenhalle an der Agora unterhalb der Akropolis in Athen, die wegen ihrer Wandmalereien auch „Stoá poikíle“ (gr. ἡ ποικίλη στοά, zu Deutsch: bunte Halle) genannt wird. Die antiken Hallen und Tempel waren nämlich wesentlich bunter, als wir das heute aus den Überresten vermuten. Hier traf man sich zum Schwatz, und, was in Griechenland immer wichtig war und ist: zum Politisieren. So waren in der Stoa neben Tagelöhnern, Bettlern und fliegenden Händlern auch Philosophen zu finden.

Dort nimmt Ende des vierten vorchristlichen Jahrhunderts Zenon von Kition (334–262 v. Chr.) aus Zypern seinen Lehrbetrieb auf. Er ist ca. 311 v. Chr. nach Athen gekommen, als die Stadt aufgrund der verlorenen Peloponnesischen Kriege langsam verfiel. Zenon war geprägt vom Kynismus, einer skeptischen Philosophie, die sich durch ein einfaches und bescheidenes Leben auszeichnete. Zenon von Kition versucht einen Weg zum inneren Glück zu zeigen und zugleich die Philosophie vom mittlerweile entstandenen akademischen Dünkel zu befreien, indem er an ihre sokratischen Anfänge erinnert. Wo äußere Orientierungen wegbrechen, beginnt man unweigerlich in sich nach einer Gewissheit zu suchen, die durch äußere Umstände nicht beeinflusst und gefährdet werden kann. Zu den bekanntesten Kynikern zählt Diogenes von Sinope (ca. 412/403–324/321 v. Chr.). Ob er nun in einem Fass gelebt hat oder nicht, lässt sich mit Sicherheit nicht sagen. Die ihm nachgesagte Bedürfnislosigkeit ist der sichtbare Ausdruck einer Philosophie, die sich als Lebenskunst begreift. Jedenfalls verkörperte er so etwas wie einen gesellschaftlichen Aussteiger, der für seine intelligente Schlagfertigkeit, seinen Witz und seinen Sarkasmus bekannt war. Die Zitate des Diogenes fallen durch Respektlosigkeit der Gesellschaft gegenüber und Verachtung ihrer Konventionen auf. Dazu kam die Kritik an Besitz und Eigentum, in denen er das Übel der Menschheit erkannte. Mit dem Kynismus verbindet die Stoa ihre lebenspraktische Ausrichtung: Wissen bedeutet nichts, solange man es nicht tut und lebt.

Die Freiheit der Stoiker gegenüber den Göttern

Wie Vertreter anderer philosophischer Strömungen ihrer Zeit glauben auch die Stoiker nicht an ein finales Weltende wie das Juden- oder das Christentum, sondern an die Wiederholung des Ewig-Gleichen. Die sprichwörtliche Gelassenheit der Stoiker beruht auf ihrer Wertschätzung von Unabhängigkeit und Selbstbeherrschung. Der vor allem durch seinen Schüler Lukrez bekannte griechische Stoiker Epikur (341–271 v. Chr.) überträgt den Freiheitsgedanken auch auf die Beziehung der Menschen zu den Göttern. In seiner Schrift „De rerum natura“ zeichnet er diesbezüglich ein Bild, das von großer Distanz und Unabhängigkeit geprägt ist:

> „Aber die Götter müssen durch sich, und ihrer Natur nach,
> In der seligsten Ruh’ unsterbliches Leben genießen,
> Weit von unserem Tun und unseren Sorgen entfernet.
> Denn von jeglichem Schmerze befreit, und befreit von Gefahren,
> Selbst sich in Fülle genug, nicht dürftig unseres Beistand’s,
> Rührt sie nicht unser Verdienst, noch reizet sie unser Vergehen.“[17]

Was ist das eigentlich Provozierende an dieser Haltung? Wenn wir zufrieden sind, sind wir nicht auf die Gunst der Götter angewiesen. Im Gegenzug müssen sie sich auch nicht ständig um uns kümmern. Die Götter können sich mit sich selbst beschäftigen, sie sorgen sich ja auch nicht um die Welt. Und wer sich nicht um die Welt kümmert, den muss man auch nicht fürchten, sondern kann ihn verehren. Wahre Verehrung benötigt im Umkehrschluss keine himm-

---

[17] T. Lucretius Carus, Von der Natur der Dinge mit dem lateinischen Text nach Wakefield’s Ausgabe, übers. v. G. J. Göschen, Leipzig 1821, VV 57–62.

lische Video-Überwachung, sondern setzt persönliche Freiheit und eigenes Glück voraus. Darin erkannte Epikur das eigentliche Ziel philosophischen Lebens. Die Gartenanlage des Epikur in Athen, in der er vier Jahrzehnte lebte und lehrte, ist das beste Bild für die Unabhängigkeit des Menschen vom Göttlichen. Der Garten ist ein Sinnbild für ein selbstgenügsames Leben. Hier findet der Mensch Ruhe und innere Zufriedenheit. Leben und leben lassen. Epikur erwartet sich von den Göttern keine Kontrolle, keine Macht und keinerlei Autorität.

Vor diesem Hintergrund begründet Epikur den nach ihm benannten Epikureismus, eine Richtung innerhalb der Stoa. Entgegen der Meinung früher Christen steht diese Position keineswegs für ethische Beliebigkeit, sie schätzt lediglich die Bedeutung der Vernunft anders ein als die Stoa. Während sich die Stoa im Anschluss an Sokrates und Platon auf die alles beherrschende Funktion der Vernunft beruft, relativiert Epikur deren Bedeutung in den unmittelbaren Fragen des Lebens. Hier herrschen die Kräfte der Lust und der Unlust, die über die Vernunfteinsicht hinaus maßgeblich unsere Welt regulieren. Epikur begründet das gute, auch das lustvolle Leben aus der Freiheit, die der Mensch gewinnt, wenn er nicht mehr von den Göttern beherrscht wird. Man sollte dabei nicht vergessen, dass Epikur in einer Zeit lebt und lehrt, in der die Götter allgegenwärtig waren. Zu diesen omnipräsenten Göttern möchte der Philosoph ein distanziertes, unabhängiges und darin freies Verhältnis haben. Epikur will die Angst nehmen, die die Götter offensichtlich brauchen, um mit uns in ein Verhältnis zu treten. Die Götter beanspruchen Kontrolle, sie fordern Macht. Warum eigentlich? Epikur denkt in dieser Frage noch einen Schritt weiter und kommt unweigerlich zu dem Widerspruch, der sich zwischen den Machtansprüchen der Götter und der Erfahrung von Leid und Übel der Menschen auftut. Dieser Widerspruch lässt sich nur dann auflösen, wenn die Menschen ihrerseits keine Ansprüche mehr an die Götter haben und von ihnen nichts mehr erwarten. Die Frage nach dem Ursprung des Leids, die besonders die christliche Theologie vor enorme Herausforderungen stellen wird, wird also bereits in vorchristlicher Zeit grundlegend reflektiert. Sie wird uns bis zum Schluss dieses Buches immer wieder begegnen. Epikur vertritt aber, allen Vorurteilen zum Trotz, keinen militanten Atheismus, sondern lehrt uns, genau das zu tun, was auch die Götter seines Erachtens tun: Nämlich ein Leben in

Selbstzufriedenheit und Unerschütterlichkeit (gr. ἀταραξία) zu führen, das zur Selbstbestätigung nicht der Herrschaft über andere bedarf und daher Zuneigung, ja Liebe, erst ermöglicht.

Das Gewissen als Moralinstanz der Stoiker

Zwischen den verschiedenen Richtungen der Stoa und dem Christentum gibt es noch weitere Schnittmengen, insbesondere in Fragen der alltäglichen Moral. Das Gewissen als innerer Kompass, den jeder Mensch hat und dessen Spruch jeder Mensch zu folgen hat, entstammt der Stoa und nicht der christlichen Moral, mit der wir das Gewissen zuweilen verbinden. Überhaupt haben sich die frühen Christen zahlreicher lebensweltlicher Einstellungen der zeitgenössischen Stoa bedient. Zur Zeit des antiken Christentums war die Stoa bereits so etwas wie eine Populärkultur, sofern jeder Stadtbürger im Grunde ein Stoiker war und den stoischen Idealen zu entsprechen versuchte. Das „Handbüchlein der Moral" des griechischen Stoikers Epiktet (50–ca. 138) liest sich wie ein etwas zu lang geratener christlicher Fastenbrief. Stoiker sollen sich nicht danebenbenehmen, sie sollen die Spiele – gemeint sind die blutigen Gladiatorenkämpfe – nach Möglichkeit meiden. Sie sollen nicht zu viel Alkohol trinken und in allen Dingen des Lebens Maß halten.

Die Stoa prägt in weiten Teilen das Bewusstsein der Menschen. Vertreter finden sich in allen sozialen Schichten. So ist der Autor des kleinen Handbüchleins ein ehemaliger Sklave. Die heute in jeder besseren Bahnhofsbuchhandlung zu findenden „Selbstbetrachtungen" stammen hingegen vom letzten Adoptivkaiser Marc Aurel (121–180). Die Stoa kannte keine zentralen Kultorte, keine Liturgie und keinen Klerus. Sie war ein weltanschaulicher Gemeinplatz und allgegenwärtig.

Von allem etwas: Der Mittelplatonismus

Die zweite wichtige Strömung in der Zeit des Hellenismus ist im Gegensatz zur Stoa noch dem klassischen Ideal einer elitären Gelehrtenschule verpflichtet. Bis ins letzte vorchristliche Jahrhundert orientieren sich die Anhänger Platons nicht nur hinsichtlich ihrer intellektuellen Überzeugungen, sondern auch in ihren Lebensentwürfen an den Vorgaben der Athener Akademie. Ähnlich wie bei den Stoikern greifen aber auch hier allmählich Universalisierungstendenzen, indem man sich nicht nur der Lektüre und Auslegung der platonischen Schriften widmet, sondern auch andere Philosophen, insbesondere Aristoteles berücksichtigt.

Mit der Zerstörung Athens im Jahre 86 v. Chr. durch den römischen Feldherrn Sulla wird das Schulgelände der platonischen Akademie aufgelöst. Die Anhänger der platonischen Lehre leben fortan zerstreut und bezeichnen sich selbst nicht mehr als Akademiker, sondern als Platoniker. Diese Zwischenphase bis zur Wiederaufnahme des Schulbetriebs in Athen ab dem dritten nachchristlichen Jahrhundert wird als Mittelplatonismus bezeichnet. Lassen sich die Zeit und das Denken der Vorsokratiker als Entzauberung des mythologischen Götterglaubens verstehen, so zeigt die mittelplatonische Zwischenperiode die gegenläufige Tendenz, nämlich Philosophie und Religion wieder zusammenzudenken. Die Frage nach dem Göttlichen rückt in den Mittelpunkt des Interesses. Während für Platon die Ideenlehre im Vordergrund stand, lässt sich ab dem ersten nachchristlichen Jahrhundert eine bemerkenswerte Zunahme religiöser Themen feststellen, die auch für das frühe Christentum bedeutsam sind.

Die Schriften Platons dienen dabei im Wesentlichen dazu, diese neuen Fragestellungen mit platonischen Inhalten und Begriffen abzugleichen. Damit fällt es bis heute bisweilen schwer, die einzelnen Vorstellungen und Interessen voneinander zu unterscheiden – falls das überhaupt möglich ist. Was stammt ursprünglich von Platon und was dichtet man hinzu? Daher bezeichnet man den Mittelplatonismus auch als eine synkretistische Strömung. Das bedeutet, dass man die unterschiedlichen Lehren nicht mehr so genau mit analytischer Präzision voneinander trennt, sondern in assoziativer Weise miteinander vermischt und in Beziehung setzt. Die Frage nach den Ursachen wird wieder in einem Zusammenhang mit dem Göttlichen gesehen. Die Mythen in den Dialogen „Timaios“ und „Phaidros“ werden nun theologisch gedeutet. Plötzlich werden Vorstellungen und Fragen über das Weltende sowie die Erlösung des Menschen interessant. Die Welt ist das Werk eines „Demiurgen“, das heißt eines Weltenbauers, dem eine wesentlich wichtigere Bedeutung zukommt als seinem geistigen Vorbild aus dem „Timaios“ von Platon. Der mittelplatonische Weltenbauer ist zwar nicht zu identifizieren mit dem obersten Gott, aber er spielt für das Weltgeschehen eine wichtigere Rolle als noch bei Platon. Vom Göttlichen selbst wird im Mittelplatonismus immer rätselhafter und immer undeutlicher gesprochen. Gott ist nicht begreifbar, man kann das oberste Prinzip nicht einmal mehr aussprechen und benennen. Wer sich hier an das Bilderverbot im Alten Testament oder an das strikte Verbot im Judentum, den Namen Gottes auszusprechen, erinnert fühlt, liegt durchaus richtig. Die Philosophie des Mittelplatonismus bekommt religiöse Züge und spiegelt damit einen gesellschaftlichen Trend wider, der sich auch in den offiziellen Selbstdarstellungen der römischen Herrscher zeigt.

Aus dem pflichtbewussten Kaiser wird ein Weisheitslehrer

Die ersten beiden nachchristlichen Jahrhunderte sind eine vergleichsweise friedliche und kulturell produktive Phase der römischen Kaiserzeit. Besonders in der Zeit der Adoptivkaiser beginnt sich der Westen des Reiches in zunehmendem Maße für die Magie des Orients zu interessieren. Im Gegensatz zur eher nüchternen Welt der römisch-lateinischen Stoa, die sich in erster Linie über militärische Ordnung und Gehorsam definierte, hatte die östliche Reichshälfte ihren Hang zum Magischen, Spirituellen und Okkulten nie ablegen können. Während im Westen Ciceros Schrift „De officiis“ (zu Deutsch: „Von den Pflichten“) programmatisch für das Pflichtethos einer an preußische Tugenden erinnernden römischen Gesellschaft stand, bei der Götter wie Menschen nicht nur Rechte, sondern auch Pflichten hatten, war östlich des Bosporus die Welt esoterisch durchdrungen. In Asien war der Philosoph ein Vermittler zum Jenseits. Damit entsprach er jener Entwicklung, die der Mittelplatonismus repräsentierte. Der Philosoph verstand sich nicht als nüchterner Denker, sondern als Offenbarer göttlicher Geheimnisse, der in der Funktion des priesterlichen Theurgs und Mystagogen seine Seele mit dem Göttlichen vereinte und seinen Schülern Enthüllungen abseits des rationalen Denkens mitteilte. Dieser Philosophentypus trat auch als Wundertäter in Erscheinung, zu dessen Lebensvollzug rituelles Fasten und Schweigen sowie symbolische Reinigungen gehörten. Die Lebensbeschreibungen durch seine Schüler, oder sagen wir besser: Jünger, erinnern an Heiligenlegenden.

Besonders augenfällig wird der Unterschied zwischen West und Ost in der Kunst. Heidnische Philosophen werden abgebildet wie später christliche Heilige. Ihre Darstellung ähnelt auf den ersten Blick der einer christlichen Ikone. Oft lässt sich nur aus dem Kontext der Abbildung oder Skulptur auf einen paganen oder christlichen Hintergrund schließen. Man legt nicht mehr wie in der klassischen Antike Wert auf eine naturnahe, lebensechte Darstellung, sondern versucht bewusst, die spirituelle Bedeutung des Philosophen zum Ausdruck zu bringen.

Abb. 1

„Er scheint in der Tat sich besonderer göttlicher Begnadung erfreut zu haben: wie Schneeflocken kamen die Worte aus dem Munde jenes weisen Mannes, seine Augen hatten ein besonderes Leuchten und sein Antlitz erstrahlte in einem göttlichen Glanze. Zu ihm kam einst, als er seine Erläuterungen gab, einer von den berühmtesten Männern des Staates namens Ruphinos, ein redlicher und ehrwürdiger Mann; er sah ein

Licht, das des Philosophen Haupt umstrahlte."[18] So der Platoniker Marinos von Neapel (um 440–486) in der Biografie über seinen Lehrer Proklos. Die Darstellung findet sich im Haus eines wohlhabenden Mäzens in Ostia bei Rom und wird auf das vierte nachchristliche Jahrhundert datiert. © akg-images

Die weit geöffneten Augen, die Strenge in der Körperhaltung, die Segensgestik der Hände und schließlich der „Heiligenschein", der sogenannte Nimbus, als Symbol für innere Kraft und Charisma, sind also keineswegs das Proprium christlicher Kunst. Wie christliche Heilige auch, haben heidnische Philosophen langes, in der Mitte gescheiteltes Haupthaar und tragen einen Vollbart. Dies war, zusammen mit der asketischen Gesamterscheinung, die Typologie eines spätantiken Weisheitslehrers, der im oströmischen Raum beheimatet war und allmählich auch im Westen die bisherige Nüchternheit verdrängte.

Insgesamt ist diese Zeit geprägt von einem Ineinander religiöser und philosophischer Vorstellungen: Philosophen verstanden sich als religiöse Lehrer und umgekehrt. Die populäre Durchmischung von Religion und Philosophie erreichte bald auch den kaiserlichen Hof: Von Kaiser Severus Alexander (208–235) berichtet die „Historia Augusta", in seiner Hauskapelle seien die Büsten von Vergil, Cicero, Platon, Christus, Abraham, Orpheus und Alexander des Großen nebeneinander gestanden. Am besten lässt sich dieses neue Selbstverständnis an der Entwicklung der kaiserlichen Büsten selbst nachvollziehen: Während noch Augustus in der klassischen Würde weströmischer Potentaten ohne Vollbart und mit Bürgerkrone abgebildet wird, erscheint bereits gute hundert Jahre später Kaiser Antoninus Pius (86–161) dem oströmischen Priester-Philosophen mit Vollbart schon recht nahe zu kommen.

Die Unterschiede in der kaiserlichen Ikonographie werden noch deutlicher, wenn man bedenkt, dass die Büste des Kaisers Augustus, der 14 n. Chr. mit sechsundsiebzig Jahren starb, aus seinen letzten Lebensjahren stammt. Der Kaiser herrscht in der weströmischen

[18] Marini Vita Procli 23, Graece et Latine. Ad fidem librorum manuscriptorum recensuit adnotationesque et indices addidit Ioh. Franc. Boissonade, Lipsiae 1814, 49, deutsche Übersetzung: A. R. Noë, Die Proklosbiographie des Marinos, Diss. Heidelberg 1938, 22.

Abb. 2: Büste des Kaisers Augustus Bevilaqua © Staatliche Antikensammlungen und Glyptothek München | Foto: Renate Kühling

Abb. 3: Antoninus Pius, Agora-Museum, Athen, © Foto: privat

Vorstellung aber stets in zeitloser, jugendlicher Kraft. Das Alter wird als Manko und nicht als Ausdruck philosophischer und priesterlicher Würde verstanden. Ganz im Gegensatz zum östlichen Ideal in späterer Zeit. Aus dem pflichtbewussten Kaiser wird ein Gelehrter, der sich weniger für Politik als vielmehr für die Philosophie seiner Zeit zu interessieren scheint.

Philosophen werden religiös – Religiöse Menschen werden zu Philosophen

Von den Vorsokratikern bis zur Zerstörung Athens in römischer Zeit, also über einen verhältnismäßig langen Zeitraum, hatte in einer Sache Konsens bestanden: Die Philosophie behauptete gegenüber dem Götterglauben ihren eigenen rationalen Geltungsanspruch. Sie vertraute auf die kognitiven und logischen Fähigkeiten des Menschen. Dieser Akt der Entmythologisierung hatte schließlich den

Blick des Menschen auf die Natur hervorgebracht, die so in neuer Autonomie entdeckt werden konnte.

Dieses Verständnis ändert sich in den Jahrhunderten um Christi Geburt. Das Göttliche als ein oberstes Prinzip wird lediglich als diffuse, unnahbare und begrifflich schwer fassbare Größe wahrgenommen. Damit wird die Ideenlehre Platons in einem wichtigen Punkt aufgegeben: Während Platon die Erkennbarkeit seiner Ideenwelt zur Basis seiner Erkenntnislehre macht, prägt die Philosophie des Mittelplatonismus ein mystischer Grundzug. Das ist im Vergleich zur klassischen Zeit höchst ungewöhnlich. Der mittelplatonische Philosoph Alkinoos, über dessen Lebensdaten wir keine genauen Kenntnisse haben, hat im zweiten nachchristlichen Jahrhundert ein Lehrbuch mit dem Titel „Didaskalikos“ verfasst, in dem er über das Göttliche Folgendes schreibt:

> „Nun aber ist der erste Gott immerwährend, unsagbar, selbstvollendet, d. h. unbedürftig, stetig-vollendet, d. h. stets vollendet, ganz-vollendet, d. h. gänzlich vollendet. Er ist Göttlichkeit, Wesenhaftigkeit, Wahrheit, Ebenmaß, das Schöne, das Gute. [...] Er ist unsagbar und allein durch Denkkraft erfassbar [...], weil er weder Gattung noch Art noch Unterschied ist, aber es kommt ihm auch nichts zu, weder Schlechtes (denn es ist nicht gestattet, dies zu sagen), noch Gutes (denn er wird dies durch Teilnahme an etwas und besonders an der Gutheit) noch Unterschiedsloses (denn auch dies ist er nicht gemäß seinem Begriff) noch qualitativ Bestimmtes (denn er ist nichts, was qualitativ bestimmt worden und von einer Qualität als solches vollendet ist) und nichts qualitativ Unbestimmtes (denn er ist nicht etwas qualitativ bestimmten beraubt, was ihm zufällt) noch ist er ein Teil von etwas noch wie ein Ganzes, das Teile hat, noch so, dass er dasselbe wie oder anderes als etwas ist.“[19]

Gott oder das Göttliche werden bei Alkinoos zu einem reinen Transzendenzbegriff. Die bei Platon noch vorherrschende Beziehung von idealer und materieller Welt in einem harmonischen Kosmos hat sich aufgelöst. Die Welt der Ideen Platons gibt zwar den erkenntnistheoretischen Rahmen vor, sie wird aber schon so weit von der Welt der sinnlichen Wahrnehmungen getrennt, dass sie in keiner Beziehung mehr zur menschlichen Erfahrung steht. Dazu hat sich in der

---

[19] Alkinoos, did X 3f, in: Alkinoos, Didaskalikos. Lehrbuch der Grundsätze Platons. Einleitung, Text, Übersetzung und Anmerkungen von O. F. Summerell u. T. Zimmer, Berlin – New York 2007, 27.

Philosophie auch ein Wortspiel zweier, zum Verwechseln ähnlich klingender Adjektive eingebürgert. Während der Begriff „chorismós“ (gr. χωρισμός) bei Platon lediglich eine Grenzlinie markiert, die zwischen der noetischen Welt der Ideen und der Materie steht, wird im Mittelplatonismus durch den Austausch eines einzigen Buchstabens im Substantiv chorismós das Partizip „choristós“ (gr. χωριστός, zu Deutsch: „getrennt“ oder „abgetrennt“), das das Unterscheidende in beiden Sphären betont. Damit ist gemeint: Wir können zwar die Welt in ihren Ursachen und Wirkungen begreifen, aber nichts, was darüber hinausgeht. Da ist lediglich Platz für Spekulationen: Alles, was dazu gesagt werden könnte, entzieht sich menschlichem Erkenntnisvermögen oder lässt sich allenfalls negieren. Der erste Gott, so lesen wir bei Alkinoos, ist unsagbar, unaussprechlich. Jede Aussage über ihn würde bereits eine Relation zu dem bezeichneten Gegenstand bedingen und damit der Absolutheit Gottes widersprechen. Eine Beziehung zur ersten und obersten Idee darf es also nicht geben, sonst wäre sie ja wiederum ein konkretes Etwas, neben dem es noch weitere Ideen geben könnte.

Der Gedanke der göttlichen Transzendenz wird im Platonismus dieser Zeit derart überstrapaziert, dass Gott faktisch in keinem Verhältnis mehr zur Welt steht – es sei denn, dass wir ihn *denken.* In Gedanken ist Gott vorhanden, nicht als ein Gegenstand neben anderen, sondern in der Gestalt des Gedachten. Diese Denkform wurde im Mittelplatonismus, aber auch in anderen philosophischen Strömungen und insbesondere in der Stoa, schlicht als Logos bezeichnet. Mit dem Logos verbindet der Mensch seine Einsichten in die Prinzipien des Seins. Logos ist die erkennende Vernunft, die der Welt zugrunde liegt und sie mit dem Göttlichen mittelbar verbindet. Die Welt ist aufgrund ihrer „Logizität“ erkennbar. Ihr göttlicher Ursprung teilt sich durch das Denken dem Menschen mit. Vielleicht ist der Logos in der Kaiserzeit in etwa das, was wir heute gemeinhin als universal gültige Einsichten kennen. Der Logos ist das Verstehensprinzip der Welt; er ist die Selbstbeschreibung des Menschen und seiner Natur. Der Logos steht für die allgemeinen und notwendigen Gesetze, die überall gültig sind und in diesen Gesetzen entdecken wir den göttlichen Ursprung der Welt gleichsam indirekt mit.

Religion als Lebenswelt

In dieser Zeit entwickelten die Menschen ein überwiegend praktisches Verhältnis zur Religion. Religion war gelebter Kult, den man zur Lebensbewältigung pflegte – oder vernachlässigte. Die großen Fragen nach Gott und Welt waren zweitrangig. Hingegen spielten Aberglaube und Magie eine nicht unerhebliche Rolle im Alltag der Menschen. Das reichte von den auch uns bekannten Glücksbringern wie etwa Amuletten, bis zu professionellen Orakelstätten mit angestellten Priestern, die Menschen konkrete Hilfe in Form von spirituellen und magischen Dienstleistungen anboten. Vom einfachen Handwerker bis zum Kaiser bediente man sich dieser antiken Coaching-Agenturen. Heiligtümer waren hochentwickelte Kurbetriebe, die der psychosomatischen Genesung dienten. Ein typisches Beispiel ist das Heiligtum von Epidauros auf der griechischen Halbinsel Peloponnes. Zum einen war dieser Ort mit dem für seine Akustik berühmten Amphitheater eine bereits damals bedeutsame Kulturmetropole, der den griechischen Autoren ideale Bedingungen für ihre Inszenierungen bot. Zum anderen war Epidauros aber auch ein Kurort, der für seine Praxis des Heilschlafs bekannt war. Epidauros verfügte über einen zweigeschossigen Schlafsaal, in dem die Patienten die Nacht verbrachten. Die dann im Traum erscheinenden Gottheiten teilten den Menschen Hinweise und Ratschläge mit, die anschließend von den Priestern vor Ort gedeutet wurden.

In hellenistischer Zeit geben Philosophie und Religion insgesamt ein sehr buntes Bild ab. Gerade in den großen Städten und Handelszentren entwickelte sich ein vielfältiges Leben. Unterschiedliche Kulturen, Kulte und Vereine gingen in unmittelbarer Nachbarschaft ihren Bräuchen und Gepflogenheiten nach. Eine der religiösen Subkulturen hob sich allerdings ab: das Judentum. Bereits vor der territorialen Zerstörung des Landes Israel durch die römische Besatzung am Ende des ersten nachchristlichen Jahrhunderts existierten in den großen Städten jüdische Gemeinden, deren Mittelpunkt die Synagoge bildete. Die Juden waren einerseits angepasst an die jeweilige Kultur des Landes, sprachen das übliche Straßengriechisch und nahmen in einem gewissen Umfang auch am öffentlichen Leben teil. Andererseits unterschieden sie sich von der übrigen Bevölkerung in signifikanter Weise. Lebensgewohnheiten, Feiertage, Ethik und natürlich ihr entschiedener Monotheismus, der gar nicht in diese Zeit zu passen schien, trennte sie von der übrigen Bevölkerung.

Ein Fallbeispiel: Philo von Alexandrien

Um sich das Verhältnis des Judentums zum philosophischen Denken in dieser Zeit zu vergegenwärtigen, lohnt es sich, einen Autor näher anzuschauen, der zur Zeit Jesu lebte, allerdings in einem anderen Land und unter völlig anderen Lebensumständen – und der natürlich von dem wandernden jüdischen Charismatiker aus Nazareth keine Kenntnis hatte: Philo von Alexandrien (ca. 15–10 v. Chr.–40 n. Chr.).

Von Philo wissen wir, obschon zu Lebzeiten ein vielbeachteter Mann, biografisch nicht viel zu berichten. Er war ein typischer Vertreter des Diasporajudentums: Er lebte und lehrte in einer hellenistisch-jüdischen Gemeinde außerhalb von Palästina und konnte, wenn überhaupt, nur ein paar Brocken Hebräisch. Seine Heimatstadt war allerdings eine Hochburg der damaligen intellektuellen Welt. Alexandria verfügte über eine legendäre Bibliothek und war seit ihrer Gründung das geistige Zentrum des östlichen Mittelmeerraumes schlechthin.

Philo gilt als einer der bedeutendsten Lehrer der nachklassischen Antike und als Wegbereiter einer Synthese von Religion und Philosophie. Wir können über die Hintergründe seiner literarischen Ambitionen nur spekulieren: Wollte er in der Diaspora das Judentum philosophisch neu begründen oder die zeitgenössische Philosophie als jüdisches Denken ausweisen? Wahrscheinlich beides; ein Großteil seiner Schriften weist auf alle Fälle in diese Richtung. Wie lässt sich der Gott der hebräischen Bibel in seiner ganzen Verborgenheit philosophisch begründen und der Gedanke seiner Schöpfertätigkeit mit der Welt in Beziehung bringen? Und wie ist überhaupt die Beziehung zwischen einem unerkennbaren Gott einerseits und den Aussagen der Genesis andererseits denkbar? Steht das Bilderverbot nicht im Widerspruch zu den vielen bildlichen Vorstellungen und Erscheinungsweisen Gottes in der Bibel?

Die Erkennbarkeit Gottes im gottmenschlichen Logos

Philo griff auf mittelplatonische Vorstellungen zurück, um dem alttestamentlichen Bilderverbot ebenso gerecht zu werden wie den bilderreichen Aussagen über Jahwe, etwa in den Schöpfungsberichten. Seine diesbezügliche Schrift trägt den programmatischen Titel „De opificio mundi“ (zu Deutsch: „Von der Erbauung der Welt“). In der Tat stellt sich Philo die Schöpfungstätigkeit Gottes als die eines Aufträge vergebenden Bauherrn für eine antike Polis vor. Zunächst muss Gott zu einem perfekten Urbild, der antiken Polis, ein perfektes Abbild schaffen, damit die Differenz zwischen materieller Welt und göttlicher Sphäre gewahrt bleibt. Zum Bau einer Polis benötigt er einen kosmischen Architekten, der die Polis nicht aus sich selbst heraus entwickelt, sondern seine Erinnerungen an diese Ideen konsultiert. Diese Vorstellung findet Philo im Dialog „Timaios“, der ebenso verschiedene Hilfsgötter und Dämonen kennt, um die Absolutheit der göttlichen Welt nicht zu gefährden. Das göttliche Urbild, das von Gott selbst in seinem Verstand entworfen wurde, ist seinerseits nur das Vorbild für den geistigen Kosmos. Die materielle Schöpfung erfolgt schließlich am Ende dieser kaskadenartigen Abwärtsbewegung.

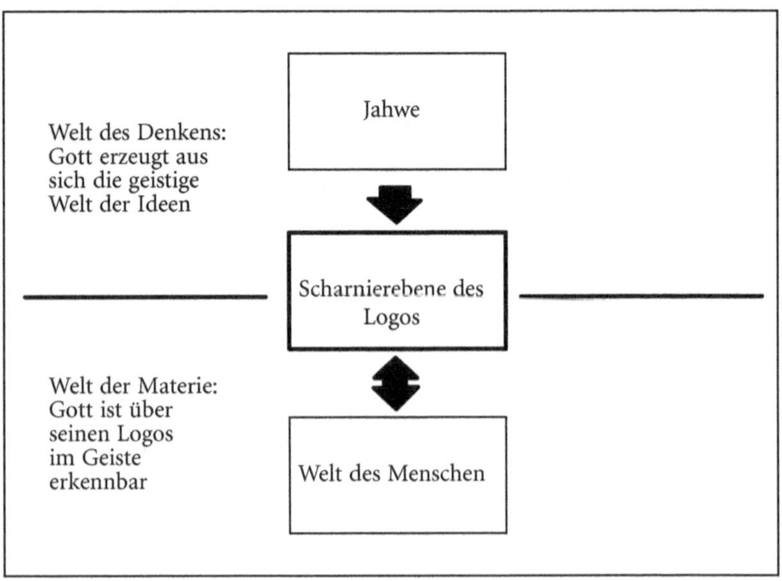

Der Logos bildet dabei das Scharnier zur sichtbaren Welt, durch das Jahwe einerseits unsichtbar bleibt, andererseits indirekt die Welt schafft und dadurch vom Menschen im Denken erfasst werden kann. Der Logos ist also jene Schnittstelle, durch die Gott mit uns in Verbindung tritt.

Mit der Logos-Lehre des Philo erhält das frühe Christentum eine denkerische Blaupause, um die Aussagen der Bibel mit den Möglichkeiten der mittelplatonischen Philosophie zu verbinden. Damit lässt sich nicht nur ein bildungsbürgerliches Großstadtpublikum in Alexandria für die Überzeugungen des Alten Testaments gewinnen. Auch das frühe Christentum kann nun seine Grundbotschaft von der Offenbarung Gottes in einem Menschen dem philosophisch Gebildeten erschließen. Mit der Logos-Lehre eröffnet sich eine Möglichkeit, über eine mittelplatonisch inspirierte Schriftauslegung die Kluft zwischen Gott und Welt zu überwinden. Aus dieser Verbindung entwickelt sich ab dem zweiten Jahrhundert die Christologie, also die Lehre über die Person und die Bedeutung Jesu.

Eine neue Religion entsteht

Bis dahin war das frühe Christentum für Außenstehende eine jüdische Sekte im Römischen Reich, das sich den Vorschriften der Thora widersetzte und stattdessen die Verehrung eines jüdischen Charismatikers in den Vordergrund stellte. Dessen Verehrung als Sohn Gottes führt innerhalb des Judentums zu Spannungen, für viele philosophisch interessierte Nicht-Juden hingegen wird diese junge jüdische Sekte gerade aufgrund dieses Faktors interessant. Im näheren Umfeld der Synagoge finden sich diese interessierten Nicht-Juden ein, die als Außenstehende teilweise am jüdischen Leben teilnehmen. Sie werden in der Apostelgeschichte als „Gottesfürchtige" oder „Gottesverehrer" bezeichnet, die mit der konsequenten Moralvorstellung und dem jüdischen Monotheismus sympathisieren. Ihre grundsätzlichen Fragen kann diese Religion besser beantworten als die zeitgenössische Philosophie. Für diesen Kreis stellt die Jesus-Bewegung innerhalb des Judentums eine interessante Alternative dar: Was sie von der vollen Mitgliedschaft trennt – die Beschneidung – entfällt, und was das Judentum für sie interessant macht, beispielsweise der Monotheismus, ist auch hier zu finden.

In Fragen der praktischen Lebensführung hatte sich das Christentum bereits mit der kaiserzeitlichen Stoa angefreundet. Mit der Logos-Lehre ließ sich nun auch der philosophisch Interessierte für die Aussagen des Christentums überzeugen. Diese Entwicklungen erfolgten aber nicht aus einem interessengesteuerten oder missionsstrategischen Opportunismus heraus, sondern dienten zunächst dem Zweck, sich in einer synkretistisch geprägten städtischen Umgebung zu behaupten. Wie die Herausforderungen in einer solchen hellenistischen Großstadt ausgesehen haben, darüber können wir uns bereits in der Apostelgeschichte des Neuen Testaments ein erstes Bild machen.

Der „sprechende" Gott Jesu Christi gegen den „unbekannten" Gott

Eine paradigmatische Szene für die Lage, in der sich das frühe Christentum befand, spielt sich auf dem Areopag in Athen ab. Wir haben diesen Ort bereits mit Sokrates als Zentrum der Athener Demokratie kennengelernt. Hier kommt es zu einem, vom Evangelisten Lukas sicherlich überzeichneten Auftritt des Apostels Paulus auf dessen zweiter Missionsreise durch Griechenland. Der Areopag, der in den goldenen Jahren Athens nicht nur ein öffentlicher Sammelplatz, sondern auch das Gericht Athens war, diente zur Zeit des Paulus auch als Proklamationsort, um wichtige Entscheidungen zu verkünden. Dorthin wird, der Apostelgeschichte zufolge, Paulus von den Einwohnern Athens geführt, um seine Lehre zu erklären. Paulus kommt auf die Inschrift einer der zahlreichen Altäre zu sprechen, die er zuvor in der Stadt gesehen hat: „Dem unbekannten Gott" (Apg 17,23). Man kann diese Widmung zweifach deuten: Zum einen gab es zahlreiche Götterstatuen mit solchen oder ähnlich lautenden Inschriften. Sie standen stellvertretend für all jene Götter, denen man kein Denkmal erbauen konnte, weil sie schon zu zahlreich und teilweise in Vergessenheit geraten waren. Es gab einfach zu viele Götter im antiken Pantheon, alle waren irgendwie mehr oder weniger bedeutsam im Leben des Einzelnen, und es war verständlicherweise völlig unmöglich, allen Göttern gleichzeitig gerecht zu werden. Der Altar des unbekannten Gottes hatte also die Aufgabe eines pars pro toto. Zum anderen entsprach das Gottesbild genau der Vorstellung jener Zeit, in der das Göttliche zugleich überall und nirgends war.

Paulus seinerseits erkennt in der Inschrift die Grundsituation des damaligen Menschen: Dieser findet keinen direkten Zugang zu Gott. Für Paulus wird die Unnahbarkeit Gottes zum entscheidenden Thema: „Was ihr verehrt, ohne es zu kennen, das verkünde ich euch." (Apg 17,23) Diese Unnahbarkeit überwindet der Glaube an Jesus Christus. Er ist der sichtbar gewordene Logos und damit jenes Medium, das uns mit der göttlichen Sphäre verbindet. Für die frühen Christen ist, im Gegensatz zur Philosophie, der göttliche Logos aber mehr als nur ein denkerisches Weltprinzip: Er ist konkrete Wirklichkeit. Jesus Christus ist *die* sichtbar gewordene Inkarnation, und nicht nur eine pantheistische Anschauung oder intellektuelle Beziehung zu Gott. In Jesus Christus teilt sich Gott dem Menschen mit. Er durchbricht die Mauer des Schweigens, die zwischen ihm und der Welt aufgerichtet worden war. Christus ist jene gottmenschliche Verbindung, die die kaiserzeitliche Philosophie mit dem Begriff Logos identifizierte, und mit dem der Mensch das Göttliche erkennen kann.

In ganz ähnlicher Weise greift der neutestamentliche Hebräerbrief das mittelplatonische Verständnis seiner Umwelt auf und verändert es, insofern er der göttlichen Sphäre menschliche Beziehungs- und Kommunikationsfähigkeit zuspricht. Gegen den unbekannten Gott der Philosophie ist der Gott des Christentums ein „sprechender Gott", wie der Beginn des Briefes deutlich macht. Die christliche Gemeinde, an die sich der Verfasser richtet, lebt in einer Außenseitersituation, und zwar nicht nur aufgrund gesellschaftlicher Stigmatisierung, sondern vor allem weil ihr Gottesbild so gewagt scheint. Gegen die Vorstellung einer absoluten Transzendenz Gottes beginnt der Brief: „Viele Male und auf vielerlei Weise hat Gott einst zu den Vätern *gesprochen* durch die Propheten; in dieser Endzeit aber hat er zu uns *gesprochen* durch den Sohn, den er zum Erben des Alls eingesetzt und durch den er auch die Welt erschaffen hat." (Hebr 1,1f). Damit erweitert das Christentum das zeitgenössische Gottesbild, indem es die Vorstellungen einer ewigen und allgemeinen Idee oder Substanz durch das Mittel der Sprache ergänzt.

Das Christentum wird philosophisch: Der Johannesprolog

Dieser Paradigmenwechsel wird auch an einer anderen Stelle des Neuen Testaments deutlich, die sicherlich zu den am meisten gedeuteten Passagen zu zählen ist: der Beginn des Prologs im Johannesevangelium.

> „Im Anfang war das Wort, und das Wort war bei Gott, und das Wort war Gott. Im Anfang war es bei Gott. Alles ist durch das Wort geworden, und ohne das Wort wurde nichts, was geworden ist." (Joh 1,1–3)

An dieser Stelle sollte man kurz ins Detail gehen. Der besseren Übersicht halber zerlege ich die ersten drei Verse, auf die es im Folgenden ankommt:

1 Im Anfang	Dem Bibelkenner ist sofort klar: Das ist ein Zitat von Gen 1,1: „Im Anfang schuf Gott Himmel und Erde". Hier wie auch zu Beginn des Johannesprologs wird Gott als Urheber und Urgrund genannt. Der Beginn der Schöpfung kann daher auch nicht nur temporal, sondern auch kausativ „Als Anfang schuf Gott …" übersetzt werden.
war	Eine ähnliche Übersetzungshürde liegt in der Zeitangabe des Verbs vor: „war" klingt im Deutschen nach abgeschlossener Vergangenheit; gemeint ist aber das griechische Tempus des Imperfekts von Sein: „ἦν". Dieses Tempus ist uns schon einmal begegnet, und zwar bei der Definition dessen, was Aristoteles unter *ousía* (gr. οὐσία), zu Deutsch „Substanz" verstand: „τὸ τί ἦν εἶναι". Gewöhnlich wird diese Definition aus der Metaphysik wie folgt übersetzt: „das, was es *war* zu sein." Die Zeitform täuscht jedoch. Es geht nicht um ein Ereignis in der Vergangenheit, sondern um einen zeitlosen Dauerzustand: „Es war schon immer so …"
das Wort,	… wer oder was? Das Wort. Auf Griechisch, man ahnt es schon längst: der „Logos". Nicht etwa Gott? – vielleicht so wie im Alten Testament, auf das sich der Satz ja anscheinend bezieht? Offensichtlich nicht, zumindest nicht so richtig, denn es heißt weiter:

und das Wort war bei Gott, und das Wort war Gott. [2] Im Anfang war es bei Gott.	„Das Wort war *bei* Gott“ ist nicht dasselbe wie: „war *in* Gott“! Logos und Gott sind zwei verschiedene Vorstellungen; zugleich werden mit der wechselseitigen Identifizierung („und das Wort war Gott“) Logos und Gott auf eine Stufe gestellt und fast, aber nicht ganz, miteinander verschmolzen. Diese Verbindung stellt wiederum das Verb „ἦν“ her, das eine Wesensaussage impliziert: Der Logos des Prologs ist seinem Wesen nach Gott gleich, gleichwohl aber eine von Gott zu unterscheidende Realität.
[3] Alles ist durch das Wort geworden, und ohne das Wort wurde nichts, was geworden ist.	Hier erfolgt ein in der deutschen Übersetzung nahezu unmerklicher Sprung in der Zeit: Das in der Einheitsübersetzung übliche Perfekt steht für den griechischen Aorist. Dieser hebt im Gegensatz zum Imperfekt den punktuellen Aspekt einer Handlung hervor, während das Imperfekt dauerhafte Zustände zum Ausdruck bringt. Im Gegensatz zu den beiden vorausgegangenen Versen beginnt erst ab Vers 3 der eigentliche Handlungsablauf geschichtlicher Ereignisse. Jetzt setzt die Schöpfung im Sinne von Gen 1,1 ein: „Im Anfang schuf Gott Himmel und Erde“.

Die akribische Analyse der ersten Verse ist alles andere als Haarspalterei: So ähnlich der Beginn des Johannesevangeliums und des Alten Testaments in ihren Formulierungen auf den ersten Blick hin erscheinen, so unterschiedlich sind ihre Aussagen. Gen 1 erzählt von der Erschaffung der Welt durch Gott, im Prolog des Johannesevangeliums steht vor der Erschaffung der Welt die Beschreibung einer göttlichen Sphärenwelt, die in sich differenziert ist. Erst ab dem dritten Vers erschafft der göttliche Logos die Welt – nicht aber Gott. Gott ist nur indirekt über seinen wesensgleichen Logos mit der Welt verbunden, aber nicht völlig in sich verschlossen. Darin besteht sowohl die Gemeinsamkeit als auch der Unterschied zur mittelplatonischen Unerkennbarkeit Gottes.

Hier ist das Christentum nicht nur eine Religion, sondern auch eine Philosophie. Der Johannesprolog greift den zeitgenössischen Mittelplatonismus auf und verändert ihn zugleich. Diese Rezeption philosophischer Gotteslehre hatte neben dem apologetischen Motiv einer Selbstvergewisserung auch eine positive Werbewirkung auf intellektuell neugierige Stadtbürger. Überzeugte Platoniker konnten mit den Christen zunächst nichts anfangen – immerhin glauben die Christen an die Auferstehung des Fleisches in einem neuen, „geistigen Leib“, wie Paulus in 1 Kor 15,44 schreibt. Das sei ja, wie der platonische Philosoph Kelsos Mitte des zweiten Jahrhunderts sarkastisch bemerkte, „eine Hoffnung, die geradezu für Würmer passend ist.“[20] Lässt man sich nicht gleich von der Polemik des Kelsos abschrecken, so kann man die Texte der frühen Christen auch als Aufforderung an die eigene Adresse verstehen. Sie sind ein Appell, sich nicht in seinem stillen Kämmerlein zu verstecken – vielleicht gar unter dem Vorwand, dies in rechtschaffener Absicht zu tun – sondern offensiv und mutig die eigenen Überzeugungen nach außen hin zu zeigen und Rede zu stehen. Kelsos‘ Werke zeugen davon, dass das christliche Verständnis von Glaube und Philosophie nicht immer auf Sympathie und Zustimmung stieß. Dabei saßen die Bedenkenträger gegenüber einer rationalen Glaubensverantwortung nicht nur in den philosophischen, sondern ebenso in den eigenen Reihen. So wurden die trinitätstheologischen Grundaussagen im vierten und fünften Jahrhundert besonders heftig von jenen Christen angezweifelt, die jede Aussage ablehnten, die sich nicht mit biblischen Texten belegen ließ. Die von Kelsos beobachtete Haltung der zeitgenössischen Christen, lieber „zu glauben, weniger zu denken“ klingt heute sehr vertraut, und zwar nicht nur aus dem Munde einfacher Christen vom Lande, sondern auch von Theologen und Kirchenvertretern querbeet.

Athen oder Jerusalem? Athen und Jerusalem!

Die Grundspannung von Glaube als christlicher Identität einerseits und Wissen in Gestalt einer rationalistisch geprägten Philosophie andererseits zeigt sich in der metaphorischen Rede von „Athen oder Jerusalem“, die lange Zeit als kompromisslose Alternative und nicht als Korrelation gedacht wurde. Diese Grundspannung zieht sich bis heute durch. Im Sinne des Johannesprologs und des Hebräerbriefs kann man aber, zumindest für die ersten Jahrhunderte, mit einem gewissen Recht sagen: Mit der philosophischen Anschluss-

[20] Origenes, Acht Bücher gegen Celsus V 14, in: Bibliothek der Kirchenväter, 1. Reihe, 52/53, übersetzt v. P. Koetschau, München 1926, 299.

fähigkeit neutestamentlicher Überzeugungen wird die Ausbreitung des Christentums in bürgerlich gebildeten Kreisen möglich und in allen gesellschaftlichen Schichten akzeptabel. Es bleibt nicht auf ein bestimmtes, marginales Milieu einer Sekte beschränkt, die von Außenstehenden mit einer gewissen intellektuellen Überheblichkeit belächelt wird. Das Christentum kann dem allgemeinen Trend zur Universalisierung von Weltdeutungen, wie dies die Stoa bereits vollzog, entsprechen. Darüber hinaus wird das soziale Engagement der Christen weithin anerkannt. In christlichen Gemeinden herrscht ein egalitärer Grundton über soziale Schichten und Geschlechtergrenzen hinweg. Alle Mitglieder haben gleiche Rechte und teilen alle Pflichten. Darin erweist sich das kaiserzeitliche Christentum auf verblüffende Weise modern. Gerade aufgrund dieses innovativen Potentials gelingt es im Laufe der ersten Jahrhunderte, nahezu alle Platoniker für das Christentum zu gewinnen, sodass am Ende der Kirchenlehrer Augustinus das Christentum als die Erfüllung und Vollendung des platonischen Denkens bezeichnen kann. Zumindest für weite Teile des westeuropäischen Mittelalters dürfte er damit den Nagel auf den Kopf getroffen haben. Ob die Beerbung des Platonismus und dessen Interpretation durch Augustinus immer ein Segen für Glauben und Kirche war, steht allerdings auf einem anderen Blatt.

Christian Meier, Kultur, um der Freiheit willen: Griechische Anfänge – Anfang Europas? Berlin 2012. Hier bietet der Altmeister der griechischen Antike eine etwas schlankere Version seines umfangreichen Opus magnum über die Geschichte Athens, *Athen: Ein Neubeginn der Weltgeschichte*, Berlin 2004. Es ist die ungemein dichte, an inhaltlicher und historischer Kompetenz kaum zu überbietende Summe lebenslanger Forschung, gerade in Bezug auf die kurze Zeit der Athener Demokratie. Der Autor räumt mit einigen Vorurteilen auf, gewährt Einblicke in eine vom Wunschdenken verklärte Vergangenheit und hilft uns gleichzeitig, die gegenwärtigen Probleme drohender Demokratieverdrossenheit zu überwinden: durch mehr Eigenanteil an der politischen Arbeit, aber auch durch den Mut und die Entschlossenheit zu tatkräftigen Entscheidungen und deren konsequenten Umsetzung. Wer sich grundsätzlich und sehr allgemein einen leichten und sehr unterhaltsamen Zugang zur griechischen Welt verschaffen möchte, dem empfehle ich den wunderbaren Überblick von *Edith Hall, Die Griechen und die Erfindung der Kultur*, München 2017. Die griechische Philosophie eröffnet eine Fülle an weiterführenden Lesetipps. Der französische Philosoph *Pierre Hadot* bietet für mich den besten Einstieg, sich den Fragen der antiken Philosophie aus heutiger Perspektive zu stellen. Sein Buch: *Wege zur Weisheit – oder was lehrt uns die antike Philosophie?* Berlin 1999, ist mittlerweile so etwas wie ein Klassiker, den man nicht nur einmal liest. Ähnliches kann ich von den Werken des italienischen Schriftstellers *Luciano de Crescenzo* behaupten: Seine liebevollen und verständlich geschriebenen Bücher zur griechischen Antike sind auch bestens geeignet, um auch nur einzelne Autoren nachzuschlagen: *Geschichte der griechischen Philosophie*, Zürich 2016. Wer Platons Höhlengleichnis im Original lesen möchte, findet in der grünen Reihe vom Meiner-Verlag Hamburg immer gute Übersetzungen, denen auch die Zitate in diesem Buch zugrunde liegen. Die Stellenangaben bei Platon beziehen sich, wie bei allen antiken Autoren, auf die sogenannte „innere Zitation". In diesem Fall ist es die im 16. Jahrhundert von Henricus Stephanus erfolgte Paginierung. Man findet sie heute meist am Innenrand des Textes. Das Höhlengleichnis finden Sie im Dialog *Politeia*, 514–516, in: *Sämtliche Dialoge, hrsg. v. O. Apelt, Bd. V*, Hamburg ^{6}1993. Wer es verständlicherweise irgendwann einmal leid ist, aus den Einführungsreihen der großen Verlage immer wieder die gleichen Informationen zu beziehen, den verweise ich auf gut lesbare Originaltexte: *Diogenes Laertius* aus dem vierten nachchristlichen Jahrhundert (180–240) – nicht zu verwechseln mit seinem Namensvetter Diogenes von Sinope – bietet die einzig vollständig erhaltene Philosophiegeschichte des griechisch-römischen Altertums: *Leben und Meinungen berühmter Philosophen*, erschienen im Meiner-Verlag, Hamburg ^{3}1998. Diese Sammlung verschafft aus der Perspektive eines antiken Autors einen detaillierten Überblick über die griechischen Philosophen, auch über heute nahezu vergessene Autoren. *Aristoteles* bietet eine sicherlich nicht so eingängige, aber dennoch durchaus zumutbare Information zu den verschiedenen Denkansätzen seiner Berufskollegen in seiner *Metaphysik* ab Buch A, 983a. Ferner empfehle ich die kleine Abhandlung des erwähnten Stoikers und ehemaligen Sklaven *Epiktet, Handbüchlein der Moral. Griechisch und Deutsch, hrsg. v. K. Steinmann*, Stuttgart 1992. Für die Entwicklung der Ikonographie in dieser Zeit empfehle ich *Paul Zanker, Die Maske des Sokrates. Das Bild des Intellektuellen in der antiken Kunst*, München 1995. Allgemein zur Philosophie und Religionsgeschichte rate ich zum zweibändigen Standardwerk von *Hans-Josef Klauck, Die religiöse Umwelt des Urchristentums*, 2 Bde, Stuttgart u. a. 1994 u. 1995; für unseren Zusammenhang ist der zweite Teilband von Bedeutung: *Herrscher- und Kaiserkult, Philosophie, Gnosis*. Ein „Klassiker", der die frühchristliche Frömmigkeitskultur untersucht, ist: *Peter Brown, Die Keuschheit der Engel. Sexuelle Entsagung, Askese und Körperlichkeit im frühen Christentum*, Frankfurt 1994. Brown entfaltet besonders die Verbindung zwischen Christentum und zeitgenössischem Asketentum, das ein weit verbreitetes und anerkanntes Lebensideal war. Hier lagen die Lebensideale der antiken Christen auf einer Linie mit den meisten philosophischen Schulen. Eine unterhaltsame Einführung in die antike Lebenswelt der frühen Christen liefert *Christoph Markschies, Zwischen den Welten wandern. Strukturen des antiken Christentums*, Frankfurt 1997. Für alle, die sich für ein Sittengemälde des zweiten nachchristlichen Jahrhunderts interessieren, sei auf die herrliche Freizeitlektüre des satirischen Schriftstellers *Lukian von Samosata, Der Tod des Peregrinos. Ein Scharlatan auf dem Scheiterhaufen*, Darmstadt 2005, verwiesen. Weniger bissig als Kelsos, allerdings keineswegs unkritischer als dieser, nimmt sich diese Satire des Lukian aus. Er ist ebenfalls ein intellektueller Beobachter des frühen Christentums aus der Zeit der sogenannten zweiten Sophistik. Für ihn sind die Christen im Grunde liebe, nette Menschen, ein wenig einfältig im Denken, die aber durch ein bemerkenswertes soziales System untereinander gut vernetzt sind und vom Scharlatan und Faulpelz Peregrinos hemmungslos ausgenützt werden.

III. Der biblische Glaube

Verglichen mit der heutigen westeuropäischen Gesellschaft war die Religion in der Antike omnipräsent. Der Alltag der Menschen war eingebettet in rituelle Handlungsabläufe, Tagesrhythmen und Jahreszeiten. Der Glaube an höhere Mächte war so allgegenwärtig, dass eine Unterscheidung zwischen religiösen und profanen Lebensbereichen nicht sinnvoll wäre. Inzwischen rückt man sogar davon ab, die religiöse Welt der Antike mit der gegenwärtigen Situation zu vergleichen. Heute sind religiöse Institutionen weitestgehend eigenständige Kultureinrichtungen, die bei Bedarf aufgesucht werden und ansonsten in der Lebenswelt moderner Großstadtmenschen keine nennenswerte Rolle mehr spielen.

Der moderne Atheist, der ohne konfessionelle Beziehung oder Bindung großgeworden ist und mittlerweile keinen Wert mehr darauflegt, sich mit theistischen oder atheistischen Argumenten auseinanderzusetzen, ist eine relativ neue Erscheinung der Moderne. Religion im herkömmlichen Sinne spielt für einen wachsenden Teil der europäischen Bevölkerung einfach keine Rolle mehr. Während im 19. Jahrhundert in intellektuellen Milieus ein mit Argumenten ausgestatteter Atheismus verbreitet war, gegenüber dem sich Kirche und Theologie profilieren mussten, ist für viele Menschen heute selbst die kritische Auseinandersetzung mit der Gottesfrage nicht mehr von Bedeutung. Im vorletzten Jahrhundert war die Überzeugung, ein Atheist zu sein, noch mitunter mit beruflichen oder biografischen Schwierigkeiten verbunden. Heute darf sich ein bekennender Atheist durchaus als Vertreter einer fortschrittlichen Denkweise begreifen. Moderne Atheisten zählen zu den erfolgreichsten Buchautoren und die Zahl ihrer religionskritischen Veröffentlichungen ist jenen der religiösen oder spirituellen Literatur ebenbürtig.

So gesehen war die Antike eine von religiösen Vorstellungen geradezu durchdrungene Welt. Der Glaube durchzog sämtliche Lebensbereiche. Vom magischen und mirakulösen Volksglauben einfacher Menschen bis zu den abstrakten, modern anmutenden Selbstbetrachtungen eines stoischen Kaisers kreiste die gesamte antike

Existenz um das Thema Religion. Die wenigen religionskritischen Schriften, die wir heute aus dieser Zeit kennen, stammen hingegen nicht ausschließlich aus der Hand skeptischer Philosophen, sondern ironischerweise aus dem Umfeld religiöser Bewegungen selbst. So wurden Mitglieder neuer Sekten als Atheisten bezeichnet, weil sie sich von den bekannten Kulten distanzierten. Auch das frühe Christentum musste sich mit dem Vorwurf auseinandersetzen, eine atheistische Bewegung zu sein. Natürlich gab es damals wie heute auch Kritiker vom Schlage eines Diogenes oder Xenophanes; ihre Beweggründe waren jedoch ganz andere. Sie wollten das Göttliche und Heilige vor der praktischen Banalisierung bewahren. Die Vorsokratiker und die Propheten des Alten Testaments warnten nicht vor dem religiösen Kult an sich, sondern vor Heuchelei und Götzendienst. Sie kritisierten den erstarrten Tempelkult, sofern er der eigentlichen Gottesfurcht eher im Wege stand. Das war dann der Fall, wenn er zum rituellen Selbstzweck wurde und einen verschwenderischen Mummenschanz inszenierte. So gesehen sollte das Urteil darüber, ob Menschen als religiös oder areligiös, als besonders fromm oder religionskritisch zu sehen sind, mit größter Zurückhaltung erfolgen. Religiöse Erneuerungen erfolgen stets auf der Grundlage einer intensiven Auseinandersetzung mit bestehenden Traditionen und Strukturen. Die daraus entstehenden Konflikte gehen auch mit Gewalt und Terror einher und nur gelegentlich gelingt eine einvernehmliche Verständigung. In aller Regel müssen die Konfliktparteien separiert werden und sich in neuen religiösen Gemeinschaften selbst definieren. Das ist heute nicht anders als zur Zeit Jesu.

Ein unauffälliger Torahlehrer aus der Provinz

Jesus war ein typischer Jude aus der galiläischen Provinz. Seine Herkunft charakterisiert ihn als einfachen Landmenschen, der die Lebensumstände, die Zukunftsängste und die Hoffnungen seiner Mitmenschen nicht nur gekannt, sondern größtenteils auch geteilt haben dürfte. Seine Biografie verläuft die längste Zeit seines Lebens völlig unauffällig. Der Beginn seines öffentlichen Wirkens fällt in die Zeit des damals wesentlich prominenteren Johannes des Täufers. Nicht zufällig wird daher der anfänglich enge Kontakt zu Johannes bezeugt, dessen asketische Erscheinung sämtliche Merkmale eines gesellschaftlichen Außenseiters aufweist. Jesus aus Nazareth hingegen ist ein unscheinbarer Torahlehrer seiner Zeit. Zwar bildet sich auch um ihn ein Anhängerkreis, dem offenbar auch Frauen angehörten – zumindest dies fiel etwas aus der Reihe, ebenso der Umgang mit gesellschaftlichen Randgruppen, der Jesus regelmäßig zum Vorwurf gemacht wurde. Allerdings dürfte der Kreis der Sympathisantinnen und Sympathisanten überschaubar gewesen sein.

Sucht man nach Hinweisen auf ein mögliches Glaubensverständnis des Nazareners, liefern die spärlichen biografischen Daten nur wenig aussagekräftiges Material: Der Glaube Jesu ist zunächst der typische Glaube eines jüdischen Charismatikers. Jesus lebte und atmete die apokalyptische Stimmung seiner Umwelt. Er erwartete, wie viele andere Jüdinnen und Juden auch, das unmittelbar bevorstehende Eingreifen Gottes in die reale Geschichte. Diese intensive Hoffnung auf die erlösende Befreiung Gottes mag uns heute fremd vorkommen. Aber die Zeit, in der Jesus lebte, war politisch, gesellschaftlich und religiös äußerst spannungsreich, phasenweise sogar hochgradig explosiv. Palästina war römisches Grenzgebiet und dem Kriegsrecht der römischen Besatzung unterstellt, die höchst sensibel und rücksichtslos auf jedes Anzeichen von Unruhen reagierte. Strafen dienten immer der Abschreckung und waren in der Regel öffentlich. Standgerichtsverfahren waren an der Tagesordnung. So gesehen war das Leben zur Zeit Jesu ohne den Besitz des römischen Bürgerrechts ein äußerst entbehrungsreiches. In dieser Krisensituation setzte die jüdische Bevölkerung, nicht zum ersten Mal in ihrer Geschichte, auf eine rettende Intervention Gottes.

Von der Emuna …

Der Glaube Jesu war Ausdruck einer tiefreligiösen Volksgemeinschaft. Diese Gemeinschaft findet ihre inhaltliche Mitte in der Überzeugung von der Königsherrschaft Gottes. Jahwe, der Gott des Alten Testaments, ist der eigentliche Herrscher. Darin gründet die Prophetenkritik an allen jüdischen Potentaten, sofern sie von dem Bund zwischen Gott und dem Volk abweichen. Die weltlichen Potentaten sind Jahwe gegenüber Rechenschaft schuldig, sie müssen sich ihm gegenüber ausweisen. Glück und Unglück des Volkes Israel sind sichtbarer Ausdruck dieses Rechenschaftsverhältnisses. Die Ereignisse der eigenen Geschichte, also konkrete politische Veränderungen, Konflikte und Phasen des Friedens, sind tief im religiösen Gedächtnis des Volkes verankert. Sie sind weder nostalgische Verklärungen noch Schauermärchen aus der Vergangenheit, sondern das verbindende Narrativ des Einzelnen mit seinem Volk als einer Schicksalsgemeinschaft mit einer theogonalen, also religiös legitimierten Ausrichtung. Das bedeutet, dass sowohl das individuelle als auch das kollektive Schicksal von der Beziehung zu Gott abhängig sind.

Das hebräische Wort „Emuna" bringt dieses Glaubens- und Vertrauensverhältnis des Einzelnen wie auch des Volkes Israels zu Gott zum Ausdruck. Eine tiefgreifende Analyse der Emuna des jüdischen Volkes findet sich in einem vieldiskutierten Buch des jüdischen Religionsphilosophen Martin Buber (1878–1965) mit dem Titel „Zwei Glaubensweisen". Grammatikalisch gesehen enthält das Wort Emuna zunächst dieselben Konsonanten wie das uns bekannte „Amen" – „So soll es sein". Mit diesem Wortstamm verbindet sich die Identifikation des Einzelnen mit der jüdischen Geschichte und ihren Überzeugungen. Es handelt sich um eine besondere Art der Gottesbeziehung, die der Jude in seiner täglichen Gebets- und Glaubenspraxis zum Ausdruck bringt, indem er das wichtigste jüdische Gebet, das „Schma Jisrael", zitiert: „Höre Israel! Jahwe, unser Gott, Jahwe ist einzig. Darum sollst du den Herrn, deinen Gott, lieben mit ganzem Herzen, mit ganzer Seele und mit ganzer Kraft." (Dtn 6,4f) Diese Gottesbeziehung bezieht sich auf die Erfahrungen der Geschichte, in denen sich Gott in einem besonderen historischen Moment dem Volk als mächtiger Verbündeter erwiesen hat. Dieser Moment lässt sich als das Initialereignis des Judentums bezeichnen, in dem Gott mit seinem Volk einen ewigen Bund schließt. An den Bundesschluss erinnert sich das Volk, gerade auch in Krisensituationen, und verbindet damit alle Hoffnung auf ein erneutes Eingreifen Gottes.

Ein wichtiges Dokument, das diesen Zusammenhang erschließt, ist das letzte Buch des Pentateuchs: das Buch Deuteronomium. Wie der griechische Titel – „Zweites Gesetz" – bereits nahelegt, haben wir es formal mit einem juristischen Text zu tun, der die gemeinsamen Erfahrungen des Volkes Israel abschließend thematisiert. Tatsächlich weist das Buch Deuteronomium strukturell große Ähnlichkeiten mit bilateralen Dokumenten aus dieser Zeit auf. Genauer gesagt trägt das Buch Deuteronomium die Züge eines altsyrischen Vasallenvertrages. Derlei Vertragstexte sind nach einem vierteiligen

Muster aufgebaut, das sich auch so im Buch Deuteronomium finden lässt. Damit entspricht der ganze Text der literarischen Gattung einer schriftlichen Vereinbarung zwischen einem Lehnsherrn, in diesem Fall Jahwe, und seinem Volk in der Rolle des Vasallen. Am Ende des Textes, an dem, wie in altorientalischen Vertragstexten üblich, abschließend auf die gemeinsame Geschichte zurückgeblickt wird, verdient eine Stelle besondere Aufmerksamkeit. Sie ist auch als „Kleines heilsgeschichtliches Credo" (Dtn 26,5–9) bekannt und lautet folgendermaßen:

> „Mein Vater war ein heimatloser Aramäer. Er zog nach Ägypten, lebte dort als Fremder mit wenigen Leuten und wurde dort zu einem großen, mächtigen und zahlreichen Volk. Die Ägypter behandelten uns schlecht, machten uns rechtlos und legten uns harte Fronarbeit auf. Wir schrien zum Herrn, dem Gott unserer Väter, und der Herr hörte unser Schreien und sah unsere Rechtlosigkeit, unsere Arbeitslast und unsere Bedrängnis. Der Herr führte uns mit starker Hand und hoch erhobenem Arm, unter großem Schrecken, unter Zeichen und Wundern aus Ägypten, er brachte uns an diese Stätte und gab uns dieses Land, ein Land, in dem Milch und Honig fließen."

Kommt Ihnen der Text vielleicht bekannt vor? Dann denken Sie wahrscheinlich an die wesentlich bilderreichere Variante in einem anderen alttestamentlichen Buch, dem Buch Exodus: Dort begegnet uns derselbe Stoff, allerdings eingebunden in die Lebensgeschichte von Mose, unter dessen Führung das Volk Israel aus Ägypten fliehen kann und nach langer Wanderung im gelobten Land seine Heimat findet. In der Version des Buches Deuteronomium finden wir hingegen keine Mose-Geschichte, kein Binsenkörbchen und keine Heuschreckenplagen. Der rezitierende und eher nüchterne Stil des Deuteronomiums lässt den reflektierenden Umgang mit der eigenen Geschichte viel stärker hervortreten. In seiner Abstraktheit lässt er sich wesentlich leichter auf die einzelne Biografie des Gläubigen übertragen. Daher auch die Gattungsbezeichnung „Credo": Es ist ein Bekenntnistext oder eine Kurzformel und keine Erzählung. Hier spiegeln sich sowohl die konkreten, täglich erlebten Gewalterfahrungen des Einzelnen als auch das erlösende Eingreifen Gottes wider. Mit Dtn 26 kann der palästinische Jude zur Zeit Jesu etwas anfangen, weil das darin überlieferte Unterdrückungsszenario seiner Vorfahren auch auf seine unmittelbare Gegenwart zutrifft.

Für Buber liegt in dieser identitätsstiftenden Funktion, die sowohl subjektive Mündigkeit als auch ethnische Zugehörigkeit begründet, jene jüdische Glaubensweise der Emuna, die er von der christlichen „Pistis" im Neuen Testament unterscheidet. Beide Begriffe können zwar im Deutschen mit „Glauben" oder „Vertrauen" wiedergegeben werden, doch stehen sie für unterschiedliche Akzentuierungen in der Glaubenshaltung:

> „Die Emuna ist in den Lebenserfahrungen Israels entstanden, die ihm Glaubenserfahrungen waren. [...] Emuna ist das ‚Beharrens'verhältnis [...] des Menschen zu einer unsichtbaren und sich doch zu sehen gebenden, einer verborgenen, aber sich offenbarenden Führung; doch die persönliche Emuna jedes Einzelnen bleibt in die des Volkes gebettet und zieht ihre Kraft aus dem lebenden Gedächtnis der Generationen an die großen Führungen der Urzeit. [...] Die christliche Pistis wurde außerhalb der Geschichtserfahrungen von Völkern, sozusagen im Austritt aus der Geschichte, geboren, in den Seelen von Einzelnen, an die die Forderung herantrat, zu glauben, dass ein in Jerusalem gekreuzigter Mann ihr Erlöser ist."[1]

Während Emuna eine überwiegend geschichtlich begründete Glaubensweise eines Volkes darstellt, drückt das griechische Äquivalent Pistis das individuelle Glaubensverhältnis des Einzelnen zu Gott aus. Die Emuna des Alten Testaments basiert auf den geschichtlichen Erfahrungen der Errettung und Befreiung durch Jahwe sowie des Bundes mit seinem Volk, während das Neue Testament das Innere des Subjekts in den Blick nimmt. Pistis steht für den existentiellen Bezug des Einzelnen und nicht eines Volkes. Letzteres schließt den kollektiven Aspekt zwar nicht aus, aber lässt ihn zugunsten der individuellen Perspektive jedoch zunächst beiseite.

Die Entwicklung vom Gedanken des Kollektivs hin zum einzelnen Subjekt liegt sicherlich zur Zeit Jesu von Nazareth bereits im Trend und wurde auch von anderen jüdischen Bewegungen aufgegriffen. So fordert Johannes der Täufer in seinen Bußpredigten stets die Umkehr des Einzelnen und setzt dazu die individuelle Taufe als Symbol der Reinigung und Erneuerung ein. Die Botschaft vom nahegekommenen Reich Gottes des Jesus von Nazareth richtet sich vor

[1] M. Buber, Zwei Glaubensweisen, Zürich 1950, 174f.

allem an den Einzelnen. Nicht das kollektive Schuldbekenntnis des Volkes, symbolisch verdichtet in den großen Feierlichkeiten am Jom Kippur, ist das Entscheidende, sondern der individuelle Akt der Reue und Umkehr. Erst im Anschluss daran entsteht eine Glaubensgemeinschaft. Umgekehrt kann die Gemeinschaft ihrerseits den Glaubensakt des Einzelnen, die individuelle Bereitschaft zur Versöhnung, nicht ersetzen. Während die Emuna das jeweilige Schicksal mit dem einer ganzen Glaubensgemeinschaft identifiziert, thematisiert die Pistis zunächst nur den sich seiner eigenen Schuld bewussten Menschen. Für Martin Buber ist diese Akzentverlagerung bereits durch den Sprachwechsel von der hebräischen Emuna zum altgriechischen Wort Pistis angezeigt.

Gleichwohl gibt es zahlreiche Bedenken gegen eine derartige Lesart: Kritiker von Buber halten für wahrscheinlicher, dass Jesus eine durchaus verbreitete Ansicht vertrat. In ihren Augen stand Jesus für eine bekannte Meinung bereits bestehender rabbinischer Schulen, die alle eine individuelle Variante der Emuna als Frömmigkeitshaltung lehrten.

… zur Pistis

Der historische Jesus hat den Trend vom Kollektivbewusstsein zum einzelnen Subjekt nicht nur als Teil seiner Botschaft aufgegriffen, sondern selbst praktiziert. Sein eigenes Glaubensverständnis zeigt individuelle Züge, insofern er der neutestamentlichen Überlieferung zufolge sich selbst in einem exklusiven Verhältnis zu seinem Vater sieht. Dies lässt ihn aus dem Kreis seiner Zuhörer heraustreten. Sein Glaube ist einzigartig. Er unterweist in Mt 6,9 seine Jünger mit den Worten: „So sollt ihr beten“, während er sich zum privaten Gebet zurückzieht. Vom Inhalt dieser Gebete erfahren wir so gut wie nichts. Wie sieht aber nun der Glaubensbegriff genauer aus, den er seinen Jüngern lehrt und wie lässt sich der Begriff der Pistis genauer bestimmen?

Entscheidend für das neutestamentliche Verständnis von Pistis ist der Begriff der Umkehr: „Die Zeit ist erfüllt, das Reich Gottes ist nahe. Kehrt um und glaubt an das Evangelium.“ (Mk 1,15). Der Glaube in den Evangelien von Markus, Matthäus und Lukas ist verbunden mit dem Eintreten und Sich-Einlassen in das Reich Gottes. Der Evangelist

Johannes, der nicht vom Reich Gottes, sondern von der Offenbarung des Sohnes spricht, verwendet dafür das Motiv des „Wohnens" in Jesus Christus als neuer Glaubensmitte (vgl. Joh 14,2).

Beide Varianten, sowohl die der Synoptiker als auch des Johannes, haben in erster Linie die Glaubenshaltung des einzelnen Menschen im Blick, und nicht, oder zumindest nicht in dieser Deutlichkeit, die Gemeinschaft eines Volkes. Zwar schließt die Verkündigung Jesu die Erneuerung des Volkes Israel nicht aus, doch im Mittelpunkt der Evangelien steht unverkennbar die einzelne Begegnung mit dem Sünder. Für den, der umkehrt und an Jesus glaubt, ändert sich nicht nur eine Ansicht oder Meinung, sondern buchstäblich *alles*. Der neutestamentliche Glaube ist wesentlicher Ausdruck einer Neuausrichtung der Existenz, die ethische und soziale Konsequenzen nach sich zieht.

Im Neuen Testament konzentrieren sich die kollektiven Heilserwartungen des Alten Testaments auf die Frage nach der subjektiven Heilsgewissheit. Das Reich Gottes ist eine im Inneren des Menschen angelegte Größe – ein bewusster Paradigmenwechsel, der beim einzelnen Gläubigen ansetzt und in einem weiteren Schritt auf die Gemeinschaft ausstrahlt. Insofern ist mit den Differenzierungen von Buber durchaus ein Kontrapunkt zum Alten Testament ausgesagt. Doch auch wenn zeitbedingte Einflüsse, politische und soziale Veränderungen innerhalb der antiken Lebenswelten und Frömmigkeitskulturen eine Rolle gespielt haben, so können diese den von Buber beschriebenen Trend allein nicht erklären. Die Abgrenzung von Christen- und Judentum, die Martin Buber zwischen Emuna und Pistis vollzogen sieht, ist historisch sicherlich heikel. Richtig erscheint mir aber die Beobachtung Bubers zu sein, dass es in nachexilischer und schließlich in neutestamentlicher Zeit zu Verschiebungen innerhalb des Judentums kam, die nicht zufälligerweise mit dem frühen Christentum zusammenfielen. Vor dem Hintergrund der sich abzeichnenden jüdischen Auseinandersetzungen zwischen unterschiedlichen Parteien wurde das frühe Christentum als gangbare Alternative wahrgenommen. Gerade die Herausforderung, die der zeitgenössische Hellenismus für das palästinische und rabbinische Judentum darstellte, konnte das frühe Christentum theologisch effektiver integrieren.

Mit der existentiellen Fokussierung des Glaubensbegriffs auf das Innenleben des Menschen ist auch ein Hinweis darauf gegeben, wie wir die neutestamentlichen Wundergeschichten richtig verstehen müssen: Es geht weniger um mirakulöse Heilungsgeschichten als vielmehr um sichtbare Ausdrucksformen einer durch die Begegnung mit Jesus ausgelösten Umkehr. Das medizinische Wunder ist dann lediglich Ausdruck der vorhergehenden, auf den Einzelnen bezogenen Glaubensbezeugung, beispielsweise im Anschluss an die Heilung der blutflüssigen Frau in Mk 5,34: „Dein Glaube hat dir geholfen!" Es ist also nicht das Wunder, das den Glauben bewirkt, sondern der Glaube das Wunder. Die Forderung nach einem Wunder in der Form eines Zaubertricks wird von Jesus abgelehnt. So kommt der Überlieferung in Mt 27,40 der gekreuzigte Jesus der Aufforderung nicht nach: „Wenn du Gottes Sohn bist, hilf dir selbst und steig herab vom Kreuz!" Im Johannesevangelium wird daher nicht mehr von Wundern, sondern von Zeichen gesprochen (vgl. Joh 11,17–44). Der Fokus liegt in erster Linie auf der Innerlichkeit des Gläubigen und der Interpretation von Zeichen: „Selig, die nicht sehen und doch glauben!" (Joh 20,29)

Der individualisierte Glaube als Regnose

Mit der Unterscheidung Bubers zwischen der Emuna Israels und der Pistis des Einzelnen wird ein wichtiger Aspekt des neutestamentlichen Glaubensverständnisses beschrieben. Die Individualisierung des Glaubens hat bis in die Gegenwart im Christentum eine besondere Bedeutung. Zugleich rief sie den Vorwurf der Gesinnungsmentalität hervor, insofern man dieser verinnerlichten Frömmigkeit eine Art Weltvergessenheit oder unpolitische Passivität unterstellt. Dem frommen Christen Jenseitsfrömmigkeit zu attestieren, zählte im 19. Jahrhundert zum religionskritischen Standardrepertoire.

Sich in die Nachfolge Jesu zu begeben, bedeutet allerdings ganz und gar nicht Schwärmerei und Realitätsverweigerung. Was mit dem Begriff der Pistis zum Ausdruck gebracht wird, ist ein Sinn- und Perspektivenwechsel. Es geht um eine Form von Sinnerschließung, die im Jetzt die aktuelle Wahrnehmung meiner Welt ändert. Dies könnte man, im Gegensatz zu einer auf die Zukunft hin ausgelegten Pro-Gnose, als eine Re-Gnose bezeichnen, die ein neues Realitätsbewusstsein im Hier und Jetzt generiert. Wir sehen Dinge, die wir jahrelang aus einer bestimmten Perspektive betrachteten, plötzlich in einem neuen Licht. Wir entdecken Seiten in unseren Beziehungen, denen wir lange Zeit keine Aufmerksamkeit geschenkt haben. Wir nehmen Menschen wahr, die wir bislang immer ignoriert haben. Die Liste ließe sich beliebig lange fortsetzen. Deutlich wird, dass ein derartig tiefgreifender Sinn- und Perspektivenwechsel mit innerer Notwendigkeit auch zu neuen zwischenmenschlichen Beziehungen führt. Nicht selten dokumentiert sich dieser Bewusstseinswandel in Äußerlichkeiten. Menschen verlassen ihre bisherige Arbeits- und Lebenswelt, sie brechen mit jahrelangen Traditionen – nicht selten zum Erstaunen oder gar zum Verdruss all jener, die davon mitbetroffen sind. Die Kirche ist ihrer griechischen Bezeichnung gemäß nichts anderes als die Gruppe derer, die diesen Prozess gerade durchlaufen oder bereits durchlaufen haben. Sie ist die Gemeinschaft der „Herausgerufenen" (gr. ἐκκλησία). Dass damit auch ein Entfremdungsprozess, mitunter ein Abbruch zu bisherigen Bezugswelten einsetzen kann, liegt auf der Hand.

Auferstehung als sinnkonstitutiver Perspektivenwechsel

Der Sinn- und Perspektivenwechsel, der mit der Nachfolge Jesu verbunden ist, wäre für sich betrachtet nicht unbedingt außergewöhnlich. Das Besondere liegt in seiner Verbindung mit einem konkreten Ereignis, das vor allem für die Jerusalemer Urgemeinde von entscheidender Bedeutung war: Die Erfahrung der Auferstehung Jesu. Nicht zufällig koinzidieren die katastrophischen Ereignisse der letzten Tage Jesu in Jerusalem – seine Hinrichtung und die Zerstreuung seiner noch verbliebenen Anhänger – mit der Glaubenshaltung der individuellen Pistis, die zu einer erneuten Identitätsfindung führt. Die Sammlung seiner Bewegung, die jenen Prozess auslöst, den wir heute Kirche nennen, hat damit ihren Ursprung in der Ostererfahrung, die die individuelle Erfahrungsebene des Menschen voraussetzt.

Wenn Paulus im Galaterbrief davon spricht, dass „Gott mir in seiner Güte seinen Sohn offenbarte" (Gal 1,15), so bringt er damit ebenso zum Ausdruck, dass jede Form von Ostererfahrung die subjektive Innerlichkeit des gläubigen Menschen voraussetzt. In eine ähnliche Richtung gehen die synoptischen und johanneischen Texte, die teils sehr heterogene, zum Teil widersprüchliche Auferstehungsberichte und Ostererscheinungen nacherzählen, auch ohne erkennbaren Bezug zur Topografie Jerusalems. Die Datums- und Ortsangaben in den Berichten spielen dabei offenbar eine nebensächliche Rolle. Die Erwähnung eines „Dritten Tages" ist nichts anderes als eine theologische Chiffre und steht im Alten Testament für einen sinnstiftenden Zeitpunkt, der von Gott initiiert wurde oder auf seine Intervention zurückzuführen ist. So wird Jona nach drei Tagen im Bauch des großen Fisches wieder an Land gespien (Jona 2,1–11). Die deutlichste Anspielung findet sich aber im Buch Hosea:

> „Kommt, wir kehren zum Herrn zurück! Denn er hat (Wunden) gerissen, er wird uns auch heilen; er hat verwundet, er wird auch verbinden. Nach zwei Tagen gibt er uns das Leben zurück, am dritten Tag richtet er uns wieder auf, und wir leben vor seinem Angesicht." (Hos 6,1f)

Die neutestamentliche Ostererfahrung bedient sich daher alttestamentlicher Bilder, die dem Leser bereits vertraut sind. Neben der theologischen Chiffre des „Dritten Tages" sind ferner die Vorstellung der Erwählung eines erniedrigten Menschen durch Gott zu nennen, vor allem das sogenannte Gottesknechtslied in Jes 53, oder die Erfahrung eines Gottes, der den Tod überwindet, etwa am Ende des Buches Dtn 32,39. Insbesondere verdichtet sich die Erfahrung der Auferstehung in der nachexilischen Erwartung einer endzeitlichen Totenauferweckung, so in Dan 12,2.13 oder in 2 Makk 7,1–23. Diese Endzeiterwartung schlägt sich auch in der metaphorischen Rede von der „Himmelfahrt" nieder (Gen 5,24; 2 Kön 2,1–18). Für die älteste neutestamentliche Auferstehungsformel in 1 Kor 15 ist wiederum das grammatikalisch auffällige „Passivum divinum" relevant. Dies ist eine Wendung, die im Alten Testament in sogenannten Epiphanieerzählungen verwendet wird, also in Szenen, in denen es zu unerwarteten Gottesbegegnungen kommt. Im Neuen Testament steht hierfür das griechische Verb „óphtē" (gr. ὤφθη) mit angehängtem Dativ und bedeutet im aktivischen Sinne „er erschien" oder „er ließ sich sehen". Im Alten Testament finden sich die entsprechenden hebräischen Passivwendungen vor allem in der Genesis (vgl. Gen 12,7; 17,1; 18,1) und im Buch Exodus für die Offenbarung Jahwes vor Mose im brennenden Dornbusch (vgl. Ex 3,2). Das Alte Testament betont damit die Umstände, unter denen das heilschaffende und rettende Eingreifen Gottes in eine verfahrene und hoffnungslose Lebenslage des Menschen erfahren wird.

Der Glaube der ersten Christen lässt sich als eine auf dem Boden des zeitgenössischen Judentums sowie aus unterschiedlichen Einflüssen und Strömungen des Hellenismus gewonnene Überzeugung verstehen. Hierin generiert sich eine neue Sinnerschließung dessen, was die Anhänger Jesu erfahren und geglaubt haben und was mit seinem gewaltsamen Tod zunächst ein jähes Ende gefunden hat. Die Katastrophe des Karfreitags, die alle Hoffnung, die man mit diesem Mann verbunden hatte, zerschlägt, ist der Boden, auf dem in Jerusalem und andernorts in unterschiedlichen Sozialformen ein für Außenstehende nicht weiter beschreibbarer Perspektivenwechsel stattfindet. Die Sozialpsychologie bezeichnet einen derartigen Vorgang als eine kognitive Dissonanzerfahrung. Darunter versteht sie eine Form von Gewissheit, die sich gegen jede offenkundige Logik entwickelt. Die Heterogenität der neutestamentlichen Schriften verwehrt dem Leser eine einfache und singuläre Deutung der Auferstehungsereignisse: Während etwa in der Jerusalemer Gemeinde das Motiv des leeren Grabes im Mittelpunkt steht, spielt diese Tradition in der bekannten Emmaus-Erzählung (vgl. Lk 24) überhaupt keine Rolle. Konstitutiv für die Ostererfahrung ist hier nicht der Bericht der Frauen, von dem die beiden Jünger dem Fremden erzählen, sondern das anschließende Brechen des Brotes, das den Jüngern die Augen öffnet.

Der Glaube an den Auferstandenen ist also an kein protokollarisches Skript gebunden. Er verlässt die Ebene des historisch Verifizierbaren. Während der Tod Jesu historisch gesehen das sicherste Datum seiner Biografie darstellt, vollzieht sich die Auferstehungserfahrung im Rahmen des Glaubens an eine rettende, todüberwindende Heilstat Gottes am „Dritten Tag“ zu je unterschiedlichen Zeiten und Orten. Dass ein solcher, mitunter von kognitiven Dissonanzerfahrungen begleiteter Sinn- und Perspektivenwechsel in ein neues kollektives Bewusstsein münden kann, ist vor allem der jüdischen Tradition zu verdanken, auch wenn sich diese neue Gruppe im Laufe ihrer Geschichte von der Synagoge trennt. Dieser Zusammenhang trifft auch auf das zu, was die Kirche später mit dem sogenannten Pfingstereignis als ihrem Ursprungsdatum bezeichnet. Die hier beschriebene Erfahrung von Gottes Geist greift auf die bereits bei Ezechiel bezeugte Vision einer Auferweckung Israels durch eine lebendig machende, gemeinschaftsbildende Kraft zurück:

> „So spricht Gott, der Herr: Ich öffne eure Gräber und hole euch, mein Volk, aus euren Gräbern herauf. Ich bringe euch zurück in das Land Israel. Wenn ich eure Gräber öffne und euch, mein Volk, aus euren Gräbern heraufhole, dann werdet ihr erkennen, dass ich der Herr bin. Ich hauche euch meinen Geist ein, dann werdet ihr lebendig, und ich bringe euch wieder in euer Land." (Ez 37,12–14)

Diese individuelle und keineswegs historisch objektive Auferstehungserfahrung hat trotz ihrer sehr unterschiedlichen Varianten im Neuen Testament eine auffallend einheitliche Sprachregelung gefunden. Sie dokumentiert sich literarisch in ihrer frühesten Form als Bekenntnisformel, beispielsweise in Röm 10,9f:

> „denn wenn du mit deinem Mund bekennst: ‚Jesus ist der Herr' und in deinem Herzen glaubst: ‚Gott hat ihn von den Toten auferweckt', so wirst du gerettet werden. Wer mit dem Herzen glaubt und mit dem Mund bekennt, wird Gerechtigkeit und Heil erlangen."

Die Formeln, mit denen die ersten Christen ihrer Grundüberzeugung vom rettenden Handeln Gottes am historisch gescheiterten Jesus einen eher spröden Ausdruck verleihen, sind wesentlich älteren Datums als die später überlieferten Auferstehungsgeschichten. In zahlreichen Überlieferungen, die nicht Teil des Neuen Testaments sind, gleichwohl aber in dieser Zeit verbreitet waren – den sogenannten Apokryphen –, werden wir mit einer ganzen Fülle an fantastischen Auferstehungserzählungen konfrontiert. Das heißt: Die Erzählungen, mit denen wir es hier zu tun haben, sind, so anschaulich sie uns auch scheinen, sekundäre Interpretamente jener Osterwiderfahrnisse, die der Einzelne auf je eigene Weise gemacht hat und deren kognitive Erschließung sich einer objektiven Beschreibung entzieht.

Auferstehung als Sinnerschließung

Wie ist also dieses Osterwiderfahrnis zu verstehen, von dem die Texte in ihrer ganzen Uneinheitlichkeit auffällig einheitlich Zeugnis ablegen?

Ich möchte diesen Vorgang, der für ein modernes Verständnis des christlichen Glaubens von fundamentaler Bedeutung ist, an einem Beispiel aus der Kunstgeschichte erläutern. Dies hat den einfachen Grund darin, dass auch die Kunst auf die subjektive Ästhetik des Betrachters angewiesen ist und sich nicht mithilfe objektiver Kriterien bestimmen lässt. Besonders aufschlussreich sind die Studien des Kunsthistorikers Hans Belting (*1935), der sich insbesondere mit der mittelalterlichen und frühneuzeitlichen Geschichte des religiösen Bildes beschäftigt hat. Für Belting unterrichten Bilder nicht auf intellektuellem Weg. Sie erzeugen im Inneren des Betrachters ein Eigenleben, indem sie mit dessen Vorstellungskraft interagieren. Wir sehen nicht nur das, was abgebildet ist, sondern deuten und interpretieren stets das Wahrgenommene. Bildebene und Imagination verschmelzen zu einem inneren Bild. Dadurch sehen wir immer mehr als das, was wir optisch registrieren. Wir verdoppeln in uns nicht nur das Gesehene, sondern erzeugen das *eigentliche* Bild, das sich aus der optischen Affektion von außen im inneren Bewusstsein aufbaut. In der Kunsttheorie bezeichnet man diesen Prozess als fiktionale Wahrnehmung. Wir sehen und erkennen etwas, was gar nicht so abgebildet, sondern allenfalls angedeutet wird. Religiöse Bilder setzen hierbei den Blick des gläubigen Betrachters voraus. Dieser Zusammenhang von Bild und Imagination hilft uns weiter, die Bedeutung der Auferstehungsbotschaft noch besser zu verstehen. Dazu ein Beispiel aus der Malerei des 17. Jahrhunderts, auf das Belting in seinen Studien aufmerksam macht.

Die echten Bilder des Glaubens

Seit dem frühen Mittelalter und der Verlagerung des Christentums aus dem Mittelmeerraum ins nördlichere Europa entwickelt sich ein zunehmendes Interesse an Reliquien. Heute erscheint diese Verehrungspraxis vielen Menschen fragwürdig. Aus der Perspektive einfacher Menschen ist sie allerdings nachvollziehbar. Reliquien waren oft die einzigen realen Gegenstände, die dem Gläubigen zur Veranschaulichung zur Verfügung standen. Das Heilige Land, selbst Rom, lag in weiter Ferne. Stattdessen bediente man sich greifbarer Gegenstände, denen man magische Fähigkeiten zusprach: Das konnten Dinge des täglichen Gebrauchs oder Gebeine von Lokalheiligen sein, gelegentlich auch Gegenstände aus dem Heiligen Land, die Kreuzfahrer mitbrachten.

In dieser Tradition hat der spanische Barockmaler Francisco de Zurbarán (1598–1664) eine Serie von Christusbildern geschaffen, die thematisch auf die Praxis der Verehrung des Schweißtuches der Veronika zurückgreift. Der Überlieferung nach reichte Veronika auf dem Kreuzweg dem verurteilten Jesus ein Schweißtuch, das seitdem die Gesichtszüge des leidenden Gottessohnes zeigt. In seinen frühen Variationen setzt Zurbarán dieses Motiv in beeindruckend realistischer Weise um. Dem naturalistischen Trend seiner Zeit entsprechend sieht man in das lebendige Gesicht eines jungen Erwachsenen mit Dornenkrone. Das Bild wirkt ungeheuer lebensnah, von geradezu fotografischer Qualität. (Abb. 4)

Aber offenbar waren diese Variationen der „Santa Faz" für Zurbarán nicht zufriedenstellend. Sie waren für ihn, so paradox es klingen mag, zu objektiv und zu konkret. Eine beinahe realistische Abbildung des historischen Jesus gewährleistet nicht die subjektive Bedingung des Glaubens und die innere Überzeugung. Der Glaube war für Zurbarán mehr als reine Zustimmung; er muss von innen heraus begründet werden. In der Philosophie spricht man auch von der Erste-Person-Perspektive. Gemeint sind damit jene individuellen Voraussetzungen meiner Wahrnehmung und meines Denkens, die man sprachlich nur in Verbindung mit dem Personalpronomen „ich" aussagen kann. Wir werden am Ende noch genauer auf die Bedeutung der sogenannten Erste-Person-Perspektive zu sprechen kommen. So viel sei aber schon gesagt: Die subjektiven Voraussetzungen unserer Sicht auf die Welt können nicht objektiv redupliziert werden, sonst wären sie nicht das, was sie sind: Voraussetzungen. Und so sieht eine späte Version der Santa Faz aus dem Jahre 1658 aus. (Abb. 5)

Von einem Gesicht kann hier nicht mehr die Rede sein. Der unvoreingenommene Betrachter nimmt lediglich einen rotbraunen Fleck wahr. Aus der Perspektive des gläubigen Menschen jedoch formt er sich zu einem inneren Bild, das mehr als nur einen Fleck darstellt; nämlich das Gesicht jenes leidenden Gottessohnes, von dem die christliche Tradition in ihrer Verkündigung spricht, und das im Betrachter eine lebendige Präsenz erzeugt. Der Sinn dieses Gemäldes besteht in der Erzeugung eines inneren Bildes.

Damit erreicht die Kunst einen Effekt, der in der Philosophie auch als Disclosure-Erfahrung bekannt ist. Der Begriff „Disclosure", zu Deutsch: Erschließung, wurde in der analytischen Philosophie von Wim A. de Pater in seinem Buch „Theologische Sprachlogik" (1971) geprägt. Disclosure-Situationen vermischen Vertrautes mit einem unbekannten Sinneseindruck, den das Subjekt nicht sofort

Abb. 4: Francisco de Zurbarán, Santa Faz (1631), © Nationalmuseum Stockholm, gemeinfrei

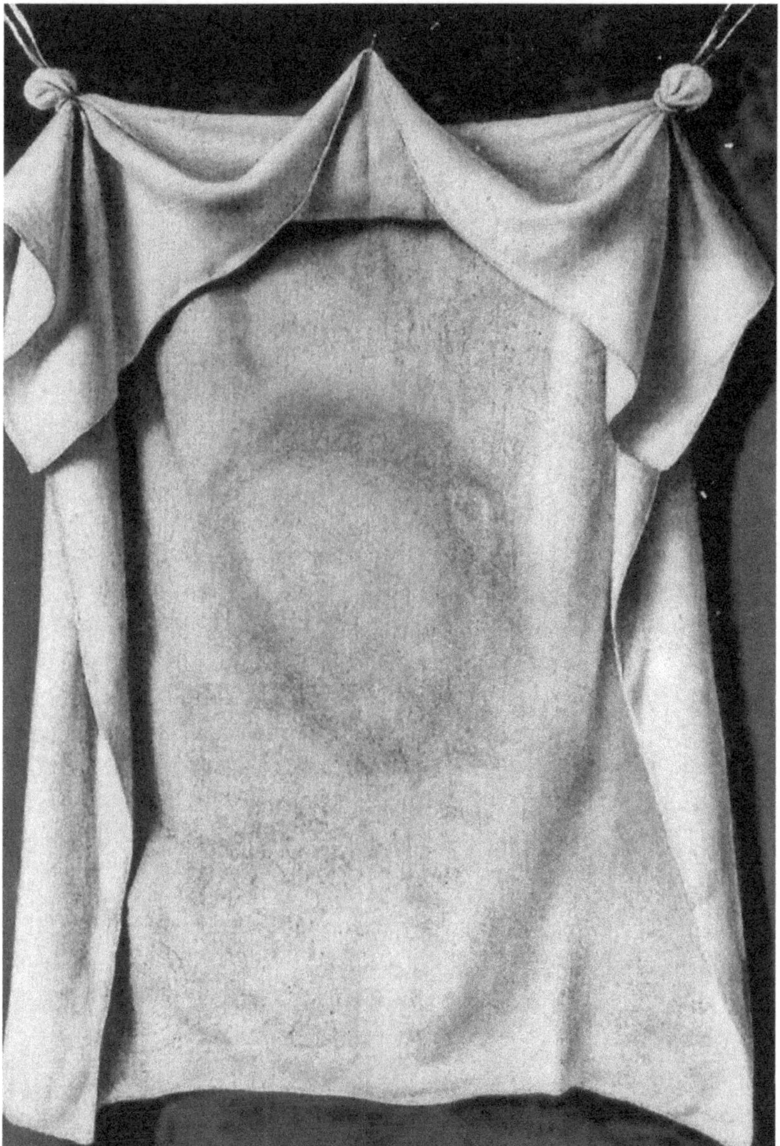

Abb. 5: Francisco de Zurbarán, Santa Faz (1658) © Museo Nacional de Escultura, Valladolid, gemeinfrei

einordnen kann. Dadurch wird über die sinnlichen Eindrücke ein geistiges Bild erzeugt, dessen Mehrwert sich über einen neutralen Zugang nicht erschließen lässt. Sein Realgehalt erscheint aber für den Betrachter dadurch nicht geringer. Es entsteht so etwas wie ein Wiedererkennungseffekt, ein Aha-Erlebnis.

Mathematik – ein Aha-Erlebnis?

Beschrieben wurde dieses Phänomen bereits in der Erkenntnistheorie des Nikolaus von Kues (1401–1464), einem der bedeutendsten Theologen und Philosophen der frühen Neuzeit. Seine Beispiele entstammen allerdings der Mathematik. Nikolaus von Kues beschreibt den Kreis als Grenzbegriff eines regelmäßigen Vielecks, der dadurch erzeugt wird, dass man die Anzahl der Ecken ins Unendliche steigert. Die Anzahl der Ecken und der dadurch bedingten Seiten eines Vielecks kann noch so groß sein – es bleibt ein Polygon. Allerdings nähert sich das Bild schon bald einem Kreis an. Nun tritt der Disclosure-Effekt ein: Wir wissen rein rational, dass Vieleck und Kreis erst dann hundertprozentig übereinstimmen, wenn das Vieleck den Limes seiner Eckenzahl „unendlich" erreicht – was freilich unmöglich ist, da das Unendliche per se unerreichbar ist. Aufgrund der Logik erkennen wir jedoch das Ziel dieser Entwicklung, ohne es konkret visualisieren zu können. Im Moment profundester Erkenntnis wird also auf das Instrument der Sinneswahrnehmung verzichtet und ein inneres Bild generiert, von dem wir wissen, dass es nie in der gegenständlichen Welt existieren wird. Denn erst dann, wenn es wirklich unendlich viele Seiten wären, würden Vieleck und Kreis zusammenfallen. Aus paradoxal anmutenden Gegensätzen (Kreis – Vieleck) wird somit eine stimmige Behauptung, in der sich die Widersprüche auflösen. Cusanus beschreibt dies folgendermaßen:

> „Gäbe es eine unendliche Linie, so wäre sie Gerade, Dreieck, Kreis und Kugel. Ferner: Gäbe es eine unendliche Kugel, so wäre sie Kreis, Dreieck und Linie. Ebenso müsste die gleiche Aussage vom unendlichen Dreieck und dem unendlichen Kreis gemacht werden."[2]

---

[2] Nikolaus von Kues, De docta ignorantia. Die belehrte Unwissenheit, lat.-dt., mit einer Einleitung von K. Bormann, Bd. 1, Hamburg 2002, 49.

Ähnlichen Paradoxien begegnet man in der Mathematik häufig. Ein Rätsel, das bis heute noch nicht gelöst werden konnte, wurde Mitte des 19. Jahrhunderts nach seinem Entdecker Bernhard Riemann benannt: Eine Summe aus unendlichen Brüchen, deren Nenner größer ist als der Zähler, ergibt – unbeschadet einer unendlichen Zunahme der Summenbildung – immer nur eine endliche Zahl. So wächst zwar die Summe aus $1 + \frac{1}{2} + \frac{1}{4}$ und so weiter mit jedem Vermehrungsschritt weniger, wird aber dadurch nicht, wie man meinen könnte, unendlich größer, sondern endet bei einer natürlichen Zahl, die darüber hinaus noch negativ ist: $-\frac{1}{12}$. Auch die sogenannten „komplexen Zahlen" werden in der unendlichen Addition nicht unendlich größer, sondern nähern sich allesamt einer finiten Zahl an, in diesem Falle null. Man kann also sagen: Trotz einer unendlichen Summe an Zahlen bleibt deren Addition – seltsamerweise – endlich.

Paradoxien sind kein Widerspruch!

Die Mathematik ist also eine Wissenschaft, in der Abstraktion und Anschauung nicht immer korrelieren, und dennoch widerspruchsfrei und sinnvoll zusammengedacht werden können. Die Mathematik ist damit imstande, einen Zusammenhang zu formalisieren, der schon aus der antiken Philosophie als Paradoxon von Achilles und der Schildkröte bekannt ist und dem Philosophen Zenon von Elea (ca. 490–430 v. Chr.) zugeschrieben wird. Achilles und die Schildkröte beschließen ein Wettrennen. Da Achilles aber schneller ist, räumt er der Schildkröte einen Vorsprung ein. Nach dem Start erreicht auch Achilles schnell die Stelle, von der die Schildkröte aus ihr Rennen gestartet hat. Da diese sich aber auch bereits Richtung Ziel aufgemacht hat, wenn auch erheblich langsamer, hat sie mittlerweile eine gewisse Strecke zurückgelegt. Diese überwindet Achilles in kurzer Zeit, doch die Schildkröte ist abermals weiter. Achilles läuft also schneller als seine Konkurrentin, wird diese aber nie einholen. Theoretisch ist dies nur im Unendlichen möglich. Widersprüche in der Anschauung bedeuten also noch keineswegs Widersprüche in der Welt des Denkens oder der abstrakten Zahlen. Diese Hinweise aus der Zahlenwelt der Mathematik, in der sich auch widersprüchliche Vorstellungen im Unendlichen auflösen lassen, zeigen deutlich, wie Erfahrungen auch unabhängig unserer Sinneswahrnehmungen möglich sind – mehr noch: wie eine paradox anmutende Situation denkerisch überhöht und ihr scheinbarer Widerspruch gelöst werden kann.

Auferstehung als Disclosure

Disclosure-Erfahrungen generieren eine über die sinnliche Erfahrung hinausreichende Form von Gewissheit. Im Moment der Erkenntnis wird ein inneres Bild erzeugt, das eigentlich nicht existiert. Gleichwohl erlebt man diese imaginäre Vorstellung als wesentlich und echt. Wir kennen diesen Moment nur allzu gut: Plötzlich ist man sich über die Bedeutung einer konkreten Sache, einer Situation oder einer sich abzeichnenden Entwicklung im Klaren. Endlich begreifen wir die eigentlichen Zusammenhänge, jetzt fällt es uns wie Schuppen von den Augen.

Auch die neutestamentlichen Osterberichte lassen sich als Disclosure-Erfahrungen rekonstruieren. Aus ihrer jüdischen Tradition heraus haben die ersten Christen die Erfahrungen des Karfreitags durch Begegnungen mit dem Auferstandenen „mit neuen Augen" gesehen. So lässt sich Lk 24 auch als ein liturgisches Geschehen interpretieren: Die beiden Jünger, die als Gemeinschaft zusammen auf dem Weg nach Emmaus sind, denken über die vergangenen Ereignisse nach. Der Fremde, der mit ihnen geht, erklärt den Sinn der Schrift, also die alttestamentlichen Überlieferungen, was schließlich dazu führt, dass den beiden Jüngern im Akt des Brotbrechens schlagartig deren eigentliche Bedeutung klar wird. Sie können diese Situation als Präsenz des Auferstandenen begreifen. Die Trias – das Zusammensein in Jesu Namen, das Lesen und die Deutung der Schrift sowie das Brechen des Brotes – sind die Grundelemente jener liturgischen Mahlfeier, die wiederum zu Beginn der Apostelgeschichte das Kontinuum zwischen nachösterlicher Urkirche mit den Auferstehungsberichten des Lukasevangeliums bildet: „Sie hielten an der Lehre der Apostel fest und an der Gemeinschaft, am Brechen des Brotes und an den Gebeten." (Apg 2,42)

Die späte Version der Santa Faz aus dem Jahre 1658 simuliert eine ähnliche Disclosure-Situation, von der das Lukasevangelium berichtet. Allerdings erfolgt die Begegnung hier, wie auch in der Emmauserzählung, nicht aus heiterem Himmel, denn in beiden Situationen wird auf eine historische Erfahrung in der Vergangenheit zurückgegriffen. Bei Zurbarán kennen die gläubigen Betrachter die Veronika-Tradition, in der Emmaus-Geschichte des Lukas denken die beiden Jünger über den Sinn der Schrift nach. Eine Disclosure-Situation trifft also nie den religiös unvorbereiteten Menschen. Vielmehr integriert sie bereits bestehende Wissensbestände, die Tradition, in eine neue, durch die subjektive Perspektive begründete Sinnerschließung.

Damit können wir den Weg, den wir mit Martin Buber begonnen haben, zu einem vorläufigen Abschluss bringen. Das Alte Testament stellt uns Jahwe als einen Gott der Befreiung vor, der sein erwähltes Volk aus der Gefangenschaft Ägyptens rettet und seine Erwählung in einem Bund besiegelt. Die sich daraus formende Gewissheit einer kollektiven Gemeinschaft hat Buber als Emuna Israels bezeichnet, jenes zustimmende Vertrauen, mit dem wir auch unser bekanntes Amen verbinden. In nachexilischer Zeit kommt es zu einer Verschärfung dieses Kollektivgedankens, bedingt auch durch äußere gesellschaftliche und politische Krisen- und Konfliktsituationen. In jesuanischer Zeit schließlich werden die Erwartungen an ein nochmaliges rettendes Eingreifen Jahwes drängender. Eine apokalyptische Stimmung prägt weite Bereiche der jüdischen Gesellschaft, von der der Jüngerkreis Jesu nur eine von vielen Erneuerungsbewegungen gewesen ist. In seiner Lehre spitzt Jesus von Nazareth den Bundesgedanken auf den einzelnen Menschen zu und fokussiert die Vorstellung von der Emuna auf das individuelle Bewusstsein, das Buber mit dem griechischen Begriff Pistis bezeichnet. In der gewaltsamen Zerschlagung dieser Bewegung durch die Hinrichtung ihres Anführers kommt es aber zum dramatischen Wendepunkt. Zurückgekehrt in den Alltag erfahren die Anhänger Jesus plötzlich als gegenwärtig und lebendig. Die Beschreibungen dieses plötzlichen Bewusstseinswandels gehen im Neuen Testament weit auseinander und lassen sich historisch nicht verifizieren. Wir können aber aus den Zusammenhängen Rückschlüsse ziehen, die sich im Nachhinein als Disclosure-Erfahrungen rekonstruieren lassen. Für die Jünger erhält das historische Wirken und das Sterben Jesu einen umfassenden Sinn in der Gewissheit seiner Auferweckung. In der Pistis des Christen erfüllen sich die alttestamentlichen Verheißungen der Emuna eines Volkes.

Kirche als sichtbare Gemeinschaft des unsichtbaren Christus

Gegen diese Form von Auferstehungstheologie wurde immer wieder der Einwand erhoben, dass ein abrupt eintretender Sinneswandel im Leben von schwer traumatisierten Menschen keine Seltenheit darstellt. Die Sinnerfahrung von Ostern wäre eine Form von psychischer Immunreaktion, die das tatsächlich Erlebte gegen jeden Augenschein und ohne Grund einfach ignorieren oder umdeuten würde. Dagegen spricht wiederum, dass die Erfahrung von Auferstehung auch Menschen machen, die in ihrem Leben keinen derartigen seelischen Belastungen ausgesetzt waren wie der unmittelbare Jüngerkreis des historischen Jesus. Deutlich wird dies in der Biografie des Apostels Paulus, der weder zum Jüngerkreis noch zum historischen Jesus selbst direkten Kontakt hatte.

Geboren im kleinasiatischen Tarsus, stößt er laut eigener Aussage erst nach einer nicht weiter beschriebenen „Offenbarung" zur Jerusalemer Gemeinde dazu. Wer war dieser Mann? Paulus war ein frommer und gebildeter Jude. Er entwickelt aus dem von Martin Buber beschriebenen Pistis-Gedanken heraus ein radikales, subjektives Sündenbewusstsein des Einzelnen. Die Verinnerlichung des kollektiven Schuldbewusstseins eines Volkes hat in ihm eine existenzielle Wende hervorgerufen, die er als Begegnung mit dem Auferstandenen beschreibt. Diese Offenbarung impliziert die Erkenntnis der eigenen Endlichkeit und des eigenen Scheiterns. Zugleich initiiert sie die Suche nach Rechtfertigung, nach einem gnädigen Gott. Aus diesen Verinnerlichungsprozessen und den damit verbundenen existenziellen Krisen entsteht ein autonomes, christliches Selbstbewusstsein, ein neuer Bezugsrahmen des Glaubens, der dann, neben zahlreichen anderen Faktoren, zur Entstehung christlicher Gemeinden im östlichen Mittelmeerraum geführt hat. Diese Botschaft von der sogenannten „Erhöhung des Auferstandenen" ist der eigentliche Kern: Das Sichtbarwerden des Unsichtbaren, das Real-Werden des auferstandenen Christus im Bewusstsein des Einzelnen.

Eine neue Glaubensgemeinschaft entsteht

Selbst wenn man die Unterscheidung Bubers von Emuna und Pistis nicht in dieser Deutlichkeit teilt, hat Buber in seiner Differenzierung zwischen zwei Glaubensweisen durchaus etwas Richtiges erkannt. Nicht nur im Judentum, sondern auch im weiteren Verlauf des Christentums haben sich die Glaubenshaltungen einzelner Menschen sehr oft von der kollektiven Identität einer Kirche unterschieden. Heute stimmen die wenigsten Katholiken mit der Glaubenslehre der Kirche völlig überein. Umgekehrt ist die Gefahr, dass eine Institution das individuelle Subjekt des Glaubens verdrängt, unübersehbar und allgegenwärtig. Die Theologie achtet daher sorgfältig auf die Unterscheidung zwischen individuellen Glaubensakten einerseits und den kirchlichen Glaubenssätzen andererseits. Im Neuen Testament ist die Glaubenshaltung des Einzelnen noch die entscheidende Qualifikation des Jüngers, der sich in die Nachfolge Jesu stellt; die Institution spielt keine Rolle. Geglaubt wird in der ersten Person Singular. Die Kirche ist damit lediglich die summarische Gesamtheit aller gläubigen Individuen und nicht ein autonomes Subjekt des Glaubens. In Gestalt ihrer Vertreter fasst sie den Glauben aller Christen zusammen und formuliert ihn in Glaubenssätzen, die freilich nie an die Stelle des einzelnen Glaubensverhältnisses treten können oder sollen. So gesehen ist Kirche jeder Einzelne von uns. Kirche ist weder eine Behörde in Rom noch ein einzelnes Amt darin.

Wir können festhalten: Das Neue Testament ist von der ersten Zeile an kein historischer Bericht, sondern ein Text, der aus der Glaubensperspektive des einzelnen Lesers oder der jeweiligen Gemeinde erschlossen werden muss. Historisch gesehen geben die Texte nur wenig her, sie sind allenfalls ein Beleg für die Historizität des Erlösers, für die reale Existenz des vorösterlichen Jesus – mehr nicht. Das Objekt des christlichen Glaubens ist gänzlich im Glauben an Christus enthalten. Aus diesem Prozess erwächst eine im Bewusstsein des gläubigen Subjekts verankerte neue Sinn- und Begriffswelt. Der Anspruch einer durch den Glauben generierten Christus-Beziehung ist konstitutiv für die Entstehung neuer Wahrnehmungsqualitäten. Die Welt wird nunmehr durch die sinngebende Perspektive des Christusereignisses gesehen und gedeutet. Aus diesem sehr persönlichen Glaubensbewusstsein erwächst ein neuer, intersubjektiv gültiger Glaubenskonsens, der zu einer neuen Gemeinschaft führt, die wir heute als Kirche bezeichnen.

Fides *qua* creditur – fides *quae* creditur

Von Anfang an hat die Theologie zwischen dem individuell ausgerichteten Glaubensakt und dem Inhalt des Glaubens unterschieden. Im Lateinischen wird diese Unterscheidung mit dem Wortspiel „fides *qua* creditur", zu Deutsch: „der Glaube, mit dem geglaubt wird", und „fides *quae* creditur", „der Glaube, der geglaubt wird" wiedergegeben. Während die erste Wendung die individuelle Glaubensperspektive beschreibt, bezieht sich die zweite Definition auf die inhaltliche und satzhafte Dimension des Glaubens. In dieser zweifachen Perspektive ist die Kirche mehr als nur ein Sammelsurium von Glaubenssätzen, die für wahr zu halten sind, sondern auch das Abbild aller individuellen Glaubensverständnisse. Die große Bedeutung, die dem religiösen Subjekt zukommt, hat man allerdings erst mit dem Zweiten Vatikanischen Konzil wiederentdeckt. Sie findet sich bereits bei Augustinus, der wie kein anderer die Relevanz des Subjekts für den christlichen Glauben herausstellt. Er leitet von dem Verb „credere" drei grammatikalisch denkbare Anschlussmöglichkeiten ab, die den Glaubensbegriff in eine entsprechende Richtung lenken[3]:

- *Credere Deum:* Das Verb in Verbindung mit dem Akkusativ bedeutet „an den Gott xy" zu glauben. Darunter versteht Augustinus einen sachhaften Bezug zu einem Gegenstand. Wir „glauben, dass Gott ist" oder „dass Gott so und so ist". Der Akkusativ legt die Überzeugung von der Existenz eines bestimmten Gegenstands oder der Wahrheit einer Aussage über Gott nahe.
- *Credere Deo*: Der Dativ, „dem Gott glauben", geht über die einzelne Aussage hinaus und bringt diesem Gott Glauben und Vertrauen entgegen.
- *Credere in Deum:* „an Gott glauben" oder „in Gott hinein glauben" bezeichnet für Augustinus gewissermaßen die Klimax des Glaubens, in der Gott als Inhalt und Ziel des Glaubensaktes mit

[3] Etwa in: A. Augustinus, Enarrationes in Psalmos 77,8, in: Patrologia Cursus Completus. Series Latina, 36/4,988, ed. par J. P. Migne, Paris 1861.

dem Glaubenden eins wird. Diese subjektive Zielorientierung ist typisch für Augustinus, aber auch für die Platoniker seiner Zeit. Deren Erkenntnisideal besteht darin, dass das Subjekt mit dem Objekt quasi verschmilzt und sich mit ihm zu einer Einheit verbindet. In Verbindung mit der richtungsanzeigenden Präposition εἰς (zu Deutsch: auf, hin) begegnet uns in ähnlicher Weise das griechische Verb für „glauben" (gr. πιστεύειν) im Johannesevangelium.

Heute kann man Augustinus auch so verstehen, dass man den Glauben nicht als abstraktes Problem begreift, sondern ihn auch authentisch, mit Leidenschaft und Hingabe lebt. Auch hier verschmelzen wie bei Augustinus Subjekt und Objekt des Glaubens. Wir kennen vor allem das gegenteilige Phänomen auch aus unserem Alltag: Einem Politiker, der Wasser predigt und Wein trinkt, nimmt man den Inhalt seiner Botschaft ebenso wenig ab, wie wir den Beteuerungen eines notorischen Lügners Glauben schenken, von nun an bei der Wahrheit zu bleiben.

Es lässt sich also eine graduelle Abstufung im Glaubensverständnis feststellen. Die höchste Form ist für Augustinus nicht die Reflexion über Gott als einen Gegenstand des Nachdenkens, sondern der praktizierte Glaube im Leben des Einzelnen. Das ist durchaus bemerkenswert, weil er all jene Vorstellungen zurückweist, die dem gläubigen Menschen eine gewisse Realitätsverweigerung und Jenseitsfixiertheit nahelegen. Zugleich wird die ethische Relevanz des Glaubens hervorgehoben. Ein Glaube, den man lediglich doziert, aber nicht in der alltäglichen Praxis spürt, ist nicht jene Höchstform, von der Augustinus spricht. Der individuelle Aspekt des Glaubensaktes, das subjektive Moment des Glaubens, ist entscheidend für das christliche Glaubensverständnis.

Wissen als methodischer Zweifel

Wenn wir nach dem Verhältnis von Glauben und Wissen in der Antike oder im antiken Christentum fragen, müssen wir ebenso den Begriff des „Wissens" genauer bestimmen. Das erweist sich bei näherer Betrachtung alles andere als leicht. Blickt man auf die Anfänge der griechischen Philosophie zurück, ist der Begriff des Wissens vergleichsweise schnell erschlossen. Für Platon und Aristoteles ist das

Wissen allgemeingültig und ergibt sich mit Notwendigkeit aus einer bestimmten Logik. Im Laufe der Zeit hat sich aber auch ein weniger affirmatives Verständnis von Wissen etabliert, das mehr Fragen stellt als Antworten liefern kann. Nun werden Bedenken angemeldet und scheinbar sichere Gesetze in Zweifel gezogen. Wir haben diesen Wissenstyp bereits bei den Zeitgenossen Platons kennengelernt, den Sophisten. In späterer Zeit wird die stoische Philosophie vom Zweifel geprägt sein. Der Zweifel hat also – so paradox es klingen mag – durchaus wissenschaftliche Methode. Insofern ist es von entscheidender Bedeutung, wie weit ich den Radius meines Wissens ziehe: Endet mein Wissen mit den unmittelbaren Sinneseindrücken oder fängt mein Wissen erst dann an, wenn ich alle Sinneswahrnehmungen ausblende?

Versteht man das Wissen nicht nur als sinnlich überprüfbares Faktenwissen, ergibt sich also durchaus eine Brücke zum Glaubensbegriff. Diese Brücke bildet der Zweifel. Auch wenn er nicht selten als störend und unerwünscht wahrgenommen wird, erfüllt der Zweifel eine wichtige Funktion sowohl im Bereich des Glaubens als auch im Wissen: Er schützt vor allzu schneller Selbstsicherheit und Überheblichkeit. Der Zweifel fordert zur steten Überprüfung und Rechtfertigung dessen auf, was man vertritt.

Dass wir heute wieder etwas skeptischer werden, muss uns nicht irritieren, denn skeptische Positionen hat es in der abendländischen Geschichte immer gegeben. Der Zweifel wird oft mithilfe grundsätzlicher Einsichten überwunden. Man kann diesen Schritt im Sinne des Augustinus als „Selbstvergewisserung“ verstehen: „Si enim fallor, sum“[4], zu Deutsch: Wenn ich mich täusche, muss ich existieren. Das heißt, im Moment des Zweifelns kann ich diesen Vorgang an sich nicht bezweifeln. Als Opfer einer Täuschung muss ich wenigstens existieren. In der Neuzeit gibt es eine nahezu wörtliche Wiederholung bei René Descartes (1596–1650), wenngleich diese Variante positiv gewendet ist: „Je pense, donc je suis“ – „Ich denke, also bin ich.“[5] Wenn ich denke, muss ich, um diesen Satz wenigstens zu mir selbst zu sagen, existieren – auch dann, wenn alle Sinne um mich

[4] Ders., Der Gottesstaat, XI,27, in: Aurelius Augustinus‘ Werke in deutscher Sprache, Bde 3,8,1 u. 3,8,2, hrsg. v. C. J. Perl, Paderborn 1979, 758.

[5] R. Descartes, Philosophische Schriften in einem Band, frz. u. dt., Hamburg 1996, Teil 4, Abschnitt 3,55.

herum das Ergebnis einer großen Täuschung sein sollten. Mit anderen Worten: Der Zweifel bildet Wegmarkierungen auf der Reise zu mir selbst, er dient der Absicherung und kann, sofern er sich widerlegen lässt, zur Stabilität des Wissens beitragen. Der Zweifel drückt damit keine Unsicherheit, sondern eine Methode aus.

Diese Grundhaltung ist von Anfang an ein wesentliches Merkmal der Philosophie. Der Philosoph ist ein Mensch, der sich über die scheinbare Normalität der gegebenen Dinge hinaus die grundsätzliche Offenheit bewahrt und sich gerade über alltägliche Dinge wundert. Er ist derjenige, der das Selbstverständliche, Gewöhnliche und Alltägliche hinterfragt. Philosophen bringen Verunsicherung in unhinterfragte Auffassungen und Ordnungen. Wenn wir uns das Höhlengleichnis von Platon noch einmal vor diesem Hintergrund in Erinnerung rufen, dann kann am Anfang auch das Staunen der Auslöser gewesen sein, warum sich der Philosoph von den Schattenbildern abwendet oder ihren Wahrheitsgehalt hinterfragt. Und genau an dieser Stelle, wo das scheinbar sichere Leben unsicher und fragwürdig wird, wo Selbstverständlichkeiten ins Wanken geraten, nähert sich die Philosophie der Vorstellung dessen an, was das Christentum unmittelbar mit dem Wort „Glauben“ verbindet. Glaube und Philosophie beginnen dort, wo Menschen im übertragenen Sinn wach werden, wo sie beginnen, sich über ihre eigene Existenz zu wundern. Das Erstaunen, so Plato im Dialog „Theätet“, sei der Ursprung der Philosophie. Dass überhaupt eine Welt existiert, ist eine der verwunderlichsten Tatsachen, die allzu schnell übersehen und für selbstverständlich gehalten wird. Das Infragestellen des Alltäglichen und Selbstverständlichen ist ebenso der Ausgangspunkt des Glaubens. Der Glaube verlangt nach Antworten auf die Fragwürdigkeit des Lebens und sucht nach Gewissheiten, die über naturwissenschaftliche Erklärungen hinausreichen. Die Philosophie findet diese Antworten in der Weisheit, der Glaube in Gott.

Glauben als existenzieller Zweifel

Für die Moderne hat Martin Heidegger (1889–1976), ein bedeutsamer Vertreter der Existenzphilosophie, den Wissensbegriff seiner Zeit in Zweifel gezogen. Das bisherige Nachdenken in bestimmten methodologischen oder hermeneutischen Systemen oder Schulrichtungen verdeckt doch die eigentliche Frage, die der Mensch immer dann stellt, wenn er für einen kurzen Moment innehält und sich dabei ertappt, wie er alles um sich herum plötzlich mit neuen Augen sieht. Heidegger nannte deshalb die Langeweile, also das zweckfreie Totschlagen von Zeit, einen äußerst produktiven Zustand des Philosophierens, weil man auf sich selbst zurückgeworfen wird. Man kann sich nicht mehr ablenken durch Beschäftigungen und Tätigkeiten, die von der Frage nach dem Grund des Menschseins dispensieren. Heideggers Philosophie bewegt sich hier im Umkreis der jüngst wieder aktuell gewordenen „Achtsamkeit", wie sie etwa der Buddhismus in der Vipassana-Meditation lehrt. Wie der Zweifel führt auch die Langeweile nicht vom Wissen weg, sondern konfrontiert den Menschen mit den eigentlichen Kernproblemen seiner Existenz.

In ähnlicher Weise ist die Geschichte des Glaubens mit einer Form von Entfremdungserfahrung verbunden; mit der Wahrnehmung einer plötzlichen Distanz, die sich inmitten einer Welt aus Selbstverständlichkeiten einstellen kann – sofern ich dafür offen bin. Der Glaube entwickelt sich nicht im Gefühl satter Selbstzufriedenheit. Am Anfang des Glaubens steht der Selbstzweifel, zumindest die bewusste Selbstwahrnehmung. Und zwar nicht im Sinne eines Kritisierens bestimmter Aussagen über den Glauben, sondern vielmehr im Sinne eines Zweifels an der Sinnhaftigkeit der Welt insgesamt – und dieser beginnt bekanntlich immer mit der eigenen Person: Warum bin ich hier? Worin besteht der Sinn von existierenden Dingen? *Warum ist überhaupt etwas?* Alle diese und ähnliche Fragen, die unvorbereitet auf mich einprasseln, kommen, sofern ich mich – auch wenn es nur für den Bruchteil einer Sekunde ist – von der mir vertrauten Umgebung distanziere. Und hier ist genau die Offenheit zugange, die der Glaube voraussetzt und die ihn mit dem areligiösen Skeptiker verbindet.

Der Glaube fällt ins Wasser

In neutestamentlicher Zeit waren Glaube und skeptische Philosophie nicht so scharf voneinander getrennt, wie wir es heute gewohnt sind. In der antiken Welt neigte man grundsätzlich dazu, sowohl die philosophische als auch religiöse Seite der Welt zu betrachten, weil sie einander in der intuitiven Entfremdung von der Normalität doch sehr ähnlich sind. Dazu zwei Beispiele aus dieser Zeit, die den Glaubensakt als Abkehr von bisherigen Verhaltensmustern erläutern.

Wenn man die Wundergeschichten des Neuen Testaments als Blaupause liest, wie Menschen in der Begegnung mit Jesus zum Glauben kommen, so wird man an einigen Stellen die Beobachtung machen, dass sich in den Begegnungen mit Jesus Anzeichen des inneren Zweifels finden lassen. Das sicherlich bekannteste Beispiel ist der Gang Jesu auf dem Wasser in Mt 14,22–33. Petrus steigt auf die Aufforderung von Jesus hin aus dem Boot, aber bekommt Angst und „begann unterzugehen". Jesus stellt Petrus dann, nachdem er ihm aus dem Wasser geholfen hat, die Frage: „Warum hast du gezweifelt?"

Petrus begegnet uns hier wie auch in anderen Situationen als Wackelkandidat. Darin erweist er sich auch heute als allzu menschlich und sympathisch. Das Beispiel von Petrus verdeutlicht uns, dass es im Glauben um den berühmten, oft unterschätzten ersten Schritt geht, den es zu gehen gilt. Im genannten Beispiel steigt Petrus aus dem sicheren Boot. Die dann folgenden weiteren Schritte sind streng genommen lediglich Konsequenzen des allerersten Überwindungsprozesses, aus dem Zustand des Stillstands heraus in Bewegung zu kommen. Und dieser Prozess selbst ist von massiven Zweifeln begleitet. „Furcht und Zittern", so beschreibt der dänische Philosoph Søren Kierkegaard (1813–1855) diesen Zustand und bezieht ihn auf die unerträgliche Entscheidungssituation, in der Gott den Glauben Abrahams auf die Probe stellt und ihn auffordert, seinen Sohn Isaak zu opfern. Krise, Selbstzweifel und die spontane Reue, diesen Schritt getan zu haben, sind jene Unsicherheiten, bei denen die jesuanische Grundbotschaft ansetzt: „Die Zeit ist erfüllt, das Reich Gottes ist nahe. Kehrt um und glaubt an das Evangelium." (Mk 1,15). Hier ist nie davon die Rede: „Das Reich Gottes ist nahe – mach's Dir bequem und lehne Dich zurück!" Es geht vielmehr um eine erste Bewegung, die man mit dem eigenen Körper auszuführen hat. Nicht selten beginnt es mit einer Geste des Innehaltens und mündet schließlich in einem bewussten Abwenden. Dass dieser erste Umkehrschritt mit massiver Skepsis verbunden ist, bezeugen also bereits die ersten Texte des Christentums.

„Warum das Leid, warum die Umwege?"

Im zweiten Beispiel steht der Selbstzweifel am Ende eines gelehrten Akademikerlebens. Von Romano Guardini (1885–1968), einem bedeutsamen Religionsphilosophen, wird berichtet, dass er in der sicheren Gewissheit seines nahenden Todes plötzlich die Frage stellte: „Warum das Leid, warum die Umwege?" Man ist geneigt, zu fragen: *Jetzt?* Am Ende eines intensiven, erfüllten Glaubenslebens in einer theologischen Gelehrtenwelt, kommt diese alles umstürzende Frage? Hätte Guardini darauf nicht schon längst eine Antwort gefunden haben sollen? Vielleicht, so könnte man vermuten, war es gerade die permanente Beschäftigung mit der Theologie, die Guardini der Frage nach dem Sinn des Ganzen im Weg stand. Denn es ist viel leichter, sich mit Werken von mittelalterlichen Denkern zu beschäftigen, als sich der Fraglichkeit der eigenen Existenz auszusetzen. Damit steht Guardini zwar keineswegs allein da, aber die subversive Dimension einer radikalen Frage am Ende eines arbeitsintensiven Lebens lässt aufhorchen. Guardinis Frage deckt die Falle auf, in die selbst renommierte Religionsphilosophen geraten können. Die intellektuelle Beschäftigung mit dem christlichen Glauben schützt nicht vor den Sinnkrisen, die das Leben für jeden Einzelnen von uns parat hält. Sinnkrisen sind Glaubenskrisen und vor allem hier entdecken wir die Gottesfrage. Aber auch in Zeiten des persönlichen Wohlergehens kann am Ende einer intensiven Beschäftigung mit religiösen Themen die Überzeugung stehen, dass es Gott nicht gibt. Das ist eine reale Möglichkeit, die der Zweifel bietet.

Ein Beispiel dafür ist der auch einem breiteren Publikum bekannte Philosophiehistoriker Kurt Flasch (*1930), der sich mit seinen zahlreichen Veröffentlichungen zu Augustinus sowie zur Theologie und Philosophie des Mittelalters einen Namen gemacht hat. In einem seiner letzten Bücher mit dem provozierenden Titel „Warum ich kein Christ bin" rechnet Kurt Flasch nicht nur mit der Kirche als einer menschlich schwachen und unglaubwürdigen Institution ab – er bestreitet auch den höheren Sinn menschlicher Existenz. Flasch schreibt: „Am Ende stand das ruhig gewonnene Resultat: Ich war kein Christ mehr."[6] Provoziert etwa, so könnte man angesichts

[6] K. Flasch, Warum ich kein Christ bin. Bericht und Argumentation, München 2013, 265.

der Biografien von Flasch und Guardini vermuten, ein zu intensiver Umgang mit theologischen Theoriebildungen eine Krise des Glaubens? Dem ist sicherlich nicht so: Die rationale Beschäftigung mit dem christlichen Glauben schließt existenzielle Glaubensprozesse nicht aus. Am Ende steht immer auch die persönliche Krise der Entscheidung. Keine noch so clevere Theologie und keine akademische Gelehrsamkeit dispensiert von den existentiellen Fragen, die das Leben bereithält. Dieser Rest an Unsicherheit verbindet den Bereich des Glaubens mit dem methodischen Zweifel, dem sich die Philosophie von Haus aus stellen muss.

Für die Erschließung des historischen Jesus und seiner Bewegung sind die sozialtheoretischen und religionssoziologischen Studien von *Gerd Theißen* auch für fachfremde Interessierte eine ungemein aufschlussreiche Lektüre. Unter seinen zahlreichen Veröffentlichungen verweise ich insbesondere auf: *Der Schatten des Galiläers: Jesus und seine Zeit in erzählender Form*, Gütersloh ^{26}2019. Ferner zusammen mit *Annette Merz*, *Der historische Jesus. Ein Lehrbuch*, Göttingen ^{4}2011, sowie seine religionspsychologische und sozialtheoretische Studie zum frühen Christentum: *Die Religion der ersten Christen. Eine Theorie des Urchristentums*, Gütersloh 2000. *Hans Belting* hat Bücher geschrieben, die auch für den kunsthistorischen Laien eingängig sind. In seinem Buch *Das echte Bild. Bildfragen als Glaubensfragen*, München 2005, geht er dem Paradigmenwechsel nach, der sich innerhalb der Kunst zwischen Mittelalter und Neuzeit vollzieht. Mit der Erfindung des Buchdrucks findet ein folgenreicher Wechsel in der Kommunikationskultur statt. Seit der Neuzeit und besonders seit der Reformation bedient sich der Westen zunehmend der Buchform, die im Gegensatz zum Artefakt des Bildes eine objektive Deutung zulässt. Das Bild hingegen bedarf des externen Bezugspunktes, also des Betrachters und dessen Fähigkeit zur Imagination. Bilder werden daher oft einem scheinbar rationalen Verständnis entgegengestellt. Ausführlich dargestellt und dokumentiert hat dies Belting in seinem Buch *Bild und Kult. Eine Geschichte des Bildes vor dem Zeitalter der Kunst*, München ^{6}2004.

IV. Der Glaube wird philosophisch

Blicken wir noch einmal kurz zurück: Was Glauben und Wissen trennt und worin sie ihr Deutungsmonopol erkennen, ist im historischen Rückblick in bestimmten Abschnitten der Geschichte deutlicher, in anderen schwerer zu bestimmen. Die klassische Antike bot in dieser Frage ein vergleichsweise klares Bild. Das Wissen und mit ihm die Wissenschaft entstanden in Abgrenzung zum Götterglauben, wie er von Hesiod ab dem siebten vorchristlichen Jahrhundert überliefert wurde. An die Götter zu glauben, so resümiert Platon in der Rückschau, sei das Fantasieprodukt der Dichter und Mythenschreiber: „Wie Gott ist seinem Wesen nach, so muss er auch immer dargestellt werden, mag einer im Epos von ihm dichten oder in Liedern oder in der Tragödie."[1] Götter sind ein Gegenstand der schönen Künste und nicht der philosophischen Reflexion. Zwar ist für Platon die Götterlyrik durchaus in der Lage, im Rahmen ihrer Möglichkeiten etwas zur Erbauung des Menschen beizutragen; das Kerngeschäft des seriösen Nachdenkens aber, das nach Platons Schüler Aristoteles aus Mathematik, Naturwissenschaft und Theologie besteht, sollte doch der logisch operierende Philosoph erledigen. „Theologie" versteht Aristoteles als Wissenschaft von den ersten Ursachen, die der Mathematik und der Naturwissenschaft vorausgehen, weil sie allgemein („ewig"), unveränderlich („unbeweglich") und unabhängig gültig („abgetrennt") von den jeweiligen Erscheinungen und Beobachtungen sind:

> „Gibt es aber etwas Ewiges, Unbewegliches, Abtrennbares (Selbständiges), so muß offenbar dessen Erkenntnis einer betrachtenden Wissenschaft angehören. Aber der Physik gehört es nicht an, da diese von Bewegbarem handelt, und auch nicht der Mathematik, sondern einer beiden vorausgehenden Wissenschaft. […] Hiernach würde es also drei betrachtende philosophische Wissenschaften geben: Mathematik, Physik, Theologie."[2]

---

[1] Platon, Politeia 379a, in: Sämtliche Dialoge, Bd. V, Hamburg ^{2}1993.

[2] Aristoteles, Metaphysik, 1026a.

Für Aristoteles ist Theologie so etwas Ähnliches wie das Grundgesetz der Physik und damit vergleichbar mit dem Gravitationsgesetz oder der Relativitätstheorie und dergleichen mehr. Aristoteles stellt fest, dass die Wissenschaft mit Unsichtbarem und zeitlich Unbegrenztem zu tun hat. Gesetze sind nämlich keine Gegenstände des täglichen Gebrauchs. Gleichwohl wird ihre Existenz in den konkreten Erfahrungen des Menschen bestätigt, und zwar jeden Tag.

Wissenschaft beruht also auf zwei unabdingbaren Voraussetzungen: Der Allgemeinheit und der Notwendigkeit von Erklärungen. Allgemeingültigkeit haben freilich auch die Göttersagen beansprucht – allerdings waren sie nicht notwendig. Ganz im Gegenteil: Götter galten als die Personifikation von Launenhaftigkeit und Chaos, sie waren nicht selten das Sinnbild für das Unzuverlässige schlechthin. Notwendigkeit hingegen bedeutet: Zwingend, jederzeit und überall. Auf den beiden Fundamenten, Allgemeinheit und Notwendigkeit, baut sich Wissen beziehungsweise die Wissenschaft auf. Der Beginn der Metaphysik des Aristoteles, den wir in Abgrenzung zur Ideenlehre des Höhlengleichnisses von Platon gelesen haben, beschreibt, in welchen Einzelschritten dieses allgemeine und notwendige Wissen zustande kommt: Durch zahlreiche sinnliche Eindrücke bilden sich einzelne Erinnerungen, die wiederum die jeweilige Erfahrung prägen. Am Ende, so Aristoteles, steht die Kunst, in der

> „sich aus vielen durch die Erfahrung gegebenen Gedanken eine allgemeine Annahme über das Ähnliche bildet."[3]

Unbeschadet einer guten Lehre erwirbt jede Fachkraft erst mit den Jahren ihrer Berufserfahrung jenes praktische Wissen, das sie zu einer qualifizierten Expertin auf ihrem Gebiet werden lässt. Dieses praktische Wissen ist in keinem noch so klugen Sachbuch zu finden, sondern wird durch die tägliche Routine und die unterschiedlichen Herausforderungen im Laufe des Berufslebens erworben. Damit gehört der Praxisbezug des Wissens – im Gegensatz zur Ideenlehre Platons – für Aristoteles unbedingt zur Wissenschaft dazu:

---

[3] Ebd., 981a.

„Zum Zweck des Handelns steht die Erfahrung der Kunst nicht nach, vielmehr sehen wir, daß die Erfahrenen mehr Erfolg haben als diejenigen, die ohne Erfahrung nur den (allgemeinen) Begriff besitzen."[4]

Interessant in diesem Zusammenhang ist noch der Übergang zur Erfahrung, den Aristoteles als Vorgang des Erinnerns beschreibt. Dieser Kontext ist allein schon deshalb eine Erwähnung wert, weil er für einen beeindruckend großen Bereich menschlicher Urteile und Annahmen die Grundlage bildet: „Aus der Erinnerung entsteht nämlich für die Menschen Erfahrung; denn viele Erinnerungen an denselben Gegenstand bewirken das Vermögen *einer* Erfahrung."[5] Das, so Aristoteles, unterscheidet uns von anderen Lebewesen, denn aus den gesammelten Erfahrungen erwächst die Kunst oder die Wissenschaft. Diese Stelle kann man freilich auch so lesen, dass mangelnde Erinnerung schnell zu falschen Schlüssen und Fehleinschätzungen führen kann. Allzu voreilig gefällte Urteile führen in die Irre.

Für den Lehrer des Aristoteles, Platon, stellt dieser Graubereich zwischen Erinnerung und Erfahrung die „Meinung" dar. So sehr Meinungen auch unseren Alltag beherrschen, so sehr sind sie lediglich temporär und unterliegen dem Zeitgeist oder dem persönlichen Geschmack. Sie sind nicht von Dauer. Im Dialog „Menon" antwortet Sokrates auf die Frage nach dem Unterschied zwischen Wissen und Meinung:

„Aber lange Zeit auszuharren ist nicht ihre Sache, sondern sie [= die Meinungen, W. B.] entweichen aus der Seele des Menschen; sie haben also keinen rechten Wert, den sie erst dann bekommen, wenn man sie festbindet durch denkende Erkenntnis des Grundes. Das aber ist […] die Wiedererinnerung"[6]

Gegen die Meinung muss man, Platon und Aristoteles zufolge, mit Wissen und Erfahrung angehen und arbeiten. Vorstellungen müssen, wie sowohl Platon und Aristoteles es formulieren, *festgebunden* werden. Dann lösen sie sich entweder in Luft auf, weil sie zu Überprüfungszwecken noch einmal kontrolliert und dabei widerlegt werden – oder aber sie werden zu gesichertem Wissen. Um dieses, sicherlich nicht leicht erreichbare Ziel aller Erkenntnis baut sich seit

---

[4] Ebd., 981a.

[5] Ebd., 980b.

[6] Platon, Menon 97e–98a, in: Sämtliche Dialoge, Bd. II, Hamburg [2]1993.

Platon und Aristoteles ein Wissensideal auf, das bis in unsere unmittelbare Gegenwart hineinreicht.

„Ich glaube, dass …" oder „ich glaube an …"

Schauen wir uns zwei Beispielsätze aus dem Alltag an, die eine „Erkenntnis" zum Ausdruck bringen.

(a) Ich glaube, dass morgen das Wetter schön wird.

(b) Ich glaube an die Zukunft des Menschen.

Die beiden Sätze unterscheiden sich gewaltig voneinander, und zwar nicht nur hinsichtlich des semantischen Gehalts des Wörtchens „glauben", wofür andere Sprachen unterschiedliche Termini kennen. So wird etwa im Englischen zwischen *faith* und *belief* unterschieden. Beide Begriffe übersetzen wir mit „glauben". Jedoch bestimmt sowohl im Englischen als auch in unseren Beispielsätzen das jeweilige Bezugsobjekt den qualitativen Unterschied, auf den sich das Verb bezieht. Die „Zukunft des Menschen" ist kein konkretes Ding oder Ereignis. Sie beinhaltet keine unmittelbare Handlungsanweisung und verweist auch nicht auf einen bestimmten Ort. Vielmehr stellt sie eine abstrakte Anschauung dar, die sich – wenn überhaupt – dann nur sporadisch in konkreten Situationen einstellen kann. Die genaue Gestalt der Zukunft ist schrecklich vage und daher kein Gegenstand, dessen Wahrheitsgehalt sich überprüfen lässt. Gleichwohl greift die Rede von der „Zukunft einer Sache" auf Erfahrungen des Menschen zurück. Erfahrungen, die allerdings eine andere Qualität haben als die Überprüfung der Wettervorhersage auf „richtig" oder „falsch". Die Erfahrungen, die Satz (b) voraussetzt, begründen eine Form von Gewissheit, die sich auf verschiedenen Ebenen, nicht selten auch über Umwege und dann oft im Nachhinein einstellt. Satz (a) hinterlässt hingegen keine Zweifel: Entweder er wird bestätigt oder widerlegt.

In den beiden Aussagen werden also – trotz der gleichlautenden Verbalform – völlig abweichende Erkenntnisqualitäten zum Ausdruck gebracht: Satz (a) beinhaltet die kognitive, zeitnahe Überprüfbarkeit, setzt aber einen allgemeinen Konsens darüber voraus, was man in Mitteleuropa unter „schönem" Wetter versteht – also Sonnenschein und keinen Dauerregen. Bei einem Hirten in der Sahelzone würde derselbe Satz eine ebenso unmissverständliche Bedeutung haben, auch wenn man dort wahrscheinlich unter „schönem Wetter“ nicht nur puren Sonnenschein versteht. Hingegen kennt Satz (b) keine zeitliche Ein- oder Abgrenzung und macht keine weiteren Angaben darüber, worauf sich die Zukunft des Menschen beziehen soll. Geht es dabei um die Existenz des Menschen als solche oder um bestimmte Eigenschaften und Fähigkeiten? Gleichwohl, und das scheint mir wichtig, beziehen sich beide Aussagen auf eine konkret erfahrbare Wirklichkeitsebene, die für sich eine Form von Realität in Anspruch nehmen kann. Die eine Aussage kann nie auf die Wirklichkeitsebene der anderen Aussage bezogen werden.

Gerade das war allerdings in der Geschichte sehr oft der Fall. Viele atheistische Einwände gehen davon aus, dass es nur die *eine* Realität gibt, auf die sich alle Aussagesätze beziehen lassen – und in aller Regel versteht der Atheist unter Realität die sinnlich erfassbare Wirklichkeit. Die Realität von Satz (a) wird dann für absolut und zum alleinigen Parameter für alle anderen möglichen Wirklichkeiten erklärt. Diese Form von Grenzüberschreitung kann nur dann vermieden werden, wenn man die unterschiedlichen Realitäten in ihrer jeweiligen Souveränität respektiert, vielleicht sogar mit der These verbindet, dass es „die eine Wirklichkeit“, auf die sich unsere Sinneserfahrungen beziehen lassen, vielleicht in dieser Objektivität gar nicht gibt. Darauf werden wir aber später noch etwas genauer eingehen.

Die platonische und die aristotelische Philosophie werden für die Geschichte Europas zu bedeutsamen Weichenstellungen hinsichtlich des Wissenschaftsbegriffs. Das eine Gleis verläuft in Richtung Ideenwelt, das andere in Richtung Sinneserfahrungen. Bei näherer Betrachtung kann man die beiden Richtungen auch mit den Begriffen „Deduktion“ und „Induktion“ beschreiben. Die Deduktion schließt von der Idee auf die Erfahrungen, erkennt das Allgemeine im Konkreten, während die Induktion das Allgemeine aus den einzelnen Erfahrungen und Wahrnehmungen ableitet. In der neuzeitlichen Philosophie werden uns diese beiden Traditionen im Rationalismus und Empirismus begegnen. Während der Rationalismus (lat. ratio, zu Deutsch: Vernunft) von der Möglichkeit einer vernunftgeleiteten Erkenntnis der Wirklichkeit durch den menschlichen Geist ausgeht, steht beim Empirismus (gr. ἐμπερεία, zu Deutsch: „Erfahrung“) zuerst die sinnliche Wahrnehmung im Mittelpunkt. Auch wenn Platon und Aristoteles in ihren neuzeitlichen Versionen nicht namentlich genannt werden, begleiten ihre Ansätze weite Teile das abendländische Denken.

Das Christentum übernimmt die Weltdeutung

Trotz mancher Bedenken, die der christliche Glaube von Anfang an gegenüber der griechischen Philosophie hatte, konnte er ihre wesentlichen Ansätze auf seine Gotteslehre übertragen. Christliche Vorstellungen und Jenseitserwartungen ließen sich mit der platonischen Ideenlehre verbinden. Im Mittelalter gelang diese Übernahme auch bei der aristotelischen Lehre. Diese Deutungshoheit erfolgte aber nicht nur aus missionarischem Eifer, auch wenn solche Überlegungen anfangs sicherlich eine Rolle gespielt haben dürften. Spätestens mit der sogenannten Konstantinischen Wende war die Kirche eine staatlich geförderte Institution und hatte diese Missionierungsanstrengungen auch gar nicht mehr nötig. Das Christentum konnte besonders bei dem deduktiv operierenden Platonismus zahlreiche Gemeinsamkeiten zur eigenen Lehre erkennen. Die platonische Vorstellung von einer ersten voraussetzungsfreien Idee passte perfekt auf den christlichen Gott. Im jüdischen Denken funktionierte eine derartige Platonisierung ja ebenfalls wunderbar, wie Philo von Alexandrien und seine Logos-Spekulation gezeigt haben. Auch der Islam trägt in seinen aufklärerischen Phasen eindeutig platonische Züge. Platon ließ sich insgesamt leichter religiös deuten, wie die Interpretation des Höhlengleichnisses bereits deutlich gemacht hat, als das induktive aristotelische Verfahren, das aus der Einzelwirklichkeit auf eine ihr zugrundeliegende Vorstellung schließt. Aber: Während das deduktive Denken keine unmittelbare empirische Überprüfung erforderlich macht – was es für die Religion so sympathisch macht –, ist im aristotelischen Ansatz das den Erfahrungen zugrundeliegende Allgemeine ständig der Überprüfbarkeit unterworfen. Das ermöglicht dem induktiven Beweis seinen Fortschrittscharakter, weil hier falsche Schlussfolgerungen leichter erkannt und korrigiert werden. Dagegen kennt der Platonismus im Grunde genommen keine sichtbare Weiterentwicklung im Denken, sondern, begreift das Erkennen nur als Teilhabe an der Idee.

Mit dem Neuplatonismus erfährt das platonische Denken ab dem dritten nachchristlichen Jahrhundert eine für das Christentum folgenreiche Neuausrichtung. Die Lehren seines Begründers Plotin (204–270) sowie die seiner ebenso bekannten Schüler Porphyrius (233–305), Jamblich (240/245–320/325) und Proklos (412–485) sind für die weitere Entwicklung der christlichen Theologie sowie der lateinischen Kirche von beträchtlicher Bedeutung. Die Lehren Plotins werden bis ins hohe Mittelalter zur philosophischen Grundlage des theologischen Denkens, auch wenn seine Schriften nicht mehr greifbar waren. Wer war dieser Plotin eigentlich?

Plotin – ein unfreiwilliger Nestor der Theologie?

Die biografischen Daten zu Plotin sind, wie man es aus dieser Zeit gewohnt ist, sehr mager: Er lehrt ab dem Beginn des dritten Jahrhunderts in Rom als Schüler des Ammonios Sakkas (gest. um 242), den er in Alexandria kennengelernt hat. Plotins schriftstellerische Tätigkeit setzt allerdings erst Jahrzehnte später und entgegen seiner ursprünglichen Absicht ein, gar nichts zu veröffentlichen. In der älteren Literatur wird er irrtümlicherweise oft als Lehrer des christlichen Philosophen Origenes (182–254) bezeichnet, auch wenn dieser ebenso platonisch dachte. Nach dem Tode Plotins werden die Texte von seinem Schüler Porphyrius geordnet und einem größeren Leserkreis zugänglich gemacht.

Plotin greift die umstrittenen Fragen nach dem Verhältnis von Urbild und Abbild, nach der Erkennbarkeit von Wahrheit oder nach der Plausibilität von Ethik wieder auf, die seit Platon ungeklärt waren und die der mittlere Platonismus auch nicht weiter verfolgt hatte. Zudem konnte der Mittelplatonismus, wie wir gesehen haben, die Frage nach der Erkennbarkeit der Ideen nicht zufriedenstellend beantworten. Plotin hingegen möchte die Ideenlehre wieder erkenntnistheoretisch einholen, indem er den Kosmos als pyramidenartiges Stufenmodell betrachtet, an dessen Spitze die Vorstellung des rein Geistigen, des *Einen,* steht. Das *Eine* (gr. τὸ ἕν) begründet und entlässt alle weiteren Ideen aus sich. Am anderen Ende dieser emanativ von oben nach unten sich entfaltenden Ideenpyramide steht die Vielfalt und die Materie. Im Gegensatz zur Mehrzahl seiner Anhänger versteht Plotin die Erkenntnis des Einen allerdings nicht als einen Akt der Reflexion, sondern als mystische Schau, die das Denken ekstatisch übersteigt. So gesehen geht es ihm letztendlich um die Überwindung des Denkens. In diesem Punkt steht er den mystischen Traditionen, die sich insbesondere im Mittelalter verbreiten, sehr nahe.

Obwohl Plotin selbst die Christen für philosophisch Ungebildete hält, die an so etwas Primitives wie die leibliche Auferstehung glauben, übt sein Neuplatonismus immensen Einfluss auf die christliche Theologie des vierten Jahrhunderts und darüber hinaus aus, vor allem auf Marius Victorinus (281/91–365), einen zum Christentum bekehrten Neuplatoniker, sowie Ambrosius von Mailand (339–397) und dessen Schüler Aurelius Augustinus (354–431). Der neuplatonische Lehrer Proklos, der im fünften nachchristlichen Jahrhundert eine eigenständige neuplatonische Lehre entwickelt, wird sowohl für die christliche Trinitätslehre als auch für die spekulative Entwicklung der Hegelschen Dialektik zur wichtigen Vermittlungsfigur zwischen Plotin und der abendländischen Metaphysik.

Der Neuplatonismus ist also eine bedeutende intellektuelle Voraussetzung für die spätantike Theologie. Die theologischen Autoren in dieser Zeit sind, wenn sie nicht der Philosophie von Haus aus abgeneigt sind, nahezu ausschließlich platonisch orientiert. Dies schließt Auseinandersetzungen zwischen den unterschiedlichen platonischen Interpretationen nicht von vorneherein aus. Origenes etwa begründet seine wichtigsten Lehren ebenso platonisch wie seine vehement gegen ihn argumentierenden Gegner Hieronymus (342–420) und Augustinus. Im Zentrum der Synthese von Neuplatonismus und Christentum steht die gemeinsame Vorstellung vom Seelenaufstieg. Philosophie und Religion garantieren nicht nur absolutes Wissen, sie verbinden mit dem Erwerb des Wissens – ob durch Erkenntnis oder mystische Schau – auch eine soteriologische, also erlösungsbezogene Dimension. Der christliche Glaube ist gleichzusetzen mit dem platonischen Wissen über die erste, oberste Idee oder christlich gesprochen, mit der Schau Gottes. Wie der Neuplatonismus garantiert das Christentum eine sichere Erkenntnis der Wahrheit.

An zwei Texten lässt sich die bemerkenswerte Ähnlichkeit zwischen Plotin und den christlichen Aneignungsversuchen seines Denkens durch spätantike Theologen nachzeichnen. Der erste Text stammt aus den „Enneaden" des Plotin, der andere aus einem Bibelkommentar des Augustinus. Von zentraler Bedeutung ist in beiden Texten die Unterscheidung von „oben" und „unten". Das Gute und Geistige ist oben, das Schlechte und Körperliche ist unten.

> „Steigen wir also wieder hinauf zum Guten, nach welchem jede Seele strebt. Wenn einer dies gesehen hat, so weiß er, was ich meine, in welchem Sinne es zugleich schön ist. Erstrebt wird es, sofern es gut ist, und

> unser Streben richtet sich auf es als ein Gutes; wir erlangen es nun, indem wir hinaufschreiten nach oben, uns hinaufwenden und das Kleid ausziehen, das wir beim Abstieg angetan haben [...]. Aber welches ist nun der Weg, welches das Mittel? Wie kann man eine überwältigende Schönheit erschauen, die gleichsam drinnen bleibt im heiligen Tempel und nicht nach außen hinaustritt, daß sie auch ein Ungeweihter sehen könnte? So mache sich denn auf und folge ihr ins Innere, wer's vermag, und lasse das mit Augen Gesehene draußen und drehe sich nicht um nach der Pracht der Leiber wie einst. Denn wenn man Schönheit an Leibern erblickt, so darf man ja nicht sich ihr nähern, man muß erkennen, daß sie nur Abbild, Abdruck, Schatten ist, und fliehen zu jenem, von dem sie das Abbild ist."[7]

Dem Kirchenlehrer Aurelius Augustinus imponiert dieser neuplatonische Ansatz. Damit kann er, nach langer Suche, das Christentum als die wahre Religion gegenüber allen bisher von ihm geprüften philosophischen Alternativen als überlegen ausweisen. Wie kommt aber ein christlicher Kirchenlehrer, noch dazu der einflussreichste Theologe der folgenden Jahrhunderte, dazu, ausgerechnet für die neuplatonischen Lehren so großes Interesse zu zeigen?

Zwischen Neuplatonismus und christlicher Theologie: Aurelius Augustinus

Augustinus kommt erst über Umwege zur platonischen Philosophie, begleitet von denkerischen Selbstzweifeln, oft auch verbunden mit Lebenskrisen. Auch nach seiner legendären „Bekehrung" zum Christentum im Jahre 386 war er je nach Anlass und Adressat seiner Schriften nie ein ausschließlich biblisch argumentierender Theologe, sondern stets auch ein platonischer Intellektueller. Dabei unterschied Augustinus nicht zwischen den Lehren Platons und Plotins, sondern las platonische Texte durchweg aus neuplatonischer Perspektive. Kurioserweise handelte es sich dabei um jene philosophische Schule, die, wie die zitierte Passage aus den „Enneaden" erahnen lässt, mit der Vorstellung einer *leiblichen* Auferstehung des *Fleisches* am allerwenigsten etwas anzufangen wusste. Nur so lässt sich aber erklären, dass ausgerechnet die Leib- und Sexualfeindlich-

---

[7] Plotins Schriften, übers. v. R. Harder, Bd. 1: Die Schriften 1–21 der chronologischen Reihenfolge, Text u. Übers., Hamburg 1956, 20f.

keit Plotins zu einem Charakteristikum der augustinischen Theologie, insbesondere in ihrer späten Phase wurde. Um sich die Ähnlichkeit der beiden Entwürfe klarzumachen, vergleichen Sie nun bitte das folgende Augustinus-Zitat mit der vorhin zitierten Stelle aus den „Enneaden" des Plotin. Es ist unübersehbar, wie sehr der Dualismus von oben und unten auf die menschliche Sexualität übertragen wird:

> „‚[…] Sammle dich nun in dich selbst! Hängst Du am Oberen, wo wirst du das Untere unter den Füßen haben; reißest Du dich aber vom Oberen los, so wird sich dir dies Untere hier in eine Strafe verwandeln.' Denn so ist es ja eingerichtet: Der Mensch empfing einen Leib gleichsam zur Dienerschaft. Gott hat er zum Herrn, den Leib zum Knecht […]. In einer gleichsam mittleren Lage ist die vernünftige Seele gegründet mit dem Gesetz, am Oberen zu hangen und das Untere zu beherrschen."[8]

Auch Augustinus will die Welt unserer Wahrnehmungen verlassen und sehnt sich nach der rein geistigen Welt, dem Oben. Hier schimmert ein für antike Verhältnisse nicht unübliches philosophisches Ideal der Askese durch, das im christlichen Mittelalter in Gestalt der *vita contemplativa* weiterlebt. Im Gegensatz zum Mittelplatonismus verbindet aber der Neuplatonismus die frühere Differenz von Idee und Abbild. Die sinnlich erfahrbare Welt ist – unbeschadet ihrer materiellen Verfasstheit – Ausdruck des Einen und steht mit der obersten Idee in einer gewissen, wenngleich defizitären Verbindung. Die Welt basiert auf einem geistigen, und damit guten und schönen Prinzip. Damit lässt sich, und das ist für ihre augustinische Rezeption entscheidend, die neuplatonische Lehre mit dem biblischen Schöpfungsbegriff verbinden.

Ich möchte zwei weitere Bereiche kurz ansprechen, in denen sich neuplatonische und christliche Lehre für Augustinus ergänzen:

(a) Die Gemeinsamkeit von christlicher Schöpfungstheologie und neuplatonischer Kosmologie lässt sich besonders gut im Kontext der Frage nach der Herkunft des Bösen nachzeichnen. Hier verbinden sich die Erfahrungen von Leid und Übel mit der monotheistischen beziehungsweise monokausalen Begründung, ohne den Absolutheitsanspruch des Einen bei Plotin oder die jüdisch-

---

[8] A. Augustinus, Erklärung der Psalmen, zu Ps 145,2, in: Texte der Kirchenväter, erster Band, hrsg. v. A. Heilmann, München 1963, 385.

christliche Schöpfungstheologie preiszugeben. Demnach kommt dem Leid kein eigenes Sein zu, weder in der kosmischen Harmonielehre der Platoniker noch im christlichen Schöpfungsbegriff. Wir erfahren es daher als die Abwesenheit (lat. privatio) des Guten, das grundsätzlich unsere Welt strukturiert. Im Mittelalter wurde diese Vorstellung auch unter dem Begriff der „privatio boni" bekannt, weil sie Gott auf elegante Weise von der Urheberschaft des Bösen freispricht und dennoch die Erfahrung von Leid nicht ignoriert.

(b) Die zweite Schnittmenge ist ein wenig komplexer und muss daher etwas ausführlicher erläutert werden. Sie betrifft den Kernbereich der christlichen Lehre überhaupt: die Lehre von der Dreifaltigkeit, die sogenannte Trinitätstheologie. Für die christliche Lehre des dritten und vierten Jahrhunderts stellt es eine immense intellektuelle Herausforderung dar, den Glauben an Jesus Christus als Sohn Gottes mit dem Anspruch zu verbinden, eine monotheistische Religion zu sein. Wie kann es Personen in Gott geben, ohne dabei die Überzeugung preiszugeben, nur den einen Gott zu verehren? Wenn Jesus der Sohn Gottes ist, wie ist sein Verhältnis zu Gott-Vater zu denken? Hier bieten sich zwei Möglichkeiten an: Entweder er wurde von Gott als Sohn adoptiert, etwa bei seiner Taufe, dann ist er *wie* Gott, allerdings kommt ihm das Gott-Sein nicht vollumfänglich zu. In diesem Fall bleibt er Gott untergeordnet. So kann allerdings das monotheistische Erbe, insbesondere das biblische Gottesbild des Alten Testaments, gewahrt bleiben, denn die Singularität Gottes bleibt unangetastet. Jedoch wäre damit auch der Anspruch gekippt, dass sich uns in Jesus Gott *selbst* geoffenbart hätte. Die zweite Lösungsofferte konnte das Problem mithilfe neuplatonischer Vorstellungen lösen: Wenn die Christen wie die Neuplatoniker davon ausgehen, dass Gott als oberste Idee reiner Geist ist, dann bringt dieser Geist in sich die Idee des Sohnes hervor. Er *zeugt* in sich die Idee des Sohnes. Der Begriff „zeugen" oder „erzeugen" hat in dem Zusammenhang nichts mit einem sexuellen Akt zu tun. Man versteht darunter vielmehr das Hervorbringen eines Gedankens. Gedanken können sich mit-teilen ohne dabei einen Substanzverlust zu erleiden. Sie werden dadurch nicht weniger. So ähnlich, wie Sie im Internet eine Idee posten können, ohne dass diese Idee durch den Teilungsvorgang weniger werden würde.

Neuplatonismus an der Wurzel der Dreifaltigkeit?

Die christliche Lehre von der Dreifaltigkeit Gottes hat sich also des Begriffsarsenals der neuplatonischen Philosophie bedient, um ihre Vorstellung von der Selbstoffenbarung Gottes in Jesus von Nazareth zu begründen. Zugleich konnte sie immer behaupten, ihre Lehre stünde nicht im Widerspruch zum Monotheismus. Sie griff dabei auf Einsichten Plotins zurück, dessen Einfluss gerade in der östlich-byzantinischen Theologie heute immer noch groß ist. Mit Origenes hat ein christlich-platonischer Denker schon frühzeitig eine trinitarische Formel ins Spiel gebracht und den Begriff der „Hypostase" als „erster Substanz" geprägt. Die Hypostase erkennt man induktiv durch Abstraktion vom Konkreten. Von dieser Hypostase aus hebt sich die Vorstellung eines reinen Wesens als einer zweiten, die Abstraktion der ersten Substanz noch *übersteigenden* Idee ab, die sich unserem gegenständlichen Denken allerdings entzieht und sich nur indirekt über ihre Hypostase als *erkennbare* Idee erschließen lässt. Das Christentum begreift sich in dieser Hinsicht als platonische Hypostasenlehre von den drei göttlichen Personen, die wir in der Heilsgeschichte erfahren und die uns den einen Gott erkennen lassen. Gott zeigt sich dem Menschen in der Differenz der drei Personen – philosophisch formuliert: Die an sich unerkennbare Einheit Gottes wird für uns in der Differenz, die aus ihr als Hypostase hervorgeht, erkennbar. Die letzte Identität Gottes selbst kann nicht reflexiv eingeholt werden. Gottes Wesen übersteigt das gegenständliche Denken.

Die griechischsprachige Theologie, insbesondere die Trinitätstheologie des vierten und fünften Jahrhunderts, ist ohne ihren neuplatonischen Hintergrund nicht verstehbar. Wenn Sie heute eine orthodoxe Basilika betreten, werden Sie im zentralen Deckengewölbe immer den Pantokrator sehen: Christus, der Weltenherrscher, ist die im Geist Gottes sichtbar gewordene Idee, besser gesagt, die Ikone des göttlichen Vaters, der als leuchtend goldener Hintergrund lediglich angedeutet wird. Wir erkennen Gott also nie direkt, sondern immer in der Differenz seines Sohnes zu ihm. Darin erscheint er uns als der eine Gott in drei Personen: Als Gott-Vater im Sohn durch den heiligen Geist, der diesen Verstehensprozess begründet. Christen wie Platoniker nennen dies „Teilhabe". Theologisch wird dieser Vorgang als „trinitarische Perichorese" bezeichnet, als ein gegenseitiges Ineinander von Einheit und Differenz: Einheit kann nie unmittelbar, sondern nur in Form der reflexiven Differenz gedacht werden, die ihrerseits Einheit voraussetzt, um als Differenz erkannt zu werden. In der lateinischen Kirche des Westens ist es nicht die Ikone, sondern der nach oben fliehende Baustil der großen mittelalterlichen Kathedralen, der den neuplatonischen Grundzug des Christentums deutlich werden lässt: In keiner anderen Architektur wird der Aufstieg zu Gott als steingewordener Neuplatonismus so deutlich wie in der Gotik.

Ist das Christentum ein Ersatz für Platons Philosophie?

In dieser holzschnittartigen Rückschau auf die Verhältnisbestimmung von Glauben und Wissen können wir festhalten, dass die platonische Ideenlehre über ihre neuplatonisch-christliche Auslegung des Augustinus und der meisten spätantiken Theologen den größten Einfluss bei der Entstehung des frühen und mittelalterlichen Christentums ausübte. Geist und Materie sind dadurch getrennt, dass die sinnlichen Erkenntnisse nur einen ersten Zugang zu den Glaubensaussagen darstellen. Der Dualismus von oben und unten, von Körper und Seele, prägen das geistige Klima der folgenden Jahrhunderte. Der Mensch liest nun die Welt mit den Augen des Frommen. Das Leid ist kein Einwand gegen die göttliche Urheberschaft der Schöpfung. Der Glaube besteht in der Abwendung von der irdischen Welt hin zu den Einsichten des Geistes, die den Menschen aufgrund der göttlichen Gnade erreichen. Die Sakramente als materielle Werkzeuge vermitteln diese göttliche Wirklichkeit. Sie stellen aber keinen Automatismus der Erlösung bereit. Diese bleibt allein Gott vorbehalten. Die beiden großen Konfessionen des Westens wurden vom Augustinismus geprägt. Die spätantike Theologie ist nahezu ausschließlich und wie selbstverständlich christlicher Platonismus oder platonisches Christentum, auch in den byzantinischen Ostkirchen. Der dem Christentum gegenüber skeptische Begründer des Neuplatonismus Plotin bleibt zwar während des gesamten Mittelalters nahezu unbekannt; seine neuplatonische Philosophie ist aber dank der augustinischen Übertragung ins Christliche überall gegenwärtig und wird bis weit in das 17. Jahrhundert hinein für die einzig wahre Form des Christentums gehalten. Mit der augustinischen Lesart Platons geraten Welt und Mensch zusehends in die Negativität dessen, was eigentlich sein sollte. Das Christentum vertrat in dieser Hinsicht ein erheblich düstereres Weltbild als die meisten platonischen Denker. Bis in die unmittelbare Vergangenheit hinein lehrten Kirche und Theologie eine tiefe Kluft zwischen realem Diesseits und idealem Jenseits: Der Mensch ist nichts – Gott ist alles.

Augustinus zählt zweifellos zu den faszinierendsten und umstrittensten Persönlichkeiten der Theologie- und Kirchengeschichte. Die Darstellungen und Lebensbeschreibungen umfassen die ganze Palette – von heftiger Kritik bis zu unreflektierter Verehrung. Begibt man sich auf die Suche nach einer objektiven und umfassenden Biografie, kommt man an *Peter Brown, Augustinus von Hippo: Eine Biografie*, München 2000 nicht vorbei. Ebenso ist die aktuelle Einführung von *Christoph Horn* zu empfehlen: *Augustinus*, München 2015. Für Plotin und den Neuplatonismus sollte man zur Einführung von *Jens Halfwassen* aus der Reihe „Denker“ des C. H. Beck Verlags greifen: *Plotin und der Neuplatonismus*, München 2004.

V. Glauben und Wissen in Mittelalter und früher Neuzeit

Im Mittelalter verlagert sich das intellektuelle Geschehen vom Mittelmeerraum in das nördlichere Europa. Ebenso verändert sich die Art und Weise der Vermittlung von Bildung und Wissen. Während in der Antike unterschiedliche Formen der Wissensvermittlung existierten – Akademien, öffentliche Plätze oder private Wohnhäuser – wurde im Mittelalter das Kloster zum geistigen Zentrum. Im Laufe der Zeit entstanden hier erste Schulbetriebe, nach denen auch die wissenschaftliche Methode der Scholastik (lat. schola, zu Deutsch: Schule) benannt ist. Aus ihnen gingen im weiteren Verlauf die ersten Universitäten und ihre Fakultäten hervor. Ging es in der Antike in erster Linie noch darum, den christlichen Glauben gegenüber der Philosophie intellektuell zu rechtfertigen, entfaltete sich in der mittelalterlichen Scholastik ein komplexes, theologisch-philosophisches Lehrgebäude. Nun diente die Philosophie als Nachweis theologischer Offenbarungsinhalte und Glaubensaussagen.

Mittelalterliche Bildung verfolgte grundsätzlich das Ziel der Gotteserkenntnis und der Glaubensunterweisung; die Philosophie wurde diesen Zielen untergeordnet. Für eine umfassende philosophische Bildung fehlten die Schriften. Die meisten Quellen, insbesondere die Schriften des Aristoteles, standen bis ins 13. Jahrhundert nicht zur Verfügung. Erst im Hochmittelalter verbesserte sich allmählich die Lage. Gleichwohl waren die Hauptautoritäten unangefochten die Kirchenväter und deren Bibelinterpretation. Entsprechend waren die sogenannten Magister, also die Lehrer, allesamt Kleriker. Erst mit der Neuzeit änderte sich dies wieder.

Das Kloster als intellektuelle Keimzelle

Der Ursprung des mittelalterlichen Klosters als geistigem Zentrum geht auf das spätantike Asketentum der ägyptischen Wüstenväter zurück, erreicht aber erst mit der Gründung des Benediktinerordens durch Benedikt von Nursia (480–547) im Jahre 529 auf dem Monte Cassino seine eigentliche kulturelle Form. Das Kloster wird zur irdisch sichtbaren Vorwegnahme des himmlischen Jenseits. Das Leben im Geiste der sogenannten „Evangelischen Räte“, also der aus den Evangelien abgeleiteten Lebensideale der Armut, Ehelosigkeit und des Gehorsams, wird zum Leitbild der Menschen.

Sieht man vom institutionellen Rahmen des Mönchtums ab, zu dem Benedikt durch seine „Regula benedicti“ wesentlich beigetragen hat, war die Idee einer abgeschiedenen Glaubensgemeinschaft auch in der spätantiken Philosophie bekannt. So lebten die Anhänger Plotins ebenso in strenger Askese in intellektuellen Zirkeln zusammen. Philosophisches Wissen wurde nur stufenweise vermittelt und Erkenntnis als ein langer Prozess verstanden, durch den der Neuling sukzessive geführt werden musste. Vor der Christianisierung Europas waren die neuplatonischen Zirkel ebenso elitär und gesellschaftlich anerkannt wie christliche Ordensgemeinschaften des Mittelalters. Sie waren mehr als nur spirituelle Zentren – sie waren schlichtweg *die* zentralen Wissensspeicher und Bildungsorte. Wenn man so will, unterschied sich das Kloster von der platonischen Akademie allein in der Auswahl der geistigen Erkenntnisquellen. Die Schriften der griechischen Philosophie wurden im Mittelalter durch die Bibel und deren Kommentierung, die griechische Sprache vom Lateinischen abgelöst.

Die Philosophie als „Magd der Theologie“

Mit der Christianisierung Europas geht ein Wandel im Verständnis von Philosophie einher. Sie dient jetzt nicht mehr dem antiken Bildungsideal, Menschen mit den Mitteln des Verstandes zu höherer Erkenntnis zu verhelfen, sondern dazu, den christlichen Glauben an Gott zu begründen. Der Philosophie kommt zunächst lediglich die Rolle einer Hilfswissenschaft zu. Sie ist „Magd der Theologie“, dient der Erkenntnis Gottes und soll den Glauben nicht infrage stellen. Sie wurde auch nicht als eigenständiges Fach gelehrt, wie wir das heute kennen. Ihre Einsichten wurden in den sogenannten „sieben freien Künsten“, den septem artes liberales, vermittelt, die alle nichttheologischen Fragestellungen umfassten. Eine allegorische Darstellung der septem artes aus dem „Hortus deliciarum“ der Äbtissin Herrad von Landsberg aus dem späten 12. Jahrhundert finden Sie auf dem Umschlag dieses Buches. Die freien Künste leitete man aus den wenigen überlieferten Schriften der griechischen Philosophie ab. Im Anschluss an das „Trivuum“, das die Fächer Grammatik, Rhetorik und Dialektik umfasste, erfolgte das „Quadrivuum“, welches sich mit Arithmetik, Geometrie, Musik und Astronomie beschäftigte. Erst danach folgten die dogmatischen Traktate der Theologie. Damit wird deutlich, dass die Philosophie bis in das Hochmittelalter in einem Abhängigkeitsverhältnis zur Theologie und vor allem zur kirchlichen Autorität stand. Philosophie, zu dieser Zeit auch Dialektik genannt, galt als weltliche Weisheit. Sie stand in dem Ruf, die Menschen mit ihrer skeptischen Grundhaltung in ihrem Glauben zu verunsichern. Bereits im Neuen Testament wird vor den verführerischen Irrlehren der Philosophie gewarnt, die den Gottesglauben gefährden: „Gebt acht, dass euch niemand mit seiner Philosophie und falschen Lehre verführt, die sich nur auf menschliche Überlieferung stützen und sich auf die Elementarmächte der Welt, nicht auf Christus berufen.“ (Kol 2,8) Diese Abneigung hat die spätere Theologie, vor allem aber die Kirche – zum Teil bis heute – nie richtig überwunden. Von Anfang an sah man in der Philosophie eine unliebsame Konkurrentin. Die Anstrengungen der Theologie, sich in Glaubensfragen mit den Mitteln des Verstandes auszuweisen, verfolgten daher ein apologetisches Ziel.

Dies gilt es stets im Hinterkopf zu behalten, wenn wir uns im Folgenden drei wichtige Akteure und ihre Thesen in dieser Zeit näher anschauen. Sie alle waren Ordensmitglieder: Anselm von Canterbury gehörte als Vertreter des 11. Jahrhunderts noch dem Benediktinerorden an; Thomas von Aquin und Wilhelm von Ockham (1288–1347) waren hingegen Mitglieder sogenannter Bettelorden, die im Verlauf des 13. und 14. Jahrhunderts immer mehr an Bedeutung gewannen. Thomas war Dominikaner, Wilhelm war Franziskaner. Diese beiden Orden verstanden sich ausdrücklich als Reformbewegungen, die die Kirche an ihre ursprünglichen Wurzeln der Armut und des Verzichts erinnerten.

Anselm, Thomas und Wilhelm stehen nicht nur für die drei Phasen der Früh-, Hoch- und Spätscholastik. Sie markieren mit ihren jeweiligen Ansätzen drei unterschiedliche Denkformen, die das Mittelalter geprägt haben. Aus ihrem umfangreichen Schriftwerk wollen wir uns jeweils eine markante Überlegung herausgreifen, die das Verhältnis von Glauben und philosophischen Wissen in ihrer Zeit widerspiegelt.

Ein Glaube, der die Einsicht sucht

Anselm von Canterbury, um 1033 in Norditalien geboren und späterer Erzbischof von Canterbury, steht in seinem Denken noch völlig in der neuplatonisch-augustinischen Tradition. Seine Suche nach Einsicht ist aus einer monastischen Spiritualität heraus motiviert, die in dem berühmten ersten Satz der „Bekenntnisse" des Augustinus zu finden ist: „und ruhelos ist unser Herz, bis dass es seine Ruhe hat in Dir". Anselm war ein Gottessuchender, der wie kaum ein Zweiter in seiner Zeit endlich Gewissheit erlangen wollte. Für ihn geht der Glaube stets dem Wissen voraus, er sucht nur eine nachgereichte Begründung: „fides quaerens intellectum". Diese Hierarchie des Denkens macht sich auch in den Titeln seiner Hauptwerke bemerkbar. Das „Proslogion" (zu Deutsch: die Anrede) ist eine Schrift, in der Anselm sein Argument für die Existenz Gottes entfaltet, also die philosophische Anrede Gottes mittels der Rationalität. Das „Monologion" (zu Deutsch: das Selbstgespräch) setzt den Glauben an Gott bereits voraus und behandelt seine Eigenschaften. Dieses Selbstgespräch führen die drei innergöttlichen Personen miteinander und es ist unabhängig von der philosophischen Bestätigung in sich wahr. Es ist der eigentliche Haupttext, der durch die Offenbarung und nicht durch die menschliche Vernunft erschlossen wird. Die Vernunft kommt nur am äußeren Rand dieses Gesprächs vor, in dem sich Anselm explizit auf die Schriften des Augustinus und weiterer Kirchenväter beruft. Im Gegensatz zum „Proslogion" verdeutlicht das „Monologion" das intellektuelle Ziel einer in sich selbst vollendeten Schau Gottes. Das dritte Hauptwerk wirft die Frage nach der Erlösung des Menschen auf: „Cur deus homo" – Warum Gott Mensch wurde. Darin entfaltet Anselm seine für die Folgezeit wirkmächtige Erlösungslehre. Der Tod Christi wird als Opfer für die Erlösung der gesamten Menschheit gedeutet und damit der einzelne Mensch von der unendlichen Schuld seiner Erbsünde freigesprochen, zu der er in der späten Gnadenlehre des Augustinus verurteilt worden war. Dieser Zusammenhang wird uns noch im weiteren Verlauf beschäftigen.

Im Folgenden wenden wir uns der erstgenannten Schrift, dem „Proslogion" zu. In ihm entfaltet Anselm einen Gedanken, der von ihm als das „unum argumentum" bezeichnet wird. Mithilfe dieses *einen* Arguments versucht er, die Existenz Gottes zu beweisen. Tatsächlich handelt es sich nicht um einen Beweis im streng naturwissenschaftlichen Sinne. Aus heutiger Sicht ist es eher eine Hinführung zum Gottesgedanken, eine Denkbewegung, die allerdings keine zwingenden Schlussfolgerungen bietet. Dies signalisiert bereits das kurze Gebet, das Anselm dem „unum argumentum“ voranstellt.

Die Gottesbeweise und ihre philosophischen Wurzeln

Der Gottesbeweis greift auf ein zentrales Motiv der griechischen Philosophie zurück, das wir bereits mit dem Denken des Vorsokratikers Parmenides kennengelernt haben. Die Vernunft hat ein intuitives Gespür für Einheit und sucht nach Beständigkeit, im philosophischen Wortsinn: nach der „Substanz“ einer Sache. Die Sinneswahrnehmungen aber lehren uns das Gegenteil, nämlich die permanente Veränderung im Laufe der Zeit. Hierzu haben wir mit Heraklit von Ephesus den Gegenspieler von Parmenides kennengelernt, der die Welt in ihrer beständigen Unbeständigkeit wahrgenommen hat. Für Heraklit ist das Sein ein Werden, eine Bewegung, die einer nicht enden wollenden Abfolge von Veränderungen unterworfen ist. Für Parmenides ist hingegen klar, dass das Wesen einer Sache nicht in ihrer Veränderlichkeit und Begrenztheit bestehen kann, sondern in der Gesamtheit aller zeitlichen Abläufe zu begreifen ist: Ein Baum verliert sein Baum-Sein nicht, wenn er im Herbst die Blätter fallen lässt. Umgekehrt wird er im Frühjahr nicht erst dadurch zu einem Baum, dass er die ersten Knospen bildet. Die Substanz eines Gegenstands lässt sich nicht nur in Anbetracht seines momentanen Zustands, seines gegenwärtigen So-Seins ermitteln, sondern kann nur im Lichte sämtlicher Aggregatszustände erfolgen, die dem Gegenstand im Laufe seiner Geschichte zuteilwerden. Das Baum-Sein greift also über die Erhebung sinnlicher Fakten hinaus und muss intellektuell erschlossen werden, indem alle möglichen akzidentiellen Zustände eines Baumes fiktiv hinzugerechnet werden, in unserem Falle: Gestalt, Vorkommen, Material, Eigenschaften, Zweck. Entscheidend dabei ist der allgemeine Charakter, sozusagen die Summe aller Eigenschaften, die ich ermitteln muss, um einen Begriff wie „Baum“ eindeutig zu erschließen. Sind diese Voraussetzungen gegeben, kann ich einen belastbaren Begriff „Baum“ bilden, der nicht nur auf Bäume im Frühjahr und im Sommer zutrifft, sondern auch auf Bäume in Herbst und Winter.

Der Vorteil dieser Weltsicht liegt in der vermeintlichen Realitätsferne. Weil ein Schüler des Parmenides eben nicht nur die eine Momentaufnahme im Blick hat, sondern alle denkbaren, zukünftigen und vergangenen Zustände hinzuzieht, kommt er zu einem zuverlässigeren Urteil über die Natur, deren Konsistenz gerade in ihrer Inkonsistenz besteht. Darüber hinaus lassen sich so gewonnene allgemeine Einsichten auf alle Bereiche unserer Wirklichkeit anwenden: Auf mögliche und unmögliche, auf vergangene und zukünftige, auf wünschenswerte Merkmale und solche, von denen man sich lieber heute statt morgen trennen möchte. Hier werden alle denkbaren Eigenschaften und Bedingungen, die auf einen konkreten Träger zukommen, aus seinen vielfältigen Erscheinungsweisen filtriert. Diese spezifische Eigenschaft wiederum macht ihn gegenüber anderen Einzelgegenständen abgrenzbar. Aus einer Definition, also einer begrifflichen Eingrenzung, lässt sich in der Folge die gesamte Wirklichkeit ordnen und systematisieren. Diese Einsicht, so abstrakt sie beim ersten Lesen auch scheinen mag, gewährleistet letzten Endes die Verstehbarkeit unserer Welt. Wir können mit den Eindrücken, die unsere Sinne uns liefern, etwas anfangen. Unsere Erfahrungen lassen sich sortieren und auswerten, weil sich unsere Wirklichkeit strukturieren lässt.

Die Ordnung unserer Erfahrungen – das zeigen uns bereits die ersten Artefakte religiösen Bewusstseins lange vor den bekannten Weltreligionen – steht am Beginn unserer abendländischen Gottesgeschichte, in deren weiterem Verlauf auch die drei großen Monotheismen entstehen. Wir suchen nach einem ersten und letzten Grund unseres Menschseins, nach einer allen Menschen zugrundeliegenden Ursache. Xenophon, ein Zeitgenosse des Sokrates (und nicht zu verwechseln mit dem bereits erwähnten Xenophanes von Kolophon), kann daher in den „Erinnerungen des Sokrates" die Natur als ein wohlsortiertes Ganzes erkennen. Die Ordnung des Kosmos deutet bereits auf eine letzte, allen Veränderungen zugrundeliegende Einheit hin, auf die die Vielfalt in der Natur ausgerichtet ist:

> „Und besonders das göttliche Wesen, welches den ganzen Kosmos mit all seinem Schönen und Guten ordnet und zusammenhält und alles trotz ständiger Nutzung unversehrt und gesund und unvergänglich darbietet und schneller als der Gedanke fehlerlos dienen lässt, dieses göttliche We-

> sen tritt wohl durch seine gewaltigen Werke in Erscheinung, es bleibt aber selbst bei diesem seinem Schaffen für uns unsichtbar."[1]

Die Einheit unserer Welt, die wir schließlich aus den unterschiedlichen Verstehensprozessen unserer Wahrnehmungen herauslesen, lässt die Gesamtwirklichkeit in einem ultimativen Sinn erkennbar werden. Der menschliche Instinkt für die innere Logik der Welt bildet die Grundlage für die Gottesbeweise, die mehr sein wollen als bloße Deskriptionen und theologische Mutmaßungen. Gottesbeweise wollen Gründe für die Existenz Gottes nennen, auch wenn sie den Glauben nicht ersetzen können und dies auch gar nicht beabsichtigen. Die Naturphilosophie der Vorsokratiker sowie die der Stoa bereiten diesen spekulativen Gottesgedanken bereits vor. In der Antike wurden diese philosophischen Überlegungen problemlos in das Christentum integriert. Erste Ansätze eines kosmologischen Gottesbeweises waren christologische Bekenntnisse. So etwa in den Hymnen von Epheser- und Kolosserbrief, in denen Christus als das „Haupt" und „der Erstgeborene" der gesamten Schöpfung bezeichnet wird: „Denn in ihm wurde alles erschaffen im Himmel und auf Erden, das Sichtbare und das Unsichtbare, Throne und Herrschaften, Mächte und Gewalten; alles ist durch ihn und auf ihn hin erschaffen." (Kol 1,16). Christus ist der sinngebende Grund unserer Welt, auf den die Ordnung unserer Wahrnehmungen hindeutet. Gott wird zum Grund und zum Ziel unserer Welterkenntnis. Die Identifikation des christlichen Gottesbegriffs mit der griechischen Ontologie liegt in dieser Zeit auf der Hand. Vor allem die sprachlich hier beheimateten Kirchenväter haben sich mehr oder weniger alle der ontologischen Grundbegriffe bedient. Das Erbe Platons stand dabei besonders im Vordergrund. Im Verlauf des Mittelalters werden allerdings auch die Grenzen dieser Wahlverwandtschaft deutlich. Die Unvereinbarkeit von griechischer Metaphysik und einigen markanten Glaubensaussagen führt dabei zu tiefgreifenden Auseinandersetzungen.

---

[1] Xenophon, Erinnerungen an Sokrates, IV 3,13. Griechisch/deutsch, hrsg. v. P. Jaerisch, München ^{2}1977, 277.

Mit den Vorsokratikern ins Mittelalter

Wie kommt man nun aber dazu, aus der Welt der Erfahrung nicht nur auf einen ersten Allgemeinbegriff, sondern auf Gott zu schließen? Wie erhalte ich einen unhintergehbaren ersten oder letzten Begriff, aus dem alle denkbaren Einsichten, Reflexionsprozesse und sinnlichen Erfahrungen gewonnen werden können, den die Theologen dann Gott nennen?

Die griechische Ontologie verleiht der sichtbaren Welt eine begriffliche Ordnung und Struktur. Durch Einsicht und Abstraktion entwickelt sie eine stetig abstrakter werdende Pyramide von Allgemeinbegriffen, die den vielfältigen Erscheinungen und Bezeichnungen zugrunde liegen, und systematisiert sie in einer Hierarchie. An die Spitze dieser pyramidalen Ordnung setzt sie schließlich den Begriff des „Seienden", da das Sein in jedem Begriff, jedem Urteil und jeder Veränderung enthalten ist. Der Neuplatoniker Porphyrius, einer der bedeutendsten und produktivsten Schüler von Plotin, hat diese Begriffspyramide in einem Organigramm beschrieben, das im Mittelalter als „Arbor porphyriana" bekannt wurde. Dabei können von der konkreten Definition eines einzelnen Gegenstandes immer abstraktere Begriffe gewonnen werden, die letzten Endes auf jenen Grundbegriff des Seins hinauslaufen, der alle Gegenstände sowohl unserer Erfahrung als auch unserer Gedanken erfasst.

Das nachfolgende Diagramm versucht diesen Abstraktionsvorgang darzustellen. Die unterste Ebene (1) markiert den Ausgangspunkt. Wir sehen und verstehen unsere Umwelt, indem die Sinneswahrnehmungen sortiert werden. Der konkrete Mensch „Wolfgang" kann etwa als ein vernunftbegabtes Lebewesen von anderen Lebewesen unterschieden werden, die nicht vernünftig sind oder Dingen, die weder vernünftig noch lebendig sind. Der gewonnene Begriff „vernunftbegabtes Lebewesen" lässt sich seinerseits wiederum definieren – etwa in Abgrenzung zu Lebewesen, von deren Existenz wir bis heute nichts wissen, beispielsweise Aliens. Diese Lebewesen existieren daher nur theoretisch. Ihre Möglichkeit schließt ihre grundsätzliche Erfahrbarkeit nicht aus; sie existieren allerdings bislang nur auf dem Papier oder in der Fantasie von Science-Fiction-Autoren. Aber, und darauf kommt es an, sie existieren! Diese Ebene aller Möglichkeiten (2) beinhaltet also alle Begriffe, die sowohl nur gedacht werden können als auch erfahrbar sind. Damit haben wir aber immer noch nicht den obersten und umfassendsten Begriff. Diesen erfassen wir wiederum dann, wenn die Ebene aller denkbarer Begriffe noch einmal auf eine ihnen gemeinsam zukommende Eigenschaft befragt werden (Ebene 3): Sie *sind*. Sie sind nicht *nichts*. Ihre Existenz unterscheidet sie von ihrer Nicht-Existenz, die aber, strenggenommen, nicht einmal denkbar wäre.

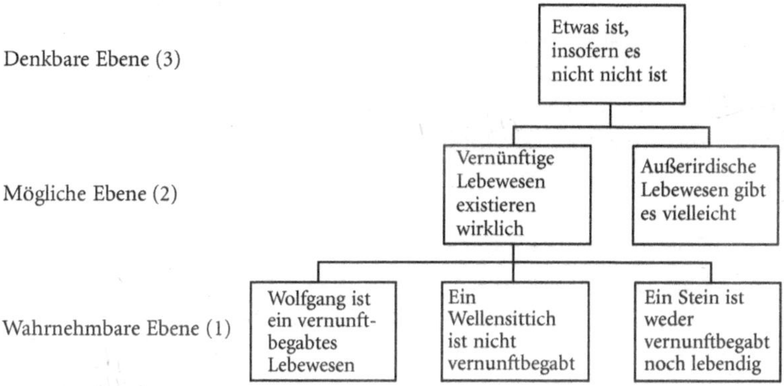

Damit wird vom Denken auf das ganze Sein unserer Wirklichkeit geschlossen, und, so zumindest der Anspruch, die Wirklichkeit als solche erst lesbar, weil wir unsere Erfahrungen sortieren können. Dieses Verfahren arbeitet also am Ende deduktiv: Es geht von einer Wirklichkeit aus, die sich zunächst in unserem Bewusstsein abspielt. Zu dieser Wirklichkeit zählen buchstäblich alle Formen des Weltbezugs – auch die Einhörner unserer Kinder, die Tagträumereien und Wünsche, also alles, was uns durch den Kopf geht, ungeachtet aller zeitlichen und räumlichen Grenzziehungen. Zugleich sind alle unsere Erfahrungen durch Abstraktion und Verallgemeinerung ihrerseits reflexive Annäherungen an jenen obersten Begriff, der sich auf alle Wirklichkeitsweisen beziehen lässt und aufgrund dessen von jeder Ebene abgebildet wird.

Dieser oberste oder erste Begriff ist es, der Anselm von Canterbury interessiert. Er kann nicht nur mit dem Gott der christlichen Überlieferung identifiziert werden, sondern auch mit den Mitteln der Logik, also ohne Glaubensvoraussetzungen erschlossen werden. Dieser Begriff deckt sowohl die logischen Voraussetzungen des Denkens als auch die Glaubenseinsichten der Gotteslehre ab. Mit ihm ließe sich der Gottesgedanke auch ohne Offenbarung allein mittels menschlicher Vernunft legitimieren.

Ein Satz muss genügen – das „unum argumentum"

Um den ersten Begriff zu erschließen, muss, so der Anspruch Anselms, ein einziges Argument genügen. In der Selbstevidenz dieses einen Arguments, des „unum argumentum", liegt die ganze Beweislast des Verfahrens. Der folgende Abschnitt enthält die wesentlichste Überlegung Anselms. Die logische Konsistenz des Arguments muss auch den Skeptiker überzeugen, will er nicht gegen die allgemein gültigen Gesetze der Logik verstoßen. Damit möchte Anselm zeigen, dass die Nichtexistenz Gottes schon mit den Mitteln des Verstandes nicht gedacht werden kann. Bereits im zweiten Satz steht das Entscheidende – das Argument, auf dem alle nachfolgenden Überlegungen aufbauen.

> „Also, Herr, der Du die Glaubenseinsicht gibst, verleihe mir, dass ich, soweit Du es nützlich weißt, einsehe, dass Du bist, wie wir glauben, und das bist, was wir glauben. *Und zwar glauben wir, dass Du etwas bist, über dem nichts Größeres gedacht werden kann.* Gibt es also ein solches Wesen nicht, weil ‚der Tor in seinem Herzen gesprochen hat: es ist kein Gott'? Aber sicherlich, wenn dieser Tor eben das hört, was ich sage: ‚etwas, über dem nichts Größeres gedacht werden kann' versteht er, was er hört; und was er versteht, ist in seinem Verstande, auch wenn er nicht einsieht, dass dies existiert.
>
> Denn ein anderes ist es, dass ein Ding im Verstande ist, ein anderes, einzusehen, dass das Ding existiert. Denn wenn ein Maler vorausdenkt, was er schaffen wird, hat er zwar im Verstande, erkennt aber noch nicht, dass existiert, was er noch nicht geschaffen hat. Wenn er aber schon geschaffen hat, hat er sowohl im Verstande, als er auch einsieht, dass existiert, was er bereits geschaffen hat.
>
> So wird also auch der Tor überführt, dass wenigstens im Verstande etwas ist, über dem nichts Größeres gedacht werden kann, weil er das versteht, wenn er es hört, und was immer verstanden wird, ist im Verstande.
>
> Und sicherlich kann ‚das, über dem Größeres nicht gedacht werden kann' nicht im Verstande allein sein. Denn wenn es wenigstens im Verstande allein ist, kann gedacht werden, dass es auch in Wirklichkeit existiere – was größer ist. Wenn also ‚das, über dem Größeres nicht gedacht

> werden kann‘ im Verstande allein ist, so ist eben ‚das, über dem Größeres nicht gedacht werden kann‘ etwas, über dem Größeres gedacht werden kann. Das aber kann gewiss nicht sein. Es existiert also ohne Zweifel ‚etwas‘ über dem Größeres nicht gedacht werden kann‘, sowohl im Verstande als auch in Wirklichkeit.“[2]

Dass diese Passage mit einem Gebet beginnt, schmälert den rationalen Anspruch in keiner Weise, sondern verweist allenfalls auf die monastische Biografie des Autors. Letzten Endes ersetzt selbst das beste Argument nicht den Glaubensakt.

Die Raffinesse, mit der Anselm arbeitet, besteht in einem Überraschungseffekt: Das „unum argumentum“, von Anselm lapidar in den Raum gestellt, kann nämlich aufgrund seiner inneren Stimmigkeit spontan nachvollzogen werden, denn zunächst spricht nichts gegen die Gültigkeit dieser Aussage: *Es gibt etwas, über dem nichts Größeres gedacht werden kann.* Sollte an dieser Stelle nun kein Einwand des Gottesleugners erfolgen, schnappt die Falle des Arguments bereits zu: Denn die Funktionsweise unseres sortierenden Denkens, das stets nach Einheit sucht, kann den zwingenden Geltungsanspruch dieser These nicht infrage stellen – denn zu allem, was existiert, gibt es einen Allgemeinbegriff, der die einzelnen Wahrnehmungen als Einzelfälle einer größeren Gattung zuordnet. Dabei stellen wir fest, dass sich mit wachsendem Umfang von Gegenständen unserer Erfahrungen („Wolfgang“, „Wellensittich“, „Stein“) gleichzeitig ein größerer Gültigkeitsbereich von Gattungsbegriffen („Lebewesen“) feststellen lässt. Diese Denkbewegung gleichermaßen mitvollziehend, bejaht auch der Gottesleugner den logischen Aufbau unserer Realität, der am Ende auf einen einzigen, alles umfassenden Begriff hinausläuft. Dieser letzte oder erste Begriff besitzt universale Gültigkeit, auch wenn seine inhaltliche Bedeutung gegen null geht. Alles, was man noch aussagen kann, ist seine schiere Faktizität. Er *existiert* als Begriff, über den Größeres hinaus nicht gedacht werden kann, weil er den letzten, logischen Schlusspunkt in der Abstraktionskette bildet: Dass er *ist* und nicht *nicht* ist. Damit ist der Gottesleugner nach Anselm nur noch einen letzten Schritt vom gläubigen Menschen entfernt, der diesen letzten Begriff nicht „das Seiende“,

---

[2] Anselm von Canterbury, Proslogion, Kap. II 83, lat.-dt. Ausg., hrsg. v. F. S. Schmitt, Stuttgart-Bad Cannstatt ^{2}1984, 85–87 (Hervorh. von mir, W. B.).

sondern „Gott“ nennt. Unter diesem letzten Begriff verstehen alle, auch der Gottesleugner, dasselbe: das größtmöglich Denkbare. Derart in seinem eigenen Anspruch, Gott zu leugnen, widerlegt, kann der Atheist Gott nicht bestreiten, ohne sich selbst und die Funktionsweise seines eigenen Verstandes in Abrede zu stellen. Denn was einer denkt, das „ist“ notwendigerweise bereits mental vorhanden. Also existiert selbst im Verstand des Gottleugners der Begriff Gott als Idee, auch wenn er ihn nach außen hin bestreitet – was aber einen Selbstwiderspruch darstellt.

Und wo ist der Haken?

So weit so gut. Aber genau am Schluss des zunächst überzeugend klingenden Beweises fällt eine Nebenbemerkung, an der wiederum der ganze Beweis hängt: „Und sicherlich kann ‚das, über dem Größeres nicht gedacht werden kann‘ nicht im Verstande allein sein.“ Ich bin fast geneigt, dem Anselm das rhetorische Talent eines Telefonbetrügers zu attestieren, denn so harmlos dieser Satz klingt – er ist es nicht. Denn: Wieso soll das, worüber hinaus Größeres nicht gedacht werden kann, nicht nur im Verstand sein? Wieso sollte es konkret existieren? Anselm nimmt dem Veto gleich den Wind aus den Segeln, indem er die Reichweite unserer logischen Kette verdeutlicht: Natürlich muss sich das Prädikat „groß“ beziehungsweise „das Größte“ auch auf reale Gegenstände, und nicht nur auf Vorstellungen beziehen. Ansonsten könnte man zu Recht einwenden, dass Gott ein reines Fantasieprodukt sei – wie eben unsere Aliens. Nur ist damit noch nicht die Realität Gottes bewiesen und der Einwand des Gottesleugners somit noch nicht beseitigt. Denn es gibt, und darauf läuft der Einwand des Kritikers hinaus, einen beträchtlichen Unterschied zwischen der obersten Ebene (3) und den beiden anderen (1) und (2). Während diese Ebenen, die in beliebig viele Richtungen erweiterbar wären, nach demselben Muster, nämlich Subjekt und Prädikat, aufgebaut sind, ist der oberste Satz dies nur dem Anschein nach. Das Prädikat, das auf den ersten Begriff *inhaltlich* bezogen wird, lautet schlichtweg „ist“. Und dieses *ist* stellt, wie Immanuel Kant später in seiner Kritik an Anselm verdeutlicht, kein reales, sprich: kein waschechtes Prädikat dar.

> „Sein ist offenbar kein reales Prädikat, d. i. ein Begriff von irgend etwas, was zu dem Begriffe eines Dinges hinzukommen könne. Es ist bloß die Position eines Dinges, oder gewisser Bestimmungen an sich selbst. Im logischen Gebrauche ist es lediglich die Kopula eines Urteils.“[3]

Das Wörtchen „Sein“ ist lediglich eine Kopula, eine Verbindung, die ein reales, erfahrbares Prädikat („rot“, „groß“, „vernunftbegabt“) mit einem Subjekt verknüpft. Im Grunde trifft dies auf alle Hilfsverben zu, die bekanntlich nie allein, sondern immer in Verbindung mit einem Vollverb im Satz erscheinen. Andernfalls wäre der Satz unvollständig. Sie selbst stellen nichts dar, weil sie nur dann Sinn ergeben, wenn sie im Kontext einer Eigenschaft stehen. Wenn damit der oberste und erste Begriff nur in seiner Existenz besteht, allerdings keine Eigenschaften mehr hat, außer der Tatsache, dass er „ist“, stellt sich die Frage, ob ihm damit nicht die wesentliche Eigenschaft eines echten Prädikats fehlt: die Erfahrbarkeit. Sofern diesem obersten Begriff aber etwas fehlt, unterläuft er damit seinen eigenen Anspruch von selbst – nämlich „größtmöglich“ zu sein.

Dem größtmöglichen Begriff fehlt doch etwas

Bereits der zeitgenössische Mönch Gaunilo aus dem Kloster Marmoutier formulierte den Einwand, den auch Kant gegen diesen Beweis vorbrachte: „Ich kann mir vieles denken, auch ein Schlaraffenland. Deswegen muss es aber noch nicht existieren.“ Gaunilo hatte dabei die sagenumwobene Insel Atlantis im Blick, wenn er von einer „absolut vollkommenen“ Insel sprach, die allerdings noch von niemandem jemals gesehen wurde.

---

[3] I. Kant, Kritik der reinen Vernunft (im Folgenden KrV abgekürzt), in: Werkausgabe in 12 Bde, hrsg. v. W. Weischedel, Frankfurt a. M. 1977, Bd. IV, B 627 (im Folgenden WA abgekürzt, im Gegensatz zur vollständigen Akademieausgabe, die im Folgenden AA abgekürzt wird: Kant's gesammelte Schriften, hrsg. v. d. Königlich Preußischen Akademie der Wissenschaften, Berlin 1900ff). Aus beiden Ausgaben werde ich zitieren. Kant hat 1787 eine wesentlich veränderte Zweitauflage der KrV veröffentlicht, die vor der jeweiligen Seitenangabe mit dem Buchstaben B von der Erstauflage A unterschieden wird. Beide Auflagen gilt es sorgfältig auseinanderzuhalten, da sie erheblich voneinander abweichen. Dasselbe gilt auch für eine Reihe weiterer Schriften.

Allein im Hinblick auf die ihr zugesprochenen Superlative müsste diese Insel der Logik des Anselm zufolge existieren, was ebenso möglich wie unmöglich, auf alle Fälle jedoch nicht zwingend notwendig erscheint. Anselms Replik darauf ist so simpel wie einleuchtend: Dann wäre diese fiktive Insel auch nicht die größtmögliche Insel, sondern in der Tat nur eine fiktive, eine U-topie, also ein Un-Ort. Mir fällt in diesem Zusammenhang eine allzu vertraute Situation ein: Ich stehe an einem kalten Wintertag vor dem romantischen Werbeplakat eines Reisebüros und träume mich augenblicklich an den dort abgebildeten Sandstrand – den es allerdings in Wirklichkeit gar nicht gibt, denn das Plakat ist wie die meisten dieser Art eine Fotomontage.

Die fiktive Insel, von der Gaunilo spricht, widerlegt die Existenz einer Insel also nicht, die beide Kriterien erfüllt, nämlich die schönste Insel zu sein, die existiert. Der Gedanke der Vollkommenheit muss auch die reale Existenz einschließen, sonst träfe nicht die Eigenschaft auf sie zu, vollkommen zu sein. Der Vorwurf, Anselm würde zu eilfertig vom Denken auf das Sein schließen, kann allein deshalb schon nicht greifen, weil alle Begriffe aus der Welt unserer Erfahrungen stammen. Anselms Argument ist somit nicht nur aus rein logischen Gründen schlüssig, sondern hat tatsächlich eine reale Basis. Es gibt keine Begriffe, mit denen uns nicht eine konkrete Anschauung verbindet. Aus der Erfahrung leiten wir unsere abstrakte Begriffswelt ab und nicht umgekehrt.

Somit scheint der Einwand des Gaunilo abgewehrt. Zumindest vorerst, denn Gaunilo ist tatsächlich nur recht oberflächlich widerlegt. Dessen Argument zielt bereits in die richtige Richtung: Der Automatismus, mit dem Anselm vom Denken auf die reale Existenz schließt, funktioniert nur auf der Ebene der konkreten Erfahrung. Sofern diese Erfahrbarkeit aber nicht mehr gegeben ist, wird ein wesentliches Qualitätsmerkmal des göttlichen Maximalbegriffs hinfällig. Zwischen dem obersten Begriff und allen darunter liegenden Begriffen besteht die Kluft bezüglich ihrer Erfahrbarkeit. Kant hat diese Kluft wie folgt beschrieben:

> „Würde das höchste Wesen in dieser Kette der Bedingungen stehen, so würde es selbst ein Glied der Reihe derselben sein und eben so, wie die niederen Glieder, denen es vorgesetzt ist, noch fernere Untersuchung wegen seines noch höheren Grundes erfordern. Will man es dagegen

> von dieser Kette trennen, und, als ein bloß intelligibeles Wesen, nicht in der Reihe der Naturursachen mitbegreifen: welche Brücke kann die Vernunft alsdann wohl schlagen, um zu demselben zu gelangen? Da alle Gesetze des Überganges von Wirkungen zu Ursachen, ja alle Synthesis und Erweiterung unserer Erkenntnis überhaupt auf nichts anderes, als mögliche Erfahrung, mithin bloß auf Gegenstände der Sinnenwelt gestellt sein und nur in Ansehung ihrer eine Bedeutung haben können."[4]

Damit erweisen sich generell alle Prädikate auf der obersten Ebene (3) unserer Grafik als sinnlos, weil es ihnen an empirischer Überprüfbarkeit mangelt. Alle Allgemeinbegriffe darunter lassen sich auf irgendeine Weise erfahren: Lebewesen, Paradiesinseln und so weiter. Sie alle können mit Erfahrungen belegt oder aus diesen gewonnen werden: Sie sind „Synthesis und Erweiterung", während der oberste Begriff lediglich ein „intelligibeles Wesen" ist, das wir „nicht in der Reihe der Naturerscheinungen mitbegreifen." Der größtmögliche Begriff kann sich also nur selbst erfahren. Er ist eine Tautologie und wiederholt nur eine im Begriff bereits zum Ausdruck gebrachte Eigenschaft.

Auf unsere obige Grafik, den porphyrianischen Baum, bezogen, lautet also der Einwand Kants wie folgt: Ebene (3) schließt aufgrund ihrer denknotwendigen Existenz den Bereich des Möglichen, und damit auch seine Nicht-Erfahrbarkeit, aus. Diese Option trifft noch auf Ebene (2) hinsichtlich der Existenz von außerirdischen Lebewesen zu. Auf der ersten Ebene werden die Begriffe jedoch ausschließlich aus dem Bereich der Erfahrung gewonnen. Hier ergeben Begriffe wie der „vierdimensionale Raum" keinen Sinn, da dazu die erforderliche Anschauung fehlt. Wir können also nicht vom Gedanken an sich auf dessen Erfahrbarkeit schließen. In den Worten Kants:

> „Ihr habt schon einen Widerspruch begangen, wenn ihr in den Begriff eines Dinges, welches ihr lediglich seiner Möglichkeit nach denken wolltet, es sei unter welchem versteckten Namen, schon den Begriff seiner Existenz hinein brachtet."[5]

Ansonsten, so könnte man im Sinne Kants ergänzen, verliert die Ebene der Erfahrung ihre erkenntnistheoretische Bedeutung – dann nämlich, wenn man sie der Ebene des Denkens unterordnet.

---

[4] Ebd., B 649f.

[5] Ebd., B 625.

Mit dieser Einschätzung steht Kant keineswegs allein da. Bereits im Mittelalter meldete ein prominenter Gelehrter Bedenken an, indem er den Eigenwert der Erfahrung hervorhebt: Es ist kein Geringerer als Thomas von Aquin. Er bezieht sich hierbei auf den Einwand jener, die aufgrund dessen mit dem gleichen Recht auf die Nichtexistenz Gottes zu schließen vermeinen:

> „Wer den Namen Gott hört, versteht vielleicht (noch) nicht, dass damit etwas bezeichnet werde, womit verglichen nichts Größeres gedacht werden kann, da einige geglaubt haben, Gott sei ein Körper. Selbst aber zugegeben, es verstünde jeder, dass mit dem Namen Gott das Gesagte bezeichnet werde, nämlich das, womit verglichen nichts Größeres gedacht werden kann, so folgt dadurch dennoch nicht, er verstünde auch, dass das, was mit dem Namen bezeichnet wird, in Realität sei (wörtlich: in der Natur der Dinge sei), sondern nur in der Erfassung der Vernunft. Auch kann nicht argumentiert werden, dass es in Realität sei, außer es werde zugegeben, etwas in Realität sei, womit verglichen nichts Größeres gedacht werden kann; was nicht denen zugegeben ist, die annehmen, dass Gott nicht sei."[6]

Für Thomas ist der Einwand des Atheisten, der darauf verweist, noch nie Gott erfahren zu haben, keineswegs eine Lappalie. Es sind oft Menschen mit offenen Augen, die durchaus einen Sinn und ein Gespür dafür entwickeln, was religiöse Erfahrungen im Alltag wertvoll macht. Sie können jedoch selbst mit offenen Augen dem Argument nicht folgen, weil Gott in ihrem Alltag nämlich eines nie ist: ein Gegenstand ihrer Erfahrung. Diese Tatsache spricht zwar nicht zwingend gegen den Gottesbegriff, kann aber auch nicht für den Beweis seiner Existenz herangezogen werden.

Der Einwand des Thomas hat durchaus religionskritische Sprengkraft. Wenn Gott sich mir nicht unmittelbar zeigen kann – ist er dann nicht ein reines Hirngespinst? Das wiederum versucht Anselm mit seinem Argument zu widerlegen. Ob und inwieweit ihm dies gelingt, muss an dieser Stelle noch offenbleiben. Vorerst bleibt dieser auf den ersten Blick zwingend anmutende Gottesbeweis letzten Endes den Beweis, ein Beweis zu sein, schuldig.

---

[6] Thomas v. Aquin, STh (pars) I, q(uaestio) 2, a(rticulus) 1. Auf die Texte des Thomas wird im weiteren Verlauf eigens eingegangen. Übersetzung nach: R. Heinzmann, Thomas von Aquin. Eine Einführung in sein Denken. Mit ausgewählten lateinisch-deutschen Texten, Stuttgart u. a. 1994, 121f.

Die Kritik von Thomas und Kant zeigt, dass es zahlreiche Bedenken gegen das „unum argumentum“ Anselms gegeben hat und heute immer noch gibt. Aber auch die Liste der Befürworter Anselms liest sich wie ein Who's who neuzeitlicher Philosophie: Vor Kant hat René Descartes in seinen „Meditationes“ die argumentative Beweisführung des „unum argumentum“ im Kontext seines Unendlichkeitsbegriffs aufgegriffen. Nach Kant war es vor allem der Deutsche Idealismus mit Friedrich Wilhelm Joseph Schelling (1775–1854) und Georg Wilhelm Friedrich Hegel, der die metaphysische Relevanz dieses Gottesbeweises erkannte. Anselm erntete also nicht ausschließlich Kritik, sondern bleibt im Gegenteil bis in zeitgenössische Diskussionen hinein lebendig, zuletzt etwa im Ansatz des britischen Religionsphilosophen Richard Swinburne (*1934).

Was einen ehemaligen Raucher von einem Nichtraucher unterscheidet

In der Mathematik sowie in der analytischen Philosophie spielen Überlegungen zur Kohärenz von Maximalbegriffen eine weitaus größere Rolle, als man zunächst vermuten würde. So rekonstruierte der geniale österreichische Mathematiker Kurt Gödel (1906–1978) das „unum argumentum“ in etwas modifizierter Form.

Gödels Gottesbeweis ist der wahrscheinlich bedeutendste zeitgenössische Rückgriff auf die Beweiskette Anselms, wenngleich Gödel diesen in zweierlei Hinsicht entscheidend verändert. Zum einen beschränkt er sich hinsichtlich seiner Prämissen auf positive Prädikate. Diesen wohnt zum anderen bereits von Haus aus eine Existenznotwendigkeit inne. Gott als ein Wesen, das nur positive Eigenschaften besitzt, muss daher auch notwendig existieren. Die grundsätzliche Überlegung dabei ist, dass positive Eigenschaften mit sich selbst identisch sein können, während dies bei negativen Eigenschaften nicht der Fall ist. Positive Prädikate besitzen also eine Form der Selbstbejahung, während negative Eigenschaften in einen inneren Widerspruch zu ihrer eigenen Existenz geraten. Positive Eigenschaften können von einem Träger ohne Differenz ausgesagt werden, negative hingegen nicht. Somit kommt, im Gegensatz zu Kants Einwand, es handle sich lediglich um eine Kopula, dem Wörtchen „ist“, ein ontologisch anderer, nämlich höherer Status zu als dessen Negation „ist nicht“. Das Hilfsverb „ist“ indiziert bereits die Existenz dessen, auf was es verweist, während seine Kombination mit dem Wörtchen „nicht", also die Negation, dies nicht kann. Ein Beispiel: Wenn ich von mir behaupten würde, „Ich bin ein aktiver Nichtraucher!" würde dies nach Gödel keinen Sinn machen, weil ich die Eigenschaft, ein Nichtraucher zu sein, nicht aktiv beziehungsweise positiv mit mir führe. Es ist keine erweiternde Eigenschaft meiner Person, von mir zu behaupten, was ich *nicht* sei. Es bedeutet für mich ja keinen Kampf, einer vor mir liegenden Schachtel Zigaretten zu entsagen. Ganz anders ist das bei einem ehemaligen Raucher. Von diesem könnte schon eher ausgesagt werden, dass er ein „aktiver Nichtraucher" sei. Ein besonders lebhaftes Beispiel gab mein Vater ab, der sich über jeden Raucher in seiner Umgebung aufregte. Mein Vater hatte die *positive* Eigenschaft, nicht mehr zu rauchen – hatte er sich das Rauchen doch mühevoll, von einigen Rückschlägen begleitet, abgewöhnt. Ich dagegen kann mich weder negativ noch positiv dazu äußern: „Warum regst Du Dich denn so auf?", war meine verständnislose Reaktion, „du hast doch früher auch einmal geraucht". Während bei mir die Eigenschaft, Nichtraucher zu sein, also weder einen Verlust noch eine lebenslange aktive, also positiv vorhandene Begleiterscheinung darstellt, weil ich die dazu erforderliche Biografie nicht mitbringe, war mein Vater als ehemaliger Raucher ein gebranntes Kind, das zeitlebens das Feuer scheute.

Positive Eigenschaften tragen insofern zur Identität eines Menschen bei; negative, also nicht vorhandene Eigenschaften, hingegen nicht. So finden sich in einem Bewerbungsschreiben nur jene Qualitäten, die ein Bewerber auch tatsächlich besitzt, nicht aber jene Fähigkeiten, die er gar nicht beherrscht. Englische oder französische Sprachkenntnisse sollte ich also in meinem Lebenslauf angeben – hingegen brauche ich nicht erwähnen, dass ich kein Kikuyu spreche, weil mich das Manko, die Sprache der Bantu in Ostafrika nicht zu beherrschen, als Westeuropäer nicht sonderlich auszeichnet. Es sind also nur die positiv vorhandenen Eigenschaften, die mich zum unverwechselbaren Individuum machen, nicht die negativen. Gödels Überlegungen hinsichtlich negativer und positiver Eigenschaften können dem Einwand der Kritiker an Anselms obersten Begriff entgegenhalten, dass die reale Existenz einer Eigenschaft nicht zwingend an ihrer Erfahrbarkeit hängt oder damit verbunden ist. Damit bestehen auch auf Seiten der Kritiker logische Brüche in ihrer Beweisführung und nicht nur auf Seiten Anselms.

Mit dem Gottesbeweis des Anselm wird der Gläubige nicht aus seiner Glaubensverantwortung entlassen. Der Glaube, der nach Einsicht sucht, bleibt in Bewegung, er muss sich rechtfertigen und, was ermutigend ist, er kann dies auch. Die Gegenseite kann ihrerseits ebenso wenig einen zwingenden Beweis für die Nicht-Existenz Gottes vorlegen.

Die Spannungen nehmen zu

Zurück in die Zeit, in der Anselm lebte. Sein klösterliches Leben und seine beeindruckenden Schriften dürfen nicht darüber hinwegtäuschen, dass das Mittelalter eine von ständigen Umwälzungen, Konflikten und Aufbrüchen gezeichnete Epoche war. Wir müssen diese Veränderungen kurz ansprechen, um zu verstehen, wie und warum Thomas von Aquin gut eineinhalb Jahrhunderte später einen völlig anderen Beweis vorlegte.

Im 11. und 12. Jahrhundert kam es auf unterschiedlichen Ebenen zu kirchenpolitischen Auseinandersetzungen. Zum einen nahmen Reformbestrebungen, die Kirche geistig zu erneuern, immer konkretere Formen an. Zum anderen steuerte die Kirche zu diesem Zeitpunkt auf einen ihrer moralischen Tiefpunkte zu: Maßgebliche Probleme, mit denen die Kirche zu dieser Zeit zu kämpfen hatte, waren das Problem des Zölibats oder die Simonie, also der Kauf oder Verkauf kirchlicher Ämter. Diese und ähnliche Konflikte, die uns auch heute in der einen oder anderen Form bekannt sind, hat es also bereits vor tausend Jahren gegeben. Auch die Stellung des Papstes war umstritten. Mitte des 11. Jahrhunderts kam es in dieser Frage zur Abspaltung der byzantinischen von der lateinischen Kirche, die allen späteren Annäherungsversuchen zum Trotz bis heute nicht revidiert wurde. Bis dahin trennte die beiden Kirchen bereits die Sprache. Aber nicht nur das. Der lateinische Westen sah in Rom das eigentliche Zentrum des Glaubens. Im griechisch sprechenden Konstantinopel, dem Austragungsort aller bedeutsamen Konzilien bis ins neunte Jahrhundert, sahen die Byzantiner ihrerseits das neue Rom und beanspruchten mit dem Patriarchen der alten Kaiserstadt ein ebenso historisch legitimiertes Oberhaupt.

Weitaus folgenreicher für die Theologiegeschichte des Westens blieben indes die innerkirchlichen Spannungen, die ganz im Zeichen der Glaubens- und Wissensvoraussetzungen ihrer Zeit standen. Wie in einem Brennglas spiegelten die verschiedenen Konflikte die denkerischen Möglichkeiten und Grenzen ihrer Zeit wider, in der es schließlich in einer zentralen Frage zum Streit kam: Der Deutung des Abendmahls. Ist die Wandlung von Brot und Wein in Leib und Blut Christi symbolisch zu verstehen oder findet hier eine reale Verwandlung statt? Strenggenommen gingen die Meinungen hierüber schon seit der frühen Kirche auseinander und die Auseinandersetzungen endeten auch nicht im Mittelalter, sondern waren einige Jahrhunderte später unter anderem der Auslöser für die Reformation.

„Dies ist mein Leib" – der Streit um das Abendmahl

Der Abendmahlsstreit im 11. Jahrhundert lässt sich im Nachhinein als Fallbeispiel für die bisherige Entwicklung von Glauben und Wissen rekonstruieren. Während man im Mittelalter zu einer realistischen Vorstellung neigte, hielt es Augustinus aufgrund seiner neuplatonischen Denkvoraussetzungen für ausgeschlossen, dass sich nach den Einsetzungsworten – „Dies ist mein Leib", lateinisch: „Hoc est corpus meum" – Brot und Wein auch real und dauerhaft in Leib und Blut Christi verwandelten. Für Augustinus war es undenkbar, dass sich Gott mit der Materie verbinden könnte:

> „Jenes Brot, das ihr auf dem Altar durch das Wort Gottes geheiligt seht, ist der Leib Christi. Jener Kelch, vielmehr was der Kelch enthält, geheiligt durch das Wort Gottes, ist das Blut. Durch diese Elemente wollte uns Christus der Herr seinen Leib und sein Blut anvertrauen, das er für uns vergossen hat zur Vergebung der Sünden. Wenn ihr es in der rechten Weise empfangen habt, seid ihr, was ihr empfang. […] Das Sakrament erscheine dir nicht gering, weil du es siehst. Was du siehst, vergeht, aber das Unsichtbare, das bezeichnet wird, vergeht nicht, sondern hat Bestand. Es wird empfangen, verzehrt, verbraucht. Wird also der Leib Christi verbraucht? Wird etwa die Kirche Christi verbraucht? Werden etwa die Glieder Christi verbraucht? Keineswegs. Hier werden sie geläutert, dort werden sie gekrönt. Es wird also Bestand haben, was bezeichnet wird, wenn auch das, was bezeichnet, zu vergehen scheint."[7]

---

[7] Übersetzung nach: H. R. Drobner, Augustinus „Sermo 227": eine österliche Eu-

Im platonischen Abbild ist die Idee nie wesenhaft enthalten. Abbilder sind lediglich materielle Hinweise auf eine andere Wirklichkeit. Dieser symbolischen Deutung der Eucharistie, an die später die Reformatoren Martin Luther (1483–1546) und Jean Calvin (1509–1564) anknüpfen konnten, stand im mittelalterlichen Denken eine dramatisch konkrete Vorstellung von Leib und Blut gegenüber.

Lanfrank (1005–1089), der Lehrer und als Erzbischof von Canterbury der Amtsvorgänger des Anselm, hatte in dieser Frage im 11. Jahrhundert gegen die Befürworter einer augustinischen Symbollehre argumentiert, weil diese nicht den kirchlichen Vorstellungen der Zeit entsprach. Man darf sich ruhig wundern: Während bislang in nahezu allen theologischen Fragen, insbesondere hinsichtlich der Gnadenlehre, Augustinus der maßgebliche Denker gewesen war, wird sein neuplatonischer Ansatz in der Eucharistielehre zum Problem. Während Lanfrank für eine wörtliche Auslegung des Leibes Christi eintrat, war sein Gegner, Berengar von Tours (999–1088), der gegensätzlichen Meinung. Berengar, seines Zeichens Leiter der Kathedralschule von Tours, war ein angesehener „Dialektiker", also ein logisch argumentierender Scholastiker. In der Frage nach dem Status der Einsetzungsworte verwies Berengar auf die Eigentümlichkeit von Sprache, wenn die Kategorie der Substanz auf den gesprochenen Satz: „Hoc est corpus meum" angewendet wird. Das Demonstrativpronomen „hoc", so Berengar, könne sich im Akt des Sprechens lediglich auf das Subjekt des Satzes, also den Leib Christi beziehen, nicht auf ontologische Differenzierungen, die in einem hyperrealistischen Sinne als Wirklichkeitsverdoppelung verstanden wurden. Berengar stellte sich also im traditionellen Sinne des Augustinus das Abendmahl als heiliges Zeichen, als *sacrum signum* vor. Das Brot ist für ihn lediglich ein Symbol, das im Sinne Platons auf eine andere Wirklichkeit verweist. Die Realität ist eine rein geistige, keine materielle. Einer physischen Verwandlung stellt Berengar eine ideelle Wandlung entgegen, die die Substanzen von Brot und Wein nicht verändert. Allein mit unserem Verstand können wir sie gedanklich unterscheiden, weil wir von unseren konkreten Wahrnehmungen auf den nicht sichtbaren Kern einer Sache schließen können.

---

charistiekatechese für die Neugetauften: Einleitung und Übersetzung, in: Augustiniana, vol. 41 (1991), 483–495, 492 und 494.

Die Menschen beherrschen die Fähigkeit zur Abstraktion. Wir können mit dieser an die Kaufkraft eines 50 Euro-Scheins glauben, auch wenn der Materialwert des Papiergelds sich auf nur wenige Cent beläuft. In eine ähnliche Richtung zielt die Argumentation des Berengar, dessen Konflikt mit Lanfrank bereits die Diskussionen vorwegnimmt, die in den kommenden Jahrhunderten das Mittelalter prägen. Die römische Synode von 1059, die auf Betreiben Lanfranks sich gegen Berengar entschied, trug kaum zur Deeskalation des Konflikts bei, wie so oft in der Kirchengeschichte.

Sinneswahrnehmung und Glauben trennen sich

Der Abendmahlsstreit fördert ein grundsätzliches Problem der Theologie zutage. Während für Lanfrank Gott die Wandlung allein und in höchster Autorität vollzieht, ist für Berengar der rechtmäßige Empfang des Sakraments an die ethischen und damit subjektiven Voraussetzungen im Menschen gebunden. Der Mensch muss zum Empfang des Sakraments fähig sein und sich dessen würdig erweisen. Dagegen beharrte die Kirche 1059 auf der Vorstellung von der „Transsubstantiation", der dauerhaften, voraussetzungslosen Wesensverwandlung ohne Änderung der sinnlich wahrnehmbaren Eigenschaften von Brot und Wein, mit ausgesprochen drastischen Worten:

> „Das Brot und der Wein, die auf den Altar gelegt werden, [sind] nach der Konsekration nicht nur ein Sakrament, sondern auch der wahre Leib und das wahre Blut unseres Herrn Jesus Christus […] und [werden] sinnenhaft – nicht nur im Sakrament, sondern in Wahrheit – mit den Händen der Priester berührt und gebrochen und mit den Zähnen der Gläubigen zerrieben."[8]

Dies besagt nichts anderes, als dass wir den realen, den *echten* Leib Christi essen – auch wenn die gewandelte Hostie nach Brot schmeckt. Um es noch einmal zu betonen: Diese Lehrentscheidung ist vor dem Hintergrund des allgegenwärtigen Augustinismus zu dieser Zeit höchst rätselhaft. Gott wird zwar einerseits zum absolu-

---

[8] H. Denzinger, Kompendium der Glaubensbekenntnisse und kirchlichen Lehrentscheidungen, hrsg. v. P. Hünermann, Freiburg [45]2017, 690.

ten Souverän, auch über die Wirklichkeit seiner Schöpfung, andererseits bindet er sich an die formale Korrektheit, mit der der Priester die Einsetzungsworte spricht. Dies funktioniert auch dann, wenn der Gläubige in dem fraglichen Augenblick mit dem Kopf ganz woanders ist und sich überhaupt nicht mit dem Abendmahlsgeschehen am Altar identifiziert. Damit stellt sich die Frage: Wird Gott hier nicht zur Marionette menschlicher Regieanweisungen?

Der Konflikt zwischen Lanfrank und Berengar steht für einen Dauerkonflikt, der im weiteren Verlauf des Mittelalters an Schärfe gewinnt. Es geht um die grundsätzliche Frage, was wir alles als wirklich anerkennen, was wir überhaupt erkennen können, wie weit unser Denken reicht und schließlich, wie wir Gott mit unserem Denken erfassen können.

Im Gebälk der Kirche beginnt es zu knirschen

Mit dem Abendmahlsstreit im 11. Jahrhundert ist bereits angedeutet, dass die Wirkkraft des augustinisch-neuplatonischen Denkens zunehmend infrage gestellt wird. Tatsächlich finden im Mittelalter bahnbrechende gesellschaftliche und kirchliche Umbrüche statt, die die Theologie ihrer Zeit beeinflussen, und die theologischen Konflikte wirken sich ihrerseits auf politische und soziale Prozesse aus. Im weiteren Verlauf des Mittelalters wird sich hierbei eine Sollbruchstelle zwischen den traditionellen Vertretern einer christlich interpretierten Philosophie und entschiedenen Dialektikern abzeichnen, wie bereits im Konflikt zwischen Lanfrank und Berengar deutlich wurde. Während für die einen kirchliche Überlieferung und griechische Erkenntnislehre in Konkurrenz zueinanderstehen, versuchen die anderen christliche Offenbarungsinhalte mit den Methoden der griechischen Philosophie zu beweisen.

Die unterschiedlichen Glaubensauffassungen und divergierenden Theologieentwürfe spiegeln sich auch in den Gründungen neuer Ordensgemeinschaften wider. Der Motor in dieser Entwicklung sind die neuen Bettelorden, die radikale Reformen verlangen. Sie erinnern die Kirche wieder an ihre ursprünglichen jesuanischen Ideale von wirklicher Armut und greifen dabei Forderungen auf, die bis in unsere Gegenwart ihre Berechtigung nicht verloren haben. Eine erste derartige Reformbewegung ergab sich bereits innerhalb des Benediktinerordens durch die Zisterzienser. Mit Franz von Assisi (1181/82–1226), dem Begründer des gleichnamigen Ordens, wird das Armutsideal zunehmend populär. Dies geschieht freilich nicht ohne Konflikte. Lehrverbote und Zensur, Ächtung und Verurteilungen von Thesen mitsamt ihrer Vertreter sowie Spannungen zwischen weltlicher und geistlicher Macht beherrschen lange vor Martin Luther das kirchliche Geschehen. Ab dem Hochmittelalter beginnt es im Gebälk der Kirche ordentlich zu knirschen.

Auf einem anderen Gebiet erlebt Europa im 13. Jahrhundert hingegen eine kulturelle Blüte: Die Städte entwickeln sich zu Kulturmetropolen. Es entstehen weitere Universitäten entlang der großen Flüsse und Handelsrouten Zentraleuropas. Der Wissenstransfer über Landesgrenzen hinweg nimmt beträchtlich zu und gerät in zunehmendem Maße auch in Berührung mit der islamischen Kultur.

Aristoteles wird entdeckt

Dieser Globalisierung ist es auch zu verdanken, dass die seit der Antike verloren gegangenen Schriften des Aristoteles auch in Mitteleuropa bekannt werden. 1240 liegen schließlich alle Schriften des Aristoteles vor. Damit gewinnt neben dem augustinisch-platonischen Verständnis eine zweite, bis dahin wenig bekannte Erkenntnistheorie an Bedeutung, die zur Grundlage einer weiteren Auseinandersetzung werden sollte. Während der Platonismus zur Überhöhung des Jenseits neigt und zugleich den Wert der sinnlichen Erfahrungen schmälert, leben mit Aristoteles die Naturwissenschaften wieder auf. Vor allem in den Städten Oberitaliens, etwa in Padua und Bologna, werden die Schriften des Aristoteles geschätzt. Aber auch in den theologischen Fakultäten wie Paris formieren sich überzeugte Aristoteliker, die mehr Gedankenfreiheit einfordern. Der argumentative Vorteil der aristotelischen Lehre gegenüber der Ideenlehre Platons oder der augustinischen Gnadenlehre besteht ohne Zweifel in der Überprüfbarkeit ihrer Schlussfolgerungen: Naturwissenschaftliche Einsichten sind Hypothesen auf der Grundlage verstetigter Erfahrungen. Sie passen sich stets den Ergebnissen empirischer Überprüfungen an, nicht umgekehrt.

Die mittelalterliche Situation spiegelt dabei die aktuelle Situation unserer Schulkinder wider: Kurioserweise lernen sie heute in den naturwissenschaftlichen Schulfächern bereits veraltete Naturgesetze und überholte Kosmologien auswendig, obgleich sich beispielsweise in der theoretischen Physik in den letzten Jahrzehnten bahnbrechende Weltbilder entwickelt haben, ohne die man heutige Technologien nicht erklären kann. Eine ganz ähnliche Schieflage lässt sich vor acht Jahrhunderten feststellen: Auf der einen Seite die Lehren einer traditionalistischen, auf Wahrung ihrer Besitzstände bedachten Theologie, auf der anderen Seite die Entwicklungen in der wissenschaftlichen Forschung. Um den Konflikt, der sich im Verlauf des 13. Jahrhunderts allmählich zusammenbraut, nachvollziehen zu können, müssen wir uns an die erkenntnistheoretischen Grundlagen des Aristoteles erinnern. Wie wir bereits aus der „Metaphysik" des Aristoteles wissen, verfolgen seine Naturbeschreibungen primär das Ziel, erste Ursachen, die ihrerseits nicht mehr verursacht sind, zu erkennen. Aristoteles unterschied vier Arten von Ursachen: Materialursache, Formalursache, Wirkursache und Zweckursache. Ziehen wir als Beispiel zur Veranschaulichung eine Hauptbeilage der bayerischen Küche heran. Der Knödel hat als *materielle* Grundlagen altes Weißbrot und Milch, die die Basis des Teigs bilden. In der verarbeiteten runden *Form* wird er zum Semmelknödel – ist also keine Füllmasse für einen Braten oder eine andere Knödelvariante. Die *Wirkursache* dazu sind meine beiden Hände. Den *finalen Zweck* erfüllt der Knödel schließlich darin, den Hunger auf wohlschmeckende Weise zu stillen. Zugegeben: Derlei Ursachendeutungen stehen die heutigen Naturwissenschaften freilich skeptisch gegenüber. Bereits im 16. Jahrhundert wird der englische Philosoph Francis Bacon (1561–1626) die Auffassung des Aristoteles dahingehend kritisieren. Schließlich wissen wir nicht sofort, was der Zweck und das Ziel eines Dinges oder einer neuen physikalischen Theorie ist oder wozu sie später einmal verwendet werden kann. Doch die Welt des Mittelalters war noch vergleichsweise überschaubar und die Probleme, die es zu lösen galt, waren andere als heute.

Das Denken des Aristoteles ist also grundsätzlich zielgerichtet. Die Erkenntnistheorie basiert nicht auf einem parallelen Neben- oder Übereinander von Ideenwelt und sinnlicher Erfahrung. Unsere erfahrbare Welt ist die Grundlage dafür, Allgemeinbegriffe zu bilden und Aussagen über unveränderliche Kontexte zu treffen. Die Gotteserkenntnis wird nicht vorausgesetzt, um das Bleibende im Veränderlichen zu erkennen, sondern ist lediglich das Ziel eigener Schlussfolgerungen aus den Erfahrungen.

In den Fakultäten rumort es

Die Ansprüche der Philosophen kollidierten immer wieder mit der Autorität der Kirche und der Theologie, die den christlichen Wahrheitsanspruch gefährdet sahen. Als Mitte des 13. Jahrhunderts der ganze Aristoteles im Lehrangebot der Pariser Fakultät vorhanden war, verhalf diese neue Quellenlage den überzeugten Dialektikern zu ihrem Durchbruch. Ihr gesamtes Denken war den notwendigen Konklusionen philosophischer Logik unterworfen, während die Inhalte des Glaubens sekundär erschienen. Am Horizont brauten sich erste Gewitterwolken zwischen philosophischen Dialektikern und theologischen Antidialektikern der Kirche zusammen. In den 70er Jahren des 13. Jahrhunderts kam es schließlich zum offenen Streit in der Frage nach der Individualität des Intellekts. Ist der Intellekt ein allgemeines, überindividuelles Prinzip, an dem der Mensch teilhat oder ist er als unsterbliche Seele Teil des individuellen Menschen und garantiert dessen Auferstehung am jüngsten Tag? Für radikale Dialektiker konnte der Geist des Menschen im Sinne der griechischen Philosophie nur allgemeiner Natur sein. Für die Kirche und Theologie hingegen ist die Seele als unsterbliches Prinzip mit dem Menschen dauerhaft verbunden. 1277 sah sich der Bischof von Paris zum Eingreifen genötigt und verurteilte die Vorstellungen der Aristoteliker, darunter auch Thesen des Thomas von Aquin, allerdings ohne ihn namentlich zu nennen. Die kirchlich verurteilten Wortführer mussten Paris verlassen und wanderten in die neuen Universitätsstädte Padua und Bologna aus, wo sie freier lehren konnten und die intellektuellen Voraussetzungen für die Renaissance in Oberitalien schufen.

Die Analogie des Seins: das IV. Laterankonzil

Der Streit von 1277 ist das Ergebnis einer Entwicklung, die sich bereits zu Beginn des 13. Jahrhunderts andeutete. In Fragen des Glaubens koppelt sich die Theologie sukzessive von den Einsichten einer sich zusehends emanzipierenden Philosophie ab. Die Erkenntnisinteressen beider Ansätze lassen sich nicht mehr unter dem gemeinsamen Dach des christlichen Glaubens vereinen. Das geschieht wohlgemerkt nicht von heute auf morgen, sondern ist ein schleichender Prozess, der sich unter anderem mit dem Jahr 1215 verbinden lässt.

In diesem Jahr trafen sich die Bischöfe zum IV. Laterankonzil in Rom. Hintergrund der Zusammenkunft war, neben zahlreichen anderen Fragen, die Trinitätstheologie des Joachim von Fiore (1130/35–1212), eines Zisterziensermönches, der vor dem Hintergrund der ersten nachchristlichen Jahrtausendwende eine sehr realistische Vorstellung der Dreifaltigkeit in Form einander ablösender Weltalter entwickelte. Er differenzierte zwischen einer bereits vergangenen Epoche des Vaters (der Zeit des Alten Testaments), des Sohnes (der Zeit Jesu) sowie der Zeit des Heiligen Geistes, die er mit der Gründung des Benediktinerordens im Jahr 529 angebrochen sah. Entgegen dieser Auffassung bekräftigte die Kirche im Laterankonzil in Rom die auf den Konzilien von Nicäa 325 und Konstantinopel 381 verkündete Lehre von der ewigen Wesenseinheit Gottes bei relationaler Unterschiedenheit der Personen. Eigentlich nichts Neues, aber 1215 kam es nun zu einem bemerkenswerten Zusatz: Die Kirche betonte, dass alle unsere Gottesvorstellungen nicht wortwörtlich, sondern nur „analog" zu übertragen seien. Die Aussagen über Gott müssen demnach stets von dem Bewusstsein ihrer sprachlichen Unzulänglichkeit begleitet werden, da das irdische Sein zwar am Göttlichen teilhat, sich aber auch fundamental von diesem unterscheidet. Dieses Dogma, das als „Analogielehre des Seins" beziehungsweise „Analogia entis" bekannt wurde, lautet folgendermaßen:

> „Denn zwischen dem Schöpfer und dem Geschöpf kann man keine so große Ähnlichkeit feststellen, dass zwischen ihnen keine noch größere Unähnlichkeit festzustellen wäre."[9]

Kurzum: Die Wirklichkeit Gottes stellt stets eine andere, mit menschlichen Möglichkeiten nur ansatzweise beschreibbare Wirklichkeit dar, die weder unserer Welt völlig entspricht noch radikal anders als sie ist. Wenn wir etwa mit Blick auf den ersten Johannesbrief 4,18 sagen: „Gott ist die Liebe", dann trifft der Begriff der Liebe

---

[9] Ebd., 806.

nicht in einem wörtlichen, sondern nur in einem übertragenen Sinne auf Gott zu.

Die Lehre von der Analogie richtete sich vor allem gegen Joachim von Fiore und dessen trinitätstheologischer Vorstellung dreier Zeitalter. Die dogmatische Aussage von den drei göttlichen Personen setzt hingegen ein antikes Verständnis voraus. In dieser Zeit sind Personen keine individuellen Subjekte im heutigen Sinne, sondern drei in sich greifende Vollzugsweisen der Erfahrung Gottes in der Welt. Wir erfahren Gott immer kraft des Geistes durch seinen Sohn. Ursprünglich waren in der antiken Theologie die göttlichen Personen (lat. persona, gr. ὑπόστασις) Ausdruck der einen Substanz: Im Geist Gottes haben wir durch Christus die Erfahrung des einen Gottes. Ähnlich wie die relationalen Bezugsverhältnisse von Breite, Höhe und Tiefe den Begriff Raum für unsere Sinne erfahrbar werden lassen, bliebe der Begriff Raum unbestimmbar, wenn wir eine relationale Bezugsgröße abziehen oder alle drei Dimensionen in Einzelbegriffe aufteilen würden. Der Begriff „Raum“ würde in sich zusammenfallen. Ganz ähnlich lässt sich der trinitarische Personenbegriff nicht auf einzelne Personen beziehen oder auf verschiedene Geschichtsepochen übertragen, wie im Denken Joachims. Seine Lehre wurde daher mit dem Hinweis verurteilt, dass er die innergöttlichen Relationen, die nur korrelativ gedacht werden können, quantitativ aufteilt. Die Trinitätslehre der Kirche, die zugegeben zu den schwierigsten Kapiteln der Theologie gehört, zeigt auch: Unsere Vorstellungen und Sprechweisen über die Wirklichkeit Gottes können nur in Form des Vergleichs oder des Bildes erfolgen. Wie das Beispiel des Raumes und dessen konstituierenden Relationen deutlich macht, können wir über Gott nur analoge Aussagen treffen. Aristoteles klopft also bereits an die Tür: Unser Denken ist auf die Sprache unserer Welt beschränkt und alle Aussagen, die einen Anspruch auf Endgültigkeit erheben, müssen stets im Bewusstsein ihrer Vorläufigkeit erfolgen.

So gesehen steht die Lehre von der „Analogia entis“ auf dem IV. Laterankonzil am Beginn eines intellektuellen Umbruchs im Verhältnis von Glauben und Wissen. Während in der augustinischen Welt des Anselm die Philosophie eindeutig der Theologie untergeordnet war und das Christentum als die „wahre Philosophie“ allen heidnischen Deutungsansprüchen überlegen schien, alle Bereiche des Seins erfasste und lediglich einer nachgereichten rationalen

Selbstvergewisserung bedurfte, erfolgt nun eine immer deutlichere Unterscheidung von Glauben und Wissen. Diese zunehmende Distanzierung führt gegen Ende des Mittelalters zur finalen Trennung der beiden Bereiche, wie die Ausweisung der radikalen Dialektiker aus der Pariser Fakultät unmissverständlich zum Ausdruck bringt.

Ab dem 13. Jahrhundert wird eines deutlich: Unsere endliche Welt, das menschliche Denken, ist nur *in gewisser Weise* dazu geeignet, die göttliche Wirklichkeit zu erfassen. Das Wissen bleibt auf die Erkundung unserer sinnlichen Welt begrenzt. Unsere Einsichten und Aussagen können nur im übertragenen Sinne auf die Wirklichkeit Gottes bezogen werden. Und: Wir müssen davon ausgehen, dass alle menschliche Einsicht von der Wirklichkeit Gottes unendlich übertroffen wird. Thomas von Aquin stellt lapidar fest: „Das Letzte menschlicher Gotteserkenntnis liegt deshalb darin, die Unbegreiflichkeit Gottes zu begreifen.“[10] Darin steckt ein Vorbehalt hinsichtlich der Erkennbarkeit Gottes und sowie ein Eingeständnis dessen, was die Möglichkeiten menschlicher Deutungsfähigkeiten angeht. Gott bleibt unserem Erkennen letzten Endes entzogen. Diese Grenzerfahrung bedeutet aber für Thomas wiederum nicht inhaltslose Negation. Grenzen sind keine definitiven Schlusspunkte, sie verweisen auf ein Dahinter und werden somit gedanklich bereits überschritten. Gott mit dem Intellekt zu fassen ist zwar nicht möglich; es bedeutet aber „eine große Seligkeit, mit dem Verstand an Gott zu rühren“.[11] Umgekehrt, und darin steckt das Revolutionäre, ja gefährlich Neue im Denken des Thomas, brauchen wir zur sicheren Erkenntnis der Welt keine göttliche Intervention mehr:

> „Der Glaube kann sich gar nicht auf etwas beziehen, das man sieht [...]; und auch was bewiesen werden kann, gehört nicht zum Glauben.“[12]

In dieser Hinsicht zeichnet sich im 13. Jahrhundert eine für Neuzeit und Moderne erkenntnistheoretische und metaphysische Weichen-

---

[10] Thomas von Aquin, De potentia q 7 a 5 ad 14. Übersetzung nach: Heinzmann, Thomas von Aquin, 64.

[11] Ders., Summa Theologiae I q 12 a 7. Übersetzung nach: Heinzmann, Thomas von Aquin, 64.

[12] Ders., In Sent. II, d 24, q 2, a 1. Übersetzung nach: K. Lehmann, Art. Glaube, in: H. Krings u. a. (Hg.), Handbuch philosophischer Grundbegriffe, Bd. 3, München 1973 (Studienausgabe), 596–605, 597.

stellung von grundlegender Bedeutung ab. Das Wissen bleibt auf die sichtbare Welt begrenzt; umgekehrt bleiben alle Glaubensaussagen auf eine Wirklichkeit beschränkt, die sich der wissenschaftlichen Überprüfbarkeit entzieht. Mit biblischen Quellen und kirchlicher Autorität allein lässt sich die Welt nicht mehr begründen. Im Gegenzug erfordert der Gottesgedanke nach Thomas eine Glaubenshaltung jenseits des Intellekts. Die Ära göttlicher Alleinherrschaft neigt sich allmählich ihrem Ende zu.

Höhe- und Wendepunkt der Scholastik

Nach Thomas erfassen unsere Sinne die akzidentiellen Eigenschaften eines Gegenstands, aus denen seinerseits der Verstand das Bleibende, die „Washeit" einer Sache abliest: Das „intelligibile in sensibili". Ab der zweiten Hälfte des 13. Jahrhunderts wird die sich darin zeigende aristotelische Erkenntnistheorie immer populärer, auch wenn Thomas von Aquin phasenweise umstritten war. Im Laufe seines Lebens erfuhr er öfters den Widerstand der Kirche am eigenen Leib. So wurde er mehrfach mit Lehr- und Publikationsverboten belegt, auch wenn man ihn nicht nur rehabilitierte, sondern bereits 1323, also nur wenige Jahre nach seinem Tod, heiligsprach.

Nicht nur in seinen Schriften, auch in seiner Biografie kulminieren die innovativen Umbrüche des Hochmittelalters. Er ist Dominikanermönch, also Mitglied eines Bettel- und Predigerordens, der zu den wesentlichen Reformkräften des Mittelalters zu zählen ist. Über seinen Lehrer Albertus Magnus erhält er Zugang zu den neuen Schriften des Aristoteles. Thomas übernimmt dessen positives Welt- und Leibverständnis, das der augustinisch-neuplatonischen Körperfeindlichkeit widerspricht. Dieses fundamentale Vertrauen in unser Diesseits strahlt durch das gesamte Werk des Thomas. Er greift als erster namhafter Theologe das „unum argumentum" des Anselm an und formuliert jenen kritischen Einwand, den wir bereits kennengelernt haben und den der Philosoph Kant fünf Jahrhunderte später ebenso vortragen wird: Um Gott zu denken, können wir, wie bei allen anderen Urteilen auch, nur aus der Welt der Erfahrung heraus operieren. Eine andere Möglichkeit gibt es nicht. Die Erfahrungen werden immer sprachlich vermittelt, die Sprache aber ist als solche niemals in der Lage, die Wirklichkeit Gottes abzubilden. Damit bleibt die Wirklichkeit Gottes stets unserem Denken entzogen, so sehr wir uns auch bemühen. Dennoch versucht Thomas, Perspektiven aufzuzeigen, trotz der eingeschränkten Voraussetzungen des Menschen, Gott auch auf denkerischer Ebene nahezukommen.

„Fünf Wege gibt es, das Dasein Gottes zu beweisen"

Die „Quinque viae", zu Deutsch: die „Fünf Wege", sind der Versuch des Thomas, entsprechend der aristotelischen Erkenntnislehre einen induktiven Beweis für das zu erbringen, was für Aristoteles das „erste unbewegte Bewegende" ist – „und dies verstehen alle als Gott", wie Thomas hinzufügt. Diese Wege finden sich gleich zu Beginn eines seiner Hauptwerke, der „Summa theologiae". Sie beanspruchen noch weniger als Anselm eine unmittelbare Beweiskraft. Sie sind Hinführungen, keine Schlussfolgerungen aus einer vorgegebenen Seinsordnung. Die „Quinque viae" sind Überlegungen, ob und wie man Gott aus den Erfahrungen der eigenen Welt erschließen kann. Sie versuchen auf induktivem Wege eine finale Ursache für Veränderungen zu begründen, die alle Gott nennen.

Um den jeweiligen Aufbau der „Quinque viae" zu verstehen, genügt es, sich den ersten der fünf Wege näher anzusehen. Die anderen vier Wege sind letzten Endes Modifikationen des ersten Weges, zum Teil bis in die Formulierungen hinein. Allein der vierte Weg fällt ein wenig aus dem Rahmen, da Thomas hier die platonische und weniger die aristotelische Kosmologie im Blick hat.

Der erste der fünf Wege schließt sich dem aristotelischen Vorbild der Bewegung und deren Verursachung an:

> „Daß Gott ist, kann, so läßt sich sagen, auf fünf Wegen bewiesen werden. Der erste und augenfälligere Weg aber ist der, welcher von der Bewegung her genommen wird. (a) Es ist nämlich gewiß und steht für die Sinneswahrnehmung fest, daß einige (Dinge) in dieser Welt bewegt werden. Alles aber, was bewegt wird, wird von etwas anderem bewegt. Nichts nämlich wird bewegt, außer sofern es sich zu dem in Möglichkeit verhält, wozu es bewegt wird. Etwas bewegt aber, sofern es in Wirklichkeit ist; denn bewegen heißt nichts anderes, als etwas aus der Möglichkeit in die Wirklichkeit überführen. Aus der Möglichkeit kann aber etwas nicht überführt werden außer durch etwas Seiendes in Wirklichkeit: z. B. etwas Warmes in Wirklichkeit, wie das Feuer, bewirkt, daß das Holz, das warm

> der Möglichkeit nach ist, in Wirklichkeit warm wird, und dadurch bewegt es dieses und verändert es. Es ist aber nicht möglich, daß dasselbe (Ding) zugleich in derselben Hinsicht in Wirklichkeit und in Möglichkeit sei, sondern nur in verschiedenen Hinsichten: Was nämlich in Wirklichkeit warm ist, kann nicht zugleich in Möglichkeit warm sein, sondern es ist zugleich kalt in Möglichkeit. Es ist also unmöglich, daß etwas in derselben Hinsicht und auf dieselbe Weise bewegend und bewegt ist oder sich selbst bewegt. Alles also, was bewegt wird, muß von etwas anderem bewegt werden. (b) Wenn also das, wovon es bewegt wird, (seinerseits) bewegt wird, dann muß es auch selbst von einem anderen bewegt werden, und jenes (wiederum) von einem anderen. Hier aber kann es nicht ins Unendliche gehen, weil so nicht etwas erstes Bewegendes wäre, und infolgedessen auch kein anderes Bewegendes, weil die zweiten bewegenden (Ursachen) nur dadurch bewegen, daß sie von einem ersten Bewegenden bewegt sind, wie z. B. der Stab nur dadurch (etwas) bewegt, daß er von der Hand bewegt ist. (c) Also ist es notwendig zu etwas erstem Bewegenden zu kommen, das von nichts bewegt wird. Und dies verstehen alle als Gott."[13]

Die Behutsamkeit, mit der Thomas im letzten Satz den Gottesgedanken einfügt, ist bemerkenswert. Überhaupt atmet der trockene Stil bereits den modernen Geist wissenschaftlicher Sachlichkeit und Nüchternheit. Thomas will seine Schüler allein durch die Kraft der Argumente überzeugen, nicht durch Rhetorik überlisten oder mit Autorität entmündigen.

Der Beweisgang des Thomas fängt also auf der Basis einfacher Wahrnehmungen an. Wir bewegen uns, indem wir von etwas anderem bewegt werden. Aus uns selbst heraus können wir den Anlass dieser Veränderung unseres Körpers nicht bewerkstelligen; nur dadurch verändern wir uns und unsere Möglichkeiten und setzen sie in die Wirklichkeit um. Der Impuls dieser Veränderung ist der Motor meiner Bewegung. So überführen wir die Dinge von der Möglichkeit A in die Wirklichkeit B. Der Impuls dazu ergibt sich aus der Bewegungsenergie, die ein Körper an uns abgibt. Wir kennen das aus dem Billard. Die Impulskette lässt sich dabei in der Zeit problemlos zurückverfolgen: Alles, was in Bewegung ist, wird zeitlich und räumlich von einem früheren Impuls ausgelöst, der im Idealfall seine Bewegungsenergie vollständig an uns überträgt. Wenn wir sit-

[13] Ders., STh I, q 2 a 3. Übersetzung nach: Heinzmann, Thomas von Aquin, 127 und 129.

zen, können wir der Möglichkeit nach auch stehen. Um diese Möglichkeit zu realisieren, stehen wir auf und aus der neuen Wirklichkeit des Stehens ergibt sich wieder – die neue Möglichkeit des Sitzens. Dieses Prinzip nennt Thomas das Kontradiktionsprinzip. Wir können nicht in ein und derselben Hinsicht etwas sein und zugleich nicht sein. Wir können entweder stehen oder sitzen; beides zugleich funktioniert nicht.

Bewegung erweist sich als ein wesentliches Grundphänomen unserer Welt, das nur in Anschauung seines Gegenteils, des Ruhezustands, als solches wahrnehmbar ist. Wenn Sie in einem Zug sitzen, dieser langsam ins Rollen kommt und unmerklich losfährt, bemerken Sie die Veränderung nur, weil der Zug am Nachbargleis stehen bleibt. Würde sich dieser ebenso in Bewegung setzen, würden wir die Veränderung unseres Bewegungszustands erst dann registrieren, wenn wir wieder ein Ruhendes wahrnehmen könnten. All das scheint sich auf einer banalen Wahrnehmungsebene abzuspielen. Das Kontradiktionsprinzip erklärt Veränderungen in der Zeit; es erklärt überhaupt das Phänomen der Zeit. An einer Stelle kommt es jedoch zu einem Sprung in der Argumentation, der auf den ersten Blick unscheinbar ist, allerdings bei genauerem Hinsehen doch Rätsel aufgibt: Warum kann dieses Prinzip von Ursache und Wirkung, so plausibel und eingängig es auch klingt, zeitlich nicht beliebig lang nach hinten rückverfolgt werden? Warum trifft man in der Ursachenabfolge dann zwingend auf jenen „Big bang“, der als erste Ursache alle weiteren Ursachen verursacht hat? Die Antwort bei Thomas lautet schlicht: Wir hätten in dem Fall gar kein Bewegendes. Doch was meint er damit?

Was haben die Wirklichkeit Gottes und ein vielbefahrener Kreisverkehr gemeinsam?

Stellen Sie sich folgende Szene vor: Sie biegen in einen viel befahrenen Kreisverkehr ein. Plötzlich übersehen Sie die Abfahrt, die Sie ursprünglich nehmen wollten und beschließen, noch einmal den ganzen Kreis zu durchfahren. Der Verkehr ist dabei so dicht, dass Sie der Vordermann langsam zu nerven beginnt; im Gegenzug drängelt der Fahrer hinter Ihnen, weil Sie so langsam fahren. Durch den Rückspiegel versuchen Sie, Ihrem Hintermann klarzumachen, dass nicht

Sie schuld sind, sondern dass ihr Vordermann so trödelt. Aber vielleicht kann auch das vordere Fahrzeug nicht schneller fahren, weil auch dessen Vordermann so langsam ist. Und dieser wiederum kann auch nicht schneller. Aber bei letzterem handelt es sich um niemand anders als um Ihren Hintermann – denn immerhin befinden Sie sich in einem Kreisverkehr! Ist er der Grund? Aber nein, er drängelt ja, also kann er nicht gleichzeitig trödeln. Also: Fahren Sie deshalb so langsam, weil das vor Ihnen fahrende Fahrzeug trödelt oder drängelt das hintere Auto unnötig? Welches Fahrzeug ist jetzt die Ursache, welches ist die Wirkung dieser ganzen Situation? Wir wissen es nicht! Der Grund liegt darin, dass wir uns in einem Kreisverkehr bewegen. Hier gibt es weder Ursache noch Wirkung, auch kein oben oder unten, kein links und kein rechts. Hier macht der Begriff der Veränderung überhaupt keinen Sinn. Mehr noch: Wir könnten keine Veränderung oder Bewegung wahrnehmen, wenn wir uns in einem infiniten Regress von Ursache und Wirkung befänden – vergleichbar mit dicht aufeinanderfolgenden Fahrzeugen in einem Kreisverkehr. Hier erübrigt sich die Frage nach Ursache und Wirkung, nach Anfang und Ende, weil es in einem unendlichen System diese zeitlichen und räumlichen Differenzen nicht mehr gibt.

Doch der Ausgangspunkt unseres Beweises war die Beobachtung, dass es Bewegung, also die Veränderung eines Zustands, tatsächlich gibt. Wollen wir diese Beobachtung nicht ihrerseits ad absurdum führen, so müssen wir nach Thomas gezwungenermaßen annehmen, dass es einen ersten „unbewegten Beweger“ geben muss. Eine Ursache dafür, dass wir Veränderung und Bewegung überhaupt als solche wahrnehmen können. Die Differenz von Ruhe und Bewegung, wahrgenommen von unterschiedlichen Bezugsperspektiven, wie etwa einem anfahrenden Zug, gestattet uns erst die Beobachtung raum-zeitlicher Veränderung. Insofern macht die Frage, was denn vor dem „Urknall“ war, also wie man sich das Gestern vor dem „Big bang“ vorstellen muss, keinen Sinn. Die Frage nach einem weiteren Bezugspunkt in der Zeit würde einen weiteren Zeitpunkt erfordern, den es da allerdings nicht gibt, weil er ansonsten erneut als Ursache von Veränderung existiert. Dies hat schon Augustinus beobachtet:

> „Hieraus ergibt sich zweifellos, dass die Welt nicht in der Zeit, sondern mit der Zeit zusammen erschaffen worden ist. Denn, was in der Zeit ge-

> schieht, das geschieht nach einer und vor einer Zeit, nach einer, die vergangen, vor einer, die zukünftig ist. Vergangen konnte aber keine sein, weil keine Schöpfung da war, mit deren veränderlichen Bewegungen sie in Erscheinung getreten wäre. Zusammen mit der Zeit aber ist die Welt erschaffen."[14]

Augustinus hatte natürlich nicht die modernen Naturwissenschaften im Blick, sondern die Philosophie seiner Zeit, insbesondere die Stoa und den Epikureismus, die entweder von der Ewigkeit der Welt oder von einem kosmischen Kreislauf sprachen, was auf das Gleiche hinausläuft. Für Augustinus aber konnte ein ewiger Kreislauf nicht die Zeitlichkeit der Welt erklären.

Die Beziehung von göttlicher Erstursache und Welt, von Schöpfer und Geschöpf, hat auch Konsequenzen für die Gottesbeweise des Thomas: Die „fünf Wege" wollen Gott an-denken; sie verstehen sich als ein Herantasten an eine Wirklichkeit, die wir nicht fassen können, die uns letztlich verborgen bleibt. Das Wesen Gottes ist für Thomas sein eigenes Sein, eine „Aseität" ohne Akzidenzien: Außer dem Wesen gibt es in Gott – nichts. Er ist reine Wirklichkeit und nicht in den Dingen: „deus non est in genere".[15]

Als Erstursache greift Gott nicht mehr nach Lust und Laune in die Eigengesetzlichkeit der Natur ein. Die noch bis dahin beanspruchte göttliche Allwirksamkeit wird nun aufgegeben. Auch die Vorstellung von übernatürlichen Offenbarungsereignissen, wonach Gott seine Existenz mithilfe von Wundern beweist, wird infrage gestellt. Gott kann nicht gegen seine eigenen Naturgesetze verstoßen, deren erste Ursache er selbst ist. Er gibt die Naturgesetze nicht der Lächerlichkeit preis, um nach dem Zufallsprinzip irgendwelche Menschen mit ein paar spektakulären Erscheinungen von sich zu überzeugen. Unsere Welt lebt in einer Abfolge autonom funktionierender Gesetze, die in einer durch die Sinne erfahrbaren Kausalkette aufgebaut ist. Es gibt sinnlich erfahrbare Veränderungen nur deshalb, weil sie einen festen Anfang und ein Ziel haben. Die Welt ist endlich, weil sie einen Ursprung hatte und am jüngsten Tag ihr zeitliches Ende finden wird. Die in der Zeit des Thomas noch gelehrte Schöpfungsordnung konnte also auch dank der aristotelischen Beweisführung bestätigt werden.

---

[14] Augustinus, Der Gottesstaat, XI 6, 715 und 717.

[15] Thomas von Aquin, STh I q 3 a 5.

Freilich bedeutet der Autonomiegedanke der Natur, dass man ihre Gesetze fortan auch ohne Gottesbegriff erklären kann. Damit endet die Vorstellung von der Kreatürlichkeit aller Dinge. Mit Thomas werden also neuzeitliche Entwicklungen vorweggenommen. Die empirischen Naturwissenschaften werden die thomistische Deutung der Natur übernehmen und an die Stelle der kirchlichen Schöpfungslehre treten. Unser Universum wird damit zum unendlich großen Forschungsraum, die Welt zu einer unerschöpflichen Schatzkammer für naturwissenschaftliche Erkundungsreisen. Grenzen? Gibt es keine.

Ein modernes Remake der „Quinque viae"

Als zu Beginn des 20. Jahrhunderts die theoretische Physik – verbunden mit den Namen Max Planck (1858–1947) und Albert Einstein (1879–1955) – die klassischen Naturgesetze Isaac Newtons (1643–1727) außer Kraft setzte, war die Erleichterung der Kirche groß: Die Tatsache, dass die Welt einen zeitlichen Ursprung hat, wurde endlich auch von naturwissenschaftlicher Seite bestätigt. Planck und Einstein konnten beweisen, dass unser Universum keineswegs ewig ist, sondern einen klar bestimmbaren Anfang vor 13,72 Milliarden Jahren hat. Seitdem breitet sich das Licht von einem Zentrum unseres Weltalls aus. Raum und Zeit lassen sich nicht, wie von Newton noch angenommen, beliebig addieren, ebenso wenig die Geschwindigkeit. Es gibt für jede physikalische Größe eine Obergrenze. Mit den bahnbrechenden Thesen Einsteins geriet das bis dahin gültige Bild eines unbegrenzten Universums vollständig aus den Fugen. Jetzt können wir uns mit einiger Präzision jenem Raum-Zeit-Punkt annähern, von dem her alles seinen Anfang nahm.

Der „Urknall" ist heute mehr als nur eine Theorie, er ist eine Tatsache. Die seit Platon geprägte Vorstellung eines auf ewigen Gesetzen und Proportionen aufgebauten Kosmos, gegen die bereits Augustinus argumentiert hatte, stürzte über Nacht wie ein Kartenhaus zusammen. Die Begeisterung und ungewohnte Offenheit der Kirche für die neue Theorie kannte keine Grenzen, als bekannt wurde, dass einer der Paten dieser Urknalltheorie selbst Theologe war: Georges Lemaître (1894–1966) war es, der Anfang der 30er Jahre für den heißen Anfangszustand des Universums die Ausdrücke „primordiales Atom" oder „Uratom“, später auch „kosmisches Ei“ verwendete. Ich kann mich an keine naturwissenschaftliche Einsicht erinnern, die von den beiden großen kirchlichen Konfessionen derart freudestrahlend übernommen wurde. Rasch ging man dazu über, die Urknalltheorie als naturwissenschaftliches Modell für den biblischen Schöpfungsbericht zu akzeptieren. Für Papst Franziskus ist der Urknall die gültige These über den Ursprung der Welt: „Der ‚Big-Bang‘, der Urknall, den man heute an den Anfang der Welt setzt, steht nicht in Widerspruch zum göttlichen Schöpfungsplan, er verlangt nach ihm.“[16]

Die zeitliche und räumliche Begrenztheit unserer Welt limitiert ebenso die Aussagekraft unserer wissenschaftlichen Erkenntnisse. Naturgesetze gelten nur innerhalb eines bestimmten Bezugsystems. Ihre relative Gültigkeit zwingt die Naturwissenschaften seitdem, über das Verhältnis von Glauben und Wissen neu nachzudenken. Wenn Wahrscheinlichkeiten und Unschärfen den Geltungsbereich naturwissenschaftlicher Erkenntnisse charakterisieren, erhält selbst der Kontingenzgedanke in den „Quinque viae“ des Thomas eine neue Aktualität. Die Bedingtheit unserer Welt verweist nicht nur auf den Schöpfungsgedanken des Christentums, sondern spiegelt auch den Vorbehaltscharakter naturwissenschaftlicher Behauptungen wider. Der Gedanke der Begrenztheit unserer Wirklichkeit bleibt so nicht nur auf die Zeit des Mittelalters beschränkt, sondern wird ebenso zur Signatur der Moderne. Dazwischen erstreckt sich mit der Neuzeit eine Epoche, die von der Hegemonie des Menschen geprägt sein wird.

Der Herbst des Mittelalters kommt früh

Schon unmittelbar nach dem Tod des Thomas 1274 kommt es zu einer Reihe von bedeutsamen Veränderungen, die den Übergang vom Mittelalter zur Neuzeit ankündigen. Mit Johannes Duns Scotus (1265–1308) gewinnen die Grundaussagen des Thomas weiter an Dynamik. Wie Thomas betont Duns Scotus die Relevanz einer pri-

---

[16] Ansprache von Papst Franziskus anlässlich der Einweihung einer Büste zu Ehren von Papst Benedikt am 27. Oktober 2014: https://w2.vatican.va/content/francesco/de/speeches/2014/october/documents/papa-francesco_20141027_plenaria-accademia-scienze.html [Zugriff: 05.08.2018]

mär vom einzelnen Menschen ausgehenden Welterschließung. Die Basis seiner Erkenntnistheorie besteht darin, den singulären Gegenstand, die sogenannte „haecceitas", radikal in seiner Vereinzelung in den Blick zu nehmen und nicht sofort nach externen Bedingungen und Ursachen zu fragen. Duns Scotus interessieren jene Ursachen der Vereinzelung, die nicht als Abfall vom Allgemeinen zu betrachten sind, sondern einen eigenen Mikrokosmos bilden, dem sie einen konkreten Ausdruck verleihen. Die Erkenntnis des Einzelnen ist Erkenntnis des Ganzen. Das heißt aber, dass im Menschen selbst bereits alle Antworten enthalten sein müssen. Hier liegen die fundamentalen Voraussetzungen seiner Welterschließung.

Auf Grundlage dieser anthropologischen Reduktion werden für einen bedeutsamen neuzeitlichen Begriff entscheidende Weichen gestellt: Das Verständnis von *Person*, das heute umgangssprachlich wie selbstverständlich als Synonym für Menschen (man denke an die Hinweisschilder, die in einem Fahrstuhl angebracht sind: „300 kg oder 4 Personen") verwendet wird und das wir mit den individuellen Freiheitsrechten des Menschen in Zusammenhang bringen. Dieses neuzeitliche Verständnis verdankt sich Duns Scotus, der den Personenbegriff mit dem Ursprungsort von Erkenntnis und freiem Willen (lat. voluntas, daher auch die Bezeichnung dieser spätmittelalterlichen Richtung als „Voluntarismus") identifizierte. Der freie Wille wird zum Grundcharakteristikum des Menschen. Das bedeutet auch, dass Gott als Urheber dieser menschlichen Freiheit selbst frei sein muss. Duns Scotus nennt diese Freiheit Gottes „potentia Dei"; dessen Handeln in der Welt ist Ausdruck seines Willens. Die Konsequenzen sind gravierend, weil der christliche Personenbegriff, wie wir ihn noch zu Beginn des 13. Jahrhunderts auf dem IV. Laterankonzil kennengelernt haben, ursprünglich aus der Trinitätslehre stammt, wo er eben nicht als Ausdruck eines einzelnen Subjekts, sondern als relational aufeinander bezogene Orte der *einen* göttlichen Substanz verstanden wurde. Der Personenbegriff ist daher nicht, wie die joachitische Lehre es vorgeschlagen hat, auf einzelne Erscheinungsweisen oder Zeiträume eines in drei Personen auseinanderfallenden Gottes übertragbar, der am Ende summarisch die Zahl drei ergibt.

Mit der Interpretation von Person als Ausdruck des freien Willens und der Erkenntnis wird aber ein personalistisches Verständnis in das christliche Gottesbild eingeführt, mit dem die christliche Dogmatik noch heute zu ringen hat. Gott erhält nun die anthropomorphen Züge des neuzeitlichen Personenbegriffs: Vater, Sohn und Geist werden nicht mehr als drei aufeinander bezogene Seinsweisen des einen Gottes, sondern als selbstständig interagierende Subjekte verstanden. Seitdem hat die Theologie mit einem drohenden Tritheismus zu kämpfen. Zugleich wird der Freiheitsbegriff als theologische Kategorie eingeführt und verändert das bisherige Gottesbild erheblich. Gott wird wie der Mensch ein freies und unabhängiges Wesen, wie alle Einzeldinge in der Natur. Was aber heißt das?

Ein Weltbild bricht zusammen

Alles was ist, könnte, rein theoretisch, auch anders sein. Die Dinge sind in ihrer Endlichkeit nur Momentaufnahmen. Sie unterliegen Bedingungen, die von außen, eben durch andere begrenzte Dinge, an sie herangetragen werden und die sie wiederum nicht beeinflussen können. Ihre konkrete Existenzweise ist damit dem Zufall ausgesetzt. Letztlich bedeutet dies aber, dass die vier Grundursachen, die noch Thomas von Aquin im Sinne des Aristoteles für ausreichend gehalten hatte, um die konkreten Gegenstände unserer Welt von innen heraus zu bestimmen, nicht mehr ausreichen. Durch die Entdeckung der Freiheit ist der antike, in sich geschlossene Wissenschaftskosmos irreversibel gesprengt, weil der Faktor des *Möglichen* zur Beschreibung unserer endlichen Welt hinzutritt. Diese neue Offenheit gründet in der absoluten Freiheit Gottes, die wir aber nicht einsehen und abschätzen können.

Zuviel Freiheit kann allerdings auch Ängste hervorrufen und Ungewissheiten erzeugen, die in einer geschlossenen Welt zuvor nicht da waren. Was bleibt, ist ein neuer Unsicherheitsfaktor in unserer Wirklichkeit und dieser neue Unsicherheitsfaktor ist kein Geringerer als Gott selbst. Alles, was ist, ist nicht notwendigerweise so, wie es uns erscheint, weil Freiheit auch grundsätzlich Unberechenbarkeit bedeutet. Gottes Freiheit übertrifft alle Freiheiten des Menschen. Gott lebt in einer eigenen Wirklichkeit, und diese Vorstellung wird am Ende die Unerkennbarkeit Gottes ins Unermessliche steigern. Denn was sich hartnäckig festsetzt, sind die Zweifel an der bisherigen Ordnung der Welt. Die Analogielehre und der christliche Aristotelismus des Thomas hatten noch versucht, die Verbindung zwischen Gott und Welt aufrechtzuhalten, Duns Scotus hingegen kappt sie: Indem wir unsere Kontingenz begreifen, wird Gott zu einem Wesen *absoluter* Freiheit. Gott wird undurchschaubar, unvorhersehbar, letztlich unheimlich.

Der italienische Schriftsteller und Philosoph Umberto Eco (1932–2016) bringt in einem berühmten Kriminalroman „Der Name der Rose" dieses Gefühl zum Ausdruck. Die Protagonisten seines Romans verkörpern genau diese erkenntnistheoretischen Umbrüche des 13. Jahrhunderts: Der Gelehrte William von Baskerville vertritt noch einen christlichen Aristotelismus, während sein Schüler Adson von Melk bereits den Geist des scotistischen Voluntarismus atmet.

Ein Blick in den Roman ist lohnend, denn Eco ist ein Meister des Rätsels, der die Lösung seiner Erzählungen versteckt andeutet. Die Ereignisse in jenem Kloster, von denen Adson rückblickend berichten möchte, spielen im Jahr 1327. Der Mönch ist alt und „in Erwartung sich bald zu verlieren im endlosen stillen Abgrund der stillen wüsten Gottheit." Das ist kein Gott mehr, der sich dem Menschen in der Welt mitteilt, sondern einer, der sich von ihr verabschiedet hat. Die Welt wird zum Ort der Gottverlassenheit. Nichts in der Welt deutet auf einen göttlichen Schöpfer oder eine göttliche Ursache hin. Im Sinne der „Quinque viae" des Thomas auf Gott zu schließen, ist nicht mehr möglich. Was uns bleibt, sind Zeichen, die nur auf andere Zeichen verweisen. Sie zu entschlüsseln, ohne „daraus einen höheren Plan" – sprich: die Allwissenheit und Vorhersehung Gottes – abzuleiten ist die verbleibende Aufgabe des Menschen. Damit wird zugleich die Lösung des Rätsels um die geheimnisvollen Morde im Kloster schon auf der ersten Textseite angedeutet. Während alle Mönche die Umstände der Todesfälle als Ankündigungen des Endgerichts aus der Offenbarung des Johannes interpretieren, legen sie für den Helden William von Baskerville einen ganz anderen Schluss nahe. Die Lösung des Rätsels ist ein geheimnisvolles Buch, das die Mönche in ihrer Bibliothek unter Verschluss halten und dessen gefährlicher Inhalt für die zahlreichen Todesfälle verantwortlich ist. Die Mörder sind die Mönche selbst; sie vergiften sich bei der geheimen Lektüre des Buches. Am Ende von Ecos Kriminalroman steht die Bibliothek in Flammen und mit ihr das Wissen eines vom christlichen Glauben dominierten Zeitalters. Damit wird bereits im 14. Jahrhundert das Ende der geordneten Welt des Mittelalters eingeläutet. Allerdings neigt sich nicht nur eine weitere

Epoche dem Ende zu; nun endet auch die Vormachtstellung des Glaubens, die seit der Konstantinischen Wende im vierten Jahrhundert das Denken und Handeln der Menschen dominierte. Die philosophische Perspektive fokussiert die Erkenntnis des Menschen auf dessen endliche Existenz, die im Wissen einer nicht mehr fassbaren Gottheit den Gegenständen nur noch „Namen, nichts als Namen" geben kann. Genauso nennt sich auch die Geisteshaltung in dieser Zeit: Nominalismus. Namen spielen auch in Ecos Roman eine wichtige Rolle: William von Baskerville ist nicht nur eine Referenz an den Detektivroman Sir Arthur Canon Doyles „Der Hund von Baskerville" mit dem cleveren Ermittlerduo Sherlock Holmes und Dr. Watson. Der Vorname verweist zudem auf den bedeutendsten Vertreter des Nominalismus Wilhelm von Ockham, unseren dritten Akteur, mit dem wir die Schlussphase des Mittelalters beschreiben können.

Wilhelm von Ockham gilt als der letzte Vertreter des Mittelalters. Seine Weltsicht gibt jedoch zugleich Aufschlüsse auf die geistesgeschichtlichen Umwälzungen: Einerseits ist der Nominalismus seiner Zeit die Konsequenz der voluntaristischen Verschärfung, die in der Freiheit Gottes auch den Grund für die Freiheit des Menschen erkennt. Andererseits lässt die absolute Freiheit Gottes keine Rückschlüsse mehr auf eine harmonische Schöpfungsordnung oder göttliche Vorsehung zu. Nun taucht der Verdacht der Planlosigkeit auf, der mit einer bislang ungewohnten Unsicherheit einhergeht. Ein Zurück in das wohlsortierte Denken einer mittelalterlichen Schöpfungsordnung, die die menschliche Lebenswelt wenigstens noch in Ansätzen in einem Korrespondenzverhältnis zur himmlischen Sphäre verstehen konnte, ist inzwischen unmöglich geworden. Der Held in Ecos Roman löst die Kriminalfälle allein mit den Mitteln der menschlichen Logik, ohne auf eine göttliche Eingebung zu setzen. Der Theologe und Philosoph Wilhelm von Ockham bezeichnet den neuen, profanierten Typus von Wissenschaft in Abgrenzung zur bisherigen „via antiqua" jetzt als „via moderna". Mit Modernität verbinden wir gewöhnlich positive Vorstellungen und Werte. Doch im 14. Jahrhundert liegen die Dinge nicht ganz so einfach. Um „das Moderne" im Denken Ockhams zu verstehen, müssen wir daher zunächst etwas ausführlicher auf die zahlreichen Umbrüche seiner Zeit eingehen.

Eine *neue* Zeit ...?

Die meisten historischen Darstellungen malen die Anfänge der Neuzeit in überwiegend goldenen Farben: Der Mensch wird endlich aus der mittelalterlichen Haft von Religion und Kirche entlassen und beginnt, seine Welt als selbstbewusstes Subjekt neu zu vermessen. Der christliche Glauben verschwindet aus dem öffentlichen Leben und wird zur Privatreligion. Eine derartige Vorstellung neigt jedoch etwas zum Klischee. Ende des 19. Jahrhunderts war es der Renaissanceforscher Jacob Burckhardt (1818–1897), der in seinen Untersuchungen zur frühen Neuzeit jenes holzschnittartige Bild vom Mittelalter prägte als einer finsteren, von der Kirche beherrschten Epoche, die mit der Neuzeit endlich überwunden wird. In der Neuzeit könne der Mensch in einem Akt der Selbstermächtigung die Fesseln der Religion ablegen: „Der Schleier aus Glauben, Kindesbefangenheit und Wahn [ist] verweht und [...] der Bann, welcher auf dem Individualismus gelegen, nun völlig gebrochen".[17] Allerdings konnten wir bereits aus der theologie- und philosophiehistorischen Betrachtung des 13. Jahrhunderts erahnen, dass Burckhardt ebenso wie sein Bewunderer Friedrich Nietzsche einer selektiven Wahrnehmung unterlag, bei der eher der Wunsch der Vater des Gedankens war. Die Bedingungen, die zu jener Epoche führen, die wir heute Neuzeit nennen, entstehen nicht über Nacht, sondern sind bereits in der Aristoteles-Rezeption dieser Zeit spürbar. Dieser allmähliche Umbruch, der sich schon zu Beginn des Hochmittelalters abzeichnete, generierte zusammen mit unzähligen Entwicklungen auf ganz unterschiedlichen Gebieten die Aufbrüche des 15. und 16. Jahrhunderts. Die Geschichte kennt also keine radikalen Brüche. Sie ist vielmehr ein breiter Fluss wechselseitiger Gestaltungsprozesse, in denen sich ruhige, konstante Perioden mit Phasen der Beschleunigung abwechseln. Wann endet nun das Mittelalter? Wann beginnt sie, diese Neuzeit?

Die Antwort auf diese und ähnliche Fragen kann nur lauten: nirgends. Es war eben nicht möglich, abends im Mittelalter ins Bett zu gehen, um am nächsten Morgen in der Neuzeit aufzuwachen. Gleiches konnten wir schon anhand des Übergangs von der Antike zum

[17] J. Burckhardt, Die Kultur der Renaissance in Italien – ein Versuch, Stuttgart ^{11}1988, 99f.

Mittelalter beobachten. Auch hier war es schon mit Blick auf die Wirkungsgeschichte von Augustinus sehr schwierig, wenn gar unmöglich, eindeutige Epochengrenzen zu ziehen. Dies gilt erst recht für den Übergang vom Mittelalter zur Neuzeit. Schon der Begriff „Neuzeit" ist heikel, denn er suggeriert die Vorstellung einer Epoche, die sich aus dem Dunkel des Mittelalters herauslöst und eine Ära des Fortschritts und des gesellschaftlichen Aufbruchs einläutet. Dem war aber nicht so.

... wohl eher eine Katastrophe!

Es genügt schon ein rascher Blick auf die Ereignisse des 14. Jahrhunderts, um alles andere als Aufbrüche oder gar den Beginn einer *neuen Zeit* zu sehen. Besser wäre es, von einem völligen Zusammenbruch bisheriger Ordnungen zu sprechen. *Neu*-Zeit? Das 14. Jahrhundert ist ein einziges Desaster. Die Neuzeit in den italienischen Stadtstaaten Florenz, Rom, Neapel und Venedig ist zunächst von den verheerenden Folgen der Pest im Jahre 1348 gekennzeichnet, die dem italienischen Schriftsteller Giovanni Boccaccio (1313–1375) Anlass bieten, vor den Stadtmauern von Florenz einer kleinen Schar von Überlebenden durch Novellen kurzzeitig etwas Ablenkung vom grausamen Alltagsgeschehen zu verschaffen. Die Erfahrungen, aus denen heraus Boccaccio sein „Decamerone" schreibt, gehen an die Grenzen der Vorstellungskraft. Das Grauen in den Städten ist allgegenwärtig. Die Pest rafft ein Drittel der gesamteuropäischen Bevölkerung dahin. Zudem stellt sich die Gewissheit ein, dass die Kreuzzüge, die knapp dreihundert Jahre zuvor noch als westeuropäisches Gemeinschaftsprojekt zur Befreiung des Heiligen Landes ins Leben gerufen worden waren, definitiv gescheitert sind. Damit erleidet die bis dahin unhinterfragte lateinische Welt die erste spürbare Niederlage in ihrer so erfolgsverwöhnten Geschichte. Der Islam hat den ersten „Clash Of Civilizations" – so der reißerische Titel eines fragwürdigen Bestsellers aus dem Jahre 1996 – für sich entschieden. Die Türken bemächtigten sich 1354 des kleinasiatischen Gallipoli, das sie zu ihrem ersten Stützpunkt machten. Durch den Sieg auf dem Amselfeld 1389 wurde ihre Vormachtstellung endgültig zementiert. Bei denjenigen, die in Kontakt mit Kultur und Religion Mohammeds kommen, stellt sich hingegen die Einsicht ein, dass die orientalischen

Gesellschaften in naturwissenschaftlicher und sozialer Hinsicht nicht nur dem christlichen Abendland ebenbürtig, sondern in einigen Bereichen sogar überlegen sind. Während im lateinischen Westen nur Klerikern der Zugang zur Bildung möglich war, bestand die islamische Gelehrtenwelt, von wenigen Ausnahmen abgesehen, aus Ärzten und Naturwissenschaftlern. Darüber hinaus berauben sich England und Frankreich durch endlose Kriege ihres europäischen Führungsanspruchs. Schließlich erreicht das zerstrittene Papsttum im 14. Jahrhundert einen definitiven Tiefpunkt bezüglich seiner Glaubwürdigkeit und Autorität. Clemens VI., der Horoskopen mehr vertraut als seiner eigenen Religion, baut in Avignon einen eigenen Palast, in dem er rauschende Feste feiert. Im „Decamerone" beschreibt Boccaccio die Zustände am dortigen Hof sehr genau. Die Neuzeit ist also zunächst nichts anderes als eine Geschichte des Niedergangs und des Verfalls. Europa erlebt einen seiner zahlreichen Tiefpunkte.

Gott wird zum Willkürherrscher

Tatsächlich scheint sich Gott zu dieser Zeit aus der Lebenswelt des Menschen verabschiedet zu haben. Er lebt in seiner eigenen, unerklärbaren Sphäre. Seine Freiheit ist absolut, während die Freiheit des Menschen darin besteht, auf sich allein gestellt zu sein. Der menschlich verständliche Notbehelf besteht in einem verzweifelten, geradezu absurden Vertrauen in diesen dunklen Abgrund Gottes. Versucht man diese Verzweiflung einmal nachzuempfinden, lesen sich die Zeilen eines um die göttliche Gnade ringenden thüringischen Augustinermönchs ganz anders:

> „Was wir glauben sollen, muss verborgen sein. Am meisten verborgen ist das, was im Widerspruch steht zu Wahrnehmung und Erfahrung. Wenn daher Gott Leben schenkt, dann tut er das, indem er tötet. Wenn er uns rechtfertigt, dann tut er das, indem er uns zu Schuldigen macht. Wenn er uns in den Himmel erhebt, dann tut er das, indem er uns in die Hölle führt […]. So verbirgt er seine Güte und Barmherzigkeit unter seinem ewigen Zorn, seine Gerechtigkeit unter der Untat. Denn das ist die höchste Stufe des Glaubens, dass man glaubt, der sei gütig, der so wenige rettet und so viele verdammt, dass man glaubt, derjenige sei gerecht, dessen Willen uns mit Notwendigkeit zu Verdammenswürdigen macht,

> so dass es, wie Erasmus sagt [= sein katholischer Kontrahent in dieser Schrift, W. B.], so aussieht, als freue er sich an den Qualen der Elenden und habe eher unseren Hass als unsere Liebe verdient. Wenn ich aufgrund irgendeiner vernünftigen Überlegung glauben könnte, dieser Gott, der solchen Zorn und Untat aufweist, sei barmherzig und gerecht, dann wäre kein Glaube nötig."[18]

Zugegeben: Als Martin Luther (1483–1546) diese Zeilen schrieb, war er schon seit einiger Zeit aus der katholischen Kirche verbannt und längst kein Augustinermönch mehr. Es war die Phase tiefgreifender Auseinandersetzungen, die sich nicht nur politisch, sondern auch theologisch nach dem öffentlichen Bruch mit Rom abspielten. So gesehen war Martin Luther ein typisch mittelalterlicher Nominalist, den mit der Erbsündenlehre des späten Augustinus mehr verband als mit der aufklärerischen und rationalen Überlegenheit, die man gemeinhin der Neuzeit zuschreibt. Zur historischen Bedeutung Luthers trug nicht nur sein ausgesprochen markanter Charakter bei. Vielmehr fand er in den deutschen Territorialmächten schnell Verbündete, die sich auch aus politischem Kalkül heraus mit den Zielen der Reformation identifizierten. Darüber hinaus konnte er die neu erfundene Buchdruckerkunst für seine Zwecke effektiv einsetzen und seine Texte, Predigten und Reden schnell und großflächig publizieren. Alles, was er schrieb, wanderte noch am selben Tag in die Druckerei. So gelang es ihm nicht nur, seine Thesen und Forderungen in Rekordzeit zu verbreiten, sondern auch in der römischen Kirche den Druck zu erhöhen. Diese dynamische Entwicklung verdeckt jedoch beizeiten, dass Luther theologisch gesehen in einem spätmittelalterlichen Welt- und Gottesbild beheimatet war, das man als alles andere als neuzeitlich bezeichnen kann. Er vertrat mit seiner Rechtfertigungslehre eine radikale, an Augustinus anknüpfende Gnadentheologie, die er einerseits gegen das marode Papsttum seiner Zeit argumentativ einzusetzen wusste und andererseits mit derselben Entschlossenheit gegen den aufkommenden Renaissancehumanismus abgrenzte. So gesehen war Luther eine ambivalente Persönlichkeit, die kirchenpolitisch ungemein progressiv und modern wirkte, theologisch jedoch in der Vergangenheit zuhause war.

---

[18] M. Luther, De servo arbitrio, in: D. Martin Luthers Werke, Weimarer Ausgabe, Abteilung 1: Schriften, Bd. 18: Schriften 1525, Weimar 1908, 633, 7–21.

Not lehrt nicht nur Beten

In der Not, so lehrt uns der Volksmund, suchen die Menschen ihren Halt im Glauben. Es gibt aber auch die andere Tendenz: Menschen verlieren in Krisensituationen ihren Glauben. Wen wundert's, wenn niederschmetternde Erfahrungen einen bis dahin gläubigen Menschen zum überzeugten Atheisten werden lassen. Die Hoffnung stirbt zwar zuletzt – aber irgendwann stirbt sie wirklich, so fügen die vom Leid Betroffenen oft hinzu. Der Glaube ist ein äußerst zerbrechliches Gefäß. Diese Menschen erkennen im Zusammenbruch religiöser Vorstellungen auch ein Moment der Befreiung: In Boccaccios „Decamerone" wird Gott als ebenso verlogen und heuchlerisch beschrieben wie der Mensch. Das Verschwinden Gottes aus der Lebenswelt der Menschen führt nicht zu einem Anstieg der Frömmigkeit, sondern zum Glaubensverlust. Im Gegensatz zu Luther steht Boccaccio nämlich für völlig andere Konsequenzen. Vielleicht will Gott bloß mit uns spielen? Hat er vielleicht das Interesse an seiner Schöpfung verloren?

An Gott zu glauben, bedeutet in dieser Zeit, an eine völlig unbegreifliche, absolut transzendente Wirklichkeit zu glauben, der man schutzlos ausgeliefert ist. Mit den katastrophalen Ereignissen des 14. und 15. Jahrhunderts gehen zugleich Zweifel an der althergebrachten Annahme einher, die Welt sei um der Menschen willen geschaffen, die menschlichen Interessen über alle Maßen berücksichtigt und der Mensch die Krone der Schöpfung. Wer in dieser Situation nicht an Gott verzweifelt, setzt seine ganze Hoffnung auf eine völlig andere Wirklichkeit, die in keinerlei Beziehung zur Lebenswelt steht und sich des Zugriffs des Menschen entzieht.

Was bleibt dem Menschen letztlich anderes übrig, als lediglich die Namen der Gegenstände auszusprechen, die ihm in seinem realen Leben begegnen und deren Namen im nächsten Moment verklungen sind? Einen höheren Erkenntnisanspruch hat der Mensch nicht mehr. Diese Namen sind nur ein von Stimmen erzeugter Lufthauch. „Flatus voces" war ein Bonmot, das man zwar Anselm von Canterbury zuschrieb, das aber weniger auf das Mittelalter, als vielmehr auf die hier beschriebene Übergangsphase zutrifft. Worte verkörpern nichts, sie sind nur Zeichen, die auf andere Zeichen verweisen.

Der leere Himmel

Der seinem eigenen Schicksal überlassene Mensch konzentriert sich zunehmend auf seine Möglichkeiten. Sein unverstellter Blick auf die Welt wird zum Ausgangspunkt jeder neuzeitlichen Philosophie und Theologie sowie für alle weiteren Entwicklungen bis heute. Die Konzentration auf die eigene Handlungsmacht hat zwei unmittelbare Konsequenzen: Zum einen benötigt man zur Erkenntnis der Welt erheblich weniger spekulative Kraft. Zum anderen braucht man zur Erklärung der Welt keine kirchlichen Lehrbücher mehr, deren Inhalte nicht selten in Widerspruch zu dem stehen, was man den gesunden Menschenverstand nennt.

Es genügen in zunehmendem Maße einfache Antworten, die zu überraschend klaren und überzeugenden Einsichten führen. Schon ein abendlicher Blick in den Himmel verrät, dass das überwiegend aus Traditions- und Glaubensgründen übernommene ptolemäische Weltbild des antiken Mathematikers Aristarchos von Samos (310–230 v. Chr.) zu höchst komplizierten Sternenbildern führen musste. Ständig waren Ausgleichsrechnungen erforderlich, die die geozentrisch und kreisförmig angeordneten Umlaufsbahnen korrigierten. Dreht man die Beweislast jedoch einmal um und vertauscht Sonne und Erde, ergibt sich ein wesentlich simpleres System, das von Nikolaus Kopernikus (1473–1543) in seinem Werk: „De revolutionibus orbium coelestium“ (zu Deutsch: „Über die Umlaufbahnen der Himmelssphären“ von 1543) favorisiert wurde. Auch wenn Kopernikus darin die nach ihm benannte „Kopernikanische Wende“ grundgelegt hat, wurde er zu Lebzeiten nicht berühmt. Sein Modell war so gar nicht nach dem Geschmack der Kirche und deren bislang unhinterfragtem Weltbild, das die Erde als Mittelpunkt des Universums verstand.

Unmittelbar nach dem Tod von Kopernikus konnte der dänische Astronom Tycho Brahe (1546–1601) aufgrund genauerer Messdaten eine interessante Mischung aus geo- und heliozentrischem Weltbild konstruieren, die, zumindest für kurze Zeit, mehr Zuspruch erhielt. Brahe ging davon aus, dass die Sonne um die Erde, die übrigen Planeten ihrerseits um die Sonne kreisen würden, was dem Commonsense der damaligen Wissenschaft wesentlich entgegenkam – und natürlich auch der Kirche. Erst sein Schüler Johannes Kepler (1571–1630) konnte die Idee des Kopernikus mithilfe mathematischer Neuberechnungen erneut aufgreifen und standardisieren. Mit dem Keplerschen Weltbild, dem elliptische Umlaufbahnen zugrunde lagen, gelang ein erster Durchbruch. Aber erst mit der experimentellen Berechnung der Fallgesetze Galileo Galileis (1564–1642) und dem gegen Ende des 17. Jahrhunderts durch Isaac Newton (1643–1727) entdeckten gravitativen Zusammenhang von Masse und Umlaufbahnen konnte sich das kopernikanische Weltbild auf der Basis elliptischer Umlaufbahnen endlich, nach gut zweihundert Jahren, behaupten.

Was haben Naturwissenschaften, Kohlehydrate und ein Rasiermesser gemeinsam?

Diesem Erfolg naturwissenschaftlicher Empirie liegt eine Maxime zugrunde, die bereits Wilhelm von Ockham ein Jahrhundert vor Kopernikus entwickelt hat und das seitdem unter dem Namen Ockhams Rasiermesser (auch: „Occam's razor") als Ökonomie- oder Sparsamkeitsprinzip bekannt ist. Dieses Prinzip vernetzt bisherige Erfahrungen und aktuelle Beobachtungen und erklärt ihre Zusammenhänge im Sinne des Nominalismus mit möglichst wenig metaphysischen Anteilen. Man könnte dies in Anlehnung an den modernen Ernährungstrend von „Low-carb" „Low-metaphysics" nennen. Überflüssige, sprich: metaphysische Annahmen werden weggelassen. Die neue „via moderna" Ockhams wirkt wie ein Rasiermesser, das alle unnötigen Erklärungen abschneidet und daher in der Folgezeit auch so genannt wurde. In einer der zahlreichen überlieferten Varianten lautet es:

> „Pluralitas non est ponenda sine necessitate." – „Eine Mehrheit darf ohne Not nicht zugrundegelegt werden."[19]

Steht man vor der Wahl mehrerer Erklärungen, die sich alle auf dasselbe Phänomen beziehen, soll man diejenige bevorzugen, die mit

---

[19] Für Ockham verweise ich im deutschsprachigen Raum auf Jan Beckmann, Philosoph an der Fernuniversität Hagen. Seinen umfangreichen Studien zu Ockham liegt auch die zitierte Version zugrunde: J. P. Beckmann, Ontologisches Prinzip oder methodologische Maxime? Ockham und der Ökonomiegedanke einst und jetzt, in: W. Vossenkuhl/R. Schönberger (Hg.), Die Gegenwart Ockhams, Weinheim 1990, 191–207, 191.

den einfachsten beziehungsweise der geringsten Anzahl an Voraussetzungen auskommt.

Es ist faszinierend, dass ein derart schlichtes Prinzip bis in die heutige Astrophysik hinein angewendet wird. Ein bekanntes Beispiel ist die sogenannte Hubble-Konstante, benannt nach dem US-amerikanischen Astrophysiker und ehemaligen Preisboxer Edwin Hubble (1889–1953). Sie beschreibt die Expansionsgeschwindigkeit unseres Weltalls und basiert auf Messungen, die sich aus den jeweiligen Geschwindigkeiten von schnell auseinanderfliegenden und damit sehr weit entfernt liegenden Sternen ergeben. Natürlich unterliegen derlei Messungen gewissen Unschärfen, sogenannten „Rotverschiebungen", weil sich das Licht in die Länge zieht und sich dadurch optisch dehnt. Wir kennen das Phänomen aus der Akustik: Das Martinshorn eines davonfahrenden Krankenwagens klingt anders als das eines sich nähernden Fahrzeugs. Entsprechend komprimieren sich herannahende Lichtwellen zur Blauverschiebung. Hubble besaß nun den Mut, gemäß dem Sparsamkeitsprinzip Ockhams, in dem unten abgebildeten Diagramm ein einfaches Muster zu erkennen – eben jene, nach ihm benannte Konstante, die er als geraden Strich frech einzeichnete. Einfach so.

Natürlich hat diese Ökonomisierung der Ursachen ihren Preis. Die Erklärungsmodelle der „via moderna" verzichten auf eine metaphysische Hinterfragung ihrer Geltungsansprüche. Sie reduzieren

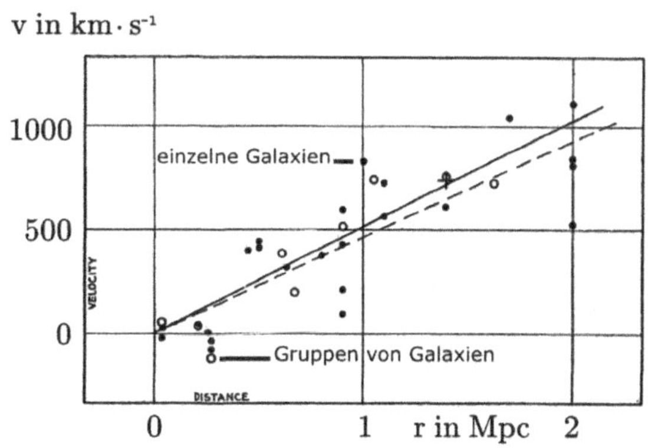

Abb. 6: Schaubild nach Hubble. Die waagrechte Achse zeigt die Entfernung, die senkrechte Achse die Geschwindigkeit an, mit der sich die Sterne voneinander wegbewegen © National Academy of Science, gemeinfrei

jede Wissenschaft auf die logische Konsistenz ihrer theoretischen Grundlagen. Der auf Sinnfragen verzichtende Nominalismus generiert eine neue Form von Wissenschaftstypus. Dieser neue Wissenschaftstypus arbeitet mit einem neutralen Weltbild, das in den folgenden Jahrhunderten immer mehr an Bedeutung gewinnt. Der dabei erzielte Fortschritt schien bis in das letzte Jahrhundert hinein dieser Werteneutralität Recht zu geben. Die empirische Methode erweist sich als überzeugend und hat vor allem einen Vorteil: Sie liefert einleuchtende und überprüfbare Erfolge. Das neue Metaphysicum lautet Fortschritt und Erfolg.

Wenn Namen nichts mehr bedeuten, sondern nur noch Bezeichnungen sind, benötigt man auch kein altertümliches Latein mehr, in das man die eigenen Gedanken erst übersetzen muss. Man schätzt nun die Eloquenz und auch die Ästhetik der eigenen Landessprache. Dante Alighieri (1265–1321) schreibt wie Boccaccio seine „Göttliche Komödie“ auf Italienisch, und gilt heute als Begründer der modernen italienischen Sprache. Meister Eckhart (ca. 1260–1328) lehrt seine Theologie in Gestalt deutschsprachiger Predigten – eine Sensation! Und in einem weiteren Punkt wird im 15. Jahrhundert definitiv mit der mittelalterlichen Tradition gebrochen: Aus der Malerei verschwindet die Perspektive Gottes, der Blick des Menschen genügt.

Der Raum wird vermessen und der Mensch neu entdeckt

Not lehrt nicht nur Beten. Das Gegenteil ist der Fall: Das Jenseits verliert an Bedeutung. Zur selben Zeit, als die Pest Europa in einen einzigen großen Friedhof verwandelt, besteigt der Humanist Francesco Petrarca (1304–1374) den Mont Ventoux und entdeckt den Zauber der Natur. Um die Harmonie der Welt zu beschreiben, benötigt man weder die Genesis noch die Psalmen; jetzt bedient man sich der antiken philosophischen Einsichten in Geometrie und Kartografie. Es ist die Zeit der Wiedergeburt dessen, was man schon früher wusste. Wiedergeboren im Sinne von „wiederentdeckt“ wurde dabei das Wissen der Antike, deren Philosophen und Mathematiker neu rezipiert und übersetzt werden. Auf ihre Vorarbeiten hin werden Weltkarten nicht mehr aus der Perspektive eines biblischen Schöpfergottes gezeichnet, sondern aus der Perspektive des Menschen. Jerusalem und das Paradies stehen nicht mehr im Zentrum der Welt.

Für die bildenden Künste sind nicht mehr die beiden Schöpfungsberichte, sondern die antiken Harmoniegesetze der Ästhetik und der Proportion ausschlaggebend. In dieser neuen Weltsicht vollziehen sich jene zahlreichen kleinen und großen „Kopernikanischen Wenden“, die in ihrer Summe dann das hinter sich lassen, was wir heute als *das* Mittelalter bezeichnen – auch wenn der Weg der Anerkennung, wie im Falle des Kopernikus, ein sehr langer sein kann. Glauben und Wissen gehen nun endgültig getrennte Wege.

Mit der Ausklammerung Gottes wird in den Naturwissenschaften ein grundsätzlicher Perspektivenwechsel ermöglicht, der sich in der Malerei unmittelbar wiederfinden lässt. Wie schnell ein derartiger Perspektivenwechsel die Visualisierung optischer Wahrnehmungen verändert, zeigt ein Vergleich zweier religiöser Motive, die nur knapp hundert Jahre auseinanderliegen.

Noch im 14. Jahrhundert dominiert bei Giotto di Bondone (1267/1276–1337) die Vorstellung einer strikten Trennung zwischen göttlicher und menschlicher Sphäre. Es existiert noch keine einheitliche Zentralperspektive aus der Blickpyramide des Subjekts. Jede Perspektive ist gleichberechtigt. Ein bekanntes Beispiel dafür befindet sich in der Basilika von Assisi, wo man das Fresko aus dem Leben des heiligen Franziskus von Giotto bewundern kann. Dabei wird deutlich, wie Giotto die Häuser seiner Heimatstadt aus völlig unterschiedlichen Blickwinkeln zeichnet.

Wenn man von Assisi mit dem Regionalzug nach Florenz fährt, am Zentralbahnhof den Zug verlässt und in die gegenüberliegende Basilika „Santa Maria Novella“ geht, wird man ein anderes berühmtes Gemälde finden: Die Trinitätsdarstellung von Masaccio (1401–1428). Sie gilt als eine der ersten westlichen Abbildungen der Zentralperspektive. Hier wird die Mehransichtigkeit des Raumes auf die zentrale Perspektive des menschlichen Betrachters beschränkt.

Dabei war die Zentralperspektive in der islamischen Welt durch Ibn al-Haitham (lat. Alhazen, 965–1040) schon längst bekannt. Paradoxerweise war es ausgerechnet das durch die Lektüre platonischer Texte gewachsene Misstrauen in die eigene Sinneswahrnehmung, das die islamischen Aufklärer des 10. und 11. Jahrhunderts dazu veranlasste, die Gesetze der Optik zu erforschen.

Die Änderung der Perspektive innerhalb der Kunst ist ein Meilenstein auf dem Weg in die frühe Neuzeit. Mit der Zentralperspektive entwickelt sich für Hans Belting, dessen kunsthistorische Analysen

Abb. 7: Giotto di Bondone: Franziskus trennt sich von seiner Familie und allem Besitz, Basilika San Francesco, Assisi © gemeinfrei

Abb. 8: Masaccio, Scheinkappelle mit Trinität (um 1428), Santa Maria Novella, Florenz
© gemeinfrei

wir im Rahmen der Auferstehungsthematik bereits kennengelernt haben, überhaupt so etwas wie Kunst, während im Mittelalter die Theologie des Bildes mit festen Vorgaben und Regeln herrschte.

Vom mittelalterlichen Handwerker …

Der inhaltliche Rahmen, die Ausführungen und das Selbstverständnis des Malers standen im Mittelalter ganz im Zeichen kirchlicher Gelehrsamkeit. Das oberste Ziel bestand in der Vermittlung christlicher Glaubens- und Lerninhalte, da der weitaus größte Teil der Menschen weder lesen noch schreiben konnte. Die mittelalterliche Kirche predigte mit Bildern. Die Motive entstammten nicht selten der Kolportage von Heiligenlegenden. Das Leben des heiligen Franziskus von Giotto ist hier ein typisches Beispiel dafür, wie an Wallfahrtsorten den Pilgern der Grund ihrer beschwerlichen Reise illustriert wurde. Die Mehrdimensionalität der Perspektive Giottos drückt zugleich den Wert des Menschen aus: Er nimmt einen nebensächlichen, ja unbedeutenden Rang ein. In der mittelalterlichen Kunst herrscht das Prinzip der Anonymität vor. Die Gesichter weisen keine individuellen Merkmale auf, der Maler selbst bleibt oft unbekannt. Selbst für prominente Gelehrte und berühmte Persönlichkeiten lassen sich nur schwerlich genaue biografische Daten ermitteln. Was zählt, sind allenfalls die Zeitpunkte kirchlicher Initiationsereignisse wie die der Taufe, der Priesterweihe oder der Ordensprofess. Am Ende wartet der Tod als Übertritt in eine allein von Gott zu entscheidende Daseinsform. Dieses Faktum ist in der Tat so etwas wie das einzig sichere Ereignis im Leben des Einzelnen. In dieser drastischen Sichtweise des Mittelalters liegt der Grund für die Gleichförmigkeit und Zweckmäßigkeit der Malerei, deren Impetus in den späten Phasen des Nominalismus noch an Deutlichkeit hinzugewinnt. Hier wird die Verlorenheit des Menschen als schlechthinnige Abhängigkeit von einem nicht mehr greifbaren, willkürlich herrschenden Gott verstanden. Die Bedeutung des Menschen geht gegen null, während die Absolutheit Gottes ins Unermessliche steigt. Diese Bedeutungslosigkeit der eigenen Existenz schlägt sich in der Perspektivenlosigkeit der mittelalterlichen Malerei nieder.

... zum neuzeitlichen Künstler: Die Renaissance entdeckt das Genie

Galt der Künstler im Mittelalter noch als reiner Handwerker, der, in Zünften vereinigt, überwiegend sakralen Aufträgen nachkam, so lässt sich ab dem 15. Jahrhundert eine bemerkenswerte gesellschaftliche Aufwertung des Künstlerberufes feststellen. Zwar waren die Zünfte in der Regel wohlhabende Vereinigungen, die von kirchlichen und weltlichen Institutionen beträchtliche Stiftungsgelder erhielten, um an großzügigen Projekten zu arbeiten. Allerdings wurden die Aufträge von den Geldgebern und der eigenen Zunft relativ streng überwacht, sodass es fremden Künstlern nur schwer gelang, sich niederzulassen und zu etablieren. Die Selbstständigkeit des Künstlers beginnt im 15. Jahrhundert mit der Einrichtung von Schulen. Der junge Künstler geht zu einem bekannten Meister in eine sechsjährige Lehre und erwirbt sich so die erforderlichen Kenntnisse. Die Schule beziehungsweise der Name des Meisters sorgt für die eigene Reputation. Das neue Selbstbewusstsein des Malers wird an der Zunahme von Selbstdarstellungen deutlich. Der Künstler portraitiert sich selbst ins Bild. Das bekannteste Beispiel ist der Renaissancekünstler Raffael da Urbino (1483–1520): In der weltberühmten „Schule von Athen" malt er sich ohne Scheu in die Nähe von Platon und Aristoteles.

Jetzt geht es Schlag auf Schlag. Erste neuzeitliche Künstlerbiografien, wie etwa die von Giorgio Vasari (1511–1574), führen dazu, dass ab der Mitte des 16. Jahrhunderts aus anonymen Auftragsmalern ernstzunehmende „Artifices" und philosophierende Disputanten werden. In Vasaris Biografie wird erstmals der Begriff der „rinascimento", der Renaissance als Wiedergeburt der Antike, verwendet. 1540 befreit Papst Paul II. Michelangelo Buonarroti (1475–1564) offiziell vom Zunftzwang und 1571 erweitert Cosimo de' Medici dieses Recht auf alle Künstler. Während Dante in seiner „Göttlichen Komödie" den Florentiner Mosaikmaler des 13. Jahrhunderts Cimabue (ca. 1240–1302) aufgrund seiner Eitelkeit noch im Purgatorium schmoren lässt, eröffnet sich nun für die Künstler die Möglichkeit, ihre Einsichten in Abhandlungen zu reflektieren und sich dadurch auch als philosophisch ausgerichtete Kunsttheoretiker zu begreifen. Die Künstlerwerkstatt, die „bottega", wird zum Treffpunkt von Diskussionskreisen. Die „Commentarii" („Denkwürdigkeiten") Ghibertis (1378–1455), die heute zu den wichtigsten Quellen der italienischen Kunstgeschichtsschreibung zählen, sind aufgrund dieser

Liberalisierung ebenso ermöglicht worden, wie die Arbeiten seiner Rivalen Brunelleschi (1377–1446) und Donatello (1386–1466). Die Kunsttheorie von Leone Battista Alberti (1402–1472), die die Rezeption antiker Kunst und ihre Synthese mit zeitgenössischen Vorstellungen in Malerei und Architektur vorantreibt und die in Modifikationen bis heute maßgeblich ist, avanciert zum Standardwerk der Renaissance.

Die Renaissance, die in Italien beheimatet ist, und sich vor allem in der Ästhetik, der Kunst und Kultur niederschlägt, unterscheidet man vom eher theoretisierenden Humanismus, der sich in Mittel- und Nordeuropa durchsetzt. Die beiden Strömungen kommen darin überein, den Menschen als freies Wesen zu begründen. Darin besteht die eigentliche Bedeutung der Bibelübersetzung Martin Luthers ins Deutsche. Das Wort Gottes soll allen Menschen zugänglich sein. In Italien entlarvt Lorenzo Valla (1405/07–1457) die sogenannte „Konstantinische Schenkungsurkunde“ als Fälschung. Dabei handelte es sich um ein angeblich auf Kaiser Konstantin zurückgehendes Dokument, das bis dahin die Gebietsansprüche des Vatikanstaates garantierte. Die Kirche verliert ihre bis dahin unhinterfragten territorialen Anspruchsrechte. Ohnehin sind Kirchen und Kathedralen in zunehmendem Maße nicht mehr die einzigen Prachtbauten. Die Repräsentationsarchitektur weltlicher Herrscher beginnt die sakrale Architektur an Reichtum und Glanz zu übertreffen. Die Tempelanlagen und Säulenhallen der heidnischen Antike werden zum neuen Ideal. Der Trend ist unumkehrbar: Aus dem Geist der Selbstermächtigung des Subjekts erwächst in der Folgezeit der Gedanke der Aufklärung, der die philosophische Neuzeit dominieren wird.

Für die Theologie des Mittelalters ist es fast unmöglich, sich auf ein oder zwei Buchtitel zu beschränken. Ich entscheide mich für Manfred Gerwing, weil er nicht nur das theologisch-philosophische Denken rekonstruiert, sondern Kultur und Spiritualität des Mittelalters miteinander in Beziehung setzt. Damit sind die abstrakten Probleme in einem anschaulichen Gesamtrahmen leichter zu verstehen. *Manfred Gerwing, Theologie des Mittelalters. Personen und Stationen theologisch-spiritueller Suchbewegungen im mittelalterlichen Deutschland*, Paderborn u. a. ^{2}2002. Das Hauptwerk des Thomas findet sich in der vollständigen und ungekürzten zweisprachigen Ausgabe der Dominikaner und Benediktiner Deutschlands und Österreichs, Salzburg 1933. Sehr zu empfehlen ist auch die von *Joseph Bernhart* als dreibändiges Taschenbuch editierte Ausgabe im Kröner Verlag, Stuttgart [3]1985. Dieser Übersetzung lag wiederum die praktische Taschenbuchausgabe der wichtigsten Texte des Thomas zugrunde, die der Münchener Theologe *Richard Heinzmann* zusammen mit einer sehr guten Einführung zu den jeweiligen Werken herausgegeben hat: *Thomas von Aquin. Eine Einführung in sein Denken. Mit ausgewählten lateinisch-deutschen Texten*, Stuttgart u.a. 1994. Sie liegt auch den meisten Zitaten in diesem Buch zugrunde. Für die Theologie und Philosophie des Mittelalters insgesamt empfehle ich ebenso seine brillant geschriebene Einführung in der Reihe „Grundkurs Philosophie" des Kohlhammer-Verlags: *Philosophie des Mittelalters, Stuttgart 1998.* Den Prozess der Selbstermächtigung, den der spätmittelalterliche Nominalismus in Verbindung mit dem Autoritätsverlust kirchlicher und weltlicher Ordnungen ausgelöst hat, verdichtet *Kurt Flasch* lebendig und verständlich in der deutschsprachigen Übersetzung des „Decamerone": *Giovanni Boccaccio, Poesie nach der Pest, Der Anfang des Decameron. Italienisch – Deutsch, neu übersetzt und erklärt von Kurt Flasch*, Mainz 1992. Das Buch liest sich ähnlich spannend wie die bereits empfohlene Einleitung zum späten Augustinus. Wer sich mit der Entstehung des modernen Weltbildes beschäftigen möchte, sollte das geniale Buch von *Harald Lesch* und *Josef Gaßner* studieren: *Urknall, Weltall und das Leben: Vom Nichts bis heute Morgen,* Grünwald b. München [3]2017. Auf Youtube gibt es einen gleichnamigen Kanal, der auf sehr anschauliche Weise die komplexe Entstehungsgeschichte der verschiedenen Weltbilder von der Antike bis zur modernen Astrophysik rekonstruiert. Es lohnt sich unbedingt, diesen Kanal zu abonnieren, da beide Physiker brillante Didaktiker sind und dem Laien komplizierte Zusammenhänge gut erklären können. Die kunsthistorische Erschließung leistet *Hans Belting, Florenz und Bagdad. Eine westöstliche Geschichte des Blicks*, München [3]2009; ebenso lehrreich: *Richard van Dülmen (Hg.), Die Entdeckung des Ich. Die Geschichte der Individualisierung vom Mittelalter bis zur Gegenwart*, Darmstadt 2001. Ferner: *Samuel Edgerton, Die Entdeckung der Perspektive*, München 2002. Für die Renaissance empfehle ich die eingängige und unterhaltsam geschriebene Lektüre von *Margaret Wertheim, Die Himmelstür zum Cyberspace: Eine Geschichte des Raumes von Dante zum Internet*, München 2002.

VI. Glauben und Wissen in der Neuzeit

Die Neuzeit beginnt mit dem Heimatverlust des Menschen. Der Gedanke einer absoluten Freiheit Gottes wird im Spätmittelalter derart überstrapaziert, dass Gott in der Lebenswelt des Menschen nicht mehr auffindbar ist. Dem Menschen bleibt letztlich nur die Erkenntnis eigener Vergänglichkeit. Die Fragen nach seinem „Woher“ und „Wohin“ muss er ohne Gott beantworten. Dieser hat sich der menschlichen Perspektive entzogen.

Inmitten dieser Orientierungslosigkeit begreift sich der Mensch allerdings auch in einer neuen Verantwortung. Er sieht die Welt nun mit seinen eigenen Augen. Mit der Entdeckung der Zentralperspektive in der Malerei und dem geozentrischen Weltbild entsprechend werden die beiden neuen sicheren Quellen der Erkenntnis deutlich: Die Sinne und der Verstand. Sie stellen nicht nur ein Gegengewicht zur göttlichen Allmacht dar, sondern erklären diese alsbald für überflüssig. Die beiden Erkenntnisweisen verbindet ihre Unabhängigkeit von theologischen Voraussetzungen. Sie benötigen für ihre Geltungsansprüche weder göttliche Legitimation noch Inspiration; sie stellen die neuen Sicherheitsgarantien des freien Menschen dar. Der Glaube, der ihn bisweilen in tiefe Daseinsängste gestürzt hatte, wird zu einer privaten Angelegenheit. Die selbstverständliche Rede von Gott aus früheren Jahrhunderten muss sich den kritischen Anfragen seitens des Menschen aussetzen. Die Theologie, im Mittelalter noch das Ziel allen menschlichen Strebens und Erkennens, wird als wissenschaftliche Disziplin grundsätzlich infrage gestellt. Zentrale Glaubensaussagen stoßen zunehmend auf Skepsis, zumal die beiden Konfessionen in langen Kriegen, von den Auseinandersetzungen rund um die Reformation zu Beginn des 16. Jahrhunderts bis zum Ende des 30-jährigen Krieges Mitte des 17. Jahrhunderts, damit beschäftigt sind, gesellschaftliche Ansprüche und eigene Besitzstände zu wahren. Um Glaubensdivergenzen geht es in diesen schier endlosen Konflikten schnell nicht mehr.

In diesen instabilen Zeiten eröffnen Sinneserfahrungen und Verstand dem wissbegierigen Menschen neue Horizonte des Wissens. Philosophiehistorisch betrachtet gehen sie zu Beginn der Neuzeit noch getrennte Wege, was auch geografische und kulturhistorische Gründe hat. Erst im Verlauf des 18. Jahrhunderts werden sie zusammen als Möglichkeitsbedingungen wissenschaftlicher Erkenntnis reflektiert. Zunächst lohnt es sich also, sie getrennt voneinander zu betrachten.

Gewissheit von außen: Der angelsächsische Empirismus

Auf der Grundlage des Ökonomieprinzips des Wilhelm von Ockham stellten sich in der Neuzeit bahnbrechende Erkenntnisse innerhalb der Naturwissenschaften ein. Dabei ist es sicherlich kein Zufall, dass sich eine ganz besondere Variante dieser Philosophie gerade in England etablieren konnte, das aufgrund seiner Insellage traditionell ein von Kontinentaleuropa unabhängiges Selbstverständnis unterhielt – nicht nur in politischer, sondern auch intellektueller Hinsicht. Dieser Umstand erleichterte sicherlich die Loslösung von alten Denk- und Glaubensgewohnheiten, auch wenn die katholische und später anglikanische Kirche politisch noch lange großen Einfluss ausüben konnte, insbesondere an den Universitäten, wo eine akademische Karriere die Zugehörigkeit zum Klerus voraussetzte.

Die englische Variante neuzeitlichen Denkens wird auch als Empirismus bezeichnet. Wissen ist demnach eine Weltbeziehung auf der Basis von Sinneserfahrungen. Nach der ersten schmerzhaften Berührung mit einer brennenden Kerze braucht kein Kind eine zweite Berührung, um zu wissen, dass Feuer mit Vorsicht zu behandeln ist. Das Wissen darüber ist das Ergebnis eines Lernprozesses und das Kind wird bei Kerzenlicht in Zukunft besser aufpassen. Zugleich kann das Kind das bereits erworbene Wissen im späteren Leben weiter ausbauen. Bei Thomas von Aquin hatten Kinder vor dem zwölften Lebensjahr noch nicht als vernunftbegabt gegolten, weil Jesus erst mit zwölf Jahren in die Synagoge ging. Erst in der Neuzeit wird die Bedeutung der Kindheit erkannt. Die Aneignung von Wissen vollzieht sich bereits in den ersten Lebensmonaten und lässt sich anhäufen und vermehren – je eher, desto besser. Die Erfahrung, nicht die vernünftige Einsicht, ist die beste Lehrmeisterin.

Im angelsächsischen Empirismus ist zunächst George Berkeley (1627–1698) zu nennen, weil sich bei ihm noch die innere Zerrissenheit zwischen Loyalität zur Kirche und rationaler Unabhängigkeit zeigt. Einerseits versucht er, in den neuentdeckten amerikanischen Kolonien ein Bildungszentrum für angehende Geistliche zu errichten. Andererseits ist er in seinem empirischen Ansatz derart radikal, dass er jede Erkenntnis daran bindet, sinnlich erfahrbar zu sein. Sein Motto „Esse est percipi" (zu Deutsch: Sein ist Wahrgenommenwerden) bringt sein Streben nach sicherer, unzweifelhafter Erkenntnis auf den Punkt. Genau das vermag ihm zufolge die mittelalterlich-scholastische Philosophie mit ihren abstrakten Vorstellungen nicht länger zu leisten, die mit den neuen Erkenntnissen und Entdeckungen in der Welt nicht mehr in Einklang zu bringen ist.

> „Es wäre eine ebenso endlose wie nutzlose Aufgabe, den Schulphilosophen, jenen großen Meistern der Abstraktion, durch alle die mannigfachen unentwirrbaren Irrgänge von Irrtum und Disputation zu folgen, in welche ihre Lehre von abstrakten Wesen und Begriffen sie hineingeführt zu haben scheint. […] Und es stünde noch gut, wenn die üblen Folgen dieser Lehre auf den Kreis ihrer erklärten Bekenner eingeschränkt geblieben wären."[1]

Die mittelalterlichen Lehren verwirren den Menschen bloß und zwingen ihn zu Ansichten, die sich menschlicher Logik entziehen. Damit, so Berkeley weiter, sind sie aber auch auf lange Sicht zum Scheitern verurteilt. Im Gegensatz zu späteren, weitaus radikaleren Positionen wird Berkeley noch an obersten Ideen festhalten, die in ihrer Abstraktheit den Sinneswahrnehmungen vorausgehen. Darin kann man auch ein letztes Klammern an den spätmittelalterlichen Gottesbegriff spüren: Gott als ein abstraktes Prinzip, das die Kausalkette unserer Wirklichkeit in Gang gesetzt hat, ansonsten aber in keiner Beziehung mehr zu ihr steht.

John Locke (1632–1704) hingegen wird noch einen Schritt weitergehen und den Gottesbegriff aus seiner Philosophie vollständig streichen. Er vergleicht wie Aristoteles den menschlichen Verstand bei der Geburt mit einem unbeschriebenen Blatt Papier, das sukzessive mit Sinnesdaten befüllt wird. Locke lässt ausschließlich das gelten, was mit den Sinnen wahrgenommen wird. Alles, was im Bewusstsein als Begriff existiert, entstammt den Wahrnehmungen:

---

[1] G. Berkeley, Eine Abhandlung über die Prinzipien der menschlichen Erkenntnis, § 17, nach der Übersetzung von F. Überweg mit Einl., Anm. u. Reg. neu hrsg. v. A. Klemmt, Hamburg 1979, 17.

> „Denn es scheint mir kaum faßlich zu sein, wie man dem Geist etwas einprägen kann, ohne daß er es wahrnimmt. Wenn deshalb Kinder und Idioten eine Seele, einen Geist haben, denen jene Eindrücke eingeprägt sind, so müssen sie sie unbedingt wahrnehmen, und sie müssen diese Wahrheiten unbedingt kennen und ihnen zustimmen. Da das nicht der Fall ist, so ist es offensichtlich, daß es dort solche Eindrücke nicht gibt. Denn wenn es keine von Natur eingeprägten Begriffe sind, wie können sie dann angeboren sein? Sind es aber eingeprägte Begriffe, wie können sie dann unbekannt sein?“[2]

Es ist der Verstand, der die gesammelten Eindrücke mit bereits eingeprägten Begriffen verbindet. Der Verstand bietet also lediglich das ordnende Programm, vergleichbar mit den Buchstaben des Alphabets, durch deren Kombination zwar neue Worte, aber nie neue Buchstaben entstehen. Den die Buchstaben ordnenden Verstandesideen, sofern man sie so nennen möchte, entspricht allerdings keinerlei konkrete Realität. So ist der Begriff Schönheit die verbindende Mitte recht unterschiedlicher Erfahrungen, Eindrücke und Gefühle. Zugleich ist dieser Begriff relativ, das heißt, eine strenge Definition von Schönheit kann es weder geben noch einen Gegenstand, der dem Ideal der Schönheit in absoluter Vollkommenheit entspricht. Allgemeinbegriffe sind daher – ähnlich wie im spätmittelalterlichen Nominalismus – lediglich akustische Signale, es „gibt“ sie außerhalb des Denkens nicht. Die Verkennung dieser Tatsache ist für Locke die Quelle der allermeisten Irrtümer. Der Mensch verwendet Allgemeinbegriffe wie Eigennamen und kommt so zu der irrigen Meinung, dass ihnen über die rein mentale Bedeutung hinaus eine Realität entsprechen müsse. Tatsächlich sind Ideen lediglich Konstrukte unseres Gehirns, die der Kommunikation und der Ordnung von Bezeichnungen dienen. Sie sind nur die Repräsentanten für das, was uns an Zusammenhängen und Übereinstimmungen zwischen verschiedenen Gegenständen klar wird.

Als dritter bedeutsamer Vertreter des Empirismus ist David Hume zu nennen, nicht nur, weil Immanuel Kant später von ihm behaupten wird, dieser habe ihn aus seinem „dogmatischen Schlummer“[3] ge-

---

[2] J. Locke, Versuch über den menschlichen Verstand. In vier Büchern, 2 Bde, Bd. I: Buch I und II, 4., durchg. Auflage, Hamburg 1981, 31.

[3] I. Kant, Prolegomena zu einer jeden künftigen Metaphysik, die als Wissenschaft wird auftreten können, in: AA IV, 266.

weckt. Tatsächlich wird mit David Hume auch ein gewisser Höhe- und Endpunkt im angelsächsischen Empirismus erreicht, weil sich bei ihm auch die Grenzen dieser Erkenntnistheorie aufzeigen lassen. Wie schon Locke vor ihm kritisiert Hume insbesondere religiöse Vorstellungen, die aus erkenntnistheoretischer Sicht unhaltbar sind. Religiöse Vorstellungen können durch Erkenntnisse des Verstandes ersetzt werden. Mehr noch als Locke und Berkeley bezieht er die Religionsgeschichte in seine Kritik mit ein. Er bezweifelt, dass es jemals ein Zeitalter des rationalen und geordneten Glaubens gab. Je weiter wir in das Altertum zurückgehen, so Hume, desto tiefer finden wir die Menschen im Polytheismus versunken, aus dem sich erst im Laufe der Zeit der Monotheismus entwickelt hat. Hume ist im Gegensatz zu anderen Philosophen der Ansicht, dass es keine Spuren, keine Anzeichen irgendeiner vollkommeneren früheren Religion gibt, geschweige denn, dass eine solche je existieren könnte.

Insofern wird die Philosophie mit David Hume definitiv atheistisch, weil der letzte Rest von Religion aus der Geschichte des Menschen, die maßgeblich von der Vernunft bestimmt ist, getilgt wird. Religiöses Bewusstsein markiert lediglich den Beginn der psychosozialen Entwicklung des Menschen. Ihr Ursprung liegt nicht in der Vernunft, sondern in den unterschiedlichen psychologischen Reaktionen auf Naturängste. Damit wird die ganze Beweislast einer stabilen Erkenntnistheorie in die kognitive Erfahrung gelegt. Allgemeinbegriffe werden, was ein Novum dieser Zeit darstellt, vor allem psychologisch erklärt. Ideen und Schlussfolgerungen sind in erster Linie auf menschliche Gewohnheiten und Konsensbildungen zurückzuführen:

> „Eine Einzelvorstellung wird allgemein, indem ein allgemeiner Name mit ihr verknüpft wird, d. h. ein Name, welcher zugleich gewohnheitsmäßig mit vielen anderen einzelnen Vorstellungen verbunden worden und dadurch mit ihnen in [assoziative] Beziehung getreten ist, so daß er diese bereitwillig der Einbildungskraft zuführt.“[4]

Urteile, Schlussfolgerungen und Kausalzusammenhänge sind letztlich nur Einbildungen unseres Bewusstseins. In dieser Zuspitzung

[4] D. Hume, Ein Traktat über die menschliche Natur (A Treatise Of Human Nature), Buch I–III, Teil I. Abschn. 7, Deutsch mit Anm. u. Register v. T. Lipps. Mit einer Einführung neu hrsg. v. R. Brandt, Hamburg 1973, 37.

lauert jedoch eine argumentative Falle: Wie können wir die soeben erläuterte These von der Ungewissheit aller Wahrheiten behaupten, ohne dabei letztlich auch diese für ungewiss erklären zu müssen?

Wie dem auch sei: Bis in die unmittelbare Gegenwart hinein prägt die Forderung nach einer ausschließlich auf Erfahrung beruhenden Wissenschaft unser Verständnis von Wissen. Mit dieser Zuspitzung sieht sich die Theologie auch heute konfrontiert und muss sich damit auseinandersetzen – ob sie will oder nicht. Verschärfend kommen noch die Aspekte der Ökonomisierung und Verwertbarkeit hinzu. Empirische Ergebnisse lassen sich erheblich einfacher und effizienter in lebenspraktische und wirtschaftliche Innovationen überführen. Sie beschleunigen und rationalisieren unser Leben und ermöglichen den technologischen Fortschritt. Der Vorteil liegt auf der Hand: Empirische Wissenschaften können sichtbare Erfolge vorweisen, Theologie und Philosophie können dies nicht. Die einseitige Fixierung auf einen streng empirischen Wissensbegriff erzeugt die Gefahr, alles Wissen allein unter dem Aspekt seiner Ökonomisierung und Verwertbarkeit zu beurteilen. Unter dem Vorwurf mangelnder Effizienz leiden nicht nur die Theologie und die Philosophie, sondern jede geisteswissenschaftliche Disziplin, die keinen direkten Vermarktungswert, keinen unmittelbaren Gewinn und damit kein Investitionsinteresse für Unternehmen darstellt. Allerdings hat der Verlauf des letzten Jahrhunderts deutlich gezeigt, dass jede technische Innovation der ethischen Kontrolle des Menschen bedarf. Heute hat sich diese Einsicht glücklicherweise weitestgehend durchgesetzt; ob diese Einsicht deshalb auch überall umgesetzt wird, steht auf einem anderen Blatt.

Gewissheit von innen: Der Rationalismus

Es gibt aber auch noch einen zweiten Ausweg aus der metaphysischen Heimatlosigkeit, in die der Mensch gegen Ende des Mittelalters geraten war. Dieser Ausweg sucht eine neue Sicherheit im Menschen selbst. Die Erfahrung einer unhintergehbaren Verantwortung als einer letzten und hartnäckigen moralischen Instanz, die uns in bestimmten Situationen gegen allen Zeitgeist zu unkonventionellen Handlungen auffordert, ist der Stützpfeiler, der dem Menschen jene Stabilität verleiht, die er einst mit den christlichen Jenseitserwartungen verbunden hatte.

Bereits der Großmeister des Deutschen Idealismus, Georg Wilhelm Friedrich Hegel, setzt für seine historische Rekonstruktion der europäischen Geistesgeschichte den Rationalismus an den Beginn der Neuzeit und verbindet ihn mit dem Namen René Descartes. Wir kennen diesen bereits als einen Denker, der den methodischen Zweifel an den Beginn seiner Überlegungen stellt. Im Gegensatz zu Locke und den anderen Empiristen liefern unsere Sinnesorgane für Descartes keine zuverlässigen Daten und bieten keine Gewissheit; Sinneseindrücke können uns täuschen. Aus der Unsicherheit, die allen Wahrnehmungen zugrunde liegt, lässt sich kein sicherer Anspruch auf Erkenntnis ableiten. Dieser grundlegende Zweifel an den Garantien unserer Welt lenkt Descartes jedoch nicht auf religiöse Bahnen zurück. Im Gegenteil: Descartes sucht im Menschen nach sinnlich unabhängigen Instanzen. Die erste Sicherheit besteht im Akt des Denkens selbst – ein Vorgang, der im wahrsten Sinne des Wortes „selbstverständlich“ ist, weil man zu dieser Einsicht tatsächlich nur über den Weg des Denkens selbst gelangen kann. In der Gewissheit, die gerade in der Erfahrung der Täuschung gefunden werden kann, besteht ein erster sicherer Boden, der trotz aller sinnlichen Unsicherheiten nicht bezweifelt werden kann. Selbst wenn alle Sinneserfahrungen mich täuschen, so ist letztlich unstrittig, *dass* ich getäuscht werde. Diese Selbstevidenz ist immun gegen jeden Irrtum. Von dieser ersten Gewissheit lässt sich alles weitere ableiten: Meine Existenz sowie die Welt meiner Erfahrung, unabhängig davon, ob ich mich täusche oder nicht.

Wache ich oder träume ich?

Die Selbstzweifel, mit denen Descartes seine Philosophie begründet, sind für die damalige Zeit keineswegs untypisch. So wurde etwa das Phänomen des Traumes als ein bewusstes, mit körperlichen Reaktionen begleitetes Erlebnis intensiv diskutiert. Das Erleben von Traumwelten nährte den Zweifel am Ist-Zustand unserer Wirklichkeit, sowohl der sinnlich erfahrbaren als auch der gedanklich erfassten Ebene. 1631 erschien ein viel beachtetes Drama des spanischen Barockdichters Petro Calderón de la Barca (1600–1681) mit dem bezeichnenden Titel „La vida es sueño“, zu Deutsch: Das Leben ist ein Traum. Eine der Schlüsselszenen zu Beginn des zweiten Akts beschreibt den kurzen Zwischenzustand im Moment des Erwachens eines polnischen Königssohnes namens Sigismund. Ihm ergeht es dabei wie vielen von uns: Wir erwachen und wissen für einen Moment nicht, ob wir uns noch in der soeben erlebten Traumwelt oder bereits in der Wirklichkeit befinden. Kann es nicht sein, dass der Traum die eigentliche Wirklichkeit ist, während unser Denken und unsere sinnlichen Wahrnehmungen tagsüber in der „Matrix" einer Scheinwelt leben? Die Cineasten wissen, dass ich auf den gleichnamigen Kinofilm mit Keanu Reeves anspiele, der genau dieses alte Thema aufgegriffen hat. Calderón thematisiert anhand dieser Szene die theoretischen Überlegungen seines Zeitgenossen Descartes in literarischer Form. Beide bezweifeln die Zuverlässigkeit unserer Wahrnehmungen. Descartes zieht nun aus diesem Zweifel erste methodische Konsequenzen:

> „Weil nun unsere Sinne uns bisweilen täuschen, so wollte ich annehmen, daß es kein Ding gibt, das so ist, wie wir es auf Grund ihrer vorstellen. Da es ferner Menschen gibt, die sich beim Schließen täuschen, selbst wenn es sich um die einfachsten Materien der Geometrie handelt, und die dabei Trugschlüsse machen, so wies ich, in der Annahme, daß ich ebenso sehr wie irgend ein anderer der Täuschung unterworfen, alle die Gründe als falsch zurück, die ich früher als beweisend angesehen hatte. Erwog ich schließlich, daß dieselben Gedanken insgesamt, die wir wachend haben, uns auch während des Schlafes kommen können, ohne daß deshalb auch nur ein einziger wahr ist, so faßte ich demgemäß den Entschluß, zu fingieren, daß alle Dinge, die je in meinen Geist gelangt waren, nicht wahrer seien, als die Trugbilder meiner Träume."[5]

Der radikale Zweifel führt Descartes zu einer letzten Absicherung einer sich selbst begründenden Wahrheit, insofern immerhin das Faktum des Zweifelns selbst nicht infrage gestellt werden kann. Die Tatsache, dass der Vorgang des Denkens an sich nicht hintergangen werden kann, bringt Descartes 1644 in der bekannten Formulierung auf den Punkt: „Ego cogito, ergo sum" – Ich denke, also bin ich. Sie erinnert dabei an eine erheblich ältere Formulierung: „Si enim fallor, sum"[6]. Wir haben das lateinische Original schon im dritten Kapitel kennengelernt. Es stammt von Augustinus, der das Argument eines

---

[5] R. Descartes, Abhandlung über die Methode, übersetzt und mit Anmerkungen hrsg. v. A. Buchenau, Hamburg 1957, 27.

[6] Augustinus, Der Gottesstaat, 758.

unmöglichen Selbstzweifels gegen den damaligen Skeptizismus eingebracht hatte. Dieser sprach allzu salopp davon, dass es keine absoluten Wahrheiten geben könnte. Die darin enthaltene Behauptung nimmt jedoch ihrerseits absolute Wahrheit für sich in Anspruch. Ein Skeptiker, so Augustinus, kann seinen eigenen Skeptizismus selbst nicht bezweifeln – sein Argument löst sich also auf. Man nennt ein derartiges Verfahren auch „Retorsion" oder „performative Retorsion", sofern eine Behauptung anhand ihrer eigenen Voraussetzungen widerlegt, im wörtlichen Sinne „umgedreht" wird.

Obgleich es hier auffällige Ähnlichkeiten zwischen Descartes und Augustinus gibt, findet man in der cartesianischen Wendung eine andere Gewichtung. Im Unterschied zu Augustinus ist Descartes so mutig, selbst überirdische Mächte als mögliche Fehlerquellen einzubeziehen. So spricht er etwa davon, dass wir Opfer eines „bösen Dämons" („genius malignus") sein könnten, der uns die Sinneseindrücke nur vorgaukelt. Ebenso könnte sogar angenommen werden, dass es Gott ebenso wenig geben könnte, wie alle anderen Gegenstände der Erfahrung, meinen eigenen Körper eingeschlossen:

> „Indem wir so alles nur irgend Zweifelhafte zurückweisen und es selbst als falsch gelten lassen, können wir leicht annehmen, daß es keinen Gott, keinen Himmel, keine Körper gibt, daß wir selbst weder Hände noch Füße, überhaupt keinen Körper haben, aber wir können nicht annehmen, daß wir, die wir solches denken, nichts sind, denn es ist ein Widerspruch, daß das, was denkt, zu dem Zeitpunkt, wo es denkt, nicht existiert. Demnach ist der Satz: Ich denke, also bin ich, die allererste und gewisseste aller Erkenntnisse, die sich jedem ordnungsgemäß Philosophierenden darbietet."[7]

Hier zeigt sich im Gegensatz zu Augustinus ein grundsätzlich neuer Typus an theoretischer Neugierde. Die neuzeitliche Skepsis hat nämlich Methode: Sie ist kein Selbstzweck, sondern soll systematisch zu Einsichten führen, die über alle Zweifel erhaben sind. Auch wenn Descartes im weiteren Verlauf seiner Überlegungen zur Überzeugung gelangt, dass auch Gott im Rahmen der eigenen Selbstvergewisserung begründbar ist, erweist sich die Reihenfolge der Argumentation als wesentlich radikaler als bei Augustinus. Die eigene

---

[7] R. Descartes, Prinzipien der Philosophie. Übers. und erläutert von A. Buchenau, Hamburg ^{7}1965, 3.

Rationalität, das eigene Denken führt zu letzten – oder ersten – Annahmen, die sich aus der Notwendigkeit des eigenen Denkens ergeben. Kein Glaube, keine Offenbarung und erst recht kein zufälliges Ereignis von außen liefern mir einen sicheren Existenzbeweis Gottes. Der Beweis Gottes kann ausschließlich über die freie und autonome Instanz erfolgen, die jeder Mensch von Haus aus mitbringt. Die klassischen Argumentationen der bisherigen Theologie werden nicht mehr als hinreichende Begründungen akzeptiert. Während man in der scholastischen Analogielehre die Existenz Gottes geradezu selbstverständlich voraussetzen konnte, akzeptiert die Neuzeit nur noch Argumente, die sich mit den Voraussetzungen subjektiver Erkenntnisse vereinbaren lassen. Diese verdanken sich allein logischen Schlussfolgerungen.

Damit kommt die „Erste-Person-Perspektive“ ins Spiel. Alle Resultate des Denkens setzen die im „Ich denke“ begründete Selbsterfahrung des Menschen voraus. Dieses „Ich“ ist der Ursprung aller sicheren Erkenntnis und begründet zugleich die ersten obersten Ideen: die Existenz des Raumes – die *res extensa* – und des Denkens – *res cogitans* – sowie die Idee Gottes. Diese drei Ideen werden bei Descartes im Anschluss an Aristoteles als Substanzen bezeichnet. Die uns sinnlich zugängliche Welt lässt sich als räumliche Wirklichkeit, die Ebene des Bewusstseins als denkerische Wirklichkeit erfassen. Alles, was ist, können wir nur im Rahmen dieser Grundideen begreifen. So kommt letztlich auch der Realität des Traumes eine eigene Bedeutung zu, weil hier ausschließlich die denkerische Ebene des Menschen aktiv ist. Die dritte Idee – Gott – hängt mit dem Begriff der Unendlichkeit zusammen, weil sich dieser Begriff weder über unsere Sinne noch über unser Denken begründen lässt. Die beiden Ideen Raum und Denken hingegen sind an endliche Gegenstände gebunden und können deshalb für das Verständnis von Unendlichkeit nicht herangezogen werden. Sinnlich erfassen können wir nur begrenzte und räumlich unterscheidbare Objekte. Nachdenken können wir nur *über etwas*; ein gegenstandsloses oder nicht-intentionales Bewusstsein, also ein Bewusstsein ohne Inhalt, gibt es nicht. Daher muss die Bedeutung der Unendlichkeit aus einer weiteren, unabhängigen Idee erschlossen werden: der Idee Gottes.

Die Unendlichkeit Gottes bei Descartes kann natürlich nicht die personalen Vorstellungen in der Theologie bedienen, besonders nicht die Vorstellungen einer sich in Raum und Zeit vollziehenden Offenbarung. Mit dem Offenbarungsbegriff aber steht und fällt das Dogma von der Christologie als Verbindung von göttlicher und menschlicher Natur: Während hier die kirchliche Dogmatik von einer doppelten Natur, also von zwei getrennten Wirklichkeitsbereichen spricht, erkennt Descartes darin ein Missverständnis von Unendlichkeit. Diese kann nämlich nicht vom Endlichen begrenzt werden, da sie dadurch selbst ein Endliches würde. Im katholischen Unteritalien führen ähnliche Überlegungen den italienischen Dominikanermönch Giordano Bruno (1548–1600) schnurstracks auf den Scheiterhaufen.

Der Himmel wird unendlich

Der nunmehr mit Gott verbundene Unendlichkeitsbegriff des frühen Rationalismus bietet eine denkerische Vorlage für den sich zeitgleich in Mitteleuropa entwickelnden Barock. Der Barock gilt kunsthistorisch als Ausdruck des Absolutismus, dessen maßloses und verschwenderisches Ideal das Königsschloss von Versailles war. Versailles war auch das Vorbild für alle Prachtbauten Europas, von der oberbayerischen Wallfahrtskirche eines unbedeutenden Wittelsbacher Kurfürsten bis zur Sommerresidenz russischer Zaren. Wenigstens der irdischen Repräsentanz eines unendlichen Gottes, dem fortan die Beziehung zum Menschen verwehrt wird, sind baulich keine Grenzen gesetzt. Prachtsäle wie in Versailles werden mit Spiegeln ins Unendliche entgrenzt, einfache Baumaterialien wie Holz und Gips werden optisch so gefälscht, dass sie vom Originalmarmor nicht zu unterscheiden sind. Aufwendige Wasserspiele lösen sämtliche Vorstellungen von Schwerkraft mit faszinierender Leichtigkeit auf. Optische Täuschungen soweit das Auge reicht, Versteckspiele im Labyrinth unendlich verwinkelter Gärten und gigantische Feuerwerke bieten auf tagelangen Feierlichkeiten die angemessene Ablenkung. In der Würzburger Residenz wird die Unendlichkeit des Himmels durch den Bau einer ersten freitragenden Decke mitsamt dem Fresko des italienischen Meisters Tiepolo (1696–1770) meisterhaft visualisiert. Tiepolo überwindet jede Begrenzung des Raumes, indem er bestimmte Teile echter Skulpturen mit deren zweidimensionaler Fortführung im Fresko übergangslos kombiniert. Dem Besucher bietet sich ein atemberaubender Blick in den unendlichen, barocke Lebensfreude verheißenden Himmel.

Abb. 9: Sinnliche Unendlichkeit: das Deckenfresko von Tiepolo im Treppenaufgang der Würzburger Residenz © gemeinfrei.

Die Theologie verliert den Anschluss

Der barocke Himmel ist nicht mehr wie im Mittelalter der nach oben verdoppelte Raum des Diesseits. Gott ist auch kein allmächtiger Herrscher mehr. Über sich sieht der Mensch nur noch unendliche Weite. Gott ist für Descartes lediglich eine von drei Ideen, mit denen die Wirklichkeit begründet wird. Sie zu begreifen ist aber nicht das Ergebnis einer höheren Eingebung, sondern verdankt sich ausschließlich menschlichen Voraussetzungen. Der Mensch ist kein defizitäres Wesen mehr, das auf eine ihm objektiv vorgegebene Welt verwiesen ist. Im Rationalismus wird damit tatsächlich ein für die nächste Zeit folgenreicher Paradigmenwechsel vollzogen. Der Mensch übernimmt in seinem Denken eine aktive Rolle, die Objekte seiner Reflexion sind nicht mehr *begrenzende*, sondern *begrenzte* Gegenstände.

Zwar liegen die Wurzeln dieser humanen Selbstbehauptung in einer mittelalterlichen Vergangenheit, aber die Fokussierung auf den Menschen, auf seine unhintergehbare Subjektivität, ist etwas Einzigartiges und Neues. Die Entdeckung des *Ich*, die in der Kunst durch den Perspektivenwechsel vom mittelalterlichen *Bild* zum neuzeitlichen *Artefakt* auch kunstgeschichtlich nachweisbar ist, wird durch die zahlreichen naturwissenschaftlichen Entdeckungen und Erfindungen ergänzt, sodass dieser Vorgang insgesamt als wichtige anthropologische Wende bezeichnet werden muss. Die Welt wird nicht mehr aus dem Blickwinkel Gottes, sondern ausschließlich aus der Perspektive des Menschen erklärt. Diese Entwicklung wird für die kommenden Jahrhunderte das okzidentale Bewusstsein nachhaltig prägen. Glaube, Kirche und Theologie geraten in eine Rechtfertigungskrise – die bis heute anhält.

Die Theologie stand damals wie heute vor der ungeheuren Aufgabe, sich intellektuell neu aufzustellen. Seit der Reformation wurde Theologie überwiegend als Apologetik verstanden. Beiden Konfessionen war es in den unzähligen inneren und äußeren Konflikten zuvörderst daran gelegen, ihre Besitzstände zu wahren. Zugleich betrieben sie nach innen schlichte Schuldogmatik, deren Sinn darin bestand, Lehrsätze auswendig zu lernen – ob man sie nun verstand oder nicht. Von wenigen Ausnahmen abgesehen, verloren Theologie und Kirche in der Neuzeit ihre Anschlussfähigkeit an die philosophische Entwicklung. Sie blieben intellektuell wie institutionell auf einem voraufklärerischen Niveau, das im Normalfall aus einer Mischung aus karitativem Zuckerbrot und einer mit dem Endgericht drohenden Peitsche bestand.

Als mit der Erstürmung der Bastille am 14. Juli 1789 schließlich den philosophischen Forderungen nach Freiheit und Gleichheit endlich der politische Umgestaltungsprozess folgte, hatten Kirche und Theologie ihren gesellschaftlichen Bezug bereits weitestgehend verloren.

Das Ende des personalen Gottes

Bei allen Unterschieden und Nuancen in Methode, Geltungsansprüchen und erkenntnistheoretischen Zielsetzungen gibt es für die Philosophie der Neuzeit ein gemeinsames Anliegen: Die Bedeutung des selbstbewussten Subjekts als Dreh- und Angelpunkt der Welt. Es führt kein Weg mehr zurück, weder in eine mittelalterliche Analogielehre noch in dualistische Jenseitsprojektionen. Die Vernunft ist eine dem Menschen innewohnende Kompetenz, mit der allein er die Welt erschließen kann. Durch die Auflösung des bisherigen Gott-Welt-Verhältnisses im nominalistischen Spätmittelalter wird sich der Mensch seiner zentralen Bedeutung bewusst. Er versteht sich nun unabhängig von göttlichen Zurechtweisungen und transzendenter Jenseitsabhängigkeit als autonomes Subjekt.

Die Theologie, die verzweifelt versucht, die konfessionellen Auflagen und traditionellen Lehrmeinungen mit dem neuen Wissenschaftsideal zu verbinden, hat es, verglichen mit den mittelalterlichen Denkvoraussetzungen, natürlich schwer. Das in der Neuzeit aufkommende Gottesverständnis versucht das selbstbewusste Subjekt mit den Mitteln der Vernunft in ein neues Verhältnis zu einem nur unscharfen Gottesbegriff zu setzen. Unscharf insofern, weil sich mit Nominalismus und Reformation kein kohärentes Gottesverständnis mehr abzeichnet, das mit den ausdifferenzierten Vorstellungen der Dogmatik vereinbar wäre. Für die Philosophie der Neuzeit war zudem die theologische Sprache kaum geeignet, um den eigenen wissenschaftlichen Ansprüchen zu genügen. Der Verweis auf die prinzipielle Unerkennbarkeit Gottes, wie sie das Spätmittelalter entwickelt hat, erweist sich als wenig geeignet, um den Herausforderungen der Zeit gerecht zu werden. Es herrscht tatsächlich eine gewisse Sprach- und Ratlosigkeit, die verbunden ist mit einem allgemeinen Autoritätsverlust der katholischen Kirche, die sich ausschließlich in Konkurrenz zum neuzeitlichen Bewusstsein und natürlich zur reformatorischen Kirche sieht.

Für die Philosophie wird die Autorität menschlicher Vernunft zur alleinigen Instanz, um den Gottesbegriff zu rechtfertigen. Die Voraussetzungen dafür werden nicht mehr auf göttliche Inspiration zurückgeführt, sondern liegen ausschließlich in der Ratio des Menschen. Immanuel Kant, der große Philosoph der Aufklärung, wird schließlich sämtliche Fragen, die bislang in der Erkenntnistheorie, der Ethik, und der Metaphysik oder in der Religion autonom behandelt wurden, mit der Frage nach dem Menschen auf den Punkt bringen:

> „Das Feld der Philosophie in dieser weltbürgerlichen Bedeutung läßt sich auf folgende Fragen bringen: 1) Was kann ich wissen? 2) Was soll ich tun? 3) Was darf ich hoffen? 4) Was ist der Mensch? Die erste Frage beantwortet die Metaphysik, die zweite die Moral, die dritte die Religion, die vierte die Anthropologie. Im Grunde könnte man aber alles dieses zur Anthropologie rechnen, weil sich die drei ersten Fragen auf die letzte beziehen."[8]

[8] I. Kant, Vorlesungen zur Logik, in: AA IX, 25.

Der Mensch ist Ursprung aller Erklärungen. Ein Rekurs auf traditionelle Lehrmeinungen ist nicht mehr erforderlich, die Antworten liegen in jedem von uns. Auch wenn die jeweiligen Kirchen in dieser Zeit nach wie vor über ein hohes Maß an politischem und gesellschaftlichem Einfluss verfügten, so war ihnen dennoch die Autorität über die Gedanken der Menschen abhandengekommen. Die Vernunft des Menschen ist dem Zugriff der Kirchen entzogen.

Der neue Ausgang: Der intuitive Sinn für Einheit

Das Selbstbewusstsein des Menschen ist keine Eigenschaft, die ihm von außen zugesprochen oder aberkannt werden kann, sondern eine intuitive Erfahrung des Denkens. In der Selbstreflexion wird das unhintergehbare Personalpronomen „Ich“ zur ersten Gewissheit. Subjektsein ist die Gewissheit der eigenen *In-dividualität*, im wörtlichen Sinne: der Nicht-Teilbarkeit des Ich. Diese erste Einsicht ist das sich spontan einstellende Wissen um sich selbst, sei es mit dem morgendlichen Blick in den Spiegel oder sei es im Hören des eigenen Vornamens oder in der Beziehung zu anderen Menschen. Aus dieser ersten Einsicht erwächst das Verlangen, alle Erfahrungen mit diesem Ich in eine Einheit zu bringen. Darin besteht die Aufgabe der Vernunft und der Sinn des Begreifens unserer Welt.

Vernunft ist eine natürliche Eigenschaft des Menschen und nicht eine gesellschaftliche Leistung oder gar zivilisatorische Errungenschaft. Vernunft hat etwas mit Harmonie zu tun. Der Sinn sowie das intuitive Gespür für Harmonie sind allen Menschen von Geburt an vertraut. Vom Wunderkind Wolfgang Amadeus Mozart wird berichtet, ihn hätten die stundenlangen Fingerübungen, die ihm sein ehrgeiziger Vater Leopold täglich verordnete, ab einem gewissen Punkt nur noch genervt. Um sich zu rächen, hätte er am späten Abend den Schlussakkord auf dem Klavier einfach weggelassen. Der Vater, der im Bett noch den Übungen lauschte, sei daraufhin verärgert aufgestanden und hätte den Schlussakkord in die Tasten gehauen, den Deckel zugeklappt und wäre dann – erleichtert – zurück ins Bett gegangen.

Menschen haben, wie Leopold Mozart, ein inneres Verlangen nach Einheit. Mehr noch: Menschen mögen keine Disharmonien. Septakkorde verlangen nach einer Auflösung, so wie ein guter Kriminalroman am Ende keine Fragen offenlassen darf. Von der Vernunft können wir daher nicht wie von einer Zahnbürste nur dann Gebrauch machen, wenn wir es für gut und richtig halten. Wir können Vernunft nicht einfach beiseitelegen; sie stellt sich spontan und ganz einfach ein. Es braucht zur Vernunft und zu ihrem Gebrauch keine besondere Bildung, keine Religion, keine Kultur.

Das Denken des Menschen ist ein, wie es der Bonner Philosoph Markus Gabriel (*1980) formuliert, bislang unterschätztes Sinnesorgan. Das Denken vernetzt, interpretiert und sortiert unsere Wahrnehmung. Im Denken wird vieles an Eindrücken gefiltert und vorsortiert. Wir würden schon mit der Bewältigung eines normalen Arbeitstages und mit der mentalen Verarbeitung und Filterung der unendlich vielen Informationen, die wir bewusst oder unbewusst erhalten, heillos überfordert sein. Menschen mit Asperger-Syndrom etwa müssen viel Kraft und Energie aufwenden, weil sie auf die sortierende Tätigkeit unseres Verstandes nicht oder nur teilweise zurückgreifen können. Selbst in der Erholungsphase des nächtlichen Schlafes verarbeitet und entrümpelt unser Gedächtnis unsere tagsüber gesammelten kognitiven und emotionalen Erfahrungen.

Vernunft ist keine neuzeitliche Idee, sie ist eine Tatsache. Sie wird nicht erworben, erst recht nicht durch einen bestimmten Bildungsabschluss, durch eine bestimmte Funktion, die man innehat, geschweige denn durch einen akademischen Titel. Vernunft ist eine im Menschen tief verwurzelte Fähigkeit. Selbst diejenigen, die nachweisen wollen, dass es keine Vernunft geben könnte, müssen sie für ihre Behauptung wohl oder übel in Anspruch nehmen.

Der Mensch ist ein ordnungsliebendes Wesen

Der Psychologe Robin Dunbar (*1947) hat Anfang der 90er Jahre herausgefunden, dass die Obergrenze an persönlichen Beziehungen, bei denen man sich die einzelnen Gesichter merken und identifizieren kann, bei ungefähr einhundertfünfzig Personen liegt, auch bekannt unter dem Begriff „Dunbar-Zahl“. Im Gegensatz zur theoretisch unendlich großen Zahl an „Freunden“ eines Facebook-Accounts kennt die Denkleistung des Gehirns eine Maximalgröße. Es ist insofern kein Zufall, dass die kleinste militärische Einheit, die

Kompanie, hundertfünfzig Soldaten umfasst, übrigens genauso viel wie die gewöhnliche Gemeindegröße der Amish People.

Eine besondere Fähigkeit unserer ordnenden Vernunft besteht in der Entwicklung gewisser Langzeitspeicher. Wenn beispielsweise die Merkfähigkeit quantitativ ausgeschöpft ist, benutzt der Mensch Techniken der Wissensspeicherung, um die biologisch gesetzten Grenzen zu erweitern. Der Mensch beginnt die biologisch sinnvolle Deckelung unserer sozialen Beziehungsfähigkeit zu überlisten – und erfindet die Zahlen. Tatsächlich ging in den ersten größeren Siedlungsgebieten der Menschheit die Entwicklung eines numerischen Systems der Schrift voraus, weil die zunehmende Arbeitsteilung die Konzentration auf bestimmte Fertigkeiten erforderte. Erste sumerische Tontafeln aus dem dritten vorchristlichen Jahrtausend bezeugen ein ausgefeiltes Hexagesimalsystem, das der logistischen Verwaltung von Vorratsspeichern und Produkten diente. Diesen Urformen von algorithmischen Systemen wurden in einem zweiten Schritt mit einfachen Symbolen entsprechende Warengruppen zugeordnet, um die Merkfähigkeit des Menschen zu entlasten. Unsere Kulturtechniken verdanken sich also unserem Bewusstsein, die Welt zu sortieren und in überschaubare Einheiten zu katalogisieren. Von morgens bis abends sind wir damit beschäftigt, Strukturen zu erstellen und unseren Alltag durch ein Netz an Ordnungen zu reglementieren. Der geordnete Raum, den der Mensch für seine Welt beansprucht, ist das, was wir in der weiteren Geschichte Kultur nennen. Sie ist das Ergebnis eines im Menschen angelegten Sinns für Einheit.

Die Erfahrung der Einheit als „monistische Tiefenströmung"

Der Sinn für Einheit spiegelt sich nicht nur äußerlich in unserer Ordnungsliebe wider. Er zeigt sich ebenso in einer tiefen, inneren Vertrautheit mit dem eigenen Selbst. Wir verhalten uns automatisch ungezwungener und entspannter, wenn wir Menschen begegnen, die uns sympathisch sind. Aus unerfindlichen Gründen fühlen wir uns zu manchen Menschen hingezogen, während andere uns von Haus aus abstoßen. Wir spüren sofort, in welcher Atmosphäre Begegnungen stattfinden, und wie ehrlich die Kommunikation ist, die wir gerade führen. Die Beispiele ließen sich beliebig fortsetzen. Zwischenmenschliche Beziehungen sind immer Ausdruck einer intuitiven Vertrautheit mit dem eigenen Selbst.

Klaus Müller hat diese Vertrautheit mit der eigenen Person zum Dreh- und Angelpunkt seiner Subjekttheorie gemacht. Vor jeder gedanklichen Reflexion gibt es im Innern des Menschen einen identitätsstiftenden Grund, mit dem ich verbunden bin und der mich erst in die Lage versetzt, eine Beziehung zur Welt herzustellen. Müller kann sich dabei auf eine weit in die Vergangenheit reichende Tradition in Philosophie und Religion stützen. Seine Studien führen zu den Anfängen der abendländischen Philosophie bei Parmenides zurück, von dem bereits im ersten Kapitel die Rede war. Dessen Schriften beginnen, anders als man das von einem Philosophen normalerweise erwarten würde, mit einem Gedicht. Hierbei zeigt sich, dass für Parmenides Denken eine Vertrautheit mit der eigenen Sprache und somit mit sich selbst voraussetzt. Müller erkennt hier

> „das bis zum Grunde durchdringende Denken [...] des im Letzten von Parmenides herkommenden Gedankens, dass das Eine einen unhintergehbaren Vorrang vor dem Vielen habe, weil wir weder ein Vieles, also Differenz, noch Einheit ohne nochmalige Voraussetzung des Gedankens des Einen als der [...] Bedingung der Möglichkeit denken können.“[9]

Am Beginn der Vernunftgeschichte steht die Erfahrung einer Identität von Denken und Sein. Die Erfahrung der Welt setzt eine präreflexive Einheit voraus, in der sich der Mensch innerlich bereits als Identität erfahren hat. Es ist diese Gewissheit in das eigene Selbst, die uns die Welt erschließt.

Die Tatsache, dass für uns eine Welt existiert, bedeutet im Umkehrschluss, dass es das „Nichts“ nicht „geben“ kann: „Denn das, was nicht ist, kannst du weder denken noch aussprechen“, so Parmenides. Der Gedanke, dass überhaupt nichts ist, wird im selben Moment vom gleichen Gedanken widerlegt: „Ich denke an nichts!“ ist also ein selbstwidersprüchlicher Satz. Ein Nichts kann nicht einmal gedacht werden, weil es dann wenigstens als Gedanke existieren würde. Das wäre immerhin „etwas“ und auf alle Fälle erheblich mehr als jenes „Nichts“, das nicht einmal als Gedanke existiert. Darin zeigt sich für Klaus Müller, dass Welt- und Selbsterkenntnis un-

---

[9] K. Müller, Streit um Gott. Politik, Poetik und Philosophie im Ringen um das wahre Gottesbild, Regensburg 2006, 168.

trennbar verbunden sind und diese Einheit in einem ersten, unbedingten Vertrauen in sich selbst gründet.

Die eine Religion als Uroffenbarung Gottes

Tatsächlich lässt sich der fortlaufende Grundzug dieser Selbstbezogenheit des Menschen in Religion und Philosophie nachzeichnen. Der Einheitsgedanke, der uns im Verlauf der Philosophie erstmals bei Parmenides begegnet, prägt die europäische Geschichte auch in Staat und Gesellschaft. Vor allem in der Zeit der Aufklärung wird die Vorstellung einer Vernunftgeschichte des Menschen populär. In dieser Zeit verbinden sich die vorausgegangenen neuzeitlichen Strömungen unter der großen Klammer einheitsstiftender Vernunft.

Im Zeitalter der Aufklärung entsteht der Glaube an eine Urreligion, demzufolge die Menschen einst einen unverstellten Zugang zum Göttlichen gehabt hätten. Die gegenwärtigen Religionen und Konfessionen werden hingegen als Verfallserscheinungen dieser einen Urreligion gesehen. Allein aus den wenigen noch vorhandenen Spuren lassen sich, so die Vorstellung, versteckte Hinweise auf diese Zeit finden. In der Urreligion waren Religion und Philosophie nicht getrennt, sämtliche Wahrheiten offen zugänglich und auch vereinzelt niedergeschrieben. Über den genauen Zeitpunkt dieser Urreligion werden unterschiedliche Angaben gemacht. Für die einen war es die Zeit von Adam und Eva, die von Mose oder Platon. Andere Überlieferungen beziehen sich auf die mythologische Phase der griechischen oder vorderasiatischen Geschichte. Aus diesen Epochen, so die Überzeugung, stammen die wenigen Fragmente, die noch überliefert sind. Die Urreligion war eine Zeit absoluter Offenbarung, weil alle Menschen die gleiche Sprache hatten. Mit der Vielfalt der Sprachen setzte jedoch der Verfall ein. Für die Aufklärung war der Turmbau zu Babel, mit dem im Alten Testament die Geschichte der Sprachverwirrung begründet wird, der eigentliche Sündenfall des Menschen: Hier entstanden die verschiedenen Religionen, die sich aufgrund der Sprachhindernisse fortlaufend bekriegten.

Dementsprechend sucht die Aufklärung nach jener Universalreligion, die nicht nur alle Konflikte und Religionskriege mit einem Schlag beenden, sondern dem Streben des Menschen nach Einheit auch am ehesten entsprechen würde. Eine vielversprechende Spur führt nach Ägypten. Die ägyptische Kultur steckt zur Zeit der Aufklärung noch voller Rätsel. Das größte Rätsel besteht in den damals als unübersetzbar geltenden Hieroglyphen. Die Sprache der alten Ägypter gilt in dieser Zeit als die Sprache Gottes. Ihre Zeichen und Symbole stehen für die Unmittelbarkeit zwischen dem Göttlichen und den Menschen. Mit der Einführung des hebräischen und griechischen Alphabets ging auch das Wissen um die Bedeutung der Hieroglyphen und damit das Wissen der Urzeit verloren. Dieses Defizit, so die Aufklärer, gilt es nun zu beheben.

Die These von der Entstehung aller Sprachen aus der einen göttlichen Ursprache war bei allen Gelehrten des Mittelalters und der frühen Neuzeit sowie den deutschen Dichtern der Romantik im Grunde unumstritten. Unter den zahlreichen Versuchen, das Geheimnis der Hieroglyphen zu lüften, ragen die Studien des Universalgelehrten und Jesuiten Athanasius Kircher (1602–1680) hervor. In seinem Werk „Œdipus Ægyptiacus“ (1652) begründet er die These, dass das Hebräische zwar nicht die göttliche Sprache, aber immerhin jene Sprache des Menschen sei, die die größte Nähe zu den Hieroglyphen aufweist. Auch wenn es ihm am Ende nicht gelingt, die Hieroglyphen vollständig zu entziffern, sind seine Erkenntnisse die Basis für ihre erfolgreiche Entschlüsselung durch den französischen Philologen Jean-François Champollion (1790–1832) zu Beginn des 19. Jahrhunderts.

Der Deismus – die Religion der Aufklärung

Es ist für die Philosophie dieser Zeit offenkundig, dass das Wesen der Urreligion nicht darin bestehen kann, eine Weltreligion gegenüber anderen zu priorisieren. Gott oder das Göttliche muss vielmehr jenseits der bekannten Monotheismen gedacht werden, denn die Religionen machen alle jeweils für sich einen exklusiven Wahrheitsanspruch geltend. Diesen Wahrheitsanspruch rechtfertigen sie mithilfe ihres Offenbarungsbegriffs. Für Juden ist ihre Bundesgeschichte, für Muslime der Koran und für Christen der Glaube an Jesus von Nazareth unverhandelbar. In den Erzählungen des eigenen Volkes, den Suren eines heiligen Buches sowie in der historischen Gestalt eines Menschen hat sich Gott auf je einmalige Weise den Menschen gezeigt. Das Festhalten am Offenbarungsbegriff lässt sich aber nicht mit der Vernunft begründen, denn in ihren jeweiligen Exklusivitätsansprüchen sind die gegenwärtigen Religionen nicht miteinander vereinbar. Aus rationalen Gründen kann keine Religion einen ausschließlichen Wahrheitsanspruch für sich reklamieren.

Im Gegensatz dazu entwickelt die Aufklärung ein Gottesverständnis, das sich in Absetzung zum „Theismus“ einzelner Religionen „Deismus“ nennt. Die Wortherkunft ist in den beiden Fällen ähnlich, der Theismus der drei Monotheismen leitet sich von dem griechischen „Theos“, der Deismus der Aufklärung aus dem lateinischen „Deus“ ab. Der inhaltliche Unterschied könnte allerdings kaum größer sein. Unter Deismus versteht man die Suche nach einem Gott, der sich allein in der Vernunft, im Nachdenken, erschließt und keinerlei Offenbarung bedarf. Der Deismus entwickelt also einen Gottesbegriff, der nur mit denkerischen Mitteln erschlossen wird. Gott ist nicht der personale Gott, der sich den Menschen heilsgeschichtlich zeigt. Damit verschärft der Deismus das Problem der Offenbarung, insofern er einen Begriff einfordert, der sich der konkreten Anschauung entzieht. Einen Begriff, von dem wir wissen, dass er sich nicht wie ein Gegenstand unter vielen anderen den Sinnen darbietet, den wir folglich nicht anbeten und verehren können. Der deistische Gott setzt keine Glaubensentscheidung voraus. Er kann sich argumentativ gegenüber atheistischen Einwänden besser ausweisen als ein offenbarungstheologisches Gottesverständnis. Unter diesen abstrakten Umständen stellt sich aber die Frage, ob sich ein rein rationaler Gott überhaupt noch annähernd mit dem Gott der Bibel oder des Korans vergleichen lässt und ob der biblische Glaube infolgedessen nicht etwas Irrationales und Widervernünftiges darstellt. Offenbarung wäre in einem solchen Glaubensverständnis eine völlig unerwartete, spontane Eingebung oder ein Widerfahrnis, das sich jeder natürlichen Beschreibbarkeit entzieht.

Von einem solchen Ereignis berichtet uns im 17. Jahrhundert der französische Gelehrte Blaise Pascal (1623–1662), seines Zeichens Mathematiker, Physiker und christlicher Philosoph. Pascal hat die Spannung zwischen Glauben und Vernunft am eigenen Leib erfahren. Ein diesbezügliches Erlebnis notierte er, wie man es von einem Wissenschaftler neueren Zuschnitts erwartet, mit allen relevanten Daten auf einem Gedenkblatt, dem sogenannten „Mémorial“, und trug es fortan, eingenäht in seinem Rock, immer bei sich. Schon nach wenigen Zeilen merkt man, dass der Text offensichtlich in größter Aufregung geschrieben wurde:

> „Im Jahre der Gnade 1654
> Montag, den 23.November, am Tag des heiligen Clemens, Papst und Märtyrer, [und anderer
> im Martyrologium.
> Vorabend des heiligen Chrysogonos, Märtyrer, und anderer.
> Seit ungefähr zehn und eine halbe Stunde abends bis ungefähr eine halbe [Stunde nach Mitternacht.
>
> Feuer
> Gott Abrahams, Gott Isaaks, Gott Jakobs,
> nicht der Philosophen und der Gelehrten.
> Gewißheit, Gewißheit, Empfinden, Freude, Frieden.
>
> Der Gott Jesu Christi […].“[10]

Die Glaubenserfahrung, die Pascal als ansonsten akribischer Naturbeobachter und keineswegs mystisch veranlagter Wissenschaftler hier ganz offensichtlich als ein reales Ereignis schildert, spricht das neuzeitliche Thema schlechthin an: Wie lässt sich das, was er erlebt und erfahren hat, mit der Souveränität menschlicher Vernunft vereinbaren? Wie verhalten sich subjektiver Glaube, der stets vom persönlichen Gefühl und von der Spiritualität des Einzelnen begleitet ist, und objektives Wissen, das allgemeingültig und logisch zu sein scheint, in ein und demselben Subjekt zueinander? Menschliche Vernunft und Gottesglaube zu verbinden, heißt also, den Glauben unter den Bedingungen zwingender Rationalität als gerechtfertigt auszuweisen. Das war zur Zeit des Blaise Pascal nicht selbstverständlich, denn die Rechtfertigung des Glaubens setzt ja den Zweifel an selbigem als berechtigt voraus. Für Pascal bestand offensichtlich der einzige Weg darin, die beiden Bereiche radikal zu trennen: Den Gott der Bibel vom Gott der philosophischen Vernunft.

Während Pascal noch an einem Gott der Offenbarung festhält, versucht etwas später der angelsächsische Aufklärer Matthew Tindal (1657–1733) eine mögliche Verbindung zwischen Vernunft und Re-

---

[10] Text und Übersetzung stammt von R. Leuenberger, Pascals Mémorial: Gerhard Ebeling zum 85. Geburtstag, in: Zeitschrift für Theologie und Kirche 94/2 (1997), 155–176, 158.

ligion zu entwickeln, die den Begriff Offenbarung schon nicht mehr braucht.

The Bible of Deism – Matthew Tindal

Matthew Tindal fasst mit seinem Werk die bis dahin kursierenden rationalistischen Gotteskonzepte zusammen. Seine Schrift „Christianity as old as the Creation: or, the Gospel, a Republication of the Religion of Nature“ wird unmittelbar nach ihrem Erscheinen auch als „Bible of Deism“ bezeichnet. Das Ziel von Matthew Tindal ist der Aufweis der Einheit von Vernunft und christlicher Religion. Unter dem Begriff Christentum versteht er allerdings nicht eine aus dem Judentum entstandene, sondern vielmehr eine rational begründete Religion, die dem allgemeinen Naturgesetz zugrunde liegt:

> “By Natural Religion, I understand the Belief of the Existence of a God, and the Sense and Practice of those Duties, which result from the Knowledge, we, by our Reason, have of him, and his Perfections; and of ourselves, and our own Imperfections; and of the Relation we stand in to him, and to our Fellow-Creatures; so that the Religion of Nature takes in every Thing that is founded on the Reason and Nature of Things.“[11]

Die natürliche Religion Gottes wurde, so Tindal, im Laufe der Geschichte vom Aberglauben der biblischen Schriften und ihren unzähligen Gesetzen verdunkelt. Die Befreiung von zwanghaften Vorschriften und Zeremonien ist aber mithilfe der menschlichen Vernunft möglich und verleiht dem Gottesbegriff die gebotene Vollkommenheit. Der Anspruch auf die Vollkommenheit Gottes ist der Lackmustest jeder Offenbarungsreligion, deren biblische Dokumentation schon aufgrund nachweisbarer Mängel und Widersprüche berechtigte Zweifel aufkommen lässt. Wie kann es sein, dass Adam alle Tiere im Garten Eden kennt und ihnen Namen gibt, aber seine Frau Eva nicht weiß, wie gefährlich die Schlange ist? Warum verbietet Je-

---

[11] M. Tindal, Christianity as old as the Creation: or, the Gospel, a Republication of the Religion of Nature, Faksimile-Nachdruck der Ausgabe London 1730, hrsg. u. eingel. v. G. Gawlick, Stuttgart-Bad Cannstatt 1967, 13. Bis heute existiert leider keine deutsche Übersetzung, aber das englische Original lässt sich auch so gut nachvollziehen.

sus im Markusevangelium den vom Aussatz Geheilten, anderen Menschen davon zu erzählen, befiehlt ihm aber zugleich, sich den Priestern zu zeigen? Angesichts dieser und zahlreicher anderer Widersprüche in den Texten des Alten und Neuen Testaments kann Tindal die biblische Offenbarung nur noch ablehnen. Sie ist allenfalls das überflüssige Beiwerk zur natürlichen Religion, weil sie nichts dem hinzuzufügen vermag, was bereits mit der menschlichen Vernunft erkannt worden ist. Die Offenbarung bietet dem Menschen nichts Neues; im Gegenteil, es entstehen weitere Probleme: Warum zeigt sich Gott nur einem Teil der Menschheit, während ein anderer Teil, etwa die Urbewohner anderer Kontinente, die man in dieser Zeit entdeckte, vom Christentum keine Ahnung hatte? Eine ähnliche Frage wurde mit dem vor dreihundert Jahren geschriebenen Bestseller Daniel Defoes „Robinson Crusoe“ aufgeworfen, als Robinson nach Jahren des vermeintlich einsamen Lebens auf einer Insel plötzlich einen Fußabdruck im Sand entdeckt. Gibt es Menschen, die unabhängig von Adam und Eva existieren, jenem ersten Paar der damals bekannten Welt? Stehen diese Menschen dann etwa nicht unter der Erbsünde? Diese und ähnliche Probleme mögen uns heute skurril erscheinen – zur Zeit Tindals zermarterte man sich darüber den Kopf. Schon die Möglichkeit, dass die Offenbarung nur einem Teil der Menschheit zuteilwird, lässt sich mit den universalen Ansprüchen des biblischen Gottes nicht verbinden.

Die Entdeckung der indigenen Völker stellte die europäischen Christen vor ein gehöriges Problem. Der Stammbaum Adams, der die von Gott geschaffene Menschheit definiert, schließt die Existenz indigener Inselbewohner oder Ureinwohner in anderen Erdteilen aus. Die ständige Entdeckung neuer Kulturen jenseits der großen Ozeane brachte einen bis dahin ungekannten Rechtfertigungsdruck für die Theologie ins Spiel, dem sie kaum gewachsen schien.

Hier kommt die Vorstellung einer natürlichen Religion von Tindal zum Zug. Auch das Christentum hat für ihn nicht die letzte Stufe der Vernunft erreicht. Es ist, wie andere Offenbarungsreligionen auch, von der Vernunftreligion noch ein Stück entfernt, wenn auch nur ein kleines. Erst wenn dieses Christentum seine letzten Formen des Zwanghaften, der kirchlichen Observanz und der Moral überwindet, und den reinen Gott der Vernunft als den wahren Gott anerkennt, ist das Ziel des Deismus erreicht. Das Christentum ist das letzte Stadium der Verfallsgeschichte aller bisherigen Religionen; es führt die Menschheit aber auch zurück zum Anfang. Dieses Christentum kennt am Schluss keine Gesetze, keinen Legalismus und vor allem keine Kirche, weil alle Menschen einen unmittelbaren und unverstellten Zugang zu Gott haben. Die Religionsgeschichte Tindals lässt sich also als Kreis verstehen:

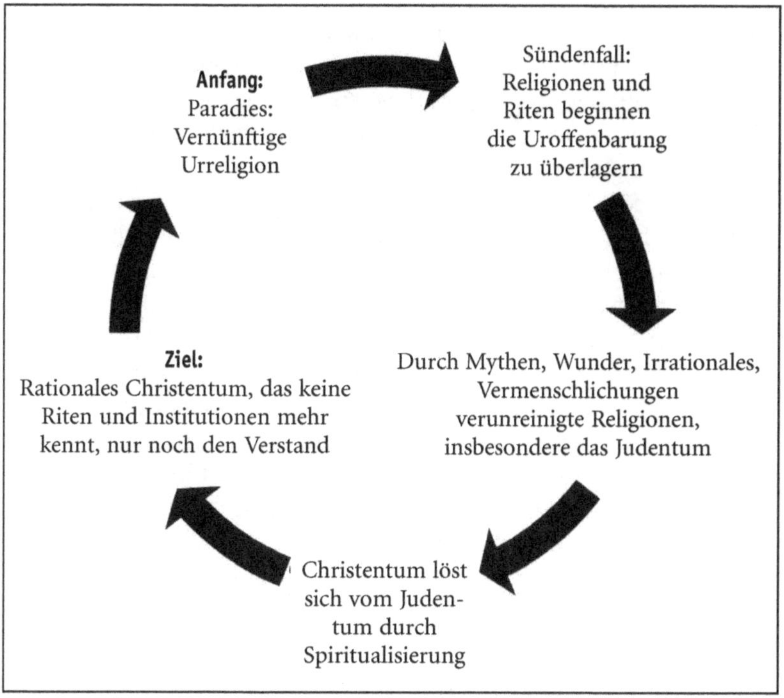

Der Gott der Vernunft wirkt nicht als Zwang von außen, sondern er hat uns so geschaffen, dass wir uns selbst zu etwas zwingen können, auch wenn äußere Umstände dagegensprechen. Das ist die Begründung von Freiheit als autonomer Instanz in einem jeden von uns. Dieser Gott benötigt daher keine Offenbarung, kein Regelwerk von außen, und erst recht keine Priesterkaste zur Vermittlung. Dass Tindal hier besonders den katholischen Klerus mit Visier hat, ist den besonderen Umständen seiner Zeit geschuldet. Inhaltlich bezieht sich Tindal in seiner Religionskritik auf alle institutionellen Formen kirchlicher Vermittlung. Die Naturreligion wirkt hingegen von innen, weil jeder Mensch sie erkennen kann; das Christentum muss sich diesem grundsätzlichen und hohen Anspruch stellen.

„In short, True Religion can't but be plain, simple, and natural, as design'd for all Mankind, adapted to every Capacity, and suited to every Condition and Circumstance of Life [...]. The Religion of Christ must be understood, before it can, or ought to be believ'd; and that it must be proved to be a consistent, and rational Religion, before they can be under any Obligation to receive it."[12]

Die „wahre Religion", von der Tindal spricht, muss einfach und schlicht sein. Das Christentum muss für alle Menschen, gleich welcher Herkunft, zugänglich und verstehbar werden und in seiner Klarheit überzeugen. Dieser Anspruch wird allein schon aufgrund der Unvereinbarkeit der verschiedenen Sprachen und fehlerhaften Übersetzungen der beiden Testamente erschwert. Die hebräische Bibel kann schon aus sprachlichen Gründen nicht sonderlich überzeugen: Warum entscheidet sich Gott für diese merkwürdige und nur wenigen Menschen bekannte Sprache? Das Niveau des neutestamentlichen Griechisch lässt ebenso zu wünschen übrig. Insgesamt steht der Deismus dem Gottesbild der abrahamitischen Religionen äußerst skeptisch gegenüber. Dies trifft insbesondere die anthropomorphen Wesenszüge Gottes in der Bibel und in der außerbiblischen Literatur, den sogenannten Apokryphen. Ein Gott, der zornig ist, der bereut, der womöglich betrügt, kann nicht der Gott der natürlichen Religion sein. Tindals Kritik des alttestamentlichen Gottesbildes fällt vernichtend aus. Dafür äußert er ein gewisses Verständnis für jene frühen Christen, die das Alte Testament auf radikale Weise kritisieren. Zu ihnen gehören Justin der Märtyrer (gest. 165) sowie der als Stammvater der Häresie geltende Markion (gest. um 160). Markion trennt zwischen einem unbarmherzigen Richtergott des Alten Testaments und dem liebenden, allerdings weltfernen Gott des Neuen Testaments, dessen Botschaft von Liebe und Barmherzigkeit einigen wenigen Christen geoffenbart wurde. Markion wird von der römischen Gemeinde aufgrund seiner antijüdischen Thesen ausgeschlossen. In der Aufklärung gilt er hingegen als verkannter Bibeltheologe der frühen Kirche, dessen Exkommunikation einen großen Fehler und den ersten Rückschritt in Richtung Judentum bedeutete.

---

12 Ebd., 241 und 248.

Bei aller Kritik am Christentum, für die sich Tindal gegenüber der katholischen Kirche Schottlands – der er zeitweise angehörte – und der anglikanischen Kirche Englands – der er wieder beitrat – zu rechtfertigen hatte, ging es ihm um die Legitimation des christlichen Glaubens. Allerdings war der Preis dieser Legitimation ein hoher: Die Abwertung des Judentums gegenüber dem Christentum. Im Judentum erkannte Tindal eine legalistische und zwanghafte Religion. Dank des Glaubens an die Gottes- und Nächstenliebe überwindet das Christentum seines Erachtens den vermeintlich talionischen Zwang des Judentums – man denke nur an Ex 21,24: „Auge für Auge, Zahn für Zahn". Bei Tindal, wie auch später bei Baruch de Spinoza (1632–1677), wird dabei der antijüdische Grundzug der Aufklärung deutlich: Juden gelten als ein zur Vernunft unfähiges Volk. Sie seien ihren Riten verhaftet, klammerten sich an Gesetze und Regeln und unterlägen dem religiösen Zwang wie keine andere Religion. Alle Klischees, die sich in der Neuzeit gegenüber Juden etabliert haben, werden im rationalistischen Denken systematisch entfaltet. Baruch de Spinoza, von dem noch ausführlicher die Rede sein wird, sticht in diesem Zusammenhang hervor. Das ist umso bemerkenswerter, als Spinoza selbst jüdischer Abstammung war.

Die Schöpfung als binärer Code Gottes – Gottfried Wilhelm Leibniz

Wenn sich das Gottesbild Matthew Tindals mit einem Bild beschreiben ließe, dann wäre es das Bild eines Uhrmachers: Gott als Erbauer einer großen Uhr mit einem riesigen Räderwerk, das, einmal zum Laufen gebracht, reibungslos funktioniert.

Das Bild des Uhrmachers stammt von Gottfried Wilhelm Leibniz (1646–1716), dessen rationalistisches Gottesbild eine für die Zeit repräsentative Synthese von Theologie und Naturwissenschaft darstellt. Leibniz verkörperte in der Tat das, was wir heute als Universalgelehrten bezeichnen. Er war nicht nur Philosoph, sondern ebenso ein bedeutender Naturwissenschaftler. Zahlreiche Erfindungen gehen auf ihn zurück, darunter auch die einer horizontalen Windmühle, mit der er die Wasserversorgung aus dem Harzgebirge sicherstellen wollte. Seine eigentliche Genialität bewies Leibniz aber auf dem Gebiet der Mathematik. Er entwickelte die Differenzialrechnung; das heute noch verwendete mathematische Integralzeichen ∫

entspricht seiner Schreibweise des Anfangsbuchstabens „s“ im lateinischen Wort „summa“.

Leibniz lebte und arbeitete zunächst am herzoglichen Hof der Welfen in Hannover. Er war Lutheraner, was ihn aber nicht daran hinderte, sich im katholischen Europa nach besseren Arbeitsplätzen umzusehen. Mit einer seiner berühmtesten Erfindungen – einer Rechenmaschine – bewarb er sich auch am Hof der Habsburger in Wien um eine erheblich besser dotierte Stellung. Der Zeitpunkt seiner Bewerbung hätte dramatischer nicht sein können. Das Reich der Habsburger war im 17. Jahrhundert durch die gefürchteten Janitscharen des osmanischen Sultans bedroht. Wien brauchte endlich eine zuverlässige Waffe, um den Feinden Einhalt zu gebieten. Mithilfe seiner mathematischen Fähigkeiten und seiner Rechenmaschine war Leibniz in der Lage, Kanonen erheblich besser und präziser zu konstruieren. Auch wenn er am Ende nicht die erhoffte Daueranstellung am Wiener Hof erhielt, so entwickelte er gerade in dieser Zeit die wichtigsten Grundlagen seiner Philosophie.

Der für die Theologie interessante Aspekt seines Denkens liegt in der Entwicklung eines Gottesverständnisses, das sich aus seinem wissenschaftlichen Denken speist. Die Theologie hat bei Leibniz den Charakter einer in Worte und Begriffe gekleideten Mathematik. So wie die Mathematik aus Zahlen besteht, so ist die Welt aus einfachen, in sich abgeschlossenen Bausteinen, den sogenannten „Monaden“ (gr. μονάς) aufgebaut. Die Monade stellt die erste in sich vollkommene Einheit dar, die bereits den Plan der gesamten Wirklichkeit enthält und die in ihrer Wechselwirkung mit weiteren Einheiten die Komplexität der Wirklichkeit generiert. Diese Vorstellung greift die antike Lehre vom „a-tomos“ des Vorsokratikers Demokrit (460/59–370 v. Chr.) auf. Mit der Idee eines kleinsten unteilbaren Teilchens konnte Demokrit sowohl Parmenides gerecht werden, der das Sein als unveränderlich beschrieb, als auch die kontinuierliche Veränderung der Dinge erklären, die Heraklit vertrat. Die Atome, die ihrerseits unveränderlich sind, bilden unendlich viele verschiedene Körper. Ein ähnlich strukturiertes Weltbild schwebt auch Leibniz vor. Bei Leibniz bilden die Monaden zeitlose, also weder Vergangenheit noch Zukunft beanspruchende Kraftzentren „ohne Fenster“, die aufgrund ihrer jeweiligen Eigenschaften individuellen Bestimmungen nachkommen und so auf je eigene Weise die komplexe Gesamtwirklichkeit aufbauen.

Mit der „Monadologie“, so der Titel seiner diesbezüglichen Schrift aus dem Jahre 1714, greift Leibniz auch auf den Substanzbegriff bei Descartes zurück. Allerdings ist Leibniz mit der cartesianischen Trennung von *res cogitans* und *res extensa* nicht zufrieden. Das Nebeneinander der beiden bietet nur vorläufige Antworten. Wie ist etwa das Phänomen des Schlafs zu erklären, das bereits Descartes beschäftigte? Wenn wir wach und bei Verstand sind, so Leibniz, erfahren wir uns als *res cogitans*, als eine selbstbewusst denkende Einheit. Wenn wir schlafen, sind wir hingegen reine *res extensa*, also bloßer Körper. Was passiert aber, wenn wir vom Schlaf allmählich erwachen? Ändern wir da unsere Substanz? Und wenn ja, wer oder was verursacht diese Veränderung? Leibniz dachte in seiner Monadenlehre an unverwechselbare, also mit einer Identität ausgestattete Einheiten, die in flexibler Beziehung zu ihrer Umwelt stehen, indem sie in je unterschiedlichen Konstellationen miteinander korrespondieren. Diese unterschiedlichen Korrespondenzverhältnisse erzeugen verschiedene Kategorien an Monaden. So unterscheidet er zwischen körperlichen Monaden mit simplen Wahrnehmungsmöglichkeiten, die in Pflanzen und einfachen Lebewesen vorhanden sind, und geistig operierenden Monaden, über die Menschen verfügen. Im Schlaf sind nur die einfachen Monaden aktiv, daher sind unsere Träume oft undeutlich. Beim Erwachen steuern dagegen die geistigen Monaden unser Bewusstsein.

Eine ähnliche Unterscheidung kennt man bereits von Aristoteles, der von vegetativen, sensitiven und rationalen Seelenteilen spricht, um so die verschiedenen Formen von Lebewesen – Pflanzen, Tiere und Menschen – unterscheiden zu können. Leibniz wie Aristoteles rechnen dem Menschen also Anteile zu, die er mit Tieren oder Pflanzen teilt, aber auch andere, die nur er besitzt.

Die einzige ausschließlich geistige und daher körperlose Monade ist „GOtt“ – von Leibniz mit der im Barock üblichen Binnenmajuskel geschrieben, um den Gedanken eines „Größer-als“ zum Ausdruck zu bringen. Die gesamte Wirklichkeit lässt sich auf einen von Gott im Akt der Schöpfung festgesetzten Bauplan sich selbst organisierender Einheiten zurückführen. Heute könnte man die Monadologie vielleicht mit dem Periodensystem der Elemente aus der Chemie vergleichen, auf das man die materielle Wirklichkeit letztlich reduzieren kann.

Wenn man nun wie Leibniz eine Affinität für Zahlen hat, dann lässt sich für die Existenz Gottes die Grundzahl 1 einsetzen. Formalisiert man die Welt andererseits mit der Zahl 0, ergibt sich für Leibniz die Möglichkeit, ein vollständiges System aller Zahlen und Informationen zu codieren, das aus zwei Grundzahlen besteht. Damit war er auch in der Lage, die Arbeitsweise seiner bereits erwähnten Rechenmaschine erheblich zu verbessern, weil er die Grundeinheit des heutigen Computers entwarf: den binären Code, basierend auf einem Zahlensystem, das lediglich aus 0 und 1 besteht und nicht aus neun Ziffern.

Mit seinem Interesse an Codes verband Leibniz vor allem auch ein metaphysisches. Dieses bezog sich auf den alttestamentlichen Schöpfungsbericht in Gen 1,1: „Im Anfang schuf Gott Himmel und Erde". Für Leibniz lässt sich die Welt in ihrer ursprünglichen, kleinsten Einheit als binäre Einheit, als eine Schöpfung aus dem Nichts, eine „creatio" (1) „ex nihilo" (0) verstehen. In der Bildersprache der Genesis: Licht und Finsternis, Tag und Nacht, Erde und Wasser.

Die binäre Codierung bildet auch noch heute die Grundlage in der modernen Informationstechnologie. Beispielsweise markiert ein „Bit", dass an einer bestimmten Stelle in einem Halbleiter Strom fließt. Das entspricht der Zahl 1. Oder es fließt an dieser Stelle kein Strom, dann entspricht dies der Zahl 0. Insgesamt acht solcher Stellen ergeben ein „Byte". Daraus wiederum lassen sich $8^2 = 64$ mögliche Kombinationen bilden. Genug Möglichkeiten also, um das lateinische Alphabet, die Grundzahlen und einige Sonderzeichen zu codieren, um alle möglichen Befehle zu programmieren. Mithilfe des von der Genesis inspirierten Binärcodes gelang Leibniz lange vor dem ersten Personal Computer die Entwicklung einer Rechenmaschine, die vergleichsweise komplizierte Aufgaben lösen konnte.

Der Gottesbegriff von Leibniz ist ein Musterfall deistischer Theologie, weil er mit rationalen Prinzipien den biblischen Glauben an die Schöpfung legitimieren möchte. Leibniz hält an den jüdisch-christlichen Grundlagen fest, zugleich sympathisiert er mit der Aufklärung und ihrer Kritik an der Offenbarung. Die Welt benötigt in ihrer geordneten Autonomie keine sekundierenden Machterweise Gottes; sie ist in ihrer Monadologie bis ins Kleinste bestmöglich geordnet. Es würde in einem perfekten Uhrwerk auch überhaupt keinen Sinn ergeben, nachträgliche Korrekturen vorzunehmen, da sie höchstens störend wirken würden.

Das signifikant Neue gegenüber früheren Theologien besteht bei Leibniz in der Auflösung der Erbsündenlehre, die seit Augustinus das Christentum dominiert hatte. Die Erbsündenlehre deutet den Sündenfall Adams als dauerhafte Schuld, die auf der gesamten Menschheit lastet. Der Mensch trägt damit die Schuld am defizitären Zustand der Welt, Gott selbst hatte die Welt ursprünglich perfekt konzipiert. Auf der Menschheit ruht also die ungeheure Last, für das Leid der Welt die alleinige Verantwortung zu tragen. In einer rationalen Weltordnung wie der von Leibniz kommt dem Gedanken an eine gefallene Menschheit keine Bedeutung mehr zu. Die Welt ist nach der besten Möglichkeit erschaffen, die sich Gott bot. Ihre minimalen Fehler erfüllen auch einen Zweck, der sich ebenso aus der Logik binären Denkens ableiten lässt: Nehmen wir einmal an, Gott hätte, was durchaus dem Wunsch vieler Menschen entspricht, eine absolut fehlerfreie Welt erschaffen. Diese Welt wäre also ebenso vollkommen wie Gott selbst. Damit stellt sich aber bezüglich der Vorstellung von Vollkommenheit ein Selbstwiderspruch ein: Wir hätten dann zwei vollkommene Wirklichkeiten gleichzeitig – Gott einerseits und die Welt andererseits – die aber, da sie jeweils vollkommen wären, unabhängig voneinander existieren müssten. Damit wären sie aber wiederum nicht vollkommen, da eine Wirklichkeit die jeweils andere Wirklichkeit entbehren müsste. Klassisch begründet dieses Argument der Satz vom sogenannten Kontradiktionsprinzip, das wir bereits bei Thomas von Aquin kennengelernt haben: Etwas kann nicht in ein und derselben Hinsicht sein und zugleich nicht sein. Zwei vollkommene Wirklichkeiten, die Welt und ihren Schöpfer, kann es nicht geben – sie blieben beide defizitär, weil der einen vollkommenen Wirklichkeit die jeweils andere fehlen würde. Vollkommenheit kann es also nur einmal geben. Daher ist für Leibniz die bestehende Welt die „bestmögliche aller Welten". Sie ist *fast* perfekt, aber das Leid und die noch ausstehende Zukunft markieren eine Differenz zu Gott. Auch eine mit minimalen Fehlern ausgestattete Schöpfung verweist also gerade aufgrund ihrer Mängel auf die Fehlerlosigkeit Gottes. Ähnlich wie der Kontingenzbeweis des Duns Scotus oder der Endlichkeitsbegriff bei Descartes lässt sich Vollkommenheit gar nicht anders erklären als über den Umweg seines logischen Gegenteils.

Das Argument, dass Differenz bereits einen defizitären Zustand bedeutet, wurde bereits von Spinoza gegen den dreifachen Substanzbegriff von Descartes ins Spiel gebracht. Allerdings verwirft Leibniz im Gegensatz zu Spinoza den biblisch begründeten Theismus nicht völlig, sondern nur den darin enthaltenen Offenbarungsanspruch. Rationalität und biblischer Schöpfungsgedanke stellen für Leibniz also keinen Widerspruch dar. Religion und Mathematik, Philosophie und die Naturwissenschaften sind für ihn zwar unterschiedliche, allerdings völlig gleichberechtigte Zugänge zu der einen Welt. Gemessen an den damaligen Voraussetzungen übertraf diese Vorstellung alle bisherigen Wissenschaftsstandards.

Der Gipfel rationaler Philosophie wird erreicht: Baruch de Spinoza

Die Philosophie Baruch de Spinozas wird oft als „absoluter Rationalismus“ bezeichnet, weil sie von der Idee einer durchgängig vernunftgeleiteten Struktur des Weltganzen geprägt ist. Spinoza denkt und schreibt in einer streng mathematisch ausgerichteten Form geometrischer Beweise, die sich schon stilistisch von bisherigen Abhandlungen unterscheiden. Während Descartes seine Philosophie in einer an Augustinus erinnernden Form des inneren Dialogs als „Meditation“ darstellt, gibt Spinoza eine Definition nach der anderen vor, um daraus Schlussfolgerungen und Lehrsätze abzuleiten.

Es wird auch nicht wie bei Descartes die Bedeutung von Sinneswahrnehmungen und deren mögliche Fehlerquellen diskutiert. Spinoza kommt wie in einem Mathematikbuch schnörkellos zur Sache und behauptet nicht mehr und nicht weniger als das komplette Gegenteil seines Zeitgenossen John Locke. Während für den radikalen Empiriker nichts im Verstand ist, was nicht vorher von den Sinnen wahrgenommen wurde, ist es für Spinoza genau umgekehrt: Wir können nur deshalb etwas wahrnehmen, weil wir dafür bereits Begriffe und Vorstellungen in unserem Verstand haben. Daher muss es ursprüngliche, einfachste Grundbegriffe geben, die nicht der subjektiven Erfahrung entstammen.

Spinoza zufolge umfassen diese Grundbegriffe alle Bereiche der Wirklichkeit. Wahre Erkenntnisse können deshalb nur in jenen Aussagen liegen, die unabhängig von Erfahrungen sind und diese strukturierend und ordnend verarbeiten. Hier kommt eine wichtige terminologische Komponente ins Spiel: Spinoza nennt diese Erkenntnis „a priori“. Mit apriorischer Erkenntnis spricht Spinoza die von Descartes konzipierten ersten Ideen an, also Erkenntnisvoraussetzungen, die unabhängig von sinnlicher Erfahrung im Menschen vorhanden sind. Diesen gegenüber stehen aposteriorische Erkenntnisse, die aufgrund der Wahrnehmung und Verarbeitung äußerer Eindrücke entstehen. Apriorische Ideen erinnern zwar an Platon, sie sind aber jetzt erheblich abstrakter zu verstehen. Es sind keine Urbilder, die den Abbildern zugrunde liegen, sondern Möglichkeitsbedingungen von Erkenntnis, die allen Vorstellungen und Wahrnehmungen vorausgehen.

Descartes hatte als apriorische Ideen die Idee von Gott, die Idee des Raumes sowie die Idee des Denkens ins Auge gefasst. Spinoza weist an diesem Punkt auf einen inneren Widerspruch bei Descartes hin: Wenn diese drei Ideen unabhängig voneinander gleichzeitig existieren, sind sie nicht absolut. Sie stehen in einem Abgrenzungsverhältnis zueinander, indem sie einander gegenseitig ausschließen. Sie sind daher keine *erste* Idee im Sinne einer letzten, ultimativen Einheit, weil sie sich lediglich auf einen Teilbereich der Wirklichkeit beziehen. Ein ähnlich klingendes Argument kennen wir von Leibniz und seiner Monadenlehre. Spinoza wird diese Ideenlehre auf eine letzte, von ihm „Substanz" genannte Wirklichkeit hin zuspitzen, die keine zweite, externe Wirklichkeit benötigt, um als existierend gedacht zu werden. Die dritte von sechs einleitenden Prämissen in seinem Hauptwerk „Ethik" lautet demzufolge:

> „Unter Substanz verstehe ich das, was in sich selbst ist und durch sich selbst begriffen wird, d. h. das, dessen Begriff nicht des Begriffs eines anderen Dinges bedarf, von dem her er gebildet werden müßte."[13]

Genau genommen kann nur eine Idee diese Bedingung erfüllen: Gott oder die Unendlichkeit. Daher lautet die sechste Definition:

> „Unter Gott verstehe ich ein unbedingt unendliches Seiendes, d. h. eine Substanz, die aus unendlich vielen Attributen besteht, von denen jedes eine ewige und unendliche Essenz ausdrückt."[14]

Der vierzehnte Lehrsatz und der anschließende Beweis verschaffen uns einen Einblick in die strenge mathematische Logik Spinozas. Er führt uns zum Kern seiner Gotteslehre. Neben der unendlichen Sub-

---

[13] B. de Spinoza, Ethik in geometrischer Ordnung dargestellt, Lateinisch-Deutsch neu übers., hrsg., mit einer Einleitung versehen v. W. Bartuschat, 4., durchg. Auflage Hamburg 2015, 5.
[14] Ebd., 5–7.

stanz Gottes kann es, dem absoluten Verständnis von Substanz entsprechend, keine zweite Substanz geben.

> „*Vierzehnter Lehrsatz:*
> Außer Gott kann es keine Substanz geben und keine begriffen werden.
>
> *Beweis:*
> Da Gott ein unbedingt unendliches Seiendes ist, von dem kein Attribut, das eine Essenz von Substanz ausdrückt, verneint werden kann (nach Definition 6), müßte, wenn es irgendeine Substanz außer Gott gäbe, diese durch irgendein Attribut Gottes erklärt werden; und dann existierten zwei Substanzen desselben Attributes, was (nach Lehrsatz 5) widersinnig ist; mithin kann es keine Substanz außer Gott geben und folglich auch keine begriffen werden. Denn könnte eine solche begriffen werden, müßte sie zwangsläufig als existierend begriffen werden; das ist aber (nach dem ersten Teil dieses Beweises) widersinnig. Also kann es außer Gott keine Substanz geben und keine begriffen werden.“[15]

Wenn Gott eine alles umfassende, oberste, erste und letzte Substanz ist, weil es keine zweite Substanz geben kann, die nicht von ihm bedingt wäre, kann Gott weder als begrenztes Objekt in der Welt gedacht werden noch ihr als Schöpfer gegenüberstehen. Eine Trennlinie zwischen der gesamten Wirklichkeit und Gott kann nicht mehr existieren, ohne den Substanzbegriff selbst infrage zu stellen.

Spinozas Substanzverständnis kann auch das ungelöste Phänomen des Traumes erklären, das sich im Denken Descartes‘, der die Wirklichkeit in drei Substanzen (Gott, Raum und Denken) aufgeteilt hatte, hartnäckig hielt und auch noch von Leibniz angesprochen wird. Die Lösung, die Spinoza hier anbietet, klingt überzeugend: Es findet gar kein Wechsel von der *res extensa* in die *res cogitans* statt, weil es nur eine einzige Substanz gibt. Dabei ist es gleichgültig, ob man sie Gott oder Natur nennt, denn beide Begriffe beziehen sich auf eine Wirklichkeit: „Deus sive natura“ – Gott oder die Natur. Gott kann nicht von der Welt getrennt sein, also ist er in ihr enthalten. Er ist mit der Natur identisch. Der Zustand des Traumes und der Zustand des Wach-Seins sind in der einen Substanz Gottes enthalten.

---

[15] Ebd., 51.

Dieses Gottesbild wird Pantheismus genannt. Der Pantheismus steht im Gegensatz zum biblischen Gottesverständnis nicht für eine Unterscheidung von Schöpfer und Welt und galt sowohl für die christlichen Kirchen als auch für die Synagoge als Irrlehre. Dieser Vorwurf wird auch sofort gegen Spinoza erhoben, allerdings nicht, wie man meinen könnte, von der reformierten Kirche der Niederlande, sondern von der Amsterdamer Synagoge, deren Mitglied er bis zu seiner Verbannung 1656 war.

Der schlimmste Verdacht: Pantheismus

Die Wurzeln von Spinozas Familie liegen auf der iberischen Halbinsel. Seine Vorfahren waren Ende des 15. Jahrhunderts, wie so viele Juden in dieser Zeit, im Zuge der Reconquista aus Spanien geflohen. Nicht wenige entschieden sich für die als liberal geltenden Niederlande. Man nannte die Gruppe von Exilanten abfällig „Marranen" – Schweine. Da die meisten gegen ihren Willen getauft waren, galten sie in der jüdischen Gemeinde als Abtrünnige und waren generell verhasst. Die Kirche ihrerseits wusste in der Regel um die Scheintaufe und betrachtete sie als Christen zweiter Klasse. Auch wenn Spinoza in Amsterdam nicht mehr als Marrane galt, so war er doch ein Fremdling in seiner Synagoge. Mit seinen philosophischen Ansichten eckte er darüber hinaus frühzeitig an. Dabei war Spinoza stets ein äußerst bescheidener und gewissenhafter Privatgelehrter. Er musste seinen Lebensunterhalt als Linsenschleifer bestreiten und starb bereits mit fünfundvierzig Jahren an den Folgen einer chronischen Lungenentzündung, die er sich aufgrund seiner Arbeit zuzog. Die Gefahr, die von Spinoza ausging, konnte also offensichtlich nicht an dessen Prominenz liegen, sondern bestand einzig und allein in seinen klaren und provozierenden Thesen.

Der Pantheismus, den man Spinoza vonseiten der Synagoge zur Last legte, erweist sich bei näherer Betrachtung als durchaus zeitgemäßes Weltbild, insofern es dem rationalistischen Anspruch seiner Zeit gerecht wird. Spinoza trifft das barocke Lebensgefühl. Hier dominiert der Sinn für Grenzenlosigkeit die Gottesvorstellung. In einer Phase unbegrenzter Raumausdehnung wirken insofern die personalistischen Bilder vom fürsorglichen Gott-Vater, „der alles so herrlich regieret", wie ein bekanntes Kirchenlied feierlich verkündet, bereits aus der Zeit gefallen. Die Leere des offenen Himmels und die Aufhebung irdischer Schwerkraft befreit für einen Moment von der erdrückenden Erfahrung des vergänglichen Lebens. Der Himmel wird zum Fluchtpunkt menschlicher Sehnsüchte. Die barocken Kirchen und Schlösser dienten dabei als Projektionsflächen innerer Wunschvorstellungen. Die Natur wird zum Medium göttlicher Größe; in ihr entfaltet sich die ganze göttliche Vielfalt und ihre unbegrenzte Weite. Naturerkenntnis wird zur spirituellen Gotteserkenntnis. Die Schöpfung ist nicht der staubige Boden, sondern das Abbild göttlicher Pracht und Schönheit. Der Vorstellung der Unbegrenztheit entspricht ein Gottesbild, das sich weder auf bestimmte Ethnien und Territorien noch auf bestimmte Religionen begrenzen lässt.

Freiheit als Dauerthema

Der Pantheismus ist nicht der einzige Vorwurf, dem sich Spinoza ausgesetzt sieht. Auch muss er die Frage beantworten, wie sich der Pantheismus mit der menschlichen Freiheit verbinden lässt. In einer mit Gott identischen Natur gibt es, so der Vorwurf, keinen Platz für das Ungewollte und Spontane. Alles ist in der Natur geregelt, sie überlässt bekanntlich nichts dem Zufall.

Die Antwort findet sich in einem anderen Werk Spinozas aus dem Jahre 1670 mit dem etwas sperrigen Titel:

> „Theologisch-politischer Traktat. Enthaltend einige Abhandlungen, in denen gezeigt wird, daß die Freiheit zu philosophieren nicht nur ohne Schaden für die Frömmigkeit und den Frieden im Staat zugestanden werden kann, sondern auch nicht aufgehoben werden kann, ohne zugleich den Frieden im Staat und die Frömmigkeit aufzuheben.“[16]

Die Freiheit des Denkens ist also nicht der Großzügigkeit eines aufgeklärten und gut organisierten Staates geschuldet, sondern es ist genau umgekehrt: Erst die Freiheit des Denkens garantiert Ordnung, Frieden und Freiheit, auch in religiösen Fragen. Schon in den ersten Zeilen des theologisch-politischen Traktats wird in aller Deutlichkeit klar, wie schonungslos Spinoza die religiöse Doppelmoral seiner Zeit

---

[16] Ders., Theologisch-politischer Traktat. Auf der Grundlage der Übersetzung von C. Gebhardt. Neu bearb., eingel. u. hrsg. v. G. Gawlick, Hamburg 1994, 2.

aufdeckt. Der Text ist ein fulminantes Plädoyer für Humanität und Menschenrechte. Inmitten des dreißigjährigen Krieges und des unendlichen Leids, das im Namen des Christentums verursacht wurde, musste Spinozas Aufruf für mehr Humanität und Menschlichkeit, ungeachtet der Religion und Konfession, geradezu zersetzend auf die Machthaber gewirkt haben.

> „Ich habe mich oft darüber gewundert, dass Leute, die sich rühmen, die christliche Religion zu bekennen, also Liebe, Freude, Frieden, Mäßigung und Treue gegen jedermann, dennoch in der feindseligsten Weise miteinander streiten und täglich den bittersten Haß gegeneinander auslassen, so daß man ihren Glauben leichter hieran als an jenen Tugenden erkennt."[17]

In diesem Traktat entfaltet Spinoza aus seinem pantheistischen Gottesverständnis, das wir in seiner „Ethik" kennengelernt haben, ein Idealbild menschlicher Freiheit. Wenn der Mensch keinem allmächtigen Gott gegenüber Rechenschaft schuldig ist, dann ist er selbst die einzige moralische Instanz. Hier wird die Freiheit des Menschen nicht von den Bedingungen eines überwachenden Gottes beschränkt. Allein in der Natur kann der Mensch den Willen Gottes erkennen. Aus ihr erwächst die Erkenntnis zur Selbstverpflichtung, was im Ernstfall bedeuten kann, auch gegen äußere Widerstände zu handeln. In diesen Momenten wird Freiheit spürbar. Wenn wir einen Gedanken als wahr und richtig erkennen, dann ist diesem Gedanken eine innere Notwendigkeit immanent. Im Denken selbst widersprechen sich also Freiheit und Notwendigkeit nicht. Wenn ich einen Gedanken entfalte, dann fühle ich mich frei und sage ihn gegen jeden äußeren Widerstand. Das verbindet Spinoza mit der Autorität und dem Selbstbewusstsein eines Martin Luther, dessen bekanntes, allerdings nie belegtes Diktum auf dem Reichstag zu Worms 1521 zum Leitspruch der Reformation geworden ist: „Hier steh' ich nun und kann nicht anders!" Dieses Nicht-anders-Können ist keineswegs der verzweifelte Hilfeschrei eines unfreien Menschen, sondern Ausdruck von Selbstbestimmung. Das Gegenteil von Freiheit ist der äußere Zwang und der seelische Druck, der auf Menschen ausgeübt wird, und nicht die Notwendigkeit, sich auf eine

---

[17] Ebd., 7.

Entscheidung festzulegen. Die Freiheit, sich zwischen mehreren Alternativen entscheiden zu müssen, ist nur dem Schein nach frei. Diese Form von Freiheit wird nicht selten als Qual empfunden. Wir erleben das jedes Mal, wenn wir uns im Sommer ein Eis kaufen wollen und angesichts des überbordenden Sortenangebots scheitern. In solchen Momenten wird der finale Entschluss als eigentliche Befreiung empfunden. So gesehen ist es Ausdruck von Freiheit, in einer ganz bestimmten Situation gar nicht anders handeln zu können.

Dieser Freiheitsgedanke begegnet uns im Ansatz erstmals bei Duns Scotus, der den strengen Aristotelismus und damit die Vorstellung eines lückenlosen Determinismus aufbricht. Für Duns Scotus ist es der Wille, der in mir eine bestimmte Handlung auslöst. Für Spinoza werden Aussagen, die nicht von innen heraus bejaht werden, als fremd und uneigentlich wahrgenommen, selbst wenn sie logisch erscheinen. Aus der Freiheit moralischer Begründungszusammenhänge ergibt sich das ethische Anliegen Spinozas, falsche Leidenschaften und Abhängigkeitsverhältnisse zu überwinden. Nur durch innere Einsicht kann ich mich von diesen lösen und wirklich frei sein. Ein Sollensanspruch, der hingegen ein äußeres Ziel darstellt, dem ich mich zu unterwerfen habe, wird als Fremdbestimmung empfunden – etwa für Volk und Vaterland sterben zu müssen. Freiheit ist insofern nicht ein möglichst langes Offenhalten oder gar Verschieben von Entscheidungen im Sinne der Wahlfreiheit, sondern ein entschlossenes Handeln.

Die Einheit von Innen und Außen

Wenn das fünfte Gebot in der landläufigen Formulierung mit dem Imperativ: „Du sollst nicht stehlen!“ wiedergegeben wird, dann suggeriert diese Vorschrift Spinoza zufolge ein Drohpotential, das von außen auferlegt, und nicht mittels der Vernunft begründet wird. Spinoza stellt seinerseits die These auf: „Der freie Mensch wird niemals betrügerisch handeln!“ Es gibt also im Menschen Gesetzmäßigkeiten, die, wenn sie erkannt werden, dazu führen, niemals zu betrügen. Dazu braucht es keinen Befehl von außen.

Die ethische Forderung Spinozas besteht also darin, die eigene Identität mit der Außenwelt in Einklang zu bringen. Der Einheitsgedanke, dass Innen und Außen gedeckt sind und dass sie einander entsprechen, wird für die weitere Philosophie, insbesondere für den Deutschen Idealismus des 19. Jahrhunderts, grundlegend. Er ist in nahezu allen modernen Ansätzen der Gegenwartstheologie enthalten; er bestimmt sämtliche kunst- und kulturtheoretischen Diskurse und bleibt im Denken auch dort erhalten, wo er bestritten wird. Deutlich zeigt sich die Einsicht Spinozas in der heutigen Pädagogik. Menschen können nur bis zu einem gewissen Grad von außen geformt und erzogen werden. Die eigentliche Leistung besteht darin, sie von innen heraus so zu motivieren, dass sie von sich aus Sinn und Ziel dessen erkennen, was mit einem bestimmten Verhalten erreicht werden kann und was nicht. Junge Menschen müssen von daher nicht gedrillt, sondern gefördert werden. Sie zu etwas zu zwingen, führt lediglich zu einer halbherzigen und widerwilligen Entscheidung. Ethische Einsichten müssen daher nicht extern von Gott diktiert werden; wenn der Mensch aus sich heraus den Sinn einer Vorschrift erkennt, wird er notwendigerweise danach handeln. Eine Einsicht, die in der Psychoanalyse Sigmund Freuds immer wieder aufgegriffen wird.

Folgen für das biblische Verständnis von Offenbarung

Der Freiheitsbegriff Spinozas, den er in seinem theologisch-politischen Traktat entwickelt, ist ein wesentlicher Auslöser für die Spannungen mit der Amsterdamer Synagoge. Spinoza stellt religiöse Machtinstanzen grundsätzlich in Frage, weil er außer der menschlichen Rationalität keine andere Autorität anerkennt. Zum Bruch mit der Synagoge kommt es schließlich aufgrund seiner deutlichen Kritik am Offenbarungsverständnis der Bibel. Diese Kritik betrifft insofern nicht nur das Judentum, sondern auch das Christentum. Wenn Gott durch ein Ereignis, sei es durch Handlungsanweisungen oder Wunder, seine Existenz beweisen müsste, dann stünde diesem Überzeugungsdruck von außen immer noch die innere Zustimmung des freien Menschen entgegen. Gott kann sich also streng genommen nur jenen Menschen offenbaren, die die Existenz Gottes bereits voraussetzen und ihr zugestimmt haben. Wozu braucht es dann also noch eine historisch einmalige oder fortlaufende Offenbarung? Was macht sie zum besonderen Ereignis, das sich nicht auch natürlich erklären ließe? Wer oder was qualifiziert die Offenbarung als Offenbarung, wenn nicht der Mensch bereits um deren Inhalt und Botschaft im Vorhinein weiß? Man sollte stets bedenken, dass zur Zeit Spinozas Theologie und Kirche von einem sogenannten *extrinsezistischen* Offenbarungsverständnis ausgehen, demzufolge sich Gott in Gestalt von übernatürlichen Ereignissen, etwa Wundern, den Menschen zeigt. Spinoza stellt dieses Offenbarungsverständnis in seinem Traktat radikal in Frage. Es ging ihm aber nicht nur um die Überwindung eines veralteten Gottesbildes.

Für Spinoza ist die Verquickung von Religion mit gesellschaftlichen Fragen die Ursache von Konflikten. Sein Ziel ist es, Theologie wieder davon zu trennen, insbesondere von der Philosophie. Die beiden Disziplinen sollen sich auf ihr jeweiliges Feld beschränken: In der Theologie ist es der Gehorsam gegenüber Gott, in der Philosophie ist es die Autorität der Wahrheit. Gehorsam bedeutet allerdings keinen Freibrief für Untertanentum und geistige Unterwerfung. Davon ist auch die Bibel betroffen. Im Gegensatz zum „Sola scriptura"-Prinzip, nach dem im Protestantismus oft buchstabengetreu ausgelegt wird, müssen sich daher auch die biblischen Quellen der kritischen Prüfung durch die menschliche Ratio stellen. Sie sind, wie Spinoza an anderer Stelle betont, schlichtweg Texte von Menschen für Menschen und keine von Gott diktierten Schriften.

> „Da ich bei mir bedachte, daß das natürliche Licht nicht bloß geringgeschätzt, sondern von vielen geradezu als Quelle der Gottlosigkeit verdammt wird, daß menschliche Erdichtung für göttliche Lehre gehalten, Leichtgläubigkeit als Glaube geschätzt wird, daß die Streitigkeiten der Philosophen in Kirche und Staat mit aller Leidenschaftlichkeit geführt werden und daß wütender Haß und Zwist, durch welche die Menschen leicht zu Empörungen verleitet werden, und noch vieles andere, dessen Aufzählung hier zu weit führen würde, davon die Folge ist, so habe ich mir fest vorgenommen, die Schrift von neuem mit unbefangenem und freiem Geist zu prüfen und nichts von ihr anzunehmen oder als ihre Lehre gelten zu lassen, was ich nicht mit voller Klarheit ihr selbst entnehmen könnte."[18]

Damit plädiert Spinoza für eine neue Form kritisch-hermeneutischer Schriftauslegung, die sich um einen neutralen Zugang zur Schrift bemüht. Spinoza lehnt die Fehlerlosigkeit der Bibel ab, wie

[18] Ebd., 8f.

sie in Teilen der Reformation gelehrt wurde und heute noch in evangelikalen Gruppierungen vertreten wird. Vielmehr implantiert Spinoza neben der diskursiven Schriftauslegung das Prinzip der Rationalität des Buchstabens. Infolgedessen werden göttliche Ratschlüsse, Weisungen und Wunderberichte, wie sie die Bibel überliefert, auf menschliche Kommunikation und natürliche Vorgänge reduziert.

Das Judentum als rituelle Religion

An dieser Stelle wird eine Kehrseite der Aufklärung deutlich, die wir bereits bei Matthew Tindal bemerken konnten. Spinoza stützt sich in seiner Bibelkritik vor allem auf das Alte Testament. Juden werden als ein zur Vernunfterkenntnis unfähiges Volk charakterisiert, weil sie keine moralische Gesinnung entwickelten, sondern in der buchstabengetreuen Auslegung des Gesetzes den Sinn der Gebote gerade unterlaufen würden. Das Alte Testament ist damit ein Dokument des Scheiterns vor dem Forum der Vernunft. Die Notwendigkeit umfangreicher Ge- und Verbote offenbaren die Unfähigkeit des jüdischen Volkes zur rationalen Einsicht. Es bevorzugt ein Leben in Knechtschaft und Unfreiheit:

> „Die rechte Lebensweise oder das wahre Leben sowie die Verehrung und Liebe Gottes war für sie daher mehr eine Knechtschaft als wahre Freiheit und Gnadengabe Gottes. Er [= Moses, W. B.] befahl ihnen nämlich, Gott zu lieben und sein Gesetz zu befolgen, um sich für die früheren Wohltaten (die Befreiung aus der ägyptischen Knechtschaft usw.) dankbar zu bezeigen, und ferner schreckte er sie durch Drohungen, wenn sie die Vorschriften übertreten sollten; dagegen versprach er ihnen vieles Gute, wenn sie sie einhielten. Er belehrte sie also gerade so, wie Eltern ihre noch unvernünftigen Kinder zu belehren pflegen. Darum ist es sicher, daß sie die Vortrefflichkeit der Tugend und die wahre Glückseligkeit nicht kannten."[19]

Der Dekalog wird als Ausdruck göttlicher Fremdbestimmung gegen die freie Einsicht des Menschen gerne von der Aufklärung antijudaistisch zitiert. Dabei ist bereits zur damaligen Zeit bekannt, dass

---

[19] Ebd., 44.

die Gebote gerade nicht im Imperativ, sondern im Prohibitiv formuliert sind. Die korrekte Übersetzung lautet demnach: „Du wirst nicht stehlen“. Das hebräische Original bringt damit eigentlich zum Ausdruck, dass der Mensch im Bundesschluss mit Gott erst gar nicht auf den Gedanken kommt zu stehlen. Die grammatikalische Form spiegelt genau jene Vernunfteinsicht wider, die Spinoza dem freien Menschen zusagt und offensichtlich dem jüdischen Volk abspricht.

Mit diesem rationalistischen Argument gegenüber der Orthodoxie des Judentums wird der Boden für eine antijudaistische Haltung bereitet, die in der Folgezeit in weite Teile der Gesellschaft ausstrahlt. Daraus entfaltet sich ein aufklärerischer Antijudaismus, der sich bis weit ins 19. Jahrhundert in zahlreichen Variationen finden lässt. Insbesondere die deutsche Romantik hinterlässt in der Rückschau einen latent antijüdischen Beigeschmack. Dies ist umso bedauerlicher, als es in dieser Zeit gerade jüdische Philosophen und Intellektuelle waren – man denke nur an Moses Mendelssohn (1729–1786), Rahel Varnhagen (1771–1831) oder Heinrich Heine (1797–1856) – die die Aufklärung entscheidend geprägt haben.

In Anbetracht der damaligen absolutistischen Herrschaftsverhältnisse in Staat, Kirche und Gesellschaft lag es auf der Hand, dass Spinoza nach seiner Verbannung aus der Synagoge auch nicht im Christentum heimisch wurde. Welche Kirche hätte auch einen Pantheisten getauft? Spinoza galt – auch das war in gewisser Hinsicht ein Novum – als „säkularer“ Jude, was aber die Sache nicht trifft. Er forderte, wie die meisten Rationalisten und Aufklärer seiner Zeit, die Trennung von Moral und Religion. Er war so etwas wie ein erster Vertreter der heute in Mitteleuropa immer größer werdenden Gruppe der Konfessionslosen. Spinoza war ein im besten Sinne des Wortes typischer Freigeist, für den eine rational begründete Areligiosität eine wesentlich durchdachtere Ethik ergab als der oberflächliche Glaube pseudoreligiöser oder bigotter Menschen. Weder die Synagoge noch die Kirchen oder die politische Führung konnten gegen ihn den Standardvorwurf des Amoralismus und des Libertinismus erheben, im Gegenteil: Er lebte ehelos, bescheiden und zurückgezogen.

Aufklärung und Antijudaismus

Zweifelsfrei hatte Spinozas Denken wesentlichen Anteil an der Vorbereitung eines rationalistischen Antijudaismus. Sein intellektueller Antijudaismus, der angesichts seines biografischen Hintergrunds durchaus nachvollziehbar erscheint, kann allerdings keineswegs mit dem völkischen Rassismus, der sich im 19. Jahrhundert allmählich entwickelte, und erst recht nicht mit dem Antisemitismus der Nationalsozialisten gleichgesetzt werden. Man wird dem Anliegen Spinozas noch am ehesten gerecht, wenn man seine Kritik am Judentum als prägnantes Beispiel seiner allgemeinen Ablehnung jeder religiösen Institution versteht. Spinoza relativiert das Judentum und nimmt dessen Andersheit nur als paradigmatische, nicht als absolute Andersheit wahr. Vieles, was er dem Judentum zum Vorwurf macht, lässt sich auch auf andere Religionen übertragen.

Die Folgen seines Antijudaismus lassen sich erst in der Wirkungsgeschichte Spinozas, vor allem bei den englischen Deisten und insbesondere im Denken des französischen Schriftstellers Francois-Marie Arouet – besser bekannt unter seinem Pseudonym Voltaire (1694–1788) – feststellen: Gerade Voltaire, der ansonsten für die positiven Errungenschaften der Aufklärung bekannt ist, entfaltet gegenüber dem Judentum eine abscheuliche Abfälligkeit, die dem heutigen Leser die Sprache verschlägt. Voltaires Artikel über die Juden in der von Denis Diderot (1713–1784) herausgegebenen „Encyclopédie“ ist eine der schlimmsten Zusammenstellungen von Vorurteilen und Klischees, die man sich denken kann.

Für den jüdischen Philosophen Emmanuel Levinas (1906–1995) hat Spinoza durch seinen „Verrat am Judentum“ tatsächlich die notwendigen Vorbereitungen für eine weitere Ausbreitung und Verschärfung des Antijudaismus getroffen, auch wenn dies sicherlich nicht in seiner Absicht lag. Für den romantischen Dichter Friedrich von Hardenberg, besser bekannt unter seinem Künstlernamen Novalis (1772–1801), ist er gar der „christlichste aller Denker“. Der Antijudaismus wird damit offensichtlich als genuiner Bestandteil des Christentums akzeptiert. Zumindest hätte ein so verstandenes Christentum dem modernen Antisemitismus nichts entgegenzusetzen.

Aber Spinoza ist weder ein christlicher Autor noch ein Verräter des Judentums. Allerdings bliebe eine Darstellung der Aufklärung ohne ihre antijüdische Kehrseite, für die auch Spinoza steht, unvollständig. Mit der Aufklärung wird der Antijudaismus in intellektuellen Kreisen salonfähig. Deren unbedingtes Freiheitsideal war die Ursache für eine Kritik der aus ihrer Sicht augenscheinlichen Unfreiheit religiöser Menschen. Die Aufklärer kämpften für die unbedingte Anerkennung von Freiheit und viele hatten dabei nur ihre eigene im Blick. Sie ignorierten die Freiheitsrechte anderer Menschen, die auch dann Respekt verdienen, wenn sie nicht den eigenen Vorstellungen entsprechen.

„Ich bin indessen Spinozist geworden!"

Unbeschadet der Tatsache, dass Spinoza zu Lebzeiten der Irrlehre und des Pantheismus beschuldigt wurde, ist der Gedanke unbedingter Freiheit irreversibel mit seinem Namen verbunden und in verschiedenen Fortschreibungen präsent geblieben. Spinoza wird damit zum eigentlichen, obgleich wenig beachteten Vordenker einer auf ihre liberalen Werte stolzen westlichen Welt. Seine Vorstellungen von Freiheit machten ihn in einer Welt absolutistischer Deutungshoheiten, gerade in religiösen Fragen, gezwungenermaßen heimatlos. Die Synagoge erklärte ihn für vogelfrei. Die Kirche lehnte seinen Pantheismus ebenso ab. Der Gottesbegriff Spinozas entsprach nicht den theologischen Lehrbüchern und Katechismen. Und jeder, der sich mit den Gedanken Spinozas anfreundete, machte sich ebenso verdächtig. Den Vorwurf, ein „Spinozist" zu sein, handelte man sich schnell ein, wenn man mit den Idealen der Freiheit oder mit einem deistischen Gottesbild sympathisierte.

Ein solcher Vorwurf wurde besonders prominenten Intellektuellen gemacht. Großes Aufsehen erregte etwa eine Bemerkung eines evangelischen Philosophen und entschiedenen Gegners des Rationalismus, Friedrich Heinrich Jacobi (1743–1819), über den Dichter und bekannten Aufklärer Gotthold Ephraim Lessing (1729–1781). Jacobi besuchte Lessing noch kurz vor dessen Tod in Wolfenbüttel. Bei dieser Gelegenheit hat sich Lessing den Aufzeichnungen Jacobis zufolge nicht gegen den Verdacht gewehrt, ein heimlicher Verehrer Spinozas zu sein:

> [Lessing]: „Die orthodoxen Begriffe von der Gottheit sind nicht mehr für mich; ich kann sie nicht genießen. En kai pan. Ich weiß nichts an-

> ders …". [Jacobi]: „Da wären Sie ja mit Spinoza ziemlich einverstanden." [Lessing]: „Wenn ich mich nach jemanden nennen soll, dann weiß ich keinen andern."[20]

Ob Lessings spätes Geständnis authentisch ist oder ihm von Jacobi in den Mund gelegt wurde, lässt sich im Nachhinein nicht mehr feststellen. Das Bekenntnis war für Jacobi auf alle Fälle Grund genug, auch gegenüber Moses Mendelssohn, Goethe, Herder und anderen Aufklärern und Frühromantikern den Vorwurf des Pantheismus zu erheben. Die so Beschuldigten hingegen hielten ihrerseits den Spinozismus oder Pantheismus für eine durchaus mit dem Christentum vereinbare Auffassung.

Und so blieben der Freiheitsgedanke und der Pantheismus Spinozas in der Folgezeit unterschwellig präsent. 1795 „outete" sich Schelling gegenüber seinem Tübinger Zimmergenossen Hegel: „Ich bin indessen Spinozist geworden!"[95] Der „tote Hund", wie der in Vergessenheit geratene Spinoza in dieser Zeit auch genannt wurde, wird vor allem im Idealismus zur heimlichen Identifikationsfigur der Philosophie. In der modernen Philosophie ist er im Denken von Dieter Henrich (*1927) und von Wolfgang Cramer (1901–1974) präsent. Spinozas größter Fan aber war bezeichnenderweise weder Philosoph noch Theologe, sondern der bekannteste Astrophysiker Albert Einstein.

Wer einen detaillierten Einblick in das ungemein facettenreiche Leben und Denken von Leibniz erhalten möchte, dem empfehle ich die anschauliche Biografie von *Eike Christian Hirsch, Der berühmte Herr Leibniz. Eine Biografie*, München ^{2}2001. Für die Aufklärung aus theologischer Sicht empfehle ich unbedingt *Klaus Müller, Streit um Gott. Politik, Poetik und Philosophie im Streit um das wahre Gottesbild*, Regensburg 2006. Die nach wie vor große Bedeutung Spinozas für die Philosophie und Theologie der darauffolgenden Jahrhunderte ist ein zentraler Punkt im Denken des Münsteraner Theologen und Philosophen. Für mich ist „Streit um Gott" eines seiner besten Bücher.

---

[20] F. H. Jacobi, Über die Lehre des Spinoza in Briefen an den Herrn Moses Mendelssohn. Auf der Grundlage der Ausgabe v. K. Hammacher u. I.-M. Piske, bearbeitet v. M. Lauschke, Darmstadt 2000, 22.

VII. Ameisen, Spinnen und Bienen

Ende des 18. Jahrhunderts haben sich mit dem Empirismus und dem Rationalismus zwei Erkenntniswege etabliert, die auf je eigene Weise die im Spätmittelalter verlorengegangene Gewissheit wiederherstellen. Mit dem Empirismus konnte eine stabile Sicherheit mithilfe der Sinneserfahrungen ermittelt werden. Mit dem Rationalismus verbindet sich der Anspruch, allein mit den denkerischen Mitteln des Verstandes zu sicheren und letztgültigen Einsichten zu gelangen. Beide Wege, so unterschiedlich sie auch auf den ersten Blick zu sein scheinen, ersetzten die bis dahin gültigen Garantieleistungen des christlichen Gottesbildes. Welche der beiden Methoden ist im Zweifelsfall zu bevorzugen? Beide versprechen einen objektiven Zugang zur Welt und dennoch könnten sowohl ihre Voraussetzungen als auch ihre Methoden kaum unterschiedlicher sein. Mit einem Vergleich des Philosophen Francis Bacon (1561–1626) aus dem Jahre 1607 kann man den Unterschied zwischen Empirismus und Rationalismus veranschaulichen:

> „Die bisherigen Philosophen waren entweder Empiriker oder Rationalisten. Die Empiriker begnügen sich damit, alles zum einstigen Gebrauche zusammenzutragen wie die Ameise. Die Rationalisten entwickeln ihre Gewebe aus sich selbst wie die Spinne. Zwischen beiden hält die Biene das Mittel; aus den Blumen der Felder und Gärten sammelt sie ihren Stoff, dann aber verarbeitet sie ihn durch eigne Kraft. Nicht ungleich diesem Bilde ist die wahre philosophische Tätigkeit.“[1]

Eine solche Biene war Immanuel Kant. Kant vollzieht in seiner Erkenntnistheorie den entscheidenden Schritt, die beiden Wahrheitsmomente von Empirismus und Rationalismus zusammenzudenken. Damit kommt die Aufklärung zu einem ihrer Höhepunkte. Die anschließende Zeit des Deutschen Idealismus sowie die Romantik und die Krise der Moderne, die mit dem Ausbruch des Ersten Weltkrieges ihren Anfang nahm, wären ohne Kant undenkbar. Dies gilt allein

---

[1] F. Bacon, Neues Organ der Wissenschaften. Aphorismen, erstes Buch, 95. Übers. u. hrsg. v. A. Th. Brück, ND Leipzig 1830, Darmstadt 1974, 74.

schon deshalb, weil mit der Erkenntnistheorie Kants derart einschneidende Veränderungen im Wirklichkeitsverständnis stattfinden, dass sich noch Generationen nach ihm mit seinem Denken auseinandersetzen. Wenn Kant in der „Kritik der reinen Vernunft", seiner Erkenntnistheorie von 1781, von sich selbst behauptet, er habe so etwas wie eine „kopernikanische Wende" im Denken vollzogen, dann ist dies sicherlich keine Übertreibung. Der Vergleich mit dem Begründer des neuzeitlichen Weltbildes stimmt: Wie Kopernikus ist auch Kant noch zu Lebzeiten heftig kritisiert und nach seinem Tod hinterfragt worden. Nicht zuletzt für zahlreiche Vertreter von Kirche und Theologie galt er als der „Alleszermalmer" – eine nicht unbedingt schmeichelhafte Charakterisierung, die der bereits genannte Moses Mendelssohn für Kant geprägt hat. Der Grund für dieses vernichtende Urteil bestand darin, dass Kant in den Augen seiner Kritiker die entscheidenden Argumente für die Religionskritik im 19. Jahrhundert geliefert hat. Dies ist umso bedauerlicher, da seine Philosophie genau in dieser Hinsicht zahlreichen Fehleinschätzungen und ideologischen Vereinnahmungen ausgesetzt ist, die dem Anspruch seines Denkens nicht gerecht werden. Auch wenn sein Stil oft als spröde empfunden wird und für viele seiner Zeitgenossen teils unverständlich bleibt, so sucht man in der „Kritik der reinen Vernunft" vergeblich nach einem Theorieansatz, der den Atheismus der Folgezeit in dieser Form legitimiert.

Im Gegenteil: Zu Beginn der „Kritik" steht der prägnante Satz: „Ich musste also das Wissen aufheben, um zum Glauben Platz zu bekommen".[2] Kant ging es nicht darum, den Glauben zu desavouieren, sondern die Bedeutung christlicher Geltungsansprüche im Kontext seiner Erkenntnistheorie neu einzuordnen. Nach Ansicht Kants benötigt man für die Religion keine kirchlich verfasste Vermittlungsinstanz, weil sich die Glaubensinhalte ohnehin nicht mit den Methoden strenger Wissenschaft messen lassen. Darin blieb er der kirchenkritischen Ausrichtung seiner Zeit treu. Ein allgemeinverbindliches Lehramt verfehlt genau jenen „Platz des Glaubens", der nach Meinung Kants dem Gottesbegriff zusteht. In dieser Hinsicht war er ein Vertreter einer typisch reformatorischen Frömmigkeit, die Religion als eine ausschließlich innere Größe betrachtet. Kant

[2] Kant, KrV, B XXXI.

war also kein Fürsprecher einer Kirche, gleich welcher Konfession, die sich mehr um ihren Machterhalt als um eine den intellektuellen Ansprüchen ihrer Zeit entsprechende Glaubensvermittlung sorgte.

Kants Heimat oder: Von den Vorzügen einer ostpreußischen Provinzhauptstadt

Kants erkenntnistheoretischer Ansatz lässt sich mit seiner Biografie anschaulich erklären. Sein Leben war selbst für damalige Verhältnisse äußerst arm an Ereignissen, die lohnend wären, erwähnt zu werden. Kant lebte in der schon damals am Rande des Staats gelegenen ostpreußischen Verwaltungshauptstadt Königsberg, dem heutigen russischen Kaliningrad. Seine Lebenswelt war äußerst überschaubar, die Arbeit als Professor an der dortigen Universität geprägt von einem nach heutigen Maßstäben akribisch genauen Tagesablauf, der wie ein Uhrwerk ablief. Kant lebte und arbeitete in seiner klar umgrenzten Umgebung und verließ seine Stadt nur selten – und höchst ungern. Und das, obwohl er bereits zu Lebzeiten ein vielgeachteter Gelehrter war und mit einer Vielzahl an Einladungen und Angeboten anderer, erheblich bedeutenderer Universitäten umworben wurde.

In einer Fußnote zur Vorrede der Anthropologie schreibt Kant über seine Heimat Königsberg:

> „Eine große Stadt, der Mittelpunkt eines Reichs, in welchem sich die Landescollegia der Regierung desselben befinden, die eine Universität (zur Kultur der Wissenschaften) und dabei noch die Lage zum Seehandel hat, welche durch Flüsse aus dem Inneren des Landes sowohl, als auch mit angrenzenden entlegenen Ländern von verschiedenen Sprachen und Sitten, einen Verkehr begünstigt, – eine solche Stadt, wie etwa Königsberg am Pregelflusse, kann schon für einen schicklichen Platz zu Erweiterung sowohl der Menschenkenntnis als auch der Welterkenntnis genommen werden; wo diese, auch ohne zu reisen, erworben werden kann."[3]

Kant dachte nicht im Traum daran, diese entlegene Provinzstadt jemals zu verlassen. Wenn man Kant persönlich begegnen wollte, musste man wohl oder übel die beschwerliche Reise in die preußische Provinz auf sich nehmen. Die Bescheidenheit seines Lebensstils

---

[3] Ders., Anthropologie in pragmatischer Hinsicht, in: WA VI, 400.

ist in der Tat ein erster Hinweis auf Kants philosophische Neuausrichtung, die auch für die Theologie folgenreich sein sollte – Folgen, die bis in unsere Zeit wirksam sind.

Die bisherigen Theorien, Rationalismus und Empirismus, beanspruchen für sich absolute Wahrheit. Sowohl der Rationalismus als auch der Empirismus gehen wie selbstverständlich von der Annahme aus, mit ihrem Ansatz einen sicheren und uneingeschränkten Zugang zur Welt zu garantieren. Die beiden Methoden unterscheiden sich allerdings erheblich in ihren Ansätzen. Die Schwierigkeit ist offensichtlich: Beide Erkenntnistheorien können nicht gleichzeitig stimmen. Kants denkerische Initiative versucht das sich hier abzeichnende Dilemma zu lösen, indem er die beiden Ansätze aufgreift, allerdings die mit ihnen verbundenen Erkenntnisansprüche nicht mitübernimmt, sondern, in aller Bescheidenheit, deren Reichweite und Urteilsvermögen erheblich eingrenzt. Was sich sicher behaupten lässt, kann nicht mit den Mitteln des Rationalismus allein oder ausschließlich mit empirischen Methoden erkannt werden. Aber wenn wir aus beiden Richtungen die wichtigsten Elemente miteinander verbinden, können wir eine wissenschaftlich belastbare Erkenntnistheorie begründen, die auf unsere Wirklichkeit zutrifft. Sprich: Rationalismus und Empirismus können nicht beide die Erklärung unserer Welt für sich beanspruchen. Beide zusammengenommen können aber immerhin bestimmte Fragen unserer Welt mit Sicherheit beantworten. Nicht mehr, aber auch nicht weniger.

Blicken wir zunächst auf die erkenntnistheoretischen Qualitäten des Rationalismus. Entscheide ich mich für den Primat des Geistes, so verfolge ich einen auf absolute Ideen ausgerichteten Geltungsanspruch. Hier lassen sich alle Erkenntnisse aus sicheren Prämissen ableiten und beweisen. Die Sinneseindrücke liefern im Nachhinein den empirischen Nachweis – sie müssen es aber nicht.

Was haben die Planeten Neptun und Pluto mit Graf Dracula gemeinsam?

Wissenschaftliche Erkenntnisse im Bereich der Astrophysik etwa lassen sich als typisch rationalistische Verfahren deuten, weil die biologischen Möglichkeiten des Menschen zur Beobachtung dieser Phänomene von Haus aus sehr begrenzt sind. So wurde 1846 der Planet Neptun erst von dem deutschen Astronom Johann Gottfried

Galle (1812–1910) in Berlin entdeckt, nachdem der Franzose Urbain Le Verrier (1811–1877) ihn bereits sechzig Jahre zuvor in Paris aus der unregelmäßigen Umlaufbahn des Uranus berechnet hatte. Die Existenz des Neptuns war also schon mathematisch bewiesen, bevor man ihn mit dem Teleskop auch sehen konnte.

Mit ganz ähnlichen Problemen war auch Immanuel Kant die überwiegende Zeit seines Lebens konfrontiert. In seiner sogenannten „vorkritischen" Phase, also jener Periode vor der Veröffentlichung seiner drei Kritiken, beschäftigen ihn hauptsächlich naturwissenschaftliche und mathematische Fragen. Dass er hier eher im rationalistischen als im empiristischen Lager zuhause war, lässt sich aus einem aufschlussreichen Zitat ablesen. Im Rahmen seiner umfangreichen Naturbeobachtungen beschäftigt sich Kant mit der Möglichkeit von außerirdischem Leben. Sie haben richtig gelesen. An einer Stelle schließt er sogar auf einen möglichen Zusammenhang zwischen den Lebensbedingungen eines Planeten und dem äußeren Erscheinungsbild seiner Bewohner. So müsse man doch zugeben,

> „daß die Entfernungen der Himmelskörper von der Sonne gewisse Verhältnisse mit sich führen, welche einen wesentlichen Einfluß in die verschiedenen Eigenschaften der denkenden Naturen nach sich ziehen, die auf denselben befindlich sind, als deren Art zu wirken und zu leiden an die Beschaffenheit der Materie, mit der sie verknüpft sind, gebunden ist und von dem Maß der Eindrücke abhängt, die die Welt nach den Eigenschaften der Beziehung ihres Wohnplatzes zu dem Mittelpunkte der Attraction und der Wärme in ihnen erweckt."[4]

In unserer kindlichen Fantasie sind böse Mächte, Dämonen und Vampire allesamt auch finstere und lichtscheue Gestalten. Dass Graf Dracula und seine blutsaugenden Genossen ein käseweißes Gesicht haben, liegt also nicht nur daran, dass sie an Anämie leiden, sondern dass sie das Sonnenlicht scheuen und tagsüber lieber in einem Sarg liegen. Immanuel Kant kannte freilich nicht die Fantasiewelt der modernen Literatur, geschweige denn Computerspiele, aber seine These war das Ergebnis eines typisch rationalistischen Schlus-

---

[4] Ders., Allgemeine Naturgeschichte und Theorie des Himmels, Dritter Theil, welcher einen Versuch einer auf die Analogien der Natur gegründeten Vergleichung zwischen den Einwohnern verschiedener Planeten in sich enthält, in: AA I, 349–368, 351f.

ses. Wo keine Sonne hinkommt, sehen alle Lebewesen blass aus. Himmelskörper, die weit von der Sonne entfernt sind, haben auch entsprechende Namen, sei es der Herrscher der Unterwelt Pluto oder der launenhafte, finstere Herrscher des Meeres Neptun.

In den beiden Beispielen werden die Möglichkeiten und Grenzen des Rationalismus deutlich: Während sich die Entdeckung des Neptuns im 19. Jahrhundert mit den Mitteln mathematischer Beweisführung rational begründen lässt, ist die These Kants vom möglichen Erscheinungsbild außerirdischer Lebewesen eher das voreilige Ergebnis eines rationalistischen Fehlschlusses. Wie außerirdisches Leben aussehen soll und kann, wissen wir nicht und werden es nie wissen. Dass wir auf der Erde so aussehen, wie wir aussehen, verdanken wir der Evolution auf diesem Planeten. Insofern entscheiden die natürlichen Eigengesetze auf anderen Planeten über das Aussehen ihrer potenziellen Bewohner und nicht unsere Vorstellung, die eher „Star Wars" geschuldet sind.

Und was hat dies alles mit dem Kleinplaneten Ceres zu tun?

Wie sehen nun die Möglichkeiten im Empirismus aus? Dem Empirismus kommt im Denken Kants zunächst der Verdienst zu, ihn überhaupt auf die Dringlichkeit einer kritischen Neubewertung der Erkenntnistheorie aufmerksam gemacht zu haben. Der Schotte David Hume, von dem bereits die Rede war, galt zur Zeit Kants als der prominenteste Vertreter dieser Richtung. Für Kant, und nicht nur für ihn, lag die Stärke einer auf Erfahrung gründenden Hypothesenbildung auf der Hand: Dem Empirismus ging es um eine ergebnisoffene, korrekturbedürftige Erschließung der Welt und damit um eine von allen gedanklichen Vorurteilen unabhängige, um Vorsicht bemühte Kalibrierung des Lebens in all seinen Voraussetzungen und Kontexten. Der Empiriker ist bescheiden genug, menschliche Erkenntnis und Voreiligkeit bei der Ergebnisübertragung auf unbekannte Objekte auszuschließen. Solange die Sinneserfahrung meine rationalistischen Annahmen nicht bestätigen kann, kann ich keine sicheren Urteile fällen.

Voreilige Schlüsse zu ziehen, ist freilich eine der größten menschlichen Schwächen. Vielleicht mag der Gedanke tröstlich sein, dass selbst Hegel dieser Versuchung unterlag: In seiner eilig verfassten Habilitationsschrift, die er 1801 an der Universität Jena einreichte, um dort eine Stelle als außerordentlicher Professor zu bekommen, vertrat er aus Gründen der arithmetischen Proportionalität die alte These, dass zwischen Mars und Jupiter kein Platz für einen weiteren Planeten sein könne. Unglücklicherweise war wenige Monate zuvor die Existenz des Kleinplaneten Ceres nachgewiesen worden. In seiner Eile verließ sich Hegel also ganz auf die rationalistische Intuition seiner klassischen Bildung und verzichtete auf eine sorgfältige Prüfung seiner These durch aktuelle Naturbeobachtungen, die die bis dahin gültige Astronomie infrage stellten. Kritiker seiner Geistphilosophie werden ihn immer wieder auf diesen frühen Irrtum hinweisen.

Ein Philosoph kurz vor dem (Un)Ruhestand

Wir können also festhalten, dass weder Rationalisten noch Empiriker für sich allein im Recht sind, sondern lediglich in gewisser, nicht in absoluter Hinsicht. Die beiden Ansätze bedürfen einander. Kant wurde sich erst im vorgerückten Alter der ungelösten Fragen bewusst, die sowohl Rationalismus als auch Empirismus hinterließen. Zugleich bot die damalige Theologie nur geringe Anschlussmöglichkeiten an die rasanten Entwicklungen innerhalb der naturwissenschaftlichen Forschung. In der „Kritik der reinen Vernunft“ spricht Kant von der seinerzeit weit verbreiteten Dogmatik von Christian Wolff (1669–1754). Wolff war für damalige Verhältnisse ein noch recht fortschrittlicher Theologe und Philosoph der Aufklärung. Allerdings spiegeln seine Schriften den alten Stil metaphysischer Gotteslehre wider, der über die mittelalterliche Scholastik nicht hinauskam. Die aktuellen Veränderungen im Weltbild wurden dabei überhaupt nicht berücksichtigt. Wie ist aber, so fragte sich Kant, angesichts der divergierenden Wissenschaftsmethoden die Frage nach Metaphysik, also nach einem ultimativen Wirklichkeitsprinzip, noch zu lösen? Kant kamen allmählich Zweifel an der philosophischen Situation seiner Zeit, in der die Geltungsansprüche des Rationalismus und des Empirismus einander unversöhnlich gegenüberstanden. Nachdem ihn David Hume nun aus seinem „dogmatischen Schlummer geweckt“ hatte, wurde er sich der erkenntnistheoretischen Pattsituation bewusst. Eine nicht weiter belastbare Denkmethode wie die der Metaphysik hat aber auch, und dies war für Kant entscheidend, keine ethischen

Konsequenzen, keinerlei praktische Folgen. Zu einem Zeitpunkt, an dem die allermeisten von uns an Ruhestand denken würden, erkennt Kant die Unzulänglichkeit seines bisherigen Nachdenkens. Er muss also am Ende seines Lebens noch einmal alles hinterfragen, was er bislang für richtig befunden hatte und diese „letzte Frage […] würde mit Recht diese sein: *Wie ist Metaphysik als Wissenschaft möglich?*"[5] Metaphysik fragt seit Aristoteles nach letzten Gründen und Ursachen. Es geht also um das Ziel einer alle Fragen beantwortenden Einheit, der sich unsere Wirklichkeit verdankt. Letztlich kommt auch bei Kant, gut zweitausend Jahre nach Aristoteles, der Anspruch eines Wissenschaftlers zutage, hinter der Vielfalt des Seins den *einen* notwendigen Grund zu suchen.

Die Frage aller Fragen: Gibt es den einen Grund für alles?

Unbeschadet ihrer unvereinbaren Methoden gehen sowohl der rationale als auch der empirische Weg von einer gemeinsamen Voraussetzung aus: Die Welt ist grundsätzlich lückenlos erkennbar. Beide Richtungen beanspruchen also nicht weniger als eine sichere Antwort, die durch beharrlichen Einsatz von Rationalität oder Erfahrung prinzipiell möglich ist. Kant kehrt diesen Ansatz allerdings genau um: Da beide Linien keine zufriedenstellenden Ergebnisse liefern, liegt der Fehler offensichtlich in der Ausrichtung unserer Erkenntnis. Bislang ging man davon aus, dass sich der Mensch möglichst passgenau den objektiv gegebenen Gegenständen nähern kann, unabhängig davon, ob diese Gegenstände Gedanken in unserem Bewusstsein oder konkrete Gegenstände der Erfahrung darstellen. Kant dreht nun diese traditionelle Fixierung unserer Erkenntnis um: Nicht der Mensch soll sich nach der Welt ausrichten, sondern die Welt richtet sich nach unseren Möglichkeiten aus. Das klingt zunächst vielleicht anthropozentrisch, heißt aber nichts anderes, als dass das Ergebnis unserer Erkenntnis auch davon abhängig ist, was wir aufgrund unseres Menschseins an Erschließungsmöglichkeiten mitbringen. In Kants Worten:

---

[5] Ders., KrV, B 22 (Hervorh. i. Original, W. B.).

> „Bisher nahm man an, alle unsere Erkenntnis müsse sich nach den Gegenständen richten [...]. Man versuche es daher einmal, ob wir nicht in den Aufgaben der Metaphysik damit besser fortkommen, daß wir annehmen, die Gegenstände müssen sich nach unserem Erkenntnis richten."[6]

Die Möglichkeiten und Grenzen der Erkenntnis liegen also allein auf der Seite des Menschen. Sichere Erkenntnis setzt nicht das scheinbar sichere Faktum von Gegenständen voraus, sondern meine Fähigkeiten, diese Gegenstände überhaupt wahrzunehmen. Der Weg geht also nach innen, nicht nach außen. Kant wird diese menschlichen Voraussetzungen als „transzendental" bezeichnen. Der Begriff hat nichts mit Transzendenz zu tun, sondern bedeutet Voraussetzung oder Möglichkeitsbedingung. Entsprechend wird sein Ansatz als Transzendentalphilosophie bezeichnet. Wer Agatha Christies Meisterdetektiv Hercule Poirot kennt, der weiß, wie sich alle bisherigen Rätsel und Ungereimtheiten in dem Moment auflösen, wo Poirots berühmte „graue Zellen" nach langem Nachdenken die bisherigen Indizien und möglichen Motive in eine neue Anordnung bringen. Und siehe da: Plötzlich löst sich der Fall quasi von selbst. Genau das passiert, als Kant die bisherige Rollenverteilung von Subjekt und Objekt vertauscht. Exakt in dieser Umkehrung besteht jene kopernikanische Wende, von der Kant in seiner Kritik spricht.

Es geht in Kants Erkenntnistheorie nicht darum, ein möglichst genaues Bild der Welt zu erhalten, sondern jene Voraussetzungen im Menschen auszumachen, sich dieser Realität überhaupt zuwenden zu können. Der Mensch ist das eigentliche Rätsel und nicht der zu erkennende Gegenstand, den man, soviel sei schon gesagt, ohnehin nicht wirklich erkennen kann. Wie die Welt „an sich" ist – Kant nennt dies das *Noumenon* – bleibt unserer Erkenntnis verschlossen. Was wir erkennen können, ist nur das, was sich uns qua Menschsein als *Phainomenon* zeigt.

Damit gelangt die Entdeckung des Subjekts, mit der wir die Neuzeit anfangs identifiziert haben, zu einem Höhepunkt. Kant ist sich freilich bewusst, dass sein Ansatz mitunter zu der Einsicht führt, die Grenzen unserer Erkenntnis enger zu ziehen, mit anderen Worten: wieder ein Stück bescheidener zu werden. Diese Bescheidenheit hat allerdings einen anderen Charakter als der antike Skeptizismus, der

[6] Ebd., B XVI.

stets die Relativität aller Dinge behauptet und damit jeden Anspruch auf Wahrheit – abgesehen von der eigenen Skepsis – preisgibt.

Mit Kant werden die Philosophie und besonders die Naturwissenschaften hinsichtlich ihrer jeweiligen Reichweite in ihre Schranken gewiesen. Wir können also Kants Einsichten mit der überschaubaren und geordneten Welt seiner Heimatstadt Königsberg in einer entlegenen ostpreußischen Provinz vergleichen: Klein und übersichtlich und mit allem ausgestattet, was man zum Leben braucht.

„Der Ball ist rund" – „Der Ball ist rot"

Wie sehen nun die einzelnen operativen Schritte Kants aus? Das Anliegen des Rationalismus haben wir bereits bei Spinoza mit dem Begriff des Apriori, der Erfahrungsunabhängigkeit kennengelernt: Apriorische Resultate sind logische Schlüsse, die ich, unabhängig von meinen sinnlichen Erfahrungen, aus bestimmten Prämissen ziehen kann.

Dem Anliegen des Empirismus entnimmt Kant den Begriff des „Aposteriori", demzufolge alle Erkenntnis von der Erfahrung ausgeht und nur dann als wahr gelten kann, wenn sie der sinnlichen Überprüfung a posteriori, also im Nachhinein, standhält. Den apriorischen und aposteriorischen Zugängen zu unserer Realität ordnet Kant den jeweiligen Charakter der damit verbundenen Urteile zu: analytisch und synthetisch. Analytische Urteile sind erläuternd, das heißt, ich füge einem Begriff ein in ihm bereits enthaltenes Prädikat hinzu, etwa in der Aussage: „Der Ball ist rund." Dieses Urteil ist ohne Überprüfung mittels der Sinne immer richtig (also allgemein und notwendig) und daher a priori möglich. Hingegen liefert die synthetische Aussage: „Der Ball ist rot", eine zusätzliche Information über den Ball, die allein durch die Sinneswahrnehmung möglich ist, in unserem Fall also eine bestimmte Farbe zu haben. Damit attestiere ich dem Ball eine Eigenschaft, die dieser nicht notwendigerweise mitbringen muss – es gibt ja auch blaue oder gelbe Bälle. Dass der Ball aber rund ist, gehört zum Ball-sein notwendig dazu. Beim synthetischen Urteil „Der Ball ist rot" wird die Erkenntnis in der Tat erweitert; ich komme zu neuen Erkenntnissen. Allerdings bezieht sich diese erweiternde Erkenntnis nur auf einen konkreten Ball, nicht auf alle Bälle. Dieses synthetische Urteil sagt lediglich aus, dass es diesen einen konkreten Ball gibt, der rot ist.

Folglich liegt nach Kants Überlegungen strenge Wissenschaft dort vor, wo eine Erweiterung eines erfahrungsunabhängigen Sachverhalts gegeben ist. Wir brauchen also eine Erkenntnistheorie, die die Vorzüge beider Urteilsarten miteinander verbindet, das heißt eine Theorie, die sowohl die analytische Möglichkeit allgemeingültiger Urteile als auch die synthetische Erweiterung von Erkenntnissen umfasst oder, um mit Kant zu sprechen, die die Frage beantwortet: „Wie sind synthetische Urteile a priori möglich?"[7]

Eine solche Wissenschaft ist die Mathematik. Sie erfüllt den Anspruch, Wissenschaft im strengen Sinne zu sein, also erweiternde Schlussfolgerungen auch ohne sinnliche Überprüfung zu ziehen. 2 + 3 = 5. Dieser Satz ist universal gültig, die Zahl 5 ist nicht in den beiden Zahlen 2 und 3 enthalten, stellt also eine Erweiterung dar. Zudem deckt sich dieser theoretische Wahrheitsanspruch mit unseren täglichen Erfahrungen. Denken Sie noch einmal an die Entdeckungsgeschichte des Neptuns. Dieser wurde zuerst berechnet, bevor man ihn mit einem Teleskop entdeckte. Wenn es also einen Gegenbeweis gegen einen universalen Wahrheitsanspruch der Naturwissenschaft geben sollte, dann ist dies deren eigene Geschichte: Die Mathematik hatte sich nie geirrt, die Astronomie in ihrer Geschichte sehr wohl.

Was sind die Voraussetzungen von Wissenschaft?

Nach dem Apriori allen Verstehens zu fragen bedeutet, im Menschen selbst jene Bedingungen des Verstehens zu suchen. Habe ich diese Bedingungen gefunden, weiß ich auch, was ich überhaupt erkennen kann. Das ist die Grundlage von Wissenschaft und um diese Basis wird in den Folgejahrzehnten immer wieder heftig gerungen werden. Kant schließt also nicht nur das Denken der Aufklärung ab, sondern er legt die Grundlage zu einer anschließenden Debatte, die alles Bisherige wieder in Frage stellen sollte.

---

[7] Ebd., B 19.

Wer nun aber zu der Ansicht kommt, Kants Überlegungen entsprächen ausschließlich dem rationalistischen Ansatz, urteilt vielleicht zu früh. Denn: Bedingungen haben keinen Inhalt. Sie liefern lediglich die abstrakten Voraussetzungen. Sie sind der Rahmen eines Bildes, allerdings fehlt noch das entsprechende Gemälde. Beides gehört für Kant unbedingt zusammen. Daher lässt sich seine Kritik einerseits als transzendentaler, also Möglichkeitsbedingungen aufzeigender Bilderrahmen verstehen, dem andererseits aber die sinnlichen Erfahrungen noch die entsprechenden Inhalte liefern müssen. Erkenntnisse sind immer Erkenntnisse von etwas Konkretem. Wie Vernunft insgesamt funktioniert, auf welche Voraussetzungen sie dabei zurückgreift, erläutert Kant in den drei aufeinander abgestimmten Denkschritten der „transzendentalen Ästhetik", „transzendentalen Logik" und „transzendentalen Dialektik".

Erstens: Die transzendentale Ästhetik. Im ersten Schritt untersucht Kant die Transzendentalität der Ästhetik, also die Voraussetzungen unserer Wahrnehmung. Ästhetik hat heutzutage etwas mit Schönheit, mit Attraktivität zu tun. Im Griechischen bedeutet Ästhetik allerdings wertneutral einfach Anschauung oder Wahrnehmung. Also können wir diesen ersten Schritt übersetzen: Die Voraussetzungen unserer Wahrnehmung. Für Kant sind es Raum und Zeit (er nennt sie *Anschauungsformen*). Alles, was außerhalb von Raum und Zeit ist, können wir nicht wahrnehmen. Umgekehrt heißt dies aber auch: Die Gegenstände weisen uns auf die Begrenztheit unserer sinnlichen Wahrnehmung hin. Tatsächlich lassen sich sinnliche Eindrücke strenggenommen nur dann machen, wenn die Dinge, die wir vor uns sehen, einen Raum einnehmen, also dreidimensional sind. Dazu zählt auch ein gewöhnliches Blatt Papier. Alle Gegenstände nehmen wir außerdem nur zu einem bestimmten Zeitpunkt und damit in einem bestimmten Zustand ihrer Existenz wahr. Ein Blatt Papier zu sehen, heißt also beispielsweise, ein konkretes weißes DIN-A4-Blatt vor mir liegen zu sehen. Wie komme ich aber zu dem Urteil, dass es sich um ein Blatt aus Papier, und nicht um weißen Kunststoff handelt? Dazu braucht es den nächsten Schritt.

Zweitens: Die transzendentale Logik. Das weiße Blatt Papier wird von einem ähnlich aussehenden weißen Kunststoff deshalb unterscheidbar, weil ich diesen Unterschied mit den bisher gesammelten Erfahrungen abgleichen kann. Dieser Vergleich ist wiederum eine Leistung des Verstandes. Der Verstand – nicht die Vernunft, die kommt noch! – setzt also schon einen Abstraktionsprozess in Gang, mit dem ich unterschiedliche Merkmale eines Gegenstandes kombiniere. Auch hier wird Kant nicht beliebig viele Unterschiede aufzählen, sondern kommt auf zwölf, die er wiederum in vier Gruppen zusammenfassen kann: Qualität, Quantität, Relation und Modalität. Kant nennt diese Merkmale in Anlehnung an den Sprachgebrauch des Aristoteles *Kategorien*. Das sind oberste und letzte Grundbegriffe, mithilfe derer ich alles, was ich sehe, fühle, rieche, mit den Eindrücken meiner bisherigen Erfahrungen abgleichen kann. Ich kann also eine abstrakte Verbindung zu bisherigen Einsichten aufbauen:

Qualität	*Wie* ist das Blatt Papier beschaffen?	Es handelt sich um *weißes,* nicht blaugefärbtes Papier
Quantität	*Wie viele* liegen vor mir?	*Ein* Blatt
Relation	Steht der Begriff „Blatt Papier“ immer in *Beziehung* zu weiteren Exemplaren?	Im Gegensatz zum Begriff *„Papierstapel“*, der aus übereinander liegenden Blättern bestehen muss.
Modalität	Welche *Möglichkeiten* hat ein „Blatt Papier“?	Ich kann *darauf schreiben* oder daraus einen *Flieger basteln.*

Vielleicht haben Sie es gemerkt: Die Antworten in der rechten Spalte fielen in ihrer Art recht unterschiedlich aus: Sie waren entweder sehr kurz und prägnant („ein Blatt“), teilweise auch verneinend („nicht blaugefärbtes“), sie waren unterscheidend („im Gegensatz zu …“) oder bezogen sich auf weitere Gestaltungsmöglichkeiten („einen Flieger basteln“). Entsprechend den vier Kategorien werden diese variablen Antworten *Verstandesurteile* genannt.

Sowohl Frage als auch Antwort sind notwendig, um Erfahrungen zu sammeln, die über das rein sinnliche Wahrnehmen hinausgehen. Die gesammelten Eindrücke müssen also mithilfe von Begriffen geordnet werden, sodass sich unterschiedliche Sinneseindrücke zu einer gegenstandsübergreifenden Erfahrung verbinden. In der Diktion Kants werden so aus Anschauungen Erkenntnisse.

Ich benötige also, um überhaupt etwas zu erkennen, beides: Sinne und geistige Kompetenz, um Ordnung in die vielen Eindrücke zu bringen. Ansonsten hätten wir Gedanken ohne Vorstellungen und

Sinneswahrnehmungen ohne Bewusstsein: „Gedanken ohne Inhalt sind leer, Anschauungen ohne Begriffe sind blind.“[8] Die erforderliche Energie ist für Kant, ähnlich wie bei Descartes, die Fähigkeit des Menschen zu denken. Das Denken ist so etwas wie das Betriebssystem der Erkenntnis. Man tut es einfach, ohne sich dessen bewusst zu sein oder darüber selbst nachzudenken, es arbeitet unsichtbar im Hintergrund. Kant hat diesem Denken im Hintergrund die zungenbrecherische Bezeichnung „reine Apperzeption“ gegeben. Das soll uns aber nicht weiter abschrecken. Im selben Abschnitt hat Kant, wohlwissend, dass dieser Begriff selbst für die damalige Gelehrtenwelt gewöhnungsbedürftig sein könnte, eine verständlichere Variante beigefügt: die „transzendentale Einheit des Selbstbewusstseins“[9]. Das Denken allein wäre allerdings nutzlos; wir benötigen dazu immer die Hardware der Sinnesorgane, also Augen, Ohren, nicht zu vergessen das größte Sinnesorgan überhaupt: unsere Haut. Kommen wir nun zum letzten und entscheidenden Schritt.

Drittens: Die transzendentale Dialektik. Nachdem wir mithilfe unseres *Verstandes* aus vielen Sinneseindrücken zwölf Begriffsgruppen geformt haben, sind wir noch nicht am Ende der Überlegung. Wir haben zwar die uns vorgegebenen Gegenstände erkannt, aber es handelt sich nach wie vor um sehr unterschiedliche Objekte. „Ein Blatt Papier“ ist eindeutig ein Gegenstand in der „Welt“, den wir unter den Möglichkeitsbedingungen von Raum und Zeit und mithilfe unseres Verstandes erkennen. Alle Blätter Papier sind Bestandteile eines letzten, ultimativen Begriffs: Sie sind meine *Welt.*

Sowohl alle konkreten Erfahrungen, die wir in unserem Leben machen, als auch die möglichen, die zwar denkbar sind, uns aber erspart bleiben, lassen sich unter diesem letzten Begriff zusammenfassen. Das gerade angesprochene Betriebssystem, der Motor des Denkens, der zusammen mit der Hardware meiner Sinne die Erfahrung ermöglicht, geht für Kant auf diese dritte und letzte transzendentale Voraussetzung zurück.

Diese letzte Voraussetzung nennt Kant die *regulativen Ideen* – ultimative, nicht weiter vernetzbare Einheiten eines Synthesevorganges der *Vernunft*, die unsere Wirklichkeit konstituieren und deshalb nicht einzelne Gegenstände unserer Erfahrungen sein können: *Gott*,

---

[8] Ebd., B 75.

[9] Ebd., B 133.

Welt und *Seele*. In dieser Dreiteilung einer letzten, unbedingten Einheit folgt er ausnahmsweise der Metaphysik von Christian Wolff, dem zeitgenössischen Theologen und Philosophen, von dem eingangs bereits kurz die Rede war. Wolff unterteilt die Erkenntnistheorie in eine rationale Psychologie (Seelenlehre), eine rationale Kosmologie (Weltwissenschaft) und eine rationale Theologie (Gotteserkenntnis). Unter Umständen fühlt man sich auch an das „unum argumentum" des Anselm von Canterbury erinnert. In der Tat ist die methodische Rückführung auf einen letzten Begriff oder einen letzten Grund ein wesentliches Anliegen der mittelalterlichen Gottesbeweise. Doch bei Kant landen wir im Gegensatz zu Anselm nicht bei *einem* Begriff, über den Größeres nicht gedacht werden kann, sondern bei drei letzten Ideen der *Vernunft*. Bei Kants Vernunftbegriff ist es so, dass Gott nie aus den Gegenständen unserer Erfahrungen stammen kann, ebenso wenig wie die Seele, die als Grund unseres Denkens aller Erkenntnis vorausgeht. In dieser Idee gründen das denkerische Selbstbewusstsein des Menschen und seine Möglichkeit zu handeln. Aber: Auch die Seele ist kein konkreter Gegenstand unserer Erfahrung.

Schließlich müssen wir die Welt als Möglichkeit aller Erfahrungen voraussetzen; sie ist aber nicht als solche in ihnen enthalten. Es bleibt also bei drei letzten Voraussetzungen unserer Wirklichkeit. Neben Christian Wolffs Philosophie erinnert die Vorstellung Kants auch an den dreifachen Substanzbegriff von Descartes, den dieser, ähnlich wie Kant, als „Idee" bezeichnete: eine *idea clara et distincta*. Descartes unterschied hierbei auch drei erste Gründe, die Kant im Blick hat: Die *res cogitans* von Descartes entspräche der *Seele*, die *res extensae* wären die *Welt*. Und *Gott*? Der ist und bleibt, was er ist: Gott.

Man kann heute über die Begriffe irritiert sein. Schon allein deshalb, weil sie nach Theologie förmlich riechen. Ihnen kommt bei Kant allerdings eine andere Bedeutung als in der kirchlichen Dogmatik zu, die Kant bereits in der Vorrede zur Erstauflage als „despotisch" bezeichnet, weil sie alle möglichen Thesen aufstellt, ohne einen einzigen Beweis aus der Welt der Erfahrung dafür zu liefern. Die Bezeichnung *Idee* verweist ferner auch auf Platon. Kant ist sich dessen bewusst, weil mit diesem Begriff reine Vernunftbegriffe bezeichnet werden, die wir mittels Abstraktion aus der realen Wirklichkeit ermitteln können. Sie gehen als Prinzipien aller Realität voraus und sind deren transzendentale Voraussetzungen – mehr nicht!

Dennoch stellen sich für jeden Leser bestimmte Assoziationen ein, die unweigerlich mit diesen bedeutungsschweren Begriffen verbunden sind. So hält sich hartnäckig die Frage nach dem kognitiven Gehalt der drei regulativen Ideen, die als letzte einheitliche Instanz der Vernunft selbst nie Gegenstand unserer Erfahrungen sind. Ihre Bestimmungslosigkeit ist jedoch nicht Ergebnis einer fehlenden Anschauung, wie man vermuten könnte. Sie umrahmen vielmehr unsere Wirklichkeit und bilden den Horizont aller realen Ereignisse und Erfahrungen, indem sie als dreifacher Urgrund unsere Wirklichkeit begründen. Somit sind sie in den Erfahrungen und in jeder Erkenntnis gleichsam fundierend enthalten:

(1) Die Seele als unbewusst, immer mitbedachtes erstes Ich, von dem ich stets beim Denken und Sprechen Gebrauch mache.

(2) Die Welt ist die Summe aller möglichen Erfahrungen und oberste Kategorie aller Ordnungsbegriffe, zu denen auch die übersinnlichen Bereiche der denkbaren, spürbaren Sehnsüchte und Träume, Wunschvorstellungen und Science-Fiction-Welten gehören, weil sie zwar nicht empirisch nachweisbar, aber denkbar erscheinen.

(3) Und schließlich Gott als jener Grund dafür, dass ich aus Freiheit heraus, also ohne Zwang von außen, mich für das Gute entscheiden und handeln kann. Dieser Überschuss an Unbestimmbarkeit von Ereignissen reguliert den Bereich menschlicher Handlungen, auch jener Handlungen, die der Mensch lieber gleich vergisst, unterlässt und gerne unterdrückt. Ob ich dem Bettler nun ein Almosen gebe oder nicht, hängt ganz von meiner inneren freien Entscheidung ab. Es gibt keine unmittelbare Ursache für diese Handlung – es sei denn, ich spüre in mir einen Sollensanspruch der Vernunft, der mich zu dieser Handlung motiviert.

Die erfahrbare Wirklichkeit ist also in einem dreifachen transzendentalen Rahmen eingeschlossen, in dem wir handeln, *als ob* Gott oder die Seele unsere Erfahrungen mit der Welt begleiten. Wenn wir uns aber nach ihnen umdrehen, ist niemand da.

Was passiert mit dem Gottesbegriff?

Als Gegenstände unserer Erfahrung tauchen die regulativen Ideen nicht auf, weil sie ansonsten nicht die obersten Grundbegriffe unserer Wirklichkeit beziehungsweise unserer Erkenntnis wären. Gleichwohl wird die Theologie des späten 20. Jahrhunderts genau auf diese letzten Einheiten in der sogenannten Transzendentaltheologie Bezug nehmen. Aber auch der moderne Atheismus wird sich auf Kant berufen, denn immerhin ist jetzt klar, dass es den Gott der Offenbarung nicht als Gegenstand meiner Wahrnehmung geben kann, sondern nur als Ziel meiner Handlungen. In der Tat wird Kant zu Beginn der „transzendentalen Dialektik" die herkömmlichen Gottesbeweise des Mittelalters auf Basis seiner Erkenntnistheorie widerlegen. Insofern ist Kant ein klassischer Vertreter der Aufklärung, aber damit noch lange kein Atheist. Atheisten gehen nämlich noch einen Schritt weiter, weil sie selbst den ideellen Gottesbegriff streichen. Das gilt ebenso für die beiden anderen reinen Ideen der Vernunft. Alle drei lassen sich auch durch die unbelasteten Begriffe „Ich", „Natur" oder „Moral" ersetzen. Das „Ich" stünde für das Betriebssystem meiner Welterschließung, die „Natur" für die Gegenstände meiner Anschauung, und die „Moral" für den Grund meiner Handlungen.

Für Kant bleibt es allemal entscheidend, dass Gott, Welt und Seele im Bereich der sinnlich erfassbaren Verstandesebene nicht als Einzelgegenstände unserer Erfahrung auftauchen und sie unserer Realität vorausgehen. Sie sind nicht direkt beweisbar, jedoch mit dem operativen Einsatz meiner Vernunft indirekt denkbar. Sie schwingen gleichsam in den Erfahrungen mit. Gott kommt also bei Kant als Vernunftgott im Denken vor. Er ist damit der letzte Grund dafür, dem Bettler eine Spende zu geben. Der Blitzschlag jedoch ist das Ergebnis physikalischer Naturgesetze, die ich erkennen kann – ob ich nun an Gott glaube oder nicht. Der Gott Kants dient der moralischen Begründung; er ist aber weit davon entfernt, der allmächtige Gott der kirchlichen Lehre zu sein. „Die Moral", so Kant in seiner Schrift „Die Religion innerhalb der Grenzen der bloßen Vernunft" von 1793,

> „so fern sie auf dem Begriffe des Menschen als eines freien, eben darum aber auch sich selbst durch seine Vernunft an unbedingte Gesetze bindenden Wesens gegründet ist, bedarf weder der Idee eines andern Wesens über ihm, um seine Pflicht zu erkennen, noch einer andern Triebfeder als des Gesetzes selbst, um sie zu beobachten. […] Sie bedarf also zum Behuf ihrer selbst […] keineswegs der Religion, sondern, vermöge der reinen praktischen Vernunft, ist sie sich selbst genug."[10]

[10] Ders., Die Religion innerhalb der Grenzen der bloßen Vernunft, Vorrede zur ersten Auflage, in: WA VIII, BA III, IV.

Damit ist Gott das Ziel der Moral, oder wie es Kant in seiner zweiten Hauptschrift diskutiert, ein Gott der „praktischen Vernunft“ – nicht mehr, aber auch nicht weniger. Für Kant ist die Auslagerung der Gottesfrage aus der Erkenntnistheorie der *reinen Vernunft* in die Moralphilosophie der *praktischen Vernunft* mit keiner Abwertung verbunden. Die Kritik der reinen Vernunft soll lediglich zur Kritik der praktischen Vernunft hinführen.

Um es klar zu sagen: Gott beweisen, so wie die Naturwissenschaften Beweise erbringen, können wir nicht. Aber wir können ihn denken; im Bereich unserer Handlungen müssen wir ihn Kant zufolge sogar voraussetzen:

> „Moral also führt unumgänglich zur Religion, wodurch sie sich zur Idee eines machthabenden moralischen Gesetzgebers außer dem Menschen erweitert, in dessen Willen dasjenige Endzweck (der Weltschöpfung) ist, was zugleich der Endzweck des Menschen sein kann und soll.“[11]

Es ist also nicht so, dass Kant den Glauben durch gute Handlungen im Nachhinein rechtfertigt. Der Glaube ist nicht das Ziel meiner Handlungen – es ist genau umgekehrt: Der Glaube ist die Voraussetzung meiner Moral. Damit liegt der Zugang des Menschen zu Gott vor der Haustür. Nur das alltägliche Leben, die lebensweltliche Praxis liefern den gelebten Beweis für die Existenz Gottes.

Glauben und Wissen nach Kant

Wie lässt sich der Gottesbegriff Kants und jener der gesamten Aufklärung einordnen? Was meinte Kant, als er sagte, er müsse „das Wissen aufheben, um zum Glauben Platz zu bekommen“? Was wird aufgehoben? *Aufheben* ist bei näherer Betrachtung ein mehrdeutiger Begriff, der später bei Kants schärfstem Kritiker, Georg Wilhelm Friedrich Hegel, eine zentrale Rolle einnehmen wird. Aufheben kann „auflösen“, aber auch „aufbewahren“ bedeuten. Wenn ich etwas vom Boden aufhebe, dann, weil mir der Gegenstand wertvoll erscheint und ich ihn davor bewahren möchte, verloren zu gehen. In diesem Sinne meint „aufheben“ ein Ordnung schaffendes, bewah-

---

[11] Ebd., BA IX, X.

rendes Verhalten. Diese Bedeutung, der auch Hegel durchaus zugestimmt hätte, würde tatsächlich auch im Zusammenhang mit der Rolle Sinn machen, die das Wissen bei Kant einnimmt: Kant möchte dem Wissen ein klar beschriebenes Gebiet zuweisen, um für den Glauben „Platz zu bekommen". Der Zweck der ganzen Denkoperationen, die wir uns auf den letzten Seiten zugemutet haben, bestand also darin, einen sicheren Ort für den Glauben zu schaffen. Kant hatte also offenbar gar nicht im Sinn, den Glauben zu diskreditieren.

Vielmehr wollte er den Glauben in zweierlei Hinsicht präzisieren, die im Glaubensverständnis eine wichtige Rolle spielen: Zum einen der Aberglaube. Darunter verstanden sowohl die Propheten des Alten Testaments als auch der Verfasser des neutestamentlichen Kolosserbriefs die bis heute nicht überwundene Praxis, Gott mit bestimmten rituellen Handlungen oder Gegenständen manipulieren zu wollen. Zum anderen will Kant den Glauben in einem urchristlichen Sinne als eine jedem Menschen innewohnende Realität begründen. Vernunft kennt keine Konfession, keine Institution oder Behörde, und erst recht keine Standeszugehörigkeit. Dies war im 18. Jahrhundert noch alles andere als selbstverständlich. David Hume lebte noch zu einer Zeit, in der die sonntägliche Gottesdienstteilnahme von der schottischen Polizei kontrolliert wurde. Selbst in einem für damalige Verhältnisse modernen Staat wie Preußen war das Christentum eine durch staatliche Verordnungen eingeforderte Überzeugung. Tatsächlich muss man sich immer wieder vor Augen führen, welchen humanen Anspruch Kant und die meisten Philosophen der Aufklärung pflegten. So gesehen war ein aufgeklärtes Christentum im Sinne Kants ein sehr fortschrittliches Ideal. Kants Leistung besteht darin, die intellektuellen Voraussetzungen für die heute selbstverständliche Unterscheidung zwischen Staat und Kirche geschaffen zu haben. Die Grundlagen für einen freiheitlichen, säkularisierten Staat, der die Religion als selbstständige Größe respektiert und ihren gesellschaftlichen Beitrag wertschätzt, wären ohne die Überlegungen Kants undenkbar.

Zugleich – und das ist eine bereits kurz angedeutete Aussage seiner Erkenntnistheorie – hat Kant in Bezug auf naturwissenschaftliche Einsichten wichtige geltungstheoretische Grenzen gezogen. Der Anspruch einer allgemeinen und notwendigen Wissenschaft, die mit den Mittel der Erfahrung überprüft werden kann, ist auf die Anschauungsvoraussetzungen von Raum und Zeit begrenzt. Einzig die Mathematik, so haben wir gesehen, erfülle den Anspruch, Wissenschaft im strengen Sinne zu sein, also erweiternde („synthetische") Urteile auch ohne sinnliche Überprüfung („a priori") fällen zu können.

Wie sieht es aber mit den regulativen Ideen Gott, Welt und Seele aus? Kant stellt zu Beginn seiner „Kritik der reinen Vernunft" die Frage in den Raum, ob Metaphysik als strenge Wissenschaft überhaupt möglich sei. Für ihn führen die Wege der kritischen Vernunft zu einer rational begründeten Einsicht in eine letzte Einheit des theoretischen Denkens, die sich zwingend aus der induktiven Beweisführung seines Ansatzes ergibt. Diese letzten Einheiten sind selbst nie Gegenstände der Erfahrung. Insofern ist Theologie keine strenge Wissenschaft, es sei denn, man würde sie im mathematischen Stil betreiben: logisch, abstrakt und ohne jede Metaphorik. Diesem Anspruch weiß sich gegenwärtig die analytische Theologie verpflichtet. Diese recht junge Teildisziplin wird aber von zahlreichen Theologinnen und Theologen nicht zuletzt aufgrund ihrer fehlenden Anschaulichkeit abgelehnt. Dennoch wird gerade sie nicht nur den hohen Ansprüchen Kants gerecht, sondern kann im Übrigen gegen Kant den Beweis erbringen, dass theologische Metaphysik als Wissenschaft sehr wohl möglich ist.

Für Kant sind Gott, Welt und Seele lediglich Postulate, also Annahmen und keine Wissensbestände oder Gegenstände der Erfahrung. Diese drei Postulate markieren den Horizont unserer Erkenntnisse. Wir werden sie nie als Objekte dingfest machen können, aber sie formen unsere Erkenntnis. So sehr sie begrifflich durchaus eine Nähe zur Theologie zeigen, so wenig haben sie mit dem biblischen Begriff Gott oder dem mittelalterlichen Verständnis von Seele als unsterbliche *anima* zu tun.

Kant plädiert für eine strikte Trennung zwischen theologischen und naturwissenschaftlichen Geltungsansprüchen. Gleichwohl hat Kant die Theologie vor die Aufgabe gestellt, sich von einigen liebgewonnenen Gottesvorstellungen zu verabschieden. Und das ist auch gut so. Die bis Kant vorherrschende Naivität in der Gotteslehre bestand in der simplen Übertragung anthropomorpher Vorstellungen in ein erträumtes Jenseits. Der seit den Tagen des Vorsokratikers Xenophanes vorherrschende Projektionsverdacht konnte bis zu Kant nie entschieden aus der Welt geräumt werden. Einige restaurative Tendenzen im heutigen Christentum, etwa der US-amerikanische Kreationismus, versuchen, ein Gottesbild wiederzubeleben, das weit hinter die Errungenschaften der westlichen Aufklärung zurückfällt. Selbst in der Antike und im Mittelalter waren derlei kindliche Vorstellungen in der Hochtheologie nicht vertreten gewesen. Die Aufklärung hat die für die heutige Theologie überlebensnotwendige Vorarbeit einer grundständigen Konsolidierung rational verantwortbarer Gottesrede vollbracht. Kant war und ist daher der Lackmustest des kritischen Denkens – etwas Besseres konnte der Theologie nicht passieren.

Jean-Jacques Rousseau: Freiheit als pädagogisches Ideal

Die Freiheit ist die treibende Kraft der Aufklärung. Wenn ich frei in meinen Entscheidungen bin, kann ich mich für das Gute entscheiden, muss es aber nicht. Es liegt kein Zwang in meiner Freiheit, auch nicht durch die Vernunft. Andernfalls würden Menschen ja auch nicht mehr rauchen, sich ungesund ernähren oder gefährliche Sportarten betreiben. Wir handeln also nicht immer vernünftig. Warum?

Zunächst ist auffällig, dass sich die Entscheidung, die Dinge gegen den Einspruch der Vernunft zu tun, meistens spontan einstellt, ohne Anlass oder Grund – und wenn es doch einen Grund gäbe, dann wäre es ein der Einsicht und Kontrollierbarkeit entzogener Grund. Genauer gesagt, kursierten zur Zeit der Aufklärung zwei Erklärungen für unsere Spontanität: Nach Kant ist der eine Grund Gott, der andere besteht im Geheimnis des Menschseins selbst; ein Geheimnis, das ein jeder in sich trägt, aber das anzusprechen bis dahin immer als Tabubruch gesehen wurde, weil es innerhalb der kirchlichen Moral als die Keimzelle des Bösen galt: Der triebhafte, irrationale Wille der Freiheit.

1762 erscheint ein bedeutsamer Roman, der bereits kurz nach seiner Veröffentlichung für heftigen Wirbel sorgt: „Émile oder Über die Erziehung" (frz.: Émile ou De l'éducation). Es ist das Hauptwerk von Jean-Jacques Rousseau (1712–1778) und gleichzeitig so etwas wie das Grunddokument der neuzeitlichen Pädagogik. Das Ziel des Romans besteht darin, ein neues, aufgeklärtes gesellschaftliches Miteinander, einen sogenannten Gesellschaftsvertrag, zu begründen. Diese neue Gesellschaft erforderte allerdings einen neuen Menschen, den es so noch nicht gab: einen Menschen mit sozial-emotionaler Kompetenz.

Die Akteure des Romans sind ein Junge namens Émile aus wohlhabendem Hause sowie dessen Erzieher Jean-Jacques. Das Thema des Buches könnte nicht aktueller sein, geht es doch um Fragen, die heute ganze Regale an Erziehungsratgebern füllen. Aber es geht in dem Roman um noch etwas anderes: Die Betonung und Wertschätzung dessen, was man Kindheit nennt. Die Kindheit als Refugium, als ein geschützter Raum, der eine ungestörte Entwicklung ermöglicht, um eines Tages den Herausforderungen des Erwachsenenlebens gerecht zu werden. Diese Vorstellung ist in der Tat so etwas wie eine neuzeitliche Errungenschaft der bürgerlichen, aufgeklärten Gesellschaft.

Die Entdeckung dieser Lebensphase ging zunächst mit einer deutlichen Kritik an den bestehenden Verhältnissen einher. Einer einengenden und von Konventionen verdorbenen Zivilisation wird die Sehnsucht nach einem Naturzustand entgegengestellt, auch wenn diese Sehnsucht als U-topie, als Un-ort eine Fiktion bleibt. Zivilisation wird nicht mehr als kulturelle Leistung, sondern als Herrschaft der Etikette, als Zwang und Entfremdung von der menschlichen Natur verstanden. Zwar lässt sich Rousseau zufolge die Zivilisation nicht mehr rückgängig machen, aber man muss sich in ihr bewähren und sie nach Möglichkeit verbessern.

Im Poststrukturalismus des 20. Jahrhunderts wird der französische Sozialtheoretiker und Ethnologe Claude Lévi-Strauss (1908–2009) eine ähnliche Gesellschaftskritik formulieren, wenn auch mit einer ganz anderen Intention. Angriffspunkt beider Autoren ist die Rolle der Sexualität. Rousseau ist hier zweifellos eine revolutionäre Neubewertung des Sexualtriebs gelungen mit einer grundsätzlichen Kritik an verlogener, bürgerlicher und vor allem aristokratischer Doppelmoral, die zwar nach außen großen Wert auf Anstand und Umgangsformen legt, hinter verschlossenen Türen aber einer ungezügelten Libertinage frönt. In Émile ist Natur und Sexualität nichts Negatives, sondern wesentlicher Teil des Menschen. Die Sexualität kann, richtig verstanden, positiv zur Verwirklichung des Menschen miteinbezogen werden. Die Abscheu der bürgerlichen Welt vor „den Wilden“, vor jenen unzivilisierten Menschen, die man gerade auf anderen Erdteilen entdeckt hatte, ist völlig unbegründet. Man muss und soll diese fremden, schamlos nackten Wesen nicht zu Franzosen umbiegen. Die ungezügelte Sexualität, die man ihnen unterstellte, ist also nicht mehr die Falle, die der Teufel für die Menschen aufgestellt hat, sondern Quelle schöpferischer und positiver Lebensgestaltung und damit Teil dessen, was es im Leben an Gutem zu entdecken gilt. Für Rousseau liegt das Glück des Menschen genau in jenen Dingen begründet, die nach theologischer Überzeugung dessen Sündenfall und anschließende Vertreibung aus dem Paradies bewirkten. Aber ein alttestamentlicher Gott, der zulässt, dass die Menschen aufgrund ihrer Sexualität und Freiheit sich selbst ins Verderben stürzen, ist nicht so gut wie ein Gott, der dem Menschen die Mittel gibt, den Schaden selbst zu beheben. Rousseau entlastet Gott also von dem Vorwurf, für das Übel in der Welt verantwortlich zu sein. Er sei, so Rousseau, umso lauter dafür zu preisen, dass er den Menschen die Vernunft gab, um die Welt vor dem Verderben zu retten. Die Liebe zwischen Mann und Frau ist der Grundstein, auf dem Rousseau eine neue Gesellschaft errichten möchte, um alle von der Zivilisation erzeugten Übel zu überwinden.

Natürlich muss der Mensch lernen: Lernen, wie man mit der Sexualität umgeht und die wahren von den falschen Bedürfnissen unterscheidet. Rousseau plädiert nicht für eine Laissez-faire Erziehung, wie man dies in den 60er Jahren oft annahm. Er will, ähnlich wie Kant, den zum Denken fähigen Vernunftmenschen. Die dafür erforderlichen Kenntnisse erwirbt sich der junge Mensch aber nicht durch das Aneignen bürgerlicher Kulturtechniken, zu denen nicht nur Lesen und Schreiben, sondern auch das Erlernen von Musikinstrumenten gehört. Vielmehr ist es wichtig, dass sich das Kind von innen heraus entfaltet. Auf heutige Leser wirkt Rousseaus Erziehungsroman wie das moderne Pädagogik-Konzept einer Waldorfschule. Erst im Alter von zwölf Jahren lernt Émile lesen. Rousseau setzt hier erste kognitionswissenschaftliche Erkenntnisse seiner Zeit um; von frühkindlicher Förderung, für die manche Eltern heute schwärmen, ist Rousseau meilenweit entfernt. Sein Ziel ist nicht der perfekte Übermensch, sondern die Entdeckung und Wiedergewinnung der menschlichen Freiheit. Aus der Einsicht in die Vernünftigkeit einer Handlung folgt noch lange nicht, dass wir dieser Einsicht auch folgen. Rousseau lieferte dabei selbst das beste Beispiel. Seine eigenen fünf Kinder erlebten keine glückliche Kindheit; nach der Geburt steckte er sie unter dem Vorwand, er könne sie nicht ernähren, in ein Heim. In Wahrheit wollte er beim Arbeiten seine Ruhe.

Rousseau steht für die Zuversicht der Aufklärung, den Menschen seiner grundsätzlich glücklichen Bestimmung zuführen zu können.

Dabei entdeckt er die Kindheit als einen eigenen Lebensabschnitt. Die Aufklärung weist auf die grundsätzliche physische und psychische Relevanz der Kindheit für das spätere Erwachsenenleben hin. Die Kindheit bestimmt die inneren Kräfte eines Erwachsenen. Jetzt erkannte man, wie sehr die Herkunft und die soziale Umgebung einen Menschen prägen können. Der Mensch ist keineswegs immer seines eigenen Glückes Schmied, sondern zum großen Teil Ergebnis und Spiegelbild seiner soziokulturellen Umgebung. Die Erfüllung des Menschen ist also bereits im Diesseits möglich, zumindest für Rousseau. Doch genau hier lauern auch die Abgründe.

Das Böse oder das Drama der menschlichen Freiheit

Bereits in seiner Grundlegung von Religion innerhalb der „Grenzen der bloßen Vernunft" äußert Kant deutliche Zweifel am Optimismus Rousseaus. Während in dessen Erziehungsroman jeder Mensch zum Guten erzogen werden kann, sieht Kant die Lage eher pessimistisch und nimmt, wenngleich indirekt, auf Rousseau Bezug:

> „Neuer, aber weit weniger ausgebreitet ist die […] heroische Meinung, die […] in unsern Zeiten vornehmlich unter Pädagogen, Platz gefunden hat: daß die Welt gerade in umgekehrter Richtung, nämlich vom Schlechten zum Bessern, unaufhörlich (obgleich kaum merklich) fortrücke, wenigstens die Anlage dazu in der menschlichen Natur anzutreffen sei. Diese Meinung aber haben sie sicherlich nicht aus der Erfahrung geschöpft […]: denn da spricht die Geschichte aller Zeiten gar zu mächtig gegen sie".[12]

1792 legt Kant noch einmal nach. Er veröffentlicht eine Abhandlung, die wie eine Bombe platzt. Die Schrift trägt den provozierenden Titel „Über das radicale Böse in der menschlichen Natur". Johann Wolfgang von Goethe (1749–1832) war wie zahlreiche seiner intellektuellen Zeitgenossen entsetzt von den Thesen Kants. Wo war der humane Optimismus der Aufklärung? Auch wenn Kant anfangs noch Probleme mit der Zensur hatte, tat dies der Verbreitung der Abhandlung keinen Abbruch. Im Gegenteil. Über Nacht war sie be-

---

[12] Ebd., BA 5f.

kannt. Doch worum ging es? Der Begriff des „radikalen Bösen" war zunächst einmal eine Wortschöpfung Kants. Der Mensch, so Kant provozierend, sei „von Natur aus böse" und daher sind wir *von der Wurzel* her – lateinisch: „radix" – böse. Um zu verstehen, warum Kants Gedanke eines radikalen Bösen der Buchskandal des zu Ende gehenden 18. Jahrhunderts war, reicht es, sich die Hoffnungen zu vergegenwärtigen, die wir bis heute in die Wirkmöglichkeiten der Pädagogik setzen. Das erzieherische Credo der Aufklärung damals lautete nicht anders als heute: Der Mensch ist nicht von Haus aus böse – er wird nur böse *gemacht*, sei es durch eine falsche Erziehung, das soziale Milieu oder einfach aufgrund traumatisierender Erfahrungen. Die Überzeugung, dass der Mensch von Natur aus gut sei, nährt die Hoffnung, dass das Böse in den Griff zu bekommen ist. Das Böse ist demnach kein die Welt regierender Dämon, sondern allein das Ergebnis einer zivilisationsbedingten Fehlentwicklung, die sich aber vermeiden ließe. Ausgerechnet in die Euphorie der Aufklärung hinein behauptet Kant nun genau das Gegenteil. Kant ist der Überzeugung, dass selbst der gute Wille das Böse im Menschen nicht völlig unterdrücken kann und es in der Entscheidungssituation präsent ist:

> „Dieses Böse ist radikal, weil es den Grund aller Maximen verdirbt; zugleich auch, als natürlicher Hang, durch menschliche Kräfte nicht zu vertilgen, weil dieses nur durch gute Maximen geschehen könnte, welches, wenn der oberste subjektive Grund aller Maximen als verderbt vorausgesetzt wird, nicht statt finden kann; gleichwohl aber muß er zu überwiegen möglich sein, weil er in dem Menschen als frei handelndem Wesen angetroffen wird."[13]

Woher aber kommt dieser böse Grund im Menschen, was ist die Quelle einer bewusst vollzogenen Entscheidung zum Bösen?

Das Böse als natürlicher Hang – Kant als heimlicher Theologe?

Wenn wir uns der Realität des Bösen annähern, sollten wir nicht die Religionen befragen, sondern zunächst auf den Menschen bli-

[13] Ebd., B 36f.

cken. Für Kant ist Religion erst einmal nichts anderes als ein existentielles Selbstverständnis des Menschen, das allen dogmatischen, historischen und offenbarungsbezogenen Religionsformen vorausgeht. Im menschlichen Bewusstsein sind Freiheit und Kausalität miteinander verbunden. Der Wille ist die innere Ursache äußerlich wahrnehmbarer Veränderungen: Wenn dem konkreten Verhalten ein auf Maximen basierender, individueller Gebrauch der Freiheit zugrunde liegt, kommt es zu einem berechenbaren und zurechnungsfähigen Handeln. Wenn nicht, herrscht spontane Lust. Mit der uneingeschränkten Möglichkeit dieses individuellen Gebrauchs enthält die menschliche Natur sowohl die „Anlage zum Guten“ als auch den „Hang zum Bösen“. Man sollte an dieser Stelle die leichte Gewichtung in der Diktion nicht übersehen: Wir können nicht nur, wir müssen uns immer für oder gegen das Gute beziehungsweise Böse entscheiden. Das fängt bekanntlich beim Kleinen an und hört beim Großen auf. Der Grund liegt in der unhintergehbaren, sprich: *transzendentalen* Freiheit des Menschen, beides tun oder lassen zu können.

Fast möchte man meinen, es handle sich dabei um eine Plattitüde. Es ist aber weitaus mehr, denn tatsächlich sind die Konsequenzen daraus enorm: Es geht um nichts Geringeres als um die Folgen von scheinbar harmlosen Entscheidungen, die der Mensch jeden Tag, jede Stunde, jeden Augenblick zu treffen hat. Lange bevor wir uns bewusst explizit moralischen Fragen stellen, verhalten wir uns zu unserer Umgebung schon auf bestimmte Art und Weise. Was Kant hier auf ungewöhnliche Weise feststellt, braucht noch zweihundert Jahre, um in der Existenzphilosophie des 20. Jahrhunderts als deren zentrale Aussage anzukommen: Wir sind schon längst „in-der-Welt“, bevor wir uns über die abstrakten Probleme im Großen oder die ungelösten Schwierigkeiten des Alltags Gedanken machen. Wir befinden uns immer in Entscheidungssituationen, wir müssen uns so oder so verhalten, ob wir es wollen oder nicht. Was wir auch tun – wir entscheiden uns, indem wir auf anderes verzichten, das wir auch gern getan und für das wir oft auch gute Gründe hätten: mal ausspannen, mal so richtig feiern, einfach einmal dem Alltagstrott entfliehen. So schwierig es auch sein mag, in dem unendlich weiten Feld an Handlungsmöglichkeiten sinnvolle Entscheidungen zu fällen, so haben wir doch die Gestaltung der Welt ein klein wenig selbst in der Hand: Wir sind unserem Schicksal nicht hilflos ausgeliefert, sondern können es steuern und zur Verbesserung der Welt einen Beitrag leisten.

In Zeiten der zunehmenden Entfremdung des Menschen durch die Technologisierung der Welt geht aber der Kontakt zu den sichtbaren und spürbaren Folgen unserer Entscheidungen immer mehr verloren. Wir merken es nicht mehr, wenn wir uns für das Böse entscheiden. Die angeborene innere Vernunftstimme, mit der Kant jeden Menschen ausgestattet sieht, verliert tatsächlich ihre operative Fähigkeit, die Folgen einer Handlung abzuschätzen. Wer von uns möchte schon jedes Mal das Schwein schlachten müssen, bevor man es verzehrt? Wer möchte Zeuge der Arbeitsbedingungen werden, unter denen in Kambodscha und Thailand unsere Kleidung für ein erbärmliches Taschengeld genäht wird? Unser Elektroschrott landet auf afrikanischen Mülldeponien, zugleich bauen wir das für ein Smartphone notwendige Coltan in derselben Gegend ab. Die ökologischen Folgen unseres Lebensstils lagern wir gern in Länder aus, wo sie uns selbst nicht betreffen.

Diese Situation ist kein Zufall. Wir sind Weltmeister im Verdrängen von Wahrheiten oder im Bagatellisieren von grausamen Bildern. Anders könnten wir wahrscheinlich nicht leben, geschweige denn noch eine Nacht gut schlafen. Der Philosoph in der kleinen, abgeschlossenen Welt von Königsberg scheint dies vor gut zwei Jahrhunderten geahnt zu haben: Denn Kant hat das Zentrum des Bösen nicht in der Welt da draußen, sondern in uns selbst gesucht – und gefunden. In seinem Streben nach Glückseligkeit, der Erfüllung aller Bedürfnisse und Neigungen, besitzt der Mensch ein mächtiges Gegengewicht zum sogenannten „kategorischen Imperativ". Dieses wirkungsgeschichtlich wohl am meisten mit Kant verbundene Prinzip meint jene innere Stimme des Gewissens, die eigenen moralischen Grundsätze so zu gestalten, dass sie jederzeit die Basis eines allgemeinen Gesetzes werden könnten. In einer seiner bekanntesten Fassungen lautet der Imperativ: „Ich soll niemals anders verfahren, als so, daß ich auch wollen könne, meine Maxime solle ein allgemeines Gesetz werden."[14] Daraus, so Kant, „entspringt aber eine *natürliche Dialektik,* d.i. ein Hang, wider jene strenge Gesetze der Pflicht zu vernünfteln, und ihre Gültigkeit, wenigstens ihre Reinigkeit und

---

[14] Ders., Grundlegung zur Metaphysik der Sitten, in: WA VII, BA 17.

Strenge in Zweifel zu ziehen, und sie, wo möglich, unsern Wünschen und Neigungen angemessener zu machen".[15] Heute spricht die Psychologie in diesem Zusammenhang von kognitiver Dissonanz. Gemeint ist die paradoxe und im Nachhinein nicht erklärbare, in der Situation aber bewusst vollzogene böse Tat: Wenn wir wider besseren Wissens anders handeln – und zwar nicht nur, wenn wir unser Gewissen mit allerlei Ausreden unterdrücken, sondern wenn wir uns im vollen Bewusstsein für das Falsche, das Abgründige entscheiden. Wenn wir uns ans Steuer setzen, obwohl wir nüchtern genug sind, um zu wissen, dass wir getrunken haben. Wenn wir die geliebte Frau betrügen und sie dabei noch schamlos anlügen. Die Beispiele sind Legion.

In seinem zweiten Hauptwerk, der „Kritik der praktischen Vernunft" von 1788, erläutert Kant, wie die Selbstliebe im menschlichen Streben nach persönlichem Glück mit der freien Vernunftbestimmung in Konflikt gerät. Darin liegt für Kant auch ein Rest dessen, was die christliche Rede von der Erbsünde in antiquierter, durch Augustinus und von Luther in psychologisch belastender Weise zum Ausdruck gebracht hat:

> „Von dem Bösen, was im menschlichen Herzen liegt, und von dem niemand frei ist; von der Unmöglichkeit, durch seinen Lebenswandel sich jemals vor Gott für gerechtfertigt zu halten, [...] und dagegen der unerlaßlichen Verbindlichkeit, ein neuer Mensch zu werden, kann sich ein jeder durch seine Vernunft überzeugen, und es gehört zur Religion, sich davon zu überzeugen."[16]

Ohne den historisch und kirchlich vorbelasteten Begriff ins Spiel zu bringen, sieht Kant das Böse als „Eigendünkel" und als „Neigung" des Menschen, „sich selbst nach den subjectiven Bestimmungsgründen seiner Willkür zum objektiven Bestimmungsgrunde des Willens überhaupt zu machen".[17] Die Selbstliebe – und nicht die Vernunft – wird im Streben nach persönlichem Glück zum unbedingten Gesetz des eigenen Handelns und setzt das moralische Gesetz außer Kraft. Es sind also nicht die individuellen biologischen Bedürfnisse und biografischen Prägungen, die den Hang zum Bösen ausmachen, son-

[15] Ebd., BA 23.

[16] Ders., Religion innerhalb der Grenzen, B 248.

[17] Ders., Kritik der praktischen Vernunft, in: WA VII, A 131.

dern die darüber hinausgehende Neigung, die subjektiven Bestimmungsgründe des Willens mit den objektiven zu verwechseln und ihre Erfüllung zur unbedingten Maxime des eigenen Handelns zu erklären. Er erkennt die Gefahr im Menschen, seinen Hang zum Bösen, die eigenen Wünsche, Interessen und Bedürfnisse zum allgemeinen Ziel zu erklären.

Man würde Kants Denken nicht gerecht, wenn man hier eine Erbsündenlehre ohne religiösen Kontext formuliert sehen wollte, auch wenn seine Aussagen in diese Richtung zu tendieren scheinen. Kant hat die dogmatische Lehre von der Erbsünde, die von säuerlicher Sexualmoral durchtränkt ist, vehement abgelehnt. Der Mensch ist kein prädestiniertes Wesen, dessen Schicksal von Gott bereits festgelegt ist, sondern uneingeschränkt frei. Damit trägt er die alleinige Verantwortung für seine Handlungen, auch wenn sie sich als falsch erweisen. Es gibt keine ethische Fehlerlosigkeit des subjektiven Willens. Wir können beim besten Willen nicht sämtliche Folgen voraussehen. Das Einzige, was definitiv immer in unserer Macht steht, ist die gute Absicht selbst. Alles andere entzieht sich unserer Einflussnahme – erst recht dann, wenn wir unsere persönlichen Wünsche für allgemeingültig halten. Nur wenn der Mensch dem moralischen Gesetz, also dem kategorischen Imperativ, Folge leistet, ist er nach Kant autonom, das heißt, er wird seiner Natur als Freiheitswesen gerecht. Lässt sich der Mensch dagegen von seiner Selbstliebe und dem Streben nach Glück leiten, so ist er fremdbestimmt.

Kant gilt daher als ein typischer Vertreter deontologischer Ethik beziehungsweise einer Pflichtethik (von gr. δέον, zu Deutsch: Pflicht). Das bedeutet, dass der Mensch jede Handlung nach ab-soluten, das heißt „losgelösten“, also von ihm unabhängigen Kriterien interpretieren soll. Damit sind jene Pflichten und Sollensansprüche des Gewissens gemeint, an die sich der Mensch unbedingt zu halten hat. Kant sucht objektive Leitlinien, nach denen wir unser Handeln ausrichten könnten, und findet sie einzig im Gewissen. Welche Konsequenzen diese Ethik nach sich ziehen kann, verdeutlicht Kant in einer weiteren Abhandlung, die bei seinen Anhängern heftiges Stirnrunzeln, bei seinen Kritikern schallendes Gelächter auslösen sollte.

Ist Kant noch bei Sinnen?

In einer seiner späten Schriften aus dem Jahre 1793 „Über ein vermeintes Recht aus Menschenliebe zu lügen“ reagiert Kant auf die damals wie heutige übliche moralische Rechtfertigung der Notlüge. Der französische Rechtsgelehrte und Staatstheoretiker Benjamin Constant (1767–1830) hatte das Recht auf Notlügen damit begründet, dass sich die formale Selbstverpflichtung zur Wahrheit stets am moralischen Rechtsanspruch in der jeweiligen Situation auszurichten habe. Vor Gericht besteht also ein anderer Anspruch als in einer akuten Notsituation. Kant widerspricht nun entschieden dieser Auffassung.

Auf den ersten Blick scheint sein Aufsatz etwas skurril. Tatsächlich ist es aber etwas, was in der Theologie wiederum sehr gut bekannt ist: Es ist eine Beispielerzählung, bei der es um die Macht des Zufalls und die schlichte Tatsache geht, dass sich die Welt ständig unserer Kontrolle entzieht. Um was geht es? Stellen Sie sich folgendes Szenario vor: Sie gewähren einem hilfesuchenden Mensch in ihrem Haus Unterschlupf, weil er von einem Mörder verfolgt wird. Kurz darauf erscheint der Verfolger an ihrer Tür und fragt sie nach Ihrem versteckten Freund. Was antworten Sie? Wahrscheinlich lügen Sie und behaupten, ihr Freund sei woanders. So sieht es auch Benjamin Constant. Er rechtfertigt diese Lüge damit, dass die Pflicht zur Wahrheit nur demjenigen gegenüber gilt, der einen moralischen Anspruch darauf hätte. Diesen Anspruch hat ein Mörder von Haus aus nicht. Die Notlüge ist also der Situation geschuldet.

Kant widerspricht dieser Ausführung und konstruiert dabei folgenden Fall:

> „Hast du nämlich einen eben itzt mit Mordsucht Umgehenden durch eine Lüge an der Tat verhindert, so bist du für alle Folgen, die daraus entspringen möchten, auf rechtliche Art verantwortlich. Bist du aber strenge bei der Wahrheit geblieben, so kann dir die öffentliche Gerechtigkeit nichts anhaben; die unvorhergesehene Folge mag sein welche sie wolle. Es ist doch möglich, daß, nachdem du dem Mörder, auf die Frage, ob der von ihm Angefeindete zu Hause sei, ehrlicherweise mit Ja geantwortet hast, dieser doch unbemerkt ausgegangen ist, und so dem Mörder nicht in den Wurf gekommen, die Tat also nicht geschehen wäre; hast du aber gelogen, und gesagt, er sei nicht zu Hause, und er ist auch wirklich (obzwar dir unbewußt) ausgegangen, wo denn der Mörder ihm

> im Weggehen begegnete und seine Tat an ihm verübte; so kannst du mit Recht als Urheber des Todes desselben angeklagt werden. Denn hättest du die Wahrheit, so gut du sie wußtest, gesagt; so wäre vielleicht der Mörder über dem Nachsuchen seines Feindes im Hause von herbeigelaufenen Nachbarn ergriffen, und die Tat verhindert worden. Wer also lügt, so gutmütig er dabei auch gesinnt sein mag, muß die Folgen davon, selbst vor dem bürgerlichen Gerichtshofe, verantworten und dafür büßen."[18]

Die Druckertinte des Verlags in Riga war noch nicht getrocknet, da prasselten schon die ersten beißenden Kommentare seiner zahlreichen Kritiker auf ihn ein: Kant ist von Sinnen! Eine derart an den Haaren herbeigezogene Szene zur Rechtfertigung der eigenen Lehrmeinung zeugt von einer Uneinsichtigkeit und Starrköpfigkeit, die sich mit den Erfahrungen der realen Welt nun wirklich nicht mehr deckt. Die Geschichte des 20. Jahrhunderts hält genügend Gegenbeispiele parat, bei denen grundanständige Menschen versucht haben, ihre jüdischen Mitmenschen vor dem Abtransport in die Vernichtungslager zu verstecken und vor den Kollaborateuren der Nazis zu verleugnen. Sie wussten dabei sehr wohl, was auf dem Spiel stand: Es ging nämlich nicht nur um das Leben anderer, sondern auch um ihr eigenes. Dass Menschen in diesen Situationen bewusst die Unwahrheit sagten, hat unzähligen Jüdinnen und Juden das Leben gerettet. So, und nicht andersherum verläuft die Geschichte.

Natürlich hatte Kant etwas anderes im Sinn, als er dies schrieb. Erinnern wir uns: Die Freiheit ist das wesentliche Moment der Aufklärung. Gott ist nicht mehr ein moralisches Überwachungssystem, das jede falsche Entscheidung speichert, um am Tag des Jüngsten Gerichts dem Menschen die Rechnung zu präsentieren. Erst recht greift Gott nicht mit pädagogischen Sofortmaßnahmen durch, um etwaige Vergehen zu bestrafen. Mit der Aufklärung wird der Mensch in seine Freiheit entlassen und ist damit vollkommen auf sich allein gestellt. Diese Autonomie hat allerdings auch eine dunkle Seite. Etwas überspitzt könnte man sagen, dass der Mensch sich im Rausch dieses Bewusstseins ständig überschätzt. Deshalb braucht es eine Moral, die sich der beliebigen Auslegung entzieht.

---

[18] Ders., Die Metaphysik der Sitten, in: WA VIII, A 306f.

Der Folgen dieser permanenten Selbstüberschätzung werden sich die Menschen heute, im Zeitalter des Klimawandels, mehr als bewusst. Nicht zuletzt Rousseau ist das gelebte Beispiel dafür, wie sehr sich Anspruch und Wirklichkeit voneinander unterscheiden können. Aus der grundsätzlichen Unkalkulierbarkeit unserer Lebenswelt formuliert Kant daher eine Minimalanforderung an unser ethisches Bewusstsein. Wenigstens das, was wir tun, muss in Einklang mit uns selbst und der Vernunft erfolgen. Vor diesem Hintergrund kann eine situativ noch so verständliche Notlüge keine denkbare moralische Option sein.

Doch hier stellen sich zwei Anfragen. Zum einen betrifft es die nähere Bestimmung des Bösen. Was bedeutet es, wenn sich die dunkle Seite in uns nicht verheimlichen lässt? Ist Kants Beschreibung des Bösen als „natürlicher Hang“ ausreichend, um den Dimensionen des Bösen gerecht zu werden? Die zweite Anfrage betrifft die Folgen möglicher Entscheidungen, die für Kant zunächst keine Rolle zu spielen scheinen. Können wir die Konsequenzen unserer Gewissensentscheidung wirklich außer Acht lassen, wie Kant es in seinem Mörderbeispiel vorschlägt?

Aber der Reihe nach: Gehen wir zunächst der Frage nach, ob Kants Beschreibung des Bösen als ein *natürlicher Hang* nicht zu kurz greift. Kommen wir daher zu einem ungewöhnlichen Vertreter der Aufklärung, bei dem es die Natur selbst ist, die dämonisch und zerstörerisch ist.

Der Marquis de Sade oder die Perversion der Freiheit

1798 hat der spanische Maler Francisco de Goya in einer Radierung das Problem moralischer Vernunft im Zeitalter der Aufklärung visualisiert. Zu erkennen ist ein schlafender Mensch, der von den dämonischen Alpträumen des Bösen heimgesucht wird. Die Radierung trägt den rätselhaften Titel: „El sueño de la razón produce monstruos“, zu Deutsch: „Der Traum der Vernunft gebiert Ungeheuer“. Nun bieten sich zwei Deutungsmöglichkeiten an: Man könnte meinen, die überwunden geglaubten Ungeheuer der Voraufklärung kämen zurück, sobald sich die Vernunft schlafen legt. Die zweite Interpretation ist noch beängstigender: Es könnte auch die Vernunft selbst sein, die im Schlaf, in unseren Träumen und Fantasien, Ungeheuer

Abb. 10: Francisco de Goya: Capricho Nr. 43, Radierung © culture-images

produziert. Der Siegeszug der Vernunft im Zeitalter der Aufklärung könnte also auch eine Schattenseite aufweisen. Im Jahr 1798 waren es die Erfahrungen der Schreckensherrschaft der Französischen Revolution, die der spanische Maler vor Augen hatte. Auf Befehl des „Wohlfahrtsausschusses" wurden tausende Menschen im Namen von Freiheit, Gleichheit und Brüderlichkeit hingerichtet. Die Grafik von Goya hat seitdem nichts an Aktualität verloren. Wenn man ferner die Geschichte der vergangenen zweihundert Jahre dazu nimmt, scheinen Zweifel am optimistischen Menschenbild der Aufklärung mehr als berechtigt. Zur Zeit Goyas und Kants hatte diese Kehrseite der Aufklärung einen Namen: Donatien Alphonse François, Comte de Sade, besser bekannt als der Marquis de Sade (1740–1814).

Der Marquis de Sade entstammt dem französischen Adel und genießt im absolutistischen Frankreich vor 1789 alle denkbaren Privilegien eines sorgenfreien Libertins. Er wird vornehm erzogen, macht schnell Karriere in der königlichen Verwaltung und geht eine arrangierte Ehe ein, die seinem Stand entspricht. Diesem Lebensstil entsprach auch eine in den adligen Kreisen übliche Praxis der Freizügigkeit. Hinter der offiziellen Maske der Etikette herrschte hemmungslose Sexualität. Als Mann hatte man selbstverständlich eine oder mehrere Mätressen, besuchte regelmäßig Bordelle und tauschte unter seinesgleichen heimlich pornografische Literatur aus. Dies war in der damaligen Zeit an sich nichts Verwerfliches. Was man später vor Gericht dem Marquis schließlich vorwarf, war seine Neigung zur Perversion, die er in seinen literarischen Werken verbreitete. So soll den Prozessakten zufolge der Marquis bei seinen Orgien unter anderem geweihte Hostien verwendet haben. Viele der Vorwürfe entstammten freilich dem Hörensagen oder spiegelten allenfalls eigene schmutzige Fantasien wider, zählten aber zum standardisierten Vorurteilskatalog moralischer Devianz. In seinen Erinnerungen hat sich der Marquis auch nichts Grundsätzliches vorzuwerfen und stellt sich selbst nicht als Einzelfall dar:

> „Was man mir einzig vorwerfen kann, sind Ausschweifungen, wie sie alle Männer praktizieren, entsprechend dem Temperament und den Neigungen, die ihnen die Natur dazu gegeben hat. Jeder hat seine Fehler, und wir sollten keine Vergleiche anstellen, denn vielleicht würden meine Peiniger dabei nicht besser abschneiden als ich. Ja, ich gestehe, ich bin ein Wüstling; alles, was man sich auf diesem Gebiet vorstellen kann, habe ich mir vorgestellt, aber ich habe durchaus nicht alles getan, was ich

> mir vorgestellt habe, und werde es auch nie tun. Ich bin ein Wüstling, aber ich bin weder ein Verbrecher noch ein Mörder.“[19]

Es ist offenkundig, dass der Marquis das Ideal der Freiheit ebenso für sich in Anspruch nahm wie Rousseau im Blick auf die Erziehung. Alle Aufklärer vereint ihre Kritik an der Doppelmoral der feudalistischen Gesellschaft, alle artikulieren auf ihre je eigene Weise jene Rechte, die zur selben Zeit in die Unabhängigkeitserklärung der Vereinigten Staaten von Amerika geschrieben wurden. Der Marquis hat allerdings völlig andere Ziele im Blick als seine Zeitgenossen.

Im Grunde wollte auch der Marquis die bestehende Gesellschaft verändern. Darin teilt er das Anliegen von Rousseau. Der Feind dieser Kultur ist die Natur. Die Zivilisation hat lediglich krankmachende Etiketten und ein völlig verzerrtes Bild von Gott, Welt und Mensch hervorgebracht. Beide wollen auf je eigene Weise die alten Zöpfe abschneiden und Schluss machen mit einer als verlogen und überholt empfundenen Gesellschaft. Der Marquis unterscheidet sich vom Humanismus seiner Zeit allein in der Art, wie er die Natur betrachtet: Für ihn ist die Natur erbarmungslos, das Leben ein einziger Kampf von der Wiege bis zur Bahre. De Sade nennt die Natur eine Bestie, die das Leben hervorbringt und am Ende wieder verschlingen wird. Die schonungslose Grausamkeit, mit der de Sade seine Leser konfrontiert, zeigt uns die dunkelsten Kapitel der Menschen auf, die wir allzu gerne ausblenden. Sämtliche Grausamkeiten, zu denen Menschen fähig sind, wurden vom Marquis de Sade bereits erdacht. Er pervertiert die Aufklärung, er macht sich über alles lustig, er karikiert die Aufklärung zur Fratze, auch wenn unverkennbar ist, dass es sich bei ihm um einen extremen Repräsentanten handelt. Im Gegensatz zur Aufklärung und ihren Idealen kennt die Natur weder Monogamie noch Umgangsformen, sondern nur das nackte Überleben und die Sicherung der eigenen Art. Alles andere sind Zwänge des menschlichen Geistes.

Allerdings verbirgt sich im Naturverständnis des Marquis ein Widerspruch: Wo findet sich in der Natur, so wie sie der Marquis definiert, das Empfinden einer Grenzüberschreitung? Wenn alles erlaubt

---

[19] De Sade in einem Brief an die Marquise vom 20. Februar 1780, zitiert nach: A. Drach, Bruder Sade, in: B. Fetz (Hg.), In Sachen Albert Drach, WUV Universitätsverlag 1995, 111.

wäre, wo bliebe dann der Reiz des Verbotenen, mit dem er spielt? Braucht man nicht das gesellschaftliche Tabu, um dieses auch brechen zu können? Wie es scheint, ist de Sade nicht wirklich an der Freiheit interessiert, sondern an ihrem Missbrauch. Insofern erfahren wir durch die Perversionen des Marquis nichts, was wir nicht schon seit der Aufklärung über das Wesen der Freiheit längst auf rationalem Wege in Erfahrung gebracht haben: Freiheit ist immer *bedingte* Freiheit, sie lebt im Bewusstsein der Grenzen eigener Möglichkeiten. Freiheit ist nicht das große Ziel des Menschen, dem alle hinterherjagen, sondern Ausdruck seiner Endlichkeit. Freiheitserfahrungen machen Menschen immer dann, wenn es ihnen an ihr mangelt: Jeder Gefängnisinsasse weiß durch den vergitterten Blick aus seiner Zelle in diesem Moment besser, wie sich Freiheit anfühlt, als jene Menschen, die sich der Freiheit täglich bedienen. Es gibt für den Menschen daher nie die totale Freiheit, sondern nur die Erfahrung einer relationalen Abschattung von Freiheit. Der Akt der Willkür ist stets verbunden mit einer intensiven, dichten Grenzerfahrung, die auch den sexuellen Sadismus in seiner ganzen Perversität einschließt.

Das Gute als sittlicher Wert wird durch das Böse im selben Ausmaß infrage gestellt wie das Böse durch das Gute. Das Böse ist nicht unendlich, sondern nur erkennbar in der jeweiligen Horizonterfahrung des Guten. Es benötigt zur eigenen Identität die Differenz zum Guten. In einer Welt des absolut Bösen würde es keine sittliche Qualität des Bösen geben. Das Böse kann daher nicht unabhängig vom Guten gedacht werden. Darin, so scheint es, ist bei de Sade doch ein letzter humaner Rest vorhanden, der hinter jedem Extremismus in minimalem Umfang verborgen ist.

Der Marquis de Sade macht eines deutlich: Das Böse liegt nicht in Gegenständen oder in Situationen, sondern in der freiheitlichen Entscheidung jedes Einzelnen, wie er damit umzugehen gedenkt. Es ist somit Ausdruck der Freiheit des Menschen. Diese Entscheidung zum Bösen ist auch kein Naturtrieb, keine zwanghafte Veranlagung, die den Menschen aus der Verantwortung herausnehmen könnte. Wenn letzteres der Fall wäre, wäre das jahrhundertealte Problem der Theodizee gelöst. Dennoch würde sich die Frage nach der Herkunft des Bösen in uns immerzu von Neuem stellen, es taucht immer wieder in neuen Variationen auf. Einen letzten Grund für das Böse können wir daher nicht erkennen. Der Mensch, so Kant in seinem Spätwerk, ist daher weder gut noch böse, sondern trägt beide Veranlagungen in sich. Dies erklärt, weshalb Familienväter tagsüber, ohne mit der Wimper zu zucken, Tausende von Menschen in die Gaskammern von Auschwitz trieben, um am Abend den eigenen Kindern eine Gute-Nacht-Geschichte zu erzählen. Die jüdische Philosophin Hannah Arendt (1906–1975) wird angesichts der Shoah deshalb von der „Banalität des Bösen“ sprechen. Kritiker meinten, Hannah Arendt würde den Massenmord an den Juden bagatellisieren, indem sie den auf der Anklagebank sitzenden Hauptorganisator Adolf Eichmann, dessen Prozess sie Anfang der 60er Jahre beobachtete, als biederen Beamten verharmloste. Arendt meinte damit aber etwas völlig anderes: *Das* Böse, nicht *der* Böse, ist eine Realität, die sich schleichend und oft unbemerkt im Menschen breitmacht. Das Böse nistet sich ein, es erscheint nicht selten in der Gestalt des Biedermannes. Es ist der Schatten der Freiheit, den wir werfen, auch wenn wir ihn nicht sehen; die monströse Fantasie, die in uns arbeitet, ob wir es wollen oder nicht.

De Sade hat mit seinen pornografischen Büchern nicht nur auf die geheimen und perversen Vorstellungen seiner Zeitgenossen reagiert, sondern eine rücksichtslose Kartografie jener Schattenseite des Mondes angefertigt, die in der neuzeitlichen Euphorie mit der Unabhängigkeitserklärung der menschlichen Vernunft übersehen wurde, aber immer schon da war. Dessen sollte sich auch der noch so aufgeklärte und selbstbewusste Mensch von heute stets bewusst sein, erst recht im Zeitalter des Internets und dessen grausamen Bildern, die im Darknet kursieren und ebenfalls die Schattenseite einer scheinbar grenzenlosen Freiheit darstellen.

Zusammenfassend lässt sich festhalten, dass der Marquis de Sade die Zweifel Kants am Aufklärungsoptimismus Rousseaus verstärkt, wenn auch auf abnorme Weise. Der Mensch ist in seiner Autonomie nicht nur das reine, unbescholtene Wesen, das von Natur aus zum Guten tendiert, sondern er ist ebenso zum Gegenteil imstande. Erkenntnistheoretisch begründet dies Kant mit der Freiheit des transzendentalen Selbstbewusstseins, das die Welterschließung überhaupt erst ermöglicht und die Ursache meiner Handlungen ist. Hier ist kein Platz mehr für eine göttliche Notbremse von oben. Daher sollte sich der Mensch über eines immer im Klaren sein: Der Wirkradius seiner Handlungen ist sehr klein, der Gestaltungsspielraum minimal. Der Zufall wirft ihm ständig Knüppel zwischen die Beine. Der größte Feind des Menschen ist allerdings seine ständige Selbstüberschätzung: Wir sind eben nicht Multitasking-fähige, 24/7-Workaholics, daueraktive, immer gut gelaunte, perfekt gestylte Maschinen, die nebenbei Kinder, Familie, Beruf und Karriere, Freundeskreis und Freizeit, Sport und Work-out unter einen Hut bringen und sich durch vegane, bewusste, regionale Bio-Ernährung mit Umwelt und Tierwelt ökologisch in Einklang bringen. In unserer Selbstüberschätzung lügen wir uns nur etwas vor. Was wir in Wahrheit sind, zeigen uns die Symptome einer chronisch erschöpften Gesellschaft. Was wir mit unserem angeblich vorbildlichen Verhalten auch gerne in Kauf nehmen, blenden wir geflissentlich aus. Den Ablasshandel erledigt mittlerweile das Kühlregal im Supermarkt in Gestalt von Tierwohl-Etiketten. Es bleibt dabei: Was uns nach dem Mörderbeispiel Kants überhaupt zur sicheren Verfügung steht, ist einzig und allein die gute Absicht selbst. Der Rest ist Zufall.

Bewährt sich Kants Ethik auch in der Wirklichkeit?

So einleuchtend die Beobachtungen Kants hinsichtlich der menschlichen Natur auch sein mögen, so zeigt sich bei näherer Betrachtung doch eine Schwachstelle, die in der unmittelbar nachfolgenden Phase der Romantik, vor allem in den Systembildungen des Deutschen Idealismus, herausgearbeitet wird. Ausgerechnet Kant liefert am Ende der „Kritik der praktischen Vernunft“ seiner Philosophie der menschlichen Freiheit das passende Bild: „Der bestirnte Himmel über mir, und das moralische Gesetz in mir.“[20] Für Kant ist das eigene Handeln nur dem Sollensanspruch der sittlichen Vernunft unterworfen – und sonst nichts und niemanden. Damit droht jedoch der Verbindlichkeitscharakter der moralischen Vernunft der sozialen Kontrolle der Gemeinschaft zu entgleiten. Zwar sind die moralischen Entscheidungen nicht der Beliebigkeit anheimgestellt, sondern müssen sich gegenüber der Vernunft rechtfertigen, doch wer kann diesen hohen rationalen Anspruch einer kritischen Selbstprüfung einlösen? Läuft diese Vernunftmoral nicht zumindest Gefahr, sich der subjektiven Auslegung dessen zu unterwerfen, was das je-

[20] Kant, Kritik der praktischen Vernunft, A 288.

weilige Subjekt in einer bestimmten Situation gerade unter „vernünftig“ versteht? Anders formuliert: Wenn jeder einzelne Mensch seine eigene Gewissensinstanz ist, lässt sich die Gefahr zumindest nicht von vornherein ausschließen, dass es eben nicht die objektiven Geltungsansprüche der Vernunft sind, die die Grundlage für ein allgemeines Gesetz bilden, sondern subjektive, die für normativ gehalten werden. Zur Entscheidungsfindung gehört auch stets die dem Menschen sich mitteilende und emotional erlebte Umwelt und nur in Übereinkunft mit ihr lässt sich ein allgemeingültiger Geltungsanspruch ableiten. Ist es in Wahrheit nicht vielmehr entscheidend, nicht den eigenen Willen, sondern die sozialen Auswirkungen zur Grundlage einer allgemeinen Gesetzgebung zu erklären? Kants Mörderbeispiel warnt zwar auch vor den möglichen Folgen und schränkt die Reichweite unserer Handlungsmöglichkeiten ein. Sollten wir aber nicht vielmehr die denkbaren Konsequenzen in unsere Entscheidungen einbeziehen und diese beispielsweise von einem möglichen Worst-Case-Szenario abhängig machen?

Kant formuliert zwar eine Ethik, die im Verweis auf die menschliche Begrenztheit durchaus Sinn ergibt. Doch werden Zweifel angemeldet, ob dies zur Begründung einer normativen Ethik ausreicht. Lässt sich mit dem absoluten Verpflichtungscharakter von persönlich als richtig und gut erkannten Maximen auch eine allgemeine Ethik für alle menschlichen Kontexte, Situationen und Lebenslagen formulieren, die auch die Freiheit und das Selbstbestimmungsrecht des Anderen im Blick hat? Gerade angesichts der heutigen Situation scheint die Moralbegründung Kants in der Tat zu kurz zu greifen. Vielmehr als Kant dies im Blick hat, sollten die Folgen unserer Handlungen nicht nur berücksichtigt werden, sondern die entscheidende Rolle in der Entscheidungssituation spielen. Die Konsequenzen unseres Tuns bilden in ihrer Gesamtheit *die* wesentliche moralische Kategorie, nach der wir unsere Entscheidungen ausrichten sollten und nicht das, was wir gerade *für uns allein* als sinnvoll erachten. Was wir heute tun, muss sich in Zukunft als moralisch richtige Entscheidung bewähren. Um unsere Entscheidungen zu rechtfertigen, reicht mittlerweile eine deontologische Selbstverpflichtung zu einer lauteren Gesinnung nicht mehr aus.

Auf eine Illustration dieses Einwandes musste man Ende des 18. Jahrhunderts nicht lange warten. Schon zu Lebzeiten Kants gab es genug Gegenbeispiele. Dementsprechend meldeten sich schnell die ersten Bedenkenträger, die auch noch auf weitere Widersprüche aufmerksam machten. Einer von ihnen wird der bedeutendste Philosoph des darauffolgenden Jahrhunderts.

„Weil das allgemein Beste ausgeführt werden soll, wird nichts Gutes getan"

Unmittelbar nach Kant setzt sich der junge Hegel mit dem kategorischen Imperativ kritisch auseinander und macht in seiner frühen Jenaer Schrift „Die Phänomenologie des Geistes" (1806) auf Widersprüche innerhalb der Argumentation Kants aufmerksam. Wenn ich nach Kant immer bei der Wahrheit bleiben muss, weil ich nicht abschätzen kann, ob kuriose Zufälle meiner Notlüge nicht einen Strich durch die Rechnung machen könnten, bleiben die Folgen meiner Handlung außen vor. Ich handle stets nach einer inneren Maxime, ohne die Konsequenzen in das Jetzt der Entscheidung einzubeziehen. In den Worten Hegels: „Weil das allgemein Beste ausgeführt werden soll, wird nichts Gutes getan."[21] Der Satz klingt vertraut. Bekannter dürfte das Kurt Tucholsky zugeschriebene Bonmot sein: „Das Gegenteil von gut ist gut gemeint." Hegel geht aber noch einen Schritt weiter: Wenn mir die Konsequenzen egal sind – warum handle ich dann überhaupt, wenn der Zweck nicht in der Motivation gründet? Wenn ich mich nicht überhaupt dazu entschließe, die Hände in den Schoß zu legen, besteht doch das Motiv meiner Handlungen darin, meine Welt in irgendeiner Weise zu verändern. Jede Ethik, auch die von Kant, geht von der Tatsache aus, dass die Welt nicht so ist, wie sie meiner Überzeugung nach sein sollte: „Das *wirkliche* moralische Bewusstsein ist ein *handelndes*; darin besteht eben die Wirklichkeit seiner Moralität."[22] Dies bedeutet aber, dass meine Aussage, ob wahr oder gelogen, immer den Zweck erfüllt, die Wirklichkeit zu gestalten – bei Kant nur eben nach eigenen Vorstellungen und geradezu betriebsblind für alle Folgen, die eine solche Handlung nach sich ziehen könnte. Das ist natürlich jetzt

---

[21] G. W. F. Hegel, Phänomenologie des Geistes (im folgenden PdG abgekürzt), in: Werke in zwanzig Bänden (Theorie Werkausgabe – TWA). Auf der Grundlage der Werke von 1832–1845 neu edierte Ausgabe. Redaktion E. Moldenhauer und K. M. Michel, Frankfurt a. M. 1969ff, Band III, Frankfurt a. M. 1986, 455.
[22] Ebd., 454.

überzeichnet, soll uns aber in die Situation des jungen Hegel versetzen, der die kantischen Schriften vor dem Hintergrund seiner Zeit gelesen hat. Wir bewegen uns im letzten Jahrzehnt des 18. Jahrhunderts. Hegel hat die Kritik an Kant mit Blick auf die Schreckensherrschaft und das Chaos in Frankreich in den Jahren nach der Revolution geschrieben. Er wusste also aus eigener Erfahrung, wie schnell die humanen Postulate von Freiheit und Gleichheit in das grausamste Terror- und Foltersystem kippen können, in dem gerade im Namen von Freiheit und Gleichheit jede Form von Individualität und anderslautender Meinung bestraft wird. Für Hegel ist damit klar, dass sich eine deontologische Ethik nicht rechtfertigen lässt, weil das Ziel meiner Handlung, sei es das Glück oder Gott, stets unerreichbar bleibt und allenthalten die Gefahr droht, das Gegenteil zu bewirken.

Kann Gott das Ziel meiner Handlungen sein?

Kant ist sich dessen durchaus bewusst:

> „Der gute Wille ist nicht durch das, was er bewirkt oder ausrichtet, nicht durch seine Tauglichkeit zur Erreichung irgendeines vorgesetzten Zweckes, sondern allein durch das Wollen, d.i. an sich, gut, und, für sich betrachtet, ohne Vergleich weit höher zu schätzen als alles, was durch ihn zu Gunsten irgendeiner Neigung, ja wenn man will, der Summe alle Neigungen nur immer zu Stande gebracht werden könnte."[23]

Was Kant allerdings nicht im Blick hat, ist die Wirkung, die eine solche Sichtweise haben kann: Wenn in der Deontologie allein die gute Absicht den Radius meiner Möglichkeiten vorschreibt, bleiben Handlungen *am Ende* doch dem Zufall, oder, im Sinne des spätmittelalterlichen Nominalismus, der Willkür Gottes ausgeliefert. Lässt sich aber auf der Macht des Zufalls eine allgemeine Weltordnung begründen?

Man merkt auch an dieser Stelle, wie dünn im Denken Kants der Faden ist, an dem die regulative Idee Gott hängt – eine Idee, um noch einmal Hegel zu zitieren, der es eigentlich „nicht Ernst ist, weil der Sinn des Handelns vielmehr dieser ist, das zur Gegenwart

[23] Kant, Grundlegung zur Metaphysik, BA 3.

zu machen, was nicht in der Gegenwart sein sollte.“[24] Wenn die Bezugspunkte meiner Moral nur der „bestirnte Himmel“ über mir und „das moralische Gesetz“ in mir sind, dann erweist sich Gott letztlich als ein rein spekulativer Endpunkt, auf den man zur Not auch verzichten kann. Nihilistische Philosophen, die sich auf Kant berufen, wie etwa Arthur Schopenhauer (1788–1860), tun dies auch. Kant muss selbst zugeben, dass in seiner Perspektive der völlige Sinnverlust der Welt droht:

> „uneigennützig will er [= der Mensch, W. B.] vielmehr nur das Gute stiften, wozu jenes heilige Gesetz allen seinen Kräften die Richtung giebt. Aber sein Bestreben ist begränzt; [...] Betrug, Gewaltthätigkeit und Neid werden immer um ihn im Schwange gehen, ob er gleich selbst redlich, friedfertig und wohlwollend ist; und die Rechtschaffenen, [...] werden unangesehen aller ihrer Würdigkeit glücklich zu sein dennoch durch die Natur, die darauf nicht achtet, allen Übeln des Mangels, der Krankheiten und des unzeitigen Todes gleich den übrigen Thieren der Erde unterworfen sein und es auch immer bleiben, bis ein weites Grab sie insgesammt (redlich oder unredlich, das gilt hier gleichviel) verschlingt und sie, die da glauben konnten, Endzweck der Schöpfung zu sein, in den Schlund des zwecklosen Chaos der Materie zurück wirft, aus dem sie gezogen waren.“[25]

„Es war nötig, das Dorf zu zerstören, um es zu retten“

Offenbar ahnte Kant, dass sein Ansatz zu viel an Idealismus voraussetzt als die meisten Menschen aufbringen können. Strenggenommen könnte sich auch eine falsche subjektive Überzeugung in ihrer absoluten Freiheit auf den kategorischen Imperativ Kants berufen. Immerhin hatte kein Diktator wegen seiner Verbrechen Schlafstörungen. Kants Dementi, dass dieser Hinweis einer vernünftigen Grundlage entbehren würde, ließen sich mit Leichtigkeit durch Studien widerlegen. Alle totalitären Systeme legten größten Wert auf die Behauptung, der modernste Gesellschaftsentwurf zu sein, den die Menschheit je hervorgebracht habe. Auch hinter der Scheinheiligkeit gutgemeinter Ratschläge verbirgt sich nicht selten purer Egoismus,

---

[24] Hegel, PdG, 454.
[25] I. Kant, Kritik der Urtheilskraft, in: AA V, B 427f.

davon singt auch Herbert Grönemeyer in seinem Lied „Deine Liebe klebt".

Die deutlichste Widerlegung Kants ist allerdings der Krieg. Hier wird die Umkehrung der Moral ins Absurde gesteigert. Was in Friedenszeiten unter Strafe gestellt wird, erfährt nun höchste Anerkennung und Auszeichnung. Das 20. Jahrhundert ist voll von Beispielen, wie in Kriegszeiten aus seelenguten Familienväter Massenmörder werden. Am Mekong tobte vor 50 Jahren der Vietnamkrieg; ein Konflikt, der vorgeblich dazu dienen sollte, das Land vor einer kommunistischen Machtübernahme zu bewahren und, zumindest vorläufig, in der größten Niederlage endete, die die Vereinigten Staaten in ihrer Geschichte je erlebten. Ausdruck der extremen Grausamkeit dieses asymmetrischen Kampfes einer haushoch überlegenen US-Streitmacht gegen die Untergrundarmee des Vietkongs ist der Provinzort Bến Tre, den die Amerikaner mühsam wieder zurückeroberten. „Es war nötig, das Dorf zu zerstören, um es zu retten" lautete die spontane und deontologisch nachvollziehbare Begründung eines Offiziers der 9. US-Infanteriedivision, die daraufhin zum geflügelten Wort in der Friedensbewegung wurde. Kants Neubegründung einer philosophischen Ethik bleibt also mit großen Fragezeichen versehen.

Das wichtigste Pfund der Aufklärung: Die Kritik der Offenbarung

Mit Kant endet die Zeit der Aufklärung. Von theologischen Entwürfen in dieser Zeit war in den vergangenen zwei Kapiteln wenig die Rede. Das ist auch nicht weiter verwunderlich, denn es war an der Philosophie, den Gottesgedanken radikal neu zu entwerfen.

Gerade deshalb gilt die Aufklärung als die wichtigste Phase innerhalb der abendländischen Theologie. In keiner anderen Epoche werden die Weichen für die Zukunft der christlichen Religion derart neu gestellt, wie in den beiden Jahrhunderten vor der Französischen Revolution. Denn die philosophischen Entwicklungen gehen nicht spurlos an der Theologie vorüber und werden sie neu formen. Die Voraussetzungen, Gott rational zu begründen, haben sich deutlich verändert und rütteln am Selbstverständnis des Christentums, insbesondere an dessen Offenbarungsverständnis.

Wenn Gott ein freies Wesen als sein Abbild schafft und diesem Wesen die Erkenntnis über Gut und Böse gleichsam in die Wiege legt, dann ist jeder Anspruch auf sein weiteres Wirken hinfällig. Jedes zusätzliche Eingreifen in die Schöpfung würde der menschlichen Freiheitserfahrung widersprechen. Der Mensch allein ist in der Lage, sich und sein Handeln zu legitimieren, aus sich heraus die Außenwelt zu erkennen und zu bestimmen. Ob nun hier Gott noch als eine spekulative Annahme hinzugezogen wird oder nicht, erweist sich als zweitrangig. Wenn sich Gott jedoch nicht mehr als weltbestimmende Größe offenbart, dann erweist er sich auf lange Sicht als spekulatives Additiv einer inwendigen und nur aus meinem Denken erklärbaren Wirklichkeit.

Wir handeln, *als ob* Gott existiere. Die Konsequenz daraus bedeutet aber das Aus für das herkömmliche Verständnis von Offenbarung. Offenbarung wurde bislang als die Freiheit Gottes verstanden, jederzeit und überall in seiner Souveränität und Macht in der Welt – gegen jede Natur – einzugreifen: Offenbarung war stets Ausdruck seines Machterweises, sei es zur Bestätigung menschlicher Entscheidungsprozesse oder als pädagogische Sofortmaßnahme zur Korrektur unseres Fehlverhaltens. Begründet wurde der herkömmliche Offenbarungsbegriff mithilfe der sogenannten *extrinsezistischen* Methode: Gott tritt von außen an unsere Welt heran, erscheint darin spontan und verschwindet ebenso schnell wieder. Dazu gehört die Vorstellung, dass Gott die neutestamentlichen Schriften wörtlich eingegeben hat. Ebenso sind die zahlreichen Wundererzählungen, Heiligenlegenden und Wallfahrtsorte Belege für eine göttliche Intervention. Nicht selten waren Wallfahrtsorte mit der Verehrung von Reliquien und ihrer magischen Wirkkraft verbunden. Die oberitalienischen Stadtstaaten und ihre jeweiligen Herrscherfamilien brüsteten sich mit allerlei skurrilen Gegenständen und Hinterlassenschaften der Heiligen oder des Erlösers selbst. Zu den heftig umworbenen Reliquien zählen angeblich authentische Holzreste des Kreuzes Jesu oder auch die Vorhaut Jesu. Deren Anerkennung durch den Vatikan erfolgte zwar nie, doch wurde sie an verschiedenen Orten verehrt – vom Lateran bis zum oberbayerischen Kloster Andechs.

Diese und andere Ausdrucksgestalten lokaler Frömmigkeitskulturen fanden zwar nicht sofort die offizielle kirchliche Bestätigung, doch wurde die Frömmigkeitspraxis und ihre Kommerzialisierung, die stets damit einherging, gerne genutzt. Es nimmt vor dem Hintergrund einer erfahrungsgedeckten Lebenswelt des frommen Katholiken daher nicht Wunder, dass es weniger die Schriften der Philosophen und Aufklärer waren, die dem damaligen Offenbarungsmodell der Kirche ein Ende bereiteten, als vielmehr die praktischen kleinen und großen Entzauberungskünste der neuzeitlichen Naturbeobachter, die gestützt auf die Gedanken der Aufklärung zu Werke gingen. Ihre Wundertätigkeit bestand genau genommen in der Umkehrung der bisher durch den Wunderglauben der Kirche geprägten Sichtweise auf die Natur.

Das Ende aller Offenbarung: Die Erfindung des Blitzableiters

An einem heißen Sommertag Mitte Juni 1752 braute sich über Boston ein heftiges Gewitter zusammen. Naturereignisse wie dieses galten seit jeher als primärer Erfahrungsort göttlicher Gewaltherrschaft, dessen Vorbild kein Geringerer als der blitzeschleudernde Göttervater Zeus selbst war.

An jenem schwülen Tag im Juni gelang einem amerikanischen Buchdrucker und Schriftsteller namens Benjamin Franklin (1706–1790) eine selbst für damalige Verhältnisse einfache Erfindung, deren Sinn darin bestand, das Haus in seiner Abwesenheit vor einem möglichen Blitzeinschlag zu bewahren. Nur wenige Jahre zuvor hatte er von der Entdeckung der Elektrizität und ihrer Eigenschaften erfahren und war seitdem im wahrsten Sinne des Wortes davon elektrisiert. Sein besonderes Interesse galt dem Phänomen plötzlicher Entladungen durch einen Funkenflug. Franklin konnte schnell nachweisen, dass Blitzeinschläge, die die Erde erreichten, immer am höchsten Punkt erfolgten, sei es der Gipfel eines Berges oder die Spitze eines Kirchturms. Franklin baute einen Drachen, an dem er eine Eisenstange befestigte und ließ ihn steigen. Tatsächlich entlud sich ein Blitz in den Drachen – der allmächtige Gott war seitdem gebändigt. Fortan sorgt eine einfache Fahnenstange, errichtet am höchsten Punkt des Hauses und geerdet im Boden, für die wahrscheinlich folgenreichste Entzauberung göttlicher Machterweise, insbesondere im Bewusstsein der einfachen, bäuerlichen Landbevölkerung. Deren bisherige Schutzmechanismen, wie das im Alpenraum noch bekannte „Wetterläuten" oder das Entzünden heiliger Kerzen, wurden schlagartig bedeutungslos oder boten allenfalls Material für Schauermärchen, die vermutlich der menschlichen Faszination am Unheimlichen und Mirakulösen geschuldet waren.

Diese und ähnliche Umwälzungen im 17. und 18. Jahrhundert ließen massive Zweifel am traditionellen Gottesverständnis aufkommen. Der bisherige Glaube an die physikalischen Machterweise Gottes, vor allem durch Wunder, Naturereignisse und Privatoffenbarungen wurde zunehmend zur skurrilen Überzeugung Einzelner – und blieben es bis zum heutigen Tag. Für alle anderen verlor die Lehre von der fortwährenden Offenbarung ihren Sinn, weil es nichts mehr gab, was der Mensch nicht von sich aus wissen konnte.

Offenbarungsskeptiker der ersten Stunde: Gottfried Ephraim Lessing und die Leben-Jesu-Forschung

Auf intellektuellem Wege verarbeitete bereits der Wolfenbütteler Philosoph Gottfried Ephraim Lessing seine Zweifel am traditionellen Gottesbild. Im deutschsprachigen Raum ist es vor allem sein Name, mit dem die Relativierung religiöser Offenbarungsansprüche verbunden wird. Der Mensch müsse doch schließlich immer einsehen, und zwar mit den Mitteln seiner Vernunft, dass eine Offenbarung Gottes vorliegt. Im Umkehrschluss ist Gott damit auf die Vernunft des Menschen angewiesen, um überhaupt erkannt zu werden. Der Begriff des „Übernatürlichen" verliert deshalb an Bedeutung, weil Gott, um erkannt zu werden, in seiner Offenbarung nicht jene Instanz außer Kraft setzen kann, auf die er angewiesen ist. Hält er sich aber an die natürlichen Verstehensvoraussetzungen des Menschen, dann offenbart er nichts Neues: Er ließe sich mit den bestehenden Denkvoraussetzungen erklären und böte keine Erkenntnis, auf die der Mensch nicht von sich aus kommen würde:

> „§ 2. Erziehung ist Offenbarung, die dem einzeln Menschen geschieht: und Offenbarung ist Erziehung, die dem Menschengeschlechte geschehen ist, und noch geschieht. […]
> § 4. Erziehung gibt dem Menschen nichts, was er nicht auch aus sich selbst haben könnte: sie gibt ihm das, was er aus sich selber haben könnte, nur geschwinder und leichter. Also gibt auch die Offenbarung dem Menschengeschlechte nichts, worauf die menschliche Vernunft, sich selbst überlassen, nicht auch kommen würde: sondern sie gab und gibt ihm die wichtigsten dieser Dinge nur früher."[26]

---

[26] G. E. Lessing, Erziehung des Menschengeschlechts, §§ 2 und 4, in: ders., Werke

Lessing äußert massive Zweifel am historischen Realgehalt biblischer Überlieferung. Es seien Überlieferungen, die den Glauben an die darin geschilderten Ereignisse voraussetzen und die sich somit nicht ohne weiteres in die Gegenwart übertragen lassen. Den heutigen Leser trenne der „garstig breite Ostergraben" von den historischen Ereignissen, weil unser Wissen nicht mehr direkt, sondern ausschließlich im Nachhinein über deren Überlieferungen erfolgt. Die Kirche verwies ihrerseits auf die Irrtumslosigkeit und göttliche Urheberschaft der Heiligen Schrift. Sie schrieb damit eine Hermeneutik des Lesens vor, nämlich die der wörtlichen Auslegung.

Die Zweifel aber blieben – schon allein aufgrund offenkundiger Widersprüche, insbesondere wenn sie historisch überprüfbar waren wie Orts- und Zeitangaben. Mit Hermann Samuel Reimarus (1694–1768) wird die sogenannte „Leben-Jesu-Forschung" verbunden. Deren pietistische Absicht bestand in der Rückgewinnung des historischen Jesus, um den christlichen Glauben frei von aller dogmatischen Überfrachtung neu zu beleben. Tatsächlich destruierte die darauf aufbauende historisch-kritische Bibelkritik mehr, als sie rekonstruieren konnte. Insbesondere die Wundergeschichten des Neuen Testaments verloren an Überzeugungskraft. Als sogar die Auferstehungsberichte mit einem möglichen Leichenraub in Verbindung gebracht wurden, lösten sich die detaillierten Vorstellungen über den historischen Jesus buchstäblich in Luft auf. Die einsetzende Bibelexegese blieb gerade im frommen reformatorischen Bereich nicht ohne Gegenreaktion. Zahlreiche evangelikale Bewegungen lehnten und lehnen bis heute jede wissenschaftliche Auslegung der Bibel ab. Wenn aber alles wortwörtlich zu verstehen ist, verbieten sich sämtliche Zweifel. Das Argument, das sich heute noch in den USA bei sogenannten Kreationisten großer Beliebtheit erfreut, ist dabei schlicht folgendes: Wird auch nur eine Stelle in der Bibel angezweifelt, fällt ihr kompletter Wahrheitsanspruch in sich zusammen. Also lassen wir es besser.

Der französische Aufklärer und überzeugte Atheist Denis Diderot ging einen anderen Weg. Er macht, wie andere philosophische Ansätze auch, auf Widersprüche im Offenbarungsbegriff aufmerksam: Lässt sich Gott nicht sicher beweisen, dann sind seine Offenbarungs-

---

in sechs Bänden, Bd. 6, auf Grund der v. J. Petersen und W. v. Olshausen besorgten Ausgabe neu bearbeitet v. F. Fischer, Zürich u. a. 1965, 52–77, 57.

erweise ebenso unsicher – was wiederum bedeutet, dass durch die Offenbarung der bereits bestehende Glaube an Gott nur noch bestätigt wird. Offenbarungen setzen also den Glauben an die Existenz Gottes schon voraus und konstituieren ihn nicht. Wozu sind Offenbarungen also überhaupt noch erforderlich?

Die Kritik am bisherigen Offenbarungsverständnis hat die katholische und lutherische Kirche in eine tiefe Glaubwürdigkeitskrise gestürzt, die bis in unsere Zeit hineinreicht. Die Konstitution über die Offenbarung „Dei verbum" des Zweiten Vatikanischen Konzils versucht zwar das überlieferte supranaturalistische Offenbarungsverständnis des Ersten Vatikanischen Konzils (1869–1870) zu begrenzen und verweist auf die Bedeutung einer zeitgemäßen Bibelrezeption unter Berücksichtigung der historisch-kritischen Methoden. Allerdings fällt es diesem Text sichtlich schwer, dem veralteten Denken eine konsistente Metaphysik entgegenzusetzen, die den modernen Ansprüchen gewachsen wäre. Die Konzilstheologen scheuen davor zurück, einen Gottesbegriff metaphysisch so zu begründen, dass er weder in veraltete Projektionsmetaphern noch in die konturenlose Bedeutungslosigkeit religiöser Sprachspiele verfällt. Will man aber am biblischen Gott weiter festhalten, kommt man um eine zeitgemäße Metaphysik nicht herum.

Die Aufklärung wird zur Kulturkritik: Die jungen Wilden des „Sturm und Drang"

Kehren wir noch einmal kurz zur symbolträchtigen Erfindung des Blitzableiters zurück. Mit dieser und einer unendlich großen Zahl weiterer Naturentdeckungen, die in dieser Zeit erfolgten, wird das Verständnis von Natur als harmonische Schöpfung Gottes fraglich. Bis dahin galt die Natur als ein von Gott in Gang gesetztes, zuverlässig funktionierendes Uhrwerk, dessen Gesetze mechanischen Regeln folgten. Der Mensch konnte entweder mit den Mitteln der Erfahrung oder der ordnenden Kraft des Verstandes die sich in der Natur widerspiegelnden Gesetze ablesen. Was Franklin mit seinem Blitzableiter gelang, war aber mehr: Man konnte nicht nur die Natur beobachten, sondern sie auch domestizieren. Aus einem deterministischen Regelwerk, das nach vorbestimmten Mechanismen abläuft, wird ein lebendiger Organismus, der sich beherrschen lässt. Erst jetzt ist die Verbindung zwischen der geistigen Verfasstheit des Menschen und einer dynamischen Natur hergestellt. Zwischen den beiden Wirklichkeitsbereichen, die bei Descartes noch substanziell verschieden gedacht oder bei Spinoza pantheistisch schlichtweg miteinander identifiziert wurden, entsteht nun eine relationale Ähnlichkeit. Die Natur verliert nicht nur ihren Schrecken – sie wird zum Spiegelbild des eigenen Selbst. Beide Bereiche, Natur und Geist, sind von einer Vitalität und gestalterischen Kraft geprägt, die die junge Generation in den politischen und gesellschaftlichen Umwälzungen des zu Ende gehenden 18. Jahrhunderts real erlebt. Die Natur erhebt sich über die alten Ordnungen, das Leben dringt in die erstarrten Aristokratien ein. Alte, zementierte Zweckbündnisse zwischen Thron und Altar brechen teilweise über Nacht in sich zusammen. Im politischen Chaos schlägt revolutionärer Eifer in Anarchie und Willkür um, vor dem kein gesellschaftlicher Bereich verschont bleibt. Schnell beginnt die Französische Revolution ihre eigenen Kinder zu verschlingen. Die Ausstrahlungen der Revolution treffen auf eine neue Generation Intellektueller, die in dieser Zeit die Umsetzung ihrer Ideale und Träume anstrebt.

Dem jungen Goethe gelingt mit seinem Briefroman „Die Leiden des jungen Werther“ nach seinem Debüterfolg „Götz von Berlichingen“ auf europäischer Ebene der literarische Durchbruch. Wie bereits im Götz stellt Goethe im Werther der verkrusteten Gesellschaft die Leidenschaft eines revoltierenden jungen Helden entgegen, mit dem sich eine ganze Generation Heranwachsender identifizieren kann. Der Werther ist die neue Form von Kulturkritik: „Die meisten verarbeiten den größten Teil der Zeit, um zu leben, und das bisschen, das ihnen von Freiheit übrig bleibt, ängstigt sie so, dass sie alle Mittel aufsuchen, um es loszuwerden.“[27] Das Leben ist mehr; es ist der Drang nach Freiheit. Der Werther spricht einer ungeduldigen Jugend aus der Seele: Unorthodox und voller Tatendrang. Auch wenn der Held seiner unglücklichen Liebesbeziehung durch Suizid ein tragisches Ende bereitet, so verleiht diese stark autobiografische Züge tragende neue Prosa der Epoche den passenden Namen: Sturm und Drang. Die Freiheit des Geistes und die Lebendigkeit der Natur

[27] J. W. v. Goethe, Die Leiden des jungen Werther, 1. Buch, 17. Mai, in: ders., Werke in sechs Bänden, Bd. 3, Frankfurt a. M. ^{3}1982, 12.

sind Ausdruck einer tief empfundenen Vertrautheit von Mensch und Natur. Und so notiert der junge Werther wenige Tage später:

> „Das bestärkte mich in meinem Vorsatze, mich künftig allein an die Natur zu halten. Sie allein ist unendlich reich, und sie allein bildet den großen Künstler."[28]

Ganz ähnlich ergeht es einem zehn Jahre jüngeren Dichter, dessen Aufstieg im Vergleich zum Shooting-Star Goethe anfangs erheblich hürdenreicher verlief. Friedrich Schiller (1759–1805) verfasst mit seinem Drama „Die Räuber" ein dem „Götz von Berlichingen" ebenbürtiges Dokument der Freiheit. Im Gegensatz zu Goethe wird Schiller seiner Freiheitsthematik bis zu seinem frühen Tod treu bleiben und sie zum Kern seines dichterischen Schaffens machen. Die neue freie Welt zu erleben, nach der er sich so sehnte, bleibt Schiller damit versagt.

Wer in der Flut der Fachbegriffe zu ertrinken droht, dem empfehle ich generell folgende Nachschlagewerke, deren Vorteil darin besteht, die für die theologische Rekonstruktion relevanten philosophischen Begriffe und Akteure zu erklären: *Martin Breul, Aaron Langenfeld (Hg.), Kleine Philosophiegeschichte. Eine Einführung für das Theologiestudium,* Paderborn u. a. 2017 sowie *Albert Franz, Wolfgang Baum, Karsten Kreutzer (Hg.), Lexikon philosophischer Grundbegriffe der Theologie,* Freiburg u. a. 2007. Für dieses Kapitel empfehle ich: *Klaus Müller, Glauben – Fragen – Denken, Bd. III, Selbstbeziehung und Gottesfrage,* Münster 2010. Klaus Müller ist, wie schon gesagt, ein sehr gut zu lesender Autor. Auch umfangreiche Bücher wie dieser Teilband aus einer insgesamt faszinierenden und, man traut es sich kaum zu sagen, spannend zu lesenden philosophisch-theologischen Grundlagenliteratur, kann man daher ohne Bedenken weiterempfehlen. Wen aber dennoch die vielen Seiten abschrecken, dem empfehle ich für den dargestellten Zusammenhang die Seiten 663–667. Vielleicht aber machen allein diese Seiten Lust auf mehr? *Thomas Rentsch, Gott,* Berlin – New York 2005. Das Buch ist eine interessante Lesart theologischer Denkformen in der philosophischen Nachfolge Kants. Rentsch hebt dabei die Bedeutung der negativen Theologie in modernen Diskursen hervor, weil mit Kant die Grenzen der rationalen Vernunft eine ausschließlich postmetaphysische Rede von Gott gestatten.

[28] Ebd., 1. Buch, 26. Mai, 16.

Man kann hier von theologischer Seite Bedenken anmelden; die Lesart von Rentsch ist gleichwohl eine hermeneutisch überzeugende Reflexion moderner Gottrede. Eine etwas voraussetzungsreiche, aber glänzend beschriebene Philosophiegeschichte der anderen Art legt die US-amerikanische Autorin *Susan Neiman* vor: *Das Böse denken. Eine andere Geschichte der Philosophie*, Frankfurt 2004. Neiman versteht mit der Aufklärung die Philosophie als Antwort auf die Theodizeefrage im neuzeitlichen Denken. Interessant ist vor allem ihre Deutung der modernen Umsetzung existenzphilosophischer Theodizeen in der zeitgenössischen Literatur.

VIII. Schiller und der Traum von der Freiheit

Friedrich Schillers Herkunft aus dem schwäbischen Herzogtum Württemberg verbindet ihn mit einer Gruppe junger Theologiestudenten, die sich im sogenannten „Tübinger Stift“, einer evangelischen Lehranstalt, auf das geistliche Amt vorbereiten. Die Rede ist von Friedrich Hölderlin (1770–1843), Friedrich Wilhelm Joseph Schelling (1775–1854) und dem bereits erwähnten Georg Wilhelm Friedrich Hegel, die, der Überlieferung zufolge, auch eine Zeitlang das Zimmer teilten. Unabhängig davon, ob das historisch zutreffend ist, werden die Erfahrungen dieser Jahre ihre Einstellungen zu Theologie und Kirche ein Leben lang begleiten.

Das Leben im Stift ist geprägt von militärischem Drill und einem streng durchstrukturierten Tagesablauf, der so gut wie keine Freizeit kennt, sieht man von einem sonntäglichen Spaziergang am Neckar einmal ab. Das Studium der Internatsschüler besteht aus einer Mischung traditioneller Dogmatik-Lehrbücher sowie den Schriften Christian Wolffs und Immanuel Kants. Kants Philosophie gilt zwar als aktueller Neuansatz, der in seiner Erkenntnistheorie die losen Fäden von naturwissenschaftlicher Empirie und Rationalismus zusammenbindet; allerdings können seine Überlegungen den Freiheitsdrang der jungen Wilden nicht zufriedenstellen. Kants kritisches Denken wird zunehmend als einengend wahrgenommen. In einem Brief des jungen Schellings an Hegel hört man den Frust heraus:

> „Wir erwarteten alles von der Philosophie und glaubten, daß der Stoß, den sie auch den Tübinger Geistern beigebracht hatte, nicht so bald wieder ermatten würde. Es ist leider so! Der philosophische Geist hat hier bereits seinen Meridian erreicht – vielleicht daß er noch eine Zeit lang in der Höhe kreißt um dann mit accelerirtem Falle unterzugehen. Zwar giebt es jetzt hier der Kantianer die Menge – aus dem Munde der Kinder und Säuglinge hat sich die Philosophie Lob bereitet – aber nach vieler Mühe haben nun endlich unsere Philosophen den Punkt gefunden, wie weit man [...] mit dieser Wissenschaft gehen dürfe. [...] Alle möglichen Dogmen sind nun schon zu Postulaten der praktischen Vernunft ges-

> tempelt und, wo theoretisch-historische Beweise nimmer ausreichen, da zerhaut die praktische (tübingische) Vernunft den Knoten."[1]

Kants Philosophie begründete menschliche Erkenntnisfähigkeit in einem auf empirische Überprüfbarkeit ausgerichteten Verständnis von Welt und Natur. Die kognitive Reichweite sicherer Erkenntnis war daher auf der Basis der Möglichkeitsbedingungen von Raum und Zeit begrenzt. Kants Verständnis von Metaphysik verfolgte den reduzierten Anspruch, die Grenzen der Natur nur im theoretischen Sinne zu überschreiten. Sein Denken kreiste ständig um die konstitutiven Möglichkeitsbedingungen von Erkenntnis und suchte immerzu nach ihren Voraussetzungen im Menschen – nie aber nach der Welt selbst. Seine Metaphysik kam über die Stadtmauern seiner Heimat Königsberg nie hinaus. Hegel wird seine Kritik an Kant zu Beginn der „Phänomenologie des Geistes" prägnant zusammenfassen:

> „Inzwischen, wenn die Besorgnis, in Irrtum zu geraten, ein Mißtrauen in die Wissenschaft setzt, welche ohne dergleichen Bedenklichkeiten ans Werk selbst geht und wirklich erkennt, so ist nicht abzusehen, warum nicht umgekehrt ein Mißtrauen in dies Mißtrauen gesetzt und besorgt werden soll, daß diese Furcht zu irren schon der Irrtum selbst sei."[2]

Für Hegel erzeugen die hohen Maßstäbe, die Kant an die Bedingungen von strenger Wissenschaft legt, einen derart substanziellen Zweifel an allem, dass nicht nur die Reichweite, sondern auch die Gültigkeit von dessen eigener Erkenntnistheorie davon betroffen sind.

Ein rätselhafter Text wird zum philosophischen Programm

Randlagen schärfen den Blick auf die Grenzen des eigenen Horizonts. Gerade in dieser Hinsicht hatte das später von Schelling als „negative Philosophie" bezeichnete Denken Kants den Drang junger Menschen befördert, die erkenntniskritischen Mauern zu überwinden, die sie im Curriculum des Tübinger Stifts spürten. In dieser Situation entsteht ein programmatischer Text der Tübinger Stiftler, nahezu ein Manifest, dessen Urheberschaft bis heute nicht restlos ge-

---

[1] G. L. Plitt, Aus Schellings Leben. In Briefen, 3 Bde, Hildesheim – New York 2003, Bd. I, 71f.

[2] Hegel, PdG, 69.

klärt ist. Allerdings spricht einiges dafür, dass der Autor Hegel war. In jedem Falle handelt es sich aber um ein gemeinsames Dokument aller drei Kommilitonen, das erst 1917 vom späteren Hegel-Biografen Franz Rosenzweig (1886–1929) unter der Überschrift „Das älteste Systemprogramm des deutschen Idealismus" veröffentlicht wurde. Der Text ist das Statement für eine neue Philosophie; eine intellektuelle Unabhängigkeitserklärung, die die Philosophie aus den akademischen Studierzimmern in die Realität zurückholen möchte. Aus abstrakt und unverständlich gewordenen Theorien soll eine neue Volksreligion entstehen, die entgegen den nüchternen Ansprüchen der Aufklärung wieder dem Religiösen, Mystischen und Poetischen in Literatur und Kunst Platz einräumt. So wie zu Beginn der Philosophie ein Gedicht stand, so soll nunmehr die Poesie an die Stelle der abstrakten Philosophie treten.

> „Der Philosoph muß ebenso viel ästhetische Kraft besitzen als der Dichter. Die Menschen ohne ästhetischen Sinn sind unsere Buchstabenphilosophen. Die Philosophie des Geistes ist eine ästhetische Philosophie. Man kann in nichts geistreich sein, selbst über Geschichte kann man nicht geistreich raisonnieren – ohne ästhetischen Sinn. Hier soll offenbar werden, woran es eigentlich den Menschen fehlt, die keine Ideen verstehen – und treuherzig genug gestehen, daß ihnen alles dunkel ist, sobald es über Tabellen und Register hinausgeht.
> Die Poesie bekommt dadurch eine höhere Würde, sie wird am Ende wieder, was sie am Anfang war – *Lehrerin der Menschheit*; denn es gibt keine Philosophie, keine Geschichte mehr, die Dichtkunst allein wird alle übrigen Wissenschaften und Künste überleben.
> Zu gleicher Zeit hören wir so oft, der große Haufen müsse eine *sinnliche Religion* haben. Nicht nur der große Haufen, auch der Philosoph bedarf ihrer. Monotheismus der Vernunft und des Herzens, Polytheismus der Einbildungskraft und der Kunst, dies ist's, was wir bedürfen!"[3]

Philosophie kann dem „Systemprogramm" zufolge nicht nur darin bestehen, dem freien Geist Grenzen aufzuzeigen. Sie muss vielmehr alles umfassen: die Wirklichkeit der Kunst, der Dichtung und, last but not least, die der Religion. Philosophie soll den Menschen wieder zum Mystagogen machen: „Die Vernunft", wird Hegel später immer wieder betonen, „ist die Gewissheit des Bewußtseins, alle

[3] Ders., Das älteste Systemprogramm des deutschen Idealismus, in: TWA 1, 235f.

Realität zu sein; so spricht der Idealismus ihren Begriff aus."[4] Die Vernunft ist also nicht nur ein abstraktes Substrat meiner Begriffe, sondern muss sich auch auf die konkrete Wirklichkeit beziehen. Die Vernunft ist nicht nur dort am Werk, wo der Mensch theoretische Urteile fällt, sondern auch dort, wo er gedankenlos und verträumt ist. Die Vernunft, so Hegel, bezieht sich auf die gesamte Realität und bildet sich in ihr aus.

Europa zwischen Freiheitsdrang und Diktatur

Im letzten Jahrzehnt des 18. Jahrhunderts gerät Europa rasch in die Wirbel der Französischen Revolution. Die junge Generation ist sich bewusst, dass sie eine Zeitenwende erlebt. Schiller will in Paris dabei sein, als die geplante Hinrichtung von König Ludwig XVI. bekannt wird. Doch als er dort ankommt, ist der König bereits enthauptet. In den darauffolgenden Revolutionskriegen werden die Nachbarländer, insbesondere die deutschen Territorialmächte unter der Führung Preußens, in einen Dauerkonflikt mit Frankreich hineingezogen. Den Anrainerstaaten geht es vor allem darum, den vorrevolutionären Status Frankreichs wiederherzustellen, während man in Frankreich selbst um das Überleben einer völlig aus den Fugen geratenen Nation kämpft und mit der Erfindung der Guillotine die Schreckensherrschaft des *Terreur* errichtet.

Im Zuge dieser Auseinandersetzungen erweist sich der korsische General mit dem italienischen Geburtsnamen Napoleone Buonaparte (1769–1821) als besonders erfolgreich, der seit seinem Ägyptenfeldzug allen ein Begriff ist. Seine „Grande Armée" unterwirft in den darauffolgenden Koalitionskriegen weite Teile Europas. Auch wenn der Siegeszug Napoleons insgesamt nur von kurzer Dauer ist und das französische Heer in einem zweiten Anlauf 1815 einer Allianz von europäischen Staaten unterliegt, legt Napoleon mithilfe der staatsbürgerlichen Reformen Frankreichs im „Code civil" (auch „Code Napoléon" genannt) den Grundstein für eine Säkularisierung des Staates. Kurz darauf erfolgt europaweit eine Welle an Säkularisierungsreformen. Ein wichtiger Grund dafür besteht darin, dass sich die anfangs

[4] Ders., PdG, 179.

wiedererstarkten Herrscherhäuser ihrer eigenen Reformbedürftigkeit bewusst werden. Sie wollen damit ihren Status sichern, um ähnliche anarchistische Verhältnisse, wie man sie in Frankreich vor der eigenen Haustür erlebte, zu vermeiden. Dennoch waren die französischen Ideen von Unabhängigkeit und Freiheit in der Welt Werte, die das intellektuelle Bürgertum vor allem gesellschaftspolitisch verwirklichen möchte. Das Vorbild des französischen Nationalstolzes, gegründet auf den Fundamenten der Aufklärung, beflügelte fortan nicht nur die Unabhängigkeitsbestrebungen in Mitteleuropa, sondern ebenso die nationalen Befreiungsaufstände gegen die osmanischen Herrscher auf dem Balkan. Gerade der Freiheitskampf in Griechenland entfachte eine europaweite Welle der Begeisterung.

Von der Allonge-Perücke zur Künstlermähne

Als sich Napoleon 1799 in einem Staatsstreich – eine andere Form der Machtübernahme war in diesen Jahren kaum vorstellbar – an die Spitze Frankreichs stellte, sorgte er augenblicklich für Ruhe und Ordnung in dem seit der Revolution zerrütteten Land. Höhepunkt dieser atemberaubenden Konsolidierung war zweifellos seine Selbstkrönung 1804 in der Pariser Kathedrale Notre Dame, bei der Papst Pius VII. händeringend zusehen musste und die die künftige Bedeutungslosigkeit der Kirche in Frankreich symbolträchtig vorwegnahm. Die überwiegende Mehrheit der Franzosen nahm die nun wiedererlangte innere Stabilität mit großer Erleichterung auf.

Selbst in den Nachbarländern, die von der Grande Armée erobert wurden, gab es eine kleine Zahl an heimlichen Bewunderern der Kaltschnäuzigkeit des Korsen. Einer der wenigen offen für Napoleon eintretenden deutschen Intellektuellen war Goethe, der sich allerdings mit seiner Meinung nicht nur Freunde machte. Andere, die mit einer Mischung aus Faszination und Unbehagen die Ereignisse in Frankreich seit 1789 verfolgten, sahen sich nicht selten konterrevolutionären Repressionen ausgesetzt oder litten unter den Folgen nicht enden wollender wirtschaftlicher Krisen.

Einer von diesen Getriebenen war der damals knapp dreißigjährige Friedrich Schiller, der sich bereits seit 1782 auf der Flucht vor seinem württembergischen Landesherrn Karl Eugen befand. Schiller ist zwar zehn Jahre jünger als Goethe, allerdings bereits als junger

Mann von schweren Lungenerkrankungen gezeichnet, von denen er sich zeit seines Lebens nie erholen wird. Zwischen Goethe und Schiller entwickelt sich erst allmählich eine Freundschaft. Anfangs ist sicherlich auch der Neid des älteren, äußerlich weitaus unattraktiveren Goethe mit im Spiel. Der hoch aufgeschossene, schlanke Schiller überragt den korpulenten Goethe um gut einen Kopf. Schiller seinerseits repräsentiert das Idealbild des jungen Wilden: eine Generation junger oder junggebliebener Intellektueller, Dichter und Philosophen, die bereits im Vorfeld der Französischen Revolution die alten, überkommenen Gesellschaftsverhältnisse überwinden wollen und die Freiheit des Geistes über alles setzen.

In dieser Zeit werden nicht nur in gesellschaftlicher und politischer Hinsicht die Weichen Europas neu gestellt. Im Sturm und Drang verändert sich, gerade in der jungen Generation, für die die Tübinger Stiftler und Friedrich Schiller stehen, der bisherige Blick auf die Welt: In der Aufklärung bis einschließlich Kant wurde die Natur als ein mit gesetzmäßiger Genauigkeit funktionierender Bereich betrachtet. Der Natur gegenüber stand die Verstandestätigkeit des Geistes. Während die Natur von notwendigen Gesetzen beherrscht wurde, war der Verstand der Bereich erlebter Freiheit. Doch im Laufe des 18. Jahrhunderts schwindet die Grenze zwischen Außen- und Innenwelt. Die bislang nur in ihrer mechanischen Notwendigkeit wahrgenommene Natur wird nun in ihrer kraftvollen Eigendynamik erkannt. Das Vitale wird zum inneren Prinzip allen Seins erklärt. Die beiden Bereiche verschmelzen zu einer zusammenhängenden Wirklichkeit. Die Natur wird Ausdruck des Geistes, umgekehrt wird der Geist Teil der Natur. Das Wilde und Unbeherrschbare in ihr wird nicht mehr als Chaos betrachtet, das es seitens des Menschen zu domestizieren gilt. Im gleichen Maße wie Natur und Geist oszillieren, werden die strengen Reglementierungen einer Standesgesellschaft, ihre moralischen Vorschriften sowie die Starrheit absolutistischer Systeme fraglich. Dieses nach Freiheit und Leben drängende neue Bewusstsein der Generation um Friedrich Schiller möchte die alten Grenzen sprengen.

Das lässt sich schon an der Mode festmachen. Vergleicht man ein Portrait des jungen Schillers mit einem prominenten Gelehrten der Aufklärung, wird der Wandel deutlich, der sich in nur wenigen Jahrzehnten vollzieht. Noch ganz im Geist des Barocks und in der rationalistischen Aufklärung beheimatet ist der Universalgelehrte Gottfried Wilhelm Leibniz. Auf seinen Portraits wird er stets mit einer

Abb. 11: Gottfried Wilhelm Leibniz © Bildarchiv der Österreichischen Nationalbibliothek

aufwändigen Allongeperücke abgebildet, jenem Kunsthaar, mit dem die Männer ihr oft vernachlässigtes oder kümmerliches Haupthaar zu verbergen suchten. Ohne Perücke existieren nur wenige Abbildungen von ihm.

Dagegen zeigt das Portrait Friedrich Schillers, entstanden zwischen den Jahren 1786 und 1791, einen vergleichsweise leger gekleideten jungen Dichter bei seiner Arbeit: ohne herrschaftliche Attitüde, unprätentiös, sinnierend und die Haare in jugendlicher Schönheit offen und ungebändigt.

Die beiden Abbildungen machen deutlich, wie sehr sich innerhalb weniger Jahre ein vielfältiger Umbruch abzeichnet. Mit Schiller wird

Abb. 12: Friedrich von Schiller, Stahlstich © Bayerische Staatsbibliothek

ein neuer Künstlertypus begründet, der in seinem literarischen Schaffen nicht nur politisch und gesellschaftlich heikle Thema anspricht, sondern sich auch philosophisch zu Wort meldet. Er ist der erste Autor, der von sich behauptet, den „Dichterberuf“ ergriffen zu haben. Nun beanspruchen nicht nur wenige aristokratische Akademiker Zugang zu Bildung, sondern, wie im Falle Schillers, auch Menschen aus einfachen Verhältnissen. Mehr als die Aufklärung, die nur eine kleine Oberschicht erreichte, erfasst der Sturm und Drang weite Teile des Bürgertums. Gebildet zu sein ist kein adeliges Privileg mehr.

Im Verlauf des 18. Jahrhunderts ändert sich nicht nur die Haarmode. Mit der Französischen Revolution kippt das veraltete Gesellschaftssystem eines ganzen Kontinents. Davon besonders betroffen ist die bisherige Rolle der beiden Kirchen: Die Selbstverständlichkeit, mit der die Kirchen ihre Führungsrolle in Glaubensfragen für sich in Anspruch nahmen, ist verschwunden. Die seit der Reformation miteinander um die Vormacht ringenden Konfessionen hatten sich bislang auf das Gewaltmonopol der jeweils mit ihnen verbundenen Herrscher verlassen können. Letztere waren ihrerseits auf den Segen der Kirchen angewiesen. Mit dem Jahr 1789 verändert sich europaweit die traditionelle Win-Win-Situation zwischen Kirche und Staat, und zwar allein schon aus Gründen des eigenen Machterhalts. Der Staat beginnt die jahrhundertealte Verbindung zur Kirche und den von ihr beanspruchten Deutungshoheiten aufzulösen. So macht sich die Aufklärung vor allem in umfangreichen Bildungs- und Schulreformen bemerkbar, auch in traditionell katholischen Landstrichen. In den neu gegründeten staatlichen Gymnasien weht nun ein anderer, humanistischer Geist. Altgriechisch wird zur Kultursprache, die antiken Griechen ersetzen den Katechismus. Während man in den Schulen Homer und Platon liest, beschränkt sich die kirchliche Unterweisung alsbald auf Sonntagspredigten. Vor allem in protestantischen Staaten und Regionen, etwa in den Niederlanden, hat die akademische Freiheit einen wesentlich größeren Spielraum als in katholischen Gebieten. Auf deutschem Boden sind es vor allem die reformierten Fürsten- und Herzogtümer Ostdeutschlands, die die Gedanken der Aufklärung umsetzen. Zu diesen Regionen zählt neben den dominierenden Königreichen Preußen und Sachsen auch ein Herzogtum im heutigen Thüringen: Sachsen – Weimar – Eisenach. Dieser vergleichsweise kleine Staat wird für kurze Zeit zum intellektuellen Zentrum Europas und Schauplatz einer der folgenreichsten Aufbrüche neuzeitlicher Philosophie.

Schiller kommt nach Jena

1787 reist der unter ständigen Geldsorgen leidende Schiller erstmals nach Weimar und macht dort die Bekanntschaft mit den beiden Gründergestalten der deutschen Romantik, Johann Gottfried Herder (1744–1803) und Christoph Martin Wieland (1733–1813). Ebenso lernt er den an der Universität Jena lehrenden Philosophen Carl Leonhard Reinhold (1757–1823) kennen. Der aus Wien stammende Reinhold ist zu dieser Zeit noch einer der letzten Vertreter der Aufklärung. Reinhold führt Schiller in das Denken Immanuel Kants ein, allerdings nicht ohne persönliche Note. Reinhold ist Freimaurer und gehört damit einem jener Männerbünde an, die zwar in intellektuellen Kreisen weit verbreitet, allerdings gesellschaftlich nicht sonderlich anerkannt sind. Freimaurer sind Mitglieder einer Loge, die sich unter Wahrung strenger Aufnahmerituale und Geheimhaltungspflichten sozial engagieren und in ihren Zusammenkünften mitunter esoterische Lehren diskutieren. Besonders beliebt ist der Pantheismus Spinozas. Die Freimaurer fühlen sich ausschließlich den Idealen von Freiheit, Gleichheit und Brüderlichkeit verpflichtet und sind daher den politischen Machthabern und der kirchlichen Führung stets ein Dorn im Auge. Da ihr Weltbild nicht den biblischen oder dogmatischen Vorstellungen entspricht, zieht ein Bekenntnis zur Freimaurerei unmittelbar die Exkommunikation nach sich.

Reinhard versucht, philosophisch eine Brücke zwischen den strengen Grenzen des Verstandes, die Kant in der „Kritik der reinen Vernunft“ vorgelegt hatte, und den ästhetischen und esoterischen Themen der Freimaurer zu bauen. Mit Reinhold zeichnet sich ab, dass Kant bereits zu Lebzeiten von seinen eigenen Anhängern spekulativ weiter entfaltet wird, indem sie die abstrakte Transzendentalität kantischen Denkens wieder in einen anschaulicheren Kontext überführen wollen. Kants Philosophie wirkt zu nüchtern und steril, um das menschliche Bedürfnis nach konkreten Vorstellungen zu befriedigen. Vieles spricht dafür, dass Schillers Interesse an den Themen der Freimaurerei auf den Austausch mit Reinhold zurückzuführen ist. Zwar gibt es für diese Verbindung keine unmittelbaren Belege, doch Schillers Auseinandersetzung mit Kant in seiner Abhandlung „Über die ästhetische Erziehung des Menschen“ aus dem Jahr 1795 sowie seine fortwährende Beschäftigung mit dem Freiheitsproblem, vor allem in seinen Theaterstücken, legen eine solche Verbindung nahe.

Mose und der Sonnenkult des Echnaton

Zwei Jahre nach seiner ersten Begegnung mit Reinhold wird Schiller Professor für Geschichte an der Universität Jena, die heute seinen Namen trägt. Seine Verbundenheit zu Reinhold zeigt er kurze Zeit darauf in einer Abhandlung zu einem brisanten Thema. Nicht wenige sind überrascht, als Schillers erste Veröffentlichung nach seinem Ruf in der von ihm selbst gegründeten Zeitschrift „Thalia“ ein religiöses Thema aufgreift: „Die Sendung Moses“. Schillers Interesse an der Religionsgeschichte liegt zwar im Trend der Zeit, doch für einen Geschichtsprofessor ist die Beschäftigung mit dem biblischen Monotheismus reichlich spekulativ. Zudem wird Schiller dieses Thema im Sinne Spinozas behandeln und sich somit auf das beruflich nicht ungefährliche Terrain des Pantheismus wagen.

Reinhold hatte bereits in einer Veröffentlichung seine ganz eigene Vorstellung präsentiert, die vor dem Hintergrund seines Freimaurertums plausibel wird. Reinholds Ausführungen sind für Schiller mehr als nur inspirierend. Im letzten Absatz verweist er ausdrücklich auf die früheren Ausführungen zu den „hebräischen Mysterien des Br. Decius“, die seinen Überlegungen zugrunde liegen. „Bruder Decius“ ist das Pseudonym Reinholds. Beide Texte sind bis in die Wortwahl so ähnlich, dass sogar der Vorwurf erhoben wurde, Schiller hätte sich des Plagiats schuldig gemacht. Doch um was genau geht es?

In Schillers Rekonstruktion der biblischen Texte ist Mose nicht mehr derjenige, der die zehn Gebote empfängt und am Berg Sinai den einzigartigen Bundesschluss zwischen dem Volk Israel mit Jahwe herbeiführt. Vielmehr steht er für das genaue Gegenteil: *Sein* Monotheismus lässt sich auf geheime Lehren ägyptischer Priester zur Zeit von Pharao Echnaton zurückführen.

Der Sohn und Nachfolger von Amenophis III. begründete in der 18. Dynastie einen neuen Kult um den Sonnengott Aton und erklärte die neue Hauptstadt Tell el-Armana zum politischen und kultischen Zentrum des Reiches. Wie schon die Beschäftigung mit der rätselhaften Hieroglyphenschrift durch Athanasius Kircher zeigte, weckte die Welt der Pharaonen seit der Renaissance das Interesse der Intellektuellen. Eine besondere Faszination ging dabei von Echnaton und dessen Sonnenkult aus, der den bisherigen Lokalkulten Ober- und Unterägyptens ein abruptes Ende bereitete. Allein dem Lichtgott Aton galt die Verehrung; außerhalb und unterhalb der Sonne existierten keine anderen Götter. Echnaton installierte einen strengen Ein-Gott-Glauben und verband ihn mit einem strikten Verbot von Abbildungen. In den Reliefs der neuen Hauptstadt wurden deswegen nur Echnaton und seine Frau Nofretete in ergebener Anbetung der Sonne dargestellt; die Kartuschen mit dem Gottesnamen Aton blieben hingegen leer. Auch wenn sein Sohn und Nachfolger Tut-Ench-Amun dem Sonnenkult ein schnelles Ende bereitete, gilt Echnaton seitdem als *der* Vorläufer des Monotheismus, wenn nicht gar als sein geheimer Begründer.

Thematisch gesehen spiegelt sich bei Schiller das erwachte Interesse der Aufklärung an einer religionshistorischen Begründung des Ein-Gott-Glaubens wider, der zwar den drei abrahamitischen Religionen zugrunde liegt, sich allerdings auch unabhängig von den biblischen Zeugnissen rekonstruieren lässt. Dazu gehörten die Überlegungen Matthew Tindals ebenso wie die spekulativen Vorstellungen von Baruch de Spinoza. Bei Schiller erhalten all diese Ansätze nun eine besondere Note.

Der Schleier der Isis

Die wahre Religion, so Schiller, entspringt nicht einer dem Menschen von außen zukommenden Offenbarung Gottes. Die wahre Religion verdankt sich einer Geheimoffenbarung eines zur Zeit des Echnaton lebenden ägyptischen Priesters. Mose, der diese Lehre übernimmt, überträgt auch den Gottesnamen, der auf einer ägyptischen Bildsäule der verschleierten Isis, der Gattin des Osiris, geschrieben steht. Schiller zitiert wie folgt: „Jao – Ich bin was da ist". Die Ähnlichkeit mit dem hebräischen Gottesnamen ist frappierend. Schiller deutet ihn nun als die pantheistische Urform des biblischen Gottesnamens Jahwe: „Ich bin der Ich-bin-da". Mose hat Schiller zufolge sogleich den eigentlichen Sinn des später von ihm so eingeführten Gottesnamens erkannt: Gott ist alles. Echnatons Monotheismus, so Schiller weiter, sei aber aufgrund der intellektuellen Unreife seines Volkes gescheitert und wird folglich unter Tut-Ench-Amun wieder abgeschafft. Allein die ägyptischen Priester hätten die Geheimlehre des Echnaton weiter tradiert und auch Mose, der am Hof des Pharaos lebte, anvertraut. Mose seinerseits übernimmt nun den Grundgedanken des Echnaton und versucht ihn, in motivierender Absicht seinem Volk beim Auszug aus Ägypten zu präsentieren als „Ich bin der Ich-bin-da". Jahwe ist nicht der reine Vernunftgott Echnatons. Diese Vorstellung wäre für das einfache Sklavenvolk der Israeliten zu abstrakt. Mose erfindet daher den Gott des Alten Testaments, um es willfährig zu machen. Das Judentum, so die bedauerliche Schlussfolgerung Schillers, kann für sich nicht in Anspruch nehmen, eine Religion im Sinne der Aufklärung zu sein.

Hier ein gekürzter Auszug aus dieser Abhandlung, die ein Bild von Schiller vermittelt, das so überhaupt nicht zum aufgeklärten und liberalen Typus des Dichters passen möchte:

> „Wie könnte er [= Moses, W. B.] einem unwissenden Sklavenpöbel, wie seine Nation ist, auch nur von ferne Sinn für eine Wahrheit zutraun, die das Erbteil weniger ägyptischen Weisen ist und schon einen hohen Grad von Erleuchtung voraussetzt, um begriffen zu werden? Wie könnte er sich mit der Hoffnung schmeicheln, daß der Auswurf Ägyptens etwas verstehen würde, was von den Besten dieses Landes nur die wenigsten faßten?
> […] Den wahren Gott kann er den Hebräern nicht verkündigen, weil sie unfähig sind, ihn zu fassen; einen fabelhaften will er ihnen nicht verkündigen, weil er diese widrige Rolle verachtet. Es bleibt ihm also nichts übrig, als ihnen seinen wahren Gott auf eine fabelhafte Art zu verkündigen. Jetzt prüft er also seine Vernunftreligion und untersucht, was er ihr geben und nehmen muß, um ihr eine günstige Aufnahme bei seinen Hebräern zu versichern. […] Er legt also seinem Gott diejenigen Eigenschaften bei, welche die Fassungskraft der Hebräer und ihr jetziges Bedürfnis eben jetzt von ihm fordern. Er paßt seinen Jao dem Volke an, dem er ihn verkündigen will, er paßt ihn den Umständen an, unter welchen er ihn verkündiget, und so entsteht sein Jehovah."[5]

[5] F. Schiller, Die Sendung des Moses, in: Thalia, Bd. 3, Heft 10 (1790), 3–37, 27–29.

Der wahre Gott der Vernunft ist das „Hen kai Pan"

Schiller zufolge wird das Geheimwissen der ägyptischen Priester also von Mose in abgewandelter und verdeckter Form an die Israeliten weitergegeben. Das wahre Wissen über Gott, so Schiller, lebt in einer Geheimlehre weiter, etwa in der Lehre der Freimaurer wie sie auch Reinhold vertritt: Der eigentliche Gott des Himmels und der Erde ist der Gott des „Hen kai Pan" (gr. Ἕν καὶ Πᾶν), der Gott, der „ein und alles zugleich" ist und der über allen Religionen steht. Das Volk der Hebräer sei aber durch die Unterdrückung unfähig für diese Form von Vernunftreligion. Also verändert Mose den Namen Gottes, um ihn als personalen Gesetzgeber des Volkes brauchbar zu machen.

Das so erzeugte Bild über das Judentum bediente freilich jahrhundertealte Ressentiments und Klischees. Ob dies in der Absicht Schillers lag, können wir heute nicht mit Sicherheit sagen. Schiller arbeitete allerdings mit den gängigen Vorurteilen: Juden seien legalistisch und borniert; sie würden sich auf die buchstabengetreue Einhaltung jener Gesetzestexte fixieren, die Moses lediglich eingesetzt hat, um das durch die Sklaverei geistig entmündigte Volk überhaupt handlungsfähig zu machen.

Damit wird einmal mehr deutlich, dass sich die Ausgrenzung der Juden in Europa, ihre Isolierung in Ghettos und ihre soziale Ächtung wie ein roter Faden durch die abendländische Geschichte zieht. Der Antijudaismus ist weder das Ergebnis eines selbst auferlegten Schicksals noch die Ideologie einiger Fanatiker. Einerseits zwang man die Juden in die Selbstisolation, andererseits brandmarkte man ihr Außenseitertum als sektiererische Abschottung. Das christliche Europa hatte seinerseits nie Interesse daran, ein jüdisch-christliches Abendland zu sein, sondern verstand sich stets als ein vom Christentum dominierter Kontinent. Dem Judentum kam bestenfalls ein geduldetes Dasein zu. Alles andere wäre Schönfärberei. Europa war grundsätzlich antijüdisch ausgerichtet und ist es in erschreckend hohem Maße heute immer noch. Der intellektuelle Antijudaismus, der sich auf der Basis einer deistischen Vernunftreligion gebildet hat, ist zwar nicht mit dem völkischen Antisemitismus des 19. und 20. Jahrhunderts zu vergleichen. Aber er hat ein geistiges Klima erzeugt, in dem auch in intellektuellen Kreisen ein Antisemitismus salonfähig werden konnte, der die Shoah im 20. Jahrhundert vorbereitete. Aus dieser Sicht erfüllt Schillers Abhandlung typisch antijüdische Klischees, deren Spuren nun auch nach Jena führen. Dort wird der Nachfolger auf dem philosophischen Lehrstuhl Reinholds in späteren Jahren noch deutlich aggressivere Töne anschlagen.

Das ist allerdings nicht der entscheidende Grund, warum uns die kleine thüringische Universitätsstadt im Folgenden beschäftigen wird. Vielmehr werden hier die Grundlagen für die Philosophie, und damit für das Verhältnis von Glauben und Wissen, für die folgenden Jahrzehnte gelegt. Für kurze Zeit werden hier die wichtigsten philosophischen Akteure des frühen 19. Jahrhunderts zusammentreffen und die Weichen für die weiteren Entwicklungen stellen.

Rüdiger Safranski, Schiller oder Die Erfindung des deutschen Idealismus, München 2004. Rüdiger Safranski hat sich intensiv mit dieser wichtigen Phase der Literatur-, Philosophie- und Kunstgeschichte auseinandergesetzt, vielleicht auch deshalb, weil er aus derselben schwäbischen Neckarregion stammt und mit Denk- und Lebensgewohnheiten des typisch schwäbischen Pietismus vertraut ist. Er versteht es meisterhaft, sämtliche Querbezüge aus Politik, Gesellschaft, Kunst und Literatur für seine philosophische Rekonstruktion zusammenzuführen. Ein weiteres, sehr lesenswertes Buch von *Sigrid Damm* beschäftigt sich vor allem mit dem Privatmenschen, Gelehrten und Lebenskünstler: *Das Leben des Friedrich Schiller: Eine Wanderung,* Frankfurt 2004.

IX. Die Systembildungen des Deutschen Idealismus

1794 kommt ein junger Shooting-Star der philosophischen Szene auf den Lehrstuhl für Philosophie in Jena. Die Rede ist von Johann Gottlieb Fichte (1762–1815). Dass es zu seiner Berufung kommen konnte, war alles andere als selbstverständlich, denn bis dahin schien Fichtes Biografie keineswegs auf eine akademische Karriere hinauszulaufen.

Fichte stammt aus armen Verhältnissen. Nach erfolglosen Jahren als Hauslehrer, einem abgebrochenen Theologie-Studium sowie einigen gescheiterten Versuchen, sich als Schriftsteller einen Namen zu machen, las er die erkenntnistheoretischen Schriften Immanuel Kants. Seine Leidenschaft für die Philosophie war mit einem Schlag entfacht. Hier fand er die lang ersehnten Antworten auf seine ungelösten Fragen. 1792 schrieb er in kürzester Zeit seine philosophische Abhandlung mit dem Titel: „Versuch einer Critik aller Offenbarung". Tatsächlich ist dieser „Versuch" eine im Geiste Kants verfasste Demontage des christlichen Offenbarungsverständnisses. Noch im selben Jahr reiste Fichte damit voller Zuversicht ins abgelegene Königsberg. Kant allerdings reagierte kühl und abweisend. Fichtes Hoffnungen auf Anerkennung und womöglich auch finanzielle Unterstützung durch den Altmeister der Philosophie fielen wie ein Kartenhaus in sich zusammen. Schließlich rang sich der völlig mittellose Privatgelehrte dazu durch, Kant um ein Darlehen zu bitten. Aber der alte Prinzipienreiter Kant hatte kein Einsehen. Fichte musste ohne Geld abziehen, was Kant allerdings nicht davon abhielt, einen kurzen Blick in die zurückgelassene Schrift zu werfen. Er erkannte das junge Talent und entschloss sich, den Text seinem Verleger zum Druck zu empfehlen. Der äußerst brisante Inhalt konnte allerdings selbst im aufgeklärten Preußen nur anonym publiziert werden. Fichte hatte sich darin die Argumentationskette Kants derart angeeignet, dass selbst die Jenaer „Allgemeine Literaturzeitung" zunächst Kant für den Urheber hielt, dessen Religionsschrift schon seit langer Zeit erwartet wurde. Allerdings blieb der intellektuellen Szene der eigentliche Verfasser nicht lange verborgen und schickte die Karriere Fichtes auf einen unerwarteten Höhenflug, der ihm sogleich die Professur in Jena einbrachte.

Die Offenbarungskritik Fichtes bildet den Ausgangspunkt für die nur zwei Jahre später folgende „Wissenschaftslehre“. Diese Schrift liest sich wie ein Grundsatzprogramm der Romantik, jener großen geistesgeschichtlichen Epoche des 19. Jahrhunderts, die man als letzte gesamteuropäische Kulturbewegung bezeichnen kann.

Zum besseren Verständnis der nicht leicht zu lesenden „Wissenschaftslehre“ Fichtes ist es ratsam, sich noch einmal die wichtigsten erkenntnistheoretischen Einsichten Kants zu vergegenwärtigen. Kants Anspruch an die Wissenschaft, synthetische Urteile a priori, das heißt Erweiterungsurteile, ohne die Notwendigkeit von Erfahrung zu begründen, grenzt das mögliche Feld sicherer Erkenntnis stark ein. Allein die mathematischen und logischen Gesetze können diesen Anforderungen gerecht werden. Ihren Wahrheitsanspruch kann man mit den Erfahrungen abgleichen und überprüfen. Der enge Rahmen kantischer Erkenntnistheorie hat allerdings zur Konsequenz, dass zwei Wirklichkeitsbereiche überhaupt nicht erfasst werden können: Das erkennende Ich und Gott. Diese liegen entweder außerhalb der sinnlichen Überprüfbarkeit oder gehen jeder Erkenntnis als Möglichkeitsbedingung immer schon voraus. Man kann über sie nur im Nachhinein nachdenken, sofern sie diesem Denkvorgang bereits zugrunde liegen. Der sinnlichen Überprüfung entziehen sich in besonderer Weise religiöse Vorstellungen. Göttliche Erscheinungen oder Begegnungen mit himmlischen Wesen sind weder berechenbar noch prognostizierbar. Im Fall der unerkennbaren Möglichkeitsbedingungen greift Kant auf die rationalistische Idee Descartes‘ zurück und prägt den sicherlich nicht unmittelbar geläufigen Begriff der „transzendentalen Apperzeption“. Darunter versteht er jenes denkende Ich, das bei Descartes die Basis seiner Erkenntnistheorie bildete: „Ich denke, also bin ich.“ Was ist aber damit genau gemeint? Lesen wir zunächst Kant im Original.

> „Das: Ich denke, muß alle meine Vorstellungen begleiten können; denn sonst würde etwas in mir vorgestellt werden, was gar nicht gedacht werden könnte, welches eben so viel heißt, als die Vorstellung würde entweder unmöglich, oder wenigstens für mich nichts sein. Diejenige Vorstellung, die vor allem Denken gegeben sein kann, heißt Anschauung. Also hat alles Mannigfaltige der Anschauung eine notwendige Beziehung auf das: Ich denke, in demselben Subjekt, darin dieses Mannigfaltige ange-

> troffen wird. Diese Vorstellung aber ist ein Actus der Spontaneität, d.i. sie kann nicht als zur Sinnlichkeit gehörig angesehen werden."[1]

Dieses „Ich“ ist also schon immer mit dabei, auch wenn ich versuche, über dieses „Ich“ nachzudenken. Im Denken existiert also eine Differenz zwischen dem, der erkennt und dem Erkannten. Das gilt sowohl für den äußeren, gegenständlichen Bereich als auch in der Theorie, wenn etwas ausschließlich in meinem Kopf stattfindet. Sofern ich mir einen Sachverhalt klarmache, denke ich immer *etwas* und gehe nicht in dem Erkennen selbst auf. Wir kommen somit nicht umhin, jede Form von Selbsterkenntnis oder jeden inneren Entschluss, den man fasst, zunächst als eine Form von Differenz zu denken. Auch Selbstgespräche, die wir beizeiten mit uns führen, finden in der zweiten Person Singular statt: „Ab morgen hörst Du mit dem Rauchen auf!“ Was aber begründet diesen oder jenen Befehl in meinem Kopf? Gibt es für diese Selbstwahrnehmungen etwa noch einen weiteren, auch dieser Ich-Du-Erfahrung vorausgehenden Grund? Diese Frage, die Kant tatsächlich unbeantwortet lässt, lässt Fichte keine Ruhe. Das Denken, so seine Schlussfolgerung, das immer zwischen dem Denkenden und dem Gedachten unterscheidet, kann selbst nicht der letzte, sondern nur der vorletzte Grund unserer Wirklichkeit sein.

Fichte sucht also eine Ursache für *alles*, was mir als Gedanke durch den Kopf geht: einen ersten Grund für meine Urteile und inneren Entscheidungen – letztlich einen Grund, der das innere Selbstbewusstsein noch einmal transzendiert. Für Kant ist hingegen an dieser Stelle Schluss. Er kann nur im Rückschluss aus Überlegungen und Urteilen oberste, abstrakte Allgemeinbegriffe ableiten. Darunter versteht Kant alle konkreten Inhalte, die er in der transzendentalen Logik als Kategorien ermittelt: Qualitäten, Quantitäten, Modalitäten und Relationen. Diese vier Inhaltsarten schließen sich gegenseitig aus und bilden daher bereits eine Differenz. Für Kant ist damit in den Kategorien unserer Urteile die Grenze des Sagbaren erreicht. Das alles ist für Fichte nicht der springende Punkt, auf den es ankommt, denn auch Kategorien sind bereits das Produkt eines vorausliegenden Ursprungs. Er will wissen, was hinter dieser Grenze ist. An diesem Punkt setzt seine „Wissenschaftslehre“ an.

---

[1] Kant, KrV, B 131f.

Der Begriff der transzendentalen Apperzeption, den Kant anbietet, erscheint Fichte zu formal und zu leer, um den Innenraum meiner Gedanken zu erklären. Wenn das „Ich denke" alle Wirklichkeit begleitet, dann muss dieser Grund als eine unabhängige, sich selbst begründende Instanz absolut sein. Sonst hätten wir wiederum nur einen vorläufigen Grund, der seinerseits begründungsbedürftig wäre. Die Absolutheit dieses „Ich" wird allerdings durch die Außenwelt – von Fichte „Nicht-ich" genannt – in Frage gestellt, denn alles, was ich in meiner Umgebung wahrnehme, geschieht ja größtenteils unabhängig von mir und in der Regel ohne mein Zutun. Damit beginnt ein ambivalentes Wechselspiel: Tatsächlich führt mich die Erfahrung der autonom funktionierenden Außenwelt erst auf den Gedanken, dass ich in mir ein Ich habe, das diesem Nicht-ich da draußen autonom entgegengesetzt ist. Allerdings kann dieses von mir so erschlossene Ich nicht jener absolute Grund sein, denn schließlich verdankt sich die Existenz dieses Ich einer unterscheidbaren Außenwelt. Dieses so wahrgenommene Ich stellt also lediglich einen Teil des absoluten Ich dar – eben jenen erkennbaren Teil, der erscheint, indem er durch die Außenwelt vermittelt wird.

Fassen wir noch einmal zusammen: Fichte schaut sich das unbestimmte „Ich denke" Kants genauer an und schneidet aus dessen Satz: „[d]as: Ich denke, muss alle meine Vorstellungen begleiten können" den Begriff des Ich heraus und separiert ihn von der ständigen Verbindung mit der Außenwelt. Damit fokussiert Fichte die Frage nach dem ersten Grund auf das Ich. Die Welt der Erscheinungen steht dem Ich nicht nur gegenüber, sondern wird geradezu abgewertet. Allein in unseren freien Handlungen zeigt sich das absolute Ich, während die Gegenstände unserer Umwelt zum uninteressanten Allerlei, zum Nicht-ich werden.

Anders als bei Kant ist das Ich Fichtes mehr als nur eine formale Voraussetzung. Es enthält gleichsam die ganze Welt, weil es sämtliche Bedingungen zu ihrer Erschließung aufweist. Im Denken Spinozas wurde dieses Zentrum der Erkenntnis noch mit Gott identifiziert. Mit Fichte nun wird der pantheistische Gott Spinozas zum inneren Ich, zu einem Universum, das alles vereint und aus sich heraus alles schöpferisch entwirft. Um die Welt zu begreifen, benötige ich am Ende keine äußeren Eindrücke:

> „Weg also mit jenen vorgegebenen Einflüssen, und Einwirkungen der äußern Dinge auf mich, durch die sie mir eine Erkenntniß von sich einströmen sollen, die in ihnen selbst nicht ist, und von ihnen nicht ausströmen kann. Der Grund, warum ich etwas außer mir annehme, liegt nicht außer mir, sondern in mir selbst, in der Beschränkung meiner eignen Person; vermittelst dieser Beschränktheit geht die denkende Natur in mir, – heraus aus sich selbst."[2]

Das Ich Fichtes produziert, es ist kreativ und schöpferisch. Es entwirft die Welt, in der sich der sichtbare Teil unseres Ich widerspiegelt. Aus dem „Deus sive natura" Spinozas wird quasi ein „Ego sive natura". Die Vorwürfe, die man damals gegen Spinoza erhob, scheinen damit auch auf Fichte zuzutreffen. Braucht man denn noch einen Gott, wenn aus dem Inneren des Menschen die ganze Welt geschaffen wird?

Ist Fichte ein Atheist?

Tatsächlich dauert es nicht lange, bis Fichte der Vorwurf des Atheismus gemacht wird. Der äußere Anlass ist ein Beitrag des Philosophen und Philologen Friedrich Karl Forberg (1770–1848), einem Schüler Reinholds, in dem von Fichte und Friedrich Immanuel Niethammer (1766–1848) herausgegebenen „Philosophischen Journal". Darin erneuert Forberg im Sinne Fichtes die Kritik an den traditionellen Gottesvorstellungen. Fichte seinerseits nutzt die Gelegenheit, die der Beitrag Forbergs bietet, um als Herausgeber noch einmal seine Kritik am traditionellen Offenbarungsverständnis und dem damit verbundenen personalen Gottesbild, wie er es 1792 bereits getan hatte, zu bekräftigen. Allerdings legt er nun alle Zurückhaltung ab und schreibt in der selbstbewussten Manier eines Philosophieprofessors. Fichte betont, dass der Glaube einzig in der Moral besteht, die wir aus unseren Überzeugungen ziehen:

> „Dies ist der wahre Glaube; diese moralische Ordnung ist das Göttliche, das wir annehmen. Er wird konstruiert durch das Rechttun. Dieses ist das einzig mögliche Glaubensbekenntnis: fröhlich und unbefangen voll-

---

[2] J. G. Fichte, Die Bestimmung des Menschen, in: Johann Gottlieb Fichte's sämmtliche Werke, hrsg. v. I. H. Fichte, Bd. 2, Berlin 1838, 24f.

> bringen, was jedesmal die Pflicht gebeugt, ohne Zweifeln und Klügeln über die Folgen. Dadurch wird dieses Göttliche uns lebendig und wirklich; jede unserer Handlungen wird in der Voraussetzung desselben vollzogen, und alle Folgen derselben werden nur in ihm aufbehalten."[3]

Das „einzig mögliche Glaubensbekenntnis" liegt im richtigen Handeln. Ein in dieser Deutlichkeit bislang ungewohnt formulierter ethischer Pragmatismus provoziert geradezu den Vorwurf des Atheismus. Der Streit eskaliert, der Skandal ist perfekt. Die Querelen darum belasten das gesamte Klima in der kleinen Universität. Goethe, der seit seiner frühen Begegnung mit Herder in Straßburg gewisse Sympathien für die Philosophie der Romantik entwickelt und auch den Ruf Fichtes nach Jena befürwortet hatte, ist von der Radikalität, mit der Fichte seine Thesen formuliert, erschrocken. Darüber hinaus tragen die herrische Art Fichtes, der diktatorische Redestil seiner Vorlesungen das ihre dazu bei, dass sich Fichte in Jena nicht allzu viele Freunde innerhalb und außerhalb des Campus macht. Dem Herzog von Sachsen-Weimar, an sich als toleranter und wohlwollender Fürsprecher des freien Wortes bekannt, wird die unruhige und gereizte Atmosphäre, die der streitbare Fichte verbreitet, allmählich zu viel. Die Auseinandersetzungen finden erst ein Ende, als Fichte 1799 die Universität bereits wieder verlassen muss. Was ist aber vom Vorwurf des Atheismus inhaltlich zu halten?

Aus heutiger Sicht wirken diese Diskussionen sicherlich befremdlich, vor allem im Vergleich mit modernen Theologieansätzen. Ein Blick in Fichtes Schriften kann den erhobenen Atheismus-Vorwurf nicht bestätigen. Damals genügen aber bereits Verdachtsmomente, wie wir bereits bei Spinoza feststellen mussten. Fichtes Offenbarungskritik zusammen mit der Verabsolutierung des Ich stellen die christlichen Grundparadigmen auf den Kopf: Die Welt ist nicht mehr Schöpfung Gottes. Nun steht das kreative, schöpferische Ich im Zentrum, das aus sich heraus die Welt in ihren Erscheinungen baut. Die Welt ist damit dem Ich untergeordnet, geradezu ausgeliefert. Kann man aber Fichte deshalb gleich als Atheisten, also als areligiösen Gottesleugner bezeichnen?

---

[3] Ders., Über den Grund unseres Glaubens an eine göttliche Weltregierung, in: Philosophisches Journal einer Gesellschaft Teutscher Gelehrter, hrsg. v. J. G. Fichte und F. I. Niethammer, Bd. VIII, Erstes Heft, Jena und Leipzig 1798, 1–20, 13f.

Das Christentum als absolutes Identitätssystem

Der absolute Idealismus Fichtes scheint mit dem Christentum zumindest darin übereinzustimmen, dass die christliche Lehre von der Trinität Gottes und der Glaube an den einen Gott keinen Widerspruch darstellen. Die Dreifaltigkeit entspringt der Grundüberzeugung, dass sich Gott in seinem Sohn geoffenbart hat, also die Vielfalt der göttlichen Personen in der Absolutheit Gottes gründet. Damit ist die Trinität eine Vorstellung, die sich aus dem Monotheismus ableitet und nicht umgekehrt. Das Christentum, so Fichte weiter, bedarf aber keiner zusätzlichen Offenbarung von außen, da bereits alles im Ich enthalten ist. Seine späte Schrift „Anweisung zum seligen Leben" aus dem Jahre 1806 nimmt noch einmal ausdrücklich Bezug zur früheren „Critik aller Offenbarung" und präzisiert zugleich seine Haltung zum Christentum. Dabei nutzt er die Gelegenheit, um noch einmal deutlich sein Verständnis von Offenbarung dem traditionellen kirchlichen Verständnis entgegenzuhalten.

Als 1806 Fichtes „Anweisung zum seligen Leben" erschien, waren nicht wenige überrascht. Eine religionsphilosophische Abhandlung, die sich speziell mit dem Christentum und dem Johannesevangelium beschäftigt, war zu diesem Zeitpunkt zumindest ungewöhnlich. Fichte war seit der Jahrhundertwende Professor in Berlin, die Ereignisse in Jena liegen bereits einige Jahre zurück. Kurz zuvor hat er mit der überarbeiteten Zweitauflage seiner „Wissenschaftslehre" vor allem erkenntnistheoretisch erneut für Gesprächsstoff gesorgt. Das Thema Religion spielte für Fichte seit dem Atheismus-Streit im Grunde keine Rolle mehr. Auch Schelling bringt seine Verwunderung in einer noch im selben Jahr erschienenen Streitschrift gegen Fichte zum Ausdruck. Mit leicht süffisantem Unterton bekennt er, er habe nicht vorausgesehen, „wozu sich Herr Fichte im seligen Leben noch erschwingen würde".[4] Sofern Gott lediglich ein Gegenstand des Nachdenkens sei, habe man, so Schelling, ihn doch zu einem Ergebnis des schöpferischen Tätigseins des absoluten Ich abgewertet. Schelling trifft den entscheidenden Punkt. Wenn es im Sinne Fichtes

---

[4] F. W. J. Schelling, Darlegung des wahren Verhältnisses der Naturphilosophie zu der verbesserten Fichteschen Lehre. Eine Erläuterungsschrift der ersten, in: Schellings sämmtliche Werke, 1805–1810, hrsg. v. K. F. A. Schelling, Stuttgart und Augsburg 1860, 1–126, 4.

einen möglichen Konvergenzpunkt mit der christlichen Theologie geben kann, dann muss die Religion im Ich enthalten sein, denn nur das Ich verbürgt klare Erkenntnis und eine erste Einheit des Gedankens, nicht der Gedanke selbst.

Fichte scheint also nach Hinweisen im Christentum zu suchen, die seiner Vorstellung von Ich-Identität entsprechen könnten und wird tatsächlich im Johannesevangelium fündig. Hier findet er die eigentliche Lehre des Christentums in seiner „reinsten Urkunde", und damit den Beweis, dass seine Philosophie zu der ältesten Weisheit der Welt zählt. An Selbstbewusstsein scheint es ihm tatsächlich nicht gemangelt zu haben:

> „diese Lehre [= Fichtes Wissenschaftslehre, W. B.], so neu und unerhört sie auch dem Zeitalter erscheinen möge, sey darum doch so alt, als die Welt, und sie sey insbesondere die Lehre des Christenthums, wie dies, in seiner ächtesten und reinsten Urkunde, in dem Evangelium Johannis noch bis diesen Augenblick vor unseren Augen liegt; und diese Lehre werde daselbst sogar mit denselben Bildern und Ausdrücken vorgetragen, deren auch wir uns bedienen."[5]

Insbesondere im Prolog findet Fichte Anknüpfungspunkte – also in jenem spekulativen Beginn des Evangeliums, der mit der Identität von Gott und Logos, seinem Wort, einsetzt.

Zur Erinnerung: Im Prolog haben wir bereits eine gewisse Nähe des Textes zur Gotteslehre des Mittelplatonismus festgestellt. Wir haben gesehen, dass die ersten Verse mit verschiedenen Zeitformen arbeiten, die im Griechischen eine etwas andere Bedeutung haben als dies unsere Übersetzungen zum Ausdruck bringen. Besonders signifikant sind die ersten beiden Verse, Joh 1,1 und 1,2. Hier verdeutlicht der aus der Substanzdefinition des Aristoteles vertraute Imperfekt die Ewigkeit der Beziehung zwischen Gott und Logos: „Im Anfang *war* das Wort und das Wort *war* bei Gott und das Wort *war* Gott." Gott und Logos bilden eine ewige Einheit. Auch Fichte ist dieser Einheitsgedanke wichtig: „Dieses nun ists, worauf mir alles ankommt; dies der organische Einheitspunkt aller Spekulation; und wer in diesen eindringt, dem ist das letzte Licht aufgegangen."[6] Hier findet Fichte das

---

[5] J. G. Fichte, Die Anweisung zum seligen Leben, oder auch die Religionslehre (1806), in: Werke, Bd. V (1845), ND Berlin 1971, 399–574, 475.

[6] Ebd., 510.

Äquivalent zu seiner Konzeption des Absoluten, das dem Differenzgeschehen zugrunde liegt. Auch Fichtes wahrgenommenes Ich ist nur jener Teil des Absoluten, der uns in der Absetzung zur Außenwelt erscheint. Direkt begreifen können wir das Absolute insofern nicht, da dieser Vorgang selbst eine Differenz zwischen mir als denkendem Subjekt und dem Absoluten eröffnen würde. Mit dem bewussten Denken erreichen wir das Absolute nicht. Daher bildet diese Einheit jene präreflexive Matrix ab, auf der sich das Denken ereignet. Gleichwohl ist das Absolute stets das im Denken angelegte Ziel und damit das Ziel des „seligen Lebens“:

> „Worin sollte denn das Leben und seine Seligkeit sonst sein Element haben, wenn es dieselbe nicht im Denken hätte. Etwa in gewissen Empfindungen und Gefühlen; in Rücksicht welcher es uns gar nichts verschlägt, ob es die gröbsten sinnlichen Genüsse seyen, oder die feinsten übersinnlichen Entzückungen? Wie könnte ein Gefühl, das, als Gefühl, in seinem Wesen vom Ohngefähr abhängt, seine ewige und unveränderliche Fortdauer verbürgen; und wie könnten wir, bei der Dunkelheit, welche aus ebendemselben Grunde das Gefühl nothwendig bei sich führt, diese unveränderliche Fortdauer innerlich anschauen und geniessen? Nein: nur die sich selbst durchaus durchsichtige und ihr ganzes Innere frei besitzende Flamme der klaren Erkenntniss verbürgt, vermittelst dieser Klarheit, ihre unveränderliche Fortdauer.“[7]

Klare Erkenntnis steht über allen „Entzückungen“ und „sinnlichen Genüssen“ und verspricht, eine innere Erfüllung der Sehnsucht nach Einheit zu bieten. Im Johannesevangelium sind es Gott und Logos, die jene konstitutive Ureinheit bilden, welche der johanneische Christus in seiner Identität mit dem Vater bezeugt: „Ich und der Vater sind eins.“ (Joh 10,30)

Der Deutung Fichtes ist zweifellos ein Hauch von romantischem Lebensgefühl beigemischt, was zu Beginn des 19. Jahrhunderts durchaus dem Zeitgeist entspricht. In erster Linie erkennt er jedoch die Bestätigung seines eigenen Grundgedankens und nur darin besteht die Qualität des Christentums:

> „Es versteht sich wohl auch ohne unsere ausdrückliche Erinnerung, dass wir durch den Erweis dieser Uebereinstimmung unserer Lehre mit dem Christenthume keineswegs erst die Wahrheit dieser unserer Lehre zu be-

---

[7] Ebd., 411.

> weisen, oder ihr eine äussere Stütze unterzulegen gedenken. Sie muss schon in dem vorhergehenden sich selber bewiesen und als absolut evident eingeleuchtet haben, und sie bedarf keiner weiteren Stütze. Und ebenso muss das Christenthum, eben als übereinstimmend mit der Vernunft, und als reiner und vollendeter Ausdruck dieser Vernunft, ausser welcher es keine Wahrheit giebt, sich selbst beweisen, wenn es auf irgend eine Gültigkeit Anspruch machen will. Die Zurückführung in die Fessel der blinden Autorität erwarten Sie nicht vom Philosophen."[8]

Fichte stellt abermals jenen Grundgedanken Spinozas heraus, dass der gläubige Mensch allein aufgrund innerer Einsicht und nur ohne Zwang von außen von sich aus erkennen kann. Das Christentum entspringt einem ähnlichen Identitätsgedanken: Im Mittelpunkt seiner Lehre steht die Selbstoffenbarung Gottes in Jesus von Nazareth. In ihm sind Gott und Mensch einheitlich verbunden. Die Spaltung zwischen der göttlichen und geschöpflichen Sphäre ist überwunden. Die Einsicht in diese Glaubenswahrheit lässt sich zudem mithilfe der Vernunft verantworten. Darin erweist sich das Christentum, wie dies Matthew Tindal bereits für die Aufklärung formuliert hat, als eine zeitlose Vernunftwahrheit.

Fichtes späte Sympathien für das Johannesevangelium sind ein weiterer Beleg für die weitgestreute Faszination, die der Johannesprolog über die theologischen und philosophischen Grenzen hinaus ausgeübt hat. Darüber hinaus dokumentiert die Suche nach einer unbedingten Einheit ein religiöses Desiderat innerhalb der Philosophie des Deutschen Idealismus.

Das Bewusstsein als erlebte Einheit: Freiheit wird konkret

Absolute, unhintergehbare Einheit ist für Fichte der Inbegriff von Freiheit. Freiheit als gleichsam ersehnter Endpunkt des Denkens ist mehr als eine transzendentale Bestimmung, zu der sie Kant in Ermangelung näherer Bestimmungsmöglichkeit erklärt hatte. Die Frage nach dem Wesen der Freiheit ist nicht dadurch erledigt, dass man sie im Sinne Kants zu einer bloßen Voraussetzung erklärt, die die Realität lediglich atmosphärisch durchdringt und überall dabei ist, ohne di-

---

[8] Ebd., 476.

rekt erfahrbar zu sein. An diesem Punkt führt Fichte die Transzendentalphilosophie Kants weiter. Fichtes absolutes Ich ist ein freiheitliches Selbstbewusstsein, in dessen schöpferischen Setzungen, den sogenannten „Tathandlungen", Freiheit konkret erfahrbar wird. Die zahlreichen napoleonischen Konflikte zu Beginn des 19. Jahrhunderts werden von alliierter Seite im Namen der Freiheit geführt, an denen sich auch Fichte mit seinen politischen Reden beteiligt.

Der sich politisch wie philosophisch herausbildende Freiheitsgedanke wird für das gesamte Jahrhundert prägend. Die Ansätze zur Bildung einer parlamentarischen Demokratie sowie die ersten Studenten- und Arbeiterbewegungen sind Ausdruck eines neu entdeckten Freiheitsbewusstseins. Für die katholische Theologie und Kirche ist damit ein folgenreicher und schmerzhafter Prozess verbunden, da nicht nur die bisherigen Vorstellungen von Offenbarung, sondern auch große Teile der traditionellen Dogmatik ins Wanken geraten. Die traditionellen Verkündigungsinhalte verlieren in dieser Zeit massiv an Überzeugungskraft, weil mit dem Begriff der Freiheit die Voraussetzungen und Bedingungen menschlicher Grunderfahrungen anders verstanden werden: die Grenzerfahrungen von Leben und Tod, Vergänglichkeit und Ewigkeit, Unendlichem und Endlichkeit. Mit der Fokussierung auf den Menschen wird die Frage nach einem dogmatischen Gottesbegriff sekundär. Die kirchliche Schulmetaphysik, wie sie seit dem Mittelalter gelehrt wurde, wird zugunsten einer transzendentalen Theologie verdrängt. Transzendentale Theologie sucht nach Bedingungen des Gottesbegriffs und religiöser Erfahrungen im Menschen. Darin folgt sie der Spur, die Fichte hinterlassen hat, indem sie nach einem letzten Grund unserer Erkenntnis Ausschau hält, der zwar selbst nie Gegenstand unserer Erfahrungen sein kann, diese aber konstitutiv ermöglichen.

Während Freiheit in der Aufklärung bislang noch mit dem Glauben an Gott und dessen absoluter Freiheit begründet werden konnte, wird mit der Französischen Revolution diese theoretische Vorstellung mit einem Schlag eine konkrete Erfahrung. Darin besteht vielleicht der Vorteil, der dem Begriff der Freiheit im Gegensatz zum abstrakten, dogmatisch überfrachteten, oft als wirklichkeitsfern wahrgenommenen Gottesverständnis in der westlichen Kultur zukommt. Der Freiheitsbegriff lässt sich – im Gegensatz zu Gott – mit *Erfahrungen* von Freiheit abgleichen. Freiheit ist nicht wie der „größtmögliche Begriff" in den Gottesbeweisen des Mittelalters ein abstrakter Endpunkt, „den alle Gott nennen“. Genau an den Momenten der Freiheit, die Fichte an jene Stelle setzt, die man früher Gott vorbehalten hatte, setzt aber auch die bereits angedeutete Kritik an Fichtes Transzendentalphilosophie an. Unterm Strich stellt sich nämlich die Frage, inwieweit sich sein Verständnis von erlebter Einheit, wie es die „Anweisungen zum seligen Leben“ beschreiben, noch von der christlichen Variante unterscheidet. Da das Absolute nur in der Differenz von Ich und Natur erfahrbar ist, stellt sich hier ebenfalls das Problem der Unerreichbarkeit einer ersten Einheit. Das Absolute lässt sich nicht als gegenstandslos denken. Dies liegt bereits in der Natur der Sache: Die Reflexion bedarf stets eines Objekts, das als Gedachtes den Denkvorgang selbst ermöglicht. Auf Fichtes Freiheitsbegriff bezogen: Lässt sich absolute Freiheit überhaupt begründen, ohne sofort ihr Gegenteil, und damit abermals eine den Freiheitsbegriff bedingende Differenz zu setzen und auf diesem Weg wieder nur beim *Vorletzten* anzukommen?

Schelling, der wie Goethe anfangs noch mit dem Subjektgedanken Fichtes sympathisierte, erkannte im Laufe der Zeit diesen Widerspruch. Das Absolute lässt sich nicht reflexiv einholen:

> „Die bloße Reflexion also ist eine Geisteskrankheit des Menschen, noch dazu, wo sie sich in Herrschaft über den ganzen Menschen setzt, diejenige, welche sein höheres Wesen im Keim, sein geistiges Leben, welches nur aus der Identität hervorgeht, in der Wurzel tötet. […] Ihr zertrennendes Geschäft erstreckt sich aber nicht nur auf die erscheinende Welt; indem sie von dieser das geistige Prinzip trennt, erfüllt sie die intellektuelle Welt mit Chimären, gegen welche, weil sie jenseits aller Vernunft liegen, selbst kein Krieg möglich ist. Sie macht jene Trennung zwischen dem Menschen und der Welt permanent. […] Ihr entgegen steht die wahre Philosophie, die Reflexion überhaupt als bloßes Mittel betrachtet. Die Philosophie muss jene ursprüngliche Trennung voraussetzen, denn ohne die hätten wir kein Bedürfnis zu philosophieren. Darum eignet sie der Reflexion nur *negativen* Wert zu.“[9]

Für Schelling kann es über den Vorgang des Denkens keinen Weg zum Absoluten geben. Reflexion ist immer an ein konkretes Etwas gebunden. Der letzte Satz macht deutlich, dass für ihn die Reflexion

---

[9] F. W. J. Schelling, Ideen zu einer Philosophie der Natur als Einleitung in das Studium dieser Wissenschaft (1797), in: ders., Ausgewählte Werke: Schriften von 1794–1798, Darmstadt 1966ff, 337f (Hervorh. i. Original, W. B.).

nur eine indirekte Möglichkeit darstellt, sich dem Absoluten zu nähern. Denn sobald man meint, es über das Denken erreicht zu haben, ist es ein Gegenstand des Nachdenkens – und nicht mehr absolut. Aber, so könnte man im Sinne Fichtes antworten, besteht gerade in der Erfahrung des gegenständlichen Nachdenkens der Grund dafür, das Absolute *diesem Vorgang konstitutiv zu unterstellen.* Das Absolute ist ein Grund, der sich der Reflexion entzieht und auf den lediglich durch die Differenz des Denkens verwiesen wird.

Fichte im Kontext moderner Fundamentaltheologie

Fichte hat in den „Anweisungen zum seligen Leben" durchaus einen Punkt benannt, der ihn stärker mit der Theologie verbindet, als es der Atheismus-Vorwurf seiner Zeit vermuten lässt. In der Einheit von Gott und Logos spiegelt sich nämlich Fichtes philosophisches Problem von Identität und Differenz wider. Der Verfasser des Johannesprologs versucht mithilfe der mittelplatonischen Logos-Lehre die zentrale Botschaft von der Menschwerdung Gottes zu erklären. Die Menschwerdung Gottes ist wiederum ein relationales Geschehen zwischen Vater und Sohn, das der Prolog als innergöttliche Differenz von Gott und seinem Wort begreift. Mit dieser Theologie werden grundlegende Fragen aufgeworfen, die sich zwar auch in anderen Offenbarungsreligionen finden lassen, allerdings im Christentum eine besondere Schärfe haben: Während im Islam etwa die Trennung von Allah und seinem Propheten betont wird, besteht im Christentum der Anspruch, diese Differenz sowohl in dem einen Gott als auch in der konkreten Einheit des Gottmenschen zu erkennen.

Der Johannesprolog ist freilich nicht der einzige Weg, Einheit und Differenz zu denken. Die ersten nachchristlichen Jahrhunderte sind von Auseinandersetzungen geprägt, die alle auf je eigene Weise die Frage nach den Bedingungen der Menschwerdung Gottes reflektieren. Damit werden nicht nur theologische, sondern auch philosophisch relevante Debatten geführt: Inwieweit lässt sich das Unbedingte ohne Rückgriff auf die Erfahrungen des Bedingten überhaupt begründen? Widerspricht nicht die Selbstmitteilung Gottes in einer historischen Gestalt seiner eigenen Freiheit?

Es nimmt daher nicht Wunder, dass die Probleme, denen sich Fichte in den „Anweisungen zum seligen Leben" stellt, in modernen

Theologieentwürfen erneut auftauchen. Dass sich die moderne Theologie ausgerechnet mit jenen philosophischen Ansätzen beschäftigt, die noch zwei Jahrhunderte zuvor als atheistisch galten, ist bezeichnend für das denkerische Niveau, auf dem sich die Theologie zur Zeit Fichtes bewegte. Inzwischen hat aber auch die Theologie ihre Defizite erkannt und versucht erst gar nicht, die erkenntnistheoretischen Einsichten der Aufklärung zu bestreiten. Der herkömmliche extrinsezistische Offenbarungsbegriff lässt sich nicht mehr halten und begründen. Hier führt kein Weg an der Aufklärung vorbei. Die transzendentale Theologie schlägt zumindest eine Alternative vor, indem sie die Gottesfrage mit ihren erkenntnistheoretischen Voraussetzungen verbindet. Wie bei Fichte führt auch in dieser Theologie der Weg in das Innere des Menschen. Hier und nirgendwo anders müssen die Antworten auf die Frage gefunden werden, wie Gott als Gedanke überhaupt möglich wird.

Theologische Letztbegründungen

Die Transzendentaltheologie, die sich Mitte des 20. Jahrhunderts entwickelt hat, folgt jener Denkspur, die die anthropologische Wende Immanuel Kants und ihre Zuspitzung durch Fichte gelegt hat. Die Transzendentaltheologie versucht den Gottesbegriff in der Reflexion seiner Möglichkeitsbedingungen zu begründen. Damit wird sie mit den gleichen Schwierigkeiten konfrontiert, die uns seit der Aufklärung auf Schritt und Tritt verfolgen: Ist die Erfahrung des Ich dadurch gegeben, dass die gegenständliche Welt des Nicht-ich dieses Selbstbewusstsein in mir erst generiert? Der theologische Hintergedanke ist folgender: Wenn der Nachweis gelingt, dass die Absolutheit des Ich-Gedankens nicht Ergebnis, sondern Bedingung meiner Welterschließung ist, ließe sich der Gottesgedanke mit den transzendentalen Voraussetzungen des Erkennens verbinden.

Versuchen wir die Frage nach der Herkunft des Ich zu konkretisieren: Die meisten Menschen werden das Jahr 2020 wohl nicht so schnell vergessen. Plötzlich war da eine Pandemie, die uns für Wochen unsere Selbstverständlichkeiten nahm. Mit dem ersten Lockdown spürten wir mit einem Schlag, wie uns die Freiheit, von der man zuvor ganz selbstverständlich Gebrauch gemacht hatte, entzogen wurde. Erst in der erlebten Unfreiheit wurden Bedeutung und Sinn von Freiheit bewusst. Nach dieser Erfahrung zu urteilen wäre also die Abwesenheit von Freiheit konstitutiv für die Behauptung, der Mensch sei von Natur aus ein freies Wesen. Damit aber wäre ein Widerspruch zum Begriff von Freiheit entstanden. Denn Freiheit ist doch nur dann wirkliche Freiheit, wenn sie nicht wiederum bedingt ist – also nicht durch ihr Gegenteil beschränkt und damit von diesem gleichsam mitbegründet wird. Dass wir freie Menschen sind, ist vielmehr die Voraussetzung dafür, dass die Erfahrung der häuslichen Quarantäne abschreckend ist. Zugleich kann sie nie Gegenstand einer Erfahrung sein, weil sie nur als bedingte Freiheit *existiert.*

Ähnlich endet auch die Suche nach dem absoluten Ich in einem Dilemma: In der konkreten Erfahrung begegne ich lediglich Gegenständen, die nicht mit diesem Ich identifiziert werden können. Am ehesten merken wir das in der Begegnung mit anderen Menschen. Sie können uns nur von außen wahrnehmen und auf das reagieren, was wir sagen, wie wir uns präsentieren. Inwieweit dieses Bild unserem inneren Zustand tatsächlich entspricht, steht auf einem anderen Blatt. Mit anderen Worten: In der Welt kommen wir nie bei uns selbst an. Wenn wir eine Fotografie von uns in Händen halten, erkennen wir spontan meist Äußerlichkeiten, nicht aber, was wir in diesem Moment gefühlt oder gedacht haben.

Auch Fichte war sich dieses Dilemmas bewusst und differenzierte daher zwischen einem „teilbaren Ich“ und einem „teilbaren Nicht-ich“. Dieser Gegensatz ermöglicht die Begegnung und den Austausch mit anderen Menschen; etwa die verschiedenen Rollen, die ich im Alltag einnehme. Wie wir bereits bemerkt haben, ist das teilbare Ich nicht mit dem absoluten Ich identisch, da die Teilbarkeit bereits eine Form der Setzung darstellt. Um bei dem Beispiel des Lockdowns zu bleiben: Insofern ich mich erst im Moment des Eingesperrt-Werdens als freiheitsbedürftig erfahre, hängt diese Selbsterfahrung an ihrer „Aufhebung“, wie Fichte dies nennt. Dieses selbstbewusste, wahrgenommene Ich ist bloß ein situatives Ich. Fichtes Schlussfolgerung lautet daher, dass diesem Differenzierungsprozess ein Ich vorausgehen muss, das diese Differenz erst setzt und seinerseits nicht negiert wird. Wäre ein derartiges unbedingtes Ich nicht vorhanden, käme die Differenzerfahrung von Innen und Außen erst gar nicht zustande.

Fichte kann auf diesem Wege das unbedingte Ich zum spekulativen Ausgangspunkt seiner Erkenntnistheorie machen und zugleich begründen, dass es einen solchen Identitätspunkt im menschlichen Geist geben muss, auch wenn er nie als solcher erfahrbar ist.

Fichtes Annäherungen an das Absolute haben einen religiösen Beigeschmack. Die philosophischen Implikationen eines Gottesbegriffs, der die Wirklichkeit begründet und sie zugleich überschreitet, lassen sich mit den idealistischen Vorstellungen Fichtes verbinden. Gott als absoluter Kristallisationspunkt meiner Welterfahrung könnte seine präreflexive Existenz transzendental rechtfertigen. Doch, und das ist der Haken, ist das Christentum keine philosophische Theorie, sondern eine Religion, die auf Erfahrungen aufbaut, die Menschen mit Gott gemacht haben. Der Gott des Christentums ist mehr als ein Abstraktionsvorgang, sondern erkennbar in den Handlungen von Menschen. Der Anspruch des Christentums liegt also in der Frage begründet, ob sich das Absolute auch in der gegenständlichen Welt *als Absolutes* zeigen kann, und wenn ja, wie?

Kann sich das Absolute auch als Absolutes zeigen?

Im Gegensatz zu Fichtes Philosophie besteht im Christentum der Anspruch, dass sich das Absolute dem Menschen auch historisch einmalig zu erkennen gibt. Dies könnte das Absolute allerdings nur in endlicher, sprich: nicht-absoluter Form. Ist dies möglich? Gesucht werden Erfahrungen, denen eine Absolutheit innewohnt, die ihrerseits Rückschlüsse auf eine diese Erfahrungen konstituierende Absolutheit zulässt. Eine solcher Gedanke widerspricht nicht nur generell allen bisherigen Erkenntnistheorien, sondern auch der Logik: Kann etwas Ursache und Wirkung, Bedingung und Bedingtes, Unendliches und Endliches zugleich sein?

Versuchen wir es mit folgender Überlegung, die innerhalb der Transzendentaltheologie oft anzutreffen ist: Ein Gemälde ist die optische Darstellung eines dem Bild zugrundeliegenden Motivs, etwa einer Landschaft. Das optische Medium des Bildes visualisiert damit eine Wirklichkeit, die nicht im Zeichenmittel selbst, sondern nur außerhalb davon existiert. Das Bild ist dieser Wirklichkeit nur *ähnlich.* Somit haftet dem Bild ein Verweischarakter an: Die Kreidefelsen auf der Insel Rügen in Caspar David Friedrichs gleichnamigem Gemälde sind nicht identisch mit der realen Szenerie, die dem Künstler als Motivvorlage diente. Aber die hier dargestellte Wirklichkeit kann beim Betrachten erahnt werden – sie wird angedeutet. Im Falle der Kreidefelsen kann man heute sogar genau den Punkt ermitteln, an dem der Künstler die Staffelei aufgestellt haben muss. Das Motiv auf dem Gemälde ist realistisch genug, um dessen Vorlage wiederzuerkennen, zugleich aber bleibt es ungeachtet aller Realitätsnähe ein Gemälde. Der Rahmen und die Farben signalisieren uns, dass wir nicht wie der Maler vor den echten Kreidefelsen stehen, sondern lediglich vor einem Abbild.

Ein *absolutes* Bild wäre hingegen jenes Bild, bei dessen Betrachtung der Verweischarakter derart in den Hintergrund rückt, dass im Zuge des Wahrnehmungsvorgangs die Differenz von Zeichen und Bezeichnetem verschwindet. Das Bild verlöre seinen Status als Bindeglied und ließe sich nicht mehr von dem Dargestellten unterscheiden. Wir kennen ein ähnliches Phänomen vom Kino: Nach einem beeindruckenden Film sind wir derart mit den visuellen Eindrücken der vergangenen zwei Stunden vereint, dass uns die abrupte Begegnung mit der Realität am Ende der Vorführung nicht selten überfordert. Filme oder generell Bilder sind die idealen Brücken zwischen Innen und Außen, weil sie uns eine Realität vermitteln, die gar nicht in ihnen enthalten ist. Ein absolutes Bild, das die Distanz wahrende Eigenheit eines Mediums verliert, gibt es natürlich nicht. Aber ein solches Bild ist zumindest vorstellbar, da wir genügend Situationen erleben, in denen wir beim Betrachten eines Gemäldes geradezu vergessen, dass es sich hierbei *nur* um eine Abbildung, und nicht um die Wirklichkeit als solche handelt.

Ähnlich verhält es sich mit dem Freiheitsbegriff. Auch die Erfahrung von Freiheit erfolgt nur in Abgrenzung ihres Gegenteils. Freiheit erfahre ich besonders dort, wo sie gefährdet oder entzogen ist. Das Desiderat von Freiheit ist eine Voraussetzung, um eine Vorstellung dessen zu bekommen, was im Namen der Freiheit jetzt einzufordern wäre. Die Bedingungen und Erfordernisse von Freiheit sind situativ; sie lösen sich auf oder werden dringlicher, wenn sich die äußeren Umstände ändern. Die unendlich große Vielfalt möglicher Freiheitserfahrungen selbst gründet in der unveräußerlichen Bestimmung des Menschen als freiem Subjekt seiner Handlungen. Freiheitserfahrungen sind rückgekoppelt an jenen inneren Kompass von Zustimmung oder Widerstand, der seinerseits den äußeren Entscheidungen zugrunde liegt. Nur dann, wenn der innere Kompass mit den gefällten Entscheidungen harmoniert, sind wir mit uns im

Reinen und haben die richtige Wahl getroffen. In diesen Momenten empfinden wir dies als frei – auch wenn die äußeren Umstände eine andere Entscheidung nahelegen könnten. Martin Luthers berühmtes Dictum vor dem Reichstag in Worms – „Hier steh ich und kann nicht anders!" – war eine Freiheitsentscheidung, die er im Bewusstsein aller möglichen Folgen für sich und seine Anhänger traf. Die Motivation, sich so und nicht anders zu entscheiden, lag in der absoluten Freiheit, die Luther in diesem Moment in sich spürte, begründet. Absolute Freiheit ist damit kein bloßer Formalbegriff ohne Realbezug und empirische Bedeutung. Sie hat einen unmittelbaren Bezug zur Erfahrungswelt. Weit davon entfernt ein idealistischer Traum unterdrückter Menschen zu sein, wird Freiheit täglich erfahren. Der Mensch spürt den Freiheitsdrang in seinem Streben nach authentischer Einheit und Identität – auch dann, wenn er daran scheitert. Wenn aber Innen und Außen übereinstimmend wahrgenommen werden, dann erfahren wir Freiheit.

Diesen Zusammenhang hat Fichte in einer seiner ersten Vorlesungen aus dem Jahr 1794 entwickelt. Die daraus entstandene Abhandlung „Über die Bestimmung des Gelehrten" ist auch heute noch sehr gut geeignet, um sich einen Zugang zur sicherlich nicht leichten Kost der „Wissenschaftslehre" zu verschaffen. Gleich zu Beginn stellt Fichte den Drang des Menschen nach innerer Authentizität heraus:

> „Der höchste Trieb im Menschen ist [...] der Trieb nach Identität, nach vollkommener Uebereinstimmung mit sich selbst; und damit er stets mit sich übereinstimmen könne, nach Uebereinstimmung alles dessen, was ausser ihm ist, mit seinen nothwendigen Begriffen davon."[10]

An diesem Punkt setzt der Freiburger Transzendentaltheologe Hansjürgen Verweyen (*1936) an und deutet das Christentum als eine freiheits- und identitätsphilosophische Religion. Das Christentum versteht sich nach Verweyen als Antwort auf das menschliche Bedürfnis, den „Trieb", wie es Fichte nennt, der eigenen Existenz einen lebenstragenden, einheitsstiftenden Sinn zu verleihen. In den Momenten der Sinnerfahrung bin ich frei: frei von allen Ängsten und Sorgen, die eine Entscheidung mit sich bringen. Auch Fichte hat in den „An-

[10] J. G. Fichte, Einige Vorlesungen über die Bestimmung des Gelehrten, in: Gesamtausgabe, Bd. 1/3: Werke 1794–1796, hrsg. v. R. Lauth u. H. Jacob unter Mitwirkung v. R. Schottky, Stuttgart-Bad Cannstatt 1966, 11–78, 35.

weisungen zum seligen Leben“ unter Verweis auf Joh 10,30 – „Ich und der Vater sind eins“ – diesen Zusammenhang gesehen. Freiheit liegt dem Wirken und der Botschaft Jesu zugrunde und ist zugleich in allen Handlungen Jesu real erfahrbar.

Ist Jesus die Selbstoffenbarung Gottes?

Ausgangspunkt der Überlegungen von Hansjürgen Verweyen bildet die Frage, inwieweit die Glaubensüberzeugung von Tod und Auferstehung Jesu für die christliche Grundbotschaft entscheidend ist. Die Frage nach der Auferstehung ist für Christen zentral, denn erst im Lichte der Auferstehung erscheint die Deutung Jesu als Sohn Gottes möglich. Das Bekenntnis der Auferstehung wird, wie wir im dritten Kapitel gelesen haben, sowohl anhand von Bekenntnisformeln als auch Erzählungen überliefert. Vor allem in den Erzählungen ist von Begegnungen mit dem Auferstandenen bis zu seiner Himmelfahrt die Rede. Wenn allerdings die persönliche Begegnung einzelner Jünger mit dem Auferstandenen ausschließlich glaubenskonstitutiv wäre, wären alle übrigen Menschen im Nachteil. Ihnen stünden ja nur die zum Teil äußerst widersprüchlichen Texte über das Osterereignis zur Verfügung. Prekär daran wäre in der Tat die Vorstellung, dass sich der Auferstandene nur einem kleinen Kreis von Menschen geoffenbart hätte, während der weitaus größte Teil der Menschheit räumlich und zeitlich von dem glaubenskonstitutiven Ereignis ausgeschlossen bliebe und nur Informationen aus zweiter Hand hätte. So gesehen dürfte man unter Auferstehung und Ostern lediglich ein bloßes Datum in der Vergangenheit verstehen, insofern sich dieses Ereignis nur für ein paar zufällig ausgesuchte Menschen ereignet hätte.

Dagegen hebt Verweyen hervor, dass der christliche Glaube auf eine grundsätzliche Bestimmung des Menschen abzielt, dessen Geltungsanspruch unabhängig von singulären historischen Ereignissen begründet werden muss. Infolgedessen kann der Sinn der Auferstehungstexte im Neuen Testament auch gar nicht darin bestehen, ein historisches Ereignis protokollarisch wiederzugeben. Vielmehr geht es darum, Freiheitserfahrungen zu dokumentieren, die Menschen in der Begegnung mit Jesus gemacht haben. Die Texte des Neuen Testaments erscheinen somit in einem anderen Licht. Sie sind nicht primär chronologische Berichte über Ereignisse, die vor zweitausend Jahren stattgefunden haben, sondern reflektieren die damaligen Glaubenserfahrungen als innere Prozesse, die sich bei der Textlektüre heute erneut einstellen. Darüber hinaus findet sich das Motiv der Totenerweckung nicht nur im Neuen, sondern ebenso im Alten Testament. Die vermeintlichen Alleinstellungsmerkmale des Neuen Testaments stellen Rückgriffe auf das Alte Testament dar. Dementsprechend ist die Auferstehung Jesu nur auf der Basis der jüdischen Vorstellung eines endzeitlichen Eingreifens Gottes in die menschliche Geschichte verstehbar, die sich bereits im Buch Ezechiel in der Befreiung der Toten aus den Gräbern abzeichnet. Die Botschaft vom Auferstandenen ist sowohl eine jüdische als auch eine christliche Überzeugung. Die Osterbotschaft muss daher in einem anderen Sinn verstanden werden als jene Auslegungen, die einen Toten nach drei Tagen plötzlich wieder lebendig aus seinem Grab kommen sehen.

Löst man aber die Osterbotschaft von einem fixen historischen Datum, dann spiegelt die christliche Auferstehungserfahrung im Wesentlichen den Kern dessen wider, was die Jünger schon im vorösterlichen Jesus erfahren haben: Jesu Botschaft vom angebrochenen Gottesreich, von der unbedingten Liebe und Nähe Gottes, was wiederum Voraussetzung dafür war, um überhaupt die Erfahrung von Ostern nach der Katastrophe des Karfreitags zu machen.

Für Verweyen drängt sich die Frage auf, ob nicht bereits die im historischen Jesus erfahrene Freiheit der entscheidende Grund für die Jünger war, um an ihn zu glauben und ihm zu folgen. Sofern sich Freiheit nicht nur als Desiderat in ihrem Entzug, sondern in der Erfahrung absoluten Sinns zeigt, ist die Freiheitserfahrung, die Menschen mit dem historischen Jesus von Nazareth gemacht haben, Grund genug, um an ihn als den verheißenen Messias zu glauben. Die Erfahrungen von Ostern, von denen das Neue Testament spricht, sind damit ein besonderer Ausdruck jener Erfahrung von Gottes Nähe, die sich bereits vor dem Tod Jesu ereignete. Die Nähe Gottes wird in Jesus in einer derart intensiven Weise lebendig, dass im Wirken des Nazareners das Handeln Gottes erkannt wird. Dies ist besonders in den zahlreichen Wundererzählungen der Fall. Hier erfahren die Menschen in der Begegnung mit Jesus den Sinn und das Ziel ihrer eigenen Existenz.

Damit ist der Bogen zum Subjektsystem des frühen Fichte gespannt: Innen und Außen, Denken und Natur, Anspruch und Wirklichkeit stehen sich hier nicht mehr als Konkurrenten gegenüber. Der Glaube der Christen ist das Ergebnis einer neuen, schöpferischen Ich-Perspektive auf die Welt, die durch das Lesen der Schrift generiert wird. Im Sinne Fichtes sehen Christen die Welt mit anderen Augen, weil sie durch die Botschaft des Nazareners existenziell angesprochen wurden. Hierfür braucht es keine Naturereignisse und Zaubertricks, dazu genügen die überlieferten Texte.

Angesichts dieser Rezeption in der Theologie Verweyens lässt sich Fichte schwerlich noch als Atheist bezeichnen. Zwar lehnte er, wie alle Kantianer, religiöse Institutionen ab und kritisierte die naiven Vorstellungen von Offenbarung als außergewöhnlichem Naturspektakel, die in konservativen Kirchenkreisen auch heute noch existieren. Fichtes Religionskritik ist schlicht und ergreifend das Ergebnis seiner Wissenschaftstheorie, derzufolge es keinerlei vermittelnden Instanz zwischen Innen und Außen, oder, übertragen auf das Christentum, zwischen Mensch und Gott in Gestalt einer Kirche bedarf. Die Frage nach der Legitimität von Kirche stellt sich auch aus transzendentaltheologischer Sicht nicht in dieser Dringlichkeit. Auch darin bleibt diese Theologie dem philosophischen Vermächtnis Fichtes treu.

Jahre des freien Denkens: Die Jenaer Romantik

Mit Fichte als Nachfolger auf dem Lehrstuhl Reinholds beginnen in Jena entscheidende Jahre einer intensiven Diskussionskultur, die für die geistige Entwicklung des 19. Jahrhunderts von großer Bedeutung sein werden. Das Zeitalter der deutschen Romantik, das gemeinhin mit dem 19. Jahrhundert identifiziert wird, erhält mit Fichtes Wissenschaftslehre seine philosophische Grundlage. Im Jena der Jahrhundertwende wird die Romantik intellektuell eröffnet.

Die Fortschreibungen der Jenaer Romantik finden in allen Bereichen des künstlerischen Lebens statt. Die Literatur, die ab dieser Zeit entsteht, liest sich gleichsam als literarische Übertragung des Idealismus Fichtes. In Jena gründen die Brüder August Wilhelm (1767–1845) und Friedrich Schlegel (1772–1829) mit der Zeitschrift „Athenaeum“ das Sprachrohr der literarischen Frühromantik. Die Rezensionen, die in den Jahren zwischen 1798 und 1800 erscheinen, finden nicht nur breite Anerkennung, sondern sind ebenso gefürchtet. Kein Geringerer als Schiller wird mit seiner Kunsttheorie in Konflikte mit den Rezensenten geraten. Im 116. Fragment zum Athenäum formuliert der Herausgeber Friedrich Schlegel eine erste Definition der romantischen Poesie:

> „Ihre Bestimmung ist nicht bloß, alle getrennten Gattungen der Poesie wieder zu vereinigen und die Poesie mit der Philosophie und Rhetorik in Berührung zu setzen. Sie will und soll auch Poesie und Prosa, Genialität und Kritik, Kunstpoesie und Naturpoesie bald mischen, bald verschmelzen, die Poesie lebendig und gesellig und das Leben und die Gesellschaft poetisch machen, den Witz poetisieren, und die Formen der Kunst mit gediegenem Bildungsstoff jeder Art anfüllen und sättigen, und durch die Schwingungen des Humors beseelen."[11]

Auch andere Philosophen werden im Jena der Jahrhundertwende ihre akademische Laufbahn begründen. Für Friedrich Wilhelm Joseph Schelling beginnt sie 1798 mit gerade einmal dreiundzwanzig Jahren als junger Stern am akademischen Himmel. Der andere Stiftler, von dem bereits die Rede war, Georg Wilhelm Friedrich Hegel, wird in Jena 1801 zunächst als Privatdozent mehr schlecht als recht vom bescheidenen Erbe seines Vaters leben. In diesen frühen Jahren reifen die Vorüberlegungen zu seinem Grundlagenwerk „Die Phänomenologie des Geistes", das er fünf Jahre später in wenigen Monaten niederschreibt. Die Truppen Napoleons bereiten sich 1806 gerade auf die Schlacht bei Jena und Auerstedt vor, als Hegel an den letzten Zeilen der Phänomenologie arbeitet. Im Herbst 1806 ergreift er die Flucht aus Jena, während dort die siegreichen französischen Truppen marodierend durch die Stadt ziehen und der kurzen Zeit der Jenaer Romantik ein jähes Ende bereiten.

Die Sehnsucht nach Einheit als philosophisches Programm der Romantik

Für die Romantik stellt das Ich Fichtes nicht nur den Ursprung von Welterkenntnis dar – die Welt ist im Ich vollständig abgebildet. Alle Erkenntnis ist im Absoluten enthalten. Die Einheit von Ich und Natur visualisiert die Malerei der Romantik auf beeindruckende Weise. Die Natur, die im Zeitalter der Aufklärung noch als ein fremdes Gegenüber auftrat, erscheint nun als gewaltiges Panorama innerer See-

---

[11] F. Schlegel, Kritische Ausgabe, Bd. 2, hrsg. v. E. Behler, Paderborn 1967, 182f.

lenzustände. Ihre Übermacht wird daher nicht als Bedrohung, sondern als vertraute Innerlichkeit empfunden. Sie ist die eigentliche Heimat, in der sich der Mensch wiederfindet und mit der er sich identifiziert. In der „Mondnacht" Joseph von Eichendorffs wird die Betrachtung der Natur zur mystischen Schau:

> „Und meine Seele spannte
> Weit ihre Flügel aus
> Flog durch die stillen Lande
> Als flöge sie nach Haus."[12]

Novalis, eigentlich Friedrich von Hardenberg (1772–1801), liefert den Schlüssel für die romantische Verzauberung der Natur:

> „Indem ich dem Gemeinen einen hohen Sinn, dem Gewöhnlichen ein geheimnisvolles Ansehen, dem Bekannten die Würde des Unbekannten, dem Endlichen einen unendlichen Schein gebe, so romantisiere ich es."[13]

Die Romantisierung der Natur führt allerdings nicht zu einem dahinter waltenden Schöpfergott, sondern, wie es Novalis im Symbol der „blauen Blume" allegorisch verdichtet, zum lebendigen Kosmos. Die blaue Blume steht für eine innere Sehnsucht nach dem Unendlichen. In diesem Streben findet der Mensch seine eigentliche Bestimmung. Die Kunst übersetzt das subjektphilosophische Programm Fichtes ins Ästhetische. In der Malerei ist es vor allem der Dresdner Caspar David Friedrich (1774–1840), der die schöpferische Kraft des Ich kraftvoll und verklärend porträtiert. Seine sogenannten „Rückenfiguren" blicken dabei gemeinsam mit dem Betrachter auf die Landschaft, die sich vor ihren Augen ausbreitet.

Wie die Frau vor der untergehenden Sonne ist das Ich allein, aber nicht einsam, sondern tief in Gedanken versunken. Die Begrenztheit der Welt bei Kant kehrt sich in das Gegenteil um: Eine unendliche Natur wird zum Spiegelbild des inneren Selbst und damit zur vertrauten Heimat des Menschen. Bislang standen sich die Bereiche Geist und Natur wie zwei unversöhnliche Kontrahenten gegenüber. Der Geist des Menschen galt als Ort mental erlebter Freiheit, der in der Begegnung mit der Natur die darin herrschenden Gesetze erken-

---

[12] Joseph Freiherrn von Eichendorff's sämmtliche Werke, 1. Bd., Biographische Einleitung und Gedichte, Leipzig ²1864, 604.

[13] Novalis, Werke, Bd. II, hrsg. v. H.-J. Mähl, München 1978, 334.

Abb. 13: Caspar David Friedrich, Frau vor der untergehenden Sonne (um 1818) © Museum Folkwang Essen | ARTOTHEK

nen und sie so beherrschbar machen konnte. Die Natur war der unbekannte Raum der Notwendigkeit und die Quelle möglicher Erfahrungen. Die kopernikanische Wende Kants konnte den cartesianischen Dualismus zwischen denkender und räumlicher Substanz nicht lösen. Indem er den kognitiven Anspruch auf die Erscheinungen in der Natur, nicht aber auf die Wirklichkeit an sich reduzierte, schränkte er den Bereich der Erkenntnis weiter ein. An der grundsätzlichen Grenzziehung zwischen Innen und Außen, zwischen Geist und Natur, zweifelte auch er nicht. Mit der Romantik und dem deutschen Idealismus ist die Natur nun kein dem Geist gegenüberstehendes Reich der Notwendigkeiten mehr, sondern Ausdruck inwendig gründender Freiheit. Sie stellt keine Bedrohung mehr für den Menschen dar, sondern ist das Ziel einer inneren Sehnsucht nach kosmischer Einheit. Gleichzeitig weiß der Romantiker um die Unerreichbarkeit dieses Ziels: „Wir suchen überall das Absolute, und finden immer nur Dinge“, schreibt Novalis.[14] Grundlage dieses neu-

[14] Ders., Blütenstaub Nr. 1, in: ders., Werke und Briefe, München 1968, 340.

en Verhältnisses von Natur und Geist wird das verbindende Miteinander der beiden Pole sein. Inneres und Äußeres kommunizieren und stehen in einem korrespondierenden Verhältnis. Sie sind Teil ein und desselben kosmischen Prozesses, eines organischen Zusammenspiels einander ergänzender Naturkräfte.

Die Wirklichkeit als Gesamtheit von Geist und Natur zu begreifen ist in der Folgezeit das philosophische Programm Hegels. In der Einheit von Geist und Natur herrschen die antagonistischen Momente von Kraft und Gegenkraft. Der Geist ist Ausdruck der Natur, umgekehrt ist die Natur der Erfahrungsraum eines sich darin selbst verwirklichenden Geistes. Das Ineinanderfließen beider Wirklichkeitsbereiche wird zum epochemachenden Erkennungsmerkmal der Romantik. Im Gegensatz zu allen bisherigen Vorstellungen seit Aristoteles werden die Prozesse des Hervorgehens und der Selbstentfaltung nicht mehr als defizitär verstanden. Bewegung und Veränderung sind dynamische Prozesse, die sich in allen Wirklichkeitsbereichen finden. Sie stellen die ursprüngliche und eigentliche Seinsart des Lebens dar. In der „Phänomenologie des Geistes“, von der im Folgenden die Rede sein wird, wird Hegel den Vorgang natürlicher „Selbstentfaltung“ als ein durchgängiges Moment von Selbstentfremdung und Aufhebung beschreiben, das als Formprinzip der Wirklichkeit zur Wahrheitsbestimmung des Ganzen führt.

Fichtes Stern beginnt zu verblassen

Mit Hegel werden die nachdenklichen Stimmen gegenüber Fichtes Idealismus hörbar lauter. Fichtes Stern beginnt zu verblassen. Wie bahnbrechend Fichtes Begründung der romantischen Selbstentfaltung im absoluten Ich auch ist, so haftet dem Nicht-ich doch das Defizitäre und der Geschmack des Uneigentlichen an. Dem Nicht-ich fehlt das dynamische Potenzial des Lebendigen.

Neben Hegel ist es vor allem Schelling, der kritischere Töne gegenüber Fichte anschlägt, obwohl er anfangs noch mit den Vorstellungen des frühen Fichte sympathisierte. Schelling kann in der Unterscheidung von Ich und Nicht-ich, von Mensch und Natur, keine echte Verbindung erkennen. Insbesondere die Unterscheidung zwischen einem teilbaren Ich als Gegenstand meiner Selbstreflexion und einem absoluten Ich, das diesem abermals vorausgeht, wirkt wenig überzeugend. Letzten Endes bleibt es bei einer Trennung zwischen Ich und Welt, es fehlt die Verbindung. Für Schelling stellt diese Differenz einen Rückfall in den überwunden geglaubten Dualismus René Descartes' dar, wenngleich unter anderen Bedingungen. Die Natur wird weiterhin in ihrer vitalen Potenzialität unterbestimmt und ihr Sein bleibt lediglich das Abbild meines Inneren.

Es gibt aber auch ethische Bedenken: Wie kann ich einem anderen freien Ich begegnen, das die gleiche Autonomie beansprucht? Muss ich nicht die Freiheit des Anderen ebenso anerkennen, insofern dessen Setzungen mit der gleichen Souveränität erfolgen? Damit konkurrieren aber mehrere absolute Deutungshoheiten miteinander. Das Absolute kann es aber nur *einmal* geben. Wenn jedoch meine Ich-Identität nicht individueller, sondern allgemeiner Natur ist, die auch anderen Subjekten zukommt, verliert das Ich seinen Anspruch auf Unhintergehbarkeit. Wie Hegel noch zeigen wird, ist dieser Einwand besonders in ethischen Fragen heikel. Aus seiner Sicht wären mein Ich und das Ich des Anderen lediglich Exemplare der einen unbestimmbaren Identität und verlören damit ihren unmittelbaren Sollensanspruch. Wir kommen also um die grundsätzliche Frage nicht herum: Lässt sich das Absolute überhaupt reflexiv einholen, ohne in die Aporie eines ständigen Hin und Her von Identität und Differenz zu verfallen?

Diese und andere Ungereimtheiten wird Fichte nicht abschließend klären können. Schelling wird sich von ihm ebenso absetzen wie Hegel, für den Fichte über Kant nicht wesentlich hinauskommt. Schelling und Hegel suchen nach einem anderen Weg, das Absolute zu begründen und die Philosophie Kants zu überwinden. Sie arbeiten an positiven „Systemen", die Gegensätze überwinden, während Kant nur negative „Kritiken" geschrieben hat, die Grenzen errichten. Dazu kehren wir noch einmal in das kleine thüringische Städtchen Jena zurück, wo alles seinen Anfang nahm.

Das Absolute als Selbstentfaltung

Eine einschneidende Kritik an Fichte erfolgt vom Tübinger Stiftler Georg Wilhelm Friedrich Hegel. Sein Urteil über Fichte – und damit auch über Kant – ist präziser und in seiner Wirkung folgenreicher als das von Schelling, führt allerdings nach Hegels Tod zu einer erneuten Kantrezeption im sogenannten Neukantianismus.

Im Gegensatz zu Schelling, der sich erst im Laufe der Zeit von Fichte abgrenzt, setzt Hegels Kritik bereits mit seinen ersten Publikationen ein: 1801 formuliert er in der als „Differenzschrift"[15] bekannten Veröffentlichung die Grundpfeiler seiner Fichtekritik. In seinem nächsten Werk erweitert er dann die hier angelegte Kritik auf Kant. Dieses 1806 in gut drei Monaten niedergeschriebene umfangreiche Jugendwerk macht ihn über Nacht berühmt: „Die Phänomenologie des Geistes" – ein Last-Minute-Titel, der ihm buchstäblich auf den letzten Drücker eingefallen war. Ursprünglich sollte das ganze Buch nach seinem gleichlautenden ersten Teil „Wissenschaft der Erfahrungen des Bewusstseins" heißen.

Ähnlich wie wir es bereits von Schelling kennen, geht es in Hegels Kritik im Wesentlichen um die Unvereinbarkeit der Idee eines absoluten und unbedingten Ich mit einer Sphäre des Nicht-ich, das sich dem Ich als Natur entgegenstellt. Entweder, so schlussfolgert Hegel, müsste dieses Nicht-ich im Ich seinen Ursprung haben, dann aber würde es keine Natur geben, die unabhängig vom subjektiven Bewusstsein wahrnehmbar und in ihrer autonomen Eigengesetzlichkeit beschreibbar wäre. Oder aber das Nicht-ich tritt dem Ich gegenüber, stellt sich diesem entgegen und grenzt damit den Anspruch des allmächtigen Ich wieder ein. Hegel entdeckt hier Ungereimtheiten im Anspruch Fichtes, eine alle Wirklichkeitsbereiche umfassende Begründungsstruktur zu erschließen. Der Dualismus zwischen der erkennenden Ebene und einer sich dem Denken entziehenden, räumlichen Natur, der sich seit Descartes hartnäckig behauptet, wird auch in Fichtes Theorie letztlich nicht überwunden.

Diesen Widerspruch haben wir bereits bei Kant bemerkt. Auch hier stehen sich Begriffe gegenüber, die nicht so recht zueinander passen. Um die Kritik an der Transzendentalphilosophie Kants – und in dessen Nachfolge Fichte – sowie um seinen eigenen Gegenentwurf in der „Phänomenologie" zu begreifen, ist es ratsam, noch einmal auf Kants Erkenntnistheorie einzugehen. Die ethischen Konsequenzen, die sich daraus ergeben, lassen sich ebenso auf Fichte

[15] Der ausführliche Titel deutet bereits an, dass es sich hierbei um eine detaillierte Auseinandersetzung mit der Jenaer Romantik seiner Zeit handelt: „Differenz des Fichte'schen und Schelling'schen Systems der Philosophie in Beziehung auf Reinhold's Beyträge zur leichtern Übersicht des Zustands der Philosophie zu Anfang des neunzehnten Jahrhunderts, erstes Heft", in: TWA 2, 7–137.

übertragen. Zugleich bietet die Kritik an Kant und Fichte eine Steilvorlage für Hegels eigenen Ansatz.

Zwei Schritte zurück: noch einmal Kant

Kants Erkenntnistheorie schließt Gott als Gegenstand strenger Wissenschaft aus; im Bereich der Moral hingegen gilt Gott als der eigentliche Beweggrund unserer Handlungen. In der „Kritik der praktischen Vernunft" werden jene regulativen Ideen behandelt, die in der Erkenntnistheorie als unbeweisbar ausgegrenzt wurden: Gott, Freiheit und die Unsterblichkeit der Seele. Für Kant liegt der Grund für die Existenz Gottes allein in der Moral des Menschen. Wer oder was ist der Motor meines Tuns? Gibt es eine Instanz, die in mir ein Sollen bewirkt, das Gute zu tun und das Böse zu meiden und von deren Existenz ich in meinen Handlungen indirekt Zeugnis ablege? In meinen Handlungen, so könnte man mit der Sprache der Religion übersetzen, predige ich ohne Worte, allein durch Tun. Dies lässt sich sehr gut mit den ethischen Prämissen des Neuen Testaments vereinbaren: „Was ihr dem geringsten meiner Brüder getan habt, das habt ihr mir getan." (Mt 25,40) Der matthäische Jesus wird in Kants praktischer Vernunft ins Philosophische übertragen. Gott zeigt sich in der Praxis, nicht in der Theorie. Der Glaube ist die Grundlage dafür, so zu handeln, damit man Gott, frei nach Mt 7,16, „an den Früchten" erkennt.

An diesem Punkt meldet Hegel Bedenken an: Kann ich Gott im Sinne Kants überhaupt zum Postulat meiner Handlungen erklären? Kann etwas, das nie Gegenstand meiner Erfahrung wird und von dem ich deshalb nicht weiß, ob ich diesem durch meine Handlungen auch gerecht werde, vorausgesetzt werden? Einerseits versuche ich Gott durch mein Tun näher zu kommen, andererseits kann ich das Ziel in meinem Denken nicht erkennen, da es dieses objektive Ziel – Gott als das Gute an sich – in der Welt meiner Erfahrungen nie geben wird. Liefere ich mich damit nicht der permanenten Verzweiflung aus? Hegel wird in diesem Zusammenhang das religiöse Bewusstsein in der „Phänomenologie" treffend als „unglücklich" bezeichnen, weil es ständig an der Wirklichkeit scheitert.

Zwischen Anspruch und Wirklichkeit: Kant und der kategorische Imperativ

Dieser Widerspruch lässt sich Hegel zufolge auch für die ethische Forderung Kants, den kategorischen Imperativ, nachweisen: Wie kann das, was mich im Innersten antreibt, ein Ziel darstellen, das für alle Menschen gleichermaßen erkennbar ist? Diese Zielvorgabe entzieht sich nach Hegel dem allgemeinen Erkennen und kann damit nicht ein universal gültiges Prinzip darstellen.

Im Blick auf die turbulenten Ereignisse seiner Zeit braucht Hegel nicht lange, um die ständige Kluft zwischen Denken und Sein zu erkennen, die er der Philosophie Kants und Fichtes attestiert. In Frankreich liegen die Ereignisse der Französischen Revolution erst wenige Jahre zurück, deren dramatische Folgen selbst in der überschaubaren und friedlichen Universitätsstadt Jena noch unmittelbar spürbar sind. Die Tragik des Scheiterns dieser Revolution bringt im Grunde jenen Selbstwiderspruch zum Ausdruck, den Hegel im Denken Kants und damit in der gesamten Aufklärung entdeckt: Der Widerspruch zwischen dem Ideal der Freiheit und dem Terror, der in ihrem Namen verübt wird. Während der „Herrschaft der 500“ hatte das brutale Durchsetzen des Axioms von Gleichheit und Brüderlichkeit zu einem beispiellosen Blutvergießen geführt und weltweites Entsetzen hervorgerufen. Aus Gleichheit wurde Gleichschaltung, aus einer Freiheitsbewegung brutale Diktatur. Hegel sieht darin den grundsätzlichen Fehler, moralische Ziele ausschließlich am Maßstab subjektiver Vernunft zu messen, weil die ständige Spannung zwischen Anspruch und Wirklichkeit zwingend zum Scheitern führen muss.

Freilich hat Kant um die Schwierigkeiten einer Umsetzbarkeit von allgemeinen Vernunfteinsichten gewusst und mit erstaunlichen Aussagen reagiert, die gar nicht so recht zu ihm zu passen scheinen. Wie sehen diese Argumente aus?

Verlässt Kant in seiner Ethik die Aufklärung?

In der Frage nach der Herkunft des „radical Bösen“ haben wir bei Kant bereits Spuren der altkirchlichen Erbsündenlehre gefunden, die vom Bösen in der menschlichen Natur spricht. In der „Kritik der praktischen Vernunft“ begründet Kant wiederum den Realgehalt Gottes mit dem Liebesgebot. Beides also religiös einschlägige Begriffe, die man nicht unbedingt bei Kant vermuten mag. Dies entschärft zwar den Einwand, Kant sei jener „Alleszermalmer" der Religion, für den man ihn gerne hält. Eingefleischte Kantianer werden diese Schlussfolgerungen zwar stets abstreiten, doch schon sein zeitgenössischer Kenner und Kritiker Goethe bemerkte in einem Brief an Herder die subkutane Nähe Kants zur christlichen Anthropologie:

> „Dagegen hat aber auch Kant seinen philosophischen Mantel [...] freventlich mit dem Schandfleck des radikalen Bösen beschlappert, damit doch auch Christen herbeigelockt werden, den Saum zu küssen."[16]

Der aufmerksamen Lektüre Goethes ist der Widerspruch zu jenen Sätzen nicht verborgen geblieben, mit denen Kant seine Religionsschrift vollmundig einleitet, dass nämlich der Mensch zur Moralbegründung „weder die Idee eines andern Wesens über ihm, um seine Pflicht zu erkennen, noch einer andern Triebfeder als des Gesetzes selbst" benötige.[17] In der soeben zitierten Abhandlung aus dem Jahre 1793 „Die Religion innerhalb der Grenzen der bloßen Vernunft" wird die Schwachstelle deutlich. Die ersten Zeilen klingen noch sehr vertraut:

> „Eigene Glückseligkeit ist der subjektive Endzweck vernünftiger Weltwesen [...] und alle praktischen Sätze, die diesen Endzweck zum Grunde haben, sind synthetisch aber zugleich empirisch. Dass aber jedermann sich das höchste, in der Welt mögliche Gut zum Endzweck machen solle, ist ein synthetischer praktischer Satz a priori, und zwar ein objektivpraktischer durch die reine Vernunft aufgegebener, weil er ein Satz ist, der über den Begriff der Pflichten in der Welt hinausgeht, und eine Folge derselben (einen Effekt) hinzutut, der in den moralischen Gesetzen nicht enthalten ist; und daraus als analytisch nicht entwickelt werden kann."[18]

So weit so gut, möchte man meinen. Jeder kann, wie das berühmte Dictum des Preußenkönigs Friedrich des Großen lautete, nach seiner Façon glücklich werden: Glückseligkeit ist der subjektive Endzweck vernünftiger Weltwesen. Der Mensch überprüft sein erreichtes Ziel mit den beabsichtigten, apriorischen Ansprüchen und den da-

---

[16] J. W. v. Goethe, Italien – Im Schatten der Revolution: Briefe, Tagebücher und Gespräche vom 3. September 1786 bis 12. Juni 1794, hrsg. v. K. Eibl, Frankfurt – Berlin 1991, 676.

[17] Kant, Religion innerhalb der Grenzen, Vorrede zur ersten Auflage, BA III, IV.

[18] Ebd., Anm. zu BA X, XI.

mit einhergehenden Pflichten. Darin besteht der vernunftbasierte Charakter der Moral. Man kommt also nicht nur – dank der auf das Ziel ausgerichteten Pflichten – mit einer gewissen Beharrlichkeit und Ausdauer dorthin, nämlich zur Glückseligkeit, sondern setzt dieses immer der Überprüfung aus. Ansprüche, Pflichten und Ziele sind eine Einheit: Das Ziel erweist sich dadurch nicht nur als prinzipiell erkennbar, sondern auch durch Handlungen erreichbar. Glück ist keine Chimäre, sondern eine Realität.

Ein Beispiel: Wenn man sich vorgenommen hat, einmal in der Woche joggen zu gehen, wird man früh genug mit der Herausforderung konfrontiert, die inneren Widerstände zu überwinden und nur dann Erfolg haben, wenn man das Training nicht gleich aufgibt. Wer kennt das nicht? Gleichzeitig muss das Training dahingehend überprüft werden, ob es zum Erreichen des selbst gesteckten Ziels auch ausreichend ist. Für was trainiere ich? Will ich mich körperlich nur ein wenig fitter machen? Habe ich vor, an Wettbewerben teilzunehmen, und wenn ja, genügt das selbstauferlegte Programm? All diese Fragen setzen das Vorhaben einer ständigen Evaluation aus. So verhält es sich auch mit der eigenen Glückseligkeit – und darin besteht nach Kant ihr objektiver Verpflichtungscharakter.

Nun kommt aber ein wichtiger Satz. Es geht um Entscheidungen, die eine grundsätzliche Handlungsabsicht nach sich ziehen. In diesen Situationen werden die selbstauferlegten Pflichten zum Selbstzweck. Man handelt pflichtgemäß, ohne Überprüfung der ursprünglichen Zielvorgabe, also der Glückseligkeit:

> „Diese [= die Pflichten, W. B.] nämlich gebieten schlechthin, es mag auch der Erfolg derselben sein, welcher er wolle, ja sie nötigen sogar, davon gänzlich zu abstrahieren, wenn es auf eine besondere Handlung ankommt, und machen dadurch die Pflicht zum Gegenstande der größten Achtung, ohne uns einen Zweck und Endzweck vorzulegen und aufzugeben, der etwa die Empfehlung derselben und die Triebfeder zur Erfüllung unser Pflicht ausmachen müsste."[19]

Kant ist sich also bewusst, dass bestimmte Situationen die schiere Einhaltung von Pflichten erfordern – *koste es, was es wolle.* Nimmt er damit etwa auch in Kauf, dass die reine Pflichterfüllung mitunter auch in die Katastrophe führen kann, wenn man das Ziel aus den

---

[19] Ebd., Anm. zu BA XII.

Augen verliert oder die Dinge nur um ihrer selbst willen erledigt? Genau an dieser Stelle setzt nun eine sprachliche Nuancierung ein, die sich für die Begründung einer *allgemeinen* Ethik als ungeeignet erweist. Die wichtigen Begriffe und Satzteile, auf die es ankommt, sind im folgenden Textauszug von mir kursiv hervorgehoben:

> „Nun ists aber eine von den unvermeidlichen Einschränkungen des Menschen und seines […] praktischen Vernunftvermögens, sich bei allen Handlungen nach dem *Erfolg* aus denselben umzusehen, um in diesem etwas aufzufinden, was zum Zweck für ihn dienen und auch die Reinigkeit der Absicht beweisen könnte, welcher in der Ausübung […] zwar das letzte, in der Vorstellung aber und der Absicht […] das erste ist. *An diesem Zwecke* nun, wenn er gleich durch die bloße Vernunft ihm vorgelegt wird, *sucht der Mensch etwas, was er lieben* kann; das Gesetz also, *was ihm bloß Achtung einflößt*, ob es zwar jenes als Bedürfnis nicht anerkennt, *erweitert sich doch zum Behuf* desselben zu Aufnehmung des *moralischen Endzwecks der Vernunft unter seine Bestimmungsgründe, das ist, der Satz: mache das höchste in der Welt mögliche Gut zu deinem Endzweck!* ist ein synthetischer Satz a priori, der durch das moralische Gesetz selber eingeführt wird, und wodurch gleichwohl die praktische Vernunft *sich über das letztere erweitert*, welches dadurch möglich ist, dass jenes auf die Natureigenschaft des Menschen, sich zu allen Handlungen noch *außer dem Gesetz noch einen Zweck denken zu müssen*, bezogen wird.“[20]

Kant mischt der notwendigen Voraussetzung einer möglichst breiten, im besten Fall allgemeinen Zustimmung subjektiver Prinzipien, also ihrem „Erfolg“, eine Qualität bei, die die „Reinigkeit der Absicht“ beweisen soll: etwas, was der Mensch *lieben* kann. Dies ist die treibende Kraft, der „moralische Endzweck der Vernunft und seiner Bestimmungsgründe“. Ist aber Liebe nicht eine Erfahrung a posteriori, die der Mensch im Laufe seines Lebens erst noch machen muss? Natürlich zielt ein solch einschlägiger Begriff auf die zentrale Eigenschaft des christlichen Gottes ab. Schon der Hinweis, dass sich dadurch die praktische Vernunft über die moralischen Gesetze zu einem außerhalb des Erkennens gründenden Zweck erweitert, wirft doch die Frage nach der Herkunft dieses Zwecks, „den wir denken müssen“, auf. Die Antwort bleibt Kant wiederum schuldig. Damit ist die Ethik Kants offen für Transzendenzbezüge, die über die Gren-

[20] Ebd., Anm. zu BA XII.

zen der Vernunft hinausreichen. Dies führt schnurgerade auf den christlichen Gott zu, einen Gott, der darüber hinaus aufgrund seiner Allmacht auch für das intendierte Ziel garantieren kann:

> „Wenn nun aber die strengste Beobachtung der moralischen Gesetze als Ursache der Herbeiführung des höchsten Guts (als Zwecks) gedacht werden soll: so muss, weil das Menschenvermögen dazu nicht hinreicht, die Glückseligkeit in der Welt einstimmig mit der Würdigkeit glücklich zu sein zu bewirken, ein allvermögendes moralisches Wesen als Weltherrscher angenommen werden, unter dessen Vorsorge dieses geschieht, d. i. die Moral führt unausbleiblich zur Religion."[21]

Die praktische Vernunft, die noch eingangs mit der These aufwartete, dass der Mensch „*weder der Idee eines anderen Wesens [bedarf], um seine Pflicht zu erkennen, noch einer anderen Triebfeder*"[22], führt wenige Seiten später in religiös vermintes Gelände. Ein Gott der Liebe, unter dessen Fürsorge alles geschieht, setzt sich dem Verdacht aus, die Freiheit des Menschen zu unterlaufen. Die Freiheit ist aber ein fundamentales Prinzip. Gibt Kant, wie schon in der Frage nach dem Bösen, die Ideale der Aufklärung wieder preis? Offensichtlich werden wieder Dinge miteinander in Beziehung gesetzt, die vorher mühsam getrennt worden waren, als Kant in der „Kritik der reinen Vernunft" noch „das Wissen aufheben" musste, „um zum Glauben Platz zu bekommen." Damit würde, wie er wiederum in der Kritik der Urteilskraft feststellt, „das Dasein Gottes nur als Glaubenssache für die praktische reine Vernunft"[23] gelten. Gott scheint dann aber doch mehr zu sein als nur eine regulative Idee.

Hegel hat diese Widersprüche früh erkannt. Die Transzendentalphilosophie Kants hat zwar überraschend klar den Status menschlicher Voraussetzungen in der Erkenntnis von den Inhalten der Erkenntnis abgrenzen können, doch wurde in der Rochade von Subjekt und Objekt nicht der eigentliche Graben einer die gesamte Wirklichkeit von Innen und Außen verbindenden Denkform überwunden. Kant hat lediglich die Theologie, die für ihn wissenschaftlich nicht begründbar ist, aus dem wissenschaftlichen Kontext ausgelagert. Diese Ausklammerung beinhaltet ebenso die Voraussetzungen von Raum

---

[21] Ebd., Anm. zu BA XIII.

[22] Ebd., BA III.

[23] Ders., Kritik der Urteilskraft, in: AA V, 475.

und Zeit wie die Selbsterfahrung des Bewusstseins, die jeder wissenschaftlichen Methode transzendental vorausgehen.

Die Jugendschriften Hegels decken diese inneren Ungereimtheiten auf. Die transzendentale Einschränkung der erkennbaren Welt bei Kant und die Überhöhung auf ein absolutes Ich bei Fichte haben eine erneute Trennung von Denken und Sein bewirkt. Bei Fichte ordnet sich das Nicht-ich dem allmächtigen Ich unter. Die Eigenständigkeit der Welt löst sich in den Setzungen des Ich auf. Bei Kant beginnt die praktische Vernunft erst dort, wo die theoretische Vernunft an ihr Ende kommt. In der „Kritik der Urteilskraft" unternimmt Kant zwar den Versuch, die separaten Kritiken in der ästhetischen Vernunft der Kunst miteinander zu verbinden, doch dieser Ansatz wird als nicht sonderlich geglückt beurteilt. Zwar ist die erkenntnistheoretische Option Kants richtig, die Wahrheitsmomente aus der rationalistischen und empirischen Hermeneutik in der Anthropologie zusammenzuführen, um eine stabile und wissenschaftstheoretisch belastbare Erkenntnistheorie im Menschen selbst zu begründen. Doch kann eine solche Fixierung auf das Subjekt auch die Frage nach dem Verhältnis von Mensch und Natur insgesamt beantworten?

Der Idealismus erreicht seinen Höhepunkt

Hegel geht einen anderen Weg. Er konfrontiert den Leser mit einer umfassenden Theorie der Wirklichkeit, die als geistbewirkter Prozess gedacht wird. An dessen Ende steht ein durch den Geist gestaltetes Ganzes und keine transzendentale Engführung der Welt. Für Hegel ist das Ziel der Erkenntnis die umfassende Versöhnung gegensätzlicher Momente, die von ihm so genannte Aufhebung von Differenz. Werden und Vergehen sind – im Unterschied zu bisherigen Vorstellungen – nichts Defizitäres. Bewegung und Veränderung sind dynamische Prozesse, die sich in allen Wirklichkeitsbereichen abspielen; sie stellen die ursprüngliche und eigentliche Art des Lebens dar. Hegel möchte daher den Vorgang der Selbstentfaltung als ein durchlaufendes Prinzip von Selbstentfremdung und deren Überwindung beschreiben, das zur Wahrheitsbestimmung des Ganzen führt.

Es ist nun höchste Zeit, sich diese Philosophie genauer anzusehen. Hegels Denken wird bis auf weiteres der letzte große Entwurf eines umfassenden philosophischen Systems sein. Wie kaum ein anderer hat Hegel glühende Verehrer und eifrige Kritiker gleichermaßen auf den Plan gerufen, besonders innerhalb der Kirche. Er kritisierte nicht nur die Theologie seiner Zeit, sondern eröffnete Wege, Gott neu zu begreifen. Er klammerte Gott nicht mehr aus dem Bereich des Denkens aus, sondern schloss ihn ein. Er war daher für die Frage nach dem Verhältnis von Glauben und Wissen sicherlich einer der letzten großen Visionäre. Doch wer war dieser Hegel?

Georg Wilhelm Friedrich Hegel stand lange Jahre im Schatten seiner berühmten Zeitgenossen Fichte und Schelling. Die Hälfte seines Lebens verbrachte Hegel alles andere als in gesicherten Verhältnissen. 1770 als Sohn eines Beamten in Stuttgart geboren, landete er wie viele andere hochbegabte Schüler im Tübinger Stift, um sich auf das geistliche Amt vorzubereiten. Für Hegel war allerdings schon früh klar, dass er sich nicht für den Beruf des Pfarrers eignete. Allein sein komplizierter Schreibstil, das mühsame, scheinbar endlose Kreisen um ein und denselben Gedanken, die Komplexität seiner direkt und indirekt angesprochenen Bezüge, war für die Seelsorge gänzlich ungeeignet. Nach dem Studium verdingte er sich zunächst als Hauslehrer in Bern und Frankfurt. Nach dem Tod des Vaters 1799 ermöglichte ein bescheidenes Erbe die Fortsetzung seiner Studien in Jena, wo er nach seiner Habilitation als Privatdozent und außerordentlicher Professor lehrte. Der eigentliche Durchbruch gelang ihm mit der 1807 veröffentlichten „Phänomenologie des Geistes“, die ihm nach beruflichen Zwischenstopps in Bamberg und Nürnberg endlich in Heidelberg die lang ersehnte Professur eintrug. Als er 1815 einen Ruf an die Universität Berlin annahm, war er ein bekannter Mann; er starb allerdings schon 1831 an den Folgen der Cholera.

Der Geist als lebendiges Sinnesorgan

Hegel will Geist und Natur verbinden und das Denken wie einen lebendigen Organismus beschreiben. Einsichten und Begriffe sind nicht bloß Resultate des Zusammenführens und des Bildens von Einzelerkenntnissen, und damit mehr, als man heute noch landläufig mit den Begriffen „Vernunft“ und „Wissenschaft“ assoziiert. Denken ist für Hegel eine sinnliche Tätigkeit, ein Erlebnis wie das Fühlen und Sehen. Denken ist das mentale Verarbeiten heterogener

Wahrnehmungen in einem Vorgang des umfassenden Begreifens. Begreifen ist mehr als schieres Erlernen. Hier wird in der Tat so etwas wie der Versuch unternommen, das Verstehen als ganzheitlichen Prozess zu denken. Natur und Geist stehen einander nicht mehr konträr gegenüber, sondern sind Zustände, die sich wechselseitig bedingen. Die Natur ist lebendiger Geist, der Geist seinerseits das Betriebssystem von Natur und Geschichte. Er ist das innerste Geheimnis, der Bauplan der Wirklichkeit, der aber selbst ständig in Bewegung ist. Die Natur wird *durch* den Geist erkannt, sie ist nach seinen Gesetzen organisiert, die für die Selbstentfaltung der Natur sorgen:

> „Die Knospe verschwindet in dem Hervorbrechen der Blüte, und man könnte sagen, daß jene von dieser widerlegt wird, ebenso wird durch die Frucht die Blüte für ein falsches Dasein der Pflanze erklärt, und als ihre Wahrheit tritt jene an die Stelle von dieser. Diese Formen unterscheiden sich nicht nur, sondern verdrängen sich auch als unverträglich miteinander. Aber ihre flüssige Natur macht sie zugleich zu Momenten der organischen Einheit, worin sie sich nicht nur nicht widerstreiten, sondern eins so notwendig als das andere ist, und diese gleiche Notwendigkeit macht erst das Leben des Ganzen aus.“[24]

Die Trennlinie zwischen freiheitlichem Ich und gesetzmäßiger Natur, wie sie in der Aufklärung vertreten worden war, überzeugt Hegel nicht. Vielmehr sind die Augenblicke des Erkennens nur Momentaufnahmen, sofern sich die einzelnen Stadien der Selbstentfaltung in wechselseitiger Abgrenzung voneinander abheben und sich dadurch aufeinander beziehen lassen. Hegel nennt dies wertneutral „Entfremdung“ – ein Begriff, der in der marxistischen Geschichtsdeutung Hegels oft missverstanden wird, weil er das Andersartige und Feindliche betont. Entfremdung meint für Hegel aber lediglich den Ausfaltungsprozess aller unterschiedlichen, mitunter gegensätzlichen Potentiale:

> „Die Auflösung jener einfachen Einheit ist das Resultat der ersten Erfahrung; es ist durch sie ein reines Selbstbewußtsein und ein Bewußtsein gesetzt, welches nicht rein für sich, sondern für ein anderes, d. h. als *seiendes* Bewußtsein oder Bewußtsein in der Gestalt der *Dingheit* ist. Beide Momente sind wesentlich; – da sie zunächst ungleich und entgegen-

[24] Hegel, PdG, Vorrede, 12.

> gesetzt sind und ihre Reflexion in die Einheit sich noch nicht ergeben hat, so sind sie als zwei entgegengesetzte Gestalten des Bewußtseins; die eine das selbständige, welchem das Fürsichsein, die andere das unselbständige, dem das Leben oder das Sein für ein Anderes das Wesen ist; jenes ist der *Herr*, dies der *Knecht*."[25]

Diesen Vorgang der Ausdifferenzierung nennt Hegel, abermals wertneutral und dennoch nicht selten missverstanden, *Negation*. Negation ist die Voraussetzung für Selbstständigkeit, Individualität und Abgrenzung. Negation ist radikales Nicht-Sein dessen, was gerade ist oder behauptet wird. Nur durch diese Abgrenzung ist gegenständliche Erfahrung überhaupt möglich. In der Nacht, so Hegel, in der alle Kühe grau sind, erkenne ich keinen Unterschied. Hegels Denken weist der Negation in dem Gesamtprozess der Selbstentfaltung eine wesentliche, wenn nicht gar *die* zentrale Rolle zu. Auch für ihn gilt der Grundsatz Spinozas: „Definitio est negatio". Nur in der Abgrenzung findet der Denkvorgang statt, weil nur in der Negation die Konturen und Grenzen des gegenständlichen Erkennens überhaupt sichtbar werden.

Die Aufhebung als Vereinigung der Gegensätze

Erst in einem dritten Schritt, der Aufhebung, werden die beiden vorgängigen Stufen von Bewusstsein „an sich" und Selbstbewusstsein „für sich" in einer alles umfassenden Wirklichkeit „an und für sich" synthetisiert. Unter Bewusstsein „an sich" versteht Hegel den noch völlig unbestimmten Ursprung – die Knospe, die sich dann in einem Prozess der Selbstentfaltung zur Blüte, zum Individuum entfaltet und damit „für sich" und „für andere" zum unverwechselbaren Gegenstand der Erfahrung wird. Erst in der Frucht kommt dieser Prozess dann an sein Ziel „an und für sich". Diese umfassende Wirklichkeit generiert keine neuen Differenzen, ist allerdings nicht ein unbestimmtes Allerlei, sondern ein Zustand letztgültiger Erkenntnis, die keine neuen Fragen mehr kennt – weil alles begriffen und verstanden ist. Wir kennen diesen Moment, in dem mit einem Schlag alle offenen

---

[25] Ebd., 150.

Fragen beantwortet, alle Zweifel beseitigt und jeder Einwand widerlegt ist. Dieser Moment der Wahrheit benötigt auch keine weiteren Rechtfertigungen oder Erklärungen. Er erklärt sich vielmehr selbst.

Hegel unterscheidet in nahezu allen Schriften die drei Grundmodi von Wirklichkeit („an sich“ – „für sich“ – „an und für sich“), die nur in ihrer Beziehung zueinander bestimmbar bleiben und einander wechselseitig aufheben. Etwas „aufheben“ kann verschiedene Dimensionen ansprechen: Vom Boden etwas aufheben, bedeutet, es zu bewahren. Grenzkontrollen und Barrikaden können aufgehoben werden. In der Hegelschen Aufhebung schwingen diese Bedeutungen alle mit. Im engeren Sinne versteht er unter „Aufhebung“ den Selbstentfaltungsprozess, bei dem die drei Grundmodi sich wechselseitig ablösen.

Die Aufhebung in die nächsthöhere Stufe erfolgt dabei durch den Vorgang der Negation. Schauen wir uns diesen zentralen Begriff der Hegelschen Erkenntnislehre noch einmal genauer an, nicht nur, weil er Opfer zahlreicher Missverständnisse war, sondern weil er ein Grundprinzip von Wissenschaft ganz allgemein beschreibt.

Negation als Korrektiv absoluter Wahrheitsansprüche

Um Hegels Verständnis von Negation richtig einzuordnen, müssen wir einen Blick in die antike Philosophie werfen. Der Jenaer Hegelforscher Klaus Vieweg (*1953) hebt die Negation als ein Prinzip hervor, das sich Hegel bereits als Tübinger Student durch die Studien antiker Skeptiker angeeignet hat und seitdem sein ganzes Denken bis in die späten Schriften begleitet. Hegels Studium der griechischen Philosophie und Literatur wurde insbesondere durch die Arbeiten des zeitgenössischen Heidelberger Altphilologen und Mythenforschers Friedrich Creuzer (1771–1858) geprägt. Hier entdeckte er die zeitübergreifende Bedeutung des antiken Skeptizismus. Die Skepsis versucht, durch das Prinzip der Negation jede sichere Erkenntnis von vorneherein auszuschließen. Sie stellt für Hegel den korrigierenden Kontrast zum platonischen Wahrheitsbegriff und seiner Stellung innerhalb der Philosophie dar. Erst mit der Skepsis gewinnt das platonische Denken an Profil, weil sich sein affirmativer Wahrheitsanspruch in Auseinandersetzung in den skeptischen Einwänden bewähren muss.

Für den antiken Skeptizismus sind die sogenannten fünf „Tropen“ entscheidend. Unter Tropen versteht man prinzipielle Einwände gegen eine Behauptung oder eine aufgestellte These. Sie gehen auf den Skeptiker Agrippa zurück, der im ersten vorchristlichen Jahrhundert gelehrt hat.

Die Einwände oder Tropen verweisen

(1) auf die Vielfalt von Meinungen und Ansichten, die alle für sich einen alleinigen Geltungsanspruch markieren;
(2) auf den grundsätzlich unendlichen Progress der Erkenntnis beziehungsweise den infiniten Regress des Fragens, sodass Ergebnisse alles andere als endgültig sind;
(3) auf die prinzipielle Relativität aller Ansichten und Erkenntnisse, die sich aus den beiden vorhergehenden Tropen ergibt;
(4) auf die Unabdingbarkeit implizit mitbejahter Voraussetzungen und somit auf die Tatsache, dass keine noch so absolute, ewige Wahrheit ohne Vorgeschichte und völlig bedingungslos ist;
(5) schließlich auf die Gefahr von Zirkelschlüssen, also auf die in den Antworten gewonnenen Einsichten, die bereits in der vorausgegangenen Fragestellung enthalten sind und damit im Grunde keinen Erkenntnisgewinn darstellen.

Ähnliche lautende Tropen formuliert Aenesidemus, ein ebenso im ersten vorchristlichen Jahrhundert lebender Vertreter der „pyrrhonischen Skepsis“, die selbst den negativen Einwand als relativ betrachtete – quasi eine Negation der Negation – und damit Zweifel an jeder Form von belastbaren Aussagen und Sätzen hegte. Bekannter dürfte das nach dem bekannten Lügenbaron benannte „Münchhausen Trilemma“ von Hans Albert (*1921) sein, einem modernen Vertreter des kritischen Rationalismus, der drei Haupteinwände gegen einen absoluten Wahrheitsanspruch formuliert. Albert zufolge endet jeder Versuch, durch Beweise zu absolut sicherem Wissen zu gelangen, in einer der drei folgenden Sackgassen: Es kommt zu einem infiniten Regress von Begründungen; das bedeutet, dass jede Begründung eine weitere Erklärung nach sich ziehen würde. Oder man gerät in einen logischen Zirkel: Hier wird zur Begründung bestimmter Aussagen auf bereits bestehende Implikationen zurückgegriffen. Schließlich wird das Begründungsverfahren zu einem beliebigen Zeitpunkt dogmatisch abgebrochen. Für bestimmte Begründungen werden weitere Nachweise einfach abgelehnt.

Für Hegel können Wahrheitsansprüche nur erhoben werden, wenn sie sich in Auseinandersetzung mit den Einwänden der Skeptiker bewährt haben. Hegel kann daher durchaus als ein Vordenker der modernen Diskussionskultur bezeichnet werden. Dass er damit noch zu Beginn des 19. Jahrhunderts nicht nur Anhänger, sondern auch zahlreiche Kritiker hatte, versteht sich von selbst.

Die Methode einer skeptischen Bestreitung jedweder Absolutheit hatte Folgen. Hegel wendet sich entschieden gegen jede Form von Dogmatismus, und, wie er es nennt, „moralischen Despotismus". Etwas „glauben zu müssen", nur weil man es nicht begreifen kann, widerspricht Hegel zutiefst. Damit lehnt er zum einen jeden religiösen Fideismus ab, gleichgültig ob katholischer oder evangelischer Couleur. Natürlich ist Hegels Haltung aus der Perspektive des kirchlichen Lehramts eine Zumutung. Freiheit in Glaubensfragen zu fordern war in dieser Zeit geradezu utopisch.

Zum anderen liegt die Heftigkeit, mit der sich Hegel gegen jeden unbegründeten Wahrheitsanspruch zur Wehr setzt, auch in seinen Erfahrungen mit den Lehr- und Denkverboten begründet, die mit der Schreckensherrschaft im revolutionären Frankreich sowie der Restauration Gesamteuropas nach dem Sieg über Napoleon einsetzten und jede Form von Meinungsfreiheit wieder unterdrückten. Darüber hinaus waren auch die wie Pilze aus dem Boden schießenden naturwissenschaftlichen Entdeckungen in dieser Zeit anfällig für ein absolutes Wirklichkeits- beziehungsweise Wahrheitsparadigma.

Unwidersprochene Wahrheitsbehauptungen allein entsprechen, um eine häufig benutzte Metapher Hegels zu zitieren, jener „leeren 1", die nicht mehr durch den reflexiv-negierenden Verstand gedacht werden kann. Darunter fallen beispielsweise alle Behauptungen, die einfach in den Raum gestellt und ohne begründenden und einordnenden Kontext postuliert werden. Da die „leere 1" grenzen- und gestaltlos bleibt, wird sie schlichtweg dogmatisch behauptet. Die „leere 1" kennt keine Negation und kann deswegen nicht zum Gegenstand des Denkens gemacht werden. Denken bedeutet jedoch immer das Denken von etwas Konkretem und dieses gegenständliche Denken ist ein wechselseitiger Abgrenzungsprozess. Etwas *ist* so und zugleich *nicht anders*. Auf keinem Fall heißt Denken das bloße Herantasten an ein nebulöses Etwas, das sich ständig dem Zugriff entzieht. Der Skeptiker Sextus Empiricus nennt im zweiten nachchristlichen Jahrhundert den Vorgang der Abgrenzung „Epoché" (gr. ἐποχή, zu Deutsch: Enthaltung oder Einschränkung). Daher bedarf der affirmative Ansatz, für den in der Antike etwa der Name Platon steht, stets der Infragestellung durch seinen Gegenspieler, den Skeptizismus, um letztlich absolute Gewissheit zu erlangen und den hartnäckigen Zweifel zu überwinden. Überwinden bedeutet nicht abstreiten oder ablehnen, sondern ein integratives Rezipieren – eben das „Aufheben". Der Skeptizismus ist sozusagen der Trainingspartner, der die Wahrheit in eine bessere Form bringt. Dies ist das oberste Ziel. Klaus Vieweg formuliert diesen sicherlich nicht so leicht verständlichen Zusammenhang mithilfe Hegel wie folgt:

> „Das im Geist als begreifendes Denken konstituierte Muster kann aufgrund der Inklusion des Relationalen, der Negativität, dem Skeptizismus mit seinem Gedanken der Relativität Paroli bieten. Nur weil der Geist in der ‚absoluten Zerrissenheit sich selbst findet', ‚dem Negativen ins Angesicht schaut, bey ihm verweilt', es als Moment seiner selbst versteht und dies als die umkehrende Zauberkraft begreift, gewinnt er mittels der Inklusion des Negativen Resistenz gegen den Skeptizismus."[26]

Begreifen bedeutet Inklusion des Widerspruchs. Für Hegel ist es historisch kein Zufall, dass sich die einander diametral gegenüberstehenden Ansätze von Platon und der Skepsis zeitgleich entwickelt haben und unabhängig voneinander gelehrt wurden. Die sokratische Ideenlehre hat sich in Konkurrenz zur Athener Sophistik des Protagoras von Abdera, die bereits erwähnte pyrrhonische Skepsis zur Zeit der mittelplatonischen Akademie als Gegenbewegung entfaltet; der Skeptiker Sextus Empiricus lehrte zur Zeit Plotins. Er bezeichnet sich selbst als „Häretiker" (gr. αἵρεσις) und seine Schule als eine „Sekte" (gr. ἀκολουθούσης ἀγωγῆς) gegenüber dem dominierenden neuplatonischen Zeitgeist.

Aber: Nur gemeinsam bilden die beiden Ansätze die ganze Wirklichkeit des Denkens und der Erfahrung ab. Insofern lassen sich aus der Vogelperspektive einer historischen Rückschau zwei Traditionsstränge ermitteln; auf der linken Seite finden sich die Vertreter eines affirmativen Wahrheitsanspruches, auf der rechten Seite die der entsprechend relativierenden bis skeptischen Position.

---

[26] K. Vieweg, Hegel. Der Philosoph der Freiheit. Biographie, München 2019, 302f.

Wahrheit	Sokrates / Platon	Skepsis	Protagoras
	Plotin		Sextus Empiricus

Für Hegel setzt sich Wahrheit aus Affirmation und Negation, aus Behauptung und Skepsis gleichermaßen zusammen. In ähnlicher Weise lässt sich Hegels Verständnis von Wirklichkeit aus den dialektischen Säulen von Identität und Differenz verstehen. Die mitunter unversöhnliche Suche nach dem primären Ort, nach dem voraussetzungslosen Ursprung, ist bei ihm ein Miteinander, durch das sich die Realität insgesamt auszeichnet. Die Suche nach einem ersten Einheitspunkt bei Fichte kann für Hegel daher nur scheitern, weil der Verstand unter den Voraussetzungen der Differenz arbeitet, er also gar nicht anders kann, als in Negation zu denken – ansonsten denkt er nicht. Das absolute Ich Fichtes lässt sich nicht denken. Dieses ambivalente Abgrenzungs- und Abhängigkeitsverhältnis beschreibt Hegel in einem Bild, das in der Folgezeit gerne zitiert, aber auch missverstanden worden ist.

Herr und Knecht

Negation ist kein Selbstzweck, sondern steht immer in Abhängigkeit zum Gegenstand der Abgrenzung. Negation ist ein Moment der Begriffsbildung und Wahrheitsfindung. Sich von etwas zu unterscheiden, bedeutet zunächst keine Unabhängigkeit und keine Freiheit im absoluten, sondern nur in einem bedingten Sinn. Die Interdependenz, die darin zum Ausdruck kommt, erläutert Hegel in dem Bild von „Herr" und „Knecht", das in dem bereits erwähnten Zitat auftauchte:

> „so sind sie als zwei entgegengesetzte Gestalten des Bewusstseins; die eine das selbständige, welchem das Fürsichsein, die andere das unselbständige, dem das Leben oder das Sein für ein Anderes das Wesen ist; jenes ist der *Herr*, dies der *Knecht*."[27]

[27] Hegel, PdG, 150.

Die für heutige Verhältnisse etwas altertümlich wirkenden Begriffe sollten dabei nicht abschrecken. „Herr" und „Knecht" sind im Prozess der Selbstentfaltung zwei temporäre Erscheinungsformen, die in ihrer vermeintlichen Gegensätzlichkeit gleichwohl aufeinander angewiesen bleiben. Die beiden verbindet mehr, als man zunächst meint. Bei eingehender Betrachtung wird man tatsächlich feststellen, dass keine Position ohne die jeweils andere existieren könnte. Sie sind wie Kraft und Gegenkraft, Nord und Süd, positiv und negativ, oben und unten. Sie sind dialektisch aufeinander bezogen.

Diese Bezogenheit drückt sich etwa in unseren heutigen Rollenbildern aus. Moderne Arbeitgeber sind heute längst nicht mehr die allmächtigen Direktoren von einst. Arbeitnehmer ihrerseits wissen, dass zu hohe Gehaltsforderungen dem Unternehmen schaden und müssen in ihren Lohnvorstellungen auch unternehmerische Aspekte berücksichtigen. In heutigen Start-ups sind die Unternehmer von angestellten Mitarbeitern äußerlich kaum zu unterscheiden. In modernen Beziehungen gehören die alten Rollenbilder ohnehin längst der Vergangenheit an. Der Familienname ist nicht mehr automatisch das Privileg des Mannes. Machtdiskurse finden heutzutage nicht mehr zwischen den herkömmlichen Standes- und Geschlechtergrenzen statt, sondern oszillieren und erscheinen nicht selten in Gestalt ihres vermeintlichen Gegenteils. Während in früheren Gesellschaftsordnungen Arbeit und Freizeit, Feier- und Werktage strikt voneinander getrennt waren, verschwimmen in einer neoliberalen Wettbewerbsgesellschaft die Grenzen zwischen Beruf und Privatleben. Das macht das Leben nicht immer einfacher. Die an sich positiven Werte der Flexibilität und Erreichbarkeit bedeuten in nicht wenigen Fällen ein atemloses Leben in Dauerbereitschaft und permanenter Mobilität.

Die Ambivalenz von Macht und Unterdrückung wird auch in einem anderen Zusammenhang deutlich. Mit Rückgriff auf den französischen Philosophen und Soziologen Michel Foucault (1926–1984) hat die US-amerikanische Gendertheoretikerin Judith Butler (*1956) das Verhältnis von Herr und Knecht als einen für das eigene Selbstbewusstsein notwendigen Prozess beschrieben, ohne den der spätere Mensch als willenloses Objekt den Machtansprüchen anderer hoffnungslos ausgesetzt wäre. Das Gefühl der Unterdrückung entsteht bekanntlich erst dort, wo sich ein Selbstbewusstsein und damit ein eigener Machtanspruch bereits gebildet haben. Die Erfahrung von Macht ist also für die Entwicklung zu einer selbstbewussten Persönlichkeit entscheidend:

> „Verstehen wir aber mit Foucault Macht auch als das, was Subjekte allererst bildet oder formt, was dem Subjekt erst seine schiere Daseinsbedingung und die Richtung seines Begehrens gibt, dann ist Macht nicht einfach etwas, gegen das wir uns wehren, sondern zugleich im strengen Sinne das, wovon unsere Existenz abhängt und was wir in uns selbst hegen und pflegen."[28]

Die Erfahrung von Fremdbestimmung ist also erst als Folge eines bereits entwickelten Machtbewusstseins möglich. Die Auseinandersetzungen mit fremder Macht setzt eigene Macht voraus. So gesehen sind die ersten Sozialgesetzgebungen zur Zeit Hegels die logische Folge der Aufstände unterdrückter Arbeiterschichten im 19. Jahrhundert, die sich ihrer rechtlosen Situation bereits bewusst waren. Die Hungerrevolten der Weber Mitte der 50er Jahre in Schlesien und der wachsende Unmut über zum Himmel schreiende Ungerechtigkeitsverhältnisse sind das Ergebnis eines bereits gebildeten Selbstbewusstseins. Das Einlenken des Staates erfolgte wiederum um des eigenen Machterhalts willen. Umgekehrt identifiziert sich die Bevölkerung eher mit ihrem Land, wenn man ihre Ansprüche in die Entscheidungsfindung miteinbezieht, die Macht also spürbar mit ihr geteilt wird. Die politischen Entscheidungsinstanzen werden so im wörtlichen Sinne zum Minister, zum Diener des Landes. Heutige Konzerne haben schon längst erkannt, dass eine gegen den Willen der eigenen Angestellten gerichtete Beschäftigungspolitik für kein Unternehmen auf Dauer von Erfolg gekrönt sein kann. Im Gegenteil: Die subtilen Maßnahmen zur Erhöhung einer *Corporate Identity*, mithilfe derer sich die Einsatzbereitschaft des Mitarbeiters steigern lässt, zählen heute zum Standardrepertoire moderner Unternehmenskultur. Die Bestimmung Hegels von Herr und Knecht als reziprokem Korrespondenzverhältnis erweist sich somit als zentrales Mittel moderner Selbststeuerungsverfahren.

---

[28] J. Butler, Psyche der Macht. Das Subjekt der Unterwerfung, Frankfurt a. M. 2001, 7.

Hegels Dialektik: An sich – Für sich – An und für sich

Versuchen wir, den bisherigen Gedankenverlauf in der Terminologie Hegels zusammenzufassen: Im Bild von der Entstehung der Frucht aus Knospe und Blüte tauchen bereits wichtige Grundbegriffe Hegels auf, die sich als Hintergrundmotiv durch seine Schriften ziehen: „an sich" – „für sich" – „an und für sich". Das Ausgangsstadium ist der *an sich* seiende, allerdings noch völlig unbestimmte Grund, das „Bewusstsein", aus dem sich das *für sich* Seiende des Individuums, das „Selbstbewusstsein" der Einzelerscheinung entfaltet, allerdings in seiner singulären Gestalt nur in Absetzung für sich – und damit in Abhängigkeit vom ursächlichen Grund und der individuellen Konkurrenz. Im Selbstbewusstsein unterscheidet Hegel wiederum die drei Erscheinungsformen der *Vernunft*, des *Geistes* und der *Religion*.

In der Individualisierungs- und Abgrenzungsphase des Selbstbewusstseins ist aber noch nicht die letztgültige Bestimmung erreicht; es werden lediglich die extremen Gegensätze zur an sich seienden Unbestimmtheit der Ausgangsform benannt. Bewusstsein und Selbstbewusstsein heben sich erst in der finalen Vernunft auf, die wesensgemäß und selbstbewusst zugleich, allgemein und individuell sowie unter- und fremdbestimmt ist und mehr als die Summe der Bestandteile, sondern in der Tat ein Drittes darstellt. Dieses Dritte setzt gleichwohl den zu seiner Entstehung unabdingbaren Vorgang seiner vorauslaufenden Teile als seine notwendigen Bedingungen voraus. Der Vergleich mit alltäglichen Vorgängen drängt sich auf: Etwa natürliche Ereignisse wie die der Blütenbildung und Fruchtreifung, wie sie Hegel selbst beschreibt, oder die Essenszubereitung. Die fertige Mahlzeit besteht nicht aus der simplen Aneinanderreihung einzelner Zutaten, etwa aus Mehl, Hefe und dem Öl an sich, sondern setzt die Beziehung füreinander durch ihre Verarbeitung voraus. Am Ende steht dann ein Pizzateig *an-und-für-sich*, der mehr ist als die Addition der Bestandteile, aber auch nicht ihre Auflösung, sondern ihre Aufhebung.

Diesem Procedere entsprechen die Momente der Geistwerdung: *Bewusstsein*, *Selbstbewusstsein* und *Vernunft*. Sie sind Zwischenstationen eines allumfassenden Systems des Geistes, der in seiner Selbstentfaltung diesen Prozess notwendigerweise durchlaufen muss. Ohne diese Entwicklung könnte das absolute Wissen, der sich selbst wissende Geist, sich selbst nicht verwirklichen und sich als eine Realität „an und für sich“ erweisen. Die Wirklichkeit ist also ein universaler Vorgang der Selbstfindung, deren Fragmente in den bisherigen Narrativen und Theorien nicht falsch, aber noch nicht vollständig sind. Der Ablauf unterliegt vielmehr dem Prozess wechselseitiger Bedingtheit und Aufhebung in einem Akt geistgesteuerter Synergie:

> „Das Logische ist das Dialektische, wo das Sein als solches betrachtet ist, das als Unmittelbares unwahr ist. Die Wahrheit des Seins ist das Werden; Werden ist eine Bestimmung, sich auf sich beziehend, etwas Unmittelbares, eine ganz einfache Vorstellung, enthält aber die beiden Bestimmungen Sein und Nichtsein.“[29]

In diesem Verständnis von Wirklichkeit werden Mensch und Natur, die bislang vor allem als Konkurrenten in der Auseinandersetzung zwischen Rationalismus und Empirismus gesehen wurden, zusammengeführt: die Freiheit Spinozas, die Transzendentalphilosophie Kants einerseits, sowie deren Kritik durch die Gefühlstheologie Friedrich Schleiermachers (1768–1834), die pietistische Innerlichkeit Jacobis und die schöpferische Produktivkraft des Ich bei Fichte andererseits. Die Selbstentfaltung der Realität umfasst damit sämtliche Bereiche, die in der bisherigen Philosophie immer getrennt verhandelt wurden; entweder zugunsten des denkenden Subjekts als Erlebnisraum der Freiheit oder zugunsten des räumlichen Gegenstands als Erfahrungsraum der Natur. Hegel begreift die Wirklichkeit nicht als ein konkurrierendes, sondern als bedingendes Miteinander von Kräften. Die Geschichte des Menschen ist von der bipolaren Spannung zwischen den beiden Wirklichkeitssphären geprägt. Von einem „Klassenkampf“, von dem die linkshegelianische Schule gerne spricht, ist bei Hegel übrigens nichts zu lesen. Von einem Kampf, soviel dürfte klar sein, ist bei Hegel nie die Rede. Im Gegenteil: Erst im Anderen komme ich zu mir selbst. Das Gegenüber ist der notwendige Konstitutionsort meiner Selbstverwirklichung. Damit ist der Begriff von Freiheit, den Hegel in allen Fassungen seines Denkens bezüglich der unterschiedlichen Teilaspekte der Wirklichkeit expliziert, etwas anderes als das, was wir uns heute gerne darunter vorstellen. Es geht eben nicht um egoistische Selbstverwirklichung auf Kosten des Anderen, sondern um eine Selbstwerdung *mit* und

[29] G. W. F. Hegel, Vorlesungen über die Philosophie der Religion I, in: TWA 16, 159.

über den Anderen. Im Anderen seiner selbst bei sich selber sein – so oder so ähnlich könnte eine Freiheitsdefinition von Hegel lauten. Nicht der selbstverliebte Blick in den Spiegel, sondern das Ankommen im Gegenüber bedeutet Freiheit. Die „Einheit seiner selbst in seinem Anderssein; […] *Ich*, das *Wir*, und *Wir*, das *Ich* ist", so Hegels Formulierung.[30] Die Negativität des eigenen Selbst im Anderen ist insofern unabdingbare Voraussetzung der eigenen Selbstentfaltung.

Hegels Logik: Wesen – Sein – Begriff – Idee

Hegel entfaltet den dynamischen Prozess von Bewusstsein, Selbstbewusstsein, Geist und Wissen in den unterschiedlichsten Bereichen der Philosophie. In der Philosophie der Logik sind die Zusammenhänge ebenso organisch miteinander verbunden. Hier entsprechen die Stadien des Bewusstseins den logischen Grundtermini des unbestimmten Wesens, des bestimmten Seins, seines gedachten Begriffs sowie der alles umfassenden absoluten Idee. Aus ihrer dialektischen Entfaltung lässt sich eine Grammatik wissenschaftlicher Begriffsbildung ableiten, die die bisherigen Theorien, insbesondere die von Kant und Fichte und jene der bisherigen Metaphysik insgesamt, ablöst.

Hegels Verständnis von Logik ist dabei ein anderes als die Logik, die wir üblicherweise im Kopf haben. Wir denken heute bei Logik an plausible Schlussfolgerungen, die sich aus einem Sachverhalt ergeben. Für Hegel steckt die Logik bereits in den Begriffen sowie in deren Voraussetzungen. Aber wie entstehen eigentlich Begriffe? Was ist das Wesentliche eines Begriffs? Für Hegel ist klar: Auch Begriffe lassen sich logisch entwickeln und ableiten. Der Zusammenhang von allgemeinem Wesen und bestimmbarem Sein gehört sicherlich zu den größten Schwierigkeiten, mit denen Hegel seine Leser konfrontiert – und beizeiten zur Verzweiflung bringt. Vielleicht versuchen wir daher den Gedankengang Hegels mithilfe eines Vergleichs zu erläutern.

Der Begriff des Schachspiels beschreibt eine Wirklichkeit, die gleich mehrere Dinge voraussetzt: Ein Brett, Spielfiguren und zwei Spieler. Das Spiel beginnt zwar mit dem ersten Zug, aber es setzt ein Wissen um die begrifflichen Regeln voraus. Hätten hingegen die beiden Spieler

---

30 Ders., PdG, 145. Hegels Schriften sind voller Hervorhebungen, die auch in den Zitaten wiedergegeben werden.

von den Regeln keine Ahnung, würden sie sich äußerlich nicht von zwei Schachweltmeistern unterscheiden, tatsächlich wären sie freilich Lichtjahre davon entfernt, Schach zu spielen. Diese grundsätzliche Differenz zwischen den jeweiligen Wissenszuständen ist nur auf der denkerischen Ebene diagnostizierbar, nicht auf der sinnlichen. Gleichwohl ist das spezielle Wissen als eine Möglichkeitsbedingung für ein Schachspiel unabdingbar. Aus diesem wesenskonstituierenden Grund, die Regeln eines Spiels zu kennen, lässt sich erst der Begriff des „Schachspiels" ableiten. Wenn man so will, wird die Szenerie zweier Menschen, die vor einem schwarz-weiß kariertem Brett mit Figuren sitzen, zum *Begriff* eines Schachspiels, während das entsprechende Wissen das *Wesen* und damit die Basis dafür ist, dass ein Schachspiel überhaupt stattfinden kann.

Was bedeutet Sklaverei?

An einem anderen Beispiel, mit dem sich Hegel im Rahmen seiner Philosophie der Geschichte selbst beschäftigt hat, lässt sich die logische Selbstentfaltung eines Begriffs ebenso anschaulich nachvollziehen: Die Sklaverei ist ein Zustand, in dem sich Menschen unfreiwillig befinden und in dem sie als Eigentum anderer Menschen betrachtet werden. Sklaverei hat es zu allen Zeiten gegeben und ist daher ein sehr vielschichtiges und weitreichendes Phänomen. Wie entsteht nun für Hegel die begriffliche Vorstellung darüber? Aus einer unreflektierten Anschauung dessen, was Sklaverei an sich bedeutet, bildet sich aufgrund der historischen Faktizität – etwa in der antiken Gesellschaft – eine durch diskursive Negation abgeleitete, begriffliche Vorstellung. Mit Sklaverei verbinden wir also gewöhnlich einen unfreien Menschen in der antiken Gesellschaft. Diese begriffliche Vorstellung ist wiederum offen für ein kontextunabhängiges Verständnis, ein „Wissen", das den Begriff in die Idee „Sklaverei" aufhebt. Im Prozess vom allgemeinen Wesen zum konkreten Begriff und schließlich zur höheren Idee wird ein allgemeiner Common Sense, ein mit Hegels Worten, „begreifendes Wissen" generiert. Das Sklave-Sein situiert sich damit als eine Wesensform, die den unfreien Menschen in allen Variationen erfasst. Das Ergebnis davon ist, dass „Sklave-sein" als Idee in jeden Kontext gesellschaftlicher oder menschlicher Erfahrung übertragbar wird – auch in Bereiche, die auf den ersten Blick scheinbar nichts mit einem unfreien Dasein eines Tagelöhners zu tun haben. Die reale Erfahrung von Unfreiheit ist also rückgebunden an ein höheres Wissen um den freien Menschen.

Beispielsweise werden gerade in autokratisch regierten Ländern Social Media wie Facebook und Instagram zu Symbolen der Freiheit und stellen in sich bereits eine Gefahr für alle Despoten dar. So nimmt es nicht Wunder, dass Diktaturen als erstes die Internetverbindungen blockieren, wenn sich im Land Unruhen abzeichnen. Das ist die eine Seite sozialer Netzwerke. Die andere Seite wird von der modernen Kommunikationsgesellschaft selbst erzeugt, die zwar den Freiheits- und Demokratiegedanken in jedes Smartphone der Welt überträgt, allerdings auch neue Spielarten von „Sklaverei" hervorruft, die man auf den ersten Blick gar nicht erkennt und die weitaus vielfältiger sind: angefangen von den inhumanen Arbeitsverhältnissen in Ländern, die an der Herstellung der Geräte beteiligt sind, bis zu den psychischen Abhängigkeitssymptomen bei jungen Menschen in Ländern des globalen Nordens. In der Logik Hegels beschreibt das Sklave-Sein einen Seinszustand vor jeder Rechtsauslegung, der einen Verstoß gegen den Menschen als freiem Wesen darstellt. Der Begriff stellt einen *ab-soluten*, das heißt einen von den konkreten Begleitumständen losgelösten Wert an sich dar. Dieser Wert verweist auf eine logische Ebene, die jeder konkreten Erscheinungsform von Sklaverei konstitutiv vorausgeht. Um etwas in der Welt zu erkennen, muss ich um die Bedeutung des Erkannten begrifflich wissen.

In den letzten Jahren sind neue Erscheinungsformen von Sklaverei ins Bewusstsein gerückt: Die menschenverachtenden Zustände in südostasiatischen Textilfabriken, die modernen Sklaven in den Coltan-Abbaugebieten Zentralafrikas, die Billiglohnarbeiter aus Südosteuropa in den heimischen Schlachtbetrieben. In westlichen Gesellschaften bleibt die Entwicklung aber auch nicht einfach stehen: Hier entwickelt sich das Bewusstsein von Sklaverei weiter, das einerseits in der konkreten Rechtsprechung durch Gesetze Anwendung findet, andererseits in der Rechtswissenschaft als Begriff eine der konkreten Erfahrung vorauslaufende Denkform darstellt, an der sich die Rechtsprechung auszurichten hat. Aus diesem logischen Zusammenhang lässt sich ein zeit- und ortsunabhängiges Gesamtbild von Sklaverei bestimmen, das als terminologische Grundlage für die moderne Rechtswissenschaft dient, die ständig damit beschäftigt ist, aus einem allgemeinen Verständnis jeweils anwendbare Regulative menschlichen Miteinanders zu generieren.

Was in der Logik und der Rechtsphilosophie von Hegel als Transformation von der unbestimmten Anschauung des Wesens über das Sein eines Begriffs zu einer zeitunabhängigen Idee beschrieben wird, lässt sich in alle geschichtlichen Abläufe übertragen. Transformationsprozesse sind so etwas wie die Signatur der Geschichte. Sie lassen sich nach Hegel nur verstehen, wenn man in ihnen die logische Selbstentfaltung von Begriffen erkennt.

Ein Vordenker der Moderne

Hegels Leistung besteht darin, die Transzendentalphilosophie Kants durch ein prozessuales Verständnis von Philosophie weiterentwickelt zu haben. Noch vor Kant ging man von der objektiven Gegebenheit einer zu erkennenden Welt aus. Die Sinne, mit denen ich diese erfahre, mussten sich nach der Welt richten. Die beiden Bereiche standen einander statisch gegenüber. Diese Einseitigkeit wurde auch durch Kants kopernikanische Wende nicht verändert, nur umgedreht. Nun müssen sich die Objekte nach dem Subjekt und den transzendentalen Möglichkeitsbedingungen seiner Anschauungsformen richten. Aber der cartesianische Graben zwischen Denken und Sein, zwischen Mensch und Natur, bleibt auch bei Kant nach wie vor bestehen.

Hegel seinerseits versteht Erkenntnis als etwas, das Auswirkungen auf beiden Seiten haben muss. Indem über das Prädikat etwas Allgemeines gesagt wird, wird auch etwas über das erkennende Subjekt behauptet – und umgekehrt. Jede allgemeine Erkenntnis fällt also auch auf den zurück, der diese Erkenntnis macht. Wir sind damit auf die eine oder andere Weise jeweils ein Spiegelbild unserer Welt, mit der wir uns auseinandersetzen. Menschen sind nicht die objektiven Betrachter ihrer Welt, sondern vielmehr ein Abbild ihrer Umgebung, meist ohne es zu merken.

Schon in seiner „Differenzschrift" betont Hegel gegen Fichte, und indirekt gegen Kant, die neue Ausrichtung seines Ansatzes: Das Absolute „ist das Ziel, das gesucht wird; es ist schon vorhanden; wie könnte es sonst gesucht werden?"[31] Mit anderen Worten: Wir tragen schon immer eine Vorstellung dessen in uns, nach dem wir Aus-

[31] Ders., Differenzschrift, 24.

schau halten. Geist und Natur sind einander ähnlicher als man bisher gedacht hat. Die Objektivität von Erkenntnis, von der alle bisherigen Auffassungen ausgingen, wird bei Hegel infrage gestellt. Erkenntnis ist nichts Statisches, sondern Bewegung. Diese Bewegung hat ihrerseits Auswirkungen auf die ursprünglichen Bedingungen. Wenn wir einen Sachverhalt als wahr erkannt haben, sind wir im Lichte dessen andere Menschen als zuvor. Die Geschichte kennt für Hegel keine Wiederholung.

Im Gegensatz zu Hegel schwärmen Schelling und andere Frühromantiker noch von einer „neuen Mythologie“, von „schöner Kunst“ als „ästhetische[r]“ oder „poetische[r] Religion“, und denken dabei doch nur an das antike Griechenland oder den damals in Mode gekommenen Reiz des Orients. Hingegen ist für Hegel die Abfolge der Zeit unumkehrbar, auch wenn die Bedingungen des Erkennens bereits in den Voraussetzungen des Anfangs vollständig enthalten sind. Insofern ist für ihn die Dynamik des Denkens vergleichbar mit einem „Kreis, der sein Ende als seinen Zweck voraussetzt und zum Anfange hat und nur durch die Ausführung und sein Ende wirklich ist.“[32] Die Kreisbewegung ist allerdings nicht wie eine Reset-Taste, die alle Zwischenstadien der Erkenntnis gleichsam wieder auslöscht, sondern die Wiedergewinnung einer Identität auf höherer Ebene: Im Lichte einer erkannten Wahrheit sind wir mit uns im Reinen, wir spüren dieses Einssein als eine Form geistiger Genugtuung. Wissen erzeugt wohltuende Ruhe und verkörpert darin einen Mehrwert gegenüber der anfänglichen Unbestimmtheit des schieren Bewusstseins.

Erkenntnis ist ein temporales, sich veränderndes und prozessuales Geschehen. Wissen verhilft uns zu *neuen* Ergebnissen, die allerdings nur auf der Grundlage der vorherigen erfolgen können. Kurzum: Erkenntnis ist nicht, wie in den klassischen Theorien angenommen, die zaghafte Annäherung an das Unbewegte, Bleibende und Ewige, sondern eine dynamische Entwicklung, deren Bedingungen, Wege und Ergebnisse sich ständig ändern. So ist etwa unsere Sicht auf die Natur ist eine andere als die eines mittelalterlichen oder frühneuzeitlichen Bauern. Hegel steht damit nicht allein. Im Gegenteil: Zu seiner Zeit werden bereits erste Theorien entwickelt, die den lebendi-

[32] Ders., PdG, Vorrede, 23.

gen Zusammenhang von Mensch und Natur zur Grundlage ihrer wissenschaftlichen Beobachtungen machen. Im Laufe des 19. Jahrhunderts sind es vor allem Alexander von Humboldt (1769–1859) und Charles Darwin (1809–1882), um nur die bekanntesten zu nennen, die das althergebrachte Naturverständnis buchstäblich über Nacht revolutionieren. Seitdem können Mensch und Natur nicht mehr getrennt voneinander gedacht werden.

Hegel hat in der Tat eine in dieser Hinsicht moderne, alle Bereiche des Lebens einbeziehende neue Form des Wissens begründet. Dieses Wissen bestreitet nicht – und das ist das Geniale seines Denkens – die Einsichten der Vergangenheit. Sie lehnt bisherige Religionen und Weltdeutungen nicht kategorisch ab, sondern sieht sie als notwendige Selbstunterscheidungen des Geistes, der sich weder am Anfang noch im Laufe der Zeit, sondern erst am Ende als eine die Gegensätze versöhnende letzte Einheit begreifen lässt.

Eine besondere Beziehung: Hegel und die Theologie

Aus heutiger Sicht erschöpft sich Hegels Modernität nicht darin, den philosophischen Auseinandersetzungen seiner Zeit voraus gewesen zu sein. Hegel versucht, die Philosophie von dem Verdacht zu befreien, dass es sich hierbei nur um theoretische Probleme von Menschen handeln würde, die mit den Erfahrungen der realen Welt nichts zu tun haben. Er möchte die Philosophie seiner Zeit aus dem mentalen Innenraum der Transzendentalität herausholen, in der sie sich nach Kant und Fichte befand, sowie Mensch und Natur als eine einzige Wirklichkeit begreifen. Wir leben nicht nur mit, sondern auch in der Materie. Wie sehr diese Einsicht stimmt, spüren wir heute im Zeitalter der Klimakatastrophe. Die Welt unserer Wahrnehmung ist ein Spiegel unseres inneren Bewusstseins. Umgekehrt spiegelt unser Bewusstsein die Wahrnehmungswelt wider. Dieses Wechselspiel trifft auch auf die besondere Beziehung zu, die Hegel zur Theologie in der damaligen Zeit hatte und heute immer noch hat.

Die Theologie zur Zeit Hegels hatte sich gegen jede innovative Sicht des Gottesbegriffs gesperrt und diese Denkbewegungen unter den Generalverdacht des Pantheismus gestellt. So wurde der Philosophie Hegels jede theologische Relevanz abgesprochen. Heute verhält es sich aber genau umgekehrt: Die einflussreichsten Ansätze in modernen Gotteslehren können auf zentrale Einsichten in Hegels Denken zurückgeführt werden. Inzwischen hat der überwiegende Teil der systematischen Theologie die Bedeutung Hegels erkannt, auch wenn man sich mit ihr kritisch auseinandersetzt. Insbesondere hinsichtlich einer ihrer wesentlichsten Aussagen, der Trinitätslehre, hat Hegels Ansatz wichtige Impulse geliefert.

Trinität als Selbstwerdung Gottes

Hegel möchte das Christentum als Religion neu denken. Im Gegensatz zu den bisherigen theistischen Entwürfen sind für ihn Gott und Welt keine getrennten Wirklichkeiten, sondern ein und dieselbe Wirklichkeit, die kein Nebeneinander kennt. Die Geschichte des Menschen ist ebenso die Geschichte Gottes. Beide Bereiche sind Ausdruck einer komplexen Einheit, deren Entwicklung in der Zeit noch nicht abgeschlossen ist. Die Lehre von der Trinität, die die Wirklichkeit Gottes als ein der menschlichen Anschauung zwar stets entzogenes, gleichwohl nicht unverständliches Sprachbild darstellt, ist in diesem Prozess der Selbstentfaltung des Ganzen enthalten.

Dazu ein kurzer Rückblick: Bereits Augustinus hat in seiner Trinitätstheologie die innergöttliche Bezogenheit der drei Personen als ein relationales Kommunikationsgeschehen in den Innenraum des Menschen verlegt. Die treffendste Analogie zum innertrinitarischen Wesen Gottes liegt für ihn weniger in der Beziehung einzelner Subjekte zueinander. Augustinus erkennt hier völlig zu Recht die Gefahr des Tritheismus, des Glaubens an drei Götter. Vielmehr interpretiert er die Trinität als ein Bild für die selbstbezügliche triadische Geiststruktur eines Menschen. Wie ist das genauer zu verstehen?

Menschliches Bewusstsein bildet nach Augustinus vor jeder äußerlichen, also zwischenmenschlichen Kommunikation semiotische Dreiheiten ab: Erinnerung – Erkenntnis – Wille sowie entsprechende Geistvollzüge Geist – Erkenntnis – Liebe. Diese sogenannten „Ternare“ gehen jedem Austausch mit anderen voraus. Wir merken dies jedes Mal, wenn wir um die passenden Worte ringen. Dabei sieht Augustinus den Menschen als *imago dei*, als Abbild Gottes, was nur auf den ersten Blick im Widerspruch zu seiner neuplatonisch-dualistischen Anthropologie steht, denn für Augustinus ist das Zentrum des Menschen seine geistige Verfasstheit, nicht der

Körper. Diese Geistdimension weist in sich jene gerade genannten Dreierstrukturen auf, die als analoges Bild der Trinität Gottes verstanden werden kann.

> „Es kennen sich also wechselseitig Vater und Sohn, jener durch Zeugen, dieser durch Gezeugtwerden. Und alles, was in ihrem Wissen, in ihrer Weisheit, in ihrem Wesen ist, sieht jeder von ihnen gleichzeitig, nicht teilweise oder nacheinander.“[33]

Der Münchener Dogmatiker Michael Schmaus (1897–1993) hat die Beobachtungen des Augustinus als „psychologische Trinität“ bezeichnet, auch wenn dieser Begriff weder der Intention des Augustinus noch der modernen Psychologie entspricht. Letztere beschäftigte sich ja gerade mit dem Unbewussten und nicht mit dem bewussten Denken. Schmaus trifft aber mit diesem Schlagwort einen wahren Punkt, weil er den Trinitätsgedanken als eine innere Differenz begreift, die äußerlich als Einheit erfahrbar ist.

In ähnlicher Weise versuchen die „Phänomenologie des Geistes“ sowie Hegels frühe Schrift „Glauben und Wissen“ die Lehre von der Trinität auf ein spekulatives Niveau zu heben, um die starre Dogmatik zu überwinden. Hegel möchte das Christentum nicht nur historisch, sondern vor allem auf der Ebene der Logik und der Gedanken begründen, indem er die Geschichte der Religion als Ausdruck eines inneren Differenzierungsprozesses des Geistes beschreibt: *Gott an-sich* als der in abstrakter Absolutheit verbleibende Vater, *Gott für-sich* als der aus sich heraustretende, sich verwirklichende Sohn, und schließlich *Gott an-und-für-sich* als der seine Abstraktheit und Äußerlichkeit überwindende, alles umfassende und alles durchdringende Geist.

Diesen Prozess der Synthesebildung rekonstruiert Hegel in den einzelnen Phasen der Religionsgeschichte: Die altorientalischen Naturreligionen spiegeln hier den Augenblick der Bewusstwerdung wider, während die Offenbarungsreligionen bereits das Stadium des Selbstbewusstseins erreicht haben. Hegel rehabilitiert damit den seit der Aufklärung kritisierten Offenbarungsbegriff, allerdings in ungewohnter Manier. Er restituiert nicht die seit Fichte und Kant wider-

---

[33] A. Augustinus, De trinitate dei, XIV, 23, in: ders., De trinitate (Bücher VIII–XI, XIV–XV, Anhang: Buch V), neu übersetzt u. m. e. Einl. hrsg. v. J. Kreuzer, Buch XV, 14 und 23, Hamburg 2001, 313.

legten Offenbarungsverständnisse der Kirche, sondern sieht in ihnen lediglich Vorstufen einer durch die Geistphilosophie bestimmbaren Phase der Geschichte.

> „Das Wahre ist das Ganze. Das Ganze aber ist nur das durch seine Entwicklung sich vollendende Wesen. Es ist von dem Absoluten zu sagen, daß es wesentlich *Resultat* ist, daß es erst am *Ende* das ist, was es in Wahrheit ist; und hierin eben besteht seine Natur, Wirkliches, Subjekt oder Sichselbstwerden zu sein.“[34]

Das *Sichselbstwerden* ist der finale Begriff innerhalb der dialektischen Vermittlung eines prozesshaften Ganzen. Das Werden Gottes konstituiert sich: Vorweltlich *im Reich des Vaters existierend*, entäußert sich das Wesen im *Reich des Sohnes* und findet sich im *Reich des Geistes* versöhnend wieder. Im Reich des Sohnes wird der Tod Christi zum spekulativen Ort höchster Entäußerung. Schon in seiner Zeit als Hauslehrer in Bern und mehr noch in der Frankfurter Periode ringt Hegel darum, Welt und Gott in der Einheit des Lebens und der Liebe zu denken. Der Ort, an dem die Einheit Gottes und des Menschen geschichtlich hervorgetreten ist, ist Jesus Christus. Er ist die sichtbar gewordene Manifestation des Göttlichen und des individualisierten Menschen in einer konkreten Person und damit der Verbindungsort zweier selbstbewusster Sphären, die diesen Prozess mit innerer Notwendigkeit durchlaufen. Anders als es der starre und unhandliche Begriff der „Person“ nahelegt, bewegt sich die Aussage von Jesu Gottessohnschaft auf einer ausschließlich geistigen Ebene. Dieses Dogma besagt, dass Jesus mit Gott-Vater eine geistige Lebenseinheit in relationaler Verschiedenheit bildet. Sein Sohn-Sein ist ganz auf den Vater ausgerichtet. Diesen Grundgedanken kennen wir bereits aus Fichtes Interpretation des Johannesprologs in der „Anweisung zum seligen Leben“. Nur im Geist ergibt sich die Möglichkeit einer Verbindung von Gott und Mensch, weil allein der Geist die Fähigkeit zur Synthesis hat. Im Gegensatz zu Fichte ist allerdings der Prozess der Selbstwerdung Gottes im Menschen lediglich eine Vorstufe zum Absoluten. Die Vollendung steht noch aus. Somit skizziert die „Phänomenologie des Geistes“ den Gang des werdenden Wissens von der sinnlichen, unmittelbaren Gewissheit

---

[34] Hegel, PdG, Vorrede, 24.

bis zum absoluten Wissen, dem sich als Geist wissenden Geist. An diesem Punkt, wie auch an zahlreichen anderen Stellen, spürt man, dass Hegel in seiner Begrifflichkeit zwar mit den klassischen Beständen der Trinitätstheologie operiert, damit allerdings alles andere als theologische Abhandlungen erstellt.

Hegels Trinität: Der Geist und seine Selbstentfaltung in der Geschichte

Hegels Vorstellung einer Selbsterschließung des Geistes, die als kosmisches Band alles durchdringt, kommt in ihrer schöpferischen Potenz den Vorstellungen des jüdischen oder christlichen Pneumas nahe. Damit rehabilitiert Hegel den Geist aus der untersten Stufe der Dogmatik zur absoluten Idee, weil es nur im Geist eine Einheit von Identität und Differenz geben kann, und in dieser Denkbewegung der Geist zu sich selbst kommt. Mit anderen Worten: Der Geist kann nur durch sich *als Geist* gleichermaßen erkannt werden. Der Geist ist somit das beste Paradigma, um ein System zu beschreiben:

> „Daß das Wahre nur als System wirklich oder daß die Substanz wesentlich Subjekt ist, ist in der Vorstellung ausgedrückt, welche das Absolute als *Geist* ausspricht, – der erhabenste Begriff und der der neueren Zeit und ihrer Religion angehört."[35]

Vermittlungsort des Geistes ist das subjektive Gewissen. Es trägt als Erfahrungsort einer letztgültigen sittlichen Instanz die Signatur des absoluten Geistes. Im unabhängig urteilenden Gewissen ist sich der Mensch am nächsten – hier erfährt er sich, wie es Hegel treffend benennt, *unverstellt*: „[...] es weiß, daß sein *Dasein* als solches diese reine Gewissheit seiner selbst ist".[36] Nur in Übereinstimmung mit sich selbst ist Versöhnung möglich und das Fliehen in Ausreden und Selbstrechtfertigungen ausgeschlossen: „Dies sind die Momente, aus denen sich die Versöhnung des Geistes mit seinem eigentlichen Bewußtsein zusammensetzt."[37] Allein im Menschen verbindet sich das reine Denken mit der Materie, die aber nicht – wie in allen bisherigen dualistischen Systemen von Descartes bis Kant – ein Gegen-

[35] Ebd., Vorrede, 28.
[36] Ebd., 578.
[37] Ebd.

über des menschlichen Geistes darstellt, sondern lediglich die individualisierte, selbstbewusste Form ihrer eigenen Möglichkeit *an sich*. Der Mensch trägt jenen Ort in sich, in dem sich der Geist erkennend materialisiert als die eine alles in sich setzende Wirklichkeit, als der sich wissende Geist. Dieses Sich-Wissen des Geistes stellt das Ziel eines Weges dar, das das Wissen aus der schieren Möglichkeit des *reinen*, unbestimmten und unbestimmbaren *an-sich seienden Bewusstseins* in die Individualität des agierenden, subjektiven Selbstbewusstseins des *für-sich* auslagert. An diesem Punkt ist der Geist in der größten Distanz zur eigenen Potentialität *entfremdet*, um anschließend in der Vernunft des *An-und-für-sich* beide Extreme in sich *aufzuheben* und schließlich im wissenden Geist zu sich selbst zu finden. Hier wird dem Wortsinn des *Ab-soluten* als losgelöstem, keinerlei weitere Entwicklung beanspruchenden Endpunkt Rechnung getragen, weil im absoluten Wissen des Geistes die dynamischen Vorgänge der Entstehung, Entfremdung und Aufhebung zu sich selbst und damit zu einem Ende kommen. Dieser gesamte Vorgang ist für Hegel nichts anderes als Religion:

> „Wenn daher die Religion die Vollendung des Geistes ist, worin die einzelnen Momente desselben, Bewußtsein, Selbstbewußtsein, Vernunft und Geist, als in ihrem *Grund zurückgehen* und *zurückgegangen* sind, so machen sie zusammen die *daseiende Wirklichkeit* des ganzen Geistes aus, welcher nur *ist* als die unterscheidende und in sich zurückgehende Bewegung dieser seiner Seiten. Das Werden *der Religion überhaupt* ist in der Bewegung der allgemeinen Momente enthalten.“[38]

Das Christentum als absolute Religion

Wenn man wie Hegel die gesamte Wirklichkeit in ihren jeweiligen Stadien und Zuständen als Momentaufnahmen des sich in der Geschichte manifestierenden Geistes begreift, so ergibt sich, dass sich der Begriff der absoluten Religion nur auf das historisch letzte Stadium religiöser Vermittlungswege beziehen kann: das Christentum. Denn im Christentum vollenden sich die bisherigen religiösen Traditionen in der Vorstellung eines göttlichen Menschen. Die „Phäno-

---

[38] Ebd, 499.

menologie des Geistes“ und die Vorlesungen über die Philosophie der Religion aus den Jahren 1821 und 1824 verstehen das Christentum als Höhepunkt religiöser Selbstobjektivation, deren Aufhebung im Geist immer noch aussteht.

Das spezifisch Christliche ist allerdings die Vorstellung von der Inkarnation. Wenn Gott Mensch wird, so gerät er in die äußerste Negation seiner selbst. Mit den Worten des Hymnus im Philipperbrief (Phil 2,6–11): „er entäußert sich und wurde wie ein Sklave und den Menschen gleich“ (2,7) ist Gott aus sich herausgetreten. Das Moment der Selbstentäußerung bis zum Tod ist die spekulative Voraussetzung des finalen Zu-sich-Kommens. „Gott ist gestorben. Gott ist tot – dieses ist der fürchterlichste Gedanke, daß alles Ewige, alles Wahre nicht ist, die *Negation selbst in Gott* ist.“[39] Diese Betonung des Todes Gottes am Kreuz ist für Hegel nicht nur Ausdruck seiner lutherischen Herkunft, sondern muss angesichts seiner Vorstellung der dialektischen Selbstentfaltung Gottes in aller Schärfe herausgestellt werden.

> „Das zeitliche, vollkommene Dasein der göttlichen Idee in der Gegenwart wird nur in Christi Tod angeschaut. Die höchste Entäußerung der göttlichen Idee: ‚Gott ist gestorben, Gott selbst ist tot‘ ist eine ungeheure, fürchterliche Vorstellung, die vor die Vorstellung den tiefsten Abgrund der Entzweiung bringt.“[40]

Christsein umfasst den Abgrund des Scheiterns und setzt den Menschen der Absurdität aus. Mit Hegel muss die Endgültigkeit des Todes Jesu als ein Ereignis verstanden werden, das Gott selbst erleidet, darin das Menschsein vollständig annimmt und deshalb den Höhepunkt der Menschwerdung erreicht: Gott wird genau zu jenem Zeitpunkt Mensch, als er seine dunkelsten Erfahrungen macht. Liest man vor diesem Hintergrund neutestamentliche Texte, so ergibt sich das Bild, dass alles, vom Stall zu Bethlehem über die Predigten und Wunder, buchstäblich alles, was Jesus verkündet, auf den Tod hinausläuft.

---

[39] Ders., Vorlesungen über die Philosophie der Religion II, in: TWA 17, 291.

[40] Ders., Vorlesungen über die Philosophie der Religion, Dritter Teil: Die absolute Religion. Mit einem Anhang: Die Beweise vom Dasein Gottes, in: Sämtliche Werke, Bd. XIV, hrsg. v. G. Lasson, Hamburg 1929, 157f.

In der Theologie spricht man hier von der sogenannten „Kenosis-Theologie“ (gr. κένωσις, zu Deutsch: Leerwerdung, Entäußerung). Sie zählt zu den zentralen Themen in der Theologie überhaupt, vom bereits genannten Hymnus im Philipperbrief über die sogenannten Leidenschristologien der Antike, etwa bei Origenes, den mystischen Erfahrungen des späten Mittelalters, über weite Bereiche lutherischer Theologie bis hin zur Prozesstheologie des 19. und 20. Jahrhunderts. Diese Denkansätze stimmen darin überein, dass die Quintessenz des Christentums nicht in dessen angeblicher Jenseitsfixiertheit besteht, sondern in der Aussage, dass sich Gott in der Welt als Negation des Göttlichen, als absurde und alles in Frage stellende Realität des Todes zeigt. Gott leidet in seinem Sohn und gerade in diesem Mitleiden erweist sich seine Menschlichkeit.

Hegels berühmtes Diktum vom „spekulativen Karfreitag“ in seinem frühen Aufsatz „Glauben und Wissen“ aus dem Jahr 1802 verweist auf die Negativität, die in Gott existiert. Auch das Nicht-Göttliche ist folglich – als „Moment der höchsten Idee“, wie Hegel in einem Halbsatz vorsichtig hinzufügt – Teil des Absoluten. Dieser letzte Satz aus „Glauben und Wissen“, der fast eine ganze Druckseite lang ist, sei seiner besseren Lesbarkeit willen, in stark verkürzter Form zitiert:

> „Der reine Begriff aber […] muß den unendlichen Schmerz, […] das Gefühl: Gott selbst ist tot […] rein als Moment, aber auch nicht mehr denn als Moment der höchsten Idee bezeichnen und so dem (eine) philosophische Existenz geben […] und damit das absolute Leiden oder den spekulativen Karfreitag, […] aus welcher Härte allein […] die höchste Totalität in ihrem ganzen Ernst und aus ihrem tiefsten Grunde, zugleich allumfassend und in die heiterste Freiheit ihrer Gestalt auferstehen kann und muß.“[41]

Hegel wagt einen Aspekt, der bislang nur als historischer Augenblick gedacht wurde, in den Gottesbegriff selbst zu übertragen: Der Tod ist ein *wesentlicher* Bestandteil des göttlichen Werdens. Er ist für Gott nichts Fremdes oder, wie in der griechischen Mythologie, etwas völlig Atypisches, sondern Teil seiner Genese. Das in diesem Zusam-

---

[41] Ders., Glauben und Wissen oder Reflexionsphilosophie der Subjektivität in der Vollständigkeit ihrer Formen als Kantische, Jacobische und Fichtesche Philosophie, in: TWA 2, 287–433, 432f.

menhang wohl bekannteste, gleichwohl missverständlichste Zitat Hegels kann jetzt richtig interpretiert werden:

> „‚Gott selbst ist tot' heißt es in jenem lutherischen Liede; dies Bewußtsein drückt dies aus, daß das Menschliche, das Endliche, Gebrechliche, die Schwäche, das Negative göttliches Moment selbst ist, in Gott selbst ist, daß das Anderssein, das Endliche, das Negative, nicht außer Gott ist. (…) Es ist gewußt das Anderssein, die Negative als Moment der göttlichen Natur selbst."[42]

Damit legt Hegel bereits in seinen ersten Publikationen sein zentrales Anliegen auf höchst provokante Weise vor: Die Radikalität des Negationsprinzips, das er durch seine Beschäftigung mit dem antiken Skeptizismus entwickelt hat, stellt einen wesentlichen Dreh- und Angelpunkt seiner Philosophie, insbesondere seiner Religionsphilosophie dar.

Hegels trinitarischer Denkansatz versteht sich nicht als theologisches System, das den sich in der Heilsgeschichte offenbarenden Gott des Christentums reflektiert. Vielmehr ist es so, dass der christliche Trinitätsgedanke das System Hegels am besten widerspiegelt.

> „Der abstrakte Gott, der Vater, ist das Allgemeine […]. Das Andere, der Sohn, ist die unendliche Besonderheit, die Erscheinung; das Dritte, der Geist ist die Einzelheit als solche […]. Im dritten, sagen wir, ist Gott der Geist; aber dieser ist auch voraussetzend: das Dritte ist auch das Erste. […] Bei jedem Zweck und bei jeder Lebendigkeit kommt es vor. Das Leben erhält sich; sich erhalten heißt in den Unterschied gehen, in den Kampf mit der Besonderheit, sich unterschieden finden gegen eine unorganische Natur. Das Leben ist so nur Resultat, indem es sich erzeugt hat, ist Produkt, das zweitens wieder produziert; dies Produzierte ist das Lebendige selbst, d. h. es ist die Voraussetzung seiner, es geht durch seinen Prozeß hindurch, und aus diesem kommt nicht Neues hervor: das Hervorgebrachte ist schon von Anfang. Ebenso ist es in der Liebe und Gegenliebe; insofern die Liebe ist, so ist der Anfang und alle Handlung nur Bestätigung ihrer, wodurch sie zugleich hervorgebracht und unterhalten wird. Aber das Hervorgebrachte ist schon; es ist eine Bestätigung, wobei nichts herauskommt, als was schon ist."[43]

---

[42] Ders., Vorlesungen über die Philosophie der Religion II, 297.

[43] Ebd., 234f.

Die Ungeheuerlichkeit des ganzen Abschnittes liegt in dem unscheinbaren und etwas paradox anmutenden Begriff der „Gegenliebe“, die als Negation der Liebe natürlicher, göttlicher und damit christlicher Selbstentfaltung des Geistes verstanden wird. Das bedeutet aber nichts Geringeres als die Realität des Bösen im *Wesen Gottes* selbst zu denken: Weder die dualistischen Konzeptionen, noch der gesamte Klapperatismus an herkömmlichen Theodizeen, die am Ende alle aufgrund ihrer inneren Aporetik schließlich in der menschlichen Freiheit den Grund des Bösen verankern, wagen diesen einen Gedanken: Das Böse ist in und aus Gott, weil es jene gegensätzlichen Kräfte der Selbstentfaltung begründet, die die Menschwerdung Gottes ermöglichen und ohne die am Ende der Karfreitag nicht denkbar wäre. In Jes 45,7 wird dieses gerne verdrängte Gottesbild angedeutet: „Der das Licht formt und das Dunkel erschafft, der das Heil macht und das Unheil erschafft, ich bin der Herr, der all dies macht.“

Hegels „spekulativer“ Karfreitag

Wie schon in den Jahrhunderten zuvor hat jene Theologie, die Hegel vor allem im Tübinger Stift kennenlernte, diese Vorstellung vehement abgelehnt. Das Böse ist Ergebnis des menschlichen Willens und seiner naturhaften Sündhaftigkeit. Die Vorstellung eines „radical Bösen“ im Menschen, wie Kant es formuliert, stützt sich dabei auf die mit Röm 5,12 ansetzende Erbsündenlehre: „Durch einen einzigen Menschen kam die Sünde in die Welt und durch die Sünde der Tod und auf diese Weise gelangte der Tod zu allen Menschen, weil alle sündigten.“ Die genauen Zusammenhänge dieser Stelle werden wir noch kennenlernen. Entscheidend ist an diesem Punkt, dass diese Stelle im Römerbrief aufgrund einer falschen Übersetzung einer verhängnisvollen Rezeptionsgeschichte unterlag. Die Erbsündenlehre wurde vor allem durch Augustinus, Martin Luther und dem Konzil von Trient (1545–1563) zum überwiegenden Erklärungsmuster des Bösen und damit zur Rechtfertigung Gottes angesichts des Übels in der Welt. Diese Fokussierung auf das Böse steigerte aber lediglich das Bewusstsein für die Angewiesenheit des sündhaften Menschen auf göttliche Errettung und Gnade, auf das heilbringende Christusereignis, das uns im Sinne der mittelalterlichen Satisfaktionslehre von der kapitalen Schuld Adams befreit hat. Das Bild des in seiner Sündhaftigkeit verhafteten Menschen sollte dabei die Allgüte, Liebe und Barmherzigkeit des vollkommen guten Gottes herausstellen, um jeglichen Zweifel an dessen moralischer Integrität im Keim zu ersticken. Damit wurde aus der Theodizee eine Anthropodizee, eine Rechtfertigung des sündigen Menschen vor Gott. Während sich der weitaus größte Teil der Theologie dieser Erklärung anschloss, waren es vor allem Philosophen, die im Namen der menschlichen Freiheit Bedenken anmeldeten. Die Namensliste gegen eine solche Schuldzuweisung liest sich zwar wie ein Who's who der Philosophiegeschichte – von Epikur über Alfred N. Whitehead (1861–1947) bis zu Hans Jonas (1903–1993) – doch waren die meisten dieser Philosophen nur am Rande religiöse Autoren: Epikur war Stoiker, Whitehead Mathematiker und Hans Jonas Naturphilosoph und Ethiker. Und nun liest man in der „Phänomenologie des Geistes" Sätze, die in dieser Deutlichkeit von kaum einem Philosophen zuvor so formuliert wurden:

> „Betrachten wir noch die Art, wie jenes Vorstellen [= der Menschwerdung Gottes, W. B.] sich in seinem Fortgange benimmt, so sehen wir zuerst dies ausgedrückt, daß das göttliche Wesen die menschliche Natur annimmt. Darin ist es schon *ausgesprochen*, daß *an sich* beide nicht getrennt sind; wie darin, daß das göttliche Wesen sich selbst *von Anfang* an entäußert, sein Dasein in sich geht und böse wird, es nicht ausgesprochen, aber darin *enthalten* ist, daß *an sich* dies böse Dasein nicht ein ihm Fremdes ist […]."[44]

Mit anderen Worten: Die Menschwerdung Gottes bedeutet, die Sündhaftigkeit als wesentlichen Bestandteil des Menschen in Gott anzunehmen. Die Sünde ist damit nicht eine durch einen singulären Akt des Ungehorsams entstandene „Erbkrankheit", die sich ein ursprünglich schuldfreies Wesen zugezogen hat und seitdem genetisch irreversibel auf alle nachfolgenden Generationen überträgt. Die Sünde ist vielmehr als ein Moment der Selbstwerdung und Reifung mit dem Menschsein Gottes verbunden.

Damit stellte Hegel die jahrhundertealte Theologie des Bösen geradezu auf den Kopf. Nicht der Mensch ist für das Böse verantwort-

[44] Ders., PdG, 566.

lich, sondern das Böse ist dialektisches Moment der Selbstentfaltung Gottes selbst. Hegel kann sich mit der herkömmlichen theologischen Anthropologie nicht anfreunden und zwar nicht nur, weil eine solche Sichtweise den Idealen der Aufklärung, sondern dem Gedanken der Selbstentfaltung widerspricht: „das absolute Wesen hätte nur diesen leeren Namen, wenn es in Wahrheit ein ihm *Anderes*, wenn es einen *Abfall* von ihm gäbe".[45] Die kirchliche Lehre von der Ursünde in Adam hingegen wirft bei genauerer Betrachtung eine ganze Reihe von Fragen auf: Woher kommt in einer prinzipiell guten Schöpfung dann plötzlich das Böse? Wie kommt die Schlange in das Paradies? Wer hat sie reingelassen? Oder war sie schon immer da? Dann wäre auch sie nicht absolut böse, sondern lediglich ein bereits schuldiges, allerdings gut geschaffenes Wesen Gottes.

Die Frage nach der Herkunft des Bösen lässt sich für Hegel nicht auf der vertikalen Ebene im Sinne einer Abwärtsentwicklung lösen, sondern nur auf einer horizontalen, also formal gleichberechtigten Ebene. Hier wird das Böse zunächst als Negation, als Entfremdung vom Guten verstanden, das notwendigerweise im Vorgang der Vereinzelung des Selbstbewusstseins des Geistes ihren Grund hat. Die Schöpfung als solche ist bereits Moment der göttlichen Selbstentfaltung und trägt die beiden antagonistischen Kräfte, quasi vom ersten Tag an, in sich. Die Schöpfung ist also weder gut noch schlecht, wie es die Genesis oder gnostische Mythen auf je unterschiedliche Weise nahelegen, sondern beides.

Im Konflikt mit der Christologie

Auf lange Sicht bedeutet Hegels provozierende Aussage, dass in jedem Menschen – also auch in Jesus von Nazareth – das Böse angelegt ist. Wenn aber auch Jesus Sünder war und zugleich in seiner göttlichen Natur das Wesen Gottes offenbart, dann muss das traditionelle Verständnis von Offenbarung völlig neu bedacht werden. Lässt sich dann der Gedanke einer Offenbarung Gottes als ein von dieser Welt grundsätzlich verschiedenes, also jenseitiges oder übernatürliches Ereignis überhaupt noch aufrechterhalten? Anders ge-

[45] Ebd., 566.

fragt: Kann man die Vorstellung der Menschwerdung Gottes als einer einmaligen Verbindung zweier konträrer Naturen noch plausibel nachvollziehen, ohne jeweils Abstriche an der einen oder anderen Seite in Kauf zu nehmen?

Genau diese Möglichkeit wurde auf dem Konzil von Chalkedon 451 abgelehnt: Weder die göttliche noch die menschliche Natur des Erlösers dürfen auf Kosten der jeweiligen Seite über- oder unterbestimmt werden. War die großkirchliche Vorstellung einer „hypostatischen Union“, also einer Subjekteinheit von göttlicher und menschlicher Natur, dann die überzeugende Alternative? Wie die nachfolgenden Konzilsentscheidungen zeigen, erwiesen sich die Konsequenzen aus der Zwei-Naturen-Lehre durchaus als problematisch. Die spätantiken Konzilien haben in ihrer abstrakten Sprache und komplizierten Binnenlogik der Lehre des Mohammed unfreiwillig den Boden bereitet. Gerade in den Ursprungsländern des Christentums im Nahen Osten, in Ägypten und Syrien, die der Formel von Chalkedon nicht beipflichten konnten und jeweils von der Kirche ausgeschlossen wurden, überzeugte der Neo-Monotheismus des Islam weite Teile der Bevölkerung. Die Hinwendung zahlreicher Christen zum Islam erfolgte, allen Klischees zum Trotz, mitunter ganz ohne Schwert und Krummsäbel.

Für Hegel kann es nur eine Lösung geben: Wenn Gott in Menschengestalt erscheint, dann muss diese Selbstoffenbarung auch die Negation des Göttlichen gleichursprünglich mit beinhalten, sonst verfehlt sie ihr Ziel. Genau dies wollte die Zwei-Naturen-Lehre von Chalkedon ursprünglich verhindern. Sie ist aber über eine zusätzliche Verklammerung zweier konträrer Naturen mithilfe der „hypostatischen Union“ nicht hinausgekommen. Nachgereichte Erklärungen, so schreibt bereits Aristoteles in der Metaphysik, überzeugen nicht immer; sie verursachen abermals Fragen nach dem Grund des Grundes, nach einer dieser Idee zugrundeliegenden Idee.

Das Dilemma der Christologie besteht darin, dass sie einerseits die Einheit des Subjekts nicht preisgeben möchte, andererseits die Sündhaftigkeit des Menschen weder naturhafter Teil Christi noch trinitarischer Bestandteil der zweiten göttlichen Person sein kann. So blieb in der christlichen Tradition der Hauch des Übermenschlichen und Übernatürlichen in Christus – ein Lichtwesen *in scheinbar menschlicher* Gestalt, aber ohne jeden menschlichen Makel. Es prägt auch heute noch unser Bild: Jesus lebte zwar *wie* ein Mensch, *war* aber keiner. Jeder Gedanke an ein menschliches Sexualleben, körperliche Triebe und Impulse, an charakterliche Neigungen und Fehler in Jesus von Nazareth wurde stets unterdrückt. Der Kinofilm „Die letzte Versuchung Christi" von Martin Scorsese aus dem Jahre 1988 löste mit der Vorstellung von sexuellen Beziehungen Jesu einen internationalen Skandal aus. Die Tabuisierung dieses Themas bereitet allerdings genau jenen Verschwörungstheorien, die etwa den Bestseller-Romanen Dan Browns zugrunde liegen, den idealen Nährboden.

Das Erbe Hegels und des Idealismus

Mit dem Tod Hegels 1831 – er starb im Alter von 61 Jahren an den Folgen der Cholera, die damals in Berlin grassierte – und dem Tod Goethes ein Jahr später endet eine Ära. Das 19. Jahrhundert wird in seiner zweiten Hälfte ein Zeitalter des Materialismus. Die Naturwissenschaften beanspruchen die Deutungshoheit für sich. Hegel und Schelling stehen für die letzten systematischen Entwürfe von Geist und Natur. Wenn überhaupt, werden sie in der unmittelbaren Zeit danach nur selektiv oder einseitig rezipiert oder im Extremfall abgelehnt, insbesondere Hegel.

Den grundlegenden Einsichten Hegels in die Mechanismen natürlicher Entwicklungsprozesse, denen auch Gott unterliegt, hat die Kirche auf dem Ersten Vatikanischen Konzil widersprochen. Sie betonte in völliger Fehleinschätzung der Philosophie Hegels die absolute Freiheit der göttlichen Offenbarung.

> „Dieser allmächtige wahre Gott hat in seiner Güte und ‚allmächtigen Kraft' […] aus völlig freiem Entschluss ‚von Anfang der Zeit an aus nichts zugleich beide Schöpfungen geschaffen, die geistige und die körperliche, nämlich die der Engel und die der Welt: und danach die menschliche, die gewissermaßen, zugleich aus Geist und Körper besteht' […]."[46]

Leider hat das Konzil Hegel ein Verständnis von Freiheit als dem Fehlen von Notwendigkeit und fatalerweise damit nur eine zeitlich

[46] Denzinger, Kompendium der Glaubensbekenntnisse, 3002.

bedingte Lesart von Freiheit unterstellt. Der Begriff des „zwingend Notwendigen“, der dem dialektischen Denken gerne beigemischt ist, dürfe, so das Konzil, nicht auf Gott angewandt werden. Gott sei kein Automat. Das aber war er bei Hegel nie. Was das Erste Vatikanische Konzil nicht nachvollziehen wollte oder konnte, war die Einsicht, dass Notwendigkeit nicht das Gegenteil von Freiheit, sondern ihre denknotwendige Korrelation darstellt. Freiheit lässt sich nur in der Bedingtheit ihrer Einlösung, und damit in der Notwendigkeit „so und nicht anders“ zu denken und zu handeln erfahren. Sich ständig sämtliche Optionen offen zu halten, verhindert in Wahrheit die entschlossene Handlung als Vollzug von Freiheit. Wahlfreiheit ist nicht selten eine Qual, die Entscheidung hingegen ein Akt der Selbstbefreiung, allen Konsequenzen zum Trotz. Freiheit existiert in der Wirklichkeit nur in Gestalt ihrer Negation. Gott hat seine Freiheit nicht zugunsten eines Weltgeschehens verloren, sondern eingelöst und damit weitere Horizonte der Freiheit erst eröffnet, die es vor der Schöpfung nicht gab. Dieses neu eröffnete Freiheitspotential liegt nun in der Gestaltungshoheit und in der Verantwortung des Menschen.

Ein weiterer Kritikpunkt seitens der Kirche an Hegel betrifft die Frage, inwieweit die dialektische Bewegung mit dem Einheitsgedanken in Gott vereinbar ist oder doch einen Pantheismus voraussetzt. Ist Gott am Karfreitag nun in der totalen Anderswelt seiner selbst, also in der Hölle angekommen oder ist dieser Bereich als Ausdruck seiner dialektischen Selbstentfaltung nicht schon längst Teil seiner selbst? Wenn aber der Karfreitag, so die Kritiker weiter, die absolute Abwesenheit Gottes zum Ausdruck bringt, wie konnte dann Gott am Kreuz mit Psalm 22 („Mein Gott, mein Gott, warum hast Du mich verlassen?“) seine eigene Abwesenheit erfahren? Wie kann die Abwesenheit Gottes tatsächlich der Erfahrungsort göttlicher Selbstoffenbarung sein? Müsste man nicht ein tritheistisches Gottesverständnis voraussetzen, das von völlig unterschiedlichen Erfahrungsweisen Gottes ausgeht – Gottes Anwesenheit im Vater und seiner Abwesenheit im Sohn am Karfreitag?

Diese und ähnliche Fragen basieren auf dem generellen Missverständnis, dem Denken Hegels eine pantheistische Fortschreibung der Philosophie Spinozas zu unterstellen. Bei Spinoza wurde, wie wir gesehen haben, die Wirklichkeit als eine substanzielle Einheit konzipiert, die keine zweite Substanz benötigt, um gedacht zu werden. Insofern konnte Spinoza die Natur als Synonym für Gott begreifen. Dieses Substanzverständnis ermöglicht in der Tat keine freiheitliche Entwicklung, wie dies bei Hegel der Fall ist: Aus dem unbestimmten Bewusstsein, über das Selbstbewusstsein gelangt man zur Vernunft als Selbstentfaltung. Das Absolute Hegels ist also nicht identisch mit dem Anfang, sondern ein finaler Zustand, der einen dialektischen Prozess durchlaufen hat. Der Tod des verlassenen Sohnes am Kreuz ist ein einmaliger und für die Selbstentfaltung des absoluten Geistes unbedingter Akt äußerster Negation, der die Voraussetzung für die Selbsterlösung Gottes setzt.

Theologische Fortschreibungen der Philosophie Hegels

Die Missverständnisse, denen das Erbe Hegels ausgesetzt ist, reichen bis in unsere Tage. Die Theologie hat die einseitige Verurteilung Hegels inzwischen relativiert, auch wenn sich nach wie vor an Hegels Denken die Geister scheiden. Die Auswirkungen Hegels auf die Theologiegeschichte der vergangenen hundertfünfzig Jahre sind vielfältig:

Die sogenannte „Katholische Tübinger Schule“ ist in der theologischen Krise des 19. Jahrhunderts und damit in einer Umbruchphase entstanden, in der jahrhundertealte Geltungsansprüche der Kirche zu verschwinden drohten. In ihrer Suche nach Neuorientierungen setzte sie sich insbesondere mit der zeitgenössischen „Evangelischen Tübinger Schule“ Ferdinand Christian Baurs (1792–1860) sowie dem Idealismus auseinander. Der Herausforderung durch Hegel versuchte man mit einer Mischung aus Aneignung und Kritik zu begegnen. So wäre die Wiederentdeckung einer außerhalb der kirchlichen Institution beheimateten Ekklesiologie des Geistes in der Pneumatologie des Johann Sebastian von Drey (1777–1853) ohne die Geistphilosophie Hegels undenkbar. Gleiches gilt für die Pneumatologie Johann Adam Möhlers (1796–1838), der als Vordenker der katholischen Ökumene gilt. Gleichwohl wurde Hegel etwa im Denken Franz Anton Staudenmaiers (1800–1856) heftig kritisiert, allerdings auf intellektueller Basis und nicht mithilfe billiger Polemik. Selbstverständlich erkannte man auf katholischer Seite das antikatholische Potential im Denken Hegels, nicht nur aufgrund seiner lutherischen Herkunft.

Auch die moderne evangelische Kenotik sowie die russischen Kenotiker, darunter etwa Wladimir Sergejewitsch Solowjow (1853–1900), sind im Zusammenhang mit Hegel zu sehen. Ihr Gedanke der Selbstentäußerung wird aber nicht spekulativ entfaltet, sondern ist streng christologisch auf die Selbsterniedrigung des Logos bezogen: Die Kenosis Gottes besteht darin, dass er auf den Gebrauch der göttlichen Macht und Herrlichkeit verzichtet, beide aber nicht verliert. In seiner Menschwerdung gibt der Sohn dem Vater die göttliche Vollmacht zurück, erwirbt sie sich jedoch wieder durch Gehorsam. Die Erniedrigung ist eine wirkliche Kenosis der göttlichen Eigenschaften: Der Sohn verzichtet nicht nur auf die Macht – er hat keine.

Deutlichere Bezüge zu Hegel finden sich in der sogenannten „Theologie der Hoffnung" von Jürgen Moltmann (*1926). Seine heilsgeschichtlich bestimmte Trinitätslehre erfolgt in Anlehnung an Hegels Karfreitagsbegriff, der die radikale Gegenthese zu Gottes An-sich-Sein darstellt. Für Moltmann ist das Sterben Jesu am Kreuz nicht nur als ein Heilstod zu verstehen; insbesondere die Umstände des Todes, die Verlassenheit als eine wesentliche Begleiterscheinung, nötigen zu der Frage, inwieweit Gott selbst hiervon betroffen sein muss:

> „Was geschieht in der Verlassenheit bzw. Hingabe Jesu am Kreuz zwischen Jesus und dem Vater? Der Vater ‚verlässt' seinen ‚eigenen' Sohn und verwirft ihn. Der, dessen Reich Jesus als ‚nahe herbeigekommen' verkündet hatte, wird zum verlassenen Gott. Der Sohn stirbt am Fluch des Vaters. Er ist der verlassene Gott."[47]

Der Sohn leidet in seiner Verlassenheit, der Vater erleidet den Tod im Schmerz seiner Liebe. Moltmann prägt für dieses Geschehen den Begriff des „Patricompassianismus" und greift dabei auf antike Vorstellungen zurück. Zur Vollkommenheit Gottes gehören auch Schmerzen. Mehr noch: Wer nicht leiden kann, kann nach Moltmann auch nicht lieben.

> „Am Kreuz sind Jesus und sein Gott und Vater durch den Fluchtod aufs tiefste getrennt und durch die Hingabe aufs innigste eins. Aus diesem Geschehen zwischen dem Vater und dem Sohn geht die Hingabe selbst hervor, der Geist, der Verlassene annimmt, Gottlose rechtfertigt und

---

[47] J. Moltmann, Gesichtspunkte der Kreuzestheologie heute, in: Evangelische Theologie 33 (1973), 346–365, 359.

Tote lebendig macht. Der verlassende Gott und der verlassene Gott sind eins im Geist der Hingabe.“[48]

Damit verleiht Moltmann dem Kreuzesgeschehen einen trinitätstheologischen Aspekt, der, dem Ereignis des Todes und der Verlorenheit zum Trotz, dem Geschehen eine Relationalität beimisst, die exemplarisch für das Leiden der Menschheit steht. So ist das Leben und das Leid der Welt ein Abbild der trinitarischen Situation Gottes.

Am unmittelbarsten schließt der evangelische Systematiker Wolfhart Pannenberg (1928–2014) an Hegel an: Sein universalgeschichtlicher Theologie- und Wissenschaftsbegriff betont den vorläufigen, hypothetischen Charakter von Behauptungen, die sich erst am Ende der Zeit verifizieren oder falsifizieren lassen. Davor teilt sich die alles umfassende Wirklichkeit Gottes, zeitlich und räumlich begrenzt, als Antizipation von Sinntotalität mit. Was aber ist Sinn und in welcher Form erfahre ich ihn? Jede Einzelerfahrung erhält ihre Bestimmung nur aus dem Bedeutungszusammenhang. Der Sinn einer Situation, eines Gegenstandes, wird dann ersichtlich, wenn der Mensch den Gegenstand aus der isolierten Wahrnehmung herausholt und in einen umfassenden Gesamtzusammenhang stellt. In diesem Moment antizipiert man den Sinn, weil die Frage nach dem „um zu“ beantwortet werden kann. Umgekehrt lässt sich sagen, dass der Gedanke einer Totalität der Wirklichkeit, deren Ziel in der Zukunft liegt, Bedingung aller Gegenwartserfahrung überhaupt ist.

„Die Totalität der Wirklichkeit ist nicht abgeschlossen vorhanden. Sie wird nur antizipiert als Subjektivität. Die Totalität, in deren Rahmen allein das einzelne der Erfahrung die Bestimmtheit seiner Bedeutung hat, ist keine als Totalität vorhandene Wirklichkeit, sondern wird im Gegenteil nur durch Überschreitung des Vorhandenen gedacht. In solcher Antizipation, ohne die, wie gesagt, gar keine Erfahrung möglich ist, steckt immer schon das Element der Hypothese, ein Moment subjektiven Entwurfes, der sich im Fortgang der Erfahrung bestätigen muss oder erschüttert werden wird.

Daraus ergibt sich nun eine wichtige Konsequenz für die Weise, wie Gott im Zusammenhang menschlicher Erfahrung der Wirklichkeit für diese Erfahrung zum Thema werden kann: *Die Wirklichkeit Gottes ist mitgegeben jeweils nur in subjektiven Antizipationen der Totalität der Wirklichkeit, in Entwürfen der in aller einzelnen Erfahrung mitgesetzten Sinntotalität,*

[48] Ebd., 359.

die ihrerseits geschichtlich sind, d. h. der Bestätigung oder Erschütterung durch den Fortgang der Erfahrung ausgesetzt bleiben."[49]

Die Hegel-Rezeption in der angelsächsischen Prozessphilosophie

Einer der Kerngedanken Hegels, der sich in der theologischen Gottesvorstellung des 19. Jahrhunderts etablieren konnte, war der des Prozesses. Die Entwicklung einer sich prozesshaft vollziehenden Gottesidee wurde noch intensiver als im Idealismus von Schelling und Hegel in der angelsächsischen Philosophie verfolgt.

Der bekannteste Hegel-Rezipient in diesem Zusammenhang ist der schon erwähnte Philosoph und Mathematiker Alfred N. Whitehead. Im Anschluss an die Evolutionstheorie Darwins entwirft Whitehead eine Kosmologie, die die Einzelphänomene der Wirklichkeit im Gesamtzusammenhang der Natur interpretiert. Im Zentrum seiner Kosmologie steht der Begriff „Prozess", der die aristotelische „Substanz" ersetzt. Die Welt ist als Gesamtheit aus genau umgrenzten Einzelwirklichkeiten aufgebaut, die Whitehead „wirkliche Einzelwesen" nennt. Im Unterschied zur Monadologie von Leibniz stehen diese Einzelwesen aber in den unterschiedlichsten Relationen zueinander und stellen in der Abfolge von Ereignissen immer neue und nicht vorhersehbare Beziehungen her. In diesem Geflecht ist Gott ein Teil des Prozesses. Allerdings garantiert er im Gegensatz zu Leibniz keine Ordnung, im Gegenteil: Whiteheads Gott sorgt für Unruhe im Universum. Er stachelt die Schöpfung zu höheren Formen der Selbstverwirklichung, und damit zu neuen Konstellationen von Einzelwesen an. Die Zufälligkeit der Vernetzungen und die unendliche Vielfalt an neuen Konstellationen bewirkt eine ergebnisoffene Zukunft, von der auch Gott betroffen ist. Gott gleicht einem Billardspieler, der nicht genau vorhersagen kann, wie das nächste Spiel verläuft, zugleich jedoch einen gewissen Einfluss auf den Verlauf des Spiels ausübt. Whitehead spricht in diesem Zusammenhang von „Gottes Urnatur" (im Original: „primordial nature"), die in ihrem Transzendenzcharakter den traditionellen Gottesvorstellungen von Unveränderlichkeit und Ewigkeit nahekommt. Gleichzeitig sig-

[49] W. Pannenberg, Wissenschaftstheorie und Theologie, Frankfurt a. M. 1987, 312 (Hervorh. i. Original, W. B.).

nalisiert die rein begriffliche Qualität der Urnatur auch einen nicht unerheblichen Mangel: Da für Whitehead Wirklichkeit auch ein Eingehen ins Konkrete erforderlich macht, sind Gottes primordiale Eigenschaften rein theoretisch; ihnen fehlt der Wirklichkeitsbezug. Dadurch wird der Urnatur Gottes eine Neigung zur eigenen Verwirklichung zugeschrieben. Sie ist, wie Whitehead sich ausdrückt, eine „Sehnsucht nach konkreten Tatsachen".[50] Insofern gibt es in Gott neben seiner Urnatur eine real gewordene „Folgenatur" („consequent nature"). Erst in und durch die Vernetzungen stets neuer Ursachen, Bedingungen und Wirkungen erreicht Gott in diesem Realisierungsprozess sein eigenes Ziel. Aber: Welt und Mensch sind ein Wagnis, ein Risiko, auf das sich Gott einlassen muss. Whitehead teilt die positive Gewissheit Hegels einer sich im absoluten Wissen selbst aufhebenden Geschichte nicht. Das Projekt Schöpfung kann auch scheitern. Sie ist ein Abenteuer, auf das sich Gott einlässt und von dem er nicht weiß, wie es enden wird.

Rezeptionsverläufe innerhalb der katholischen Theologie heute

Hegels Einfluss lässt sich heute noch in Ansätzen in der katholischen Theologie finden. Sein Verdienst besteht zweifellos darin, Gott aus dem neuscholastischen Dogmatismus seiner Zeit wieder in die Mitte des gesamten Weltgeschehens zurückgeholt zu haben. Allerdings nicht im Sinne einer biederen Neuevangelisierung, die alten Wein in neue Schläuche füllt. Gott ist nicht das jenseitige „esse perfectum", das über allem unberührt schwebt. Er ist ein dynamischer Gott, der aus sich heraus sich selbst in der Welt als Offenbarung seines eigenen Prozesses zeigt und damit der Veränderung unterworfen bleibt. Die katholische Kirche hat sich aus diesen und ähnlichen Gründen mit Hegel einerseits immer schwerer getan als die evangelische. Andererseits gibt es auch innerhalb der katholischen Theologie des letzten Jahrhunderts Spuren seines Denkens: Karl Rahners theologische Impulse einer transzendentalen Erfahrung Gottes, seine konsequente Theologie als Anthropologie auf der Basis einer Vermittlung von Transzendenz und Immanenz sowie die bereits ange-

---

[50] A. N. Whitehead, Prozeß und Realität. Entwurf einer Kosmologie, übers. und mit einem Nachwort versehen v. H.-G. Holl, Frankfurt a. M. 1979, 83.

sprochene Subjekttheorie Klaus Müllers, die sich intensiv um eine Fortschreibung der Hegelschen und angelsächsischen Prozesstheologie bemüht hat. Selbst in aktuellen Dokumenten des Apostolischen Stuhls finden sich Hinweise auf einen allmählichen Abschied von einem personalistisch verkürzten Gottesgedanken, der eine allumfassende Synthese von Geist und Materie bislang unterbunden hatte. So lesen sich ganze Passagen aus der Umweltenzyklika „Laudato si'" von Papst Franziskus aus dem Jahre 2015 wie eine im Geiste Hegels verfasste, religiös inspirierte Naturphilosophie, der auch Nichtchristen ohne großes Zögern beipflichten könnten.

Heute steht man der Philosophie Hegels und der gesamten idealistischen Philosophie insgesamt eher kritisch gegenüber. Dies hängt einerseits mit einer Grundskepsis gegenüber Hegels Metaphysik sowie ihrer historischen Rekonstruktion zusammen, andererseits lassen sich manche der Thesen Hegels, insbesondere jene zur Religionsgeschichte, in dieser Form heute tatsächlich nicht mehr halten. Das Christentum als eine absolute, alle anderen Religionen „aufhebende" Wahrheit zu denken, überzeugt heute weder philosophisch noch theologisch. Darüber hinaus erweist sich der Geschichtsoptimismus Hegels angesichts der weltweiten ökologischen Herausforderungen mehr als fraglich. Gleichwohl ist Hegels Wirkung auch deshalb unübersehbar, weil er ein Denken begründet, das für die Komplexität von Zusammenhängen steht und das vermeintliche Widersprüche als dialektischen Ausdruck einer höheren Einheit begreift. Mit Hegel wird die Natur nicht mehr als ein statisches Gegenüber betrachtet, zum dem sich das Subjekt verhalten kann oder nicht. Die alten Rollenzuweisungen von innerer Freiheit und äußerer Notwendigkeit sind überholt. Vielmehr stehen wir inmitten eines organischen Gesamtprozesses, der die beiden Sphären des Geistes und der Natur durchdringt.

Hegel in den Turbulenzen des 20. Jahrhunderts

Die Erfahrungen unserer Zeit bestätigen die grundsätzliche Offenheit von Geschichte, die Hegel gegenüber statischen Vorstellungen ins Spiel bringt. Hingegen entspringt es eher dem menschlichen Machtbedürfnis, die Umstände gegen alle Veränderungen festhalten zu wollen. Dachte man noch zur Zeit Hegels mit der Niederlage Napoleons an eine Restauration absolutistischer Herrschaftsverhältnisse, so wurde man im Verlauf des 19. Jahrhunderts eines Besseren belehrt. Geschichte lässt sich nicht fixieren, erst recht keine vorprogrammierten Prozesse der Revolution, unabhängig ob sie im Jahr 1789 oder zweihundert Jahre später in Osteuropa stattfinden. Sind sie einmal freigesetzt, entfalten sie ihr Potential. Die scheinbar in Stein gemeißelte Zweiteilung der europäischen Nachkriegsordnung des 20. Jahrhunderts stürzte wie ein Kartenhaus über Nacht in sich zusammen. Die Dramatik dieser Ereignisse führte den US-amerikanischen Politikwissenschaftler Francis Fukuyama (*1952) zu der These, dass sich der liberale Traum der Menschheit in den Herbsttagen 1989 endlich behaupten konnte. Von Hegels Philosophie inspiriert, sah er mit dem Fall der Mauer und dem Sieg des westlichen Liberalismus die Selbstentfaltung der Geschichte an ein Ende gekommen. Hegel hätte diese Verabsolutierung eines Datums nie zum Ende der Geschichte erklärt, allein schon aufgrund der Tatsache, dass die Finalität des Absoluten eine die materielle Diversifizierung aufhebende Zukunft darstellt, deren Ergebnis eben nicht der einseitige Sieger eines Konfliktes verkörpert. Hätte Fukuyama den Begriff von Geschichte, der auf den letzten Zeilen der Phänomenologie, als den an die Zeit „entäußerten Geist"[51] im Hegelschen Sinne als offenen Prozess verstanden, hätte er nie deren Ende ausrufen können. Der absolute Geist, das reine Wissen bei Hegel, trägt hingegen die Merkmale einer Eschatologie, also eine die Zeit auflösende und übersteigende Ewigkeit.

Fukuyama fehlinterpretiert Hegel also an entscheidender Stelle. Dies gilt auch für die bereits erwähnte „linkhegelianische" Rezeption, dessen bekannteste Vertreter Bruno Bauer (1809–1882) und Karl Marx (1818–1883) sind. Marx feierte zwar die Phänomenologie als „Geburtsstätte der Hegelschen Philosophie"[52], aber er hat sie doch in wesentlichen Teilen derart verändert, dass von dem ursprünglichen Ansatz nur wenig übrigblieb. Der Denkfehler der linkshegelianischen Schule besteht darin, anstelle der Absolutheit des Geistes die Absolutheit der Materie zu setzen und die dialektische Entfaltung der Geschichte als rein innerweltlichen Kampf zweier antagonistischer Klassen zu begreifen. Eine Dialektik als Dreischritt aus „These", „Antithese" und „Synthese" wird zwar gerne

[51] Hegel, PdG, 590.

[52] K. Marx, Kritik der Hegelschen Dialektik und Philosophie überhaupt, in: Marx-Engels-Werke 40 (Ergänzungsband 1), Berlin 1968, 465–588, 572.

auf Hegel zurückgeführt, findet sich aber so nicht bei ihm. Sie geht auf den heute weithin unbekannten Kieler Philosophieprofessor Heinrich Moritz Chalybäus (1796–1862) zurück. Hegel zufolge entsprang diese Vorstellung dem „geistlosen Schema der Triplizität" Kants.[53] Der These Hegels: „Das Bewusstsein bestimmt das Sein" die antithetische Umkehrung: „Das Sein bestimmt das Bewusstsein" gegenüber zu stellen, unterstellt dem Begriff des Seins bereits eine ausschließlich materielle Eigenschaft. Deren bürgerlicher Ausdruck besteht auf der Haben-Seite in der Hortung von Geld, der gleichzeitig auf der Soll-Seite eine Verschuldung der Arbeiterklasse entsprechen muss. Diese Schuld verkörpert die Knechtschaft des Proletariats, das ein Leben lang versucht, den Kredit durch seine Arbeitsleistung abzutragen. Bruno Bauer und Karl Marx waren daher besonders anfällig für die antijüdischen Ressentiments ihrer Zeit, in der alle negativen Eigenschaften der Geldwirtschaft auf Juden bezogen wurden. In dieser oberflächlichen Deutung von Geschichte als dualistischem Kräftemessen haben sie Hegel offensichtlich nur einseitig verstanden. Gut und Böse sind in seinem Denken moralischer Ausdruck einer geistigen Entzweiung des Selbstbewusstseins. Beide Wirkmächte, Herr und Knecht, können hierbei in je unterschiedlichen Situationen zwar als gut und böse in Erscheinung treten; sie verkörpern aber nie in sich allein das die Wirklichkeit bestimmende absolute Prinzip, sondern sind Momente der Selbstindividuation, die, wie wir gesehen haben, mehr miteinander verbindet als trennt.

Die Entwicklungen der letzten dreißig Jahre geben Hegel recht: Nach der Phase gegenseitiger Abgrenzung während des Kalten Krieges erleben wir seit 1989 eine Zeit neuer Unübersichtlichkeiten und Unsicherheiten, verbunden mit bereits überwunden geglaubten xenophoben und antidemokratischen Sehnsüchten, in denen insbesondere eines deutlich wird: Das vermeintlich als Sieger hervorgegangene System des Westens steckt selbst in einer tiefen Vertrauenskrise, die auch die bisherigen gesellschaftlichen Ordnungsbehauptungen in Frage stellt: Angefangen von der Auflösung traditioneller Sozialschichten und gesellschaftlicher Milieus über den Niedergang etablierter Institutionen wie Parteien und Kirchen bis hin zur Neuausrichtung der

[53] G. W. F. Hegel, Vorlesungen über die Geschichte der Philosophie III, in: TWA 20, 385.

wirtschaftlichen Nachkriegsordnung. Was kommt da auf uns zu? Bisherige Abgrenzungsmuster und Deutungsansprüche werden weltweit brüchig: Identitätsstiftende Sozialbündnisse, etwa Vereine, Gewerkschaften oder traditionelle Volksparteien, verlieren kontinuierlich Mitglieder. Die bisherigen Generationenverträge werden allmählich aufgelöst, Nationen und Gesellschaften organisieren sich neu. Die Menschen werden zunehmend mit den globalen Konsequenzen und den sozioökonomischen Risiken dauerhafter Gewinnmaximierung konfrontiert. Unsere natürlichen Ressourcen sind allerdings nicht unendlich groß. Was kommt also danach, wenn die Grenzen des Wachstums erreicht sind? Eines ist mit Hegel sicher: Die Geschichte ist nicht zu Ende, sie wird weitergehen.

Hegel und die Theologie: Was trennt und was verbindet sie?

In der gemeinsamen Betrachtung von Hegels Philosophie und christlicher Theologie wird eines deutlich: Das Christentum aus der Perspektive Hegels ist nicht das dogmatisch gelehrte Christentum etablierter Kirchen. Hegels Bedeutung scheint heute allmählich wieder zu wachsen. Das liegt weniger an seinen Schriften, mit denen die meisten Theologen immer noch ihre Schwierigkeiten haben, als vielmehr an seiner prozessphilosophischen Grundintention. Hegels Bedeutung für heute besteht darin, dass er das Christentum als eine geistige Haltung beschreibt, die die ganze Bandbreite göttlicher Selbstentfaltung zwischen Gott und Mensch, zwischen Leben und Tod, begreifen kann. Religiöses Denken ist philosophisches Denken und umgekehrt. Diese, bereits in der späten Antike beheimatete Sichtweise ist selbstverständlich nicht unumstritten und kennt zahlreiche Gegner in allen Lagern. Oft reichen sich positivistische Philosophen und linkshegelianische Denker, freievangelikale Christen und ultrakonservative Katholiken in diesem Punkt die Hand. Für Kreationisten und Dekonstruktivisten ist der Idealismus gleichermaßen der Staatsfeind Nr. 1. Sie alle vereint die Abneigung gegen jede Geistphilosophie. Sie lehnen jeden Realgehalt von Reflexion und Begriff von Haus aus ab und beschränken sich auf einen deskriptiven Skeptizismus. In den voraufklärerischen Vorstellungen evangelikaler Christen findet eine Verdoppelung der diesseitigen Erfahrungen durch ein mehr oder weniger identisches Jenseits statt. Ist aber der

Tod jener unumkehrbare, unwiderrufliche finale Endpunkt von Individualität, so besteht seine Aufhebung nicht in einer weiteren Endlichkeit. Mit Hegel können wir im Gegenteil sagen, dass es eine überindividuelle, gleichwohl ihre Vereinzelung nicht negierende, sondern geistig bleibende Realität ist, die auf den Tod folgt. Bei ihr handelt es sich keineswegs um eine rein spirituelle Fiktion. Diese Form von Realität hängt mit der körperlichen Existenz zusammen, ohne deren vorgelagerte historisch-greifbare Faktizität sie unbestimmbar bliebe. Gleichwohl ist deren sinnliche Überprüfung nicht möglich, sondern auf einer Ebene angesiedelt, die wir mithilfe unserer eingeschränkten Sinne zwar nicht wahrnehmen können, die aber trotzdem eine sichere Tatsache darstellt. Unsere Vorstellung von Realität ist nicht die einzige. Man denke allein an jene optischen und akustischen Wellenbereiche, die Tiere im Gegensatz zum Menschen sehr genau registrieren. Der blaue Himmel sieht für Bienen und Zugvögel ganz anders aus als für uns. Netzgiraffen kommunizieren miteinander über infrasonare Töne und im erdbebengefährdeten Japan bewerten seismologische Untersuchungen das Verhalten von Hühnern und Vögeln.

Die landläufigen Vorstellungen davon, was Realität oder Natur überhaupt sind, bilden nur einen Bruchteil dessen ab, was tatsächlich ist. Mit der gleichen oberflächlichen Einstellung gehen wir auch mit unserer Welt um, und wundern uns, warum wir trotz perfekter Technik Naturereignisse weder voraussagen noch beherrschen können. Von den Folgen unseres gegenwärtigen Verhaltens für die kommenden Generationen ganz zu schweigen. In dieser Hinsicht waren die angeblich unrealistischen Idealisten erheblich wirklichkeitsbezogener und wären in ihrer spekulativ-geistigen Naturphilosophie heute mehr denn je eine wertvolle Hilfe bei unserem globalen Blindflug.

Hansjürgen Verweyen, Botschaft eines Toten? Den Glauben rational verantworten, Regensburg 1997. Dieses gut lesbare Buch bietet eine verständliche Zusammenfassung seiner sehr ausführlichen und sicherlich voraussetzungsreichen Grundlegung in: *Gottes letztes Wort. Grundriss der Fundamentaltheologie*, Regensburg ^{4}2002. Letzteres zählt zu den wichtigsten theologischen Grundlagenwerken des 20. Jahrhunderts, die den Gottesbegriff aus transzendentaltheologischer Perspektive reflektieren. Gleichwohl hat er mit seinem mutigen Vorstoß vehemente Diskussionen ausgelöst, die aber bedauerlicherweise größtenteils in den akademischen Kreisen blieben. *Peter Neumann, Jena 1800. Die Republik der freien Geister*, München ^{2}2018. Neumann verschafft einen sehr anschaulichen Einblick in die stürmischen Jahre dieser Zeit und schildert auf eindrucksvolle Weise die Anfänge der Jenaer Romantik mitsamt ihren Akteuren, ihren denkerischen Impulsen und biografischen Linien. Neumanns Buch bietet einen vortrefflichen Einstieg für alle, die sich mit dieser wichtigen Epoche abendländischer Denkgeschichte näher beschäftigen wollen. Eine ebenso einfühlsame Darstellung der frühen Romantik bietet der US-amerikanische Literaturwissenschaftler *Theodore Ziolkowski, Das Wunderjahr in Jena: Geist und Gesellschaft*, Stuttgart 1998.

Um Hegel zu verstehen, benötigt man ein wenig klassische Bildung: Bezüge zur griechischen Mythologie, zur griechischen Tragödie und den Mysterienkulten sowie, last but not least, zur zeitgenössischen Philosophie. Die Studenten Hegels waren anfänglich auch keineswegs begeistert. Seine erste Vorlesung in Jena interessierte ganze elf Zuhörer. Ludwig Siep, dessen Kommentare einen hervorragenden Leitfaden zur Lektüre der Phänomenologie und anderer wichtiger Schriften bieten, spricht gerne davon, dass die Schriften Hegels den „Goethe-Leser" voraussetzen, also den kulturell, literarisch vorgebildeten Intellektuellen, der sich aber auch naturwissenschaftlichen, religiösen und philosophischen Weltdeutungen nicht verschließt. Und tatsächlich: Hegels Schriften sind alles andere als eine vergnügliche und entspannende Bettlektüre. Sie erfordern viel Aufmerksamkeit – und vor allem Geduld. Es empfiehlt sich, zunächst den Kommentar von Ludwig Siep, dann Hegels „Phänomenologie des Geistes" in der Theorie Werkausgabe des Suhrkamp Verlags (kurz: TWA, herausgegeben von Eva Moldenhauer und Karl Markus Michel), die auch diesen Ausführungen zugrunde liegt, zu lesen. So lassen sich die zahlreichen versteckten Hinweise und Andeutungen leichter entschlüsseln. Zudem bietet der Kommentar einen exzellenten Kompass, um mit dem gewöhnungsbedürftigen Stil Hegels klarzukommen. *Ludwig Siep, Der Weg der Phänomenologie des Geistes. Ein einführender Kommentar zu Hegels „Differenzschrift" und „Phänomenologie des Geistes"*, Frankfurt ^{5}2018.

Für Einsteiger in das Denken Hegels insgesamt bestens geeignet: *Sebastian Ostritsch, Hegel: Der Welt-Philosoph*, Berlin 2020: Eine wunderbar allgemeinverständliche Einführung in Leben und Grundgedanken Hegels, verbunden mit einer anschaulichen Darstellung seiner philosophischen Wurzeln. Das Buch eignet sich somit auch für alle an der Philosophie der Neuzeit interessierten Leser. Anlässlich des 250. Geburtstags erschienen zwei markante Biografien, die beide zu empfehlen sind: *Klaus Vieweg, Hegel. Der Philosoph der Freiheit. Biographie*, München 2019. Viewegs voluminöses Werk ist weit mehr als nur eine biografische Darstellung eines Philosophen. Sie bietet einen intensiven Durchgang durch das Werk Hegels, in dem die spärlichen Lebensereignisse Hegels eher nachgeordnet erscheinen. Im Vordergrund stehen die vier großen Werke: „Die Phänomenologie des Geistes", im Anschluss daran die „Wissenschaft der Logik" während seiner Zeit als Zeitungsredakteur und Gymnasiallehrer in Bamberg und Nürnberg, ferner die in Heidelberg und in Berlin als Professor geschriebene „Enzyklopädie der philosophischen Wissenschaften" sowie die in späten Jahren verfasste, nicht unumstrittene „Rechtsphilosophie". *Jürgen Kaube, Hegels Welt*, Berlin 2020: Neben Vieweg eignet sich die ein Jahr später erschienene, an Umfang ebenbürtige Biografie von Jürgen Kaube zur vertieften Beschäftigung. Kaube zeigt weitere Zugänge zum Denkweg Hegels, die Vieweg zwar anspricht, aber nicht mit der gleichen Aufmerksamkeit verfolgt wie Kaube. Zudem ist Kaubes Rekonstruktion der vier Hauptwerke Hegels durchaus kritischer und stellt die aus heutiger Sicht notwendigen Anfragen: Ist das Bild, das Hegel von der Familie als Ursprung und Keimzelle des modernen Staates vertritt, nicht schon für damalige Verhältnisse sehr einseitig gewesen? Entsprach seine Vorstellung dessen, was sie als Liebesgemeinschaft im Idealfall voraussetzt, seinen eigenen Erfahrungen, vor allem im Umgang mit seiner psychisch erkrankten Schwester Christiane sowie seinem unehelichen Sohn Ludwig, von dessen Existenz seine ehelichen Kinder erst mit der Testamentseröffnung erfuhren? Diese und weitere Ungereimtheiten machen die Biografie Kaubes zu einer wertvollen Ergänzung zur Darstellung Viewegs. Wie dem auch sei: wer sich Hegel widmet, sollte dafür viel Zeit einplanen. Aber: es lohnt sich!

X. Die Krise der Moderne

In seinen berühmten Münchener Reden von 1919 bezeichnet Max Weber (1864–1920) die moderne Stadt als ein „stahlhartes Gehäuse“, in der „die äußeren Güter dieser Welt zunehmende und schließlich unentrinnbare Macht über den Menschen, wie niemals zuvor in der Geschichte“[1] gewannen. In Webers These von der „Entzauberung der Welt“[2] finden sich zu diesem Zeitpunkt bereits alle Probleme der Moderne, die mit den Bedingungen eines kapitalistischen Erwerbslebens verbunden sind. Darunter verstand Weber die typisch westliche Arbeitsmoral, bestehend aus strenggläubigem Protestantismus und kapitalistischer Geldwirtschaft, wie er sie auf seiner Amerika-Reise 1904 kennenlernte. Sie prägen damals wie heute die Mentalität von Großstadtmenschen, nicht nur in den Vereinigten Staaten, sondern auch in Europa.

Mit der naturwissenschaftlichen Erschließung immer größerer Wirklichkeitsbereiche und der daraus resultierenden technischen Entwicklungen geht eine exponentielle Steigerung des, um mit Weber zu sprechen, *rationellen* Fortschritts einher, der nichts zu tun hat mit der *rationalen* Philosophie früherer Jahrhunderte. Bereits Mitte des 19. Jahrhunderts setzt die Zweckökonomisierung aller Lebensbereiche ein und die technischen Innovationen beginnen, den Lebenstakt der Menschen zu beschleunigen. Der Fortschritt zeigt sich als Zeitverknappung durch eine schnellere Vertaktung mit dem Ziel größtmöglicher Gleichzeitigkeit. Die neuen Erfindungen der Telegrafie und Telefonie gewähren erstmals die Möglichkeit von Kommunikation in Echtzeit. Der Mitteleuropäer entwickelt das Gefühl des inneren Zeitdrucks und wird von morgens bis abends von der Angst des Zu-spät-Kommens getrieben. Mit schnelleren und zuverlässigeren Verkehrsmitteln eröffnet das 19. Jahrhundert eine Ausdehnung des Raumes. Selbst weite Entfernungen können in immer

---

[1] M. Weber, Die protestantische Ethik und der Geist des Kapitalismus, in: ders., Gesammelte Aufsätze zur Religionssoziologie, Bd. 1, Tübingen 1920, 17–206, 203.

[2] Ebd., 158.

kürzerer Zeit überwunden werden. Seitdem versuchen wir ständig, Zeit zu sparen und werden gehetzt von der Vorstellung, etwas zu verpassen.

Das „Ende der großen Erzählungen"

Neben den Veränderungen der Arbeitswelt schreitet derweil der wissenschaftliche Erkenntnisprozess weiter voran. Im Gegensatz zur Entdeckungseuphorie früherer Jahrhunderte und den faszinierenden Erfindungen, die mit ihr einhergingen, stellen die Erkenntnisse der theoretischen Physik zu Beginn des 20. Jahrhunderts viele dieser Einsichten wieder infrage. Die Forschungen von Max Planck (1858–1947), Albert Einstein und Werner Heisenberg (1901–1976) führen in 20er Jahren zur Auflösung der alten Gewissheiten der Newtonschen Physik. Mit der von Heisenberg erkannten „Unschärferelation" wird sowohl einer quantenphysikalischen Grenztheorie im supramolekularen Bereich als auch einer ganzen Epoche der passende Ausdruck verliehen. Wir sind seitdem nicht mehr zu großen Systementwürfen, zu universalen Zukunftsvisionen sowie zu einfachen Erklärungen imstande, zumindest was die Rahmenbedingungen unserer Naturerkenntnis angeht. Die Parameter von Zeit und Raum sind keine absoluten Größen mehr, sondern lediglich Verhältnisbestimmungen innerhalb eines Bezugssystems, in dem sie wahrgenommen werden. Alte Sicherheiten und Gewissheiten lösen sich auf. Die „großen Erzählungen", so der französische Philosoph Jean-François Lyotard (1924–1998), sind am Ende. Sie haben keine Kraft mehr, sie sind Einbildungen, ohne Wert und Bedeutung. Mit der rationellen Moderne im Sinne Webers werden neue Ängste erzeugt, die es zuvor nicht gab. Während im 19. Jahrhundert dem technischen Fortschritt, der Welt- und Naturerschließung noch der Zauber des Neuen und Unbekannten, aber auch des Messianischen anhaftete, wird mit der Katastrophendynamik des 20. Jahrhunderts die Angst zur unbewussten Begleiterin unseres modernen Lebens.

Die Angst als Signatur modernen Lebens

Die Angst als philosophische Deutungskategorie wurde schon im ersten Drittel des 19. Jahrhunderts vom dänischen Begründer der Existenzphilosophie Søren Kierkegaard beschrieben. Als Student besuchte er noch die Vorlesungen Schellings, löste sich allerdings vom Idealismus eines universal gültigen Deutungsanspruchs und verlagerte die Metaphysik Schellings in die Existenz des Einzelnen. Die Frage nach der „Essenz“, die Wesensbetrachtung von Gegenständen, einerlei ob dies ein Objekt der sinnlichen Wahrnehmung oder Gott ist, wird sekundär. Entscheidend sind die Begleitumstände, die Stimmungen der „Existenz“, mit denen wir wahrnehmen und erkennen. So entdeckte Kierkegaard die Angst als eine dauerhafte Konstante in unserem Leben. Zwar versteht er den Begriff nicht ausschließlich in einem psychologischen Sinn, aber wie weitsichtig der zeitdiagnostische Blick Kierkegaards dennoch war, zeigen die Erfahrungen des 20. Jahrhunderts. Mittlerweile wissen wir, dass der mit der Neuzeit verbundene Fortschrittsglaube einen hohen Preis hat. Die Fokussierung der westlichen Zivilisation auf die rationelle Zweckoptimierung unserer Welt und die Abdrängung von Sinnfragen ins Private erzeugen mannigfaltige Unsicherheiten. Mit der Entstehung der modernen westlichen Industrie- und Dienstleistungsgesellschaft steigt im selben Ausmaß das Unbehagen an dieser Entwicklung. Ein auf Renditemaximierung ausgerichtetes Denken allein kann nicht den Sinn der Welt erklären und die Grundfragen des Menschen beantworten. Der Schrei nach Weltdeutung verschafft sich in den immer größer werdenden Provokationen der künstlerischen Avantgarde Geltung.

Eine neue Zivilisationskrankheit: Die Neurasthenie

Es sind psychisch labile Intellektuelle, Dichter und Maler, die bereits in den Jahren vor dem Ersten Weltkrieg jene Zivilisationsbrüche prophetisch voraussehen, für die die erste Hälfte des 20. Jahrhunderts in die Geschichtsbücher eingehen wird. „Wir sind“, so charakterisiert der Anthropologe Max Scheler (1874–1928) seine Zeit, „in der ungefähr zehntausendjährigen Geschichte das erste Zeitalter, in dem sich der Mensch völlig und restlos problematisch geworden ist;

in dem er nicht mehr weiß, was er ist, zugleich aber auch weiß, dass er es nicht weiß."[3] Ein Meister seiner Kunst, der in misanthropischem Zweifeln der seelischen Zerstörung und Vereinsamung bereits vor dem Krieg nachspürt, ist Rainer Maria Rilke (1875–1926). Im Stunden-Buch gibt er eine exakte Beschreibung des in der Moderne heimatlos gewordenen, seelisch entfremdeten Menschen:

> Da leben Menschen, weißerblühte, blasse,
> und sterben staunend an der schweren Welt
> Und keiner sieht die klaffende Grimasse,
> zu der das Lächeln einer zarten Rasse
> in namenlosen Nächten sich entstellt.
>
> Sie gehen umher, entwürdigt durch die Müh,
> sinnlosen Dingen ohne Mut zu diesen,
> und ihre Kleider werden welk an ihnen,
> und ihre schönen Hände altern früh.
>
> Die Menge drängt und denkt nicht sie zu schonen,
> obwohl sie etwas zögernd sind und schwach,–
> nur scheue Hunde, welche nirgends wohnen,
> gehen ihnen leise eine Weile nach.
>
> Sie sind gegeben unter hundert Quäler,
> und, angeschrien von jeder Stunde Schlag,
> kreisen sie einsam um die Hospitäler
> und warten auf den Einlasstag.
>
> Dort ist der Tod. Nicht jener, dessen Grüße
> sie in der Kindheit einst wundersam gestreift.–
> der kleine Tod, wie man ihn dort begreift,
> ihr eigener hängt grün und ohne Süße
> wie eine Frucht in ihnen, die nicht reift.[4]

Hier manifestiert sich die Verlorenheit des Menschen in einem von Anonymität und emotionaler Kälte geprägten Leben. Er taumelt wie ein Schlafwandler, getrieben von einer unerbittlichen, sinnentleerten Arbeitswelt. Die Realität als Ereignis des Unausweichlichen wird

---

[3] M. Scheler, Die Sonderstellung des Menschen im Kosmos, in: H. Keyserling (Hg.), Der Leuchter. Weltanschauung und Lebensgestaltung, Achtes Buch: Mensch und Erde, Darmstadt 1927, 161–254, 162.

[4] R. M. Rilke, Die Gedichte, Frankfurt a. M. 2006, 265.

zum gefühlskalten und unpersönlichen Automatismus. In der sprachlosen, empfindungsarmen und automatisierten Kahlheit seiner Lebenswelt stumpft der Mensch zum ruhelosen Herumtreiber ab. Er wird zum rastlosen Opfer einer depressiven Psychose, ähnlich dem heutigen Burn-out-Syndrom, die damals Neurasthenie genannt wurde. Die beschleunigte Welt des neuen Jahrhunderts wird sich schon bald als ein gesichts- und konturenloses Inferno erweisen, das sich mehr und mehr der Kontrolle entzieht. Sie gleicht dem enthemmten Zauberbesen in Goethes berühmten Gedicht, den der Lehrling nicht mehr beherrscht. Gerade die expressionistische Avantgarde entwirft die Vision eines verängstigten und von der Welt und ihrer Geschwindigkeit heillos überforderten Subjekts. Dessen Angststörungen und Psychosen stellen die pathologische Kehrseite einer bis dahin erfolgsverwöhnten Zivilisation dar.

Der Expressionismus als prophetische Vorahnung

Der Expressionismus, der schon vor 1914 nicht nur in der Kunst, sondern vor allem durch das exzentrische Leben einiger Vertreter provozierte, skizziert vor allem ab den 20er Jahren eine von Chaos, Anarchie, Inflation, Armut, Massenarbeitslosigkeit und Depression geprägte Umbruchszeit. Einer der wichtigsten Vertreter des deutschen Expressionismus ist der Maler und Grafiker Ernst Ludwig Kirchner (1880–1939), ein Gründungsmitglied der Künstlergruppe „Brücke“. Kirchners Ängste, die auch eine Folge seiner Alkohol- und Medikamentensucht waren, zeigen vor allem in seinen Selbstportraits das Chaos der Moderne auf erdrückende Weise: Das Bild eines Menschen mit gebrochenem Selbstbewusstsein, zerstört durch die Imperative des Grauens eines Erschöpfungskrieges. Der okzidentale Optimismus und Glaube an die Grundwerte des Humanen und der Menschenwürde sind in ein Trümmerfeld der Sinnlosigkeit verwandelt. Ernst Ludwig Kirchner zeichnet aber nicht nur seine unmittelbare Zeit, er kalibriert den Rahmen des 20. Jahrhunderts insgesamt.

Die Fragilität der neuen Zeit zeichnet sich schon ab, als mit den Schüssen in Sarajevo alle bestehenden Werteorientierungen und Ordnungen, die die europäischen Dynastien, religiösen Institutionen mitsamt ihren Besitzansprüchen, Handlungsarrangements und

Abb. 14: Ernst Ludwig Kirchners Selbstbildnis als sucht- und drogenabhängiger Kranker im Bett einer Graubündner Bauernstube. 1918/30 © Bayerische Staatsgemäldesammlungen, gemeinfrei

normativem Regelwerk bis dahin repräsentierten, in sich zusammenbrechen. Wie die Geldscheine in den Jahren der Hyperinflation verlieren sie spätestens in den Kriegsjahren und in der unmittelbaren Nachkriegszeit jeglichen Wert. Die regionalen Herrschaftshäuser, die sich nach der deutschen Reichsgründung konstitutionell noch halten konnten, danken wortlos ab. Sie werden nicht einmal, wie in Frankreich 1789, Opfer des Volkszorns oder für begangenes Unrecht verurteilt. Der weltfremde und kontaktscheue König von Bayern, Ludwig III. – im Volksmund aufgrund seiner Sympathien für die Landwirtschaft auch wenig schmeichelhaft der „Millibauer" genannt – floh während der Novemberrevolution über Nacht im Mietauto und in Zivilkleidung nach Österreich. Damit endet mit den Wittelsbachern eine der ältesten deutschen Dynastien und hinterlässt außer leeren Palästen und einem Schuldenberg: nichts.

Die Philosophie der Moderne als Identitätskrise des Daseins

Die psychologischen Erzählungen von Stefan Zweig (1881–1942) halten zu Beginn des 20. Jahrhunderts der Zeit den literarischen Spiegel vor. Seine Novelle „Die unsichtbare Sammlung" handelt von einem erblindeten Kunstsammler, der jeden Tag vor einer Mappe mit wertvollen Grafiken und Stichen sitzt, um trotz seiner Blindheit mit seinen Fingern die Sammlung zu erspüren. Die Bilder entstehen in seinem Kopf – und die Sammlung existiert nur noch in der Erinnerung. Denn die Zeiten haben sich nach seiner Erblindung geändert. Der alte Sammler ahnt nicht, dass seine Familie in den bitteren Jahren der Weimarer Republik die Werke Stück für Stück veräußern musste und er stattdessen nur noch leere Blätter berührt, die seine Familie stattdessen in die Mappe gelegt hat. Der seiner Illusionen beraubte Ich-Erzähler wird mit der beklemmenden Erfahrung eines blinden Kunstliebhabers konfrontiert, der sich in einer fiktionalen Traumwelt unechter Bilder bewegt, von seiner eigenen Familie betrogen. Der Glaube des Sammlers erinnert an die projektive Wirklichkeitsverdopplung gläubiger Menschen, die beim Blick in den Himmel in bemitleidenswerter Naivität Gesichter in den Wolken erkennen oder gar den sprichwörtlichen Mann im Mond. Und so bleibt dem Erzähler nichts anderes übrig, als diesen Greis am Ende um den Irrtum seines Glaubens ein wenig zu beneiden, der ihm ein Stück Sicherheit und Lebensfreude verleiht.

> „Was ich aber mitnahm, war mehr: Ich hatte wieder einmal reine Begeisterung lebendig spüren dürfen in dumpfer, freudloser Zeit, eine Art durchleuchtete, ganz auf die Kunst gewandte Ekstase, wie sie unsere Menschen längst verlernt zu haben scheinen."[5]

Was Stefan Zweigs Novelle literarisch umschreibt, wird in der Philosophie der 20er Jahre begrifflich reflektiert. Es ist eine Philosophie der Krise und der Kulturkritik, deren unmittelbare Wurzeln im 19. Jahrhundert liegen. Das Verlorensein des modernen Menschen verleiht sich in der Existenzphilosophie wortgewaltigen Ausdruck. Ihre Ursprünge reichen bis in die idealistischen Subjekttheorien

[5] S. Zweig, Die unsichtbare Sammlung: Eine Episode aus der deutschen Inflation, in: ders., Die großen Erzählungen, hrsg. u. mit einem Nachwort v. E. Ziegler, München [2]2017, 217–234, 233.

von Fichte und Schelling sowie in die Bewusstseinsphänomenologie Hegels zurück. Insbesondere die Fortschreibungsverläufe im Ausgang Hegels reflektieren die zunehmenden Spannungen innerhalb einer immer weiter auseinanderdriftenden Gesellschaft. Die um die Jahrhundertwende einsetzende Lebensphilosophie sowie die ihr entgegenstehende psychologisch und phänomenologisch operierende Bewusstseinsphilosophie sind Ausdruck einer wachsenden Heterogenität und Divergenz philosophischer Theorien. Aus dieser sich abzeichnenden Unübersichtlichkeit ragt, noch scheinbar unberührt, an den Universitäten der Geist des Neukantianismus heraus, der in seinem akademischen Dünkel zunehmend die Akzeptanz der Nachkriegs- beziehungsweise Zwischenkriegsgeneration verliert. Scheinbar unbeeindruckt von den äußeren Ereignissen verliert sich diese akademische Philosophie in transzendentalphilosophischen Scheinproblemen der Ethik und der Logik. Sie setzt sich gegen den Materialismus zur Wehr, der in weite Bereiche der naturwissenschaftlichen Forschung vordringt; zugleich kann sie selbst aber die Fragen nach philosophischer Gewissheit auch nicht beantworten. Gerade die ethischen Geltungsansprüche kommen über das Postulatorische im Geiste Kants nicht hinaus und provozieren damit die Kritik der jungen Nachkriegsgeneration. Unter dem Eindruck der katastrophalen Erfahrungen des Krieges, dem Zusammenbruch bestehender jahrhundertealter Gesellschaftssysteme und wertorientierter Geltungsansprüche sucht sie nach neuen Fundamenten. Die neuen „jungen Wilden" der Zwischenkriegsjahre begreifen die bisherige Philosophie als gescheitert und ihre Ansätze als hoffnungslos fehlgeleitet. Zugleich suchen sie nach neuen Gewissheiten und wenden sich gegen jede metaphysische Absicherung, die noch wenige Jahrzehnte zuvor dem Idealismus innewohnte.

Revolutionsjahre der Philosophie: Von der Essenz zur Existenz

Unter den neuen Gesichtern in dieser Phase sticht eines besonders hervor: Es ist das des unkonventionell auftretenden Martin Heideggers (1889–1976) in Freiburg. Heidegger wird die Existenzphilosophie im deutschsprachigen Raum bekanntmachen und damit eine für das 20. Jahrhundert maßgebliche Umkehrung der philosophischen Denkrichtung von der allgemeinen Essenz zur Existenz des

Einzelnen einleiten. Der Grund, weshalb er hier zur Sprache kommt, ist aber, dass er die Welt der Theologie wie kein Zweiter beeinflusst hat und dies bis in unsere unmittelbare Gegenwart hinein immer noch tut. Allerdings haftet der Existenzphilosophie keine Sinnbezogenheit an. Die existenzielle Situation des Menschen wird zur formalen Anzeige, jede religiöse Dimension abgewiesen. Während Fichtes „Anweisungen zum seligen Leben" und erst recht Hegels triadische Kompositionen religiöse Konnotationen nicht nur ermöglichen, sondern auch ausdrücklich thematisieren, verharrt die moderne Existenzhermeneutik des 20. Jahrhunderts in ihrem nihilistischen Anspruch.

Martin Heidegger stammt aus einfachen Verhältnissen. Sein Vater war Mesner in der katholischen Kirche von Meßkirch, einer kleinen schwäbischen Ortschaft. Obwohl Heidegger in einer katholischen Umgebung aufgewachsen ist, wird er in seiner späteren Philosophie die Theologie stets abwertend als ein „hölzernes Eisen" bezeichnen. Unbeschadet der Tatsache, dass er ein ambivalentes Verhältnis zur Religion hat und für kurze Zeit sogar Jesuit werden wollte, wird er in Freiburg eine Tradition christlicher Philosophie hervorrufen, die in der Folgezeit sein Denken religiös deuten wird.

Heideggers Denken ist schwer einzuordnen. Auf der einen Seite zeigt es unverkennbar religiöse Züge, auf der anderen Seite wehrte er sich zeitlebens heftig gegen jede theologische Vereinnahmung. Oft widersprechen seine Rhetorik und Wortwahl der intendierten Behauptung. Zudem ist seine Affinität zur NS-Ideologie gut belegt sowie seine unerträgliche Deutschtümelei, die er nie bereute. Mit der berüchtigten Rede von 1933 anlässlich seiner Wahl zum Rektor der Universität Freiburg und spätestens seit den erst vor wenigen Jahren veröffentlichten „Schwarzen Heften" ist zweifelsfrei dokumentiert, dass Heidegger zu jener Sorte akademischer NS-Sympathisanten gehörte, die wesentlich zur Akzeptanz der Diktatur in intellektuellen Kreisen beigetragen haben. Er war bis 1945 Mitglied der NSDAP und wird seine Rolle während der NS-Diktatur nie kritisch hinterfragen. Dennoch hatte er in den 20er Jahren als bereits verheirateter Familienvater eine Affäre mit der jüdischen Philosophin Hannah Arendt, die nach damaligen Maßstäben bereits das Zeug zum Skandal hatte. So widersprüchlich wie seine Biografie, so schwer verständlich ist seine Philosophie, auch wenn die Sache, um die es ihm geht, die einfachste und naheliegendste Sache der Welt ist.

Heideggers Suche nach dem Sein

Heidegger möchte Gewissheit haben. Gegen die relativistischen, positivistischen und kulturtheoretischen Strömungen und gegen den abgehobenen Neukantianismus einer gequasten Kathederphilosophie seiner Zeit sucht er die einfache Wahrheit. Ihn treibt die Frage nach dem Grund der Dinge um, er sucht das Sein als den *einen* Urgrund.

Um das zu erreichen, bricht Heidegger mit der Philosophie seiner Zeit und der gesamten abendländischen Denktradition seit Platon. Er wirft der Philosophie vor, das Sein als einen Gegenstand der Reflexion und damit immer nur als Seiendes gedacht zu haben. Indem Platon das Sein als begriffliche Idee und Aristoteles die Substanz als Kategorie zum Gegenstand des Denkens reduziert haben, ist die Frage nach dem Sein „in Vergessenheit gekommen“[6]. Seitdem spricht die Philosophie über das Sein und thematisiert es als Seiendes wie ein theoretisches Problem neben anderen. Die abendländische Philosophie verdeckt in ihrer Metaphysik dessen eigentliches Wesen. Für Heidegger ist dies der falsche Weg. Die Metaphysik früherer Jahrhunderte ist Ausdruck einer permanenten Subjekt-Objekt-Spaltung, eines ständigen Kreisens um einen Gegenstand – so, als sei das Sein ein Ding wie jedes andere Ding in der Welt auch. Die Seinsvergessenheit führt in die Irre, weil der Mensch nur in seinem So-Sein für andere, nicht in seinem eigenen Da-Sein vorkommt.

Die Frage nach dem Eigentlichen, dem Grund, gerät in Vergessenheit, weil die Philosophie diese Frage immer als Objektfrage formuliert hat. Das Sein ist aber kein Objekt, kein Daten- und Eigenschaftsträger. Das Sein „west“, sagt Heidegger. Damit meint er den atmosphärischen Raum, den Verstehenshorizont, in dem uns die Gegenstände erst erscheinen können. Im Gegensatz zur akademischen Schulphilosophie seit Platon hätten Vorsokratiker wie Heraklit versucht, das Sein nicht als einen Gegenstand unter vielen, sondern das Sein als Zeit zu denken. Das Sein ist daher kein fixes Ziel, das es zu erreichen gilt. Es ist das unerkennbare, dem

---

[6] M. Heidegger, Sein und Zeit, Tübingen ^{17}1993, 2.

Denken sich entziehende Wesen der Dinge selbst. Wie komme ich aber auf diesen Grund und werde ich ihn jemals erreichen?

Husserls Phänomenologie der Epoché

Um diese Frage zu klären, müssen wir uns kurz mit der philosophischen Vorgehensweise Heideggers beschäftigen. Sein frühes Denken ist in der Phänomenologie seines Lehrers Edmund Husserl (1859–1938) beheimatet. Die Phänomenologie ist eine Methode, um zum eigentlichen Kern unseres Bewusstseins zu kommen. Dieses Ziel erreiche ich nicht dadurch, dass ich meine Aufmerksamkeit auf die Gegenstände unserer Wahrnehmung richte, denn dieser Weg ist instabil und unsicher. Gegen jede Täuschung von außen führt die Suche nach einer inneren Instanz immer in das Denken des Gegenstands, genauer gesagt, in das innere Bewusstsein zurück. Damit begründet Husserl auch seine Methode: In umfangreichen Einzelstudien klammert er alle gängigen Vorstellungen und Meinungen über einen Gegenstand aus, um der Frage auf den Grund zu gehen, wie ich in meinem Bewusstsein die Dinge wahrnehme, ohne bereits auf vorgefertigte Annahmen zurückzugreifen.

Ein Beispiel: Sie stehen vor einem Haus und bewundern seine Architektur. Ohne größeres Nachdenken kommen Sie dabei zu dem Urteil, dass es sich hierbei um ein sehr schönes Gebäude handelt. Aber, so fragt die Phänomenologie, ist dies tatsächlich ein *Gebäude*? Sie sehen doch nur eine Fassade! Es könnte sich ja auch, zumindest theoretisch, um eine Filmkulisse handeln. Der Begriff des Gebäudes setzt hingegen wesentlich mehr voraus, als Sie in diesem Moment tatsächlich sehen: Vier Wände, eine Decke und Innenräume. Mit anderen Worten: Mit meinem Verstand greife ich ständig über die gegebenen Sinnesdaten hinaus und füge allerlei „Abschattungen" hinzu, wie Husserl sich ausdrückt. Das heißt, ich addiere unbewusst jene konstitutiven Elemente eines Gebäudes hinzu, um zu diesem Schluss zu kommen. Husserl nennt dies den „Seinsglauben". Was zeigt sich aber in meinem Innern, wenn ich sämtliche Abschattungen beiseitelege? Wie stellen sich mir die Gegenstände ohne bewusstseinserweiternde Bezüge dar?

Um dahin zu gelangen, muss ich bereits vorhandene Vorstellungen und mentale Voraussetzungen kurzzeitig beiseiteschieben und mich ihrer „enthalten". Das Zurückhalten oder die „Einklammerung" vorhandener Vorstellungen, die sogenannte „Epoché", wie Husserl diese Methode in Anlehnung an den antiken Skeptiker Sextus Empiricus nennt, versucht auf diese Weise, unabhängig von vorhandenen Vorstellungen die Welt stabil und gewiss zu begründen:

> „[...] diese phänomenologische ἐποχή oder dieses Einklammern der objektiven Welt – stellt uns also nicht einem Nichts gegenüber. Was [...] mir, dem Meditierenden, dadurch zu eigen wird, ist mein reines Leben mit all seinen reinen Erlebnissen und all seinen reinen Gemeinheiten, das Universum der Phänomene im Sinn der Phänomenologie. Die ἐποχή ist [...] die radikale und universale Methode, wodurch ich mich als Ich rein fasse und mit dem eigenen reinen Bewußtseinsleben, in dem und durch das die gesamte objektive Welt für mich ist, und so, wie sie eben für mich ist. Alles Weltliche, alles raum-zeitliche Sein ist für mich – das heißt, gilt für mich, und zwar dadurch, daß ich es erfahre, wahrnehme, mich seiner erinnere, daran irgendwie denke, es beurteile, es werte, begehre usw. Das alles bezeichnet Descartes bekanntlich unter dem Titel cogito. Die Welt ist für mich überhaupt gar nichts anderes als die in solchem cogito bewußt seiende und mir geltende. Ihren ganzen, ihren universalen und spezialen Sinn und ihre Seinsgeltung hat sie ausschließlich aus solchen cogitationes. In ihnen verläuft mein ganzes Weltleben, wohin auch mein wissenschaftlich forschendes und begründendes Leben gehört. Ich kann in keine andere Welt hineinleben, hineinfahren, hineindenken, hineinwerten und -handeln als die in mir und aus mir selbst Sinn und Geltung hat."[7]

Es bleibt aber nicht bei der subjektiven Selbstvergewisserung. Für Husserl ist die Epoché die Möglichkeit, unser innerstes Bewusstsein zu erkunden: Was ist das eigentlich – das Denken? Was erleben wir in dem Moment, da wir denken? Und genau darin liegt die Schwierigkeit: Es ist eine Operation am offenen Herzen, da man bereits denken muss, wenn man über das Denken nachdenkt. Wenn wir aber das Denken selbst zum Gegenstand des Nachdenkens machen, laufen wir erneut Gefahr, das Denken mit dem inhaltlichen Gedanken, also Vorgang und Gegenstand miteinander zu verwechseln. Denn das Denken ist schon längst da, bevor wir meinen, es aktiv zu tun.

---

[7] E. Husserl, Cartesianische Meditationen und Pariser Vorträge, in: Husserliana Vol. I, hrsg. u. eingel. v. S. Strasser, Den Haag 1950, 60.

Die Thematik ist keineswegs neu. Die kritische Haltung gegenüber den Sinneswahrnehmungen verfolgt uns seit Platon und Descartes. Dass sich ferner im Geist die Gegensätze verbinden, wenn der Begriff die Anschauung übersteigt, haben wir bereits bei Augustinus und Nikolaus von Kues kennengelernt. Hegel hat die Vorstellung einer *coincidentia oppositorum*, wie Nikolaus von Kues seine paradoxen Beispiele aus der Geometrie nannte, weiterentwickelt, indem er diese Fähigkeit zur geistigen Selbsttranszendenz nicht als etwas Statisches, sondern als etwas Dynamisches beschrieben hat. Dementsprechend erinnern Husserls Überlegungen an die platonische Idee der Teilhabe: Mit unseren Gedanken partizipieren wir lediglich an der Welt des Denkens. Die Redewendung „einen Gedanken zu ergreifen" oder „einen Gedanken erfassen" bringt den haptischen Charakter dieses Vorgangs zum Ausdruck. Unser Bewusstsein formt sich aus der unendlichen Welt des Denkens einen konkreten Gedanken, hält ihn für eine Zeit fest – und vergisst ihn dann. Das Bewusstsein betritt den Denkraum der Ideen und verlässt ihn wieder.

Wahrheit als Unverborgenheit

Zurück zu Heidegger und dessen Suche nach dem Sein als dem Grund des Denkens selbst. Heidegger wird sich der Epoché Husserls anschließen und über seine Beschäftigung mit den Fragmenten der Vorsokratiker auch die Etymologie unserer Sprache konsultieren. Er ist der Auffassung, dass die Bedeutung eines Begriffs durch unsere Alltagssprache verfälscht wird und dessen wahrer Gehalt erst dann zum Vorschein kommt, wenn man seine altdeutschen oder griechischen Wurzeln aufdeckt. Diese Verdeckungen und Täuschungen sind Ergebnis unserer intentionalen, also zielgerichteten Wahrnehmung, mit der wir schon immer interpretierend und keinesfalls neutral auf die Welt zugehen. Heidegger zitiert gerne das Spätwerk Hölderlins, in dessen wortgewaltiger Lyrik, insbesondere in der Auflösung syntaktischer Regeln, Heidegger das fragmentarische „An-denken" der Wahrheit als Alétheia (gr. ἀλήθεια, zu Deutsch: Un-Vergessenes, Un-Verborgenes) deutet. Darunter versteht Heidegger nicht das vollständige Erfassen von Begriffen, sondern die vorsichtige, herantastende Annäherung. Auf diesem Wege möchte er jenen Horizont erreichen, der jedem Gedanken vorausgeht und sich damit der begrifflichen Reflexion entzieht, weil das Nachdenken immer zu spät kommt und sich mit dem Gedanken befasst, der schon längst gedacht ist. Es gibt aber ein Seiendes

> „[...] das seinem Seinssinne nach gerade nicht als Vorhandenes begriffen werden kann [...], [das] Seiende, was am wenigsten als Vorhandenes begriffen werden kann, [ist] das Dasein, das wir je selbst sind."[8]

Auf dieser Suche nach dem Sein stoßen wir wieder auf das Geheimnis des unhintergehbaren Ich: Jenes Ich, das um sich weiß, wenn es bereits vom Pronomen in der ersten Person Gebrauch macht. Das Bewusstsein, das nur von mir erfahren werden kann und anderen nur in Auszügen und in unzureichenden Worten beschreibbar bleibt. Es geht um jene Instanz, die präreflexiv hinter allen Gedanken steht. Eine Instanz, die man deshalb so schnell übersieht, weil sie zu nahe und zu vertraut ist, weil sie als Da-sein schon immer *da* ist.

Die ontologische Differenz von Nähe und Distanz

Um dieses Vertrautsein des Daseins mit dem Sein deutlicher zu konturieren, unterscheidet Heidegger zwischen „vorhandenem" und „zuhandenem Zeug": Der Hammer, den ich als Vorstellung im Kopf habe, wenn ich ihn suche, ist der „vorhandene" Gegenstand in meinem Denken. Im Modus des Suchens wird er zum Objekt des Denkens: „Wo lag er beim letzten Mal?" – „Wann habe ich ihn dorthin gelegt?" Der Hammer, den ich benutze und im Gebrauch nicht über ihn nachdenke, ist der zuhandene. Der zuhandene Hammer befindet sich bereits unbemerkt in meinem Gürtel, weil ich ihn gebrauchend – und ohne darüber nachzudenken – dorthin gesteckt habe. Hier ist er uns *ontisch*, also faktisch, näher als der begriffliche Hammer, an den ich *ontologisch* bloß denke.

Aus dieser Deskription entwickelt Heidegger eine neue Verhältnisbestimmung von Nähe und Distanz. Es geht nicht um physische Nähe im Raum, sondern um das Bewusstsein von Nähe und Distanz, das nicht identisch ist mit räumlicher Entfernung. Sich jemandem verbunden zu fühlen, hängt nicht davon ab, ob ich mit dieser

---

[8] M. Heidegger, Die Grundprobleme der Phänomenologie, in: ders., Gesamtausgabe, Bd. 24, Frankfurt a. M. 1975, 169.

Person ständig in einem Raum zusammensitze. Der Sinn eines Gegenstands besteht nicht in dessen Reflexion, sondern erschließt sich im Gebrauch. Der Sinn eines Kochbuchs besteht ja auch nicht darin, dass ich die Rezepte darin auswendig lerne, sondern ausprobiere. Heidegger wird diese Unterscheidung in einer Vorlesung aus dem Sommersemester 1927 auch als die „ontologische Differenz" bezeichnen. Der Hammer, den ich vermisse und krampfhaft suche, steht für das „Verfallensein" des Menschen an die Gegenstände der Welt. Das „In-der-Welt-Sein", wie Heidegger es nennt, ist nie bei sich, sondern immer bei den Dingen; es ist beschäftigt mit den Gegenständen, an die wir verfallen sind. Darin besteht die permanente Uneigentlichkeit des Daseins, phänomenologisch gesprochen: seine *Selbsttäuschung*, die sich in der Sorgestruktur erschöpft. In unserer Alltäglichkeit bewegt uns ständig die Sorge um Dinge, die eigentlich nicht bei uns sind: Die Probleme unserer Mitwelt, die Zukunft unseres Lebens. Sie ziehen uns in ihren Bann, sie beherrschen unser Leben. Auch wenn sie gar nicht real gegenwärtig sind, lassen sie uns doch unser eigenes Selbst vergessen. Wir gehen auf in der Sorge, wir sind ihr *verfallen*. Was treibt uns zur Sorge? Für Heidegger ist es der unbewusste Vorgriff auf den Tod. Mit dem Tod enden nämlich unsere Möglichkeiten, in die Welt aktiv einzugreifen. In der Sorgestruktur nehmen wir gleichsam den Tod als Ende unserer Möglichkeiten vorweg. Unser Dasein ist damit ein Sein zum Tode.

Das „Man" der Welt

Heidegger geht der Atmosphäre seiner Zeit präzise und sensibel auf den Grund. In den Jahren der Weimarer Republik entlädt sich seine ganze Kultur- und Gesellschaftskritik: Mehr noch als der zeitgenössische Expressionismus stellt er sowohl das rationale Ideal der Vergangenheit als auch seine Zeit unter den Generalverdacht, an das „Man" verfallen zu sein. Das Man ist die anonyme Welt, in der wir leben: Die Technik, das seelenlose Leben in der Großstadt, die Kurzlebigkeit der Zeiterscheinungen, der Massengeschmack, die Mode – schlichtweg alle Ausdrucksgestalten der Moderne stehen dem eigentlichen Dasein entgegen:

> „Das Man ist überall dabei, doch so, daß es sich auch immer schon davongeschlichen hat […]. Weil das Man jedoch alles Urteilen und Entscheiden vorgibt, nimmt es dem jeweiligen Dasein die Verantwortlichkeit ab.“[9]

Dieses *Man* verkörpern jene anonymen Mächte und Einflüsse, die uns unsichtbar bedrohen, bedrängen und bestimmen. Das Man entscheidet für uns und lähmt uns zugleich. Uns fehlt daher der Mut zur Vereinzelung. Das Man zeigt sich in „Gerede“, „Neugier“ und „Zweideutigkeiten“. Hätte Heidegger die heutigen Kommunikationsformate vor Augen, würde er auch Influencer Marketing oder Cyber-Mobbing als Verfallsformen bezeichnen. Das Man umschließt die verlorene Existenz des Einzelnen in der Fremde einer menschenverachtenden, technisch beherrschten und feindlichen Welt. Der Einzelne bleibt in seiner Isolation, unfähig zu existenziellen Entscheidungen, getrieben von fremden Einflüssen. Sich in den Selbsttäuschungen zu verlieren ist die große Gefahr seiner Zeit.

Heideggers fulminantes 1927 erschienenes Werk „Sein und Zeit“, in dem er diese Grundbegriffe und Überlegungen gegen das philosophische Establishment revolutionär einführt, wird zur Bibel des 20. Jahrhunderts. In den 20er Jahren mutiert Heidegger zum Partyschreck der akademischen, bis dahin wohlgeordneten Welt philosophischer Ordinarienherrlichkeit. Sein hemdsärmeliger Auftritt in der berühmten Davoser Disputation von 1929 mit, oder besser gesagt: gegen den feingeistig wirkenden Neukantianer Ernst Cassirer (1874–1945) offenbart der Fachwelt das Ende der bisher gültigen philosophischen Diskurse. Dass er in den frühen 30er Jahren gerade aufgrund derartiger Auftritte und seiner sprachlichen Annäherung an den Jargon der Nazis zum intellektuellen Steigbügelhalter eines verbrecherischen Regimes wird, begreift er bis zum Lebensende nicht.

---

[9] Ders., Sein und Zeit, 127.

Heidegger und die Theologie

Schon vor Erscheinen von „Sein und Zeit“ wurde ein Theologe auf Heidegger aufmerksam. Die Rede ist von Rudolf Bultmann (1917–1973), einem in der dialektischen Schule Karl Barths (1886–1968) beheimateten evangelischen Neutestamentler. Er gilt als Begründer der existenzialanalytischen Interpretation des Neuen Testaments. Anhand von Heideggers Methode lässt sich für Bultmann der bleibende, unhistorische Kern des Neuen Testaments aufdecken. Räumt man erst einmal alle zeitbezogenen Täuschungen beiseite, begegnet einem der eigentliche Sinn des Textes und damit dessen Wahrheitsanspruch. Wahrheit im Sinne Heideggers meint nicht ein korrespondenztheoretisches Verhältnis von Intellekt und Welt. Wahrheit beschreibt einen Zustand, den ich erfahre, wenn ich mich von fixen Vorstellungen und Ideen innerlich löse und das, was sich vordergründig zeigt, als Schein entlarve: A-létheia verstanden als Negation des Vergessens, indem ich das Verborgene aufdecke. So versteht sich auch das Entmythologisierungsprogramm Rudolf Bultmanns. Die neutestamentlichen Texte verweisen auf grundlegende und damit geschichtlich unabhängige Befindlichkeiten und existentielle Bestimmungen des Daseins. Eine zeit- und kontextbezogene Textanalyse, gar die Rekonstruktion des historischen Jesus interessieren Bultmann weniger. Bultmann ließ keine Zweifel an den Zielen seiner Exegese aufkommen: „Man kann nicht elektrisches Licht und Radioapparat benutzen, in Krankheitsfällen moderne medizinische und klinische Mittel in Anspruch nehmen und gleichzeitig an die Geister- und Wunderwelt des Neuen Testaments glauben.“[10] Er wird, bei aller Kritik, der er sich aussetzte, zum Begründer der modernen Bibelhermeneutik im 20. Jahrhundert.

Bultmann sucht wie Heidegger das eigentliche, das *entschlossene* Dasein. Die Eigentlichkeit stellt damit kein Ziel dar, das man zu irgendeinem Zeitpunkt im Leben erreicht haben könnte, sondern vielmehr ein Verlangen, ein Fragen und Denken. Diese Suche nimmt in „Sein und Zeit“ geradezu religiöse Züge an, auch wenn Heidegger

---

[10] R. Bultmann, Neues Testament und Mythologie. Das Problem der Entmythologisierung der neutestamentlichen Verkündigung, ND der 1941 erschienenen Fassung, in: Beiträge zur Evangelischen Theologie 96, München 1985, 15–48, 18.

jede religiöse Deutung seiner Gedanken strikt ablehnt. Seine Sympathien für Augustinus und die christliche Mystik sind allerdings unverkennbar und zentrale Begriffe in „Sein und Zeit“ sind dem Leser eher aus dem christlichen Umfeld vertraut. So ist vom „Gewissen“, von „Angst“ und „Schuld“ die Rede. Dies beweist nicht nur deren Herkunft von Kierkegaard, sondern auch deren Rezeption in die Theologie. Nur so lässt sich erklären, wieso der sich vom Christentum betont distanzierende und allen religiösen Vereinnahmungen zur Wehr setzende Martin Heidegger über Bultmann hinaus zum Nestor einer ganzen Gründergeneration theologischer Neuentwürfe namhafter katholischer Autoren wurde: Karl Rahner (1904–1984), Max Müller (1906–1994), Romano Guardini und der ebenso in Meßkirch geborene und Heidegger zeitlebens freundschaftlich verbundene Bernhard Welte (1906–1983). Sie alle geraten in eine für das christliche Menschenbild nicht unbedenkliche Nähe zum Existenzbegriff Heideggers. Diese Religionsphilosophen müssen allerdings plausibel machen, worin sich ihr christliches Verständnis vom Kulturpessimismus Heideggers unterscheidet.

Wesentlich deutlichere Bezüge finden sich zwischen Heideggers Denken und der antiken Gnosis, einer besonders welt- und leibfeindlichen Strömung. So ist in „Sein und Zeit“ vom „Ruf“ die Rede, der uns aus dem Zustand des Uneigentlichen wachrüttelt – einen ähnlichen gnostischen Weckruf findet man in Eph 5,14 sowie in koptischen Texten aus dem vierten und fünften Jahrhundert. Begriffe wie „Geworfen“- und „Verfallensein“, die der gnostischen Existenz den passenden Ausdruck geben, greift der jüdische Philosoph Hans Jonas in seiner 1934 bei Rudolf Bultmann geschriebenen Dissertation „Gnosis und spätantiker Geist“ auf. Für Jonas ist die Gnosis weit mehr als nur eine antike Erscheinung. Gnosis ist eine grundsätzlich pessimistische Daseinshaltung, deren Weltgefühl Heideggers Existenzanalyse haargenau beschreibt. Es sind Analysen über den Zustand eines sich ängstigenden Daseins, das immer Gefahr läuft, sich in der Welt zu verlieren. Diese Daseinsängste treiben den Gnostiker schließlich zur Weltflucht. Die augenscheinliche Parallelität zwischen antiker Gnosis und der Existenzphilosophie Heideggers ist für Jonas frappierend.

Die „Stunde Null"

Die ebenso von Ängsten geprägten fragilen Jahre der Weimarer Republik erweisen sich als böse Vorahnung dessen, was noch kommen sollte. Die Menschen in dieser Zeit spüren, dass diese Jahre lediglich den Auftakt zur eigentlichen Katastrophe bedeuten. Sie sind die Atempause zwischen zwei Weltkriegen, die mehrere Generationen an Opfern, aber auch an Tätern und moralischer Schuld hinterlassen werden. Als 1945 endlich alle Waffen schweigen, ist die Welt endgültig zum Feind des Menschen geworden. Sie ist das Un-Zuhause eines zerrissenen Selbst, eines völlig gescheiterten Menschen, der vor den Trümmern seines Lebens und seiner Vergangenheit steht. Gott, Welt und Mensch sind das, was der Philosoph Michael Pauen (*1956) in seinen Schriften das „gnostische Rezidiv" dieser Zeit nennt, in der er die Gnosis als Denkform einer tiefgreifenden Angst vor der Welt und als Ausdruck eines desillusionierten Weltpessimismus begreift. Die metaphysische Hoffnung früherer Jahrhunderte erweist sich als Illusion. Wäre es wirklich noch sinnvoll, so der rumänische Philosoph Emil Cioran (1911–1995), Kinder zu zeugen? Cioran stellt das biblische Verständnis von Schöpfung auf den Kopf:

> „Die kriminelle Aufforderung der Genesis: ‚wachset und mehret euch' konnte nicht aus dem Munde des guten Gottes gekommen sein. Seid selten, hätte er vermutlich empfohlen, wenn er mitzureden gehabt hätte."[11]

Angesichts der Bilder, die sich bei der Befreiung der Konzentrations- und Vernichtungslager boten, lässt sich die Vorstellung einer guten Schöpfung nur noch als gescheitert zurückweisen. Der bekennende Nihilist Ludger Lütkehaus (1943–2019) bringt dies auf den Punkt:

> „Und deswegen ist menschliches Leben mit jener Frage konfrontiert, die der scheinbar fraglose Anfang des Schöpfungsberichts und der johanneischen Frohbotschaft in vorauseilender Antwort überspringt, die aber umso nachhaltiger von der Tragödie und Metaphysik der Neuzeit gestellt wird, der mephistophelisch und dantonesk zugespitzten Hamlet-Frage der Metaphysik: ‚Warum, zum Teufel, *soll* denn überhaupt etwas Geschaffenes sein und nicht vielmehr nicht? Warum *will* denn überhaupt

[11] E. Cioran, Die verfehlte Schöpfung, Frankfurt a. M. 1979, 14.

> etwas Lebendes sein und nicht vielmehr nicht? Warum überhaupt Etwas und nicht vielmehr nichts?‘“[12]

Ähnlich wie Lütkehaus knapp sechs Jahrzehnte später denken bereits 1945 zahlreiche Überlebende inmitten einer Trümmerlandschaft. Auf der brüchigen Basis einer „Minima moralia“ versucht Theodor W. Adorno (1903–1969) eine Neubestimmung der Welt. Sie ist als Ausdruck eines „beschädigten Lebens“ das Spiegelbild des erlittenen Zivilisationsbruchs und besiegelt das Ende aller Utopien und des Hegelschen Geschichtsoptimismus. Hinzu kommt die Aufarbeitung einer denkerischen Vergangenheit, die diese Katastrophe vorbereitet und eingeleitet hat. Dazu zählen Heideggers Sympathien mit den Nationalsozialisten ebenso wie die Folgen von Nietzsches Allmachtsfantasien im Übermenschen, die zu einer gefährlichen Apotheose des existentiell verunsicherten Subjekts geführt haben.

Seit dieser Zeit, so hat es den Anschein, zerbrechen die Ansprüche umfassender Systementwürfe in Philosophie und Theologie. Die Moderne scheint keine allgemeingültigen Antworten auf die Frage nach Herkunft und Bestimmung des Menschen mehr zuzulassen. Die Kirchen und die metaphysischen Ideengebäude früherer Jahrhunderte wirken wie stumme Zeugen einer Vergangenheit, die nicht mehr verstanden wird. Mit dem 20. Jahrhundert scheinen sich die letzten Gewissheiten des Menschen aufzulösen.

An diesem Tiefpunkt der abendländischen Geschichte müssen wir einen Moment innehalten. Mit der „Stunde Null“, mit der in den Geschichtsbüchern das Jahr 1945 symbolisch bezeichnet wird, verbindet sich eine weit in die Vergangenheit zurückreichende Tradition, die nicht nur den Glauben in der einen oder anderen Hinsicht kritisiert, sondern die Rede von Gott generell in Zweifel zieht. Es handelt sich dabei um jene philosophischen oder naturwissenschaftlichen Ansätze, die die Religion an sich angreifen. Ihre Anfänge reichen bis zu den Vorsokratikern zurück, doch erst mit der Aufklärung und schließlich im 19. Jahrhundert erreichen diese radikalen Religionskritiken ihren vorläufigen Höhepunkt. Im Unterschied zu Antike und Mittelalter richten sich die neuzeitlichen Vertreter nicht gegen bestimmte kultische und magische Vorstellungen

---

[12] L. Lütkehaus, Nichts. Abschied vom Sein. Ende der Angst, Zürich 1999, 127.

religiöser Menschen oder gegen die Verschwendungssucht und die verlogene Moral der Kirche. Die neuzeitliche Religionskritik versteht sich überwiegend als Atheismus, der im Namen und zum Wohle der Menschheit für die generelle Abschaffung des Gottesgedankens plädiert.

Die Katastrophen des 20. Jahrhunderts scheinen die atheistischen Einwände gegen die Existenz Gottes auf unheilvolle Weise zu bestätigen. Für den Atheismus sind das unendliche Leid und die immense Zerstörung das Ergebnis einer Kultur, die sich stets als christlich verstanden hat. Die „Stunde Null“ des Jahres 1945 symbolisiert also den finalen Zusammenbruch religiöser Weltdeutungen. Spätestens jetzt muss sich der Glaube der Religionskritik stellen.

Atmosphärische Annäherungen an die Zeit unmittelbar vor dem Ersten Weltkrieg bieten die folgenden Leseempfehlungen, die als sensible Zeitdiagnosen die sich anbahnenden Katastrophen in ihrer Dramatik spannend erschließen: *Philipp Blom, Der taumelnde Kontinent. Europa 1900–1914*, München ^{9}2009. Vom selben Autor: *Die zerrissenen Jahre 1918–1938*, München 2014; ebenso zu empfehlen sind die Bücher von *Wolfgang Martynkewicz, Das Zeitalter der Erschöpfung: Die Überforderung des Menschen durch die Moderne*, Berlin 2013 sowie: *1920. Am Nullpunkt des Sinns*, Berlin 2019.

Sie suchen nach Leseempfehlungen zu Heidegger? Nichts schwieriger als das! Es gibt zu Heidegger unzählige Einführungen. Die überwiegende Mehrzahl ist sehr fundiert und elaboriert. Nicht wenige leiden aber darunter, sich in der Wortwahl Heidegger zu sehr angepasst zu haben und lesen sich ähnlich sperrig wie Heidegger selbst. Ich empfehle daher folgende Einführungen in Leben und Werk sowie in die zeitlichen Hintergründe: *George Steiner, Martin Heidegger: Eine Einführung.* Aus dem Englischen von Martin Pfeiffer, München 2011; *Rüdiger Safranski, Ein Meister aus Deutschland. Heidegger und seine Zeit*, München 2011 sowie: *Wolfram Eilenberger, Zeit der Zauberer. Das große Jahrzehnt der Philosophie 1919–1929*, Stuttgart 2018. Den Zusammenhang zwischen weltverachtender Gnosis und Philosophie der Moderne, insbesondere bei Heidegger, stellt *Michael Pauen* her: *Dithyrambiker des Untergangs. Gnostizismus in Ästhetik und Philosophie der Moderne*, Berlin 1994. In eine ähnliche Richtung geht seine zweite Veröffentlichung zu diesem Thema: *Pessimismus. Geschichtsphilosophie, Metaphysik und Moderne von Nietzsche bis Spengler*, Berlin 1997.

XI. Die Gotteskrise und Religionskritik seit dem 19. Jahrhundert

Die Religionskritik des 19. Jahrhunderts fällt nicht vom Himmel. Sie ist das Resultat eines Aufklärungsprozesses, der sich bereits in den empiristischen und rationalistischen Linien der Philosophie in den Jahrhunderten zuvor abzeichnete. Allerdings verhinderte das bis zu dieser Zeit noch vorherrschende Vernunftideal einer alles umfassenden Philosophie den totalen Verlust metaphysischer Geltungsansprüche, weil man diese zunächst für einholbar hielt: Metaphysik hatte eine partielle Daseinsberechtigung. Mit der enormen Innovationsleistung naturwissenschaftlicher Erkenntnisse ging allerdings auch deren Selbstüberschätzung einher. Naturwissenschaftliche Empirie wurde entgegen der Warnungen vonseiten Kants sowie des Deutschen Idealismus zur Ideologie des 19. Jahrhunderts und ersetzte alte Gewissheiten durch eine neue Heilsbotschaft: Alle Probleme der Menschen können mithilfe des naturwissenschaftlichen Fortschritts gelöst werden. Es ist nur eine Frage der Zeit.

Im individuellen Bereich beherrschte nach dem Ende des Idealismus die Suche nach dem Glück die Gesellschaft, das die englischen Philosophen Jeremy Bentham (1748–1832) und John Stuart Mill (1806–1873) zum Paradigma des Utilitarismus erklärten. Unter Glück verstanden sie in erster Linie die Abwesenheit von Schmerz. Diese Bestimmung soll auch nicht kleingeredet werden, spricht sie doch einen wahren Punkt im allgegenwärtigen Theodizee-Problem an. Es spiegelt eine religiöse Erwartungshaltung wider, die die Menschen den aufkommenden Naturwissenschaften, den zahlreichen neuen Erfindungen und Einsichten entgegenbrachten. Gemessen an den damaligen Lebensumständen war das nur allzu verständlich. Dabei ahnten Mill und Bentham nicht, welchen Leiderfahrungen die Menschen des 20. Jahrhunderts noch ausgesetzt sein würden. Doch die Anzeichen waren bereits unübersehbar.

Das Ende metaphysischer Gewissheiten

Nach Hegel vollzieht sich in wenigen Jahrzehnten ein für die Moderne folgenschwerer Bruch im Verständnis von Gott, Welt und Mensch. Während mit Hegel und Schelling die herkömmlichen Parameter, wenngleich in modifizierter Form, immer noch Bestand hatten oder zumindest Anlass zu philosophischen Diskussionen boten, verändert sich in vergleichsweise kurzer Zeit der bisherige Wissenschaftskosmos. Die Gelehrtenwelt ging wie selbstverständlich davon aus, eine erkennbare und methodisch greifbare Welt vorzufinden. Das Bewusstsein einer prinzipiellen Lesbarkeit der Welt bildete immer noch den Hintergrund sämtlicher Theorieentwürfe. Auch ein Gottesbegriff, ob nun deistisch oder idealistisch absolut gesetzt, konnte mithilfe der aristotelischen Metaphysik begründet werden. Das klassische Verständnis von Wissen war das unstrittige Prärogativ von Rationalität und ermöglichte die enorme Entwicklung der europäischen Kultur.

Trotz mancher Kritik, insbesondere hinsichtlich seiner Ursachenlehre, blieb Aristoteles der Gründungsvater des europäischen Wissenschaftsideals. Bis in das 18. Jahrhundert hinein war die Theologie noch wesentlicher Teil dieses Ideals, weil sie den Beobachtungen im Raum der Ursachen den ersten Grund und das letzte Ziel vorgab. Sie war die Metaphysik der Naturwissenschaft. Wissenschaft war bis dahin immer noch der Versuch, Zusammenhänge auf allen Gebieten zu erschließen, um damit die höhere und letztendliche Schöpfungswirklichkeit Gottes zu erkennen, auch wenn man Gott als letztes oder erstes Prinzip in der Erklärung der Natur nicht mehr zu den Gegenständen der Erfahrung zählte.

Bis ins 19. Jahrhundert glaubten die meisten Menschen, dass Gott die Welt geschaffen hat, zusammen mit allen Tieren und Pflanzen. Den Zeitpunkt der Schöpfung errechnete man aus den überlieferten Stammbäumen und Genealogien der Bibel. Die Schönheit, Vielfalt und perfekte Anpassung der Lebewesen an ihre Umwelt galten als Belege für die Macht eines Schöpfergottes. Vergleichsweise unbemerkt vollzog sich aber bereits Mitte des 18. Jahrhunderts ein entscheidender Paradigmenwechsel in der philosophischen und künstlerischen Betrachtung der Natur, ohne den die Einsichten der Evolutionsbiologie nicht denkbar gewesen wären.

Die Natur erwacht zum Leben

Die mit Herder, Goethe und anderen Wegbereitern der Romantik verbundene Epoche des Sturm und Drang eröffnete bereits in Prosa und Dichtung des ausgehenden 18. Jahrhunderts einen neuen Blick auf die Welt. In der Philosophie forcierten der ungebändigte Freiheitsdrang Spinozas, die französische Aufklärung bei Diderot und d'Alembert sowie der kritische Rationalismus bei Kant die Durchbrechung bestehender Konventionen, Etiketten und dogmatischer Lehren. Die bislang als lebensfeindlich und bedrohlich betrachtete Natur wird jetzt lebendig, das Werden und Vergehen als ein natürlicher Prozess betrachtet, den es nicht mehr, wie noch in der französischen Gartenarchitektur, einzuschränken und zu domestizieren gilt. *Leben* und *Natur* werden zu Metaphern eines allumfassenden neuen Sinns für Schönheit. Die Allonge-Perücken werden nun endgültig zu alten Zöpfen und von der natürlichen Haarpracht jugendlicher Vitalität abgelöst.

Während mit Leibniz Religion und Mathematik, Philosophie und Naturwissenschaften noch als gleichberechtigte Zugänge zu der einen Schöpfung Gottes betrachtet wurden, dessen Urheberschaft freilich völlig außer Frage stand, wird nun das gedankliche Vermächtnis Spinozas von Freiheit und Überwindung religiöser Zwänge immer lauter. Für Leibniz war Gott noch jene Urformel, mit der er die Schöpfung der Welt aus dem Nichts auf der binären Basis von 0 und 1 begründete. Mit der Vereinfachung der Zahlenwelt auf zwei Grundzahlen erfand Leibniz nicht nur die Grundprinzipien einer Rechenmaschine, sondern so etwas wie ein Drehbuch, mit dem die gesamte Wirklichkeit erklärbar wurde und sich eine auf Gott gegründete deistische Weltdeutung aufbauen ließ. Mit Schiller und Goethe und der anschließenden Romantik des 19. Jahrhunderts wird das oberste Prinzip Gott durch den Begriff der lebendigen Natur ersetzt. Die Tage einer unhinterfragten göttlichen Schöpfung und der vermeintlichen Vorrangstellung des Menschen in ihr waren gezählt.

Die Entzauberung der Artenvielfalt

In der Romantik entwickelt die Natur ein Eigenleben. Sie wird nicht mehr als Schöpfung Gottes verstanden und in Analogie zur göttlichen Wirklichkeit gesetzt. Damit ist der Weg frei, sie mit empirischen Methoden zu erkunden und ihre autonomen Gesetze kennenzulernen.

Als 1859 im gesetzten Alter von fünfzig Jahren ein bis dahin kaum beachteter Naturforscher namens Charles Darwin (1809–1882) sein Werk „Über die Entstehung der Arten" (englisch: „On the Origin of Species by Means of Natural Selection") veröffentlichte, existierten schon eine Reihe anderer Entstehungstheorien über die biologische Artenvielfalt. Bereits in den Jahren 1845–1858 veröffentlichte der Berliner Naturwissenschaftler Alexander von Humboldt (1769–1859) mit seinem vierbändigen Alterswerk „Kosmos" den umfassenden Versuch, die Natur in all ihren Teilen als ein zusammenhängendes Netz wechselseitiger Ursachen und Wirkungen zu beschreiben. Es ist einer der letzten Versuche, die verschiedenen Naturerscheinungen unter einer einheitlichen Gesamtperspektive zu bündeln. Charles Darwins „Entstehung der Arten" verdankt sich grundlegend dem Naturbegriff Humboldts, wenngleich sich seine Thesen von allen bisherigen Modellen methodisch unterscheiden. Während Humboldt die Vielfalt der Arten und Ökosysteme auf die Gleichzeitigkeit von Ursachen und Wirkungen zurückführt, vertritt Darwin eine diachrone Vorstellung. Seines Erachtens erzeugen die spezifischen Gegebenheiten und unterschiedlichen Lebensbedingungen ein disparates Raster an Voraussetzungen, das darüber entscheidet, ob sich zufällige genetische Abweichungen im Phänotyp als Vor- oder Nachteil einer Art erweisen. So kann das Ausbleiben des Farbpigments im Tierfell in nördlichen Regionen mit längerem Winter ein Vorteil, in gemäßigteren Klimazonen ein Nachteil sein. Die Verstetigung einer spontanen Laune der Natur entscheidet also über die Überlebensfähigkeit einer Art und erhöht deren Fortpflanzungschancen. Eine Giraffenfamilie mit zufällig längeren Halswirbeln gelangt an Nahrungsquellen, die für andere Artgenossen unerreichbar sind und gibt diese genetische Eigenschaft an ihre Nachkommen weiter. Nicht die hohen Wipfel in der ostafrikanischen Savanne sorgen für das notwendige Knochenwachstum, wie der französische Botaniker Jean-Baptiste de Lamarck (1744–1829) noch behauptet hatte, sondern die Selektion beliebiger Abweichungen innerhalb einer Art.

Mit diesem neuen Ansatz gelang Darwin der entscheidende Durchbruch. Denn nun waren auch die sonderbarsten Arten zu erklären, deren Existenz man mit den bisherigen Theorien nicht wirklich begründen konnte. Das Ende des 18. Jahrhunderts in Australien entdeckte Schnabeltier aus der kleinen Familie der Kloakentiere ist ein solches Beispiel aus dem Kuriositätenkabinett der Natur. Auch der Mensch ist, physiologisch betrachtet, der Nahrungskonkurrenz in vielerlei Hinsicht oft unterlegen. Dass der Homo sapiens dann doch den „Battle of Survival" für sich entscheiden konnte, muss also andere, nicht körperliche Ursachen haben.

Darwins Erklärung für die Vielfalt der Lebewesen stellt den entscheidenden Wendepunkt in der Geschichte der modernen Biologie dar. Die These, dass sich Arten aufgrund natürlicher Auslese durch spontane Mutation ihrer Erbanlagen an die begrenzten Ressourcen mehr oder weniger zufällig anpassen, und damit das Überleben der eigenen Art sichern, ist ein Paukenschlag und bringt das bestehende Weltbild ins Wanken. Von nun an bestimmt der genetische Zufall das Geschehen und die Natur wird zur Schöpferin ihrer selbst.

Die Naturwissenschaften reduzieren sich zur Fachdisziplin

1834 wird in der englischen Fachzeitschrift „The Quarterly Review" von William Whewell (1794–1866), einem Philosophen und Wissenschaftshistoriker, der Begriff „Science" im heutigen Sinne geprägt. Seitdem versteht man unter Wissenschaft nicht mehr das umfassende Wissen um erste oder letzte Gründe. Der Wissenschaftler ist der Experte einer einzigen Fachdisziplin und kann auch nur für diese sprechen. Diese Vorstellung prägt den Wissenschaftsbegriff bis heute. Für den Erfolg einer wissenschaftlichen Karriere zählen Einzelergebnisse und die Expertise, nicht der Blick aufs Ganze. Dieses begrenzte Verständnis von Wissenschaft ermöglichte den beispiellosen Erfolg von Forschung und Entwicklung und garantierte im 19. Jahrhundert die technische Überlegenheit Westeuropas. Die in dieser Zeit eingeleitete Spezialisierung einzelner Teilbereiche hat sich bis heute behauptet, auch wenn sich mittlerweile ein Trend zur interdisziplinären Vernetzung abzeichnet.

Was die Kirche in dieser Zeit betrifft, so werden die innovativen Einsichten in der Regel schlicht zur Kenntnis genommen. In einigen

Neuansätzen und Entwicklungen erkennt sie jedoch eine substanzielle Gefährdung eigener Deutungshoheiten und reagiert entsprechend heftig auf diese Impulse. Trauriger Höhepunkt ist die Enzyklika „Quanta cura" von 1864 sowie ein beigefügter Syllabus, in dem achtzig Aussagen und innovative Theorien als Irrlehren verurteilt werden. Um sich den unversöhnlichen Ton dieser folgenschweren Enzyklika klar zu machen, genügen bereits wenige Auszüge. Die folgende Passage bezieht sich auf das Verhältnis des säkularen Staates zu Religion und Familie:

> „Denn wo aus der bürgerlichen Gesellschaft die Religion entfernt und die Lehre und Autorität der göttlichen Offenbarung zurückgewiesen worden ist, da wird auch der echte *Begriff* von Gerechtigkeit und menschlichem *Recht* von Dunkelheit umhüllt und fallen gelassen [...]. Und nicht damit zufrieden, die Religion aus der öffentlichen Gesellschaft zu verdrängen, wollen sie [= die Vertreter der bürgerlichen Gesellschaft, W. B.] die Religion selbst noch von den Privatfamilien fernhalten. Den äußerst verderblichen Irrtum des Kommunismus und Sozialismus lehrend und verkündend behaupten sie nämlich, ‚die häusliche Gemeinschaft bzw. die *Familie* entlehne ihren ganzen Daseinsgrund lediglich dem bürgerlichen Recht; und daher würden alle Rechte der Eltern gegenüber den Kindern, insbesondere aber das Recht, für ihre Ausbildung und Erziehung zu sorgen, nur vom bürgerlichen Gesetz ausgehen und abhängen.' Mit diesen gottlosen Auffassungen und Machenschaften zielen diese höchst trügerischen Menschen vor allem darauf ab, daß die heilbringende Lehre und Kraft der katholischen Kirche von der *Ausbildung* und Erziehung der *Jugend* völlig ausgeschlossen werde."[1]

Inzwischen wird der weitaus größte Teil der wissenschaftlichen Einsichten von damals weder in Zweifel gezogen noch verurteilt. Die gegenwärtige Theologie integriert größtenteils die seitdem generierten Weltbilder in die eigenen Entwürfe. Die Kirche des 19. Jahrhunderts ist dazu weder personell noch intellektuell in der Lage. Wie der Umgang mit der Philosophie Hegels zeigt, lässt sie sich nicht ernsthaft auf anderslautende Einsichten ein. Und dies, obwohl die Mehrzahl der als Irrlehren bezeichneten Theorien lediglich bereits bekannte Defizite im Welt- und Menschenbild benennt, die Kirche selbst aber sich dieser Defizite erst im späten 20. Jahrhundert be-

---

[1] Denzinger, Kompendium der Glaubensbekenntnisse, 2890f (Hervorh. i. Original, W. B.).

wusst wird. Im 19. Jahrhundert hielt sie hingegen verbissen an alten Deutungshoheiten und Erklärungsprivilegien fest und verweigerte jeden Dialog.

Zudem verlor die Kirche im Verlauf dieses Jahrhunderts den Kontakt zu dem noch jungen Proletariat in den großen Industrieregionen, die überall entstanden. Sie sah nicht das Elend einer sich radikal verändernden Gesellschaft, sondern klammerte sich an ihren angestammten Reichtum und konzentrierte sich zunehmend auf die weithin ungebildete Landbevölkerung. Die Kirche sympathisierte mit dem Adel, der den wachsenden Demokratisierungstendenzen ebenso misstraute wie sie. Binnenkirchliche Reformbemühungen wurden im Keim erstickt, wie die der Theologen Ignaz Döllinger (1799–1890) und Johann Michael Sailer (1751–1832), dessen weitsichtige Werke von der römischen Inquisition 1873 verurteilt wurden.

Da die Kirche damals in den seltensten Fällen auf die Überzeugungskraft gut durchdachter Argumente setzte, wurde sie zum leicht angreifbaren Objekt atheistischer Theorieentwürfe und dankbares Opfer bissiger Satire. Deren Kritiken argumentierten im Gegensatz zur Kirche auf Basis reflektierter Wahrheitsansprüche und erkenntnistheoretischer Diskurse ihrer Zeit. Nicht selten wurden weniger christliche Grundüberzeugungen als vielmehr kirchliche Ver- und Gebote, Etiketten und Konventionen, Standesdünkel und Moralvorstellungen hinterfragt, die als nicht mehr plausibel und zeitgemäß erachtet wurden. Während die Gesellschaft aber darauf reagieren musste, versuchte sich die katholische Kirche bis weit in das 20. Jahrhundert hinein an einer Form von Realitätsverweigerung. Die strukturelle Krise, der sie sich heute gegenübersieht, hat größtenteils in ihrem Antimodernismus des 19. Jahrhunderts und den dort verpassten Chancen ihre unmittelbaren Ursachen.

Mit dem 19. Jahrhundert wandten sich breite Bevölkerungsschichten von der Kirche ab und traten einen stillen Auszug an, der bis heute anhält. Der materielle Verlust, den die katholische Kirche seit der Erstürmung der Bastille in mehreren Wellen erdulden musste, entsprach durchaus dem natürlichen Gerechtigkeitsempfinden breiter gesellschaftlicher Schichten und stieß dort auf keinerlei nennenswerten Widerstand.

In dieser Situation entsteht eine in ihren Auswirkungen bislang ungekannte Bewegung religionskritischer Autoren. Sie sind größtenteils Wissenschaftler und Intellektuelle aus unterschiedlichen Richtungen. Ihre vehemente Religionskritik bleibt nicht auf das 19. Jahrhundert beschränkt, sondern findet ebenso in der Gegenwart zahlreiche Anhänger. Sie vollständig zu erfassen, wäre ein eigenes Buch wert. Im Folgenden sollen daher lediglich einige bekannte Namen und ihre wichtigsten Thesen rekonstruiert werden.

Religionskritik von innen: Projektionsverdacht und Aberglauben

Der erste maßgebliche Religionskritiker des 19. Jahrhunderts ist der Philosoph und Anthropologe Ludwig Feuerbach (1804–1872). Er sieht sich selbst als Vollender des Christentums, indem er die von Kant bereits angedeuteten erkenntnistheoretischen Grenzen menschlicher Vernunft weiter einschränkt:

> „Das Bewußtsein des Unendlichen ist nichts andres als das Bewußtsein von der *Unendlichkeit des Bewußtseins.* Oder: Im Bewußtsein des Unendlichen ist dem Bewußten nur die *Unendlichkeit des eignen Wesens Gegenstand.*"[2]

Wir denken also nicht das Unendliche an sich, sondern nur über die Unendlichkeit unseres eigenen Wesens nach. Nach Feuerbach sind es lediglich Projektionen unseres Innenlebens, also anthropologisch bedingte Sehnsüchte und Wunschvorstellungen, die sich in der Vorstellung vom Unendlichen – oder Gott – widerspiegeln:

> „Die Religion, wenigstens die christliche, ist *das Verhalten des Menschen zu sich selbst,* oder richtiger: *zu seinem* Wesen, aber das Verhalten zu seinem Wesen *als zu einem andern Wesen. Das göttliche Wesen ist nichts andres als das* menschliche Wesen oder besser: *das Wesen des Menschen,* abgesondert von den Schranken des individuellen, d. h. wirklich, leiblichen Menschen, vergegenständlicht, d. h. *angeschaut* und *verehrt als ein andres, von ihm unterschiednes, eignes Wesen* – alle *Bestimmungen* des göttlichen Wesens sind darum Bestimmungen des menschlichen Wesens."[3]

Religion lässt sich nach Feuerbach zu urteilen auf die psychologische Struktur des Menschen zurückführen. Religion spiegelt also das In-

---

[2] L. Feuerbach, Das Wesen des Christentums, Stuttgart 1974, 39 (Hervorh. i. Original, W. B.).

[3] Ebd., 54f.

nere des Menschen wider, sie bildet das Unbewusste nach außen hin ab. In Fortschreibung der Phänomenologie Hegels und dessen Analyse des menschlichen Geistes als einer bifokalen Dialektik von Unbewusstsein und Bewusstsein, befindet sich das Innere in einem Spannungsfeld gegensätzlicher Kräfte. Hegel beschreibt diese Auseinandersetzung als ein um die Vorherrschaft ringendes Verhältnis von Herr und Knecht. Für Feuerbach ist es die Religion, die ein unbewusstes Streben nach Selbstermächtigung hervorruft. Sie ist „das *erste* […] *Selbstbewußtsein* des Menschen."[4] Hat der Mensch dieses Stadium erreicht, vollzieht sich die Aufhebung von Religion im absoluten Geist. Sie wird in ihrer dialektischen „Gestalt", wie Hegel sich ausdrückt, überflüssig. Solange sie allerdings existiert, befindet sich das Bewusstsein des Menschen noch im Stadium der Selbstüberwindung.

> „Die Religion geht daher überall der Philosophie voran, wie in der Geschichte der Menschheit, so auch in der Geschichte der Einzelnen. Der Mensch verlegt sein Wesen zuerst *außer* sich, ehe er es in sich findet. Das eigne Wesen ist ihm zuerst als ein andres Wesen Gegenstand. Die Religion ist das *kindliche Wesen* der Menschheit; aber das Kind sieht sein Wesen, den Menschen außer sich – als Kind ist der Mensch sich als ein andrer Mensch Gegenstand. Der geschichtliche Fortgang in den Religionen besteht deswegen darin, dass das, was der frühern Religion für etwas Objektives galt, jetzt als etwas Subjektives, d. h. was *als Gott* angeschaut und angebetet wurde, jetzt als etwas *Menschliches* erkannt wird. Die frühere Religion ist der spätere Götzendienst: der Mensch hat sein *eignes Wesen* angebetet."[5]

Die Affinität zu Hegels dialektischem Religionsbegriff ist spürbar, während Feuerbach am Ende die Abschaffung der Religion einfordert. Was Feuerbach dann mit weitaus kritischeren Vertretern wiederum verbindet, ist seine Reduktion von Religion als Machtdiskurs aus einer ausschließlich materialistischen Perspektive.

---

[4] Ebd., 53.

[5] Ebd., 53f.

Positivismus und moderner Naturalismus

Weitaus entschiedener als Feuerbach gehen der Begründer eines modernen Positivismus Auguste Comte (1798–1857) sowie der schon genannte Wissenschaftstheoretiker John Stuart Mill vor. Sie greifen auf den angelsächsischen Empirismus zurück und verstehen die Geschichte als einen Prozess fortschreitender Rationalität. Ziel dieser Entwicklung ist die maximale Durchdringung der Wirklichkeit durch die naturwissenschaftliche Vernunft, die ihrerseits von zwei antagonistischen Kräften, von Schmerz und Lust geleitet wird. Ob hier Hegels Dialektik Pate gestanden hat oder nicht, ist umstritten. Dafür spräche, dass Religion für Comte und Mill kein ausschließlich sinnloses, sondern ein kulturell und zeitlich bedingtes, mittlerweile in Auflösung befindliches Vorstadium humaner Rationalisierungsprozesse darstellt: Religion existiert für Comte und Mill bis in die Neuzeit als ein mythologisch geprägtes, voraufklärerisches Bewusstsein, das sich in der Aufklärung zur Metaphysik und damit zum Begriff menschlicher Logik wandelt. Irgendwann löst sich dieses Verständnis von Wissenschaft dann selbst auf. Comte plädiert dafür, das religiöse und metaphysische Weltbild hinter sich zu lassen, was ihn zu einem posthegelianisch gestimmten, auf die Fortschreibung aufklärerischer Grundeinsichten ausgerichteten Atheisten macht.

Ein modernes Remake – Yuval Noah Harari: „Homo Deus"

Die neuzeitliche Wissenschaft bedarf keiner weiteren Legitimation, sie erweist sich aufgrund ihrer Logik und natürlich ihres offensichtlichen Erfolgs als selbstevident. So oder ähnlich lautet das Credo jener modernen Vertreter eines Atheismus, die sich in ihrer Beweisführung immer wieder auf empirische Erkenntnisse berufen. Zu ihnen zählt der israelische Historiker und Bestseller-Autor Yuval Noah Harari. Er erreichte mit seinen beiden Beststellern: „Eine kurze Geschichte der Menschheit" (2013) sowie „Homo Deus. Eine Geschichte von Morgen" (2017) ein Millionenpublikum.

In „Homo Deus" beschreibt Harari Religion als ein Phänomen, das unmittelbar mit der biologischen Entwicklung des Menschen verbunden ist. Menschen organisieren sich innerhalb sozialer Ordnungen, also in diversen Handlungsarrangements, die in je unterschiedlichen gesellschaftlichen oder privaten Subsystemen auf der Basis gegenseitiger Anerkennung das Leben strukturieren. Diese Ordnungen werden zu dem, was Harari als „Sinngeflecht“ bezeichnet: Durch Sinngeflechte entsteht neben der subjektiven Realität und der objektiven Realität die intersubjektive Realität, die es aber nur dem Schein nach gibt. Das beste Beispiel dafür bieten Menschen mit einer Neigung zur Hypochondrie. Im Gegensatz zu deren subjektiver Wahrnehmung („Ich fühle mich krank“) steht die Diagnose des Arztes („Sie sind kerngesund!“). Diese fiktionale Dimension kann sich verstetigen und eine dauerhafte Deutungskategorie in meinem Leben erhalten („Meine Gesundheit bereitet mir die größten Sorgen“). Natürlich gibt es auch positive Momente psychischer Art, denen keine erkennbare objektive Entsprechung zugeordnet werden kann und die ebenso zu einem Sinngeflecht beitragen. Beispiele hierfür wären Geldscheine, Reisepässe oder der Glaube an Engel und Dämonen. Ihnen entspricht keine greifbare Realität, aber unser Leben wird von ihnen strukturiert. Sie ermöglichen ein geordnetes Zusammenleben mit anderen Menschen, die an diesen Sinngeflechten partizipieren. Harari geht noch weiter: Fiktionale Konstruktionen wie Staatsgrenzen oder der Wert, den man Geldscheinen zuordnet, haben nicht nur die Vorherrschaft über Welt und Natur ermöglicht, sondern mittlerweile die Entkoppelung des Menschen von natürlichen Regenerationsprozessen eingeleitet. Der Mensch ist im Anthropozän, also dem vom Menschen beherrschten Erdzeitalter seit der letzten Eiszeit vor ungefähr 12.000 Jahren, aus dem selbstregulierenden Kreislaufsystem des Organischen ausgebrochen, was auch seine größte Bedrohung darstellt.

Für Harari ist dies alles das Ergebnis der menschlichen Fähigkeit, imaginäre Sinngeflechte aufzubauen. Zu den bekanntesten Sinngeflechten zählen die Religionen. Harari erkennt in ihrer geschichtlichen Entwicklung dabei einen gewissen Trend, höhere Ordnungen anzustreben, also das strukturierende Moment von Sinngeflechten selbst zu erzeugen. Polytheismen verschmelzen zu Monotheismen, da sich jede Religion als Vollendung und Erfüllung von voraus- oder parallelverlaufenden Traditionen begreift und diese zugleich universalisiert: So entstand das Christentum aus dem Judentum, das sich seinerseits erst in nachexilischer Zeit zum exklusiven Monotheismus entwickelt hat. Die Entstehung des Islam verdankt sich wiederum einer als verkopft und lebensfremd wahrgenommenen Trinitätslehre und möchte das Christentum überwinden.

Die Selbstentfaltung von Religion, so die Prognose Hararis, kommt im „liberalen Traum“ individueller Menschen- und Freiheitsrechte an ihr natürliches Ende. Sie wird durch neue selbstregulierende Formen künstlicher Intelligenz abgelöst, deren Herrschaft wir bereits widerstandslos in unserem digitalisierten Alltag akzeptiert haben. So leben und strukturieren wir unseren Alltag nach den Suchergebnissen der ersten Seiten, die Google zumeist auf der Basis von Werbeverträgen hierarchisiert hat. Beim Autofahren entscheiden wir uns für Fahrrouten, die ein Navigationssystem vorschlägt, und achten viel zu selten auf unseren eigenen Orientierungssinn. Während in früheren Jahrhunderten unter anderem die Religion unsere Partnerwahl bestimmte, sind es heute kommerzielle Dating-Apps, die aus dem Persönlichkeitsprofil die beste Partnerin oder den idealen Partner aus riesigen Datenbanken vorschlägt.

Die Herrschaft des Digitalen

Den Überlegungen Hararis liegt eine naturalistische und in ihren Konsequenzen deterministische Sicht des Menschen zugrunde, die sich nicht nur auf vergangene, sondern auch auf zukünftige Entwicklungen bezieht. So, wie sich der liberale Traum binnen weniger Jahrzehnte durch die Omnipräsenz digitaler, selbstregulierender Algorithmen wieder auflösen wird, so wird sich Harari zufolge jede Freiheit im Nachhinein als Illusion erweisen. Die Globalplayer der US-amerikanischen Wirtschaft, vor allem Facebook, Apple, Amazon und Google, haben sich zu Deutungsmächten für das Verhalten breiter Schichten der modernen, westlichen Zivilisation entwickelt. Sie produzieren nichts – ihre Macht basiert ausschließlich auf der digitalen Informationstechnologie des World Wide Web. Mit der Hegemonie dieser Tech-Giganten geht ein Verlust an Informationsfreiheit und Meinungsvielfalt einher. Sie werden inzwischen nur noch durch die Konkurrenz aus China, Japan und Südkorea in ihrer weltweiten Ausbreitung und informativen Manipulationsmöglichkeit aufgehalten.

In Zukunft, so Harari, werden die ehemaligen Hochreligionen durch die Sinnsysteme digitalisierter Medien ersetzt, deren Suggestivkraft bisherige Mechanismen religiöser Bewusstseinssteuerungen wie

Predigten und Katechismen ablöst. Eine immer präsenter werdende Technologie greift behutsam in menschliche Handlungsabläufe ein und nimmt Schritt für Schritt die eigenen Entscheidungen ab. Der Einzelne spürt davon allerdings nichts. Er wähnt sich frei, weil er in seinem Ein-Personen-Minipanoptikum des Smartphones die gerade anfallenden Bedürfnisse jederzeit befriedigen kann. Grad, Umfang und Intensität der selbstkomponierten Teilnahme an den virtuellen Communities lassen sich scheinbar autonom steuern. Diese erzeugen ein trügerisches Gefühl von Nähe und Distanz: Was ich am Bildschirm sehe, ist weit genug von meiner unmittelbaren Lebenswelt entfernt, um keine Verantwortung zu übernehmen, gleichzeitig ist es nahe genug, um sich mit den dort geschauten Handlungsmustern und Deutungshoheiten zu identifizieren. Was nach außen hin nach der Entscheidung eines autonomen Subjekts aussieht, ist letztlich ein stummer Schrei nach Anerkennung. Das tagtägliche Ringen um die eigene Originalität in Gestalt des Kampfes um eine möglichst hohe Zahl an Followern verhallt nicht selten in exakt jenen Echo-Kammern, die die virtuelle Identität generiert haben.

Die Beobachtungen von Harari zeigen, wie sehr unsere Gegenwart auf den materialistischen Auffassungen des 19. Jahrhunderts basiert. Im 19. Jahrhundert wurde der Geist des Menschen zur reinen Gehirnfunktion. Man öffnete die Schädeldecke des Menschen und fand keine Gedanken, man legte das Herz frei und fand keine Seele. Dies führte einige zu der Ansicht, dass die Wirklichkeit ausschließlich materiell existiere und allein durch die Vorstellungskraft des Menschen belebt würde, die sich ihrerseits empirisch erklären lässt. Man brauchte weder den griechischen Nous noch das Cogito des Descartes und erst recht nicht den Gott einer Religion, um der Wirklichkeit nahezukommen. Zur Wirklichkeit zählte am Ende nur das, was sich empirisch nachweisen ließ. Das Anliegen des Materialismus im 19. Jahrhundert war der Schlüssel für eine neue Erfolgsstory der Menschheit. Alle Probleme lassen sich mithilfe der Naturwissenschaften lösen – es ist nur eine Frage der Zeit.

Ein neuer Atheismus

Die Vorstellung eines von jeder ethischen Maxime losgelösten Menschen, die die bislang gültigen Wertmaßstäbe zugunsten eines „Battle of Survival" ablöst, avancierte zur Grundhaltung einer naturalistischen Wissenschaftstheorie. Sie ist allerdings weit mehr als nur eine von vielen atheistischen Theorien. Das darin enthaltene Menschenbild erweist sich bei näherer Betrachtung als erheblich folgenreicher, als dies zunächst den Anschein hat. Dies wird besonders in einer vergleichsweise aktuellen Debatte deutlich, die seit der Jahrtausendwende unter dem Schlagwort des „Neuen Atheismus" geführt wird. *Neu* an diesem Atheismus ist freilich nicht das Ergebnis, sondern der relativ neue Wissenschaftszweig der Neurowissenschaften, der ihm zugrunde liegt.

Bereits in den 70er Jahren des letzten Jahrhunderts entstand die sogenannte Neurophilosophie, mit dem Ziel, eine Philosophie des menschlichen Geistes mit den empirischen Ergebnissen der Neurowissenschaften zu verbinden. Die Vertreter dieser Denkrichtung verfolgen das streng materialistische Anliegen, die zeitgenössischen Kognitionswissenschaften in die ethische und religionsphilosophische Debatte einzubeziehen. Das allein wäre noch nicht das Problem. Jedoch behauptet die Neurophilosophie mehr, als sie selbst empirisch belegen kann. So geht sie davon aus, dass die Menschen in ihrer Sprache den Gegenständen ihrer Wahrnehmung ein Eigenleben attestieren, das diese nicht besitzen. Beispielsweise spricht man vom Sonnenuntergang, obwohl man weiß, dass hier nichts untergeht. Dasselbe gilt für religiöse Vorstellungen. Ziel müsse es daher sein, diese falsche und irreführende Sprache durch wissenschaftlich belastbare Begriffe zu ersetzen. Unsere Alltagssprache sollte ausgetauscht werden gegen Modelle und Begriffe, die aus neurowissenschaftlicher Sicht gültig sind. Soweit der Anspruch.

Wenn man von diesen Vorstellungen, die inzwischen nicht mehr in der ursprünglichen Radikalität vertreten werden, einmal absieht, entdecken die Neurowissenschaften bemerkenswerte Gewohnheitsfehler unserer Wahrnehmung. Zweifelsohne beeinflusst die Außenwelt des Menschen dessen einseitige, mithin fehlerhafte Interpretation der Wirklichkeit. Allein durch selektive Ausblendungen und Konstruktionsleistungen des menschlichen Gehirns wird so etwas wie menschliche Erfahrung erst möglich. Das Material unserer

Wahrnehmungen besteht letzten Endes nur aus sensorischen Reizen, die das Gehirn in zunächst undifferenzierter Form erreichen und erst dort zu Weltmodellen verarbeitet werden. Wir bewegen uns also von Geburt an mit einer vorgeprägten Wahrnehmungsweise durch die Welt und gehen selbstverständlich davon aus, dass die Dinge, wie wir sie sehen, so auch in Wirklichkeit sind. Was und wie der Mensch wahrnimmt, lässt also keinen Schluss darüber zu, ob das, was er als Realität bezeichnet, auch in Wirklichkeit so und nicht anders ist.

An sich wäre diese Aussage unproblematisch. Die Unterscheidung zwischen Denken und erfahrbarer Welt ist schließlich so alt wie die Geschichte des Denkens selbst. Die Provokation der Neurophilosophie besteht allerdings darin, dass sie ihre reduktionistische Position auch auf den freien Willen des Menschen bezieht. Demnach ist es nicht die Person, die als Ergebnis einer willentlich und autonom vollzogenen Entscheidung eine Handlung setzt, sondern ein Mikromechanismus des Gehirns, der darüber hinaus noch die Illusion von Urheberschaft und Selbstbewusstsein erzeugt.

Es war schließlich ein recht simples Experiment im Jahr 1979, das die Debatte erst so richtig ins Rollen brachte. Das sogenannte Libet-Experiment führte zu einer weitverzweigten Diskussion, die auch seitens der Theologie und Philosophie leidenschaftlich geführt wurde. Immerhin standen die wichtigsten anthropologischen und religiösen Inhalte auf dem Spiel: Die Freiheit des Menschen, seine Moralität und schließlich die Frage nach dem Sinn des Lebens.

Ein harmloses Experiment und seine dramatischen Folgen

Benjamin Libet (1916–2007) war ein US-amerikanischer Physiologe, dessen Versuch den Nachweis erbrachte, dass das Gehirn mit der Vorbereitung einer ganz bestimmten Handlung bereits begonnen hat, bevor der Mensch die subjektive Entscheidung zu ihrer Durchführung gefällt hat. Im Experiment sitzt ein Proband vor einer Uhr mit Sekundenzeiger und soll zu einem von ihm gewählten Zeitpunkt seine Hand bewegen. Anschließend nennt er den genauen Zeitpunkt, an dem er sich entschieden hat, die Bewegung auszuführen. Aufgrund der zeitgleichen Messung von Muskel- und Gehirnaktivität fanden Libet und seine Mitarbeiter heraus, dass bereits vierhundert Millisekunden vor dem Augenblick der subjektiv gefällten Entscheidung ein neuronales Bereitschaftspotential in Form von messbaren Gehirnströmen die Entscheidung initiierte. Auf Basis dieses Experiments wurde der Schluss gezogen, dass unsere Handlungen nicht auf der Grundlage eines freien Entschlusses erfolgen. Vielmehr legte sich für Libet die Vermutung nahe, dass es sich bei dem Gefühl, eine unabhängige Entscheidung zu treffen, lediglich um eine Illusion handelt und die Willensfreiheit tatsächlich nur im Erleben des Subjekts eine solche genannt werden kann.

Die Neuropsychologie spricht dem Menschen nicht ab, eine Form von willentlichem Handlungsimpuls zu besitzen. Sie relativiert allerdings unsere Auffassung, dass die mit ihm verbundene Vorstellung von Freiheit empirisch nachgewiesen werden kann. Der Mensch bemerkt jedoch nicht, dass sein Wille determiniert ist und die wahrgenommene Freiheit nur eine Illusion darstellt. In Wahrheit ist der Wille ein energetisierender psychischer Zustand, der das Spektrum möglicher Handlungen einschränkt und sich auf die Ausführung einer einzigen konzentriert. So sind viele alltägliche Handlungen des Menschen in ihrer Durchführung ungewollt. Die sinnlich nicht wahrnehmbare Arbeit des limbischen Systems wirkt auf die ebenfalls im Hintergrund arbeitenden Basalganglien. Diese beeinflussen die Großhirnrinde, wodurch die schon vorbereitete Handlung bewusst wahrgenommen wird. Der Wunsch und die Entscheidung, eine Handlung auszuführen, entstehen allerdings erst im Bereich des emotionalen Gedächtnisses. Die Entscheidung etwa vor einer Eisdiele, es statt der üblichen Lieblingssorte einmal mit einer anderen zu versuchen, hat das Gehirn also schon längst gefällt, bevor uns die vermeintlich spontane Idee in den Sinn kommt. Diese Entscheidung fällt eine halbe Sekunde, bevor wir den Willen spüren, die Handlung auszuführen. Der Mensch, so die Neurowissenschaft, ist durch diesen Vorgang streng determiniert. Durch das unbewusste Ablaufen der neuronalen Prozesse haben wir lediglich den Eindruck, unsere Handlungen seien aus unbedingter Freiheit heraus entstanden. Irrtum: Eine Handlung, die durch eine bedingungslose Entscheidung verursacht wäre, ist aus neurophilosophischer Sicht ausgeschlossen.

Die Folgen einer solchen Sichtweise sind immens, denn strenggenommen kann der Mensch für seine Handlungen nicht mehr zur Verantwortung gezogen werden. Trotz dieser Konsequenz wird auch in der Neurophilosophie von Willensentscheidungen gesprochen, allerdings versteht sie etwas anderes darunter. Das psychologische Faktum des Willens als impulsive Entscheidung wird nicht abgestritten. Im Gegenteil: Die Existenz des Willens wird durch dieses Experiment sogar nachgewiesen. Ebenfalls wird vonseiten der Hirnforscher nicht bestritten, dass dieser Wille Handlungsalternativen aufzeigt und eine bewusste Entscheidung beeinflussen kann. Der Wille ist daher eine die Handlung mitbestimmende Größe, allerdings damit noch lange nicht frei.

Man darf der Neurowissenschaft auch nicht unterstellen, dass die gesamte Zukunft im Sinne einer augustinischen Prädestinationslehre bereits vorherbestimmt sei. Es geht ihr lediglich darum, aufzuzeigen, dass jeder Prozess, der in der Welt geschieht, auf Grundlage bestimmter Determinanten abläuft und diese wiederum Entscheidungen beeinflussen. Die Handlungsalternativen basieren nicht auf einer unendlichen Vielfalt an Möglichkeiten, sondern auf der Variabilität einer grundsätzlich vorentschiedenen Zukunft. Immerhin. Neben der inneren Determination kommen noch äußere Faktoren hinzu, die den Menschen in einer Situation bewusst oder unbewusst beeinflussen: Geräusche oder Gerüche etwa, um nur zwei zu nennen. Die im Hintergrund laufenden Rezeptionssysteme kodieren diese Reize, übersetzen sie in die Sprache des Gehirns, welches so die nächsten Vorentscheidungen bewirkt.

Woher weiß die Illusion, dass sie (k)eine Illusion ist?

Die neurophilosophischen Argumente scheinen auf den ersten Blick stichhaltig zu sein, entbehren jedoch, wie andere reduktionistische Theorien auch, nicht eines gewissen Selbstwiderspruchs: Muss denn eine derartig einseitige Zuspitzung einer komplexen Wirklichkeit nicht auch auf exakt diese These selbst angewandt werden können? Mit anderen Worten: Unterliegt der Reduktionismus, also eine Lehre, nach der ein komplexes System wie das der Willensfreiheit durch ein einzelnes Element erklärt wird, nicht selbst einer reduktionistischen Deutung? Kann er daher nicht selbst nur unter Vorbehalt behauptet werden?

Bereits Immanuel Kant hat auf die Gefahren einer reduktionistischen Sicht von Wirklichkeit hingewiesen. Da nach Kant alle Sinneswahrnehmungen ihrerseits nur einen gefilterten Eindruck vermitteln, müssten wir uns strenggenommen von dem Gedanken verabschieden, jemals ein objektives Bild unserer Wirklichkeit zu erhalten. Kant schreibt dazu:

> „Da nun die Sinne nach dem jetzt Erwiesenen uns niemals und in keinem einzigen Stück die Dinge an sich selbst, sondern nur ihre Erscheinungen zu erkennen geben, diese aber bloße Vorstellungen der Sinnlichkeit sind, ‚so müssen auch alle Körper mitsamt dem Raume, darin sie sich befinden, vor nichts als bloße Vorstellungen in uns gehalten werden, und existieren nirgend anders, als bloß in unsern Gedanken.'"[6]

Ein radikaler Kantianer könnte also außerhalb seines Bewusstseins überhaupt keine Wahrheitsansprüche geltend machen, weil alles, vielleicht auch dieser Satz, den Sie gerade lesen, in Wirklichkeit gar nicht existiert. Alles, was er sieht, beruht auf einer Leistung unseres Gehirns, das irgendwelche schwarzen Striche und Punkte auf einer weißen Fläche als Buchstaben und Wörter interpretiert. In ganz ähnlicher Weise funktionieren die optischen Täuschungen, denen wir unterliegen: Wir sehen etwas und halten dies sogleich für real, obwohl der Eindruck, den wir gewonnen haben, gar nicht in Wirklichkeit existieren kann. Ein Beispiel für eine solche Illusion wäre die „unmögliche Treppe":

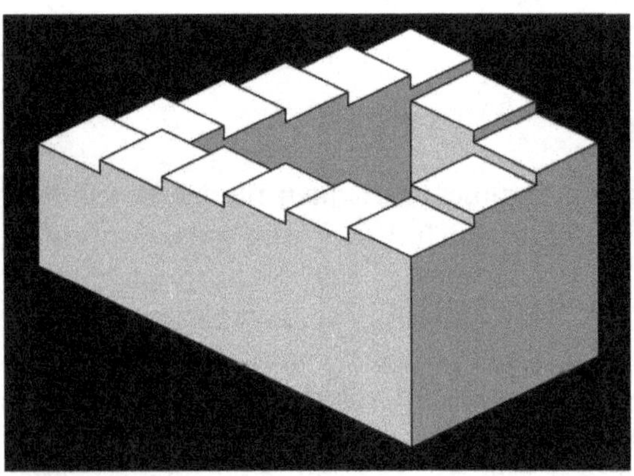

Abb. 15: Unser Bewusstsein sieht „etwas", das es gar nicht geben kann! © Wikimedia Commons, gemeinfrei.

[6] I. Kant, Prolegomena zu einer jeden künftigen Metaphysik, die als Wissenschaft wird auftreten können, in: WA V, 62 (Anmerkung II).

Aussagen über *die* Wirklichkeit sollten also bescheiden bleiben, denn sie alle verdanken sich Deutungen von sinnlichen Eindrücken und Erfahrungen, die nur in unseren Gedanken erzeugt werden. Mehr noch: Es drängt sich die Frage auf, ob es eine Realität jenseits unseres Bewusstseins überhaupt gibt und wenn ja, ob wir sie jemals adäquat beschreiben können. Für Kant steht jedenfalls fest: Jede Anschauung, jedes Urteil auf der Basis einer Wahrnehmung ist eine Konstruktion, die einem ständigen Zweifel unterliegt. Nichts kann eigentlich als gesichert gelten. Eine Realität, noch dazu eine objektive Realität außerhalb unseres Bewusstseins, könnte sich, so Kant, auch als Illusion erweisen. Kant geht zwar nicht so weit wie David Hume, der am Ende in seinem Skeptizismus jeder extramentalen Welt die Existenzberechtigung absprach, aber er kann diese Möglichkeit zumindest nicht im Vorhinein ausschließen. Zwar wissen wir theoretisch, dass es den Mann im Mond ebenso wenig gibt wie den begehbaren Regenbogen, auf dem man als Kind so gerne herumspaziert wäre. Aber wir zweifeln dennoch nie an der generellen Existenz einer Außenwelt. Vielleicht verdrängen wir etwaige Zweifel aus der Sorge heraus, ansonsten in einen endlosen Strudel der Ungewissheiten zu geraten. Soweit braucht es aber nicht zu kommen. Kants Skeptizismus lässt sich als notwendiges Korrektiv begreifen, das den Materialismus und Positivismus hinterfragt. Doch die Konsequenzen, die in diesem, wie auch in ähnlich lautenden skeptischen Ansätzen liegen, sind beträchtlich. Radikal zu Ende gedacht, müsste selbst die eigene These diesem grundsätzlichen Verdacht ausgesetzt bleiben. Der Bereich verlässlicher Aussagen, die sich als unzweifelhaft richtig oder falsch ausweisen lassen, bliebe allenfalls auf die Mathematik beschränkt. Jede erfahrungsbezogene Theorie dürfte strenggenommen nur als Hypothese formuliert werden. Wiederkehrende Ereignisse wären so gesehen nur das Ergebnis von Gewohnheiten oder gesellschaftlichen Konsensbildungen. Die Regelmäßigkeit von Naturereignissen, beispielsweise die Rede von „Jahreszeiten", wäre genauso eine Illusion und ließe sich auf entsprechende mentale Mechanismen zurückführen. Alles, was wir zu erkennen meinen, wäre nichts anderes als ein Spiegelbild unseres Wunschdenkens. Damit würde den Skeptizismus das gleiche Urteil ereilen wie einen absoluten Wahrheitsbegriff. Zumindest würden sich menschliches Bewusstsein einerseits und „die Welt da draußen" andererseits in zwei getrennten Räumen bewegen, ohne jede Verbindung.

Dass diese Projektionen möglicher Folgen aus einem konsequent zu Ende gedachten Skeptizismus nicht überzeugen, verdanken wir nicht nur unserer menschlichen Intuition. Wir widerlegen diese Vorstellungen tagtäglich mit unserem Verhalten. Schließlich ist es Kant selbst, der ein gewichtiges Gegenargument liefert.

Können wir den Lauf der Welt verändern?

Kants eigentliches Anliegen besteht darin, der einsetzenden naturwissenschaftlichen Dynamik seiner Zeit die bis dahin noch nicht vorhandene Erkenntnistheorie zu liefern. Sein Anspruch, den er in der „Kritik der reinen Vernunft" vorlegt, lässt sich insofern auch als kritischer Einwand gegenüber dem naturalistischen Determinismus selbst verstehen, insofern er *jedem* Verständnis von Wirklichkeit, also auch dem eigenen, skeptisch gegenübertritt. Das wichtigste Argument, das Kant jedoch gegen den radikalen Empirismus vorbringt, ist das der Ethik: Der reine Empirismus untergräbt in seinem deterministischen Weltbild jede vernunftbasierte Moral.

Nehmen wir einmal an, die Wahrnehmung der eigenen Freiheit sei tatsächlich eine Illusion. Dann wäre auch die Möglichkeit verschiedener Handlungsalternativen eine Einbildung, denn die jeweilige Alternative wäre nicht wirklich, sondern nur scheinbar vorhanden. Mir bliebe also gar nichts anderes übrig, als so zu handeln, wie es mein determiniertes Bewusstsein vorschreibt. Damit ergibt sich eine ganze Flut offener Fragen: Wie sollte ein Mensch aufgrund dieser Feststellung dazu erzogen werden können, zukünftige Entscheidungen abzuwägen? Aus welchem Grund sollten Kinder *überhaupt* erzogen werden, wenn Entscheidungen durch das unbewusst arbeitende Gehirn vorherbestimmt sind? Man würde lediglich die Illusion des Kindes gegen die Illusion des Erziehenden austauschen. Eine ursprünglich falsche Einbildung – beispielsweise: „Ich darf Menschen Schmerz zufügen" – würde durch die richtige Einbildung ersetzt werden: „Ich darf anderen Menschen keinen Schmerz zufügen". Beide Grundeinstellungen vermitteln dem Handelnden zwar das Gefühl, jeweils richtig oder falsch zu entscheiden, dieses Gefühl hat jedoch keinen Einfluss auf die tatsächliche Handlung. Darüber hinaus ist nicht zu verstehen, warum es ethisch richtig sein soll, Menschen zum Beispiel dazu zu erziehen, einander zu achten. Wie sehen die Wertmaßstäbe und Kriterien für ethisches Handeln aus? Kann es sie überhaupt geben oder sind sie nicht von vornherein obsolet?

Der Graben zwischen gelebter Moralität und ihrer theoretischen Infragestellung erweist sich als offene Flanke innerhalb eines deterministischen Weltbildes. In dieser Hinsicht scheint die moderne Neurophilosophie über sozialdarwinistische Theorien des 19. Jahrhunderts nicht hinausgekommen zu sein. Mit diesen Vorstellungen ließe sich tatsächlich ein deterministisches Naturrecht legitimieren, das sämtliche Errungenschaften des Humanen, der Menschenwürde und Menschenrechte unterläuft. Wäre es aus dieser Perspektive nicht insgesamt sinnvoller, statt Menschen zu erziehen, unpassende Menschen durch medizinische Eingriffe so zu manipulieren, dass sie sich widerstandslos in die Gemeinschaft fügen würden? Welcher ethische Einwand stünde diesen Maßnahmen noch entgegen?

Diese Bedenken sind nicht völlig aus der Luft gegriffen, wie die Entstehung der Eugenik in den 20er Jahren des letzten Jahrhunderts beweist. Diese bereitete nicht nur den Rassenwahn der faschistischen Diktaturen Europas vor. Überraschenderweise waren es in dieser Zeit gerade die als Bollwerke humanistischer Rechte geltenden Vereinigten Staaten und Großbritannien, in denen die Eugenik als wissenschaftliche Disziplin hohe Anerkennung fand. So glaubte der Biologe Thomas Morgan Hunt (1866–1945) die menschliche Eugenik allein durch die erfolgreiche Züchtung weißäugiger Fruchtfliegen ethisch rechtfertigen zu können. Inspiriert von den unterschiedlichsten Evolutions- und Vererbungstheorien des 19. Jahrhunderts wuchs die Eugenik zu Beginn des 20. Jahrhunderts in diesen Ländern zu einer ernstzunehmenden Einzeldisziplin heran, in der die Verbesserung der Menschheit durch Zuchtwahl zum Ziel erklärt wurde. Dass die USA mit diesen Vorstellungen nicht nur rigorose Einwanderungsgesetze, etwa den „Immigration Act“ von 1924, sondern die bis in die 60er Jahre des 20. Jahrhunderts herrschende Politik der Rassentrennung begründeten, lässt sich nicht von der Hand weisen.

Für was braucht man noch Menschenrechte?

Auch wenn naturalistisch argumentierende Wissenschaftler sich heute von diesen Fehlentwicklungen abgrenzen, so bleibt die Frage nach der Freiheit des Menschen, und damit nach der Moral, unbeantwortet. Gravierender nimmt sich jedoch der Einwand aus, dass der naturalistische Lösungsvorschlag, das menschliche Fehlverhalten gezielt zu manipulieren, durch den bisherigen Verlauf der Geschichte selbst widerlegt wird. Allein in den vergangenen Jahrzehnten verlief die Geschichte Europas völlig anders, als man sich das noch in den Jahrzehnten des Kalten Krieges hätte vorstellen können. Das wohl bekannteste Beispiel für den unberechenbaren Verlauf von Geschichte ist der Fall der Berliner Mauer in den Abendstunden des 9. November 1989, ausgelöst durch die unbedachte Äußerung eines etwas verunsicherten Sprechers des SED-Politbüros.

Die Naturalismus-Debatte vor gut zwanzig Jahren fand nicht nur in den Hörsälen und Seminarräumen von Universitäten statt. In zeitgenössischen Bestsellern finden sich immer wieder naturalistische und deterministische Ansätze, die letzten Endes auf eine Auflösung des Freiheitsgedankens hinauslaufen. Dazu zählen unter anderem die Bestseller von Daniel Kahneman „Schnelles Denken, langsames Denken“ sowie „Homo Deus“ von Yuval Noah Harari, von dem bereits die Rede war.

Beide Autoren übernehmen den neurowissenschaftlichen Ansatz dahingehend, dass sie das vermeintlich freiheitliche Selbstbewusstsein letzten Endes als Wunschvorstellung eines fiktionalen „Ich“ verstehen, weil es neurophysiologisch durch vorausgegangene biochemische Prozesse bereits determiniert ist. Demnach unterliegt Freiheit der Illusion eines Ich. Dieses Ich, das wir allgemein als Bewusstsein oder als Selbstbewusstsein bezeichnen, besteht nach Kahneman und Harari aus zwei „Selbsten“: Einem erlebenden und einem erinnernden Selbst. Dabei ist das erlebende Selbst das gerade in diesem Moment erfahrene Ich, das wir mit der Erfahrung von Freiheit verbinden. Tatsächlich ist es für Kahneman und Harari aber so, dass dieses *erlebende* Ich das Ergebnis eines mehr oder weniger bewusst agierenden, *erinnernden* Ich ist, durch das sich die aktuelle Erfahrungswelt erst entfalten kann. Ohne diese unbewussten Erinnerungen sind Erlebnisse und die damit einhergehenden Entscheidungen für oder gegen etwas, also der Vollzug von Freiheit, überhaupt nicht möglich.

Als Beispiel erläutert Kahneman das sogenannte Kaltwasserexperiment: Ein Proband taucht seine Beine in eiskaltes Wasser und muss diesen Zustand sechzig Sekunden lang aushalten. Das erlebende Selbst erfährt dieses Kaltwasserbad im Augenblick als unangenehm. In einem zweiten Test muss der Proband seine Beine nun weitere sechzig Sekunden in das kalte Wasser halten, kann sie aber im Anschluss daran in einem fünfzehn Grad wärmeren Wasser wieder aufwärmen. Vor die Wahl gestellt, welches der beiden Experimente sie im Zweifelsfalle wiederholen würden, entschieden sich die meisten Probanden für die zweite Variante, bei der sie erheblich länger das kalte Wasser aushalten mussten. Ausschlaggebend hierfür ist die Erinnerung, dass es am Schluss weniger schmerzhaft war. Das erinnernde Selbst überlagert also die Erfahrung des augenblicklich erlebenden Selbst. Die vermeintlich freie Wahl zugunsten eines objektiv längeren unangenehmen Zustands wird dabei determiniert durch die sogenannte „Höchststand-Ende-Regel“. Ihr zufolge prägt sich das warme Bad am Ende ein und verdrängt damit die vorhergehenden unangenehmen Erfahrungen. Wir kennen dieses Gefühl von einer Bergwanderung: Das entspannte Erlebnis von Freiheit, das sich beim Erreichen des Gipfels und beim Ausblick oben einstellt, macht den stundenlangen, schweißtreibenden Aufstieg fast vergessen. Für Kahneman ist damit klar: Es gibt kein absolutes Selbstbewusstsein, kein identitätsstiftendes Ich, das sich als Ausgangspunkt freier Erkenntnis erweist, sondern lediglich zwei Formen eines Selbst: ein Teil erinnert sich an Vergangenes, wenn auch nur verzerrt, und ein Teil des Selbst durchlebt die augenblicklich wahrgenommenen Empfindungen. Alles andere ist eine Illusion.

Harari wird in „Homo Deus“ noch deutlicher. Er versteht die Rede vom „Sinn des Lebens“ als illusorisch: Der Sinn ist für ihn bloß das jeweilige Narrativ, das sich das erinnernde Selbst ausdenkt, etwa in dem Satz: „Das Opfer war nicht umsonst“. Hier erfolgt eine Verklärung der Vergangenheit, die das ertragene Leid in der Erinnerung des Selbst nivelliert. Gefangen in diesem Determinismus des erinnernden Selbst halten zum Beispiel die erlebenden Selbste unerfahrener Spekulanten bis zum bitteren Ende an ihren wertlos gewordenen Aktien fest, weil sich der vergangene Höchststand der Aktie im erinnernden Selbst eingeprägt hat. Das Ich, so Harari, verfügt über ein ausgeklügeltes System, das die meisten unserer negativen Erfahrungen verdrängt und sich nur ein paar ausgewählte Maximalstände einprägt. Hinweise auf mögliche Risiken werden beiseitegeschoben, wenn die Aussicht auf maximalen Gewinn das scheinbar freie Ich geradezu blind für potenzielle Gefahren werden lässt. Wenn dann auch noch Sequenzen aus Filmen, die wir gesehen haben, Romanen, die wir gelesen haben, Reden, die wir gehört haben, mit unseren eigenen Tagträumen vermengt werden, kann von freien Entscheidungen keine Rede mehr sein. In diesen Momenten arbeiten wir schon längst an unserer eigenen Legende und kreieren eine scheinbar kohärente Geschichte darüber, wie man in der Rückschau diese oder jene vermeintlich freie Entscheidung in einem spontanen Geistesblitz gefällt hat.

Blicken wir noch einmal kurz zurück: Ausgangspunkt dieser modernen Bestreitung eines freiheitlichen Subjekts, das die Welt in seinem unmittelbaren Umfeld erkennen und moralisch bewerten kann, war die Entstehung des Positivismus und des Materialismus im 19. Jahrhundert. In dieser Zeit entfalteten sich die religionskritischen Potentiale, die in der Aufklärung zwar entwickelt wurden, allerdings unter den kirchlichen und staatlichen Autoritäten nur gering verbreitet waren. Diese Voraussetzungen fielen im 19. Jahrhundert sukzessive weg, zumal die Erfolge der Naturwissenschaften auf nahezu allen Gebieten der Wissenschaften für sich sprachen. Der unbestrittene Erfolg vergangener Jahre hat in einzelnen Wissenschaftsfeldern, unter anderem auch in der Neurowissenschaft, dazu geführt, dass die empirischen Ergebnisse auch auf andere Bereiche ausgeweitet werden und man somit zu Aussagen kommt, die mit den ursprünglichen Methoden der eigenen Forschung nicht mehr gedeckt sind.

Religion als Zwangsneurose: Sigmund Freud

Neben den Neurowissenschaften beschäftigt sich bekanntlich die Psychoanalyse mit dem menschlichen Verhalten, wenn auch mit anderen Methoden. Auch sie war ein typisches Kind ihrer Zeit und ist heute, ebenso wie die Neurowissenschaft, ein anerkannter Forschungsansatz. Im Unterschied zur Neurowissenschaft hat die Theologie die Bedeutung der Psychoanalyse auch für die eigenen Fragestellungen erkannt und weitestgehend akzeptiert.

Sigmund Freud (1856–1939) ist der Begründer der ersten der drei als „klassisch“ bezeichneten Wiener Schulen der Psychoanalyse, die seit ihrer Entstehung die bereits in Ansätzen vorhandenen Einzelerkenntnisse hinsichtlich der menschlichen Psyche mit atemberaubendem Tempo zu einer einheitlichen wissenschaftlichen Disziplin formte. Heute gehört die Psychoanalyse zu den gefragtesten Erklärungshilfen hinsichtlich des menschlichen Bewusstseins.

Die Bedeutung der Religion innerhalb der Psychoanalyse und der daraus abgeleiteten Verhaltenstherapie ist dabei ambivalent: Sowohl Sigmund Freud als auch die sich von ihm abgrenzende Individualpsychologie Alfred Adlers (1870–1937) haben gegenüber der Religion eine äußerst kritische Haltung eingenommen. Diese Skepsis ist auch heute noch grundsätzlich vorhanden. Dagegen haben sich mit der logotherapeutischen Existenzanalyse Viktor Emil Frankls (1905–1997) und der tiefenpsychologischen Psychoanalyse Carl Gustav Jungs (1875–1961) Lehrtraditionen entwickelt, die die Bedeutung des Religiösen integrieren.

Freuds Bild von Religion ist das einer psychischen Erkrankung, von der der Mensch geheilt werden kann. Religion ist für Freud Ausdruck einer tiefgreifenden Bewusstseinsspaltung, die sich aus unbewussten Wunschvorstellungen heraus bereits in den frühen Lebensjahren entwickelt hat und die in Leidensvorstellungen kompensiert wird. Heilung bedeutet das Akzeptieren und das Erlernen eines angstfreien Umgangs mit dieser Neurose, nicht die Beseitigung des Phänomens an sich. Ziel ist ein Leben mit der Neurose und nicht ein Leiden unter ihr, denn die Schwierigkeit besteht darin, dass neurotische Zwangsvorstellungen bereits derart automatisiert sind, dass es einer eingehenden Analyse bedarf, um an ihre eigentlichen Ursachen zu gelangen. Die Ursprünge sind in aller Regel unbewältigte Konflikte innerhalb der kindlichen Frühentwicklung, die ins Unbewusste verdrängt werden und dort weiterhin wirksam bleiben. Da der Mensch ihnen fortan ausgeliefert ist, bezeichnet man sie in ihrer Wirksamkeit als Zwänge oder Zwangsneurosen, deren Ursachen in den Religionen zu suchen sind. Freuds Beschäftigung mit den Religionen hat allerdings auch biografische Gründe.

Das Juden- und Christentum als psychoanalytisches Paradigma

Sigmund Freud war der Sohn einer aufgeklärten jüdischen Arztfamilie. Im ehemaligen Kronland Galizien noch zur Zeit der Habsburger Donaumonarchie geboren, beschäftigte er sich früh mit dem Alten Testament sowie den Ursprüngen des Monotheismus. Die alttestamentliche Religionsgeschichte war für Freud neben der griechischen Mythologie eine wichtige Erkenntnisquelle, um die Grundmechanismen zwangsneurotischer und frühkindlich erzeugter

Pathologien aufzuzeigen. Das entsprechende Anschauungsmaterial dazu lieferten Freud die biblischen Texte: vor allem das Alte Testament mit seinen zahlreichen Ge- und Verboten, die das alltägliche Leben reglementieren, sowie die Bedeutung des Opfers, dem auch im Neuen Testament eine wichtige Rolle zukommt.

Zwanghaftem Verhalten wohnt die Angst vor Nichterfüllung im Falle der Unterlassung bei. Ihm wird ein derart hoher Befolgungsgrad beigemessen, dass die Zwangshandlung notwendig erscheint, um sich überhaupt wieder anderen Dingen zuwenden zu können. Wie in anderen lebenspraktischen Kontexten auch, sind die Übergänge zwischen Normalität und Pathologie, zwischen Gewohnheit und Sucht, stets individuell verschieden und fließend. Entscheidend für die Diagnose von krankhaftem Verhalten ist die Rolle der Angst. Wenn Angst entsteht, sofern die Ausführung einer bestimmten Handlung unterlassen oder verhindert wird, ist die Grenze zur Psychose überschritten. Ängste ihrerseits generieren wiederum bestimmte Verhaltensmerkmale, die letzten Endes insgesamt Ausdruck eines zwanghaften Verhaltens sind.

Für Freud entwickeln sich Zwangshandlungen dort, wo ein um Ausgleich und Anerkennung bemühtes „Ich“ zwischen den Triebbedürfnissen des unbewussten „Es“ und der öffentlichen, gleichwohl anonymen Moralinstanz des „Über-Ich“ versucht, eine zufriedenstellende Balance zu finden. Das religiöse Ritual bietet dabei die ausgleichende und entlastende Möglichkeit, die permanenten Spannungen zwischen innen und außen abzubauen. Die Religion stellt aufgrund ihres Legitimations- und Sanktionsrepertoires den autoritativen Gesamtrahmen von Belohnung und Bestrafung zur Verfügung. Der Religion des Einzelnen entspricht die Religion als universale Zwangsneurose. Dementsprechend bildet sich neben dem individuellen Zwang in der Regel ein gesellschaftliches Kollektiv, insofern ein Verhalten durch den Druck einer anonymen Öffentlichkeit als derart dominant erfahren wird, dass man nur so und nicht anders handeln kann und darf.

Die Ursachen für die Entstehung von Zwangsneurosen liegen, wie schon gesagt, in der frühen Kindheit. Insbesondere die ersten sechs Lebensjahre sind gezeichnet von der Erfahrung eigener Ohnmacht und Hilflosigkeit. Konflikte werden durch die Eltern gelöst, aber auch von ihnen erzeugt. Ein bekanntes Beispiel ist die als „Ödipuskomplex“ bezeichnete Mutter-Sohn-Beziehung. In der Religion, vor allem in ihren Kulthandlungen und Ritualisierungen, erkennt der Mensch einerseits eine scheinbare Lösung für seine verdrängten Konflikte, andererseits aber auch eine Möglichkeit, in feierlichen Zeremonien sexuell unbewältigte Konflikte zu sublimieren. Sublimationen kanalisieren sexuelle Impulse in eine vom Kollektiv anerkannte Tätigkeit. Die schwelenden Konflikte, die durch sexuelle Frustration erzeugt werden, werden dann in einem feierlichen Akt äußerlich zu Verzicht und Enthaltsamkeit erklärt. Religion kann damit das eigene Scheitern legitimieren und dafür sorgen, die Rolle eines bußfertigen Sünders sowie die eigene Hilflosigkeit anzunehmen. Der Mensch erschafft sich einen Gott, um sich vor kritischen Hinterfragungen zu schützen. Wird einmal der Zustand der eigenen Hilflosigkeit akzeptiert, greifen innerhalb der Religion die Mechanismen des rituellen Zwangs:

> „Es ist leicht einzusehen, worin die Ähnlichkeit des neurotischen Zeremoniells mit den heiligen Handlungen des religiösen Ritus gelegen ist, in der Gewissensangst bei der Unterlassung, in der vollen Isolierung von allem anderen Tun (Verbot der Störung) und in der Gewissenhaftigkeit der Ausführung im kleinen.“[7]

Ganze Bibliotheken mit Kindheitserinnerungen an den Pflichtcharakter religiöser Praktiken ließen sich hier anführen. Zur Zeit Freuds hatte dieser Pflichtcharakter nicht selten etwas Leistungsorientiertes und Elitäres. Religiöse Feiern waren eine heilige Pflicht, der Ablauf selbst alltäglicher Handlungen wie der Arbeits- und Schulbeginn oder das gemeinsame Mittagessen konnten nicht ohne Rücksicht auf bestimmte religiöse Rituale vonstattengehen. In ländlichen Gemeinden drehte sich das gesamte öffentliche Leben auch an gewöhnlichen Sonntagen um den vormittäglichen Gottesdienst. Die Feldarbeit wurde unterbrochen, sobald die Glocken bei der eucharistischen Wandlung läuteten oder mittags zum Angelus-Gebet aufforderten. Die Generation meiner Eltern kannte noch das Tischgebet vor jeder warmen Mahlzeit. Der Besuch der sonntäglichen Messe galt als Selbstverständlichkeit. Die regelmäßige Beichte, insbesonde-

---

[7] S. Freud, Zwangshandlungen und Religionsübungen, in: ders., Gesammelte Werke, Bd. 7: Schriften, Vorträge und Aufsätze zur Psychoanalyse 1893–1909, Frankfurt a. M. ^{4}1966, 129–139, 131f.

re vor hohen christlichen Feiertagen, galt als unabdingbare Voraussetzung zur Teilnahme an der Kommunion.

Sigmund Freud wurde im Zuge seiner psychotherapeutischen Arbeit ständig mit diesen oder ähnlichen Formen religiöser Zwangshandlungen konfrontiert. Als Jude beschäftigten ihn ebenso neurotische Verhaltenszwänge in seiner Religion. Die Verbindung aus Religion und Ritual, die sich in akribisch genauen Kulthandlungen äußerte, war besonders in der Lebenswelt einer nahezu ausschließlich christlich geprägten Landbevölkerung zu Beginn des 20. Jahrhunderts noch allgegenwärtig.

Der Kinofilm „Das weiße Band" (2009) mit dem Untertitel: „Eine deutsche Kindheitsgeschichte" des Filmemachers Michael Haneke setzt den erbarmungslosen Alltag eines typisch evangelischen Dorfes vor dem ersten Weltkrieg in Szene. Der Film vermittelt schonungslos das Bild von Menschen, die unter der Herrschaft der Religion einem harten Alltag ausgesetzt sind. In dieser Zeit wurde das Christentum als eine Religion erfahren, die nichts anderes einfordert als die Unterwerfung unter ein patriarchalisches System. Ehescheidungen waren innerhalb der Landbevölkerung unvorstellbar. Uneheliche Kinder wurden von den leiblichen Eltern so schnell wie möglich verstoßen; ihnen drohte in den meisten Fällen eine rechtlose Existenz als Wanderarbeiter, Stallknecht oder Dienstmagd. Der ganze Bereich menschlicher Sexualität wurde tabuisiert und mit meist psychisch fatalen Folgen pathologisiert. Die kirchliche Sexualmoral, die ihre Spuren bis zu den Missbrauchsskandalen unserer Tage hinterlassen hat, wird schon von Sigmund Freund eindrucksvoll analysiert. Man muss sich diese Lebensbedingungen immer wieder in Erinnerung rufen, wenn man die Fallstudien Freuds liest. Die Kirche wusste sehr wohl um ihre Einflussmöglichkeiten auf meist bildungsferne und psychisch labile Menschen. Beichtspiegel, Predigten und Katechismen aus dieser Zeit dienen als Drohkulisse, um entsprechende Ängste zu erzeugen. Christliches Bewusstsein verstand sich insgesamt als ein sündhaftes und moralisch gescheitertes Dasein.

Die schonungslose Offenheit, mit der Sigmund Freud die Zusammenhänge zwischen kirchlicher Moral und unterdrückter Sexualität ansprach, war der Grund, weshalb er weit mehr als jeder andere Religionskritiker des 19. und frühen 20. Jahrhunderts zum Todfeind beider Kirchen wurde. Die Einsichten Freuds wurden zudem von zahlreichen Religionskritikern übernommen. Obschon sich die

Berührungsängste zwischen Kirche und Psychoanalyse mittlerweile abgebaut haben, bleibt natürlich Konfliktpotential, etwa in der Bewertung gelebter Sexualität außerhalb der Ehe oder in gleichgeschlechtlichen Beziehungen. Die zögerliche Haltung in diesen oder ähnlichen Fragen verweist auf noch bestehende Zwangsvorstellungen innerhalb der Kirche. Hier hat Freud nachweislich richtige und wichtige Impulse gegeben, ohne die die heutigen gesellschaftlichen Fortschritte nie hätten stattfinden können. In nahezu allen gesellschaftlichen Diskursen finden sich entsprechende Anwendungsfelder, insbesondere in der Pädagogik, der Kommunikations-, Kultur- und Sozialwissenschaft.

Freuds voreilige Identifizierung von Kirche und Religion wurde jedoch zu Recht kritisiert und das Verhältnis von menschlicher Psyche und Religion bereits in den weiterführenden Wiener Schulen neu bestimmt. So berechtigt die Kritik Freuds an der Omnipräsenz kirchlicher Moral auch war, so fragwürdig erscheint auch heute noch seine Übertragung von zeitbedingten Gegebenheiten auf das Phänomen von Religion insgesamt. Viktor Frankls sogenannte Logotherapie erkennt im Unbewussten den Grund von Religion, woraus sich ihm zufolge die Frage nach dem Sinn von Existenz ableitet. Für seine Kritiker hat er damit zwar die verantwortbare Theoriebasis der eigenen psychotherapeutischen Disziplin verlassen. Mittlerweile sind aber derartige Ansätze nicht nur erlaubt, sondern eine von mehreren psychotherapeutischen Lösungsofferten, die sich entwickelt haben.

Mit der Psychoanalyse ist es nun möglich, zwischen einem authentischen religiösen und krankhaften Bewusstsein zu unterscheiden. Religion muss den Menschen befreien. So gesehen ist mit der Entstehung und Entwicklung der Psychoanalyse der Kirche ein Instrument zur Selbstkontrolle in die Hand gegeben, ihr eigenes Verständnis von Religion von Elementen des Zwanghaften zu trennen. Religion als psychischer Mechanismus der Unterdrückung und des Zwangs ist auch das Stichwort zum vorläufig letzten prominenten Religionskritiker des 19. Jahrhunderts. Zeitlich zwar etwas vor Freud und geistig in völlig anderem Gebiet beheimatet, hat Friedrich Nietzsche die psychischen Folgen religiöser Machtausübung erkannt. Allerdings betrifft seine Kritik die gesamte abendländische Kultur.

Religion als Ausdruck von Schwäche: Friedrich Nietzsche

Friedrich Nietzsche hebt sich von den bisherigen Religionskritikern in verschiedener Hinsicht ab. Konnte man die genannten Vertreter in gewisser Weise noch als Nebenprodukt einer naturwissenschaftlichen Theorie verstehen, die vor dem wissenschaftstheoretischen Hintergrund ihrer Zeit nachvollziehbar erscheint, greift Nietzsche Religion und insbesondere das Christentum direkt und erheblich radikaler an. Religion ist für ihn Ausdruck menschlicher Schwäche, ein dem Menschen widernatürliches, tyrannisches Ideengebäude, das dessen natürlicher Bestimmung völlig entgegengesetzt ist. Das Christentum ist ein der eigenen Selbstverwirklichung widersprechendes System, dessen Moral das Prinzip des Lebens negiert.

Nietzsches Kritik an der christlichen Religion lässt mehrere zeitgenössische Einflüsse erkennen. Wesentliches Element ist seine Verehrung der hellenistischen Welt, die dem damaligen Philhellenismus zahlreicher zeitgenössischer Denkansätze entsprach. Auch Hölderlin und Goethe beziehen ihre Vorbehalte dem Christentum gegenüber aus einer Verehrung der antiken Welt Griechenlands, ebenso der Nietzsche nahestehende Richard Wagner (1813–1883). Nicht selten steht dabei der zeitbedingte Klerikalismus und die katholische Sakramentenfrömmigkeit im Zentrum beißender Kritik. Der Basler Kulturhistoriker Jacob Burckhardt (1818–1897) wiederum speist seine Kirchenkritik aus seinen Arbeiten zur Renaissance, die er als eine kurze Epoche der Selbstbefreiung des Menschen aus den Fesseln des finsteren Mittelalters begreift. Das Moment der Revolte, des Umsturzes und der Selbstermächtigung prägt auch Nietzsches Beschäftigung mit dem Christentum. In verschärfter Fortschreibung Burckhardts gibt bei Nietzsche aber der Mensch zu allen Zeiten den religiösen Jenseitsvertröstungen nach und pflegt diese Schwäche auch noch. Zwar spürt er den Willen zur Macht, zum Triebhaften, aber er ist schwach, er verdrängt und verweigert sich diesem inneren Wunsch aufgrund gesellschaftlicher Normen und seiner eigenen Trägheit. Daher bedarf er der Religion, um seine Not zu kompensieren:

> „Christentum haben, wie mir scheint, im alten Europa auch heute noch die meisten nötig: deshalb findet es auch immer noch Glauben. Denn so ist der Mensch: ein Glaubenssatz könnte ihm tausendfach widerlegt sein – gesetzt, er hätte ihn nötig, so würde er ihn auch immer wieder

für ‚wahr' halten, – gemäß jenem berühmten ‚Beweise der Kraft', von dem die Bibel redet."[8]

Zur Zeit Nietzsches beherrschte noch eine omnipräsente, allerdings in ihren Inhalten und Lehren kaum mehr überzeugende evangelische oder katholische Konfession die öffentliche Moral. Einem gedankenlosen Sakramentalismus und naiven Wunderglauben auf katholischer Seite standen Selbstverleugnung und Prädestinationslehre auf evangelischer Seite gegenüber. Was dies konkret bedeutet, erlebte Nietzsche als Kind in einer evangelischen Pastorenfamilie am eigenen Leib. In beiden Konfessionen herrschte ein patriarchalisches, voraufklärerisches Frauenbild, das sich auch in Nietzsches Schriften bemerkbar macht.

Das Christentum war aber nicht das alleinige Ziel seiner Kritik. Mit dem Bedeutungsschwund der Kirchen im 19. Jahrhundert bildete sich besonders in akademischen Bildungseliten und bei finanziell etablierten Stadtbürgern eine kaum zu überblickende Zahl an quasireligiösen Ersatzformen. Damit herrschte besonders in diesen Milieus ein sehr heterogener, diffuser Glaube an Spiritismus und Esoterik. Für Nietzsche ist dies alles ein erbärmlicher Ausdruck menschlicher Schwäche und Verfallenheit. Sein Urteil fällt entsprechend defätistisch aus und lässt nur wenig Hoffnung zu:

> „Wahrheiten sind Illusionen, von denen man vergessen hat, dass sie welche sind, Metaphern, die abgenutzt und sinnlich kraftlos geworden sind, Münzen, die ihr Bild verloren haben und nun als Metall, nicht mehr als Münzen in Betracht kommen."[9]

Aus dieser Haltung heraus erwächst Nietzsches Kritik am Christentum, die den bisherigen Atheismus in den Schatten stellt.

---

[8] F. Nietzsche, Die fröhliche Wissenschaft, in: Werke in drei Bänden, Bd. II, 180f (Nr. 347).

[9] Ders., Ueber Wahrheit und Lüge im moralischen und außermoralischen Sinne, in: ders., Sämtliche Werke. Kritische Studienausgabe, hrsg. v. G. Colli und M. Montinari, Bd. 1, München u. a. ^{2}1988, 873–890, 880f.

Der Tod Gottes und der „tolle Mensch"

Nietzsches Visionen sind im wahrsten Sinne des Wortes umstürzlerisch. Sein Bild vom „tollen Menschen" dient, auch wenn es seine Anhänger gerne abstreiten, den Nazis als Blaupause für ihren Rassenwahn. Auch wenn der Begriff der Rasse in verschiedenen Ansätzen schon vor 1933 eine durchaus übliche anthropologische Kategorie war, so war die Vorstellung Nietzsches vom tollen Menschen in jeder Hinsicht dazu geeignet, ideologisch vereinnahmt zu werden.

Der tolle Mensch hebt sich ab vom gewöhnlichen Durchschnitt. Dieser Durchschnitt ist nicht nur im Sinne Feuerbachs und Marx' vom eigentlichen Dasein entfremdet, er wird auch zur „sublimen Missgeburt": Er ist verstümmelt, er lebt in „Pöbelaffairen", die seine Kräfte unterdrücken und ihn daran hindern, seiner eigentlichen Wesensbestimmung zu folgen. Der Durchschnittsmensch ist ein Schwächling. In seiner Bequemlichkeit neigt er dazu, die eigene Selbsterniedrigung zu kultivieren, anstatt die in ihm schlummernden vitalen Impulse und Energien zur Selbstbefreiung zu nutzen. Das Christentum fungiert hier als Religion der Gescheiterten und Elenden, die sich als Gefangene in ihrem Versagen selbst bemitleiden. Die Ketten der Unterdrückung zu sprengen, bleibt dem tollen Menschen, dem Übermenschen, vorbehalten. Die wohl bekannteste Stelle aus dem Gesamtwerk Nietzsches ist der Paragraf 125 aus der „Fröhlichen Wissenschaft". Der tolle Mensch, der vormittags mit der Laterne in der Hand auf dem Markt läuft, ruft nach Gott:

> „‚Wohin ist Gott?' rief er, ‚ich will es euch sagen! *Wir haben ihn getötet* – ihr und ich! Wir alle sind seine Mörder!'"[10]

Gott ist mehr als nur der christliche Gott und sein Tod ist mehr als nur das Ausrufen des Atheismus. Gottes Tod ist der von Nietzsche inszenierte Untergang aller bisherigen Werte, Moral und Kultur. An ihre Stelle tritt ein neues Zeitalter des Nihilismus, in dem alle bisherigen Vorstellungen und Regeln auf den Kopf gestellt werden. Der Tod Gottes eröffnet eine orgiastische Feier des Vitalen, das sich endlich aus der Knechtschaft der Vernunft und des Denkens befreit hat. Nun ist alles erlaubt. Das Leben gleicht einer einzigen Abrissparty, in

---

[10] Ders., Die fröhliche Wissenschaft, Bd. 2, 108 (Nr. 125).

deren Verlauf das Bestehende destruiert wird und jede Moral unkontrolliert in rohe Gewalt umschlägt. Hier setzen sich endlich die Übermenschen mit ihrem Machtwillen durch. Und „was fällt", so Nietzsche, „das soll man auch noch stoßen."[11]

Vernunft und Rausch: Apollon und Dionysos

In der Figur des *tollen Menschen* spiegeln sich jene Spannungsmomente wider, die den modernen Menschen umklammern: Einerseits sind die Menschen konformistisch angepasst und willenlos einem System unterworfen, andererseits rastlos auf die Hervorhebung ihrer Individualität bedacht und einer permanenten Konkurrenzsituation ausgeliefert, die jedes Versagen erbarmungslos bestraft. Bei Nietzsche stehen die beiden griechischen Urprinzipien der Vernunft und des Rausches für diese Spannung, allegorisch verkörpert durch die Götter Apollon und Dionysos. Sie stellen nicht Gut und Böse dar, sondern repräsentieren Rationalität und Triebunterdrückung einerseits und das animalische, sexuelle Lebensprinzip andererseits. Bereits Arthur Schopenhauer kannte diese beiden Urkräfte als Wille und Vorstellung. Nietzsches Beschäftigung mit der griechischen Tragödie als künstlerischer Ausdruckform dualistischer Kräfte wird in der Abhandlung „Die dionysische Weltanschauung" erstmals in Beziehung zum Apollinischen gestellt. Das Dionysische steht nun für das Leben selbst, das Apollinische für den Unterdrückungsmechanismus der Kultur, der diesem Impuls den Deckmantel der bürgerlichen Gesellschaft überstülpt. Dabei zwängt das Apollinische das Dionysische in ein rationales Korsett des Ästhetischen, statt es auszuleben. Hier beginnt der Mensch, seine triebhaften Impulse in eine gesellschaftlich akzeptierte Gestalt umzuformen und damit zu unterdrücken. Religion, Geist und Kultur sind die Mechanismen, derer sich das Apollinische bedient, um den dionysischen Rausch zu kanalisieren. Wir haben diesen Vorgang bei Sigmund Freud als fleißigem Nietzsche-Leser bereits als Sublimierung kennengelernt.

Nietzsches Verachtung aller Formen von Schwäche und Gebrechlichkeit, seine abfällige Qualifizierung der christlichen Nächstenliebe

---

[11] Ders., Also sprach Zarathustra. Ein Buch für Alle und Keinen, 4 Bde, Chemnitz 1883, Bd. 3, 83 (Nr. 20).

als „Sklavenmoral“ und generell des Christentums als Religion von „Missratenen“ und „Entarteten“ können wir heute in einer Zeit, in der die letzten Zeitzeugen der Shoah und Überlebenden des Nazi-Terrors sterben, nicht mehr mit jener Unbefangenheit lesen, wie dies eventuell zur Zeit Nietzsches und unter einer antimodernistisch eingestellten Kirche des 19. Jahrhunderts noch möglich schien:

> „Es gibt bei dem Menschen wie bei jeder andern Tierart einen Überschuss von Missratenen, Kranken, Entartenden, Gebrechlichen, notwendig Leidenden; die gelungenen Fälle sind auch beim Menschen immer die Ausnahme und sogar in Hinsicht darauf, dass der Mensch das *noch nicht festgestellte Tier* ist, die spärliche Ausnahme. [...] Wie verhalten sich nun die genannten beiden größten Religionen zu diesem *Überschuss* der misslungenen Fälle? Sie suchen zu erhalten, im Leben festzuhalten, was sich nur irgend halten lässt, ja sie nehmen grundsätzlich für sie Partei, als Religionen *für Leidende*, sie geben allen denen recht, welche am Leben wie an einer Krankheit leiden, und möchten es durchsetzen, dass jede andre Empfindung des Lebens als falsch gelte und unmöglich werde. [...] sie erhielten zu viel von dem, *was zugrunde gehn sollte.*“[12]

Letztlich geht Nietzsche selbst zugrunde. Elf Jahre vor seinem Tod fiel er in eine Form geistiger Umnachtung und starb als Pflegefall mit nur fünfundfünfzig Jahren. So reihte er sich selbst in die Masse der von ihm diskreditierten Gescheiterten und angeblich Schwachen ein. Er war nicht der Übermensch.

Die Philosophie entdeckt das Leben

Nietzsche bleibt nicht ohne Wirkung. Um die Wende vom 19. zum 20. Jahrhundert lässt sich, auch unter dem Einfluss neuer psychologischer und evolutionsbiologischer Einsichten, eine breite lebensphilosophische Abneigung gegen das aufklärerische Vernunftideal feststellen. Die Fixierung auf die Priorität des Denkens in der abendländischen Geschichte wird noch vor den zivilisatorischen Katastrophen des 20. Jahrhunderts von der expressionistischen Avantgarde und in verschiedenen philosophischen Gegenentwürfen in Frage gestellt. Einer als kopflastig wahrgenommenen Aufklärungstradition

---

[12] Ders., Jenseits von Gut und Böse, § 62, in: ders., Werke in drei Bänden, Bd. 3, 622.

wird der Kult des Lebendigen und Körperlichen, beispielsweise in den Ansätzen von Henri Bergson (1859–1941) und Ludwig Klages (1872–1956), entgegengesetzt. Auch in der Existenzphilosophie des frühen 20. Jahrhunderts ist die Abwendung von einer als welt- und lebensfeindlich empfundenen Philosophie, die sich von der realen Erfahrungswelt der Menschen schon längst verabschiedet hat, unmittelbar greifbar. Martin Heidegger wird sich mehrfach auf Nietzsche beziehen und in ihm den finalen Verwüster einer gescheiterten abendländischen Philosophie erkennen. Nietzsche hinterlässt auch Spuren ebenso im Denken der postmodernen Philosophie, insbesondere bei Michel Foucault, Judith Butler, Giorgio Agamben (*1942) oder Gilles Deleuze (1925–1995). In einer gewissen denkerischen Linie zu Nietzsche stehen Vertreter eines zeitgenössischen Nihilismus, etwa die bereits erwähnten Autoren Emile Cioran und Ludger Lütkehaus sowie der für seine provozierenden Thesen bekannte Philosoph Peter Sloterdijk (*1947). Die Idee von einem „Menschenpark", die Ende der 90er Jahre zunächst auf mehreren Vorträgen, später auch noch als Buch publiziert wurde, verstand der Verfasser zwar als kritischen Beitrag zu den ethischen Problemen, die sich in Anwendungsfragen der Bio- und Gentechnologie ergeben, wurde aber aufgrund ihrer begrifflichen Nähe zu den Vorstellungen der Nazis kritisiert. In der Gegenwartsliteratur hat sich das Enfant terrible der französischen Literaturszene, Michel Houellebecq (*1956), in seinem Roman „Die Möglichkeit einer Insel" (2005) von der Vorstellung einer sinnentleerten, dystopischen Welt leiten lassen. Alle genannten Entwürfe verbindet ein tiefer Pessimismus.

Die radikale Gotteskritik Nietzsches, die sich seiner eigenen Einschätzung nach ohnehin nur auf den moralischen Gott bezieht, wird zum Stachel im Fleisch kirchlicher Verkündigung. Die Beobachtungen hinsichtlich der Doppelmoral seiner Zeit bleiben bis zu den ersten wirklichen Reformbestrebungen im Verlauf des 20. Jahrhunderts das Menetekel beider Konfessionen. Nietzsches Anhänger setzen sich aber nicht nur aus Kirchenkritikern zusammen, sondern zum Beispiel auch aus überzeugten Wagnerianern und Liebhabern seiner wortgewaltigen Schriften, die selbst seine zahlreichen Kritiker in den Bann ziehen können.

Auch Thomas Mann wird in seiner Novelle „Der Tod in Venedig" die Krise seines Protagonisten Gustav von Aschenbach in den dualistischen Kategorien Nietzsches von Vernunft und Eros entfalten.

Für Mann führt das zügellose Dionysische wie bei Nietzsche unweigerlich in den Abgrund. Anders als bei letzterem steht der Wille zur Vernichtung hier jedoch nicht nur dem bürgerlichen Leben, sondern auch jeder ästhetischen Schaffenskraft entgegen. In seiner frühen Erzählung „Tonio Kröger" wird die künstlerische Krise dank der rationalen Energie des Apollinischen überwunden. Ebenso spielt in den Romanen wie dem „Zauberberg" und „Doktor Faustus" die Auseinandersetzung mit Nietzsche eine entscheidende Rolle. Die Bewältigung des Dionysischen ist die bleibende Aufgabe des Künstlers. Nur durch Sublimierung – ein für Mann alles andere als negativ besetzter Begriff – kann die Kunst ihrem innewohnenden Hang zur Dekadenz und zum Verfall entgegentreten. Moral und Leben widersprechen sich keineswegs, sie bedingen einander. An Nietzsche gerichtet schreibt Mann:

> „Die Wahrheit ist, dass sie [= Leben und Moral, W. B.] zusammengehören. Ethik ist Lebensstütze, und der moralische Mensch ein rechter Lebensbürger, – vielleicht etwas langweilig, aber höchst nützlich."[13]

1914 und das Ende der abendländischen Erfolgsgeschichte

Hartnäckige Zweifel am Siegeszug der Naturwissenschaften kommen erst mit der Katastrophe des Ersten Weltkrieges auf. Hier enden auf grausame Weise die Pläne der Generäle in den unvorstellbaren Höllenbildern eines schier endlosen Abnutzungskrieges. Sämtliche Erwartungen an einen überschaubaren Kabinettskrieg, basierend auf einem bereits zum Zeitpunkt des Ausbruchs völlig veralteten Strategiepapier, erwiesen sich als Wunschvorstellungen. Zum ersten Mal wird dem erfolgsverwöhnten Menschen die Hybris seiner vermeintlich intellektuellen, im Grunde eingebildeten Überlegenheit in aller Deutlichkeit vor Augen geführt. Der berechenbare Automatismus eines mit kalter technischer Perfektion ausgeklügelten Feldzuges, der nicht das Unerwartete und Unvorhersehbare kennt, scheitert in der Hölle der Schützengräben. Aus dem dürftigen und meist fehlerhaften Zahlenwerk wurde ein bizarrer Anspruch auf den eige-

[13] Th. Mann, Nietzsches Philosophie im Lichte unserer Erfahrung, in: ders., Gesammelte Werke in dreizehn Bänden, Bd. 9, Frankfurt a. M. 1974, 675–713, 696.

nen Sieg abgeleitet. In Großbritannien wurde bei heimkehrenden Soldaten erstmalig ein posttraumatisches Belastungssyndrom diagnostiziert. Jenseits aller Propaganda offenbarte der sogenannte „Shell-Shock" das wahre Gesicht des Krieges: Es waren die völlig apathischen Kriegsheimkehrer, die zu keiner menschlichen Reaktion mehr fähig waren, außer am ganzen Körper zu zittern.

Mit dem Ersten Weltkrieg erschöpfte sich die lange Erfolgsgeschichte des naturwissenschaftlichen Materialismus. Nun kam auch die zweite Seite, das andere Gesicht der Moderne, zum Vorschein: Nachdem die Aufklärung immer größere Wirklichkeitsbereiche erklärbar gemacht hatte, wurde mit den praktischen Umsetzungen dieser rationalen Denkweise ein technologischer Fortschritt in Gang gesetzt. Die ökonomische Entwicklung hatte auch zunächst enorme Erfolge vorzuweisen, die mit dem symbolischen Jahr 1914 aber auf dramatische Weise in sich zusammenbrachen. Der monströse Albtraum Goyas wurde Realität, die Welt geriet völlig aus den Fugen. Weder die Natur noch die Psyche der Menschen erweisen sich als kalkulierbare Planspiele. Mit Max Planck, Albert Einstein und Werner Heisenberg wurden selbst die alten Gewissheiten der Newtonschen Physik unsicher und unscharf. Der Entdecker der gleichlautenden Unschärferelation Werner Heisenberg (1901–1976) schreibt rückblickend auf diese Jahre:

> „Es ist kein Zufall, dass die Entwicklung, die zu diesem Ziel führte, sich nicht mehr in einer Zeit des Fortschrittsglaubens abspielte. Man hatte nach der Katastrophe des Ersten Weltkrieges auch außerhalb der Wissenschaft erkannt, dass es keine festen, für alle Zeiten gesicherten Fundamente unseres Daseins gibt […]."[14]

Die Gewissheiten der vergangenen Jahrhunderte sind unwiderruflich verloren: Weder der christliche Glaube noch der vernunftgesteuerte Fortschrittsoptimismus der Naturwissenschaften gewähren Orientierung und Heimat. Die theologischen Begriffe wie Heilsgeschichte und Schöpfung verlieren ihre Bedeutung. Was ist noch „heil" an der Geschichte? Was ist noch „gut" an der Schöpfung? Die kirchliche Sprache verliert ihre letzte Glaubwürdigkeit in den Bildern des Grauens,

---

[14] W. Heisenberg, Die Beziehungen zwischen Physik und Chemie, in: ders., Gesammelte Werke, hrsg. v. W. Blum u. a., Bd. 1: Physik und Erkenntnis 1927–1955, München – Zürich 1984, 3.

die erstmals das Geschehen von den Schlachtfeldern in die vom Krieg unversehrten Wohnhäuser der Hinterbliebenen tragen. Ist das der Sinn der Welt? Wie nie zuvor wird sich der Mensch einer bislang unbekannten Einsamkeit bewusst. Die Welt wird zum Feind eines zerrissenen Selbst.

Die Suche nach neuem Sinn beginnt

Im Expressionismus der zwanziger Jahre entwickelt sich eine neue Sehnsucht nach einem Gott, der mit dieser Welt nichts mehr zu tun hat. Gott ist „das Nein zur Welt", „der ganz Andere" – Karl Barths wortgewaltiger Kommentar zum Römerbrief aus dem Jahr 1918 ist ein expressionistisches Manifest der Krise am Beginn des 20. Jahrhunderts. In den Jahren nach dem Ersten Weltkrieg versucht er, den sinnsuchenden Pfarrern seiner Schweizer Heimat neuen Halt zu vermitteln. „Der Geist der Utopie" von Ernst Bloch (1885–1970) ist ein verzweifelter Ruf nach neuer, sinnstiftender Transzendenz. 1923 erscheint das fulminante Untergangsszenario von Oswald Spengler (1880–1936) in zwei voluminösen Bänden: „Der Untergang des Abendlandes". Ein unglaublich pessimistisches, kulturkämpferisches und pseudointellektuelles Machwerk, das seitdem in jedem bildungsbürgerlichen Haushalt steht. Spenglers Geschichtstheorie strotzt vor völkischen Rassentheorien, Deutschtümeleien, Fremden-, Zivilisations- und Technikfeindlichkeit, atmosphärisch geschrieben in einer Mischung aus Vergangenheitsnostalgie und unbegründeten Zukunftsängsten. Ein Jahr darauf kann offensichtlich nur die Botschaft vom „Fremden Gott" die Welt erlösen. So kann man zumindest den Theologen und Kirchenhistoriker Adolf von Harnack (1851–1930) interpretieren. Seine 1924 veröffentlichten Studien zu Markion, seiner „ersten Liebe", verstehen sich nicht nur als Rehabilitierung eines frühkirchlichen Irrlehrers, sondern auch als umfassende Kritik am Liberalismus des zeitgenössischen Kulturprotestantismus.

Alle diese Bücher sind weit mehr als nur Zeitdiagnosen. Als ein Spiegel ihrer Zeit artikulieren sie Existenz- und Zukunftsängste sowie eine tiefsitzende Rationalismus- und Kulturkritik, die in einem nicht unerheblichen Maße auch eine Folge traumatisierender Kriegserfahrungen war. Für die Nachkriegsgesellschaft war die Vernunft nicht mehr der Garant einer besseren Zukunft. Dieser Pessimismus wird nur wenige Jahre später in eine zweite, weitaus größere Katastrophe münden.

Eine gute Übersicht über die Religionskritik des 19. Jahrhunderts bieten: *Elisabeth Heinrich, Religionskritik in der Neuzeit. Hume, Feuerbach, Nietzsche*, Freiburg 2001, sowie die Standardwerke von *Hans Küng, Existiert Gott? Antwort auf die Gottesfrage der Neuzeit*, Zürich 2001 und *Hans Zirker, Religionskritik*, Düsseldorf [3]1995. Besonders intensiv wurde die Debatte um den „Neuen Atheismus“ geführt. Hier gibt es aus theologischer Sicht einige empfehlenswerte Beiträge, unter anderem von *Gerhard Lohfink, Der neue Atheismus: Eine kritische Auseinandersetzung*, Stuttgart [3]2015 sowie von *Gregor Maria Hoff, Die neuen Atheismen: Eine notwendige Provokation*, Regensburg 2009.

XII. Die Frage nach dem Leid

Anfang 2007 erhielt das Holocaust-Museum in Washington ein Fotoalbum, das ein Offizier der amerikanischen Streitkräfte kurz nach Kriegsende in einer Wohnung in Deutschland gefunden hatte. Es gehörte offensichtlich Karl Höcker, dem Adjutanten des letzten Lagerkommandanten von Auschwitz, Richard Baer. Die Aufnahmen entstanden in den letzten Monaten vor der Befreiung des Vernichtungslagers. Zu sehen sind entspannte, lachende Gesichter in geselliger Atmosphäre. Die Offiziere beim gemeinsamen Musizieren im Chor, Familienangehörige des Wachpersonals und sogar deren Kinder beim Sonnenbaden in einem nahegelegenen, idyllischen Freizeitheim. Und schließlich, als sei dies alles nicht schon genug, werden auch in Auschwitz die Kerzen am Weihnachtsbaum angezündet, während sich zur gleichen Zeit mit geradezu grausamer Perfektion und deutscher Gründlichkeit ein in seiner Dimension in der Menschheitsgeschichte nie dagewesener Massenmord ereignet. Dieses Album ist ein Dokument über die ganze Perversität der Shoah, in der der Mord von Millionen Menschen eine tägliche, mitunter lästige Routine darstellte, von der es sich ab und an zu erholen galt.

Die Banalität des Bösen

Zweifelsohne stellen die Fotos gerade aufgrund ihrer offenkundigen Banalität die Frage nach dem, was die jüdische Politikwissenschaftlerin und Philosophin Hannah Arendt in ihrer Abhandlung über den Gerichtsprozess gegen einen wichtigen Mitorganisator des Holocaust Adolf Eichmann 1963 die eigentliche Wurzel des Bösen nannte: die Normalität des Spießers, die Biedermeierei des Behördenmenschen. Kurzum: die 08-15-Biografie eines Beamten in Uniform, der nur seine Pflicht tat. Aus der Sicht unterschiedlicher psychologischer Gutachten, die dem Gericht vorlagen, war Eichmanns psychologischer Habitus, seine Einstellung zur eigenen Frau und den Kindern, zu Mutter und Vater, zu Geschwistern und Freunden „nicht nur normal, sondern

Abb. 16: © United States Holocaust Memorial Museum, Washington, D. C.

höchst vorbildlich".[1] Für Hannah Arendt stellt jedoch ebendiese Durchschnittlichkeit seiner Erscheinung das neue Gesicht des Bösen dar. Das Böse ist nicht das Dämonische und Fratzenhafte, sondern vielmehr das Unscheinbare und Unauffällige.

[1] H. Arendt, Eichmann in Jerusalem. Ein Bericht von der Banalität des Bösen, München [15]2006, 400.

Hannah Arendt wurde wegen der These von der „Banalität des Bösen" heftig kritisiert, weil diese nach Meinung vieler den Holocaust verharmlost. Eine derartige Verharmlosung lässt sich aber nicht erkennen, im Gegenteil:

> „Das beunruhigende an der Person Eichmanns war doch gerade, daß er war wie viele und daß diese vielen weder pervers noch sadistisch, sondern schrecklich und erschreckend normal waren und sind. Vom Standpunkt unserer Rechtsinstitutionen und an unseren moralischen Urteilsmaßstäben gemessen, war diese Normalität viel erschreckender als all die Greuel zusammengenommen, denn sie implizierte – wie man zur Genüge aus den Aussagen der Nürnberger Angeklagten und ihrer Verteidiger wußte –, daß dieser neue Verbrechertypus, der nun wirklich *hostis generis humanis* ist, unter Bedingungen handelt, die es ihm beinahe unmöglich machen, sich seiner Untaten bewußt zu werden."[2]

Auschwitz zeigt uns mehr als alle bisherigen christlichen oder philosophischen Erklärungsmuster, die das Böse im Sinne der mittelalterlichen Todsünden oft animalisch, kalt und triebgesteuert beschreiben und sogar zum pittoresken Kunstgenre stilisierten, eine ganz andere Seite: Das Böse als das Verhalten von gedankenlosen Durchschnittsmenschen.

Das Fotoalbum von Höcker ist der fotografische Beleg für die Forderung Arendts: Die Frage nach dem Ursprung des Bösen muss neu gestellt werden. Neue Antworten müssen gesucht werden, die, wir ahnen es, zu unangenehmen Einsichten über unser eigenes Selbst führen. Vielleicht entsteht das Böse aus derselben Quelle wie unser grundsätzliches Verlangen, das Gute zu tun? Das Leid ist nicht nur das Resultat einer gezielten Handlung selbstbewusster Subjekte, deren Motive anhand bestimmter Methoden einfach modelliert werden können. Der oder die Böse ist alles andere als der Horror-Clown aus Steven Kings Romanen. Die traditionellen Vorstellungen verbergen nicht selten die Tatsache, dass der Ursprung des Bösen in seinem vermeintlichen Gegenteil besteht: In der gewissenhaften Pflichterfüllung des unscheinbaren Beamten Adolf Eichmann, dem während dem Prozess ein Geistlicher bescheinigte, in moralischen Fragen „ein Mann mit sehr positiven Ideen" zu sein.[3] Es ist gerade die äußerlich so bie-

---

[2] Ebd., 400f.

[3] Ebd., 99.

dere Erscheinung, die an Eichmann das Provozierende ausmacht, die Durchschnittlichkeit und die scheinbare Harmlosigkeit seiner Person. Eichmann stellt damit die abendländische Kultur viel mehr in Frage als alle bisherige Kritik. Die gesamte Religionskritik des 19. Jahrhunderts hat nicht annähernd das erreicht, was Eichmann und die Bilder von Höcker zum Ausdruck bringen: Sie erklären die bisherigen Antworten des vernunftgeleiteten Menschen auf die Sinnfragen des Lebens für ungültig. Die ethischen Konzepte scheinen gescheitert, besonders diejenigen innerhalb der bisher geltenden christlichen Standardmodelle. Die Frage nach dem Grund für das Leid scheint uns heute vor ebenso große Rätsel zu stellen wie die Suche nach dem wahren Kern von Glück und Erfüllung. Die Suche nach dem Sinn muss also wieder von vorne beginnen.

Leid als menschliche Grunderfahrung und ihre Rationalisierung in der Theodizee

Die Suche nach den Ursprüngen des Leids gehört zu den Grundmotiven des Menschseins. Zu allen Zeiten und in allen Kulturen setzen sich Menschen auf je eigene Weise mit den Erfahrungen von Übel und Schmerz, von Trauer und Tod auseinander. Diese Erfahrungen werden bereits vor jeder bekannten Zivilgesellschaft und Religion zum Gegenstand künstlerischer Darstellungen.

Von diesen Grundfragen zu unterscheiden ist das im abendländischen Denken beheimatete Problem der Unvereinbarkeit des Übels mit den Grundaussagen von Gottes Güte und Allmacht. Diese Problematik reflektiert im engeren Sinne die Leiderfahrungen im Horizont der abrahamitischen Religionen, also Judentum, Christentum und Islam. Deren personaler Gottesbegriff verlangt aufgrund seiner monotheistischen Zuspitzung nach entsprechenden Erklärungen für die Unvereinbarkeit von Gottesvorstellung und Leiderfahrung. Juden leben bis heute nicht in jenem „schönen, weiten Land, in dem Milch und Honig fließen“ (Ex 3,8), noch wirken Christen und Muslime im Gegensatz zu nichtreligiösen Menschen besonders erlöst. Christen, Juden und Muslime teilen also die gemeinsame Frage nach der Kompatibilität ihrer Leiderfahrung mit der Vorstellung eines guten Gottes, der dies alles so gewollt hat. Die meisten von ihnen verlagern ihre Erlösungsvorstellungen in ein Jenseits, das entweder mit dem Tod die Leiderfahrung des Einzelnen beendet oder das am

Ende der Zeit der gesamten Schöpfung verheißen ist. Im Folgenden soll es zunächst um die begriffliche Eingrenzung dieser als Theodizee bekannten Fragestellung gehen, bevor wir in den tiefen Brunnen der Vergangenheit steigen und nach ersten Antworten in der Mythologie Ausschau halten.

Der Begriff „Theodizee“ ist ein verballhornter Neologismus, der in Anlehnung an Röm 3,5 aus den beiden griechischen Nomina „theós“ (gr. θεός, zu Deutsch: Gott) und „díke“ (gr. δίκη, zu Deutsch: Recht, Gerechtigkeit) gebildet wurde und sinngemäß die Rechtfertigung Gottes bedeutet. Erfinder dieses Begriffs war der Universalgelehrte des 17. Jahrhunderts, Gottfried Wilhelm Leibniz, der eine intensive Korrespondenz mit Königin Sophie Charlotte von Preußen pflegte. In einem seiner Briefe an Sophie Charlotte bezeichnet Leibniz den Widerspruch zwischen der Glaubensüberzeugung an einen allmächtigen, allwissenden und liebenden Gott und der Leiderfahrung als Theodizee. Die Theodizeefrage ist aber nicht nur ein theoretisches Problem, das ein damals bekannter Philosoph mit einer bildungshungrigen Monarchin diskutiert. Sie ist *die* Infragestellung einer abrahamitischen Religion schlechthin. Das Leid ist der „Fels des Atheismus“, so der Dichter Georg Büchner (1813–1837) in seinem Drama „Dantons Tod“. Selbst wenn eines Tages die meisten religionskritischen Einwände gegen die Existenz Gottes widerlegt würden, bliebe am Schluss immer die eine Frage unbeantwortet: Lässt sich der Glaube an den guten Schöpfergott der Bibel durch das Leid eines einzigen unschuldigen Kindes rechtfertigen? In dieser Frage spiegelt sich aber nicht nur das moralische Empfinden von Menschen, sondern schlicht ein logisches Dilemma wider, das monotheistische Religionen nicht zufriedenstellend lösen können.

Die stoischen Ursprünge

Diese Widersprüchlichkeit wurde bereits in der antiken Philosophie vom Stoiker Epikur reflektiert. Bereits Anfang des dritten vorchristlichen Jahrhunderts prägte er die heute noch übliche Definition:

> „Wenn Gott allmächtig ist, kann er das Leid verhindern. Wenn Gott gütig ist, will er das Leid verhindern. Da es aber dennoch Leid in der Welt gibt, ist Gott entweder nicht allmächtig oder nicht gütig. Ein Wesen, das

> allmächtig, aber nicht gütig ist, kann nicht Gott sein. Ebenso wenig kann ein Wesen, das zwar gütig, aber nicht allmächtig ist, nicht jener Gott sein, zu dem sich der religiöse Glaube bekennt."[4]

Für Epikur bestand der einzige Ausweg aus dieser Aporie darin, dass sich die Menschen aus der Dominanz der Götterwelt befreien müssen. Wenn wir die Götter nur in Ruhe lassen, dann werden sie von uns nicht gereizt und kommen nicht auf den Gedanken, uns zu bestrafen. Die Götter sollen ihr Dasein genießen. Sie benötigen auch nicht unsere Verehrung und unsere Opfer, denn die Götter sind die einzigen Wesen, die wirklich frei sind. Freiheit war zur Zeit Epikurs nur für die Götter denkbar, für die Menschen bestand hingegen das Leben in der reinen Pflichterfüllung, an dessen Ende der sichere Tod stand. Eine aus heutiger Sicht zufriedenstellende Antwort konnte die stoische Philosophie damit allerdings auch nicht liefern, denn der Nichtangriffspakt, den die selbstzufriedenen Götter mit den pflichtbewussten Menschen eingehen, lässt die Frage nach der Herkunft des Leids weiter unbeantwortet. Was wir von den stoischen Göttern in ihrer Selbstgenügsamkeit erfahren, ist allenfalls ihr gleichgültiges Desinteresse.

Die stoische Antwort auf das Leidproblem in der abendländischen Gottesreflexion offenbart zugleich die ganze Tragik: Mit dem Aufkommen der Theodizeefrage als *theoretischem* Problem geht eine Unzufriedenheit mit ihren Antworten einher. Zwar werden die in den folgenden Jahrhunderten diskutierten Modelle alle durchaus richtige Teilaspekte benennen können, ein Restunbehagen bleibt jedoch fortwährend bestehen. Doch auch atheistische Vertreter können die Frage nach dem Sinn von Leid nicht dadurch beantworten, dass sie den Glauben an Gott oder an die Möglichkeit einer metaphysischen Deutung im weitesten Sinne ablehnen. So empfiehlt der Philosoph Franz-Josef Wetz (*1958) in diesem Zusammenhang, die Theodizeefrage erst gar nicht zu stellen, sondern plädiert für eine „Kunst der Resignation". Aber reicht Enthaltsamkeit im Denken als Antwort auf hartnäckige Fragen? Wohl kaum. Zufriedenstellende Antworten gibt es offensichtlich noch nicht – weder von theologischer noch von philosophischer Seite. Alle Lösungsansätze sind

---

[4] Epikur bei Laktanz, Vom Zorne Gottes, hrsg. und übersetzt v. H. Kraft u. A. Wlosok, Darmstadt ^{2}1971, § 13, 20f und 46f.

Kompromisse in der einen oder anderen Weise. So wurde etwa in der jüdischen Kabbala, einer mystischen Strömung in Mittelalter und früher Neuzeit, die Vorstellung von Gottes Allmacht aufgegeben. Frühere Ansätze in der Antike sahen im Leid ein Mittel der göttlichen Pädagogik, wodurch sich Menschen bewusst für das Gute entscheiden würden. In eine ähnliche Richtung tendieren moderne Moralvorstellungen, die im Leid die unvermeidliche Kehrseite der menschlichen Freiheit erkennen. Wie dem auch sei: Das Problem der Theodizee ist, so scheint es, nicht einfach aufzulösen. Die im Widerspruch stehenden Aussagen offenbaren lediglich die ganze Inkonsistenz, mit der die Menschen in allen Religionen konfrontiert werden. Ist es am Ende gar nichts anderes als ein Äquivalent zur Religion, oder umgekehrt formuliert: Sind Religionen nur kulturelle Ausgestaltungen menschlicher Leiderfahrungen?

Vielleicht kommt man dem Zusammenhang von Leid und Religion auf den Grund, wenn man sich an den Anfang der Religionsgeschichte begibt und hier nach Spuren sucht, die eine Beziehung zwischen religiösen Denkformen und Leiderfahrung nahelegen. Das ist leichter gesagt als getan, denn dieser Anfang ist schwer zu bestimmen. Versteht man Religion als Ausdrucksgestalt von Leid, ist sie wahrscheinlich so alt wie die Geschichte der Menschheit selbst.

Motivarchäologie: Der tiefe Brunnen in die Vergangenheit

Religionen sind mehr als rituelle Kulthandlungen von Menschen, um göttliche Mächte zu verehren. Religionen sind symbolische Ausdeutungen und semantische Verdichtungen alltäglicher Erfahrungen. Diese Erfahrungen lassen sich im weitesten Sinne als Kontingenzerfahrungen beschreiben. Menschen scheitern in ihrem Leben. Religion gibt dieser Erfahrung einen Deutungshorizont und damit die Möglichkeit, in der Endlichkeit der eigenen Existenz einen Sinn zu erkennen. Sinn bedeutet hier: Menschen finden für das Leid eine Erklärung, die einordnet. Das Leid wird dadurch nicht aus der Welt geschafft, aber erträglich gemacht. Welche Gestalt dieser Erklärungssinn dann annimmt, ist zunächst einmal nicht von Belang. Entscheidend ist, dass mit der Geschichte des Menschen die Geschichte der Religion als Mittel zur Kontingenzbewältigung einsetzt, um uns, nach einer vergleichsweise langen Anlaufphase, heute in den monotheistischen Traditionen mitsamt ihren Theodizeemodellen zu begegnen. Damit stellt die Frage nach der Rechtfertigung Gottes weit mehr dar als ein theoretisches Problem neben anderen. Sie ist die begriffliche Gestalt eines religiösen Bewusstseins und damit eine Form religiöser Selbstbeschreibung des Menschen, indem sie aufgrund alltäglicher Kontingenz- und Freiheitserfahrungen den Sinn der Welt reflektiert. So gesehen erweist sich jedes religiöse Zeugnis, sowohl Texte als auch künstlerische Artefakte, Kultorte und Heiligtümer, als theodizeerelevant. Die Theodizee, wie sie uns in den monotheistischen Religionen begegnet, ist kein Einwand gegen die Rechtfertigung von Religion – sie ist der elaborierte, theologisch reflektierte Ausdruck von Religion. Die Ursprünge der Theodizee liegen dagegen zeitlich weit vor ihrer theoretischen Durchdringung und sind wesentlich älter als die uns bekannten Variationen in den Hochreligionen. Damit nähern wir uns der Frage nach der eigentlichen Ursprungsgestalt von Kontingenzerfahrungen.

Spurensuche: Transzendenzbewusstsein und Kontingenzerfahrung

Der weitaus längste Teil der Menschheitsgeschichte liegt im Dunkeln. Aus heutiger Sicht lassen sich nur Vermutungen darüber anstellen, wie, wo und seit wann der Mensch als *Homo sapiens* gelebt und gedacht hat. Sieht man von den wenigen Hinweisen, die wir heute haben, einmal ab, lebte der überwältigend größte Teil der Menschen, ohne jemals Spuren zu hinterlassen. Die uns heute zugängliche Geschichte des Menschen bezieht sich auf die kurze Spanne, in der der Mensch bereits seine Spuren hinterlassen hat: primitive Werkzeuge, Feuerplätze, einfache Siedlungs- und Bestattungsformen. In der Gesamtentwicklung des Menschen setzt die Zeichen- und Schriftkultur, von der zu Beginn des Buches die Rede war, im übertragenen Sinne erst vor wenigen Augenblicken ein. So ungewöhnlich dieser weite Rückgriff in diesem Zusammenhang zunächst erscheinen mag, so notwendig ist es, die unglaubliche Kürze unserer eigenen Kultur erneut vor Augen zu führen.

Die Wiege der Menschheit liegt in Ostafrika. Hier fand man Reste des Australopithecus, einer fünf Millionen Jahre alten Spezies von Menschenaffen, die den aufrechten Gang beherrschte. Die unmittelbaren hominiden Vorfahren des Menschen haben sich vor ungefähr zweieinhalb bis drei Millionen Jahren aus dem *Homo erectus* sowie dem *Homo habilis* entwickelt. Hier finden wir sowohl den bereits vom Australopithecus übernommenen aufrechten Gang als auch die Entwicklung der Greifhand. Erst vor 120.000 Jahren beginnt die Geschichte des Menschen im engeren Sinn. In dessen ostafrikanischer Heimat fand eine Klimaveränderung statt, die zu mehr Trockenheit führte und die ostafrikanische Savanne hervorbrachte.

In den Millionen Jahren zuvor lebte er das unauffällige Leben eines Aasfressers. Er musste vor seinen Fresskonkurrenten oft fliehen, was sein aufrechter, allerdings instabiler Gang erleichtert, der ihn zum Läufer und geschickten Fluchttier werden ließ. Die Arme hängen seitdem an den Seiten eher lose herunter und entwickeln erst im Laufe der Zeit neue Fähigkeiten. Gegenüber der Fresskonkurrenz erweisen sie sich allemal als vorteilhaft. Bäume dienen als natürliche Zuflucht, sofern sich hier nicht bereits Schlangen oder Raubkatzen befinden, die den Menschen den Platz streitig machen. Über weitere Entwicklungsstufen, die größtenteils in Ostafrika stattfanden, entsteht aus *Homo ergaster* und *Homo heidelbergensis* unter anderem der Homo sapiens sowie in Europa der *Homo neandertalensis*, der eine anatomisch völlig unabhängige Genese aufweist. Zunächst getrennt vom Homo sapiens lebt er in Mitteleuropa und verschwindet vor 40.000 Jahren als Spezies wieder. Der Neandertaler wurde höchstwahrscheinlich vom anpassungsfähigeren, körperlich überlegeneren Homo sapiens verdrängt.

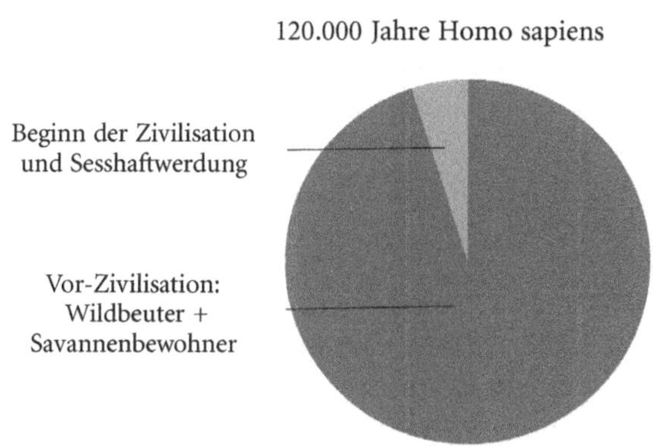

Vor 40.000 Jahren fanden nach Meinung des Berliner Prähistorikers Helmut Parzinger (*1959) zwei für unseren Zusammenhang wichtige Entwicklungen in vergleichsweise kurzer Zeit statt: Der Neandertaler entwickelt ein Zungenbein, konnte also sprechen und über die Akustik eine wesentlich differenziertere Kommunikation aufbauen als die auf Gebärden fixierten non-verbalen Hominiden. Ferner hat der Neandertaler umfangreiche und unverhältnismäßig aufwändige Bestattungen vorgenommen. Zwar kennen wir auch aus dem höher entwickelten Tierreich ähnliche Formen der Trauerarbeit, aber der hier betriebene Aufwand übersteigt das bisherige Ausmaß bei Artverwandten bei weitem. Für Parzinger bedeutet dies,

> „dass sich der Neandertaler erstmals in der Menschheitsgeschichte erkennbar bewusst mit dem Übergang vom Leben zum Tod auseinandergesetzt und sich nachweislich Gedanken über die Endlichkeit des Lebens und die Zeit danach gemacht haben muss."[5]

Wir haben also eine erste heiße Spur, die aber, wie man heute feststellen kann, wieder im Sand verläuft, da der Neandertaler von anderen Hominiden verdrängt wurde und der moderne Mensch nachweislich nicht von diesem abstammt.

Vom *Homo sapiens* zum *Homo religiosus*

Lange Zeit haben Religionshistoriker vermutet, dass die Bestattung die erste Kulthandlung war, durch die sich der Mensch von der Tierwelt maßgeblich unterscheiden würde. Tatsächlich verhält es sich anders: Inzwischen können wir sagen, dass auch andere Hominiden bereits Bestattungen und damit rituelle Formen des Totenkults kannten und erste Formen religiösen Bewusstseins entwickelten. Dies relativiert die herausragende Position des modernen Menschen jedoch keineswegs. Vielmehr zeigt sich, dass Religion eine Bewusstseinsstufe darstellt, die generell höheren Lebewesen eigen ist. Dieses Bewusstsein lässt sich nicht als eine Eigenschaft des Menschen beschreiben, das unbedingt eine sesshafte Lebensform oder die Entwicklung bestimmter Kulturtechniken voraussetzt. Es ist eher so,

---

[5] H. Parzinger, Die Kinder des Prometheus. Eine Geschichte der Menschheit vor der Erfindung der Schrift, Darmstadt ^{2}2015, 50.

dass das Transzendenzbewusstsein eine uralte Errungenschaft der Evolution darstellt, auf das der moderne Mensch nach wie vor zurückgreift. Die Entwicklung von Religion lässt sich an einem weiteren, aufsehenerregenden Fund aus dem Neolithikum belegen.

Im Kernland von Anatolien fand der deutsche Archäologe Klaus Schmidt im Oktober 1994 eine außergewöhnliche Kultstätte: Eine kreisrunde Anlage mit monolithischen Steinen, die ein wenig an Stonehenge erinnert und auf einem Hügel mit dem türkischen Namen „Göbekli Tepe“ liegt. Die Anlage wird aber zeitlich wie räumlich vor und abseits jeder bekannten Zivilisation datiert. Der Fund auf dem Göbekli Tepe ist mit über 12.000 Jahren älter als die bislang bekannten Kultorte der Menschheit. Letztere liegen zudem erheblich südlicher im mittleren Mesopotamien und werden frühestens um 8000 v. Chr. datiert. Damit liegt Göbekli Tepe völlig isoliert. Es ist eindeutig ein religiöser Ort, allerdings fand man in seiner unmittelbaren Umgebung keinerlei Spuren menschlicher Aktivität – weder Siedlungen, Gräber, Feuerstellen, geschweige denn Zeugnisse von Werkzeugen oder figürlichen Artefakten. So bleibt nur eine Schlussfolgerung: Der Göbekli Tepe ist eine Kultstätte von umherschweifenden Wildbeutern, und fällt damit in die lange Phase unserer vorzivilen Geschichte.

Abb. 17: © Deutsches Archäologisches Institut | Foto: Nico Becker

Damit gilt als sicher, dass bereits der vorzivilisierte Mensch vor jeder kulturellen Errungenschaft ein religiöses Bewusstsein mit einem ausgeprägten Sinn für Transzendenz- und Kontingenzerfahrungen hatte und diesem Bewusstsein bereits als noch nicht sesshafter Wildbeuter Ausdruck verlieh. Parzinger ist sich sicher:

> „Der Göbekli Tepe führt damit eindrucksvoll vor Augen, dass die Bedeutung des Religiösen im präkeramischen Neolithikum überwältigend gewesen sein muss. Seine Funde und Befunde künden von einer kultisch-religiös geprägten Welt, die alles bis dahin Bekannte sprengt. [...] Entsprechendes gilt für das Bildrepertoire von Göbekli Tepe, denn die dort belegten Motive erscheinen auch andernorts in der Region.“[6]

Was auf dem Göbekli Tepe letztlich geschah – was, wer, wie oft und wann gefeiert oder etwas verehrt wurde, wissen wir ebenso wenig, wie wir heute etwas über Stonehenge sagen können. Es fehlen uns die dazu notwendigen Schriften oder andere Zeugnisse, die zur Klärung beitragen könnten. Vielleicht ist die Frage nach dem Zweck aber auch gar nicht das Entscheidende: Aus Sicht seiner Erbauer hatte Göbekli Tepe vielleicht gar keinen lebensnotwendigen Zweck. Es existieren Hinweise, dass auf dem Göbekli Tepe bereits alkoholhaltige Rauschmittel auf Getreidebasis konsumiert wurden, was in der Folgezeit den großflächigen Anbau von Getreide notwendig machte. Der Konsum von berauschenden Mitteln erforderte Umstände, die gefahrlos waren und keine erhöhte Wachsamkeit verlangten. Rauschzustände setzten Situationen voraus, die nicht notwendigerweise der Existenzsicherung dienten. Diese Voraussetzungen waren nur im Rahmen von rituellen Begegnungen gegeben.

Religion als Manifestation von Sinn

Trotz zahlreicher unbeantworteter Fragen, die der Göbekli Tepe uns noch heute stellt, ist eines sicher: Dieser Ort existiert nur, weil Menschen miteinander kommunizieren und diese Fähigkeit die Möglichkeit eröffnet, dem religiösen Verlangen nach Sinnexplikation konkreten Ausdruck zu verleihen. Mit Sinn verbindet der Mensch

---

[6] Ebd., 136.

Inhalte und Ziele seines Lebens und gibt ihnen eine dauerhafte Gestalt, wenngleich er sich heute nicht mehr als explizit religiös bezeichnet. Dieser Sinn ist eine Aufgabe, die wir in uns spüren, und die weit über die Befriedigung unserer unmittelbaren Bedürfnisse hinausgeht. Diesem Auftrag nachzukommen stellt ein höheres Ziel dar als die Suche nach Nahrung und die Sorge um unsere Nachkommen. Der damit verbundene Aufwand stellt die tagtägliche Pflicht zur Existenzsicherung oftmals in den Schatten. Bis heute ist es ein ungelöstes Rätsel, wie ein derart monumentales Bauwerk wie der Göbekli Tepe technisch errichtet werden konnte. Angesichts der gewaltigen Anstrengungen, zu der der Mensch bei seiner Sinnsuche fähig ist, wird die lebenspraktische Nutzlosigkeit dieser Bauten zum entscheidenden Merkmal des Menschen schlechthin. Die Beschäftigung mit der Sinnfrage bildet das Fundament für die menschliche Fähigkeit zur ausgeprägten und differenzierten Kommunikation und sozialen Selbstorganisation. Diese Fähigkeit, deren Zeugnisse als zweckfreie Artefakte uns heute noch erhalten sind, stellt die Voraussetzung für unsere gesamte Kultur dar. Der Mensch definiert sich in erster Linie als ein soziales Wesen, das sich in der Beschäftigung mit seiner Existenz schon vor der Sesshaftwerdung von seiner Umgebung in einmaliger Weise abhebt. Kein anderes Leben betreibt in der Gestaltung seiner Welt einen derartigen nutzlosen Aufwand, wie wir ihn in Göbekli Tepe vorfinden.

Der große Sprung nach vorne: Die Erfindung von Schriftzeichen

Die Erfindung der Schrift gut acht Jahrtausende nach Göbekli Tepe eröffnet die Möglichkeit, die mündlichen Narrative in einer portablen Form dauerhaft zu verstetigen. Vorformen der Schrift, also einfache geritzte oder gravierte Zeichen und Symbole, gab es natürlich schon weitaus früher. Die Schrift verleiht dem sinnsuchenden Bewusstsein des Menschen einen abstrakten Charakter. Mit der Erfindung der griechischen Schrift wird zu Beginn des achten vorchristlichen Jahrhunderts durch Homer und Hesiod aus der *oral history* tradierter Liedsammlungen eine *written history.* Hier findet ein für die westliche Kultur einmaliger Paradigmenwechsel statt, der alle damit verbundenen Innovationen des europäischen Kontinents einleitet, und für die Nachwelt in Wissensspeichern ablegt. Erst ab diesem Zeitpunkt lassen sich Theorien entwickeln, die die Lebenszeit des Urhebers überdauern und von dessen Schülerkreis weiterentwickelt und verbreitet werden können. Es entsteht das kollektive Gedächtnis einer Gesellschaft, in der die soziale Erinnerung dauerhaft archiviert wird. Ab hier beginnt die für eine historische Rekonstruktion greifbare Geschichte der Religion und ihrer Traditionen. Sie erinnert, wie wir bereits festgestellt haben, an den eigentlichen Kern der sinnsuchenden Identität des Menschen, die sich nur in Ansätzen in den institutionellen Formen wiederfindet.

Sex and Crime: Mykene, der Trojanische Krieg und die Odyssee

Bereits in archaischen Gesellschaften findet man erste Textüberlieferungen, die in späteren Theodizeen verarbeitet werden. Hier fungieren sie als identitätssicherndes Prinzip, das heißt, sie dienen der Legitimation bestimmter sozialer Strukturen und politischer Entwicklungen. Beispiele finden sich in der Ätiologie Altpersiens oder in der antiken Mythologie, die zum einen die gegebenen Herrschaftssysteme rechtfertigen, zum anderen eine Art von Kontingenzbewältigung durch Ursprungsnarrative bereitstellen.

Interessanterweise geht es bei Mythen, die sich mit der Entstehung des Menschen auseinandersetzen, immer um das ungezügelte Triebleben innerhalb der Götterwelt. Sex und Gewalt werden als göttliche, keineswegs menschliche Urkräfte und Mächte verstanden. Der Mensch wird allenfalls zum unschuldigen Opfer göttlicher Brutalität: In der Sintflut, die Jahwe über die Menschen kommen lässt, wird er regelrecht ertränkt. Die Menschen, die keinerlei Schuld haben, sind diesem willkürlichen Treiben schutzlos ausgeliefert. Ihr eigenes Verhalten ahmt lediglich das göttliche Fehlverhalten nach: Der Inzest der Götter setzt sich als Inzest zwischen den Menschen fort.

Sex and Crime bilden auch die Themen in der Ilias von Homer, dem ersten Epos der westlichen Kulturgeschichte. Die Hauptakteure für das Drama sind das erste Herrschergeschlecht in der Dynastie der Atriden in Mykene: Atreus, Sohn des bereits in endlose Kabale verstrickten Halbgottes Pelops, und seine untreue Gemahlin Aërope sowie ihre bekannteren Söhne Menelaos und Agamemnon. Infolge von Ehebruch und Mord, Inzest und Gewalt wird schließlich Helena, Frau des Menelaos, von ihrem Geliebten Paris nach Troja entführt und verursacht damit den literarisch ersten internationalen Konflikt. Auch hier liegt bei näherer Betrachtung die eigentliche Kriegsschuld nicht beim Menschen. Die Menschen imitieren in ihrem Fehlverhalten lediglich die Moralität der Götter, sie unterliegen einem Fluch und handeln wider besseres Wissen und Wollen. Der ethische Imperativ dieser Erzählungen liegt allerdings darin, dass sich der Mensch gegen das ihm auferlegte Schicksal behaupten muss. Odysseus, der „Listenreiche", wird hier zum Prototyp: Er besiegt den Anführer der einäugigen Zyklopen und zieht die Wut des Meeresgottes Poseidon auf sich, der ihn auf seinen weiteren Seefahrten hartnäckig verfolgt. Odysseus handelt als freier Mensch und vor allem moralisch besser als die ihm physisch überlegenen Götter. Sex and Crime sind nicht seine Welt; er und seine treu auf ihn wartende Gemahlin Penelope widerstehen den vielversprechendsten Versuchungen. Der Mensch setzt sich von seinen Göttern ab und sagt sich los. Seine Geschichte ist die einer humanen Selbstbehauptung gegenüber der Götterwelt.

Auch das Alte Testament verarbeitet mythologische Elemente. Am Ende der beiden ersten Schöpfungserzählungen ist von einer bemerkenswerten Zwischenperiode die Rede, die zwischen der Vertreibung aus dem Paradies im dritten Kapitel der Genesis und der erneuten Schöpfung nach der Sintflut im sechsten Kapitel reicht. Hier ist plötzlich von „Göttersöhnen", „den Helden der Vorzeit, [den] berühmten Männern" (Gen 6,4) die Rede, die mit den Menschentöchtern Kinder zeugen. Auch hier sind die Menschen, wie in der griechischen Mythologie, die Opfer und weniger die Verursacher. Sie sind nicht Subjekt des Übels, sondern einem kosmischen Geschehen wehrlos ergeben, das die Erfahrungen von Leid und Wohlergehen generiert. Doch diese Textpassage steht relativ isoliert im biblischen Kontext. Bis auf die Tatsache, dass Jahwe die Lebenszeit des Menschen auf hundertzwanzig Jahre begrenzt, ist von ihm nicht die Rede. Stattdessen geht es ausschließlich um „Göttersöhne", die offensichtlich Relikte aus polytheistischen Erzählungen darstellen, deren Ursprünge in kanaanäischen Mythologien liegen.

Menschen zeigen mehr Moral als die Götter

In diesen mythologischen Erzählungen setzt ein früher Prozess der Aufklärung ein, der in der darauffolgenden vorsokratischen Philosophie eine intellektuelle Verarbeitung erfährt. In der Bewältigung seiner täglichen Leid- und Endlichkeitserfahrungen bewährt sich der Mensch gegenüber den Göttern und ihren mächtigen Verbündeten, den Naturgewalten. Dort, wo der Mensch seinen Bereich selbst gestaltet, wird der Einfluss der Götter zurückgedrängt und die Natur besiegt.

Mit den Anfängen einer humanen Selbstbehauptung gegenüber der Götterwelt korrespondiert die zunehmende architektonische Trennung zwischen religiösen Kultbauten und Stätten für die Menschen. Während die Heiligtümer und Tempelbereiche in archaischen Siedlungsgebieten des dreizehnten vorchristlichen Jahrhunderts wie Mykene Teil des Palastes des Königs sind, werden in der klassischen Zeit, also ab dem achten Jahrhundert v. Chr., die Tempelanlagen zu eigenständigen Orten. Oft befinden sie sich sogar in externen Ortschaften außerhalb der Polis, zu denen man pilgern muss. Die bekannte Orakelstätte Delphi etwa liegt einsam inmitten der Ausläufer des Parnassmassivs. Delphi oder auch der Kur- und Kulturort Epidaurus sind in der klassischen Antike therapeutische Einrichtungen, die man nur im Bedarfsfall mit einem konkreten Anliegen aufsucht. In den Jahren der Athener Demokratie spielen die sakralen Tempelanlagen mit ihren dort diensthabenden Priestern so gut wie keine politische Rolle mehr und entwickeln sich zu einem eigenständigen Kulturbereich. Der Tempel ist, ähnlich wie heute, religiöser Dienstleister und erfüllt im öffentlichen Leben eine bestimmte Funktion. Die privat gelebte Religiosität, etwa die Verehrung der Ahnen oder bestimmter Götter, findet dagegen im eigenen Haus statt. Im Gegensatz zum öffentlichen Kult steht der häusliche Kult in einer persönlichen Beziehung zu den Angehörigen des Hauses. Er strukturiert den Alltag und ist bei gemeinsamen Mahlzeiten und in bestimmten Lebensabschnitten eingebunden.

Ein religionshistorischer Rückschritt?

Während in der griechischen Mythologie der Beginn der Menschheitsgeschichte mit dessen Emanzipation gegenüber wankelmütigen und treulosen Göttern erklärt wird, sehen die biblischen Vorstellungen völlig anders aus. Hier wird die nachparadiesische Situation des Menschen als Konsequenz seines moralischen Versagens und als Erbschuld gedeutet. Seine reale Lebenswelt ist aufgrund dessen von Leid und Tod gezeichnet. Die Schwere des Lebens ist Ausdruck seiner selbstverschuldeten Existenz; die Mühen des Lebens sind ein Los, das es hinzunehmen gilt.

So gesehen konnte die kaiserzeitliche Stoa die alttestamentliche Anthropologie integrieren. Auch hier wird das Leid als göttliche Prüfung und als Mittel der Erziehung akzeptiert. Insofern zeichnet sich in diesen Religionsentwürfen kein erkennbarer Fortschritt gegenüber der klassischen Antike ab. Im Gegenteil, man könnte sogar von einem Rückschritt sprechen: Für den Althistoriker Christian Meier besteht der gravierende Unterschied zum antiken Griechenland darin, dass hier, also einige Jahrhunderte früher, der Mensch gegenüber den Göttern erheblich selbstbewusster auftrat. Das beweist bereits ein kurzer Blick auf die Kunst in dieser Zeit. In der klassischen Antike ist der Körper Ausdruck kosmischer Harmonie und natürlicher Proportionalität. Der Speerwerfer des Polyklet (geboren um 480 v. Chr.), der „Doryphoros", bringt diese ideale Verhältnismäßigkeit aller Glieder und Körperteile zum Ausdruck. Die Korrelation der Maße in Größe und Position strahlt einen sich seiner selbst bewussten Menschen aus. Dessen Lebenswelt atmet den Geist kultureller Autonomie und Freiheit. Sie bezeugt menschliche Selbstgewissheit und trägt entscheidend dazu bei, dass in der darauffolgenden Blütephase in den griechischen Stadtstaaten demokratisches Bewusstsein entstehen kann. Demokratie setzt den souveränen, sich seiner Freiheit und Verantwortung bewussten Menschen voraus. In Athen wird dieser historisch sicherlich einmalige Prozess mit den regelmäßig stattfindenden Theaterwettbewerben im Dionysostheater am Fuße der Akropolis kritisch begleitet und kommentiert. Aischylos (525–456 v. Chr.), Sophokles (497/96–406/05 v. Chr.) und Euripides (480–406 v. Chr.) sind nicht nur Bühnenautoren, deren Werke der Unterhaltung dienen, sondern politische Beobachter, Meinungsmacher und Kritiker ihrer Zeit.

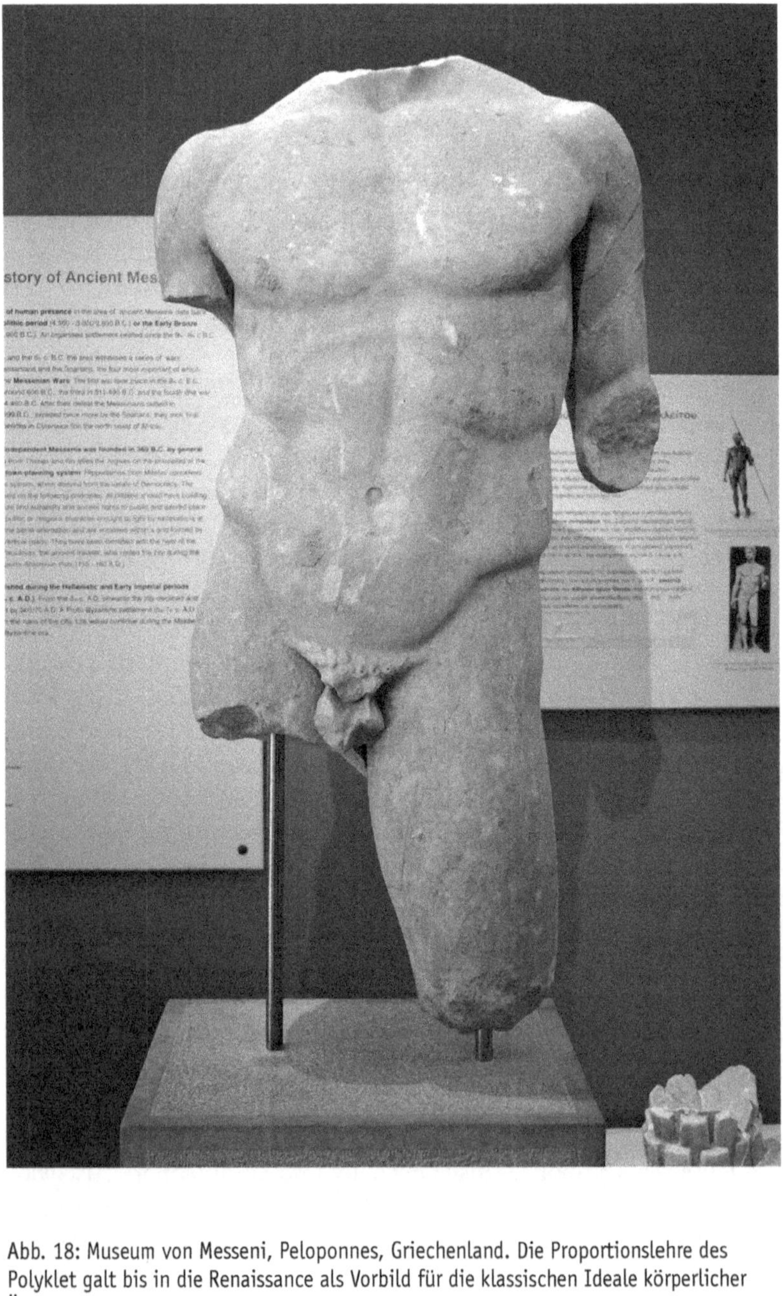

Abb. 18: Museum von Messeni, Peloponnes, Griechenland. Die Proportionslehre des Polyklet galt bis in die Renaissance als Vorbild für die klassischen Ideale körperlicher Ästhetik © Foto: privat.

Demgegenüber erscheint der biblische Mensch als gescheitert. Der Erdboden, von dem er „unter Mühsal alle Tage essen" soll, ist verflucht, und zwar explizit „seinetwegen" (Gen 3,17). Das Leid, das er ertragen muss, ist also selbstverschuldet. Der biblische Mensch ist ein auf Erlösung Wartender. Es nimmt daher nicht Wunder, dass es in der Aufklärung und im Idealismus überwiegend zu einer Abwertung dieser Sichtweise kam. Stattdessen wurde die griechische Antike geradezu überhöht, in der sich, ganz im Gegensatz zu den biblischen Traditionen, eine völlig andere Anthropologie abzeichnet.

Wie sehen nun aber die Theodizeekonzepte aus, die Eingang in die monotheistische Traditionen gefunden haben? Charakteristisch für die abendländische Interpretationsgeschichte des Leids, insbesondere unter den Voraussetzungen einer jüdisch-christlichen Kultur, erweisen sich im Anschluss an den Frankfurter Theologen Hans Kessler (*1938) drei Modelle: die ordnungstheoretische, die privationstheoretische und die erbsündentheologische Theodizee.

Erstes Modell: Die Ordnung des Kosmos gegen das Chaos

Das erste Theodizee-Modell ist im Grunde ein Spiegelbild der antiken Weltanschauung und wird von Kessler als ordnungstheoretisches Paradigma bezeichnet. Leid und Übel, aber auch Glück und Erfolg haben hier eine personifizierte Zuordnung in der Götterwelt.

Die sublunare Welt ist ein geordneter, von harmonischen Gesetzen strukturierter Kosmos: Die sichtbare und überschaubare Welt verläuft in regelmäßigen zyklischen Bahnen; außerhalb dieses Kosmos herrscht hingegen Chaos und Barbarei. Der Beginn des Zeus-Hymnus des stoischen Philosophen Kleanthes aus dem zweiten nachchristlichen Jahrhundert bringt diesen Ordnungsgedanken zum Ausdruck:

> Berühmtester der Unsterblichen, vielnamiger, immer alles beherrschender,
> Zeus. Führer der Natur, der du mit dem Gesetz alles steuerst,
> sei gegrüßt! Denn dich anzusprechen ist Recht für alle Sterblichen.
> Denn aus dir sind wir von Geschlecht, die wir [...] erlangt haben
> als einzige, was immer lebt und kriecht auf der Erde an Sterblichen.
> Deshalb will ich dich preisen und deine Stärke besingen.
> Denn dir folgt dieser ganze Kosmos, der um die Erde sich dreht,
> wohin auch immer du führst, und freiwillig wird er von dir beherrscht;

> einen solchen Helfer hast du in deinen unbesiegbaren Händen:
> den zweischneidigen, feurigen, ewig lebendigen Blitz;
> denn unter dessen Schlägen werden alle Taten der Natur (vollendet),
> [...]
> Durch ihn stellst du auf die allgemeine Vernunft, die sich durch alles zieht,
> beigemischt dem großen und den kleinen Lichtern [...]
> du bist der höchste König durch das All hindurch. [...]“[7]

Eine pantheistische Färbung der antiken Welt durch unsterbliche Götter sortiert die Wahrnehmungsbereiche des Menschen. Die Erfahrung von Leid und Übel wird daher nicht nur einem bestimmten göttlichen Wesen, sondern auch konkreten Herrschaftsbereichen zugeordnet. Der launische Gott Poseidon beherrscht nur das Meer und nicht das Land oder den Ackerbau. Übel und Leiderfahrungen werden ebenso wie deren positive Äquivalente durch ätiologische und mythologische Narrative von einer anthropomorphen Götterwelt objektiviert.

Lediglich die auf Ausgleich bedachte Nemesis greift aufgrund ihres Gerechtigkeitsempfindens ein. In ihr spiegelt sich der alttestamentliche „Tun-Ergehen-Zusammenhang“ ebenso wie die allgemein verbreitete Haltung der Stoa wider, dem Lauf der Natur zu folgen und seine Pflicht zu tun. Glück und Leid sind Ausdruck und Ergebnis des individuellen Verhaltens. Das Glück schlägt sich im Alten Testament in einem hohen Lebensalter und in einer zahlreichen Nachkommenschaft nieder; in der Stoa ist es die innere Freiheit und Bedürfnislosigkeit des Menschen. Glück und Leid sind erkennbar in Kausalursachen eingebettet und folgen darin einer gewissen Logik. Eine ordnungstheoretische Theodizee liegt ebenso dualistischen Religionen zugrunde. Hier ist der Kosmos in zwei gegensätzliche Bereiche aufgeteilt, basierend auf den beiden Prinzipien von Gut und Böse.

---

[7] Der an manchen Stellen leider verderbte Text folgt der philologischen Untersuchung von G. Zuntz, Griechische philosophische Hymnen. Aus dem Nachlass hrsg. v. H. Cancik u. L. Käppel, Tübingen 2005, 32f.

Dualistische Religionen

Die Durchdringung unterschiedlicher Kulturen im Zeitalter des Hellenismus innerhalb des alexandrinischen Großreiches ändert an dieser ordnungstheoretischen Ausrichtung der Welt zunächst nichts. Im Gegenteil: In der nachalexandrinischen Diadochenzeit wird der grundsätzliche Dualismus von guten und bösen Mächten mythologisch weiter ausgebaut. Maßgeblich beeinflusst hat diese Entwicklung unter anderem der in die westliche Vorstellungswelt eindringende altpersische Zoroastrismus. Bereits im siebten Jahrhundert v. Chr. im heutigen Iran entstanden, verkündigt Zarathustra, über dessen Biografie bis heute keine genauen Erkenntnisse vorliegen, die alleinige Verehrung des Lichts. Aus dem Herrn über Zeit und Ewigkeit, Zurvan (oder: Zervan), wurde Zarathustra zufolge der oberste Lichtgott Ahurā-mazdā, der Herr der Weisheit und des Lichts, gezeugt. Er hat die Welt erschaffen und ist Herrscher des Alls, auch wenn zoroastrische Texte neben Ahurā-mazdā noch eine Vielzahl weiterer Emanationen kennen. Ahurā-mazdā oder Ohrmazd, der als wohlriechend beschrieben wird, steht der dunkle und angeblich übelriechende Ahriman, der Herrscher der Finsternis und der Lüge, gegenüber. Zarathustra offenbart sich die Lehre des guten Gottes Ohrmazd. In die kosmische Auseinandersetzung mit Ahriman werden auch die Menschen einbezogen, die sich jeweils für eine der beiden Seiten entscheiden müssen. Damit wird eine heilsgeschichtliche Perspektive eröffnet, in der das Ende der Welt mit der Rückkehr zur Ureinheit in Zurvan zusammenfällt.

Diese erste dualistische Hochkultur Persiens ist für die weitere Religionsgeschichte der vorderasiatischen Monotheismen prägend, insofern alle späteren Hochreligionen eine dreiteilige Eschatologie aufweisen: Ausgehend von einem alles in sich vereinigenden Urzustand folgt aufgrund eines kosmischen Zwischenfalls eine Aufspaltung der beiden antagonistischen Kräfte. Infolgedessen entstand die materielle sichtbare Welt in ihrer zweigeschlechtlichen Natur, in der sich Kraft und Gegenkraft in Korrespondenz oder Konkurrenz zueinander verhalten. Die Geschichte des Menschen ereignet sich also in einem Zwischenstadium, das erst am Ende durch die Vereinigung von Gut und Böse wieder überwunden wird.

Diese dreiteilige Heilsgeschichte lässt sich insbesondere in späterer Zeit im Manichäismus nachweisen und hinterlässt auch in den abrahamitischen Religionen motivgeschichtliche Spuren. Die Religion, die Mani (216–276) in Mesopotamien stiftete, verstand sich als Vollendung aller bisherigen Religionen, einschließlich des Christentums. Der Manichäismus sah sich zwar als unabhängige Universalreligion, konnte sich aber sehr gut an andere Religionen anpassen. Insbesondere christliche Vorstellungen adaptierte der Manichäismus problemlos. So bezeichnet sich Mani im „Kölner Mani Codex“ als „Apostel Christi“, während er sich in China äußerlich vom Buddhismus kaum unterscheiden lässt. Es ist also aus manichäischer Sicht kein Widerspruch, Manichäer und Christ zugleich zu sein. Dies erklärt auch, dass der Kirchenlehrer Augustinus eigenen Angaben zufolge neun Jahre lang Manichäer war und seine Autobiografie, die „Bekenntnisse“, nach dem literarischen Vorbild Manis entstanden sind. Der Manichäismus ist deshalb von Bedeutung, weil sich seine heilsgeschichtliche Trennung unterschiedlicher Zeitalter sowie seine strikte Trennung zwischen Gut und Böse immer wieder im Christentum, besonders im Denken des Augustinus, nachweisen lassen.

Dualistisches Christentum: Die antike Gnosis

Aufgrund seines radikalen Dualismus von Gut und Böse wird der Manichäismus auch als gnostische Religion bezeichnet. Unter der antiken Gnosis versteht man heute in einem weiten Sinne alle dualistischen Religionen, die sich in neutestamentlicher Zeit in der hellenistischen Welt gebildet haben. In dieser Zeit werden Religionen sehr unterschiedlich gelebt, die Lehren vermischen sich, viele kulturelle Einflüsse verbinden sich zu einer gnostischen, hermetisch-esoterischen Religiosität. Grundsätzlich kennzeichnend für die Gnosis ist die Botschaft von der gefallenen Welt, die aus der eigentlichen Wirklichkeit der ursprünglichen Fülle entstanden ist. Die Welt steht allerdings mit dem Reich der Fülle, dem Pleroma (gr. πλήρωμα), nicht mehr in Verbindung – bis auf den in einer menschlichen Hülle eingekerkerten Geist. Die sichtbare Welt ist grundsätzlich defizitär. Diese Weltnegativität der Gnosis ist für die ansonsten sehr optimistische Antike einzigartig und lässt sich in dieser Radikalität auch nicht mit anderen antiken pessimistischen Strömungen, etwa der orphischen Tradition, vergleichen. Von allen Strömungen und Einflüssen ist die antike Gnosis für das frühe Christentum besonders relevant. Die christliche Gnosis lässt sich, wie der Manichäismus, als streng dualistische Denkform mit einer ausgesprochen hohen Anpassungsfähigkeit bezeichnen. Zwar erscheint aus heutiger Perspektive der gnostische Dualismus als prinzipiell unvereinbar mit der jüdisch-christlichen Heilsgeschichte, allerdings waren gnostische Begriffe und Vorstellungen mit der Ablehnung und Bekämpfung durch die Kirchenväter noch keineswegs aus der Welt. Dafür war die westliche Welt seit der Spätantike zu sehr von der augustinischen Lehre geprägt, derzufolge der Mensch von Geburt an entweder zur ewigen Seligkeit oder zur ewigen Verdammnis bestimmt ist. Im griechisch sprechenden Osten hingegen war der Einfluss neuplatonischer Autoren wie Origenes entscheidend. So kam es in der christlichen Welt zu zwei weiteren Theodizee-Entwürfen: Im Osten entwickelte sich die privationstheoretische Theodizee des Origenes, während die Erbsündenlehre des Augustinus den lateinischen Westen dominierte.

Zweites Modell: Das Böse als die Abwesenheit des Guten in der Privationstheorie

Die privationstheoretische Begründung von Leid und Übel steht mit dem ordnungstheoretischen Konzept in einer gewissen Verbindung. Privation, also das Fehlen einer Sache oder einer Eigenschaft, wurzelt grundsätzlich im platonischen Harmoniegedanken. Das Gute und das Schöne sind Seinsprinzipien. Grundsätzlich ist der Kosmos – und hier unterscheidet sich die Privationstheorie von der Ordnungstheorie – ein in sich stimmiges Ganzes, im Gegensatz zum dämonischen Chaos außerhalb davon. Dieser negative Bereich ist streng getrennt vom positiven: So wird die Unterwelt in der griechischen Mythologie von Cerberus bewacht und vom Fluss des Vergessens, dem Styx, getrennt. Ein Rein- und Rausgehen ist nicht möglich; der kurze Besuch des Odysseus im Hades unmittelbar vor seiner Heimkehr nach Ithaka bestätigt als Ausnahme die Regel. Während der Dualismus in der Ordnungstheorie den gesamten Kosmos in Gut und Böse unterscheidet, existiert das Böse in der Privationslehre nur als jenseitige Sphäre. Das Böse ist außerhalb oder unterhalb der sichtbaren Welt und das Diesseits der harmonische Ausdruck des Guten.

Mit dem Christentum sowie der neuplatonischen Rekonstruktion des Platon ab dem dritten nachchristlichen Jahrhundert setzt sich die privationstheoretische Sichtweise unserer Welt durch. Im Christentum ist es der Schöpfungsgedanke, im Neuplatonismus ist es der Harmoniegedanke, der das Böse in den jenseitigen oder unterirdischen Bereich verlagert. Das heißt, die Erfahrung des Übels und des Leids wird keineswegs bestritten; allerdings kommt dem Negativen kein eigener Wert, kein Sein zu, weil am Ende alles auf ein erstes gutes Prinzip zurückzuführen ist. Während im Christentum nun die Schöpfertätigkeit Gottes eine Eigenständigkeit des Bösen ausschließt, stellt der neuplatonische Emanationsgedanke die Existenz des Übels überhaupt infrage und spricht lediglich von der Abwesenheit des Guten im Bösen. Sowohl das Christentum als auch der Neuplatonismus führen also die dualistische Welt auf eine letzte positive Ursache zurück und lösen sich insofern vom dualistischen Denken ab: „In diese Schöpfung ist auch das sogenannte Böse gut eingeordnet und hat seinen ihm zugewiesenen Platz [...]. Folgerichtig sind alle geschaffenen Wesen gut, weil auch der Schöpfer aller Wesen in höchster Weise gut ist“, kommentiert Augustinus.[8] Diese christliche Grundüberzeugung wird generell mit Verweis auf den ersten Schöpfungsbericht gerechtfertigt: „Gott sah alles an, was er gemacht hatte: Es war sehr gut.“ (Gen 1,31) Für das Böse gibt es in Gottes Schöpfung schlichtweg keinen Platz. Es kommt ihm keine Existenzberechtigung zu, weil dies der Absicht Gottes widerspräche und zugleich seine alleinige Urheberschaft unterlaufen würde. Das schließt nicht aus, dass es im Christentum auch dualistische Kosmologien gegeben hat und heute immer noch gibt – nicht zuletzt bei Augustinus selbst. Auch wenn Augustinus in seiner Gnadenlehre ab 397 wesentlich entschiedener in Dualismen gedacht hat, so wurden die theologischen Inkonsistenzen in seiner Lehre nie als Problem empfunden. Gerade sein radikales Verständnis von Kirche in den späten Jahren zeigt, dass er den tief verwurzelten Manichäismus zeit seines Lebens offensichtlich nie richtig überwunden hat. Nur so lässt sich auch erklären, dass er in seiner Spätschrift zur Eschatologie „Vom Gottesstaat“ das Bild von zwei einander unversöhnlich gegenüberstehenden Stadt-

---

[8] A. Augustinus, Enchiridion de fide spe et caritate, IV,11f, in: ders., Handbüchlein über Glaube, Hoffnung und Liebe. Text und Übersetzung mit Einleitung und Kommentar hrsg. v. J. Barbel, Darmstadt 1960, 37.

staaten entwirft, das der manichäischen Grundunterscheidung von Licht und Dunkelheit, von Gut und Böse entgegenkommt.

Origenes und die Lehre von der Allversöhnung

Augustinus lässt sich also nicht als typischer Vertreter einer privationstheoretischen Theodizee begreifen, insbesondere im Blick auf seine späten Schriften. In besonderem Maße trifft diese Eigenschaft dagegen auf einen der ersten systematischen Theologen des griechisch schreibenden Ostens zu: Origenes. Es waren ausgerechnet die theologischen Schlussfolgerungen aus dessen privationstheoretischem Ansatz, die zu seiner Verurteilung als Irrlehrer führten.

Der Name Origenes deutet bereits seine ägyptische Herkunft an: „Der aus Horus Geschaffene". Origenes stammt aus Alexandria in Unterägypten und damit aus jener intellektuellen Metropole des römischen Reiches, die wir bereits als Heimatstadt von Philo kennengelernt haben. Die kosmopolitische Vielfalt dieser großen Stadt ermöglichte ein reichhaltiges Lehr- und Bildungsangebot. Lange Zeit wurde die These vertreten, Origenes sei Schüler von Ammonios Sakkas (175–242) und dem in Rom lehrenden Plotin, den beiden Vordenkern des Neuplatonismus, gewesen. Inzwischen rückt man von dieser Theorie zusehends ab. Damit zeigt sich auch, dass seine Einordnung als typisch „christlicher Denker" mit grundsätzlichen Schwierigkeiten verbunden bleibt, weil man ihn von einem neuplatonischen Philosophen oder christlichen Gnostiker nicht immer unterscheiden kann. In einer Zeit, in der die philosophischen und religiösen Denkbewegungen miteinander verschmolzen waren, war dies aber nicht untypisch.

Origenes hat ein äußerst komplexes und umfangreiches, keineswegs leicht verständliches Werk hinterlassen: „Über die Prinzipien" (gr. Περὶ Ἀρχῶν, lat. De principiis), entstand in den Jahren 225–230. Es handelt sich hierbei, wie der Titel bereits vermuten lässt, um die erste christliche Systematik, die über die Ursprünge des Christentums nachdenkt. Das Christentum wird nicht einfach als absolute Religion vorausgesetzt; Origenes reflektiert vielmehr seine philosophischen Grundlagen. Vielleicht lag darin bereits der Stein des Anstoßes: Wer über etwas nachdenkt, setzt bereits dessen prinzipielle Fraglichkeit voraus. Dem Hinterfragenden genügt die rein biblische Argumentation nicht. Er will intellektuell neutrale, philosophische Gründe diskutieren und keine dogmatischen Lehrsätze glauben müssen.

Die Privationstheorie von Übel und Leid hat ihre Voraussetzungen im Weltbild des Origenes. Hier vermischen sich Vorstellungen aus dem Platonismus seiner Zeit und dem jüdisch-christlichen Weltbild. Das entspricht durchaus dem damaligen Trend. Doch in den entscheidenden Fragen wählt er, im Gegensatz zu Augustinus, den platonischen Weg und hält sich an die zeitgenössische Philosophie und nicht an die Glaubensvorgaben der biblischen Offenbarung. Die Schöpfungslehre von Origenes hat einen abfallenden Stufencharakter: Alles Sein verdankt sich einer Selbstentfaltung des Absoluten und nicht einem unergründbaren Schöpfungsakt Gottes. Vielfalt lässt sich insofern auf eine Ursache zurückführen, die wiederum nicht Teil des Bedingten sein kann, sondern unabhängig von Zeit und Raum existieren muss. Die Argumentationskette erinnert sehr an platonische Grundideen und führt in Kombination mit christlichen Glaubensaussagen, die das Absolute mit Gott identifizieren, zu einigen Unklarheiten. Wie kann aus einem absoluten System etwas weniger Absolutes entstehen, ohne dass das Absolute selbst relativiert wird? Gestattet der Gedanke des Absoluten noch etwas Minderwertiges daneben oder wird nicht vielmehr mit der Differenz zwischen Absolutem und Nicht-Absolutem das Absolute selbst infrage gestellt? Origenes musste bei dem Basisproblem von Identität und Differenz, dem wir in der Parmenides-Interpretation des Platon bereits begegnet sind, erste Zugeständnisse an biblische Glaubensprämissen machen: Die Vielfalt der Dinge ist nicht gottgewollt, sondern Ergebnis der Schuld Adams. Soweit dürfte ihm auch Augustinus folgen. Doch im Unterschied zu Augustinus kommt den Menschen bei Origenes nur ein Teil der Schuld Adams zu, sie tragen damit diese Schuld nicht im gleichen Maße wie Adam in sich. Die materielle Welt bleibt die Schuld des ersten Menschen. Im Kontext der Theodizee bedeutet dies: Die Schlechtheit der Welt ist nicht durch Gott, sondern durch Adam allein hervorgerufen worden. Damit ist Gott nach wie vor der Ursprung des Guten und die Nachkommen Adams nur aufgrund ihrer leiblichen Verfasstheit die Leidtragenden einer von Leid gezeichneten Welt.

Die Lehre des Origenes trägt unverkennbar die Züge eines neuplatonischen Weltbildes, auf das bereits zu Beginn dieses Buches eingegangen wurde: In Gott selbst ist alle Wirklichkeit zeitlos enthalten. Gott ist reiner, sich selbst denkender Geist. Im Akt des Denkens, soviel wissen wir aus der platonischen Interpretation des Parmenides, ist Differenz als Gedachtes möglich. Da Gott reiner Geist ist, ist in seinem Denken die Vielfalt enthalten. Damit zeigt sich für einen Platoniker, dass alles Mannigfaltige, Vergängliche, Einzigartige und zeitlich Bedingte von einem absoluten und geistigen Ursprung ausgeht. Dieser Ursprung ist für Origenes der christliche Gottesbegriff und kein anonymes Prinzip. In dieser Verbindung von Denken und Sein, Ontologie und Schöpfung, erfolgt der intellektuelle Anschluss des Christentums an den Platonismus: Zeit und Raum entstehen aus dem zeitlosen, rein geistigen Sein Gottes, das sich emanativ von oben nach unten entfaltet. In der Abwärtsbewegung entsteht das Materielle als ein Qualitätsverlust des Geistigen. Mit der Materialität entstehen schließlich der Mensch, bestehend aus einem vergänglichen Leib und einer unvergänglichen Seele, sowie die Welt.

Hier liegt auch der Ursprung des Leids. Das Leid wird als Mangel an Sein gedeutet; es sind die Lücken, die zwangsläufig in der Materie entstehen, wenn das Sein sich von oben nach unten ausbreitet. Damit kommt dem Leid in der Privation des Guten kein realer Status zu. Es wird ertragen als ein mit der Materie verbundenes, notwendiges Übel, ohne eigene Dignität. Mit seinem Körper ist der Mensch sichtbarer Ausdruck dieses Mangels. Für diesen Zustand trifft ihn, im Gegensatz zu Augustinus, allerdings keine persönliche Schuld, von der er erlöst werden müsste. Vielmehr gilt es, das Leid zu ertragen.

Das Bild des leidenden Christus sowie das Leid der Glaubensmärtyrer und Asketen spiegeln für Origenes den Zustand des Menschen wider. Gott leidet in seinem menschgewordenen Sohn am Kreuz. Diese Vorstellung hat ihre privationstheoretischen Wurzeln in der Leidenstheologie der Patristik, die ihrerseits in der Kenosis-Christologie des paulinischen Philipperbriefs angesprochen wird und innerhalb der antiken Gottesvorstellung, der zufolge das Göttliche nicht leiden kann, eine bemerkenswerte Ausnahme darstellt. Im Kontext einer privationstheoretischen Seinsordnung ist es aber möglich, den christlichen Inkarnationsgedanken geradewegs mit der Leiderfahrung von Menschen zu verbinden. Gott muss, will er das Schicksal des Menschen teilen, das Leid der Menschen mittragen. Diese Christologie steht in bemerkenswertem Gegensatz zu weit verbreiteten gnostischen Vorstellungen, die Gott aus der Erfahrungsgeschichte des Menschen ausklammern möchten.

In einem Kommentar zum Buch Ezechiel kann Origenes den Abstieg des Sohnes mit seiner präexistenten Leidensfähigkeit und insofern mit der Leiderfahrung Gottes selbst begründen:

> „Er (der Erlöser) stieg auf die Erde herab aus Mitleid mit dem Menschengeschlecht. Er hat unser Leiden gelitten, bevor er das Kreuz erlitt und bevor er sich würdigte, unser Fleisch anzunehmen; denn hätte er nicht (zuvor) gelitten, so wäre er nicht in den Wandel des menschlichen Lebens eingetreten. Zuerst hat er gelitten, dann stieg er herab und wurde sichtbar. Was ist das für ein Leiden, das er für uns erlitt? Das Leiden ist Liebe (Caritas est passio). Und der Vater selbst, der Gott des Alls, ‚langmütig und von großer Erbarmung' (Ps 103,8), leidet nicht auch er in gewisser Weise? Oder weißt du nicht, daß er, wenn er sich zu den Menschen herabläßt, menschliches Leiden leidet? ‚Es ertrug der Herr, dein Gott, deine Sitten, wie wenn ein Mensch seinen Sohn erträgt' (Deut. 1,31). So erträgt Gott unsere Sitten, wie der Sohn Gottes unser Leiden trägt. Selbst der Vater ist nicht leidensunfähig (Ipse pater non est impassibilis). Wenn er angerufen wird, erbarmt er sich und teilt den Schmerz. Er erleidet ein Leiden der Liebe und wird etwas, was er wegen der Größe seiner Natur nicht sein kann, und hält unsertwegen menschliche Leiden aus."[9]

Die Leidenstheologie des Origenes wird wenig später noch einmal von seinem Schüler Gregor Thaumaturgos (210–270) in einem Brief „An Theopompus über die Leidensfähigkeit und Leidensunfähigkeit Gottes" vertieft. Gott leidet aus Liebe zur Schöpfung und nicht weil es seinem Wesen entspricht. Gottes Natur ist „keinem Gesetz und keiner Nothwendigkeit und keiner Gewohnheit und keiner Widerspenstigkeit und keiner Furcht und keinem Wachstum und keiner Krankheit unterworfen."[10] Diese Freiheit gilt auch für den Willen Gottes, sich seiner Schöpfung zuwenden zu können: „Wer […] durch die Macht der Nothwendigkeit abgehalten [wird], gute Werke zu thun, dieser hört auf [Gott zu sein], auch wenn er Gott genannt

---

[9] Origenes, Homilia in Ezechielem, VI 6, in: Patrologia Cursus Completus. Series Graeca, 13/3,740f, ed. par J. P. Migne, Paris 1857. Deutsche Übersetzung zitiert nach: J. Moltmann, Trinität und Reich Gottes. Zur Gotteslehre, München 1980, 39.

[10] Zitiert nach: V. Ryssel, Gregorius Thaumaturgos. Sein Leben und seine Schriften, Leipzig 1880, 75.

wird."[11] Das Leiden Gottes würde genauer betrachtet gerade darin bestehen, sich eben nicht der Welt zuwenden zu können. Wendet er sich aber in Jesus Christus der Menschheit zu und geht diesen Weg bis zur Selbsterniedrigung, so ist dies für Gregor kein Widerspruch zur Leidensunfähigkeit Gottes, da sein Leid aus innerer Freiheit und nicht durch äußeren Zwang erfolgt. Das freiwillige Ertragen des Leidens erhält hier einen anderen Charakter als das durch Fremdbestimmung auferlegte. Gott bleibt in seinem Leiden der souverän Handelnde und kann in dieser Souveränität das Leiden letztlich überwinden.

Bis zu diesem Punkt hatte man von kirchlicher Seite zwar einiges an Bauchschmerzen, aber diese Leidenstheologie war noch nicht der eigentliche Streitpunkt. Der Vorwurf, der schließlich zur Verurteilung des Origenes führte, war seine Eschatologie: Zeit und Raum werden wieder zu Gott zurückkehren. Die Schöpfung ist in einen ewigen Kreislauf eingebunden und daher in der absoluten Zeit Gottes, der Ewigkeit, aufgehoben. Der Begriff der Allversöhnung (gr. ἀποκατάστασις, zu Deutsch: „Wiederherstellung", „Wiederbringung", auch: „Neuordnung", „Herstellung" oder „Verwirklichung") ist die Lehre von der Rückführung aller Dinge am Ende der irdischen Zeit. Diese Vorstellung war der entscheidende Grund für die Verurteilung, weil die Annahme einer ewigen Schöpfung im Widerspruch zur kirchlichen Lehre von der *creatio ex nihilo* und damit zur damaligen Schöpfungstheologie stand. Tatsächlich ging es der Kirche aber um etwas anderes: Mit der Ewigkeit der Schöpfung wird die Ewigkeit der Verdammnis, also einer unbefristeten Höllenstrafe, fragwürdig, weil es zwei parallele Ewigkeiten nicht geben kann. Die Hölle als ein dem Himmel entsprechender Strafort für alle schuldigen Menschen verlöre in der Ewigkeit ihren pädagogischen Sinn, da keine Chance auf Reue, Läuterung und Umkehr bestünde. Dies galt es zu verhindern. Für Origenes führt dauerhafte Bestrafung zu keinerlei Verhaltensbesserung, wie selbst heute Befürworter veralteter Erziehungsmethoden zähneknirschend einräumen. Will man aber weiterhin an der Ewigkeit des Jenseits, und damit an den eschatologischen Orten von Himmel und Hölle festhalten, bedarf es der zeitlichen Eingrenzung der Schöpfung. Das scheint, so

[11] Ebd., 76, 78 und 84.

der vordergründige Blick auf die ersten Kapitel des Alten Testaments, auch der Sinn der beiden Schöpfungsberichte zu sein. Die Welt beginnt zu einem fixen Zeitpunkt und hat infolgedessen auch ein klares Ende, an dem für die Juden die Wiederkunft des Messias, für die Christen das Endgericht Gottes steht. Die Zeitlichkeit des Diesseits, so das Argument, ist die Voraussetzung für die Ewigkeit des Jenseits, und damit auch der Hölle. Betrachtet man aber alles von einem neuplatonischen Standpunkt, so kann es außerhalb der Ewigkeit Gottes keine zweite, entgegengesetzte Ewigkeit geben. Daher besteht das Ende der Welt für Origenes nicht in ihrer Vernichtung, sondern in der Wiederherstellung ihres paradiesischen Urzustands. Origenes begründet mit der Verbindung aus neuplatonischer Philosophie und Christentum eine biblisch fundierte, aber nicht biblizistisch fixierte Religionsphilosophie, die nicht der alternativlosen Trennung von Diesseits und Jenseits unterliegt.

Origenes hinterlässt seine Fußspuren

Die Vorstellung einer Allversöhnung wurde bereits von Tertullian kritisiert, allerdings gab letztlich die Erbsündenlehre des Augustinus den Ausschlag zur Verurteilung der origeneischen Lehre im sechsten Jahrhundert. Seitdem ist Origenes aus der theologischen Literatur der westlichen Kirchen verschwunden, während seine Überzeugungen in der byzantinischen Theologie in Ansätzen weiterhin wirksam blieben. Die affirmative Einholung der Welt, wie sie der Neuplatonismus bei aller Präferenz für das Geistige vorschlägt, erliegt in der lateinischen Kirche der dualistischen Restauration eines spätaugustinischen Christentums. Sowohl die katholische als auch die reformatorische Konfession üben sich in Defätismus; von kosmischer Harmonie ist in den Jahrhunderten katholischer wie evangelischer Dogmatik wenig zu spüren, vielmehr wird auf den Unterschied zwischen Himmel und Erde, Gott und Mensch hingewiesen.

Die Privationstheorie des Neuplatonismus ist in der Folgezeit sodann auch nur bei wenigen Autoren inhaltlich rezipiert worden. Sie findet sich vor allem bei Vertretern der Mystik, deren Theologie sich auf den spätantiken Neuplatoniker Pseudo-Dionysius Areopagita aus dem frühen sechsten Jahrhundert zurückführen lässt. Pseudo-Dionysius gilt als Scharnier zwischen Neuplatonismus und der Theologie des Mittelalters. Von zentraler Bedeutung ist sein Unendlichkeitsbegriff, den Pseudo-Dionysius erstmals als Eigenschaft Gottes einführt. Bis dahin war Gott zwar ewig, aber nicht unendlich, um sich selbst denken zu können. Dieser Ansicht war auch Origenes. Pseudo-Dionysius begreift allerdings die Unendlichkeit Gottes als Folge seiner geistigen Verfasstheit. Zugleich verbindet er die Unendlichkeit Gottes mit dem platonischen Eros. Gott ist in sich unendliche Liebe und Beziehung. Die göttliche Liebe wird zu einer Wesensaussage über Gott, die in der mittelalterlichen Trinitätstheologie bei Richard von St. Victor (1110–1173) weiter entfaltet wird. In dieser Denkrichtung spielt die Frage nach dem Leid keine wesentliche Rolle mehr. Die Welt ist zwar in ihrer Materialität defizitär, doch Ausdruck der unendlichen Liebe Gottes, aus der alles Sein hervorströmt.

Drittes Modell: Die Erbsündentheologie

Für diese Theodizeevariante müssen wir vom späten Mittelalter erneut zu Augustinus zurückkehren. Nach der Abkehr vom Manichäismus beginnt für Augustinus eine gut zehnjährige Phase intensiver literarischer Produktivität, in der er sich unter anderem mit dem Determinismus der stoischen und epikureischen Philosophie seiner Zeit auseinandersetzt. Nach seiner Hinwendung zum Christentum 386 vertritt er eine Philosophie der Freiheit. Der Menschen sündigt nur dann, wenn er einen freien Willen hat und sich solchermaßen frei gegen Gott wenden kann. Kinder könnten also noch gar nicht sündigen, da sie noch über keinerlei Verstand und damit über keinen eigenen Willen verfügten. Denn wer nicht mit freiem Willen sündigt, so Augustinus, sündigt nicht. Der Glaube als Akt personaler Freiheit ist für Augustinus in der Zeit zwischen seiner Taufe 387 und dem Jahr 397 für sein Verständnis des christlichen Glaubens grundlegend. In dieser Schaffensperiode entwickelt er mit seiner Abhandlung „Über den freien Willen" ein Grunddokument christlicher Anthropologie, das bis in die heutige Auseinandersetzung mit dem „Neuen Atheismus", von dem im letzten Kapitel die Rede war, nicht an Überzeugungskraft verloren hat. Ab 397 kommt es aber zu einem Sinneswandel. Warum es dazu kommt, lässt sich im Nachhinein nicht eindeutig erklären. Sicher ist, dass Augustinus in zwei Antwortschreiben an den Bischof von Mailand, Simplician, dem Nachfolger seines Lehrers Ambrosius, seine bisherigen Einsichten verwirft und die Freiheit des Menschen ausschließlich unter die Herrschaft der Gnade stellt. In den beiden Antwortschreiben an Simplician schildert Augustinus Gott aus reiner Gnade handelnd, ohne Ansehen der Person, ihrer Leistungen und ihrer Moral, da alle Ansprüche, die daraus entstünden, die Allmacht und Freiheit Gottes einschränken würden.

Eine entscheidende Rolle in dem neuen, oder, wie einige Autoren meinen, wiederentdeckten Manichäismus im Denken des Augustinus kommt der Lektüre und Kommentierung des Römerbriefs zu. Wir müssen uns daher kurz über einige grundsätzliche Aspekte des Briefes Gedanken machen.

Der Römerbrief des Paulus eröffnet einen unverstellten Blick auf die Theologie des Apostels, weil er in diesem Schreiben nicht auf eine konkrete Situation in einer seiner von ihm gegründeten Gemeinden reagiert, sondern seinen Besuch in der Gemeinde von Rom ankündigt. In Rom gibt es also bereits eine christliche Gemeinde, an die sich sein Brief richtet. Einer der wesentlichen Punkte seiner Theologie, die Paulus in diesem Brief starkmacht, betrifft die Frage nach der Legitimität und der Relevanz des heilsgeschichtlichen Glaubens an den Gott Jesu Christi und welche Auswirkungen dieser Glaube auf das Verhältnis von Juden und Christen hat. Die sogenannte Rechtfertigungslehre des Paulus hat wirkungsgeschichtlich einschneidende Folgen. Schließlich geht es darum, welchen heilsgeschichtlichen Status dem Judentum als auserwähltem Volk Gottes gegenüber den Nichtjuden noch zukommt und inwiefern sich der Glaube an den Gott Jesu Christi auch unabhängig vom Judentum begründen lässt.

Besonderes Augenmerk gilt hierbei den Kapiteln 9–11, die den Gnadenbegriff aus der Heilsgeschichte reflektieren. Entscheidend ist für Paulus ein freiheitliches und autonomes Verständnis Gottes in seinem Erwählungshandeln. Dieses zeigt sich in der Heilsgeschichte des Alten Testaments bereits als die souveräne Tat Gottes, die an keine Vorbedingung und Vorleistung des Menschen gebunden ist. Im Gegenteil: Paulus beruft sich auf bekannte Personen des Alten Testaments und zitiert Stellen, in denen Gott gegen jede Vorstellung des Menschen in absoluter Freiheit in die Geschicke von Menschen eingreift und hierbei seine absolute Macht unter Beweis stellt. Dies bedeutet für Paulus allerdings, dass sein voraussetzungsloses Handeln an keine Religion, an kein menschliches Gesetz und an keine ethische Vorleistung gebunden ist. Er begründet dies insbesondere mit der Verheißung an Abraham, den Gott in seiner Freiheit zum Stammvater des Volkes Israel erwählt hat. Dieser Segen gilt jedoch nur dem Sohn Isaak und dessen Nachkommen, nicht allen Söhnen Abrahams. Daraus folgert Paulus, dass sich der Erwählungsgedanke nicht an alle Nachkommen Abrahams richtet, sondern nur an die, die Gott dazu berufen hat. Im Umkehrschluss bedeutet dies, dass „nicht die Kinder des Fleisches Kinder Gottes [sind], sondern die Kinder der Verheißung als Nachkommen anerkannt [werden]." (Röm 9,8) Seine Heilszusage gilt daher nicht ausschließlich Juden, sondern denjenigen, die Gott im Voraus erwählt. Das können Juden, aber auch Nichtjuden sein.

Um seine Rechtfertigungstheologie zu verdeutlichen, bezieht sich Paulus zu Beginn des neunten Kapitels auf den sogenannten Segensdiebstahl des Jakob in Gen 27. Hier wiederholt sich das freie Erwählungshandeln Gottes erneut. Dieses Mal erschleicht sich der jüngere Jakob den Segen des inzwischen erblindeten Vaters Isaak, der die Verheißungen seines Vaters Abraham eigentlich auf den älteren Sohn Esau übertragen wollte. Jakob aber täuscht seinen Vater und gibt sich als Esau aus. Jakob wird damit zum Nachfolger und Erben Isaaks – ohne Verdienst und damit allein aus Gnade. Paulus interpretiert diese Szene wie folgt:

> „Sie [= Rebekka, W. B.] hatte von einem einzigen Mann empfangen, von unserem Vater Isaak, und ihre Kinder waren noch nicht geboren und hatten weder Gutes noch Böses getan; damit aber Gottes freie Wahl und Vorherbestimmung gültig bleibe, nicht abhängig von Werken, sondern von ihm, der beruft, wurde ihr gesagt: Der Ältere muss dem Jüngeren dienen; denn es steht in der Schrift: Jakob habe ich geliebt, Esau aber gehasst." (Röm 9,10–13)

Die Erwählung Jakobs erfolgt aus reiner und unverdienter Gnade Gottes. Esau kommt als Erstgeborenem nicht automatisch eine Vorrangstellung zu. Er besitzt kein Anrecht auf das Erbe seines Vaters. Der Unvorhersehbarkeit der Entscheidungen Gottes haftet der Beigeschmack des Willkürlichen und Unberechenbaren an. Die überraschende Erwählung des Jakob sei aber Ausdruck einer alles umfassenden, absoluten Freiheit Gottes, so Paulus. Damit weitet er den Erwählungsgedanken aus seiner bisherigen Bezogenheit auf das

Volk Israel aus. Gottes Gnade gilt nicht nur Juden, sondern auch Nichtjuden. Im elften Kapitel kommt Paulus schließlich zu dem Schluss, dass das neue Volk Gottes allen Menschen grundsätzlich offensteht: „[…] ebenso gibt es auch in der gegenwärtigen Zeit einen Rest, der aus Gnade erwählt ist – aus Gnade, nicht mehr aufgrund von Werken; sonst wäre die Gnade nicht mehr Gnade." (Röm 11,5f) Wer zu diesem heiligen Rest gehören wird, entzieht sich jedoch der menschlichen Logik.

Eine verhängnisvolle Übersetzung und ihre Folgen

Zurück zu Augustinus und seiner Auslegung dieser Stelle des Römerbriefs. Augustinus schließt sich der paulinischen Rechtfertigungslehre an und radikalisiert sie zugleich. Während für Paulus Gott das Volk Israel zwar nicht privilegiert, aber auch nicht verwirft, gibt es für Augustinus nur ein „entweder – oder": Gott handelt ohne Ansehen der Person und ohne dessen Verdienste und charakterliche Voraussetzungen. Der Mensch ist entweder zur Erlösung oder zur Verdammnis vorherbestimmt; sein Schicksal ist bereits zum Zeitpunkt seiner Geburt prädestiniert. Dieser Prädestinationsgedanke erhält bei Augustinus eine folgenreiche Zuspitzung, die er mit einer anderen Stelle aus dem gleichen Paulusbrief begründet:

Vier Kapitel früher, in Röm 5,12, kommt Paulus auf die Situation der Menschheit insgesamt zu sprechen. Dieser Passage und ihrer Interpretation kommt für die nachfolgenden Jahrhunderte eine derart einschneidende Bedeutung zu, sodass es nicht übertrieben ist, den Verlauf der westeuropäischen Geschichte als eine Folge dieser Auslegung zu deuten. Für Augustinus selbst war die Stelle im Römerbrief wahrscheinlich nur eine von zahlreichen Belegstellen, die er kommentierte.

> „Durch einen einzigen Menschen kam die Sünde in die Welt und durch die Sünde der Tod und auf diese Weise gelangte der Tod zu allen Menschen, weil alle sündigten." (Röm 5,12)

Die lateinische Übersetzung der „Vetus Latina", die seit Hilarius von Poitiers (310–367) im Westen in Gebrauch war und die auch Augustinus benutzte, übersetzt diese Stelle aus dem Griechischen folgendermaßen: „Per unum hominem peccatum intravit in mundum et per peccatum mors et ita in omnes homines transiit in quo omnes peccaverunt." Besondere Bedeutung kommt dem Relativanschluss „in quo" zu, der in der Einheitsübersetzung mit der Konjunktion: „weil" wiedergegeben wird. Im griechischen Originaltext – der Augustinus allerdings wenig genützt hätte, weil er nur geringe Griechisch-Kenntnisse besaß – steht nämlich nicht das exakte griechische Äquivalent für „in quo", sondern die griechische Präposition „ἐφ᾽ ᾧ", die der lateinische Text mit „deshalb, weil" hätte übersetzen müssen. Der griechische Text legt hier also eine Differenzierung zwischen der Schuld Adams und der Schuld der Menschen nahe. Augustinus hat allerdings die Erzählung in Gen 3, auf die sich der Römerbrief hier bezieht, offensichtlich für eine reale Historie gehalten, bei der Adam „durch die Lenden" („in lumbis") seine Schuld auf seine Nachkommen weitergegeben habe. Damit tragen alle Menschen die Schuld Adams in sich wie einen Virus und geben diese Schuld an ihre Nachkommen weiter. Augustinus war der Überzeugung, dass gelebte Sexualität („concupiscentia carnalis", zu Deutsch: die Fleischeslust) mit der in Adam verursachten Erbsünde in einem direkten Zusammenhang steht. Die Sünde Adams ist damit aufgrund des Geschlechtsakts in allen Menschen real vorhanden, vom ungetauften Kleinkind bis zum Greis. Um die peinliche Logik dieser Argumentation auf die Spitze zu treiben, wären heute alle Kinder, die durch In-Vitro-Fertilisation gezeugt wurden, ohne Erbsünde.

Das augustinische Erbsündenlehre und der okzidentale Glaubenspessimismus

Das Leid der Menschen, insbesondere der Nichtchristen, ist Augustinus zufolge Teil des göttlichen Plans, indem er dem Menschen die eigene Verdammungswürdigkeit als selbstverschuldetes Schicksal vor Augen führt. Während bei Origenes, der im Übrigen den Römerbrief seiner griechischen Urfassung gemäß im Sinne des Paulus interpretierte, Gott noch das Leid des Menschen teilt und der Kreuzestod Christi aus Mitleid mit den Menschen geschieht, stellt das Leid bei Augustinus eine im göttlichen Ratschluss verborgene Notwendigkeit dar. Gott hat allerdings mit dem Leid nichts zu tun, da es der Mensch war, der sich in Freiheit gegen Gott entschieden hat.

Ein wirkungsgeschichtlich leider folgenloser Einwand gegen Augustinus wurde vom spätantiken christlichen Philosophen Anicius

Manlius Severinus Boethius (ca. 480–526) in seiner Schrift „Consolatio philosophiae" (zu Deutsch: „Trost der Philosophie") erhoben, die er kurz vor seiner Hinrichtung geschrieben hat. Boethius verweist auf die psychischen Folgen, die der erbsündentheologische Determinismus verursachen kann. Er warnt vor einem drohenden Fatalismus und, was noch schwerer wiegt, einem Verlust der moralischen Relevanz unserer Handlungen:

> „Zwecklos und bedeutungslos würden damit alle Strafen und alle Belohnungen, die für die Bösen und die Guten ausgesetzt sind, da sie nicht mehr durch freie und selbsttätige Willensäußerungen verdient werden! Im höchsten Grade ungerecht würde dann erscheinen, was uns heute das Gerechteste dünkt, dass nämlich die Bösen bestraft und die Guten belohnt werden, denn dann werden diese ja zum Bösen wie zum Guten nicht mehr durch den eigenen Willen, sondern durch die unabänderliche Bestimmtheit der Zukunft geführt werden. […] Außerdem hätten dann aber auch alles Hoffen und alles Beten gar keinen Sinn mehr. Denn was sollen wir hoffen oder erbitten, wenn alles, also auch das, was wir uns wünschen, in der unabänderlichen Folge der Geschicke schon jetzt vorherbestimmt ist? Damit würde aber der einzige unmittelbare Verkehr zwischen Gott und den Menschen hinwegfallen, der eben im Hoffen und im Gebet besteht."[12]

Auch wenn die „Consolatio" zu den meistgelesenen Texten des Mittelalters zu zählen ist, blieb der Einwand des Boethius ohne größere Wirkung. Dagegen behauptet sich mit der zweiten Synode von Orange 529 die Gnadentheologie des Augustinus, die nahezu in jedem Kanon der Synode zitiert wird:

> „Und so müssen wir […] mit Gottes Huld dies verkünden und glauben, dass der freie Wille durch die Sünde des ersten Menschen so gebeugt und geschwächt wurde, dass hernach keiner Gott lieben, wie es sich gehörte, an Gott glauben oder Gottes wegen wirken kann, was gut ist, wenn ihm nicht die Gnade der göttlichen Barmherzigkeit zuvorkommt."[13]

Zwar lehnte die Synode die Prädestinationslehre des Augustinus ab, sie bildete aber im weiteren Verlauf den Kern einer Vorstellung, die vor allem in der reformatorischen Theologie und in der calvinistischen Lehre aufgegriffen wurde. Ihr zufolge haben alle Menschen

---

[12] A. M. S. Boëthius, Trost der Philosophie, V. Buch, Wiesbaden 2010, 138.
[13] Denzinger, Kompendium der Glaubensbekenntnisse, 396.

den ewigen Tod verdient, weil alle in Adam gesündigt haben und Gott in seiner Freiheit nur wenige zur Erlösung bestimmt hat. Wer die Glücklichen sein würden, entzieht sich der Kenntnis der Menschen. Selbst Augustinus war sich am Ende seines Lebens unsicher, ob er zur Schar der Erwählten oder zur *massa damnata*, zur Masse der ewig Verdammten, gehören würde. Jesus Christus musste die Menschheit, die durch den einen Fehltritt Adams vollständig dem Teufel verfiel, wieder freikaufen. Damit stellte sich der Mensch erneut in ein Schuldverhältnis zu Gott, der in seiner Vorsehung die einen zur Glückseligkeit, die anderen zur ewigen Verdammnis bestimmt hat. Aber nicht nur in der Reformation, sondern auch in der katholischen Lehre ist der Begriff der Erbsünde mit der fünften Sitzung des Trienter Konzils 1546 fester Bestandteil der Dogmatik, in deren Begründung man sich absichtlich auf die fehlerhafte Übersetzung der „Vetus Latina" stützt und der verhängnisvollen Interpretation Augustins ohne Abstriche folgt:

> „‚Wer behauptet, die Übertretung Adams habe nur ihm und nicht seiner Nachkommenschaft geschadet', die von Gott empfangene Heiligkeit und Gerechtigkeit, die er verloren hat, habe er nur für sich und nicht auch für uns verloren; oder er habe, befleckt durch die Sünde des Ungehorsams, ‚nur den Tod' und die Strafen ‚des Leibes auf das ganze menschliche Geschlecht übertragen, nicht aber auch die Sünde, die der Tod der Seele ist': der sei mit dem Anathema belegt, ‚da er dem Apostel widerspricht, der sagt: ‚Durch einen Menschen ist die Sünde in die Welt gekommen', und durch die Sünde der Tod, und so ging der Tod auf alle Menschen über; in ihm haben alle gesündigt.' […]"[14]

Nur diejenigen, die völlig unverdient die Gnade Gottes erhielten, könnten aus dieser Erbschuld befreit werden und ewiges Leben erhalten. Derlei Daseinsängste haben Augustinus in seinen späten Jahren auch selbst geprägt. In den „Retractationes" (zu Deutsch: „Rückbesinnungen"), die er in den letzten Lebensjahren verfasste, bestätigte Augustinus ausdrücklich seine radikalen Vorstellungen. Von Altersmilde war Augustinus weit entfernt.

Bis zu den Säkularisierungswellen des ausgehenden 19. Jahrhunderts durchzog die gesamte westeuropäische Theologie und Fröm-

---

[14] Ebd., 1512.

migkeit ein vom augustinischen Erbsündengedanken geprägter moralischer Pessimismus. Die dabei aufkommende Jenseitsfixiertheit, die mit dem Strafgericht Gottes verbunden ist, verschärfte die Sexualmoral. Diese wirkte sich geradezu traumatisierend aus. Die Erklärungsversuche von Augustinus sind dazu angetan, das Leiden zu verharmlosen, indem das Leid in abstrakter und spekulativer Weise losgelöst wird von der Erfahrung der Leidenden. Die Unfähigkeit der westlichen Kirche, sich aus dem Augustinismus rechtzeitig zu befreien, wirkte auf die aufkommende Religionskritik wie ein Katalysator. Die Kritik, die vor allem mit den Namen Feuerbach und Freud verbunden ist, lässt sich vor dem Hintergrund der Erbsündentheologie besser einordnen.

Der Körper ist der Feind der Seele

Die Sünde Adams verbreitet sich ebenso real durch den Geschlechtsakt wie die Menschen selbst. Der Körper wird zum Feind des Menschen. Der noch in Gen 1,26 erhobene Anspruch des Menschen, Abbild Gottes zu sein, wird bei Augustinus von der Idee eines durch persönliches Versagen schuldig gewordenen Urmenschen ersetzt, dessen moralische Schwäche *durch die Lenden* an seine Nachkommen weitergereicht wird. Alle Menschen tragen seitdem diesen Schuldvirus gleichsam als DNA in sich. Die Urschuld Adams ist nur durch rigorose sexuelle Enthaltsamkeit eindämmbar.

Die Nachwirkungen dieser Grundeinstellung sind verheerend. Sie reichen von einer tiefgreifenden Welt- und Leibverachtung, einer inhumanen Ehe- und Sexualmoral bis zu den Epiphänomenen der Gewalt- und Missbrauchsskandale dieser Tage. Die verkorkste und schon längst an der tatsächlichen Lebenswelt der Menschen vorbeigedachte Sexualmoral raubt nicht nur der katholischen, sondern auch den reformatorischen Kirchen jedwede Plausibilität und den letzten Rest an verbliebener Glaubwürdigkeit. Eine Chance auf Erlösung sieht Augustinus allenfalls im Empfang der Sakramente. Die Sakramente wurden seitdem zu Werkzeugen des Jenseits, deren erlaubter und gültiger Einsatz ausschließlich in der Autorität kirchlicher Amtsträger liegt. Insbesondere die Taufe wird zu einem Machtinstrument der Kirche und die Kirche zur alles rettenden Heilsinstitution, die zur Durchsetzung ihrer Ansprüche auch gegen die Freiheit des Menschen Zwang ausüben kann. Die friedliche Aufforderung im Lukasevangelium, alle Menschen, insbesondere die Schwachen und Kranken, zum Hochzeitsmahl einzuladen und das Heil Gottes allen Menschen zuzusagen, wird dabei in Verdrehung des eigentlichen Textsinnes geradezu auf den Kopf gestellt. Nun deutet Augustinus die Stelle in Lk 14,23 mit den Worten: „Zwingt sie einzutreten". Aus der Vorstellung universaler Erlösung wird in der Neuzeit ein Freibrief zur Zwangsmissionierung indigener Völker in den eroberten Kolonien. Schließlich sind die diesbezüglichen Schriften des Augustinus nichts anderes als der Beleg für seine Abkehr von der Idee christlicher Nächstenliebe. Ihre Tragweite reicht bis in die postkolonialen Ungerechtigkeitsstrukturen der heutigen Weltökonomie. Vom Recht auf Gewaltanwendung zur Durchsetzung der kirchlichen Wahrheit hat Augustinus insbesondere in seiner Auseinandersetzung mit den sogenannten Donatisten Gebrauch gemacht. In einem Brief an Vincentius 408, einem gemäßigten Anhänger des Donatus, schreibt Augustinus unter Berufung auf das genannte Gleichnis vom Festmahl:

> „Du meinst, man dürfe niemanden zur Gerechtigkeit zwingen, obwohl du liest, daß der Hausvater zu seinen Knechten gesagt hat: ‚Alle, die ihr findet, zwinget einzutreten.' [...] Wenn Gute und Böse das Gleiche tun und das gleiche erleiden, so zeigt sich der Unterschied zwischen ihnen nicht in dem, was sie tun und leiden, sondern vielmehr in den Ursachen, aus denen beides geschieht. Pharao bedrückte das Volk Gottes durch harte Arbeit, Moses strafte dasselbe Volk, wenn es Böses tat, mit harten Maßregeln. Was sie taten, war sich ähnlich, aber der Zweck, den sie erstrebten, war ganz verschieden: jener war von Herrschsucht aufgeblasen, dieser von Liebe entflammt."[15]

Die erbsündentheoretische Theodizee als *malum metaphysicum*

Für Paulus kommt mit der Sünde Adams der Tod in die Welt – und nicht, wie Augustinus meint, die Sexualität. Für Paulus markiert der Tod letztendlich das Scheitern des Menschen und seine Angewiesen-

---

[15] A. Augustinus, Epistola ad Vincentium II,5f, in: R. Bubner (Hg.), Geschichte der Philosophie in Text und Darstellung, Bd. 2, Mittelalter, Stuttgart 1994, 98–106, 102f.

heit auf Erlösung. Auch wenn er subjektiv das Beste beabsichtigt, bleibt er Teil der schuldverursachenden Welt und wird, ob er nun will oder nicht, schuldig. Der Mensch kann aus sich heraus das Gute gar nicht erreichen, weil er immer hinter seinen eigenen Ansprüchen zurückbleiben wird. In heutige Kontexte übertragen, könnte man vielleicht sagen, dass die Strukturen der Welt, wie sie vom Menschen angelegt sind, aufgrund ihrer globalen Ungerechtigkeit notgedrungen Leid und Elend hervorrufen. Der Mensch lebt in einer Form struktureller Sündhaftigkeit, die seine Lebensbedingungen von Geburt an beeinflusst. Er wird unweigerlich in bestehende Unrechtstrukturen hineingerissen.

In den „Bekenntnissen" erkennt Augustinus die Mechanismen der Sünde bereits in seinen Jugenderinnerungen und deutet dabei eine Lesart an, die die Sünde als *die* Hauptursache für das Leid begreift. Die stoische Morallehre seiner Zeit hingegen kannte in dieser Frage lediglich das *malum physicum* und das *malum morale* als menschliche und natürliche Gegebenheiten. Unter ersterem verstand man das physische Leid und den Schmerz, den die Natur verursacht: Erdbeben, Vulkanausbrüche und Krankheiten. Das moralische Leid bezeichnet demgegenüber jene Dimension, das durch schlechte Handlungen und durch den Willen von Menschen verursacht wird. Ein erstaunlich großer Teil unserer Tragödien und Leiderfahrungen lässt sich mit dem stoischen Leidbegriff erklären. Mit diesen stoischen Vorstellungen werden für Augustinus aber noch nicht alle Fragen beantwortet: etwa die Frage nach dem Leid von unschuldigen Kindern. Sie handeln weder als moralische Subjekte, noch kommen sie mit unheilbaren Krankheiten auf die Welt. Und dennoch leiden erschreckend viele – damals wie heute. Dieses Leid, so Augustinus, muss also eine metaphysische Ursache haben, die den Menschen in seiner Wesensbestimmung trifft. Für Augustinus ist das *malum metaphysicum* jene Erbsünde, genauer gesagt: die „Ursünde" (lat. peccatum originale), die allen Menschen von Kindesbeinen an anhaftet und die aus menschlicher Perspektive einer Lotterie gleichkommt. Gott spielt mit den Menschen Karten – und hat dabei ständig das bessere Blatt.

Theodizee in der Sackgasse?

Die drei vorgestellten Paradigmen sind Spiegelbilder ihrer jeweiligen Zeit, in der sie gedacht und gelebt wurden. In der Moderne leiden sie jedoch unter einem massiven Glaubwürdigkeitsproblem. Der von Sexismus, Körperfeindlichkeit und Frauenverachtung überladene Erbsündengedanke löst heute allenfalls heftiges Kopfschütteln aus und befindet sich zusammen mit dem privations- und ordnungstheoretischen Paradigma seit der Aufklärung in einer Sackgasse. Im ungünstigen Fall bemühen populistische Politiker und krude Verschwörungstheoretiker noch das Schreckensszenario dämonischer oder dunkler Mächte von außen, um sich die Ergebenheit ihrer Anhänger zu sichern. Sind damit die antiken Theodizeen allesamt überholte und heillos veraltete Weltanschauungen, die wir in der Moderne glücklicherweise überwunden haben? Wohl kaum. Hinter diesen Vorstellungen stehen jahrhundertealte Erfahrungen und Einsichten, die keineswegs an Bedeutung verloren haben. Um aber für uns verstehbar zu werden, müssen sie in heutige Denkformen übertragen werden.

Am ehesten scheint ein vom inhumanen Prädestinationsgedanken und augustinischen Menschenbild befreites Verständnis der Erbsünde weiterzuhelfen. Hinter der Antiquiertheit des Begriffs steht im Grunde die Einsicht aus dem Römerbrief, dass die Strukturen der Welt, wie sie vom Menschen angelegt sind, moralisches Scheitern zwangsläufig herbeiführen. Der Mensch lebt in einer Form struktureller Schuldverstrickung, in die er gleichsam hineingeboren wird und der er nicht entrinnen kann. Subjektiv schuldig ist er deswegen noch nicht. Dies wird er erst in jenem Moment, in dem er sich gegen besseres Wissen sowie aus persönlicher Willensschwäche und ohne Zwang von außen an bestehenden Unrechtsstrukturen beteiligt. Diese Beteiligung kann unmittelbar oder auch nur indirekt sein. Auch Helfershelfer sind Helfer. Hier gibt es keine Ausreden und keine Flucht aus der Verantwortung. Mit der gegenseitigen Beziehung von persönlicher Schuld und Unrechtsstrukturen wird die monokausale Schuldzuweisung der augustinischen Erbsündentheologie wesentlich ausgeweitet. Einiges spricht sogar dafür, die verstaubten Begriffe von Schuld und Sünde vollständig aus dem moralischen Begriffsrepertoire zu streichen. Moralisches Fehlverhalten erweist sich oftmals als zu komplex, um es mit ein paar einfachen

Begriffen zu erklären. Ähnliches gilt für den im ordnungstheoretischen Paradigma beheimateten Begriff des Bösen. Dieser hat spätestens mit der Aufklärung sein dämonisches Gesicht verloren und damit erheblich an Plausibilität eingebüßt. Doch zeigt die präzise und sensible Analyse des Eichmann-Prozesses von Hannah Arendt wiederum seine bleibende Aktualität. Wie müssten also entsprechende Übersetzungen in heutige Sprachformate lauten? Dazu einige abschließende Überlegungen.

Die Erbsünde als sozialer Druck

Neben Unrechtsstrukturen, die eine Erklärung für das physische oder moralische Leid bieten, lässt sich insbesondere eine soziale Dimension von Erbsünde ermitteln. Es geht hierbei um die unmittelbaren Mechanismen von Macht und Unterwerfung, die unterschwellig das Verhältnis zwischen Menschen strukturieren und gestalten. Für den jugendlichen Augustinus war es seine Suche nach sozialer Anerkennung bei Gleichaltrigen. In den „Bekenntnissen" erinnert er sich an eine Situation, die nach wie vor aktuell ist:

> „Siehe, mein Gott, offen liegt vor Dir die lebendige Erinnerung meiner Seele: allein hätte ich diesen Diebstahl nicht begangen, bei dem mich nicht die Beute, nur das Stehlen lockte, und für mich allein zu stehlen, das hätte mich nicht im mindesten gelockt, und ich hätte es nicht getan [...]."[16]

Psychologisch aufschlussreich in diesem Zusammenhang ist die Fähigkeit von Augustinus zur Selbstbeobachtung. Er kennt die Angst vor sozialer Isolation und nimmt zugleich den inneren Wunsch, dazuzugehören als Gefahr für die sittliche Autonomie wahr. In der Rückschau weiß er um die typisch menschlichen Ausreden und das Verdrängen von Verantwortung. Die inneren Konflikte, die den „Bekenntnissen" zufolge noch in jungen Jahren in ihm vorherrschten, finden sich auch im Menschen des 21. Jahrhunderts. Die Sozialpsychologie spricht in diesem Kontext von kognitiver Dissonanz und meint damit ein Verhalten, das im Nachhinein als unangenehm empfunden wird, weil es den eigenen Wertevorstellungen und Über-

---

[16] Ders., Bekenntnisse, II,9. Zweisprachige Ausgabe. Aus dem Lateinischen v. J. Bernhart. Mit einem Vorwort v. E. L. Grasmück, Frankfurt a. M. 1987, 93.

zeugungen nicht entsprach. Die darauffolgenden Schuldgefühle werden gerne mit den Umständen, der Situation oder dem sozialen Umfeld begründet und somit externalisiert. Externalisierungsmechanismen wiederum wirken entlastend: sie bieten dem Menschen die Möglichkeit moralischer Verdrängung, weil die Schuld stets bei den anderen, dem System oder in anonymen Mächten gesucht und in aller Regel auch gefunden wird.

Ganz ähnlich verhält es sich auch mit der Schuld Adams, die sich für Augustinus über die gesamte Menschheit ausgebreitet hat. Sie wirkt entlastend, weil sie von der permanenten Eigenverantwortung dispensiert, welche dem Menschen im Grunde bewusst ist. Was Augustinus als *malum metaphysicum* bereits in einem harmlosen Diebstahl – in der zitierten Stelle ging es um gestohlene Birnen aus dem Nachbarsgarten – beschreibt, erweist sich im Kern als Abwehr eigener Schuldgefühle, weil er sich selbst nicht mit in die Verantwortung nimmt.

Wir kennen dieses Phänomen nur allzu gut: Der sogenannte „globale Norden" steht am Ende einer ökologisch wie ökonomisch einseitigen Verbrauchs- und Konsumkette, an deren anderem Ende sich der Wanderarbeiter der Dritten Welt befindet. Die Bewohner der Ersten Welt leben und konsumieren deshalb nicht mit einem dauerhaft schlechten Gewissen und nehmen sich nicht als schuldig wahr. Schließlich können sie für ihre Existenz nichts und werden in ihrem Alltag gewöhnlich auch nicht mit dem Leid des Wanderarbeiters konfrontiert, der ihren Konsum ermöglicht. Gleichwohl partizipieren sie mehr oder weniger einvernehmlich an bestehenden Unrechtsverhältnissen und profitieren davon. Transpersonal, also über die sittliche Tat des Menschen hinausreichend, ist die Schuld deshalb, weil für solche Unrechtsstrukturen nicht unmittelbar der Einzelne verantwortlich gemacht werden kann. Die Folgen dieser strukturell bedingten Schuld erleiden letzten Endes die Menschen des „globalen Südens", nicht die des Nordens. Natürlich handelt es sich hierbei nicht um die persönliche Sünde einzelner Menschen; der Kauf eines Smartphones konfrontiert uns nicht mit den realen Lebens- und Arbeitsverhältnissen, die die Firmen im globalen Wettbewerb zur Herstellung eines solchen Produkts den Menschen in der Dritten Welt auferlegen. Zudem bietet sich in der Welt, in der wir leben, nur bedingt die Möglichkeit, einfach auszusteigen: Die rettende Flucht aus dem moralischen Dilemma gelingt uns vielleicht einmalig dann, wenn wir auf den Neukauf eines Smartphones bewusst verzichten. Beim anschließenden

Kleider- oder Lebensmitteleinkauf im Discounter scheitern wir dann jedoch. Die strukturelle Schuld lauert überall.

„Aber das tun doch alle …"

Mit dieser allumfassenden Hamartologie (von gr. ἁμαρτία; zu Deutsch: Verfehlung, Schuld) scheint sich der Begriff der Schuld selbst aufzulösen: Warum sollte man hier überhaupt noch von Schuld sprechen? Kann man die Grundbedingungen und damit die wesentlichen Voraussetzungen ethischer Verantwortung dann noch benennen? Mitnichten. Auch der Begriff der Erbschuld oder der auf diesem Verständnis aufbauende, von der Moraltheologie begründete Begriff der „transpersonalen Schuld" signalisiert ein zu vereinfachtes Verständnis von Schuld und wirkt im Zweifelsfall eher entlastend und beruhigend. Wir entledigen uns der Verantwortung, indem wir auf eine externe, unkonkrete und unspezifische Schuldursache verweisen, für die wir angeblich nichts können. Wenn alle, auch ein Entwicklungsminister, ein Smartphone besitzen, wieso sollte ausgerechnet ich darauf verzichten? Eine solche Argumentation läuft Gefahr, eine tatsächlich bewusst wahrgenommene Gewissensentscheidung mithilfe anonymer Unrechtsstrukturen beiseitezuschieben. Man ist sich in konkreten Entscheidungssituationen oder unmittelbar danach sehr wohl des Unrechts und der eigentlichen Beweggründe bewusst. Man fühlt sich auf der einen Seite unwohl und hat Gewissensbisse, auf der anderen Seite entschuldigen und rechtfertigen unausweichliche oder alternativlose Umstände die eigene Tat – der Birnendiebstahl in den „Bekenntnissen" steht hier für unzählige Alltagssituationen, in die wir unweigerlich hineingeraten.

Erbsünde als FOMO – the Fear of Missing Out

Die Entscheidung gegen den eigenen Gewissensspruch wird erleichtert, wenn man sich das Verhalten anderer zu eigen macht und somit selbst zum wohlgelittenen Teilhaber des Unrechts wird. Dies geschieht nicht nur in krisenbedingten, existenziellen Entscheidungssituationen, mit denen der Einzelne im Laufe seines Lebens konfrontiert wird, sondern auch in harmlos erscheinenden Alltagsszenen. Am

Ende findet sich immer wieder die gleiche Motivlage: Charakterschwäche, Flucht vor Verantwortung, Sündenbockdenken, Mitläufertum, legalistische Gesetzesmoral und, last but not least, die Angst vor dem Alleinsein, dem drohenden Ausstoß aus einer Gemeinschaft. Die Sozialpsychologie hat dafür den Begriff FOMO – the „Fear of Missing Out“ – geprägt. Gemeint ist damit eine tief in unserem Innern verankerte Furcht vor der Herdenisolation, die etwaige Gewissensbisse und Hemmungen verdrängt. Auf die Kommunikationskultur im digitalen Zeitalter übertragen ist es bereits der Druck der Social Media, der den User aus Angst vor Gruppenisolation zum unsozialen Verhalten, am Ende gar zum aktiven Cyber-Mobbing verleitet. Die schützende Anonymität des virtuellen Raumes, die alle Gewissensbisse im Keim erstickt und uns von der Übernahme von Verantwortung scheinbar dispensiert, verleiht dem Herdentrieb einen fatalen Schub. Diese Neigung des Menschen nützt nicht nur dem eigenen Ego, sondern wird durch modernes Produktmarketing geradezu gefördert und belohnt: Die „Like“-Buttons, die Anzahl von Followern auf Instagram und Twitter lassen alle Selbstzweifel im Keim ersticken. Zugleich wirken sie wie eine Droge und erzeugen eine noch größere Erwartungshaltung. Wir fragen nicht mehr nach der Herkunft von Lebensmittelprodukten, nach den Herstellungsbedingungen von Kleidung, nach den Entsorgungswegen von Smartphones. Wir fragen nicht weiter nach der „Sintflut neben uns“, wie Stephan Lessenich in seiner Analyse globaler Ungerechtigkeitsstrukturen die gegenwärtige Sozial- und Wirtschaftsordnung treffend beschrieben hat. FOMO kann heute als mögliche sozialpsychologische Fortschreibung einer erbsündentheoretischen Kategorie bezeichnet werden.

Am Ende bleibt immer noch eine letzte Frage offen

Auch wenn wir noch so sehr in vielfältige und unausweichliche Strukturen passiver Schuld eingebunden sein mögen, gibt es dennoch den einen Augenblick, den Moment der Entscheidung, die eine Sekunde des Innehaltens. In dieser Situation stehen *wir*, und sonst niemand, vor einer Wahl. Ob man nun aus Renditegründen Unternehmensanleihen aus der Waffenindustrie erwirbt oder bewusst auf weniger rentable Firmenanteile nachhaltiger Unternehmen setzt, entscheidet ein einziger Mausklick. Am Ende handelt es sich um nur wenige Momente im Leben, in denen wir vor einer unmittelbaren Alternative stehen und uns nicht davonstehlen oder herausreden können. Die Schuld besteht hier schlicht und ergreifend in einer bewusst getroffenen Fehlentscheidung. Diese Schuld ist indispensabel. Sie gründet weder im Verhalten oder in Forderungen anderer Menschen noch in irgendwelchen biografisch bedingten Lebensumständen, die als Ausrede herhalten könnten. Wer die Aussagen Adolf Eichmanns in der von Hannah Arendt detailliert geschilderten Gerichtsverhandlung liest, merkt sehr wohl, dass es konkrete Situationen in dessen Leben gab, in denen er subjektiv bewusst und in voller Absicht Entscheidungen auf der Grundlage seiner moralischen Schwäche traf und Selbstzweifel aus charakterlicher Bequemlichkeit heraus unterdrückte. Die Scheinrechtfertigungen Eichmanns erweisen sich damit als ebenso fragwürdig wie der Hinweis darauf, dass dies schließlich alle tun würden. Ein genauerer Blick in die Rekonstruktion Arendts offenbart die ganze Schwäche seiner Persönlichkeit.

Der Moment einsamer Entscheidungen

Während des Jerusalemer Prozesses gab Eichmann zu, damals aus reiner Langeweile und um der Monotonie seiner beruflichen wie privaten Situation zu entgehen, der SS beigetreten zu sein – obwohl er wusste, dass er sich damit von seiner jüdischen Freundin trennen musste. Eichmann war sich also in dieser Situation sehr wohl über die Konsequenzen seiner Tat im Klaren, nahm diese aber billigend in Kauf. Er steht damit nicht allein da. Die meisten Akteure des Massenmords handelten auf freiwilliger Basis, niemand wurde dazu gezwungen. Mit dem Beitritt zur SS entging man in dieser Zeit zudem dem Fronteinsatz. Hannah Arendt weist immer wieder auf diesen Punkt hin: Diese Täter haben sich bewusst in den Dienst am Massenmord gestellt und aus niedrigen, *banalen* Gründen so und nicht anders entschieden. Es ist bezeichnend und entlarvend zugleich, dass diese Menschen nun aus Scham vor den Kameras ihr Gesicht verbergen, weil sie sich heute wie damals ihrer niedrigen Beweggründe sehr wohl bewusst sind.

Das Böse ist, wie wir bereits in der Diskussion der Ethik Kants feststellen mussten, eine faktische Größe dieser Welt und gewolltes

Ergebnis einer freiheitlichen Entscheidung. Das Wissen über die Konsequenzen moralischen Tuns, so Hannah Arendt, ist sehr konkret. Es sind die zum Leben erweckten Geister aus dem Zauberlehrling Goethes, die man aber im Gegensatz zum Lehrling nicht wieder so schnell loswerden möchte, sondern mit denen es sich, auch aufgrund ihrer vordergründigen Tugendhaftigkeit, sehr gut leben und noch besser schlafen lässt. Der sicherlich feine und kaum wahrnehmbare Übergang von der bewussten Entscheidung zur bequemen und anonymen Inkaufnahme von Schuld lässt sich an einigen Stellen in Eichmanns Aussagen vor Gericht sowie aus den „Bekenntnissen" des Augustinus erschließen. Natürlich ist es ein gewagtes Unterfangen, einen Birnendiebstahl mit dem Eintritt in eine Nazi-Organisation zu vergleichen. Allerdings scheint der Mechanismus bewusstseinsimmanenter Abläufe in beiden Fällen ähnlich zu sein, der unabhängig von den daraus resultierenden Folgen zur Qualität des Bösen beiträgt. Arendt beschreibt sehr genau diese einzelnen Schritte in diesem Ablauf:

> „Eins steht fest – er ist nicht aus Überzeugung in die Partei eingetreten, auch ist nie ein überzeugtes Parteimitglied aus ihm geworden; er wurde vielmehr, wie er vor Gericht aussagte, […] ‚gewissermaßen in die Partei vereinnahmt …' Er hatte keine Zeit und noch weniger Lust, sich wirklich zu informieren, er kannte nicht einmal das Parteiprogramm, nie hatte er ‚Mein Kampf' gelesen. Kaltenbrunner hatte ihm geraten: Warum treten Sie nicht der SS bei? Und er hatte erwidert: Warum auch nicht? So war es passiert, und mehr war nicht daran."[17]

Die Antwort Eichmanns auf die Frage nach den Beweggründen, der Partei beizutreten, lautete lapidar: „Warum auch nicht?" Die Gleichgültigkeit, mit der sich Eichmann im Nachhinein die Absolution selbst erteilt, vermag nicht, ihn von seiner Verantwortung freizusprechen. Arendt hat recht: Hier entscheidet sich der Mensch in höchster Freiheit. Weder störender Einfluss oder sozialer Druck von außen noch die schiere Not motivieren ihn; es ist nur die Langweile des Moments, und dieses alles andere als harmlose Desinteresse ist das wahre Gesicht dieses Mannes.

---

[17] Arendt, Eichmann in Jerusalem, 107.

Es gibt also Situationen, in denen sich das Böse im Moment der Entscheidung als Option anbietet. In diesen Momenten tritt es spontan auf und kann nicht mit den bisherigen Theodizeen erklärt werden. Hannah Arendt hat in der Beschreibung Eichmanns diese Augenblicke genau erfasst: Gleichgültigkeit und Desinteresse sind seitdem keine harmlosen Zustände oder Eigenschaften, die sich hin und wieder einstellen, sondern in bestimmten Momenten *das* Gesicht des Bösen. Arendt macht auf eine Dimension des Bösen aufmerksam, in der die Freiheit des Menschen das in der Theodizee vorausgesetzte Gottesbild hinterfragt. Nicht die göttliche Prädestination zum Bösen erzeugt in uns ein Verlangen, das Gute zu unterlassen und das Böse zu tun, sondern die eigene freiheitliche Entscheidung. In diesen Momenten ist das Böse schlichtweg unerklärlich. Es ist da. Heute äußern viele Menschen gerade in diesem neuralgischen Punkt ihr Unbehagen gegenüber einer Theologie, die der Ansicht ist, mit der Theodizee sämtliche Erfahrungen mit dem Bösen erklären zu können. Spätestens mit der neuzeitlichen Entdeckung menschlicher Freiheit eignen sich die Modellierungen der Theodizee jedoch nur partiell dazu, das Böse in seinen mannigfachen Erscheinungen zu erklären. Dass die Theologie in dieser Frage zu lange am erbsündentheologischen Paradigma festgehalten hat, erklärt auch ihre gegenwärtige Krise.

Die Theodizee als Krisenbeschleunigerin der Theologie

Das Festhalten am augustinischen Erbsündenparadigma trägt in nicht unerheblichem Maße die Verantwortung für die Entstehung des neuzeitlichen Atheismus. Für den Begründer der *Neuen Politischen Theologie*, Johann Baptist Metz (1928–2019), sorgte die Erbsündentheologie des Augustinus für eine

> „extreme Steigerung des Schuldgedankens, gewissermaßen die hamartologische Überforderung des Menschen […], das, was man in Anklang an eine bekannte Formulierung den Sündenabsolutismus des Christentums nennen könnte.“[18]

---

[18] J. B. Metz, Theologie als Theodizee? In: W. Oelmüller (Hg.), Theodizee – Gott vor Gericht? München 1990, 103–118, 110.

Friedrich Nietzsche hält dem Christentum den Spiegel vor, wenn er es als eine auf die Sünde fixierte Religion betrachtet. Metz spricht gerne von einem „atmosphärischen“ Nietzsche, der die gegenwärtige Kultur durchdringt. Auch die Gegenreaktion blieb nicht aus: Der massive Vertrauensverlust, dem sich beide Konfessionen seit dem letzten Jahrhundert ausgesetzt sehen, signalisiert die Sehnsucht nach einer Kirche jenseits moralisierender Unterweisung und machtbewusster Selbstinszenierung. Gleichzeitig ist diese Verkündigung von einer tiefgreifenden Sprachlosigkeit geprägt, die sich in Kraftlosigkeit, verharmlosender Rhetorik oder in einer überstrapazierten Betroffenheitskultur erschöpft. Das Erklärungspotential der Theologie scheint aufgebraucht und beschränkt sich überwiegend darauf, etwas Trost zu spenden. Das Scheitern moderner erbsündentheoretischer Diskurse hat in der kirchlichen Verkündigung zu jener inhaltlichen Leere geführt, die den Sinn für die lebensweltliche Realität schnell verliert oder bereits verloren hat.

Hannah Arendts „Eichmann in Jerusalem“ lässt sich zu Recht, wie Susan Neiman vorschlägt, als das Ende der Theodizee bezeichnen. Ebenso verheerende Einblicke bieten die soziologischen Untersuchungen zur Fragilität globaler Ökonomie- und Kommunikationsprozesse, wie dies Stephan Lessenich tut. Das Böse in der Moderne *ist* eine Realität, weil es sich erschreckend banaler Motive des Menschen bedient, ohne Boshaftigkeit und Vorsatz. Das Böse, so schreibt Arendt an anderer Stelle, ist niemals radikal und hat keine Tiefe, „weil es wie ein Pilz an der Oberfläche weiterwuchert.“[19] Dass dabei die bisherigen Argumentationen kein oder, wie im Falle der Erbsünde, nur unzulängliches Deutungspotential bieten können, lassen diese modernen Ansätze bereits vermuten. Dass Auschwitz mehr ist als ein ordnungs- beziehungsweise privationstheoretischer Systemfehler innerhalb einer an sich positiven Schöpfung, ein „Fehler der Geschichte“ im Sinne Hegels, dass vordergründige Banalität schlimmere Folgen haben kann als bislang vermutet, belegen diese Studien in erdrückender Weise. Sie alle beschreiben unsere Welt heute besser als jede Theodizee. Sie dispensieren uns aber nicht von dem einsamen Moment, dem Bruchteil einer Sekunde, in der wir uns für die eine oder andere Option entscheiden. Augenblicke, in

[19] H. Arendt, Ich will verstehen: Selbstauskünfte zu Leben und Werk, München 1996, 36.

denen wir „ja" statt „nein" sagen oder in denen wir besser mit dem Mausklick gezögert hätten. Diese Sekunden in unserem Leben legen uns nahe, uns mit dem Gedanken vertraut zu machen, dass, wie Emmanuel Levinas es formuliert hat, „jegliches Gleichgewicht zwischen expliziter und impliziter Theodizee im abendländischen Denken zerstört ist."[20] Das Böse hat keine eindeutige Identität und keine bestimmbare Herkunft. Es kann überall, jederzeit und in jeder Gestalt auftauchen. Wir können heute mehr als früher die Frage nach der Herkunft des Bösen sozialpsychologisch entzaubern, allerdings nicht den einsamen Moment, in dem wir frei sind. Wir wissen heute, dass das Böse uns nicht mehr in Gestalt der mephistophelischen Grimasse verfolgt. Das wusste bereits Goethe, dessen versucherisches Pendant zum tragischen Helden Faustus sich in einen Pudel verwandeln kann und damit, nicht ganz unbeabsichtigt, in den wohl bekanntesten und harmlosesten Schoßhund. Auch Goethe ahnte, dass sich das Böse mit Störungen und Neurosen des Menschen *allein* nicht erklären lässt. Auch er möchte erkunden, woher das Böse in der Welt stammt. Zugleich weiß er auch, dass das Böse mehr ist als lediglich Handlungen, die in böser Absicht vollzogen werden. Das Böse übersteigt alle Hitlers und Stalins zusammen, denn sie allein hätten keinen oder nur geringen Schaden verursacht. Damit das Böse auch eine reale Gestalt annimmt, bedarf es der bewussten Entscheidung einzelner Menschen, die, wie im Falle Eichmanns, aus Interesselosigkeit oder aus Mangel an Alternativen heraus erfolgt. Wahrscheinlich sähe die Biografie eines Adolf Eichmann heute ganz anders aus. Sie wäre unter Umständen völlig bedeutungslos im Sande verlaufen, wie im Übrigen dessen Leben nach seiner Flucht auch bestätigt. Nach Arendt sind gerade die systemischen Voraussetzungen, also die gesamten Lebensumstände, sowie die Charakterschwäche Eichmanns die entscheidenden Faktoren, die insgesamt dazu führen, dass das Böse zu einer Realität ausbrechen kann.

Diese Voraussetzungen zu erkennen und zu begreifen, ist ein ganz wesentlicher, wenn nicht gar *der* alleinige Auftrag zukünftiger Generationen, um jemals das Erbe der Shoah anzutreten. Wissen ist zwar kein Allheilmittel, aber ein zuverlässiger Ratgeber in den entscheidenden Augenblicken des Lebens. Ob dieser Lernprozess gelingt,

---

[20] E. Levinas, Useless Suffering, in: ders., The Provocation of Levinas, hrsg. v. R. Bernasconi/D. Wood, London 1988, 161.

scheint allerdings bereits wenige Generationen später, da ich diese Zeilen schreibe, mehr als fraglich. Der einzige Weg, den Arendt hier aufzeigt, ist der Wissenserwerb. Wissen generiert moralische Meinungen und bleibt auch in Entscheidungen greifbar. Wissen formt die ethische Dignität meiner Handlungen, hilft in Konfliktsituationen, das wirklich Gute vom Bösen zu unterscheiden. Der Wissenserwerb über das wahre Gesicht einer ansonsten gesichtslosen Realität, die sich hinter den scheinbar harmlosen Brillengestellen ihrer Träger versteckt, erscheint mir die wichtigste Herausforderung zu sein, vor der *jeder Einzelne* heute – nicht etwa nur *die* Pädagogik, *die* Menschheit oder *die* Gesellschaft – steht. Denn dies wäre doch wieder der bequeme Weg, den es zu meiden gilt.

Hans Kessler, Gott und das Leid seiner Schöpfung. Nachdenkliches zur Theodizeefrage, Würzburg 2000. Ebenso grundlegend, allerdings wesentlich ausdifferenzierter und theologisch anspruchsvoller ist das Standardwerk von *Armin Kreiner, Gott im Leid. Zur Stichhaltigkeit der Theodizee-Argumente*, Freiburg u. a. 2005. Für die Erbsündenlehre des Augustinus empfehle ich das einleitende Buch seines besten deutschsprachigen Kenners, Kurt Flasch: *Logik des Schreckens. Augustinus von Hippo, De diversis quaestionibus ad Simplicianum I 2, hrsg. u. erklärt v. Kurt Flasch*, zweite verb. Auflage mit Nachwort, Mainz 1990. Es enthält den Originaltext mit einer sehr verständlichen Erläuterung, die besonders die Konsequenzen der augustinischen Gnadentheologie im Blick hat. Über den zitierten Bericht von Hannah Arendt und den bereits in der Ethik Kants diskutierten Buchtitel von Susan Neiman hinaus setzt sich *Bettina Stangneth* mit der modernen Frage nach der Herkunft des Bösen auseinander: *Eichmann vor Jerusalem: Das unbehelligte Leben eines Massenmörders*, Hamburg 2014 sowie: *Böses Denken*, Hamburg 2016. Gerade in ihrer Monografie zu Eichmann zeigt Stangneth, dass Eichmann alles andere als der harmlos wirkende Biedermann war, für den er sich ständig ausgab. Er hat mit kalter Empathielosigkeit seine Auftritte in Jerusalem inszeniert und war ein Meister perfekter Täuschung. Schließlich sollte das Buch von *Hannah Arendt* in keinem Bücherregal fehlen: *Eichmann in Jerusalem. Ein Bericht von der Banalität des Bösen*, München ^{15}2006.

XIII. Die Zukunft des Glaubens

Das Jahr 1945 markierte einen bislang in der Geschichte ungekannten Zivilisationsbruch: Ein ganzer Kontinent verwüstet, Millionen Tote und Bilder aus den befreiten Vernichtungslagern, die das menschliche Vorstellungsvermögen sprengten. Die Dimension der Zerstörung überstieg alles Bisherige, das Ausmaß an Leid und Elend war präzedenzlos. Die Entbehrungen der unmittelbaren Nachkriegsjahre waren nicht minder lebensbedrohlich. Zahlreiche Intellektuelle waren in den Jahren der Diktatur ins Exil geflohen und kehrten, wenn überhaupt, nur zögerlich zurück. Die in Fragmenten verfasste „Dialektik der Aufklärung" Theodor W. Adornos und Max Horkheimers (1895–1973) war eine der wenigen zaghaften Versuche, das Unfassbare philosophisch zu begreifen. In der „Gruppe 47" versammelten sich junge Autoren, die in der Literatur nach einem Neuanfang suchten. Für sie alle war die Zerstörung Europas nicht nur ein geschichtlich oder politisch zu deutendes Ereignis, sondern Ausdruck des Scheiterns der Moderne schlechthin.

Das Einzige, was den Menschen in dieser Zeit noch blieb, war ein mühevoller und entbehrungsreicher Wiederaufbau. Diese gewaltige Aufgabe schob die dringend gebotene Aufarbeitung der Vergangenheit beiseite, nicht zuletzt auch deshalb, weil sich sehr schnell die erhoffte wirtschaftliche Erholung einstellte, die im Nachhinein nur als ein Wunder bezeichnet werden kann. Mit der Erfolgsgeschichte Westdeutschlands, insbesondere seiner ökonomischen Erholung, beginnt eine neue Ära eines demokratischen, in Wohlstand und Frieden existierenden Landes, das aufgrund seiner militärischen und wirtschaftlichen Bündnisse schnell wieder internationales Ansehen erlangen konnte. Der neuentdeckte „American Way of Life" sorgte zudem für ein bislang unbekanntes Gefühl von grenzenloser Freiheit und dauerhaftem wirtschaftlichen Fortschritt.

In diese schier unglaubliche Wiedergeburt und Modernisierung passte die vorkonziliare Kirche mit ihrem sperrigen Kirchenlatein und ihrer moralischen Antiquiertheit nicht mehr. Zunächst wurde die passive Rolle beider Kirchen während der Nazi-Diktatur nicht aufgearbeitet. Die Forderungen nach Klärung der Schuldfrage, wie sie Ralf Hochhuths Schauspiel „Der Stellvertreter“ aufgriff, blieben weitestgehend ungehört. Die dringend gebotene Auseinandersetzung mit dem tief verwurzelten Antijudaismus in Theologie und Kirche fand nicht statt.

Die schwerfällige Art, mit der die beiden Kirchen in der Nachkriegszeit agierten, spiegelt die typisch deutsche Verdrängungskultur der Adenauer-Ära wider. Für eine tiefergehende Bewältigung fehlten innerhalb der evangelischen und katholischen Theologie die intellektuellen Vordenker. Bis in die späten 80er Jahre wurde das Verhalten des Vatikans zur Zeit des Nationalsozialismus im Rahmen eines Theologiestudiums so gut wie nie thematisiert. Die bedeutende Rolle, die Theologen wie Karl Adam (1876–1966), Michael Schmaus (1897–1993) oder Emanuel Hirsch (1888–1972) in den Jahren der Nazi-Diktatur spielten, wurde nicht hinterfragt. Eine Theologie, die nach der Shoah neu nachdachte und die ihren eigenen Beitrag dabei kritisch reflektierte, gab es nicht. Zwar wurde mit der Erklärung „Nostra Aetate“ auf dem Zweiten Vatikanischen Konzil ein grundsätzlich neuer Ton gegenüber dem Judentum angeschlagen, allerdings blieb das ganze Ausmaß der Shoah unerwähnt. Von einer systematischen Aufarbeitung konnte keine Rede sein.

Erst mit dem Pontifikat von Papst Johannes Paul II. und seinem besonderen Interesse am Judentum wurden die unangenehmen Fragen nach der eigenen Vergangenheit wieder lauter. Mit der Erklärung „Reflexion über die Shoah“ vom 16. März 1998, die auf seine Initiative zurückging, wurde seitens des Vatikans erstmals die entsprechende Bezeichnung für den Massenmord der Nazis verwendet. In dieser Zeit erschienen auch erste Buchtitel, die sich der Thematik einer Theologie nach Auschwitz stellten. Die in den neunziger Jahren für Furore sorgenden Veröffentlichungen von Alttestamentlern wie Manfred Görg (1938–2012) und Erich Zenger (1939–2010) sowie dem Fundamentaltheologen Johann Baptist Metz waren Meilensteine in der Entwicklung. In diesen kritischen Analysen bisheriger Lösungskonzepte der Theodizee wurden erstmals die Heilsgewissheiten und dogmatischen Selbstdeutungen der Kirche offen hinterfragt.

Vorboten einer Krise

Mit der allmählichen Einsicht in das eigene Versagen während der Nazi-Diktatur geriet das bis dahin gültige Selbstverständnis der katholischen Kirche ins Wanken, insbesondere ihre bisherige Sichtweise des Judentums und anderer nichtchristlicher Religionen. In den 80er Jahren etablierte sich in Deutschland die aus dem angelsächsischen Raum kommende pluralistische Religionstheologie, die das Verhältnis des Christentums zu den nichtchristlichen Religionen neu bestimmte. Der Sache nach entstand die pluralistische Religionstheorie bereits im 19. Jahrhundert unter dem Einfluss des angloamerikanischen Pragmatismus und Neukantianismus von William James (1842–1910). Allerdings hat sich erst mit der Untersuchung „Christians and Religious Pluralism" aus dem Jahr 1983 von Alan Race (*1951) die heute geläufige Unterscheidung von „Exklusivismus", „Inklusivismus" und „Pluralismus" eingebürgert. Für Vertreter des Pluralismus können weder der abgeschwächte Exklusivismus der vorkonziliaren Kirche noch der Inklusivismus des Zweiten Vatikanischen Konzils in Fragen des interreligiösen Dialogs überzeugen. Dafür haftet ihnen zu sehr der koloniale Beigeschmack des Absolutismus an, sei es in Gestalt eines dezidiert ausgesprochenen Missionsauftrages oder einer freundschaftlichen Vereinnahmung, indem andere Religionen als quasichristlich etikettiert werden. Aus Sicht des Pluralismus sind Exklusivismus und Inklusivismus am Ende gleichermaßen verkehrt, sofern sich das Christentum letztlich als die überlegene Religion erweist; sie scheint die einzige Antwort auf die Frage nach Herkunft und Ziel des Menschen zu sein. Der Pluralismus lehnt hingegen einen absoluten Wahrheitsanspruch ab. Eines der bekanntesten Bücher seines wichtigen Vertreters John Hick (1922–2012) aus dem Jahr 1980 lautet dementsprechend: „God has Many Names". Alle Religionen sind lediglich unvollständige Ausdrucksformen der einen göttlichen Wirklichkeit. Sie artikulieren in ihren jeweiligen kulturellen Kontexten einen bestimmten Aspekt davon. Religionen können daher keinen alleinigen Anspruch auf Wahrheit besitzen. Gavin D'Costa (*1958), ein in Deutschland eher unbekannter britischer Vertreter der pluralistischen Religionstheologie, liefert eine treffende Definition:

> „[...] all the major religions have true revelations in part, while no single revelation or religion can claim final and definitive truth. Here again truth, revelation and salvation are closely connected. This means that all religions are viewed as more or less equally true and more or less equally valid paths to salvation."[1]

Da sich das jeweilige Offenbarungskonzept allenfalls als eine mögliche These behaupten lässt, ist die jeweilige Religion vordergründig nur aufgrund ihres heilsvermittelnden Narrativs von anderen unterscheidbar – sei es der Glaube an Jesus Christus, die Heiligkeit des Koran oder der ethische Pfad konfuzianischer Weisungen. Darin sind die Religionen zwar einander gleich*wertig*, aber nicht gleich*gültig*.

Perry Schmidt–Leukel (*1954), ein führender Vertreter des Religionspluralismus in Deutschland, greift zur Erläuterung des Pluralismus gerne auf die Mechanismen eines Vexierbildes zurück. Die Pointe eines Vexierbildes besteht bekanntlich darin, dass man je nach Wahrnehmung ein anderes Bild sieht. Exklusivisten würden nur ein einziges Bild erkennen und die Existenz eines zweiten Bildes vehement abstreiten. Inklusivisten streiten zwar die Existenz eines anderen Bildes nicht von vornherein ab, halten aber die eigene Deutung für die primäre und ursprüngliche. Der Pluralist hingegen wertet die Bilder als gleichwertige Perspektiven auf ein und dasselbe Bild. Das Gesamtbild kann der Betrachter aber nicht erkennen, weil er sich wegen des Kippeffekts stets für eine der beiden Perspektiven entscheiden muss. Für Schmidt-Leukel ist es letzten Endes also nicht relevant, welche der beiden Wahrnehmungen die adäquatere ist, sondern ob der Betrachter sein persönliches Heil in der jeweiligen Perspektive entdecken kann. Kritiker wenden allerdings ein, dass mit der Ablösung der Heilsfrage von einem absoluten Wahrheitsanspruch auch die Relevanz einer Religion generell angezweifelt wird. Eine pluralistische Deutung von Heil dürfte also strenggenommen nur vorläufig formuliert werden, weil nicht geklärt ist, was die jeweiligen Religionen unter Heil verstehen und ob dieser Begriff überhaupt angemessen ist. Bedeutet der Heilsbegriff im Buddhismus dasselbe wie im Christentum? Diese und ähnliche Fragen kann auch der Religionspluralismus nur vage beantworten und fällt daher hinter die anfangs mit ihm verbundenen Erwartungen zurück.

---

[1] G. D'Costa, The Impossibility of a Pluralist View of Religions, in: Religious Studies 32/2 (1996), 223–232, 224.

Kirchendämmerung

Die Auseinandersetzung rund um religiöse Wahrheitsansprüche ist alles andere als eine theologische Petitesse, geht es doch um die alles entscheidende Frage, inwieweit das Heil vom Wissen wahrer Sätze und insofern von der jeweiligen Biografie eines Menschen abhängig ist. Anders formuliert: Wäre der Glaube an die göttliche Selbstoffenbarung in Jesus Christus das alleinige Kriterium, um Heil zu erlangen, wäre ein Großteil der Menschheit von vorneherein davon ausgeschlossen. Das beträfe dabei nicht nur die Anhänger aller nichtchristlichen Religionen, sondern auch jene Menschen, die nach katholischer Auffassung aus diversen Gründen in der Vorhölle landen. Zu ihnen gehören, der brutalen Logik der augustinischen Erbsündenlehre folgend, beispielsweise alle ungetauften Kinder oder die Propheten des Alten Testaments. Diesen gravierenden Einwänden zum Trotz blieb die katholische Kirche hart und verurteilte im Jahr 2000 mit der Erklärung „Dominus Jesus" die pluralistische Religionstheologie.

Ähnliche Konflikte spielten sich im Fall des Psychotherapeuten und Theologen Eugen Drewermann (*1940) und des Tübinger Theologen Hans Küng (1928–2021) ab. In beiden Fällen endete die Auseinandersetzung mit dem Entzug der kirchlichen Lehrerlaubnis. Im Jahre 1989 unterzeichneten in Deutschland über zweihundert deutschsprachige Universitätsprofessoren die sogenannte „Kölner Erklärung", die mehr Freiheits- und Mitspracherechte in der theologischen Forschung sowie in der katholischen Kirche insgesamt einforderte. Diese Machtdiskurse einer zunehmend empfindlich agierenden Kirche wurden prägend für ihre öffentliche Wahrnehmung. Die aus der Zeit gefallenen Autoritätshaltungen konnten allerdings den spürbaren Verlust kirchlicher Geltungsansprüche im öffentlichen wie im privaten Leben von Katholiken nicht mehr verhindern. Im Gegenteil: Sie führten zu einer breiten, längst überfälligen Debatte über Kirchenstrukturen und verursachten eine Empörungswelle in der Öffentlichkeit, von der sich die Kirche nicht mehr erholen konnte.

Als sei dies alles nicht schon genug, wird die Kirche seit Jahren weltweit von Skandalen sexuellen Missbrauchs von Kindern durch Geistliche erschüttert. Ein Ende dieser in ihrer Tragweite kaum zu überblickenden Entwicklung ist dabei noch nicht in Sicht, zumal die rechtliche Aufarbeitung erst begonnen hat und selbst höchste

Würdenträger damit konfrontiert werden, in entscheidenden Situationen moralisch versagt zu haben. Die dadurch ins Rollen gebrachte Kritik wurde zu einem Selbstläufer, der auf eine substanzielle Reform jahrhundertealter Strukturen drängt.

Inzwischen werden die Skandale auch von den Kirchenleitungen nicht mehr als Verkettung unglücklicher Umstände, sondern als Ergebnis struktureller Probleme betrachtet. In diesem Zusammenhang geraten in der katholischen Kirche zunehmend zwei zentrale Forderungen in den Blick: Die Zulassung von Frauen zum Weiheamt sowie die Aufhebung des Zölibats. Gerade in der Frage des Zölibats ist schwer erklärbar, warum das Festhalten an einem erst im frühen Mittelalter für den weltlichen Klerus eingeführten Lebensstils wichtiger sein soll als die Sicherstellung der sonntäglichen Eucharistiefeier. Letztere stellt nach Lehrmeinung des Zweiten Vatikanischen Konzils allerdings das Wesensmerkmal von Kirche dar.

Aber auch innerhalb der evangelischen Kirche lösten die Missbrauchsfälle von Schutzbefohlenen eine massive Krise aus und beschleunigten die Zahl der sich bereits auf konstant hohem Niveau bewegenden Kirchenaustritte. Innerhalb weniger Jahrzehnte ist das Vertrauen in die kirchlichen Führungsetagen seitens der Bevölkerung rapide gesunken. Den beiden Großkirchen laufen die Mitglieder in Scharen davon, der Nachwuchsmangel ist eklatant und den theologischen Fakultäten fehlen die Studierenden. Die Missbrauchsskandale rauben den letzten noch verbliebenen Rest an moralischer Autorität. Mit positiven Meldungen treten die Kirchen hingegen nur selten in Erscheinung. Einerseits scheinen sie sich selbst unsicher zu sein, ob sie den Herausforderungen und Ansprüchen der Moderne noch mit ihren archaischen Strukturen und Machtinstrumenten gewachsen sind. Andererseits werden neue Formen der Konfliktbewältigung und Mehrheitsfindung nicht ernsthaft in Erwägung gezogen. Selbst Krisenzeiten wie die Corona-Pandemie, von denen man erwarten könnte, dass sie eine größere Nachfrage nach kirchlichen Angeboten hervorrufen, sorgen nicht für ein Wiedererwachen des Interesses an der Kirche. Es nimmt nicht Wunder, dass einer inzwischen mehrheitlich areligiösen Bevölkerung die Wiedereröffnung der Friseursalons oder der Baumärkte nach den Lockdowns wichtiger erschien als der Besuch des Gottesdienstes. Als sinnstiftende Ressource scheint die Kirche in der Öffentlichkeit kaum mehr wahrgenommen zu werden. Dass in Zeiten der Pandemie selbst die absurdesten Verschwörungstheorien einen größeren Zuspruch erhalten als die kirchliche Verkündigung scheint daher leider nur konsequent.

Stehen wir wieder am Anfang?

Angesichts der desolaten Situation, in der sich die Kirchen gegenwärtig befinden, bleibt der suchende Mensch mit seinen fundamentalen Fragen weitestgehend allein. Was der christliche Glaube für die Moderne bedeutet und welche Gestalt der Glaube in Zukunft überhaupt noch annehmen kann, ist immer schwerer zu erkennen. Das religiöse Setting, in das Menschen früher hineingeboren wurden und das sie von Kindesbeinen an zu einer bestimmten religiösen Haltung geprägt hat, ist größtenteils verschwunden. Auswendig zu lernende Formeln und Gebete, deren Worte die subjektiven Glaubenserfahrungen stereotyp gedeutet haben, überzeugen nicht mehr. Hinzukommen die geistesgeschichtlichen Entwicklungen der vergangenen Jahrhunderte. Die seit der Aufklärung gestiegene Skepsis gegenüber religiösen Weltdeutungen sowie die damit einhergehenden gesellschaftlichen Säkularisierungsprozesse haben die christliche Religion sukzessive aus dem öffentlichen Diskurs verdrängt. Heute bleibt es weitestgehend dem Einzelnen überlassen, sich in Glaubensfragen unabhängig von kirchlichen Erwartungen und überlieferten religiösen Formeln eine eigene Meinung zu bilden. Damit verliert der Glaube nicht nur sein bisheriges konfessionelles Gepräge, das darin bestand, sich mit der jeweiligen Glaubensautorität zu identifizieren, sondern auch seinen äußeren Verbindlichkeitsanspruch. Tritt aber der konfessionelle Gesamtrahmen immer weiter in den Hintergrund, drängt sich unweigerlich die Anschlussfrage auf: Was ist eigentlich der Kern des Glaubens? Welche Sicht auf die Welt ermöglicht er? Auf diese und ähnliche Fragen soll nun abschließend eine mögliche Antwort skizziert werden.

Unabhängig von jeder konfessionellen Auslegung oder kirchlichen Zugehörigkeit lässt sich die religiöse Überzeugung als eine mögliche Form *sinnkonstitutiver Weltbeziehung* verstehen. Dies liegt schlicht und ergreifend daran, dass der Mensch in der Lage ist, sein eigenes Dasein in Frage zu stellen. Der Mensch ist ein selbstbezügliches Lebewesen und denkt über sich nach, weil er um seinen Tod weiß. Auch außerhalb bestimmter Gefahrensituationen ist er sich seiner Endlichkeit bewusst. Dieses Bewusstsein von Kontingenz ist keiner Laune der Natur geschuldet und bietet auch keinen erkennbaren Vorteil gegenüber konkurrierenden Artgenossen. Vielmehr verdankt sich das Wissen um die eigene Endlichkeit einem daseinsbejahenden und lebensstiftenden Grund. Dieser Grund trägt unzählige Namen und Bezeichnungen – gläubige Menschen nennen ihn Gott. Die Welt als sinnvoll zu erkennen, ist also nicht identisch mit einer religiösen Deutung, kann aber dazu führen. Unsere Welt nicht nur als eine sinnvolle, sondern darüber hinaus als eine gottgewirkte Realität zu begreifen, qualifiziert die basale Sinnerfahrung als religiösen Glauben.

Dieser gestuften Glaubensbegründung gilt es nachzugehen. Im Folgenden soll der abschließende Versuch unternommen werden, zunächst die Sensibilität für Sinnfragen als eine dem Menschen eigentümliche Form der Welterschließung zu begreifen, bevor in einem zweiten Schritt diese Form des Verstehens auf den Glauben erweitert wird.

Der Mensch und die Sinnfrage

Wie wir bereits im letzten Kapitel gesehen haben, beginnt die Geschichte des modernen Menschen nicht erst mit den Fertigkeiten zu schreiben, zu lesen und zu rechnen. Diese Fähigkeiten umfassen nur einen sehr kleinen Teil seiner Geschichte. Die weitaus längste Zeit verbringt der Mensch als umherschweifender Wildbeuter. Diese Phase seiner Geschichte wird schnell ausgeklammert, weil die Spuren aus jener Zeit spärlich und wenig aussagekräftig sind. Sie stammen größtenteils aus der schwer zugänglichen Periode des Lithikums, in der der Mensch erstmals seinen Gedanken und Empfindungen Ausdruck verleiht.

In diesem Zusammenhang wurden wir auf die beeindruckenden Funde von Göbekli Tepe aufmerksam. Dieser Ort dokumentiert ein Transzendenz- und Kontingenzbewusstsein, das den Menschen als Sinnsuchenden ausweist. Hier wird Religion in aller Deutlichkeit als eigenständiges Sozialverhalten greifbar. In der Gemeinschaft mit anderen sichert er nicht nur sein biologisches Überleben, sondern findet darin auch seine spirituelle Heimat. Göbekli Tepe stellt daher den ersten nachweisbaren Höhepunkt einer Entwicklung dar, in der sich der Homo sapiens nicht nur als soziales Wesen begreift, sondern sein ausgeprägtes Gespür für Transzendenz erkennbar wird. Der Übergang von sozialen zu religiösen Handlungsarrangements ist dabei fließend. Musizieren und Tanzen werden ebenso wie die Nahrungsaufnahme grundsätzlich sozial praktiziert und unter bestimmten Umständen auch eigens religiös inszeniert. Dies geschieht etwa bei der Bestattung eines Gruppenmitglieds, die bereits bei den Neandertalern einen besonderen Stellenwert einnimmt. Hier suchen Menschen bewusst den Beistand der Gruppe. In der Trauer solidarisieren sie sich mit anderen und erleben die Situation intensiver, weil sie das Geschehen miteinander teilen und so besser verarbeiten können. Diese verbindende Erfahrung ist mehr als nur ein Wir-Gefühl. Im Idealfall löst sich die eigene Individualität in der als höherwertig wahrgenommenen Gruppenidentität regelrecht auf. Diese Vorgänge sind nicht nur in der Bewältigung der Trauer zu beobachten, sondern spielen sich auch bei freudigen Ereignissen ab. In solchen herausragenden Momenten identifiziert sich die einzelne Person vollständig mit der Gruppe.

Diesen Moment bezeichnen wir als Sinn. Sinn ist die Erfahrung einer höheren Einheit, die durch die Begegnung mit anderen Menschen nicht mehr in die alte Innerlichkeit zurückführt. Dabei entfaltet sich ein Weltverständnis, das sowohl die eigene Identität als auch die der Mitmenschen übersteigt. In der Erfahrung von Sinn gründen unser soziales Wesen, unser Blick auf die Umwelt und darüber hinaus. Dieses „darüber hinaus“ wird schließlich einen wesentlichen Kern dessen ausmachen, was in einem weiteren Schritt als religiöser Glaube qualifiziert werden kann. Vor allem aber erklärt die Sinnerfahrung jenen großen Sprung, bei dem der Homo sapiens aus dem bisherigen Evolutionsverlauf der Natur ausbricht und damit beginnt, seine eigene Geschichte zu schreiben.

Von der Umwelt zur Sinn-Welt

Wie lässt sich die Sinnerfahrung näher beschreiben? Wo und in welchen Situationen wird uns dieser Sinn vermittelt? Dazu habe ich vor einigen Jahren in einer Vorlesung versucht, eine entsprechende Situation zu simulieren und die Studierenden gebeten, sich die folgende Fotografie anzusehen.

Abb. 19: Das alte königliche Schloss in Athen, heute ist es der Sitz des griechischen Parlaments © privat

Anschließend habe ich die Studierenden aufgefordert, ihre spontanen Empfindungen beim Betrachten des Fotos mithilfe einer der folgenden Aussagen zu beschreiben:

(a) Ich kenne dieses Gebäude aus eigener Anschauung.
(b) Ich weiß, um welches Gebäude es sich handelt, weil ich in verschiedenen Medien (Fernsehen, Zeitungen, etc.) eine Abbildung davon gesehen habe.
(c) Ich kenne dieses Gebäude nicht, die Fotografie sieht aber echt aus.
(d) Ich kenne weder das Gebäude, noch halte ich das Foto für echt. Ich halte es für eine Fotomontage.

Erwartungsgemäß haben sich die Studierenden mehrheitlich mit Aussage (b) identifizieren können, einige entschieden sich für (c). Ich selbst gehöre zu Gruppe (a). Das Foto entstand während einer Griechenlandreise und zeigt das Königsschloss in Athen, das heute als Parlament dient. Ich habe das Motiv gewählt, weil es auch auf unzähligen Athener Postkarten zu finden ist und keine individuellen Merkmale aufweist. Ein zum Verwechseln ähnliches Foto findet sich unter dem Stichwort „Griechisches Parlament“ in Wikipedia. Zudem beherrschte die „Grexit"-Debatte noch vor ein paar Jahren die tägliche Nachrichtenlage, wobei das Parlamentsgebäude in zahlreichen Fernsehsendungen als Hintergrundmotiv diente.

Der wesentliche Punkt ist der Unterschied zwischen Gruppe (a) und den anderen drei Gruppen. In Gruppe (a) stellen sich zahlreiche Assoziationen ein, weil sie mit sehr persönlichen Erinnerungen verbunden werden. Dieses Allerweltsmotiv ist also für Gruppe (a) kein neutrales Bild; es ist, um einen Begriff von Heidegger zu verwenden, *jemeinig*. Es ist Teil und Ausdruck der eigenen Identität und existiert daher nur ein einziges Mal. Eine gewisse Affinität zu dieser Fotografie entwickelt auch Gruppe (b), wenn auch in abgeschwächter Form. Bei Vertretern dieser Gruppe stellen sich eine ganze Reihe semantischer Bezüge ein, die mit diesem Bild zu tun haben, etwa weil man im Zuge der Euro-Krise die Nachrichtenlage verfolgte oder weil man sich an einen vergangenen Urlaub erinnert. Über Umwege beeinflussen diese Erinnerungen auch die Wahrnehmung des Bildes. Sicher gibt es aber auch Menschen, die hier etwas völlig anderes erkennen, etwa historisch Interessierte oder Studierende der Kunstgeschichte, die in diesem Gebäude nicht das Parlament, sondern das ehemalige Königsschloss aus dem 19. Jahrhundert wahrnehmen. Die Gruppen (c) und (d) schließlich können nichts mit dem Foto verbinden oder stellen gar dessen Echtheit infrage. Für sie macht das Bild jedenfalls „gar keinen Sinn".

Daraus folgt: Wir sehen und begreifen unsere Welt nicht aufgrund objektiver Eindrücke, sondern nur so, wie wir sie auf der Basis bisheriger Erfahrungen erleben. Persönliche Erfahrungen verleihen der Wahrnehmung ihre unverwechselbare Prägung und rufen dabei individuelle Assoziationen hervor. Diese Assoziationen sind wiederum konstitutiv für die Sinnerschließung der *jemeinigen* Realität, in diesem Fall des griechischen Parlaments. Wir können also Dingen in ihrer jeweiligen Erscheinung nur deshalb einen Wert beimessen, weil sie für uns einen bestimmten singulären Sinn erzeugen.

Gibt es überhaupt eine Gruppe, die unvoreingenommen, quasi aus der Vogelperspektive das Gebäude vor Augen hat? Die Antwort lautet nein – denn es gibt keinen neutralen Zugang zur Welt. Jeder Zugang zur Welt ist nur aufgrund einer subjektiv einmaligen Wahrnehmung möglich. Der Mensch erkennt ausschließlich im Rahmen eines Sinnzusammenhangs seine Welt und nur deswegen können wir Objekten einen Wert und eine Bedeutung beimessen. Phänomene jenseits unserer wertenden Einordnung werden also erst gar nicht registriert. Die Bedeutung einer Wahrnehmung ist dabei individuell recht unterschiedlich, aber: Es gibt diese sinnbezogene Relation und sie ist bereits Realität. Wir erkennen daher nicht *die* Welt *an sich*, sondern nur eine *mögliche* Welt und auch nur innerhalb eines entsprechenden Sinnkontextes.

Der Bonner Philosoph Markus Gabriel bezeichnet diese jemeinige Weltsicht als ein „Sinnfeld", in dem die Gegenstände erscheinen.

> „Es gibt keine Gegenstände oder Tatsachen außerhalb von Sinnfeldern. Alles, was existiert, erscheint in einem Sinnfeld (genauer genommen erscheint es sogar in unendlich vielen). ‚Existenz' bedeutet, dass etwas in einem Sinnfeld erscheint."[2]

Dieses Sinnfeld ist immer gegeben, weil wir nur innerhalb dessen überhaupt einen Gegenstand als ein *bestimmtes Etwas* erkennen können. Unser jemeiniges Sinnfeld bildet also eines von gut sieben Milliarden Sinnfeldern.

Sinnfelder können sich auch überschneiden, zum Beispiel wenn Menschen in das Konzert ihres Lieblingskomponisten gehen oder in eine Kunstausstellung. Parallele Sinnfelder, die sich auf ein gemeinsames Objekt beziehen, können auch völlig entgegengesetzt empfunden werden, etwa wenn Fangemeinden von gegnerischen Mannschaften gemeinsam ein Fußballspiel im Fernsehen anschauen. Der Angriff einer Mannschaft wird dabei von Euphorie auf der einen und Schweißausbrüchen auf der anderen Seite begleitet.

Einen Gesamtentwurf, der alle realen und denkbaren Sinnfelder beschreibt, kann es nicht geben, selbst nicht bei einem um Neutralität bedachten Kommentator. Auch ein Astronaut von der ISS sieht die Welt nur aus seiner und damit nur aus einer von unendlich vielen Perspektiven, wenn er das Bild eines bläulich schimmernden Planeten vor Augen hat. Er sieht die Welt nicht so, wie ich sie gerade wahrnehme: Sitzend auf einem Stuhl, einen Laptop vor mir auf dem Tisch und gerade diese Zeilen schreibend. Um mein Sinnfeld in den Blick zu bekommen, müsste der Astronaut sein eigenes Sinnfeld verlassen und sich an meine Stelle setzen, um die Welt aus mei-

---

[2] M. Gabriel, Warum es die Welt nicht gibt, Berlin ^{7}2013, 92.

ner Perspektive zu betrachten. Doch selbst dann hätte er nicht meine Gedanken und Empfindungen, die sich beim Schreiben einstellen.

Identische Sinneswahrnehmungen bedeuten also noch lange nicht, dass eine bestimmte Situation von allen Beteiligten gleichermaßen erfahren wird. Das gedeutete Sinnfeld ist stets das jemeinige, das aus der Ich-Perspektive gewonnen und im individuellen Bewusstsein verarbeitet wird. Auch wenn wir unser Sinnfeld mit anderen Menschen teilen können, ist nach wie vor die bewusste Wahrnehmung und Deutung abhängig von dem singulär zugeschnittenen Sinnentwurf. Damit, so Markus Gabriel, stehen wir mit unserer sensitiven und denkenden Existenz einer Wirklichkeit gegenüber, die konkret existiert und keine Einbildung ist. Diese Wirklichkeit zeigt sich aber dem Menschen nicht als ein objektives Gegenüber, sondern nur in der von ihm erlebten Bedeutung.

Sinn-Welten und Religion: Subjekttheorie und Letztbegründung

Die Welt in einem jemeinigen Sinnfeld wahrzunehmen ist die Basis von Kunst und Religion. Ästhetische und religiöse Zugänge erkennen in der sinnkonstitutiven Leistung mehr als nur den Ausdruck einer biologischen Eigenart des Menschen. Vielmehr liegt hier ein Ausgangspunkt für die reflexive Einholung einer glaubenshermeneutischen Lesart der Welt.

Die Subjekttheorie des Münsteraner Theologen und Philosophen Klaus Müller, den wir bereits bei Parmenides und Spinoza kennengelernt haben, hilft an dieser Stelle weiter. Müller macht auf bestimmte sprachliche Erscheinungen aufmerksam, die sich mit der Sinnfeldtheorie Gabriels verbinden lassen. Um das für ihn rätselhafte Phänomen einer einmaligen und unhintergehbaren Bezogenheit des Subjekts zur Welt zu erklären, verweist er auf die Bedeutungsvielfalt von Sprachindikatoren, die nur vage Informationen darüber liefern, wie der Sprecher einen bestimmten Ort oder Zeitpunkt definiert. Sprachindikatoren wie „bald", „dort", „hier" und andere Demonstrativpronomina sind indexikalische Ausdrücke, sogenannte „Indexicals". Sie bilden in unserer Sprache jene Wortgruppe, mit denen ein Sprecher Bezug auf ein Objekt nimmt, was er strenggenommen nur in Form eines „Ich"-Satzes machen kann. Mithilfe solcher Pronomina sprechen wir über Gegenstände, die unser kontextuelles

Ich-Wissen voraussetzen. Die Mehrdeutigkeit und Ungenauigkeit dieser Pronomina, mit denen wir uns verständlich machen wollen, können beim Gegenüber allerdings zu einer ganzen Reihe von unterschiedlichen Interpretationen führen. Darum erweisen sich Indexicals nicht selten als Auslöser von Missverständnissen und Verständnisschwierigkeiten.

Ein Beispiel: Ich stehe morgens unter der Dusche. Meine Tochter sucht mich und ruft durch das Haus: „Papa, wo bist du?" – Ich antworte ihr: „Hier!" – „Im Keller?" – „Nein, hier!" Mein Wissenszustand bezüglich des Ausdrucks „Hier" unterscheidet sich von dem meiner Tochter, die natürlich nicht wissen kann, was sie unter meinem „Hier" verstehen soll. Die eigentliche Bedeutung kenne in diesem Moment nur ich. Eine indexikalische Aussage einer Person kann also niemals genau dieselbe Aussage für eine andere Person sein. Deutlicher wird der Subjektbezug von Indexicals in der indirekten Rede. Eine andere Person kann meinen indexikalischen Satz „Ich bin …" zwar quasi-indexikalisch in Form der indirekten Rede aufnehmen, etwa: „Wolfgang Baum sagte, dass er …", aber niemals als Selbstaussage reproduzieren. Müller hat nachgewiesen, dass sich das Pronomen in der ersten Person Singular, also das Wörtchen „ich", im „dass"-Satz durch keinen anderen sprachlichen Ausdruck ersetzen lässt, ohne dass der Sinn des Satzes dabei verändert würde. Die Ich-Rede verweist auf einen mentalen Mehrwert, der mehr beinhaltet als von außen wahrnehmbar ist. Zugleich *weiß* das Subjekt immer *mehr* als es nach außen sagen kann. Jedes Wort und jeder Satz beinhaltet in der jemeinigen Verwendung eine ganze Palette an Konnotationen und Bedeutungen, die nur dem Sprecher bekannt sind. Was wir von unserem Gesprächspartner hören, sind nur die ausgesprochenen Worte und nicht die Fülle der von meinem Gegenüber gemeinten Bedeutungen. Wir können zwar an Tonfall, Lautstärke und dergleichen erkennen, in welche Stimmungen die Aussagen des Gegenübers gebettet sind, allerdings sind unsere Interpretationen vor Fehleinschätzungen nicht gefeit. Kommunikation bedeutet immer die Kunst, Missverständnisse zu vermeiden und normalerweise gelingt uns dies auch. Doch hin und ab, besonders in Stresssituationen, misslingt uns die Verständigung, und wir suchen nach Worten, um dem, was wir *eigentlich* meinen, auch den präzisen verbalen Ausdruck zu verleihen.

Karl Valentins „saudummes Gerede"

Die Schwierigkeiten, die sich daraus für die alltägliche Kommunikation ergeben, hat auch ihre humoristische Seite, wie Münchens bekanntester Kabarettist Karl Valentin (1882–1948) bereits vor hundert Jahren unter Beweis gestellt hat. Der keineswegs nur lustige, sondern äußerst tiefsinnige Komiker schreibt in einer Zeit, die man in der Philosophiegeschichte gemeinhin als „linguistic turn" bezeichnet. Die zu Beginn des 20. Jahrhunderts aufkommende analytische Philosophie stellt die bisherige Vorstellung infrage, Sprache als ein transparentes und objektives Medium der Vermittlung von Sachverhalten zu begreifen. Sie entdeckt in der Sprache die alleinige Bedingung unseres Denkens. Klarheit im Denken erfordert ein Höchstmaß an sprachlicher Präzision, um drohende Missverständnisse und Fehlurteile zu verhindern. Sie fordert, um ein Bonmot ihres bekanntesten Vertreters Ludwig Wittgenstein (1889–1951) zu zitieren, zum „Kampf gegen die Verhexung unseres Verstandes mit den Mitteln der Sprache"[3] auf.

In dieser Phase kreiert Karl Valentin seine Dialoge mit Liesl Karlstadt (1892–1960), seiner Bühnenpartnerin. Er benutzt die allgegenwärtig drohenden Missverständnisse in unserer Sprache, die Schwierigkeiten von Verwechslungen und falschen Bedeutungszuweisungen, um seine spezifische Wortkomik zu formen: Wir meinen nicht das, was wir sagen, und wir sagen nicht das, was wir meinen, weil jeweils im Kopf des Gegenübers ein anderes Verständnis dessen vorliegt, was gemeint ist. Bei Valentin ist dieses Missverständnis nicht selten der Grund für seine zahlreichen Schimpftiraden, die irgendwann alle in ein „saudummes Gerede" münden, wobei „saudumm" das Prädikat für die unverstandene Aussage darstellt. Die Wortkomik Valentins ist sowohl mit indexikalischen Ausdrücken als auch anderen Fehlformen der Sprache, vor allem Kategorienfehlern, durchzogen, etwa in der Szene: „Hausverkauf", in der Liesl Karlstadt die interessierte Käuferin und Valentin den Hausbesitzer spielt: „Liesl Karlstadt: ‚Sind Hypotheken drauf?' – Karl Valentin: ‚Nein, nur ein Kamin.'"[4]

---

[3] L. Wittgenstein, Philosophische Untersuchungen, Frankfurt a. M. 1971, § 109.

[4] K. Valentin, Hausverkauf, in: Gesammelte Werke in einem Band, hrsg. v. M. Schulte, Augsburg 1994, 233–235, 234.

Valentins Komik besteht darin, gegen die gewohnten Sprachspiele der Menschen anzurennen. In nahezu jeder Aussage droht ein Missverständnis zwischen ihm und seiner Bühnenpartnerin. Zwischen Valentin und Karlstadt prallen stets zwei subjektive Bedeutungsebenen, also zwei unterschiedliche Wissensebenen aufeinander. Diese Konfrontation zeigt das ganze semantische Gefälle, das zwischen unseren subjektiven Wissenszuständen und unserer sprachlichen Vermittlungsfähigkeit liegt.

Die Kommunikation zwischen zwei individuellen Sinnfeldern, also zwei Ich-Welten, ist davon abhängig, ob es uns im Dialog mit einem anderen Menschen gelingt, die jeweiligen Sinnfelder in Einklang zu bringen. Kommunikation findet dort statt, wo die sprachliche Schnittmenge ein gemeinsames Sinnfeld erzeugt, das die Gesprächspartner teilen. Die Welt der Zahlen kann hier eine exaktere Kommunikation ermöglichen als die Welt der Sprache. Größte Schwierigkeiten bereiten bekanntlich Übersetzungen, weil sich mit einem anderen Wort auch eine ganz andere Semantik verbindet. Die Übersetzung der hebräischen Bibel ins Griechische etwa hatte Konsequenzen bis in die heutige Theologie. Die Erbsündentheologie beruht, wie wir gesehen haben, am Ende auf dem Übersetzungsfehler eines einzigen Ausdrucks vom Altgriechischen ins Lateinische. Grundlagenwerke wie „Sein und Zeit" von Heidegger oder die „Phänomenologie des Geistes" von Hegel gelten nach wie vor als schwer übersetzbar. Die Sprachwelten zwischen Jung und Alt, zwischen verschiedenen Bildungsschichten oder Dialekten klaffen oft meilenweit auseinander. Die Sprache als jeweiliger Ausdruck meines Sinnfeldes verbindet mich nicht nur mit anderen Menschen, sondern trennt und isoliert zugleich.

Die Frage nach dem Grund

Diese kommunikationstheoretischen Überlegungen sind an sich noch nicht das aufregend neue Argument für den Glauben. Sie sind lediglich die Basis, um eine religiöse Weltbeziehung zu legitimieren. Um die spezifische Qualität und Eigenheit einer religiösen Glaubenshaltung zu erläutern, komme ich noch einmal auf den Ansatz von Müller zurück.

Woher, so fragt sich Müller, kommt denn eigentlich dieses indexikalische Wissen um das eigene Selbst, das ich nicht erklären kann und das auch nicht von außen an mich herangetragen wird? Wer oder was stellt den Grund dieses Selbstbewusstseins dar, wenn nicht eine Realität, die mir zutiefst vertraut ist, zugleich jedoch nicht zur Verfügung steht? In der Differenzstruktur zwischen einer uns zur Verfügung stehenden endlichen Vernunft und dem ihr zugrundeliegenden Wissen um die eigene Identität, das zwar nicht als Wissensbestand unter anderen Wissensbeständen objektiv vorhanden, aber gleichwohl präsent ist, zeigt sich für Müller das Phänomen von Religion:

> „So gewiß ich weiß, dass ich mich meine, wenn ich ‚ich' sage, so gewiss weiß ich auch, dass ich das Aufkommen dieses Wissens nicht in meiner Hand habe. Obwohl unhintergehbar, erfährt sich Selbstbewusstsein solchermaßen auf einen ihm selbst nicht verfüglichen Grund verwiesen, der sich aber nicht dem Selbstbewusstsein gegenüber zur Geltung bringt, sondern einzig im Ereignis von dessen eigenem Auftreten."[5]

Diesem präreflexiven Ich wohnt ein Mehrwert inne. Das Ich ist mehr als nur eines von vielen Pronomina. Es stellt gewissermaßen eine Brücke zu einem in mir vorhandenen unverfügbaren „Innengrund" dar, wie Müller sich ausdrückt. Einen Innengrund, den er in diesem Zusammenhang Gott nennt. Soweit würde ich tatsächlich nicht gehen, da der Begriff Gott wiederum einschlägige Assoziationen hervorruft, die diesem Innengrund nicht unmittelbar anhaften. Eher stellt das Ich eine Schnittstelle dar, in der sich unsere geradezu intime Beziehung zur Welt mit dem Grund unseres Selbstbewusstseins überlagert. Diesen Grund mit einem göttlichen Ursprung zu identifizieren, ist also etwas voreilig. Es ist aber erstaunlich, dass wir in unserer scheinbar lückenlos erklärbaren Wirklichkeit von Voraussetzungen ausgehen, die sich ihrerseits nicht erklären lassen, von denen wir aber ständig Gebrauch machen.

Gegen die religionsphilosophische Begründung des Ich-Gedankens werden allerdings auch kritische Stimmen laut, insbesondere vonseiten der Neurowissenschaften. Wir haben diese Einwände bereits im Kontext der modernen Religionskritik kennengelernt. Darauf noch einmal kurz einzugehen lohnt sich insofern, als dass in der Widerlegung derselben ein zusätzliches Argument für eine Glau-

---

[5] K. Müller, Gottes Dasein denken, Regensburg 2001, 177.

benshermeneutik liegt, in der Erkenntnistheorie und religiöser Glauben gemeinsam unsere Sicht auf die Welt begründen.

Alles nur Einbildung?

Seitens der Neurowissenschaften und Bestseller-Autoren wie Daniel Kahneman und Yuval Noah Harari wird grundsätzlich die Rede vom Selbstbewusstsein oder vom freiheitlichen Willen des Subjekts in Frage gestellt. Gründe liefern nicht nur die erstaunlichen Befunde moderner Hirnforschung, sondern auch das einfache, wenngleich wenig überzeugende Argument Hararis, wonach unsere Welt am Ende lediglich ein Konstrukt unseres Bewusstseins sei, dem kein eigener Realitätsgehalt zukäme: „Wenn im Geist tatsächlich etwas geschieht, das über das hinausgeht, was im neuronalen Netzwerk abläuft – wo zum Teufel passiert das?"[6] Harari liefert selbstverständlich sofort die Antwort: Natürlich wiederum im Bewusstsein. Auf eine externe Wirklichkeit zu schließen, die tatsächlich auch unabhängig von unserem Bewusstsein und unserer Wahrnehmung „da draußen" existiert, wäre also eine Projektion.

Harari übersieht jedoch einen entscheidenden Punkt, auf den seinerseits Gabriel aufmerksam macht: Die Objekte, die in einem Sinnfeld erscheinen, zeigen sich auch ohne unsere Zustimmung. Sie werden uns zugemutet, ob sie uns passen oder nicht. Ihre Gegenwart ist selbstevident, das heißt, sie geraten ungewollt in unser Blickfeld und drängen sich uns auf. Sie begegnen und irritieren uns und korrigieren unsere bisherige Sicht auf die Welt, auch wenn wir das, was uns gerade begegnet, nicht für wahr halten wollen oder es im sprichwörtlichen Sinne nicht glauben können. Man entdeckt etwa das wahre Gesicht eines Freundes, der sich jahrelang hinter einer perfekten Maske zu verbergen wusste. Von einem Augenblick auf den anderen bricht die bisher vertraute Welt in sich zusammen. Erfreulicher ist es, wenn wir von Menschen, die uns bis dahin unsympathisch gewesen waren, auf angenehme Weise überrascht werden und an ihnen ganz neue, wunderbare Seiten entdecken.

---

[6] Y. N. Harari, Homo Deus. Eine Geschichte von Morgen, München [3]2017, 157.

Weil es diese selbstevidenten Augenblicke in unserem Bewusstsein gibt, gibt es auch die Welt, auf die sie sich beziehen. Die Welt ist also keine Illusion unseres Bewusstseins und keine Einbildung, da die Gegenstände auch unabhängig davon existieren, ob wir sie wahrnehmen oder nicht. Wir können sogar sagen: Unsere Realität besteht auch aus Dingen, die nicht sinnlich erfahrbar oder materiell greifbar sind. Die Welt der *Tatsachen*, wie Wittgenstein die nicht sinnlich wahrnehmbaren Gegenstände und Fakten nennt, nimmt sogar einen erheblich höheren Stellenwert in unserem Alltag ein als unsere sinnlich wahrnehmbare Umgebung. Wir denken, arbeiten und agieren im Normalfall auf der Grundlage von Dingen, die gar nicht materiell vorhanden sind, gleichwohl mental bereits antizipiert und in unserem Bewusstsein zum Bereich der unmittelbar wahrgenommenen Gegenstände hinzugefügt werden. Denken Sie nur an die Mechanismen der Finanzmärkte. Hier spiegelt der Handel mit Zertifikaten und Optionsscheinen nicht den aktuellen Marktwert eines Unternehmens wider, sondern nimmt dessen mögliche Entwicklungen vorweg. Es sind Wettscheine auf zu erwartende Gewinne oder Verluste. Gleichwohl hat der Kurs solcher Wertpapiere erhebliche Auswirkungen auf reale wirtschaftliche Verhältnisse. Sie sind damit keineswegs harmlose Glückspiele, sondern mentale Tatsachen und beeinflussen unsere – wiederum sinnlich erfahrbare – Alltagswelt. So wurde die Euro-Krise 2015 dadurch verschärft, dass zahlreiche Hedgefonds auf die Pleite des griechischen Staates wetteten. Infolgedessen zogen internationale Investoren ihr Kapital aus Griechenland ab und lösten damit eine Kettenreaktion aus, die am Ende beinahe tatsächlich den Staatsbankrott herbeigeführt hätte.

Die Welt unserer Erfahrung ist eine mit Sinn und Bedeutung erfüllte, je individuell gedeutete Wirklichkeit. Sie ereignet sich in einem jemeinigen Sinnfeld, das sich situationsbedingt auch mit dem Sinnfeld anderer Menschen zeitlich und räumlich überschneiden und vernetzen kann. Dieses gemeinsame Sinnfeld erzeugt dann die jeweilige Atmosphäre, in der eine zwischenmenschliche Begegnung stattfindet. So sprechen wir beispielsweise in einem Meeting vom „Elefant im Raum", wenn ein offensichtliches Problem existiert, über das sich keiner der Anwesenden äußern möchte. Der „Elefant" wäre dann eine Metapher für jenes gemeinsame Sinnfeld, in dem das Meeting für alle Anwesenden stattfindet.

Was diese Sinnfeldtheorie nun für die Frage nach dem Glauben so interessant macht, ist ihre Gültigkeit auch für die soeben angesprochenen unsichtbaren Bereiche unserer Wirklichkeit. Hier eröffnet sich die Glaubensfrage zunächst in einem allgemeinen und im Anschluss daran in einem speziell christlichen Sinn.

Die Anwesenheit des Abwesenden

In seiner Sinnfeldanalyse bezieht sich Markus Gabriel weniger auf die Probleme unserer Sprache oder gar auf religionsphilosophische Diskurse, sondern auf die Gegenstände unserer unmittelbaren Erfahrungswelt. Ob diese *für uns* vorhanden sind oder nicht, ist davon abhängig, ob sie in einem Sinnfeld erscheinen. Die Brille nehmen wir in aller Regel nicht zur Kenntnis, wenn sie sauber geputzt auf unserer Nase sitzt. Sie wird erst dann zu einem bewussten Gegenstand, wenn wir sie suchen oder die Gläser beschlagen sind. Nun ließe sich einwenden, dass die Existenz der Brille nicht von der momentanen Wahrnehmung abhängig ist. Das ist richtig, denn wir vertrauen darauf, dass diese Brille auch dann noch existiert, wenn wir sie nicht tragen, etwa, wenn sie sich beim Optiker befindet. In solchen Momenten *glauben* wir an diese nicht sichtbare Realitätsebene. Die jeweilige Realität, in der sich unsere Brille gerade aufhält, bezeichnet Gabriel als die „ontologische Identität“ dieser Brille. Die Welt unserer Erfahrungen lässt sich somit in zwei unterschiedliche Bereiche aufteilen: Auf der einen Seite ist unsere unmittelbare Umgebung, in der wir uns mithilfe unserer Sinne bewegen, auf der anderen Seite existiert jene Wirklichkeit, die sich unserer sinnlichen Wahrnehmung entzieht. Wenn sich meine Brille beim Optiker befindet, ist sie zwar nicht mehr greifbar, allerdings hat sie sich nicht in Luft aufgelöst. Ich weiß freilich von ihrer Existenz, auch können andere Menschen die Existenz meiner Brille bezeugen, ebenso Dokumente und Fotografien.

Das mag in diesem Beispiel etwas weit hergeholt klingen, ist aber für die glaubenstheoretische Fortschreibung der Sinnfeldtheorie von Bedeutung. Auch im Glauben geht es um einen sinnontologischen Weltbezug, da die Realität der Brille auch dann noch *im Glauben* bezeugt werden kann, wenn ich nicht mehr lebe und für ihre Existenz bürgen kann. Die ontologische Identität der Brille hängt in diesem

Fall an der Qualität und *Glaub*-würdigkeit von Zeugen, die das Wissen darüber weitertragen können, auch lange nach meinem Tod. Diese zugegebenermaßen etwas überzeichnete Auslegung einer banalen Alltagssituation steht für ein Realitätsverständnis, das für eine Religion wie das Christentum von entscheidender Bedeutung ist.

Von der ontologischen Identität einer Brille zur Welt der Christen

Wenn wir unsere Brille beim Optiker haben, ist sie für diejenigen, die diese Umstände nicht kennen, spurlos verschwunden. Wir hingegen wissen um ihren Verbleib. Jeder, der an diesem Wissen partizipiert, teilt in dieser Hinsicht mein Sinnfeld, in dem die Brille nach wie vor, obgleich für ihn oder mich nicht sichtbar, weiter existiert.

Die Übertragung der von Gabriel geprägten Begriffe „ontologische Identität" und „Sinnfeld" auf religiöse Glaubensaussagen liegt nahe. Im Zentrum des Christentums stehen Ereignisse und Personen aus der Vergangenheit, zu denen wir keinen direkten Zugang mehr haben. Historisch gesichert ist allein die Tatsache, dass Jesus von Nazareth um das Jahr 30 n. Chr. von den Römern hingerichtet wurde. Alle anderen Informationen verdanken wir mündlichen und schriftlichen Überlieferungen, die später entstanden sind und in ihren Details zum Teil beträchtlich voneinander abweichen. Eines verbindet sie allerdings: Sie alle setzen voraus, dass dieser Jesus von Nazareth über das historisch Feststellbare hinaus für die Gegenwart Bedeutung hat.

Wir kennen diesen interpretierenden Blick auf die Vergangenheit auch aus anderen Zusammenhängen. Wenn wir etwa die Frage stellen: „Was würde Helmut Schmidt heute zum Brexit sagen?" setzen wir im Stillen voraus, dass der Dialogpartner weiß, wen wir damit meinen. Es gibt jede Menge „Helmut Schmidts", aber hier ist natürlich der ehemalige Bundeskanzler und Autor zahlreicher gesellschaftspolitischer und volkswirtschaftlicher Bücher gemeint. Das Wissen um *diesen einen* Helmut Schmidt ist unauflöslich mit der historischen Person des tatsächlichen Bundeskanzlers verbunden. Damit ist Helmut Schmidt nicht nur irgendeine Idee, sondern eine Realität, die nicht mehr körperlich erfahrbar ist. Meine Frage: „Was würde Helmut Schmidt heute zum Brexit sagen?" ergäbe also keinen Sinn, wenn es nicht die historische Person gegeben hätte. Der räumlich Abwesende ist geistig anwesend. Theologisch gesprochen erweckt Helmut Schmidt eine Präsenz im Geiste, die ihn lebendig und leibhaftig werden lässt. Dieser eine Politiker lebt gewissermaßen in mir, ohne mir jemals persönlich begegnet zu sein. Natürlich können wir die Existenz dieser ontologischen Ebene nie im empirischen Sinne beweisen, darüber hinaus stellt sich die sprachliche Vermittlung oft als sperrig und schwierig heraus. Aber dennoch ist die ontologische Identität von Helmut Schmidt eine Realität innerhalb eines mit anderen Menschen geteilten Sinnfeldes. Für Menschen hingegen, die noch nie etwas vom ehemaligen Bundeskanzler und Buchautor Helmut Schmidt gehört haben, ist dieser Name ohne besondere Bedeutung.

Ähnliches gilt für das Sinnfeld des christlichen Glaubens. Es beschreibt eine nicht sinnlich erfahrbare Ebene unserer Welt, die sehr wohl unsere gegenständlich erlebte Gegenwart beeinflusst und prägt. Das Christentum kennt eine derartige Sinnfeldontologie aus dem Neuen Testament. Sie nennt sich dort „Reich Gottes".

Sinnfeldontologie und die Botschaft vom „Reich Gottes"

Mit dem Begriff „Reich Gottes" oder „Gottesherrschaft" wird der Kern der jesuanischen Botschaft bezeichnet. Dem Begriff sind eine Reihe an Bedeutungsebenen zu eigen, die einzeln zu besprechen hier zu weit führen würde. Interessant erscheinen mir zwei Aspekte der Reich-Gottes-Botschaft, die sich auf die Sinnfeldontologie übertragen lassen: Zum einen spricht Jesus davon, dass das Reich Gottes eine eigenständige Wirklichkeit darstellt, die sich dem gestalterischen Zugriff des Menschen entzieht. Wir können es nicht bewirken oder erzwingen, die Gottesherrschaft stellt sich von selbst ein. Das entsprechende Bild liefert Mk 4,26–29 im Gleichnis von der selbstwachsenden Saat:

> „Er sagte: Mit dem Reich Gottes ist es so, wie wenn ein Mann Samen auf seinen Acker sät; dann schläft er und steht wieder auf, es wird Nacht und wird Tag, der Samen keimt und wächst und der Mann weiß nicht, wie. Die Erde bringt von selbst ihre Frucht, zuerst den Halm, dann die Ähre, dann das volle Korn in der Ähre. Sobald aber die Frucht reif ist, legt er die Sichel an; denn die Zeit der Ernte ist da."

Die Verbindung zur Sinnfeldontologie besteht in der Eigenschaft der Gottesherrschaft, wie die Saat unabhängig von allem Zutun zu wachsen und zu gedeihen. Der Bauer kann nichts anderes tun als zu warten. Gleichwohl, und hier schließt sich eine zweite Parallele an, ist das Reich Gottes keine sichtbare Größe. Es verfügt über keinerlei Territorium, Machtinsignien oder äußerliche Repräsentationsformen. In Lk 17,20f antwortet Jesus auf die Frage der Pharisäer, wann endlich das Reich Gottes komme:

> „Das Reich Gottes kommt nicht so, dass man es an äußeren Zeichen erkennen könnte. Man kann auch nicht sagen: Seht, hier ist es!, oder: Dort ist es! Denn: Das Reich Gottes ist (schon) mitten unter euch."

Das Reich Gottes erweist sich als geistige Größe, die gleichwohl ethische Konsequenzen einfordert. Es ist an die konkreten Umsetzungsmöglichkeiten von Menschen gebunden und nicht an Institutionen oder Traditionen.

Damit rückt ein zentraler Bestandteil der neutestamentlichen Botschaft in die Nähe dessen, was wir mit den bewusstseinskonstitutiven Leistungen einer Sinnfeldontologie bereits erschlossen haben. Sowohl der biblische als auch der philosophische Kontext beziehen sich auf je eigene Weise auf einen Wirklichkeitsbereich, der sich zwar der sinnlichen Wahrnehmung entzieht, aber keine Fiktion darstellt. Dieser Bereich erfordert einen glaubenden Blick, der aber mit dem Bereich unserer kognitiven Erfahrungen zusammenhängt und den es deshalb gibt, weil es die Welt gibt, auf die er sich bezieht.

Im Sinne Gabriels können wir daher das Christentum als eine Sinnfeldontologie verstehen, die unsere Wahrnehmung der Wirklichkeit in ein ganz bestimmtes Licht rückt. Diese Wahrnehmung ist auf das lebendige Zeugnis anderer Christen angewiesen und bedarf ihrerseits eines bestimmten, in Wort und Schrift überlieferten und damit bereits vorgedeuteten Sinns. Sowohl das historische Zeugnis anderer Menschen als auch die Historizität des Christentums insgesamt sind für Sinnfelderschließungen des Glaubens entscheidend. Das erklärt nicht zuletzt die Betonung der historischen Realität Jesu von Nazareth, insbesondere seiner Hinrichtung. Die historischen Bedingungen schließen eine individuelle Interpretation jedoch keineswegs aus. Mehr noch: Aufgrund der dürftigen Quellenlage ist das Christentum mehr als manch andere Religion auf intersubjektive Vermittlung und kommunikative Praxis angewiesen. Jesus von Nazareth selbst hat keine Schriften hinterlassen und sich nicht als Stifter einer neuen Religion verstanden. Bis auf die wenigen Fakten aus neutestamentlichen Quellen gibt es keine neutralen Belege, die uns etwas über die historische Gestalt verraten könnten. Die Texte, die wir aus dieser Zeit haben, sind auch keine Verlaufsprotokolle, da sie erst Jahrzehnte nach dem Leben Jesu entstanden sind und ihrerseits auf mündlichen und schriftlichen Überlieferungen beruhen. Ohne Übertreibung lässt sich sagen, dass die Zukunft des Christentums an der kommunikativen Weitergabe seiner Botschaft hängt. Sie macht eine authentische Kultur des Miteinanders sowohl in der Gemeinschaft als auch im privaten Leben erforderlich. Diese beiden Bereiche markieren als Erfahrungsorte das Sinnfeld einer christlichen Identität.

Die Sinn-Welt des Christentums

Realitäten, in denen gläubige Menschen einen Sinn erkennen oder bereits erkannt haben, bedürfen keiner permanent sichtbaren Wahrnehmung, um für sie als wirklich zu gelten. Diese Realitäten besitzen eine andere „ontologische Identität“, wie die Vergleiche mit einem ehemaligen Bundeskanzler oder mit nicht im Besitz befindlichen Brillen gezeigt haben. Sie sind Gegenstände in einem Bereich der Realität, der sich der szientifischen Überprüfbarkeit entzieht, unbeschadet dessen aber gleichwohl existiert. Vor allem Menschen, die mir etwas bedeuten, leben im Rahmen einer Sinnontologie im Geiste weiter. Ihre ontologische Identität ist bleibend an ihre historische Einmaligkeit gebunden, wenn wir von ihnen berichten und sie, wie etwa im christlichen Kontext, in unserem Leben bezeugen. Das faktische Wissen über sie beziehen wir ausschließlich aus der Vergangenheit, etwa aus persönlichen Erinnerungen oder aus Erfahrungsberichten von Mitmenschen, aus schriftlichen Dokumenten oder anderen Wissensquellen. Wir sind also auf Überlieferungen und deren Verschriftlichung angewiesen. Deren Glaubwürdigkeit kann durch unabhängige Quellen zusätzlich gesteigert sein, die die Überlieferungen aus unverdächtiger Perspektive bestätigen.

In der Moderne mit ihren zahlreichen Möglichkeiten der Wissensspeicherung ist dies vergleichsweise leicht möglich; in der Antike, in der es nur wenige Möglichkeiten biografischer Dokumentation gab, hingegen besonders schwierig – insbesondere bei Religionsstiftern, deren Bekanntheitsgrad allgemein erst nach deren Tod zunimmt. Manipulationen, Pseudoautorenschaften, Polemiken und viele andere, unseren heutigen Vorstellungen von objektiver Berichterstattung zuwiderlaufende Faktoren waren in der Antike leider die Regel, nicht die Ausnahme. Insofern galten die meisten Texte, die über das Leben einer bestimmten Person Auskunft erteilten, zunächst als tendenziös und gefärbt – entweder waren sie Apologien oder vernichtende Polemiken. So gesehen sind alle Berichte über die damaligen Ereignisse nicht mehr als das Dokument einer persönlichen Glaubensüberzeugung. Sie sind eine schriftliche Fixierung individueller Sinnfelder.

Was bleibt

Menschen sind nicht damit zufrieden, nur in ihren unmittelbaren Lebensbezügen ihren biologisch notwendigen Bedürfnissen nachzukommen. Sie sind kulturbildende Sozialwesen. Mit den ersten Hinweisen auf hominide Lebensformen verbindet sich der Anspruch auf die kulturelle Gestaltung des eigenen Lebensraumes. In Musik, Tanz und Ästhetik verbindet der Mensch seine Erfahrungen mit Interpretationen. Er deutet seine Welt in individuellen Sinnfeldern, die er mit anderen Menschen teilen kann. Besonders sinnkonstitutive Situationen, etwa die Begegnung mit dem Tod, erzeugen im Menschen ein Verlangen nach intensiver Verarbeitung. Zwar sind Trauerprozesse auch bei höheren Tieren keine Seltenheit, doch übersteigt der Aufwand, den Menschen im Umgang mit dem Tod betreiben, bei weitem das, was wir von anderen Tierarten kennen. In diesen Bewältigungsprozessen sucht der Mensch bleibende Antworten, die den zeitlichen und räumlichen Rahmen seiner sichtbaren Welt übersteigen. Das Transzendente wird für ihn zu einem realen Erfahrungsbereich, mit dem er im ständigen Austausch lebt. Noch vor der Erfindung der Schrift verleiht er diesen Erfahrungsbereichen von Transzendenz in monumentalen Bauwerken wie dem in Göbekli Tepe einen imposanten Ausdruck. Hier zeigt sich der Mensch als religiöses Wesen, das über nicht-sichtbare, gleichwohl existierende und das Leben prägende Zusammenhänge nachdenkt. Wir haben diesen nicht-sichtbaren und dennoch realen Gegenstandsbereich menschlicher Lebenswelt in Anlehnung an Markus Gabriel eine Sinnfeldontologie genannt. Sinnfeldontologien sind lebensweltkonstituierende Zusammenhänge, die sich im Laufe der europäischen Geschichte vor allem in philosophischen und religiösen Traditionen äußern. Das Christentum ist solch eine Sinnfeldontologie, deren Ausgangsereignisse in der Vergangenheit liegen. Ihre Vermittlung beschränkte sich zunächst auf mündliche Überlieferungen, wechselte aber bald in die wesentlich zuverlässigere Form einer schriftlichen Weitergabe. Unser heutiger Glaube beruht auf diesen Zeugnissen der Vergangenheit und ist fortwährend auf deren Rezeption und Relektüre angewiesen. In dieser Hinsicht sind die Aussagen der Schrift eine Grundvoraussetzung dafür, an Jesus Christus aus sinnontologischer Perspektive zu glauben. In dieser Perspektive wird der Glaube an den historischen Jesus mit dem Bekenntnis seiner Auferstehung unmittelbar verbunden. Seine historische Faktizität ist die Bedingung für deren sinnontologische Überleitung in jenen Bereich unserer Wirklichkeit, der sich der sinnlichen Überprüfbarkeit entzieht. Deshalb betonen die Evangelien so häufig die Identität zwischen dem geschichtlichen, „vorösterlichen" Jesus und dem auferstandenen Herrn. Übertragen auf unser Verständnis von Sinn stellen die Texte des Neuen Testaments bereits Sinnfeldontologien einzelner Christen und deren Gemeinden dar. Sie setzen einerseits den historischen Jesus voraus und leiten aus ihrer jeweiligen Sicht Glaubensaussagen über dessen ontologische Identität ab. Sie existieren in einer dem Glauben erschließbaren Sinn-Welt, die alles andere als eine Fiktion ist. Nur so lässt sich die Versicherung des Evangelisten Johannes am Ende seines Textes verstehen: „Dieser Jünger ist es, der all das bezeugt und der es aufgeschrieben hat; und wir wissen, dass sein Zeugnis wahr ist." (Joh 21,24)

Die Welt des Glaubens ist die weitaus größere Wirklichkeit, an der wir über unser Bewusstsein partizipieren. Wir stehen mit einem Bein ständig in einer Realität, die die materielle Dimension um ein Vielfaches an Möglichkeiten und Gestaltungsspielräumen übersteigt. Sie verbindet die losen Fäden unserer Einzelerfahrungen zu einem kohärenten und stimmigen Muster. Innere Vorstellungen und äußere Strukturen synthetisieren zu einem kollektiven Sinnfeld, das Christen das Reich Gottes nennen. Das Reich Gottes ist nicht ein ferner Gedanke oder eine abstrakte Idee, die am Ende der Zeiten verheißen ist. Das Reich Gottes ist bereits die Gegenwart hier und heute, wie sie Christen im Licht ihres Glaubens wahrnehmen und deuten. Sie erfahren diese Gottesherrschaft in den Momenten individueller oder gemeinschaftlicher Sinnerfüllung. Dies ist jene „einzige Kirche Christi“, von der das Zweite Vatikanische Konzil in seiner dogmatischen Konstitution „Lumen gentium“ spricht und die nicht an den Grenzen konfessioneller Zugehörigkeit endet. Die mittelalterliche Theologie bezeichnete diese Kirche als „Ecclesia ab Abel“, die Kirche aller Menschen, die guten Willens sind – wie der von Kain erschlagene gerechte Bruder. Die Kirche ist damit weit mehr als das sanierungsbedürftige Gebäude, mit dem sie oft verwechselt wird. Sie ist ein zwischenmenschliches Ereignis und keine autoritäre Institution. Christinnen und Christen sollten den Mut haben, auf diese einfache Wahrheit zu vertrauen.

Markus Gabriel hat seine „Sinnfeldontologie“ in einer sehr lesenswerten Trilogie einer breiteren Öffentlichkeit vorgestellt. Man kann die Bücher zwar auch unabhängig voneinander lesen, allerdings empfehle ich die gesamte Lektüre in der Reihenfolge ihrer Entstehung: *Warum es die Welt nicht gibt*, Berlin ^{7}2013; *Ich ist nicht Gehirn. Philosophie des Geistes für das 21. Jahrhundert*, Berlin 2015; *Der Sinn des Denkens*, Berlin 2018. In seinem neuesten Buch *Moralischer Fortschritt in dunklen Zeiten. Universale Werte für das 21. Jahrhundert*, Berlin 2020, zeigt Gabriel darüber hinaus die ethische Relevanz des von ihm vertretenen „Neuen Realismus“ auf. Er argumentiert überzeugend gegen den naturalistischen Reduktionismus der Neurowissenschaften und gegen den Konstruktivismus einer kritischen Philosophie, die die Welt auf eine fiktionale Bewusstseinsleistung reduziert. Eine wunderbar zu lesende philosophische Erschließung der Sinnfrage bietet das kleine und sehr anregende Buch des englischen Literaturwissenschaftlers *Terry Eagleton, Der Sinn des Lebens*, Berlin 2010. Eine ebenso inspirierende Lektüre findet man in dem vom Mailänder Erzbischof *Carlo Maria Martini* und dem Philosophen *Umberto Eco* herausgegebenen Büchlein: *Woran glaubt, wer nicht glaubt*, Wien 1998. Es ist ein abwechslungsreiches und erhellendes Nachdenken über die Grundlagen menschlicher Sinnsuche eines prominenten kirchlichen Würdenträgers und eines ebenso bekannten Schriftstellers, der sich selbst als Atheist bezeichnet. Die Lektüre bestätigt dabei einen Verdacht, der auch in diesem Buch hin und wieder durchscheint: Religiöser Glaube und philosophischer Zweifel verbindet mehr als sie trennt.

Sinn und Religion hängen für Jürgen Habermas auf das Engste zusammen. Für ihn besteht die zukünftige Aufgabe religiöser Sprache gerade darin, beim Menschen der, wie er es nennt, „schleichende[n] Entropie der knappen Ressource Sinn" entgegenzuwirken.[7] Die Frage nach dem Sinn schließt für Habermas unmittelbar an menschliche Endlichkeitserfahrungen an. Über diese Zusammenhänge hat Habermas nur wenige Wochen nach den Terroranschlägen vom 11. September 2001 in einem Vortrag anlässlich einer Preisverleihung mit dem Titel „Glauben und Wissen" laut nachgedacht. Es ist ein leidenschaftliches Plädoyer, Religion und Philosophie wieder als die beiden Seiten einer Wirklichkeit zu begreifen, die weitaus größer ist als alles, was menschliche Sprache zum Ausdruck bringen kann: *Jürgen Habermas, Glauben und Wissen. Friedenspreis des Deutschen Buchhandels. Laudatio: Jan Phillipp Reemtsma,* Frankfurt (Sonderdruck) 2001.

[7] J. Habermas, Glauben und Wissen, Frankfurt a. M. 2001, 29.

Dank

Ursprünglich wollte ich nur ein kleines Buch für all jene Studierenden schreiben, die sich auf das Staatsexamen im Fach Fundamentaltheologie vorbereiten und dabei mit philosophischen Begriffen und Zusammenhängen konfrontiert werden, von denen sie bis dahin kaum etwas gehört haben. Meine Absicht war es, diesen Studierenden eine Hilfe in die Hand zu geben, mit der sie leichter in die unbekannte Welt der Philosophie eintauchen können. Nun ist das Buch doch etwas ausführlicher geworden. Dazu haben nicht zuletzt die Studierenden selbst beigetragen, die mich mit ihren zahlreichen Anregungen und Beiträgen ermutigt haben, die Probleme noch detaillierter und umfassender zu beschreiben. Dadurch ist schließlich ein Buch entstanden, das sich nicht nur an Studierende der Theologie, sondern an einen größeren Leserkreis richtet, der sich generell mit dem philosophischen Hintergrund des christlichen Glaubens auseinandersetzen möchte.

Die Arbeit an einem solchen Buch ist zunächst eine einsame Angelegenheit, bedarf aber der Mithilfe anderer, um ans Ziel zu kommen. Deshalb möchte ich mich an dieser Stelle ganz besonders bei Frau Miriam Metze, M. A. bedanken, die mit großer Energie und unendlich viel Geduld das Manuskript mehrfach akribisch korrigiert und als Philosophin kritisch gegengelesen hat. Für einen Theologen war ihre überaus fachkundige Lektorierung eine ungemeine Bereicherung. Herrn Dr. Stephan Weber vom Herder-Verlag danke ich für das große Interesse am Zustandekommen dieses Buches sowie für die unkomplizierte Zusammenarbeit. Meine Frau Monika hat ebenso mit kritischem Blick das Manuskript korrekturgelesen und zur Straffung des Textes beigetragen, wofür ich ihr großen Dank schulde. Meinen beiden Kindern Rebekka und Raphael, die in den vergangenen zwei Jahren der Corona-Pandemie, wie die allermeisten Kinder auch, großen Entbehrungen ausgesetzt waren, danke ich für ihre Nachsicht mit einem überwiegend geistesabwesenden Vater, den sie in dieser Zeit meist hinter einem aufgeklappten Laptop erlebten. Ihnen sei dieses Buch von Herzen gewidmet.

Zitierte Literatur

Alkinoos, Didaskalikos. Lehrbuch der Grundsätze Platons. Einleitung, Text, Übersetzung und Anmerkungen von O. F. Summerell u. T. Zimmer, Berlin – New York 2007.

Anselm von Canterbury, Proslogion, lat.-dt. Ausg., hrsg. v. F. S. Schmitt, Stuttgart-Bad Cannstatt ²1984.

Arendt, Hannah, Eichmann in Jerusalem. Ein Bericht von der Banalität des Bösen, München ¹⁵2006.

Arendt, Hannah, Ich will verstehen: Selbstauskünfte zu Leben und Werk, München 1996.

Aristoteles, Philosophische Schriften in 6 Bänden, Hamburg 1995.

Augustinus, Aurelius, Bekenntnisse. Zweisprachige Ausgabe. Aus dem Lateinischen v. J. Bernhart. Mit einem Vorwort v. E. L. Grasmück, Frankfurt a. M. 1987.

Augustinus, Aurelius, De trinitate (Bücher VIII–XI, XIV–XV, Anhang: Buch V), neu übersetzt u. m. e. Einl. hrsg. v. J. Kreuzer, Hamburg 2001.

Augustinus, Aurelius, Der Gottesstaat, in: Aurelius Augustinus' Werke in deutscher Sprache, Bde 3,8,1 u. 3,8,2, hrsg. v. C. J. Perl, Paderborn 1979.

Augustinus, Aurelius, Enarrationes in Psalmos, in: Patrologia Cursus Completus. Series Latina, 36/4, ed. par J. P. Migne, Paris 1861.

Augustinus, Aurelius, Handbüchlein über Glaube, Hoffnung und Liebe. Text und Übersetzung mit Einleitung und Kommentar hrsg. v. J. Barbel, Darmstadt 1960.

Augustinus, Aurelius, Erklärung der Psalmen, zu Ps 145,2, in: Texte der Kirchenväter, erster Band, hrsg. v. A. Heilmann, München 1963.

Bacon, Francis, Neues Organ der Wissenschaften. Übers. u. hrsg. v. A. Th. Brück, ND Leipzig 1830, Darmstadt 1974.

Beckmann, Jan P., Ontologisches Prinzip oder methodologische Maxime? Ockham und der Ökonomiegedanke einst und jetzt, in: W. Vossenkuhl/R. Schönberger (Hg.), Die Gegenwart Ockhams, Weinheim 1990, 191–207.

Berkeley, George, Eine Abhandlung über die Prinzipien der menschlichen Erkenntnis, nach der Übersetzung von F. Überweg mit Einl., Anm. u. Reg. neu hrsg. v. A. Klemmt, Hamburg 1979.

Boëthius, Anicius M. S., Trost der Philosophie, Wiesbaden 2010.

Buber, Martin, Zwei Glaubensweisen, Zürich 1950.

Bubner, Rüdiger (Hg.), Geschichte der Philosophie in Text und Darstellung, Bd. 2, Mittelalter, Stuttgart 1994.

Bultmann, Rudolf, Neues Testament und Mythologie. Das Problem der Entmythologisierung der neutestamentlichen Verkündigung, ND der 1941 erschienenen Fassung, in: Beiträge zur Evangelischen Theologie 96, München 1985, 15–48.

Burckhardt, Jacob, Die Kultur der Renaissance in Italien – ein Versuch, Stuttgart ^{11}1988.

Butler, Judith, Psyche der Macht. Das Subjekt der Unterwerfung, Frankfurt a. M. 2001.

Cioran, Emil, Die verfehlte Schöpfung, Frankfurt a. M. 1979.

D. Martin Luthers Werke, Weimarer Ausgabe, Abteilung 1: Schriften, Bd. 18: Schriften 1525, Weimar 1908.

D'Costa, Gavin, The Impossibility of a Pluralist View of Religions, in: Religious Studies 32/2 (1996), 223–232.

Denzinger, Heinrich, Kompendium der Glaubensbekenntnisse und kirchlichen Lehrentscheidungen, hrsg. v. P. Hünermann, Freiburg ^{45}2017.

Descartes, René, Abhandlung über die Methode, übersetzt und mit Anmerkungen hrsg. v. A. Buchenau, Hamburg 1957.

Descartes, René, Philosophische Schriften in einem Band, frz. u. dt., Hamburg 1996.

Descartes, René, Prinzipien der Philosophie. Übers. und erläutert von A. Buchenau, Hamburg ^{7}1965.

Drach, Albert, Bruder Sade, in: B. Fetz (Hg.), In Sachen Albert Drach, WUV Universitätsverlag 1995.

Drobner, Hubertus R., Augustinus „Sermo 227": eine österliche Eucharistiekatechese für die Neugetauften: Einleitung und Übersetzung, in: Augustiniana, vol. 41 (1991), 483–495.

Enzyklika Fides et ratio, in: Verlautbarungen des Apostolischen Stuhls Nr. 135, hrsg. v. Sekretariat der Deutschen Bischofskonferenz, Bonn 2014.

Epikur bei Laktanz, Vom Zorne Gottes, hrsg. und übersetzt v. H. Kraft u. A. Wlosok, Darmstadt ^{2}1971.

Feuerbach, Ludwig, Das Wesen des Christentums, Stuttgart 1974.

Fichte, Johann G., Die Anweisung zum seligen Leben, oder auch die Religionslehre (1806), in: Werke, Bd. V (1845), ND Berlin 1971, 399–574.

Fichte, Johann G., Die Bestimmung des Menschen, in: Johann Gottlieb Fichte's sämmtliche Werke, hrsg. v. I. H. Fichte, Bd. 2, Berlin 1838.

Fichte, Johann G., Einige Vorlesungen über die Bestimmung des Gelehrten, in: Gesamtausgabe, Bd. 1/3: Werke 1794–1796, hrsg. v. R. Lauth u. H. Jacob unter Mitwirkung v. R. Schottky, Stuttgart-Bad Cannstatt 1966, 11–78.

Fichte, Johann G., Über den Grund unseres Glaubens an eine göttliche Weltregierung, in: Philosophisches Journal einer Gesellschaft Teutscher Gelehrter, hrsg. v. J. G. Fichte und F. I. Niethammer, Bd. VIII, Erstes Heft, Jena und Leipzig 1798, 1–20.

Freud, Sigmund, Zwangshandlungen und Religionsübungen, in: ders., Gesammelte Werke, Bd. 7: Schriften, Vorträge und Aufsätze zur Psychoanalyse 1893–1909, Frankfurt a. M. ^{4}1966, 129–139.

Fried, Erich, Liebesgedichte, Angstgedichte, Zorngedichte, Berlin 1991.

Gabriel, Markus, Warum es die Welt nicht gibt, Berlin ^{7}2013.

Goethe, Johann W. v., Die Leiden des jungen Werther, in: ders., Werke in sechs Bänden, Bd. 3, Frankfurt a. M. ^{3}1982.

Goethe, Johann W. v., Italien – Im Schatten der Revolution: Briefe, Tagebücher und Gespräche vom 3. September 1786 bis 12. Juni 1794, hrsg. v. K. Eibl, Frankfurt – Berlin 1991.

Habermas, Jürgen, Glauben und Wissen, Frankfurt a. M. 2001.

Harari, Yuval N., Homo Deus. Eine Geschichte von Morgen, München ^{3}2017.

Hegel, Georg W. F., Vorlesungen über die Philosophie der Religion, Dritter Teil: Die absolute Religion. Mit einem Anhang: Die Beweise vom Dasein Gottes, in: Sämtliche Werke, Bd. XIV, hrsg. v. G. Lasson, Hamburg 1929.

Hegel, Georg W. F., Werke in zwanzig Bänden. Auf der Grundlage der Werke von 1832–1845 neu edierte Ausgabe (Theorie Werkausgabe). Redaktion E. Moldenhauer und K. M. Michel, Frankfurt a. M. 1969ff.

Heidegger, Martin, Die Grundprobleme der Phänomenologie, in: Gesamtausgabe, Bd. 24, Frankfurt a. M. 1975.

Heidegger, Martin, Sein und Zeit, Tübingen ^{17}1993.

Heinzmann, Richard, Thomas von Aquin. Eine Einführung in sein Denken. Mit ausgewählten lateinisch-deutschen Texten, Stuttgart u. a. 1994.

Heisenberg, Werner, Die Beziehungen zwischen Physik und Chemie, in: ders., Gesammelte Werke, hrsg. v. W. Blum u. a., Bd. 1: Physik und Erkenntnis 1927–1955, München – Zürich 1984.

Hume, David, Ein Traktat über die menschliche Natur (A Treatise Of Human Nature), Buch I–III, Deutsch mit Anm. u. Register v. T. Lipps. Mit einer Einführung neu hrsg. v. R. Brandt, Hamburg 1973.

Husserl, Edmund, Cartesianische Meditationen und Pariser Vorträge, in: Husserliana Vol. I, hrsg. u. eingel. v. S. Strasser, Den Haag 1950.

Jacobi, Friedrich H., Über die Lehre des Spinoza in Briefen an den Herrn Moses Mendelssohn. Auf der Grundlage der Ausgabe v. K. Hammacher u. I.-M. Piske, bearbeitet v. M. Lauschke, Darmstadt 2000.

Jaspers, Karl, Werke, hg. v. K. Salamun, Basel 2017.

Joseph Freiherrn von Eichendorff's sämmtliche Werke, 1. Bd., Biographische Einleitung und Gedichte, Leipzig [2]1864.

Kant, Immanuel, Werkausgabe in 12 Bde, hrsg. v. W. Weischedel, Frankfurt a. M. 1977.

Kant's gesammelte Schriften, hrsg. v. d. Königlich Preußischen Akademie der Wissenschaften, Berlin 1900ff.

Kirk, Geoffrey S./Raven, John E./Schofield, Malcolm (Hg.), Die vorsokratischen Philosophen: Einführung, Texte und Kommentare, Stuttgart – Weimar 1994.

Lehmann, Karl, Art. Glaube, in: H. Krings u. a. (Hg.), Handbuch philosophischer Grundbegriffe, Bd. 3, München 1973 (Studienausgabe), 596–605.

Leibniz, Gottfried W., Vernunftprinzipien der Natur und der Gnade. Monadologie. Auf Grund der kritischen Ausgabe von A. Robinet und der Übers. v. A. Buchenau, mit Einf. u. Anm. hrsg. v. H. Herring, zweite, verb. Auflage, Hamburg 1982.

Lessing, Gotthold E., Werke in sechs Bänden, auf Grund der v. J. Petersen und W. v. Olshausen besorgten Ausgabe neu bearbeitet v. F. Fischer, Zürich u. a. 1965.

Leuenberger, Robert, Pascals Mémorial: Gerhard Ebeling zum 85. Geburtstag, in: Zeitschrift für Theologie und Kirche 94/2 (1997), 155–176.

Levinas, Emmanuel, Useless Suffering, in: ders., The Provocation of Levinas, hrsg. v. R. Bernasconi/D. Wood, London 1988.

Locke, John, Versuch über den menschlichen Verstand. In vier Büchern, 2 Bde, 4., durchg. Auflage, Hamburg 1981.

Lucretius Carus, Titus, Von der Natur der Dinge mit dem lateinischen Text nach Wakefield's Ausgabe, übers. v. G. J. Göschen, Leipzig 1821.

Lütkehaus, Ludger, Nichts. Abschied vom Sein. Ende der Angst, Zürich 1999.

Mann, Thomas, Nietzsches Philosophie im Lichte unserer Erfahrung, in: ders., Gesammelte Werke in dreizehn Bänden, Bd. 9, Frankfurt a. M. 1974, 675–713.

Marx, Karl, Kritik der Hegelschen Dialektik und Philosophie überhaupt, in: Marx-Engels-Werke 40 (Ergänzungsband 1), Berlin 1968, 465–588.

Metz, Johann B., Theologie als Theodizee? In: W. Oelmüller (Hg.), Theodizee – Gott vor Gericht? München 1990, 103–118.

Moltmann, Jürgen, Gesichtspunkte der Kreuzestheologie heute, in: Evangelische Theologie 33 (1973), 346–365.

Müller, Klaus, Gottes Dasein denken, Regensburg 2001.

Müller, Klaus, Streit um Gott. Politik, Poetik und Philosophie im Ringen um das wahre Gottesbild, Regensburg 2006.

Nietzsche, Friedrich, Also sprach Zarathustra. Ein Buch für Alle und Keinen, 4 Bde, Chemnitz 1883–1891.

Nietzsche, Friedrich, Ueber Wahrheit und Lüge im moralischen und außermoralischen Sinne, in: ders., Sämtliche Werke. Kritische Studienausgabe, hrsg. v. G. Colli und M. Montinari, Bd. 1, München u. a. [2]1988, 873–890.

Nietzsche, Friedrich, Werke in drei Bänden, hrsg. v. K. Schlechta, Darmstadt 1997.

Nikolaus von Kues, De docta ignorantia. Die belehrte Unwissenheit, lat.-dt., mit einer Einleitung von K. Bormann, Bd. 1, Hamburg 2002.

Noë, Anton R., Die Proklosbiographie des Marinos, Diss. Heidelberg 1938.

Novalis, Werke und Briefe, München 1968.

Novalis, Werke, hrsg. v. H.-J. Mähl, München 1978.

Origenes, Acht Bücher gegen Celsus, in: Bibliothek der Kirchenväter, 1. Reihe, 52/53, übersetzt v. P. Koetschau, München 1926.

Origenes, Homilia in Ezechielem, in: Patrologia Cursus Completus. Series Graeca, 13/3, ed. par J. P. Migne, Paris 1857.

Pannenberg, Wolfhart, Wissenschaftstheorie und Theologie, Frankfurt a. M. 1987.

Parzinger, Helmut, Die Kinder des Prometheus. Eine Geschichte der Menschheit vor der Erfindung der Schrift, Darmstadt [2]2015.

Platon, Sämtliche Dialoge, übers. u. erl. v. O. Apelt, Hamburg, zweite, durchg. Auflage 1993.

Plitt, Gustav L., Aus Schellings Leben. In Briefen, 3 Bde, Hildesheim – New York 2003.

Plotins Schriften, übers. v. R. Harder, Bd. 1: Die Schriften 1–21 der chronologischen Reihenfolge, Text u. Übers., Hamburg 1956.

Rilke, Rainer M., Die Gedichte, Frankfurt a. M. 2006.

Ryssel, Victor, Gregorius Thaumaturgos. Sein Leben und seine Schriften, Leipzig 1880.

Scheler, Max, Die Sonderstellung des Menschen im Kosmos, in: H. Keyserling (Hg.), Der Leuchter. Weltanschauung und Lebensgestaltung, Achtes Buch: Mensch und Erde, Darmstadt 1927, 161–254.

Schelling, Friedrich W. J., Darlegung des wahren Verhältnisses der Naturphilosophie zu der verbesserten Fichteschen Lehre. Eine Erläuterungsschrift der ersten, in: Schellings sämmtliche Werke, 1805–1810, hrsg. v. K. F. A. Schelling, Stuttgart und Augsburg 1860, 1–126.

Schelling, Friedrich W. J., Ideen zu einer Philosophie der Natur als Einleitung in das Studium dieser Wissenschaft (1797), in: ders., Ausgewählte Werke: Schriften von 1794–1798, Darmstadt 1966ff.

Schiller, Friedrich, Die Sendung des Moses, in: Thalia, Bd. 3, Heft 10 (1790), 3–37.

Schlegel, Friedrich, Kritische Ausgabe, Bd. 2, hrsg. v. E. Behler, Paderborn 1967.

Spinoza, Baruch de, Ethik in geometrischer Ordnung dargestellt, Lateinisch-Deutsch neu übers., hrsg., mit einer Einleitung versehen v. W. Bartuschat, 4., durchg. Auflage Hamburg 2015.

Spinoza, Baruch de, Theologisch-politischer Traktat. Auf der Grundlage der Übersetzung von C. Gebhardt. Neu bearb., eingel. u. hrsg. v. G. Gawlick, Hamburg 1994.

Tindal, Matthew, Christianity as old as the Creation: or, the Gospel, a Republication of the Religion of Nature, Faksimile-Nachdruck der Ausgabe London 1730, hrsg. u. eingel. v. G. Gawlick, Stuttgart-Bad Cannstatt 1967.

Valentin, Karl, Gesammelte Werke in einem Band, hrsg. v. M. Schulte, Augsburg 1994.

Vieweg, Klaus, Hegel. Der Philosoph der Freiheit. Biographie, München 2019.

Weber, Max, Die protestantische Ethik und der Geist des Kapitalismus, in: ders., Gesammelte Aufsätze zur Religionssoziologie, Bd. 1, Tübingen 1920, 17–206.

Whitehead, Alfred N., Prozeß und Realität. Entwurf einer Kosmologie, übers. und mit einem Nachwort versehen v. H.-G. Holl, Frankfurt a. M. 1979.

Wittgenstein, Ludwig, Philosophische Untersuchungen, Frankfurt a. M. 1971.

Xenophon, Erinnerungen an Sokrates. Griechisch/deutsch, hrsg. v. P. Jaerisch, München ^{2}1977.

Zuntz, Günther, Griechische philosophische Hymnen. Aus dem Nachlass hrsg. v. H. Cancik u. L. Käppel, Tübingen 2005.

Zweig, Stefan, Die unsichtbare Sammlung: Eine Episode aus der deutschen Inflation, in: ders., Die großen Erzählungen, hrsg. u. mit einem Nachwort v. E. Ziegler, München ^{2}2017, 217–234.

Internet:

https://w2.vatican.va/content/francesco/de/speeches/2014/october/documents/papa-francesco_20141027_plenaria-accademia-scienze.html [Zugriff: 05.08.2018]